全国高等教育自学考试指定教材

民法学

（2024年版）

（含：民法学自学考试大纲）

全国高等教育自学考试指导委员会　组编

主　编　郭明瑞　房绍坤
撰稿人　（按姓氏笔画为序）
　　　　王洪平　刘凯湘　张玉东
　　　　房绍坤　郭明瑞

图书在版编目(CIP)数据

民法学:2024年版/郭明瑞,房绍坤主编.—北京:北京大学出版社,2024.5
全国高等教育自学考试指定教材
ISBN 978-7-301-34969-4

Ⅰ.①民⋯　Ⅱ.①郭⋯　②房⋯　Ⅲ.①民法—法的理论—中国—高等教育—自学考试—教材　Ⅳ.①D923.01

中国国家版本馆CIP数据核字(2024)第071461号

书　　　名	民法学(2024年版)	
	MINFAXUE（2024 NIAN BAN）	
著作责任者	郭明瑞　房绍坤　主编	
责 任 编 辑	周　菲　孙战营	
标 准 书 号	ISBN 978-7-301-34969-4	
出 版 发 行	北京大学出版社	
地　　　址	北京市海淀区成府路205号　100871	
网　　　址	http://www.pup.cn	
新 浪 微 博	@北京大学出版社　@北大出版社法律图书	
电 子 邮 箱	编辑部 law@pup.cn　总编室 zpup@pup.cn	
电　　　话	邮购部 010-62752015　发行部 010-62750672　编辑部 010-62752027	
印 刷 者	北京市科星印刷有限责任公司	
经 销 者	新华书店	
	787毫米×1092毫米　16开本　33.75印张　836千字	
	2024年5月第1版　2024年5月第1次印刷	
定　　　价	89.00元	

未经许可，不得以任何方式复制或抄袭本书之部分或全部内容。
版权所有，侵权必究
举报电话：010-62752024　电子邮箱：fd@pup.cn
图书如有印装质量问题，请与出版部联系，电话：010-62756370

组编前言

21世纪是一个变幻难测的世纪,是一个催人奋进的时代。科学技术飞速发展,知识更替日新月异。希望、困惑、机遇、挑战,随时随地都有可能出现在每一个社会成员的生活之中。抓住机遇、寻求发展、迎接挑战、适应变化的制胜法宝就是学习——依靠自己学习、终身学习。

作为我国高等教育组成部分的自学考试,其职责就是在高等教育这个水平上倡导自学、鼓励自学、帮助自学、推动自学,为每一个自学者铺就成才之路。组织编写供读者学习的教材就是履行这个职责的重要环节。毫无疑问,这种教材应当适合自学,应当有利于学习者掌握和了解新知识、新信息,有利于学习者增强创新意识、培养实践能力、形成自学能力,也有利于学习者学以致用,解决实际工作中所遇到的问题。具有如此特点的书,我们虽然沿用了"教材"这个概念,但它与那种仅供教师讲、学生听,教师不讲、学生不懂,以"教"为中心的教科书相比,已经在内容安排、编写体例、行文风格等方面都大不相同了。希望读者对此有所了解,以便从一开始就树立起依靠自己学习的坚定信念,不断探索适合自己的学习方法,充分利用自己已有的知识基础和实际工作经验,最大限度地发挥自己的潜能,达到学习的目标。

欢迎读者提出意见和建议。

祝每一位读者自学成功。

全国高等教育自学考试指导委员会
2022 年 12 月

目　录

组编前言

民法学自学考试大纲

大纲前言 ·· 2
Ⅰ　课程性质与课程目标 ·· 3
Ⅱ　考核目标 ·· 4
Ⅲ　课程内容与考核要求 ·· 5
Ⅳ　关于大纲的说明与考核实施要求 ·· 66
附录　题型举例 ·· 68
大纲后记 ·· 69

民　法　学

编者的话 ·· 72
导言 ··· 73

第一编　民法总论 ··· 75

第一章　民法概述 ··· 75
第一节　民法的含义 ·· 75
第二节　民法的调整对象 ·· 76
第三节　民法的性质与任务 ··· 78
第四节　民法的基本原则 ·· 80
第五节　民法的渊源和效力 ··· 84
第六节　民法的适用与解释 ··· 87

第二章　民事法律关系 ··· 90
第一节　民事法律关系概述 ··· 90
第二节　民事权利 ··· 93
第三节　民事义务和民事责任 ·· 95

第三章　自然人 ·· 99
第一节　自然人的民事权利能力 ··· 99

第二节　自然人的民事行为能力 …… 100
第三节　自然人的住所 …… 102
第四节　监护 …… 103
第五节　宣告失踪和宣告死亡 …… 106
第六节　个体工商户和农村承包经营户 …… 108

第四章　法人 …… 110
第一节　法人概述 …… 110
第二节　法人的民事能力 …… 113
第三节　法人机关 …… 115
第四节　法人的设立 …… 117
第五节　法人的变更与终止 …… 118

第五章　非法人组织 …… 121
第一节　非法人组织概述 …… 121
第二节　非法人组织的类型 …… 122

第六章　民事法律关系客体 …… 125
第一节　民事法律关系客体概述 …… 125
第二节　物 …… 126
第三节　货币和有价证券 …… 128

第七章　民事法律行为 …… 130
第一节　民事法律行为概述 …… 130
第二节　意思表示 …… 133
第三节　民事法律行为的成立与生效 …… 137
第四节　无效民事法律行为 …… 138
第五节　可撤销民事法律行为 …… 140
第六节　效力待定民事法律行为 …… 143
第七节　附条件和附期限民事法律行为 …… 144

第八章　代理 …… 147
第一节　代理概述 …… 147
第二节　代理权 …… 149
第三节　无权代理 …… 152

第九章　诉讼时效与期限 …… 155
第一节　民事时效概述 …… 155
第二节　诉讼时效 …… 156
第三节　期限 …… 162

第二编 物权 … 164

第十章 物权总论 … 164
- 第一节 物权概述 … 164
- 第二节 物权的效力 … 168
- 第三节 物权的变动 … 170
- 第四节 物权的保护 … 177

第十一章 所有权 … 178
- 第一节 所有权概述 … 178
- 第二节 国家所有权和集体所有权、私人所有权 … 181
- 第三节 业主的建筑物区分所有权 … 184
- 第四节 相邻关系 … 188
- 第五节 共有 … 190
- 第六节 所有权取得的特别规定 … 194

第十二章 用益物权 … 200
- 第一节 用益物权概述 … 200
- 第二节 土地承包经营权 … 201
- 第三节 建设用地使用权 … 204
- 第四节 宅基地使用权 … 207
- 第五节 居住权 … 210
- 第六节 地役权 … 211

第十三章 担保物权 … 215
- 第一节 担保物权概述 … 215
- 第二节 抵押权 … 217
- 第三节 质权 … 227
- 第四节 留置权 … 233

第十四章 占有 … 238
- 第一节 占有概述 … 238
- 第二节 占有的分类 … 238
- 第三节 占有的效力 … 240

第三编 合同总论 … 242

第十五章 债与合同概述 … 242
- 第一节 债的概述 … 242
- 第二节 合同概述 … 247

第十六章　合同的订立与效力 252
第一节　合同订立的程序 252
第二节　合同的形式和内容 256
第三节　合同成立的时间与地点 260
第四节　缔约过失责任 262
第五节　合同的效力 263

第十七章　合同的履行 267
第一节　合同的履行原则 267
第二节　合同的适当履行 267
第三节　合同履行中的抗辩权 272
第四节　情势变更 275

第十八章　合同保全 277
第一节　合同保全概述 277
第二节　债权人代位权 278
第三节　债权人撤销权 281

第十九章　合同的变更与转让 284
第一节　合同的变更 284
第二节　合同债权转让 285
第三节　合同债务的转移 287
第四节　合同权利义务的概括转让 289

第二十章　合同的权利义务终止 291
第一节　合同权利义务终止概述 291
第二节　清偿 291
第三节　合同解除 293
第四节　抵销 297
第五节　提存 298
第六节　债务免除 300
第七节　混同 301

第二十一章　违约责任 302
第一节　违约责任概述 302
第二节　违约责任的构成要件 303
第三节　违约责任的免责事由 305
第四节　违约责任的承担方式 307

第四编　合同分论

第二十二章　典型合同(上) ……………………………………………………… 315
　　第一节　买卖合同 …………………………………………………………… 315
　　第二节　供用电、水、气、热力合同 ………………………………………… 324
　　第三节　赠与合同 …………………………………………………………… 326
　　第四节　借款合同 …………………………………………………………… 328
　　第五节　保证合同 …………………………………………………………… 331

第二十三章　典型合同(中) ……………………………………………………… 338
　　第一节　租赁合同 …………………………………………………………… 338
　　第二节　融资租赁合同 ……………………………………………………… 341
　　第三节　保理合同 …………………………………………………………… 345
　　第四节　承揽合同 …………………………………………………………… 347
　　第五节　建设工程合同 ……………………………………………………… 349
　　第六节　运输合同 …………………………………………………………… 354
　　第七节　技术合同 …………………………………………………………… 359

第二十四章　典型合同(下) ……………………………………………………… 368
　　第一节　保管合同 …………………………………………………………… 368
　　第二节　仓储合同 …………………………………………………………… 370
　　第三节　委托合同 …………………………………………………………… 372
　　第四节　物业服务合同 ……………………………………………………… 375
　　第五节　行纪合同 …………………………………………………………… 377
　　第六节　中介合同 …………………………………………………………… 379
　　第七节　合伙合同 …………………………………………………………… 380

第二十五章　准合同 ……………………………………………………………… 382
　　第一节　无因管理 …………………………………………………………… 382
　　第二节　不当得利 …………………………………………………………… 384

第五编　人格权 …………………………………………………………………… 387

第二十六章　人格权概述 ………………………………………………………… 387
　　第一节　人身权的概念和分类 ……………………………………………… 387
　　第二节　人格权的概念和分类 ……………………………………………… 388
　　第三节　人格权的民法保护 ………………………………………………… 390

第二十七章　生命权、身体权和健康权 ………………………………………… 392
　　第一节　生命权 ……………………………………………………………… 392
　　第二节　身体权 ……………………………………………………………… 392

第三节 健康权 ··· 393
  第四节 保护生命权、身体权、健康权的特别规定 ····················· 394

第二十八章 姓名权和名称权 ··· 396
  第一节 姓名权 ··· 396
  第二节 名称权 ··· 397

第二十九章 肖像权、名誉权和荣誉权 ··· 399
  第一节 肖像权 ··· 399
  第二节 名誉权和荣誉权 ··· 400

第三十章 隐私权和个人信息保护 ··· 403
  第一节 隐私权 ··· 403
  第二节 个人信息保护 ·· 404

第六编 婚姻家庭 ·· 406

第三十一章 婚姻家庭概述 ·· 406
  第一节 婚姻家庭的概念和原则 ·· 406
  第二节 亲属 ··· 407

第三十二章 结婚 ·· 410
  第一节 结婚的条件 ··· 410
  第二节 无效婚姻和可撤销婚姻 ·· 411

第三十三章 家庭关系 ··· 414
  第一节 夫妻关系 ·· 414
  第二节 父母子女关系 ·· 418
  第三节 其他近亲属关系 ··· 420

第三十四章 离婚 ·· 422
  第一节 离婚的概念与特点 ·· 422
  第二节 协议离婚 ·· 423
  第三节 诉讼离婚 ·· 424
  第四节 离婚的法律后果 ··· 425

第三十五章 收养 ·· 432
  第一节 收养关系的成立 ··· 432
  第二节 收养的法律效力 ··· 435
  第三节 收养关系的解除 ··· 436

第七编 继承 ... 439

第三十六章 继承概述 ... 439
第一节 继承的概念与分类 ... 439
第二节 继承权 ... 440
第三节 继承的开始 ... 445
第四节 遗产 ... 446

第三十七章 法定继承 ... 448
第一节 法定继承概述 ... 448
第二节 法定继承人的范围和继承顺序 ... 449
第三节 代位继承 ... 452
第四节 法定继承的遗产分配 ... 454

第三十八章 遗嘱继承 ... 456
第一节 遗嘱继承概述 ... 456
第二节 遗嘱的设立 ... 457
第三节 遗嘱的效力 ... 460
第四节 遗嘱的撤回与变更 ... 461
第五节 遗嘱的执行 ... 463

第三十九章 遗赠与遗赠扶养协议 ... 464
第一节 遗赠 ... 464
第二节 遗赠扶养协议 ... 466

第四十章 遗产的处理 ... 468
第一节 遗产的保管与管理 ... 468
第二节 转继承 ... 469
第三节 遗产的分割 ... 470
第四节 被继承人债务的清偿 ... 473
第五节 无人承受遗产的处理 ... 474

第八编 侵权责任 ... 475

第四十一章 侵权责任概述 ... 475
第一节 侵权行为的概念和分类 ... 475
第二节 侵权责任的概念和竞合 ... 476

第四十二章 侵权责任的归责原则 ... 478
第一节 侵权责任归责原则概述 ... 478
第二节 过错责任原则 ... 478
第三节 无过错责任原则 ... 480

第四十三章 侵权责任的一般构成要件 …… 482
第一节 侵权责任的构成要件概述 …… 482
第二节 加害行为 …… 482
第三节 损害后果 …… 483
第四节 因果关系 …… 484
第五节 过错 …… 486

第四十四章 侵权责任的免责事由 …… 488
第一节 侵权责任免责事由概述 …… 488
第二节 侵权责任免责事由的种类 …… 489

第四十五章 数人侵权责任 …… 492
第一节 数人侵权责任概述 …… 492
第二节 共同侵权责任 …… 492
第三节 无意思联络的数人侵权责任 …… 494

第四十六章 侵权责任的承担方式 …… 495
第一节 侵权责任承担方式概述 …… 495
第二节 侵权损害赔偿责任 …… 497

第四十七章 侵权责任主体的特殊规定 …… 502
第一节 监护人责任 …… 502
第二节 暂时丧失心智者责任 …… 503
第三节 用人单位责任 …… 504
第四节 个人劳务损害责任 …… 505
第五节 定作人责任 …… 506
第六节 网络侵权责任 …… 507
第七节 违反安全保障义务责任 …… 509
第八节 教育机构责任 …… 510

第四十八章 特殊侵权责任 …… 512
第一节 产品责任 …… 512
第二节 机动车交通事故责任 …… 514
第三节 医疗损害责任 …… 516
第四节 环境污染和生态破坏责任 …… 518
第五节 高度危险责任 …… 520
第六节 饲养动物损害责任 …… 521
第七节 建筑物和物件损害责任 …… 523

后记 …… 526

全国高等教育自学考试

民法学
自学考试大纲

全国高等教育自学考试指导委员会　制定

大 纲 前 言

为了适应社会主义现代化建设事业的需要,鼓励自学成才,我国在 20 世纪 80 年代初建立了高等教育自学考试制度。高等教育自学考试是个人自学、社会助学和国家考试相结合的一种高等教育形式。应考者通过规定的专业考试课程并经思想品德鉴定达到毕业要求的,可获得毕业证书;国家承认学历并按照规定享有与普通高等学校毕业生同等的有关待遇。经过 40 多年的发展,高等教育自学考试为国家培养造就了大批专门人才。

课程自学考试大纲是规范自学者学习范围、要求和考试标准的文件。它是按照专业考试计划的要求,具体指导个人自学、社会助学、国家考试及编写教材的依据。

随着经济社会的快速发展,新的法律法规不断出台,科技成果不断涌现,原大纲中有些内容过时、知识陈旧。为更新教育观念,深化教学内容方式、考试制度、质量评价制度改革,使自学考试更好地提高人才培养的质量,各专业委员会按照专业考试计划的要求,对原课程自学考试大纲组织了修订或重编。

修订后的大纲,在层次上,本科参照一般普通高校本科水平,专科参照一般普通高校专科或高职院校的水平;在内容上,及时反映学科的发展变化,增补了自然科学和社会科学近年来研究的成果,对明显陈旧的内容进行了删减,以更好地指导应考者学习使用。

全国高等教育自学考试指导委员会
2023 年 12 月

Ⅰ 课程性质与课程目标

一、课程性质和特点

民法学是全国高等教育自学考试法律事务(专科)和治安学(专升本)等专业的一门课程,是为培养自学应考者掌握和运用民法学基本理论,分析和解决民法实际问题的能力而设置的一门专业基础课程。

民法学课程以《民法典》为主线,以《民法典》的体系为课程体系,具有内容广泛、知识点多、理论性与实践性强等特点。

二、课程目标

设置本课程的目标是使考生能够:

(1) 对民法的基本概念、基本知识和基本理论有概括性的了解与认识,形成初步的民法思维。

(2) 树立基本的民事权利观念,掌握各类民事权利的构成、行使及法律保护措施等。

(3) 掌握运用民法理论分析民法问题的基本技能和方法,培养解决民事案件的能力。

(4) 提高基本法学素养,为进一步学习其他法律专业课程打下必要的专业基础。

三、与相关课程的联系与区别

民法学课程的内容包括八个部分:民法总论、物权、合同总论、合同分论、人格权、婚姻家庭、继承、侵权责任。民法学的先修课程为法理学、宪法学,这两门课程将为民法学提供法学的基本理论基础。学好民法学课程,会为法律专业的后续课程(如民事诉讼法、经济法、商法等)奠定必要的民法基础知识。

四、课程的重点和难点

本课程的重点包括:民事法律关系、自然人和法人、民事法律行为和代理、诉讼时效、所有权、用益物权、担保物权、合同订立与效力、合同履行、合同保全、合同权利义务终止、违约责任、买卖合同、租赁合同、委托合同、结婚、离婚、收养、法定继承和遗嘱继承、遗产的处理、侵权责任的构成要件、侵权责任主体的特殊规定、特殊侵权责任等内容。

本课程的难点包括:各种民事权利的构造及行使、民法原理的具体应用、民法案件的分析方法。

Ⅱ 考核目标

本大纲在考核目标中,按照识记、领会、应用三个层次规定其应达到的能力层次要求。三个能力层次是递进关系,各能力层次的含义是:

识记(Ⅰ):要求考生了解本课程中的名词、概念、原理、知识的含义,并能正确认识或者识别。

领会(Ⅱ):要求考生在识记的基础上,能够把握本课程中的基本概念、基本原理和基本方法,掌握有关概念、原理、方法的区别与联系。

应用(Ⅲ):要求考生在领会的基础上,运用本课程中的基本概念、基本原理和基本方法,分析和解决有关理论问题或者实际问题。

Ⅲ 课程内容与考核要求

第一编 民法总论

第一章 民法概述

一、学习目的与要求

通过本章的学习,了解民法的概念、民法的不同含义、民法的性质和任务、民法的渊源;理解民法的调整对象、民法的效力;掌握民法调整的人身关系和财产关系的特点、民法的基本原则及其表现。

二、课程内容

第一节　民法的含义
第二节　民法的调整对象
第三节　民法的性质与任务
第四节　民法的基本原则
第五节　民法的渊源和效力
第六节　民法的适用与解释

三、考核知识点与考核要求

(一)民法的含义
识记:民法的概念。
领会:民法的历史沿革。
(二)民法的调整对象
识记:(1)民法的调整对象;(2)人身关系;(3)财产关系。
领会:(1)民法调整的人身关系的特点;(2)民法调整的财产关系的特点。

(三) 民法的性质与任务

识记：(1) 民法的性质；(2) 民法的任务。

(四) 民法的基本原则

识记：民法的各项基本原则的含义。

领会：(1) 民法基本原则的功能；(2) 民法各项基本原则的表现和理论根据。

应用：民法的各项基本原则。

(五) 民法的渊源和效力

识记：(1) 民法在时间上的效力；(2) 民法在空间上的效力；(3) 民法对人的效力；(4) 民法渊源的种类。

(六) 民法的适用与解释

识记：(1) 民法适用的原则；(2) 民法的解释。

四、本章重点与难点

本章重点：民法的调整对象与基本原则。
本章难点：民法的适用与解释。

第二章 民事法律关系

一、学习目的与要求

通过本章的学习，了解民事法律关系的概念和特点、民事法律事实的概念、民事权利和民事义务的概念和分类、民事责任的概念和特点；理解民事法律关系和民事法律事实的关系；掌握民事法律关系的要素、民事权利和民事义务的分类、民事权利的行使和保护、民事责任的承担方式。

二、课程内容

第一节 民事法律关系概述
第二节 民事权利
第三节 民事义务和民事责任

三、考核知识点与考核要求

（一）民事法律关系概述

识记：(1)民事法律关系的概念；(2)民事法律关系的特点；(3)民事法律关系的主体；(4)民事法律关系的内容；(5)民事法律关系的客体；(6)民事法律事实的概念和特点；(7)民事法律事实构成的概念。

领会：(1)民事法律关系与民事法律事实的关系；(2)民事法律事实的分类。

应用：民事法律关系的要素。

（二）民事权利

识记：(1)民事权利的概念；(2)民事权利的分类；(3)民事权利行使的方式和原则。

领会：(1)民事权利滥用的构成要件；(2)民事权利分类的意义；(3)民事权利的保护方式。

（三）民事义务和民事责任

识记：(1)民事义务的概念；(2)民事义务的分类；(3)民事责任的概念和特点；(4)承担民事责任的方式。

领会：民事义务分类的意义。

四、本章重点与难点

本章重点：民事法律关系。

本章难点：民事权利、民事义务与民事责任。

第三章 自 然 人

一、学习目的与要求

通过本章的学习，了解自然人民事权利能力的概念和特点、自然人民事行为能力的概念和特点、住所的概念和确定、监护的概念和特点、监护的设立、监护人的职责、宣告失踪和宣告死亡的概念和条件；理解民事权利能力与民事权利的区别、民事权利能力与民事行为能力的关系、宣告失踪和宣告死亡的法律后果；掌握自然人民事权利能力的开始和终止、民事行为能力的划分、民事行为能力的宣告和终止、撤销失踪宣告和死亡宣告的法律后果、住所的法律意义、监护人的更换和撤换、监护的终止以及个体工商户、农村承包经营户的债务承担。

二、课程内容

第一节 自然人的民事权利能力
第二节 自然人的民事行为能力
第三节 自然人的住所
第四节 监护
第五节 宣告失踪和宣告死亡
第六节 个体工商户和农村承包经营户

三、考核知识点与考核要求

（一）自然人的民事权利能力
识记：(1) 自然人民事权利能力的概念；(2) 自然人民事权利能力的开始和终止。
领会：民事权利能力与民事权利的区别。
应用：(1) 自然人民事权利能力的特点；(2) 胎儿利益的保护。

（二）自然人的民事行为能力
识记：(1) 自然人民事行为能力的概念；(2) 自然人民事行为能力的分类和依据。
领会：(1) 自然人民事权利能力与民事行为能力的关系；(2) 自然人民事行为能力认定的条件。
应用：自然人民事行为能力状况不同的原因与后果。

（三）自然人的住所
识记：住所的概念。
领会：住所的意义。

（四）监护
识记：(1) 监护的概念和特点；(2) 监护的设立方式和监护人的职责；(3) 监护人撤换的条件和撤换的法律后果；(4) 监护的终止。
应用：未成年人和无民事行为能力或限制民事行为能力的成年人的监护人。

（五）宣告失踪和宣告死亡
识记：(1) 宣告失踪和宣告死亡的概念；(2) 宣告失踪和宣告死亡的条件和程序；(3) 宣告失踪和宣告死亡的法律后果；(4) 撤销失踪宣告和撤销死亡宣告的条件和后果。
应用：宣告失踪和宣告死亡制度的意义。

（六）个体工商户和农村承包经营户
识记：个体工商户和农村承包经营户的概念。

应用：个体工商户和农村承包经营户债务的承担。

四、本章重点与难点

本章重点：自然人民事权利能力的起止、自然人的民事行为能力状态。
本章难点：监护的设立和监护的撤换、撤销死亡宣告的法律后果。

第四章 法 人

一、学习目的与要求

通过本章的学习，了解法人的概念和特点、法人民事权利能力的概念和特点、法人民事行为能力的概念和特点、法人民事责任能力的概念和特点、法人机关的概念和特点、法定代表人的概念和特点、法人的设立原则和程序；理解法人机关与法人的关系、法人财产与法人责任的关系、法人成员的责任与法人责任的联系；掌握法人的分类、法人应具备的条件、法人机关的种类、法人变更的情形、法人终止的原因、法人清算的内容。

二、课程内容

第一节 法人概述
第二节 法人的民事能力
第三节 法人机关
第四节 法人的设立
第五节 法人的变更与终止

三、考核知识点与考核要求

（一）法人概述
识记：(1)法人的概念；(2)法人的特点；(3)法人应具备的条件；(4)营利法人与非营利法人的特点；(5)非营利法人与特别法人的种类。
领会：(1)区分营利法人与非营利法人的意义；(2)法人与商品经济的关系。

（二）法人的民事能力

识记：(1) 法人民事权利能力的特点；(2) 法人民事行为能力的特点；(3) 法人民事责任能力的特点。

应用：(1) 法人民事责任能力；(2) 法人的责任、法人投资人的责任、法定代表人的责任之间的关系。

（三）法人机关

识记：(1) 法人机关的概念和种类；(2) 法定代表人的特点。

领会：(1) 法人机关与法人的关系；(2) 法定代表人的职责和条件。

应用：法人与法定代表人之间的关系。

（四）法人的设立

识记：法人设立的原则和程序。

领会：法人设立的条件。

（五）法人的变更与终止

识记：(1) 法人变更的概念；(2) 法人的合并与分立的情形；(3) 法人终止的概念和原因；(4) 法人清算的概念；(5) 清算组织的职责。

领会：法人合并和分立的条件及后果。

四、本章重点与难点

本章重点：营利法人、非营利法人和特别法人的特点。

本章难点：法人与法人机关的关系；法人的民事能力。

第五章 非法人组织

一、学习目的与要求

通过本章的学习，了解非法人组织的概念和特点、非法人组织的类型。

二、课程内容

第一节 非法人组织概述

第二节 非法人组织的类型

三、考核知识点与考核要求

（一）非法人组织概述

识记：非法人组织的概念和特点。

（二）非法人组织的类型

识记：(1) 个人独资企业的概念；(2) 合伙企业的概念；(3) 普通合伙与有限合伙的区别；(4) 专业服务机构的概念；(5) 法人分支机构的概念和特点。

领会：(1) 非法人组织的种类；(2) 个人独资企业与合伙企业的特点。

应用：(1) 非法人组织与法人的异同；(2) 个人独资企业、合伙企业、法人分支机构的财产责任的承担。

四、本章重点与难点

本章重点：非法人组织的法律地位。

本章难点：非法人组织的财产责任承担。

第六章 民事法律关系客体

一、学习目的与要求

通过本章的学习，了解民事法律关系客体的特点和种类、物的概念和特点；掌握物的分类及其意义、货币和有价证券的特殊性。

二、课程内容

第一节 民事法律关系客体概述

第二节 物

第三节 货币和有价证券

三、考核知识点与考核要求

（一）民事法律关系客体概述

识记：(1)民事法律关系客体的概念和特点；(2)民事法律关系客体的种类。

（二）物

识记：(1)物的概念和特点；(2)动产与不动产；(3)流通物与限制流通物、禁止流通物；(4)主物与从物；(5)原物与孳息；(6)消耗物与非消耗物；(7)可分物与不可分物；(8)特定物与种类物；(9)代替物与不可代替物。

领会：物的各种分类的意义。

应用：民法上物的特点。

（三）货币和有价证券

识记：(1)货币的概念和特殊性；(2)有价证券的概念和特点。

领会：有价证券的分类。

应用：有价证券权利转移的不同方式。

四、本章重点与难点

本章重点：民法上物的特点；有价证券的分类。

本章难点：物的不同分类的意义。

第七章 民事法律行为

一、学习目的与要求

通过本章的学习，了解民事法律行为的概念和特点、意思表示的概念和分类、无效民事法律行为的概念和特点、可撤销民事法律行为的概念和特点、效力待定民事法律行为的概念和特点、附条件民事法律行为和附期限民事法律行为的特点及分类；理解民事法律行为的分类及其意义、附条件民事法律行为与附期限民事法律行为的效力、无效民事法律行为与可撤销民事法律行为及效力待定民事法律行为的区别；掌握意思表示瑕疵的认定、民事法律行为成立与生效的要件、无效民事法律行为的种类及后果、可撤销民事法律行为的种类及撤销权的行使、效力待定民事法律行为的种类及效力认定。

二、课程内容

第一节　民事法律行为概述
第二节　意思表示
第三节　民事法律行为的成立与生效
第四节　无效民事法律行为
第五节　可撤销民事法律行为
第六节　效力待定民事法律行为
第七节　附条件和附期限的民事法律行为

三、考核知识点与考核要求

（一）民事法律行为概述

识记：(1) 民事法律行为的概念；(2) 民事法律行为的特点；(3) 单方行为、双方(多方)行为、决议行为；(4) 有偿行为与无偿行为；(5) 双务行为与单务行为；(6) 诺成行为与实践行为；(7) 要式行为与不要式行为；(8) 要因行为与不要因行为；(9) 生前生效行为与死后生效行为；(10) 主行为与从行为；(11) 身份行为与财产行为。

领会：民事法律行为各种分类的意义。

应用：民事法律行为的类型。

（二）意思表示

识记：(1) 意思表示的概念和内容；(2) 意思表示的形式；(3) 明示的意思表示与默示的意思表示；(4) 有相对人的意思表示与无相对人的意思表示；(5) 对话的意思表示与非对话的意思表示；(6) 健全的意思表示与不健全的意思表示。

领会：意思表示瑕疵的种类。

（三）民事法律行为的成立与生效

领会：民事法律行为成立与生效的要件。

（四）无效民事法律行为

识记：(1) 无效民事法律行为的概念；(2) 无效民事法律行为的种类；(3) 无效民事法律行为的法律后果。

（五）可撤销民事法律行为

识记：(1) 可撤销民事法律行为的概念；(2) 可撤销民事法律行为的种类；(3) 撤销权消灭的原因。

应用：可撤销民事法律行为的类型及撤销权行使的后果。

（六）效力待定民事法律行为

识记：(1) 效力待定民事法律行为的概念；(2) 效力待定民事法律行为的种类。

领会:无效民事法律行为、可撤销民事法律行为、效力待定民事法律行为的区别。

应用:效力待定民事法律行为的法律后果。

(七)附条件和附期限的民事法律行为

识记:附条件民事法律行为、附期限民事法律行为的概念和种类。

领会:(1)附条件民事法律行为中条件的特点及分类;(2)附条件民事法律行为与附期限民事法律行为的异同。

应用:(1)附条件民事法律行为中条件的成就与不成就及效力;(2)附期限民事法律行为的效力。

四、本章重点与难点

本章重点:民事法律行为的效力;意思表示的瑕疵。

本章难点:无效民事法律行为、可撤销民事法律行为、效力待定民事法律行为的类型;附条件民事法律行为的条件特点及成就、不成就的后果。

第八章 代 理

一、学习目的与要求

通过本章的学习,了解代理的概念和特点、代理的适用范围、代理的分类和分类的意义;掌握代理权的授予、代理权行使的原则、代理权的消灭原因及后果、无权代理及表见代理的构成和法律后果。

二、课程内容

第一节 代理概述
第二节 代理权
第三节 无权代理

三、考核知识点与考核要求

(一)代理概述

识记:(1)代理的概念;(2)代理的特点;(3)代理关系的当事人;(4)代理的适用范围;

(5)委托代理与法定代理;(6)一般代理与特别代理;(7)单独代理与共同代理;(8)本代理与再代理。

领会:(1)各种代理分类的意义;(2)再代理与代理的区别。

应用:不适用代理的情形。

(二)代理权

识记:(1)代理权的概念;(2)代理权授予的性质、形式和内容;(3)代理权行使的原则;(4)滥用代理权的情形;(5)代理权消灭的原因。

应用:(1)委托授予代理权的要求;(2)代理中会发生的责任。

(三)无权代理

识记:(1)无权代理的概念和发生原因;(2)无权代理的法律后果;(3)表见代理的概念。

领会:滥用代理权与无权代理的区别。

应用:(1)无权代理的情形;(2)表见代理的构成条件、常见情形和后果。

四、本章重点与难点

本章重点:代理的特征;代理权的行使;狭义无权代理的后果。

本章难点:表见代理的构成及效力。

第九章 诉讼时效与期限

一、学习目的与要求

通过本章的学习,了解民事时效的概念和要素、民事时效的性质和种类、诉讼时效的概念和特点、诉讼时效中止的概念和事由、诉讼时效中断的概念和事由、诉讼时效延长的概念、期限的概念和意义;理解诉讼时效与除斥期间的区别、诉讼时效中止与中断的区别、诉讼时效的起算;掌握诉讼时效的分类和适用范围、诉讼时效中止和中断的效力、期限的分类、期限的确定方式与计算方法。

二、课程内容

第一节 民事时效概述

第二节 诉讼时效

第三节 期限

三、考核知识点与考核要求

（一）民事时效概述

识记：(1)民事时效的概念和构成要件；(2)民事时效的性质；(3)取得时效与消灭时效。

（二）诉讼时效

识记：(1)诉讼时效的概念和特点；(2)普通诉讼时效；(3)特别诉讼时效；(4)诉讼时效起算的概念；(5)诉讼时效中止的概念和后果；(6)诉讼时效中断的概念和后果。

领会：(1)诉讼时效与除斥期间的区别；(2)诉讼时效的适用范围；(3)诉讼时效中止与中断的区别；(4)诉讼时效中止与延长的区别。

应用：(1)特别诉讼时效与普通诉讼时效的区别；(2)不适用诉讼时效的主要情形；(3)诉讼时效期间开始计算的具体情形；(4)诉讼时效中止、中断的事由。

（三）期限

识记：期日、期间的概念。

领会：(1)期间的分类；(2)期限的确定与计算。

四、本章重点与难点

本章重点：诉讼时效的中止、中断。

本章难点：诉讼时效期间的计算。

第二编 物 权

第十章 物权总论

一、学习目的与要求

通过本章的学习,了解物权的概念和特点;理解物权的分类及其意义、物权的各种效力及其表现;掌握物权变动的原因、物权变动的公示原则、不动产登记的相关规则、动产交付的种类及其效力。

二、课程内容

第一节　物权概述
第二节　物权的效力
第三节　物权的变动
第四节　物权的保护

三、考核知识点与考核要求

(一) 物权概述

识记:(1)物权的概念;(2)物权的特点;(3)意定物权与法定物权;(4)完全物权与定限物权;(5)用益物权与担保物权;(6)不动产物权、动产物权与权利物权;(7)主物权与从物权;(8)有期物权与无期物权。

领会:物权分类的意义。

(二) 物权的效力

领会:(1)物权的排他效力;(2)物权的优先效力;(3)物权的追及效力。

应用:物权效力与债权效力的区别。

（三）物权的变动

领会：(1) 不动产登记的含义、种类和效力；(2) 动产交付的含义、种类和效力。

应用：(1) 物权变动的原因；(2) 物权变动的公示原则；(3) 物权变动的形态。

（四）物权的保护

识记：(1) 物权确认请求权；(2) 物权请求权。

四、本章重点与难点

本章重点：物权的分类和物权效力。

本章难点：不动产登记与动产交付的效力、形态。

第十一章 所有权

一、学习目的与要求

通过本章的学习，了解所有权的概念和特点、国家所有权的概念和特点、集体所有权的概念和特点、私人所有权的概念和特点、建筑物区分所有权的概念和特点、共有的概念和特点、相邻关系的概念和特点；理解建筑物区分所有权的权利构成及其内容、相邻关系的处理原则、共有物的分割及效力；掌握所有权的权能、所有权的分类、相邻关系的种类、共有的种类、共有的内外部关系的效力、善意取得等所有权取得方式的构成条件和效力。

二、课程内容

第一节　所有权概述

第二节　国家所有权和集体所有权、私人所有权

第三节　业主的建筑物区分所有权

第四节　相邻关系

第五节　共有

第六节　所有权取得的特别规定

三、考核知识点与考核要求

（一）所有权概述

识记：所有权的概念和特点。

领会：(1) 所有权的权能；(2) 所有权的分类；(3) 所有权的限制。

（二）国家所有权和集体所有权、私人所有权

领会：国家所有权、集体所有权、私人所有权的概念和特点。

（三）业主的建筑物区分所有权

识记：建筑物区分所有权的概念和特点。

领会：建筑物区分所有权的内容。

（四）相邻关系

识记：相邻关系的概念和特点。

领会：(1) 相邻关系的实质；(2) 相邻关系的种类。

应用：相邻关系的处理原则。

（五）共有

识记：(1) 共有的概念和特点；(2) 按份共有、共同共有的概念和特点。

领会：(1) 共有的内外部关系；(2) 共有物的分割方法和效力。

应用：共有人之间的关系和共有人与第三人之间的关系。

（六）所有权取得的特别规定

识记：(1) 善意取得的概念；(2) 拾得遗失物的概念；(3) 添附的概念；(4) 先占的概念。

领会：(1) 善意取得的条件和效力；(2) 拾得遗失物的效力；(3) 添附的效力；(4) 先占的成立条件。

应用：根据所有权取得的特别规定确定物的所有权归属。

四、本章重点与难点

本章重点：所有权权能；建筑物区分所有权、相邻关系和共有。

本章难点：所有权取得的特别规定。

第十二章 用益物权

一、学习目的与要求

通过本章的学习,了解用益物权的概念和特点,掌握土地承包经营权、建设用地使用权、宅基地使用权、居住权、地役权的概念、特点、取得、内容和消灭。

二、课程内容

第一节 用益物权概述
第二节 土地承包经营权
第三节 建设用地使用权
第四节 宅基地使用权
第五节 居住权
第六节 地役权

三、考核知识点与考核要求

(一)用益物权概述
识记:(1)用益物权的概念和特点;(2)用益物权的行使;(3)用益物权的种类。
(二)土地承包经营权
识记:土地承包经营权的概念和特点。
领会:土地承包经营权的内容。
应用:土地承包经营权的取得和消灭。
(三)建设用地使用权
识记:建设用地使用权的概念和特点。
领会:建设用地使用权的内容。
应用:建设用地使用权的取得和消灭。
(四)宅基地使用权
识记:宅基地使用权的概念和特点。
领会:宅基地使用权的内容。
应用:宅基地使用权的取得和消灭。

（五）居住权

识记：居住权的概念和特点。

领会：居住权的内容。

应用：居住权的取得和消灭。

（六）地役权

识记：地役权的概念和特点。

领会：地役权的内容。

应用：地役权的取得和消灭。

四、本章重点与难点

本章重点：各项用益物权的特点和内容。

本章难点：土地承包经营权与土地经营权的关系；建设用地使用权的流转；地役权与相邻关系的区别。

第十三章 担保物权

一、学习目的与要求

通过本章的学习，了解担保物权的概念和特点、抵押权的概念和特点、质权的概念和特点、动产质权的概念和特点、权利质权的概念和特点、留置权的概念和特点；理解担保物权的分类及意义、抵押权与质权的区别、特殊抵押权的特殊性；掌握抵押权的设立和效力、抵押权的实现和消灭、动产质权的设立和效力、动产质权的实现和消灭、各类权利质权的特殊效力、留置权的成立条件和效力、留置权的实现和消灭。

二、课程内容

第一节　担保物权概述

第二节　抵押权

第三节　质权

第四节　留置权

三、考核知识点与考核要求

（一）担保物权概述

识记：(1)担保物权的概念和特点；(2)担保物权的分类。

（二）抵押权

识记：抵押权的概念和特点。

领会：(1)抵押权的效力；(2)抵押权的实现和消灭；(3)动产浮动抵押权；(4)最高额抵押权。

应用：(1)抵押权设立的要求；(2)抵押权的实现条件。

（三）质权

识记：(1)质权的概念和特点；(2)动产质权、权利质权的概念和特点。

领会：(1)动产质权的设立、实现、效力和消灭；(2)各类权利质权的效力。

应用：(1)动产质权的设立要求；(2)各类权利质权的设立要求。

（四）留置权

识记：留置权的概念和特点。

领会：留置权的效力和消灭。

应用：留置权的成立条件。

四、本章重点与难点

本章重点：担保物权的特点；抵押权的设立和效力；动产质权的设立和效力。

本章难点：权利质权的设立和效力；留置权的效力和成立条件。

第十四章 占 有

一、学习目的与要求

通过本章的学习，了解占有的概念、本质和特点；掌握占有的分类及其意义、占有的效力。

二、课程内容

第一节　占有概述
第二节　占有的分类
第三节　占有的效力

三、考核知识点与考核要求

（一）占有概述
识记：占有的概念和特点。
（二）占有的分类
识记：(1) 有权占有与无权占有；(2) 单独占有与共同占有；(3) 自主占有与他主占有；(4) 直接占有与间接占有；(5) 善意占有与恶意占有。
领会：占有的各种分类的意义。
（三）占有的效力
领会：占有的权利推定效力。
应用：(1) 占有人的权利义务；(2) 占有的妨害排除效力。

四、本章重点与难点

本章重点：占有人的权利义务。
本章难点：占有的效力。

第三编 合同总论

第十五章 债与合同概述

一、学习目的与要求

通过本章的学习,了解债的概念和特点、债的要素;明确债的发生原因;理解债的分类及其意义;了解合同的概念和特点;明确合同分类的意义;理解合同自由原则。

二、课程内容

第一节 债的概述
第二节 合同概述

三、考核知识点与考核要求

(一) 债的概述

识记:(1) 债的概念;(2) 债的特点;(3) 债的要素;(4) 法定之债与意定之债;(5) 特定物之债与种类物之债;(6) 单一之债与多数人之债;(7) 按份之债与连带之债;(8) 简单之债与选择之债;(9) 金钱之债与非金钱之债;(10) 一时性之债与继续性之债。

领会:(1) 债权的特点;(2) 债务的特点;(3) 债的发生原因。

应用:债的分类的标准和法律意义。

(二) 合同概述

识记:(1) 合同的概念;(2) 合同的特点;(3) 有名合同与无名合同;(4) 诺成合同与实践合同;(5) 要式合同与不要式合同;(6) 有偿合同与无偿合同;(7) 主合同与从合同;(8) 束己合同与涉他合同;(9) 预约合同与本约合同。

领会:合同自由原则。

应用:合同分类的标准和法律意义。

四、本章重点与难点

本章重点:债的各种分类的意义;合同的各种分类的意义。
本章难点:债的各要素的特点。

第十六章 合同订立与效力

一、学习目的与要求

通过本章的学习,了解合同的订立、合同的形式和内容、合同成立的时间和地点,掌握缔约过失责任的构成与合同的效力。

二、课程内容

第一节 合同订立的程序
第二节 合同的形式和内容
第三节 合同成立的时间和地点
第四节 缔约过失责任
第五节 合同的效力

三、考核知识点与考核要求

(一)合同订立的程序
识记:(1)要约的概念;(2)承诺的概念。
领会:(1)要约的构成要件;(2)要约的效力;(3)要约的失效;(4)要约与要约邀请的区分;(5)承诺的构成要件;(6)承诺的方式;(7)承诺的生效和撤回;(8)承诺的逾期。
(二)合同的形式和内容
识记:格式条款的概念。
领会:(1)主要条款与普通条款的区别;(2)格式条款的限制;(3)合同的形式。
应用:(1)合同条款的解释;(2)合同免责条款的无效。

（三）合同成立的时间和地点

领会：不同情况下合同成立的时间和地点。

（四）缔约过失责任

识记：缔约过失责任的概念。

领会：缔约过失责任的类型。

应用：缔约过失责任的赔偿范围。

（五）合同的效力

识记：合同效力的概念。

领会：无权代理、越权代表、超越经营范围订立合同对合同效力的影响。

应用：批准等手续对合同效力的影响。

四、本章重点与难点

本章重点：要约与承诺；合同的不同条款；缔约过失责任。

本章难点：格式条款；合同效力。

第十七章 合同的履行

一、学习目的与要求

通过本章的学习，了解合同的履行原则、合同的适当履行、合同适当履行的补充性规则；理解合同履行中的抗辩权；掌握情势变更规则。

二、课程内容

第一节 合同的履行原则

第二节 合同的适当履行

第三节 合同履行中的抗辩权

第四节 情势变更

三、考核知识点与考核要求

（一）合同的履行原则

识记：(1)全面履行原则；(2)诚信履行原则；(3)绿色履行原则。

（二）合同的适当履行

识记：(1)履行主体；(2)履行标的；(3)履行期限；(4)履行地点；(5)履行方式和履行费用。

领会：(1)合同的相关事项约定不明时合同履行的规则；(2)选择之债的履行规则；(3)连带之债的履行规则。

应用：合同的履行规则在实践中的运用。

（三）合同履行中的抗辩权

识记：(1)同时履行抗辩权的概念；(2)先履行抗辩权的概念；(3)不安抗辩权的概念。

应用：同时履行抗辩权、先履行抗辩权、不安抗辩权的行使条件与效力。

（四）情势变更

识记：情势变更的概念。

应用：情势变更的构成要件与法律后果。

四、本章重点与难点

本章重点：合同的适当履行；合同履行中的抗辩权。

本章难点：合同的履行规则；情势变更。

第十八章 合同保全

一、学习目的与要求

通过本章的学习，了解合同保全的概念、特点和作用，债权人代位权的概念和特点，债权人代位保存权的概念和行使条件，债权人撤销权的概念和特点；掌握债权人代位权与撤销权的行使条件；理解债权人代位权与撤销权行使的效力。

二、课程内容

第一节　合同保全概述
第二节　债权人代位权
第三节　债权人撤销权

三、考核知识点与考核要求

（一）合同保全概述
识记：合同保全的概念和特点。
领会：合同保全的作用。
（二）债权人代位权
识记：(1) 债权人代位权的概念和特点；(2) 债权人代位保存权的概念。
领会：(1) 债权人代位权的成立条件和行使；(2) 债权人代位保存权的行使条件。
应用：债权人代位权行使的效力。
（三）债权人撤销权
识记：债权人撤销权的概念和特点。
领会：债权人撤销权的成立条件和行使。
应用：债权人撤销权行使的效力。

四、本章重点与难点

本章重点：债权人代位权与撤销权的成立条件和行使。
本章难点：债权人代位保存权；债权人代位权、撤销权行使的效力。

第十九章　合同的变更与转让

一、学习目的与要求

通过本章的学习，了解合同变更的概念和条件、合同债权转让和合同债务转移的概念和特点,合同权利义务概括转让的概念;掌握合同债权转让的条件和效力、合同债务转移的条件和效力、合同权利义务概括转让的条件和效力。

二、课程内容

第一节　合同的变更
第二节　合同债权转让
第三节　合同债务的转移
第四节　合同权利义务的概括转让

三、考核知识点与考核要求

(一) 合同的变更
识记:合同变更的概念和条件。
(二) 合同债权转让
识记:(1) 合同转让的概念;(2) 合同债权转让的概念。
领会:(1) 合同转让与合同变更的区别;(2) 合同债权转让的条件。
应用:合同债权转让对债权人、受让人和债务人的效力。
(三) 合同债务的转移
识记:(1) 合同债务转移的概念;(2) 免责的债务承担的概念;(3) 并存的债务承担的概念。
领会:合同债务转移的条件。
应用:合同债务转移对债权人、原债务人和新债务人的效力。
(四) 合同权利义务的概括转让
识记:合同权利义务概括转让的概念。
领会:合同权利义务概括转让的条件。
应用:合同权利义务概括转让的效力。

四、本章重点与难点

本章重点:债权转让与债务转移。
本章难点:债务承担。

第二十章 合同权利义务终止

一、学习目的与要求

通过本章的学习,了解合同权利义务终止的概念、特点和效力以及清偿、合同解除、抵销、提存、债务免除、混同的概念;掌握上述各种合同权利义务消灭原因的构成、原因、效力。

二、课程内容

第一节 合同权利义务终止概述
第二节 清偿
第三节 合同解除
第四节 抵销
第五节 提存
第六节 债务免除
第七节 混同

三、考核知识点与考核要求

(一)合同权利义务终止概述
识记:(1)合同权利义务终止的概念;(2)合同权利义务终止的特点。
领会:合同权利义务终止的一般效力。
(二)清偿
识记:(1)清偿的概念;(2)代物清偿的概念;(3)清偿抵充的概念。
领会:(1)清偿的效力;(2)清偿的成立条件。
应用:代物清偿的要件。
(三)合同解除
识记:(1)合同解除的概念;(2)合同解除的种类。
领会:(1)合同解除的程序;(2)法定解除的条件;(3)违约方终止合同。
应用:合同解除的成立条件和后果。

（四）抵销

识记：抵销的概念。

领会：抵销的构成要件。

应用：法定抵销与约定抵销。

（五）提存

识记：提存的概念。

领会：(1) 提存的原因；(2) 提存的效力。

应用：提存的要件。

（六）债务免除

识记：债务免除的概念。

领会：(1) 债务免除的条件；(2) 债务免除的效力。

（七）混同

识记：混同的概念。

领会：混同的效力。

四、本章重点与难点

本章重点：合同权利义务终止的各种原因及其成立条件。

本章难点：清偿抵充与合同解除。

第二十一章 违约责任

一、学习目的与要求

通过本章的学习，了解违约责任的概念和特点、违约责任的归责原则；掌握违约责任的构成要件、违约责任的免责事由；理解违约责任的承担方式。

二、课程内容

第一节 违约责任概述

第二节 违约责任的构成要件

第三节 违约责任的免责事由

第四节 违约责任的承担方式

三、考核知识点与考核要求

（一）违约责任概述

识记：(1) 违约责任的概念；(2) 违约责任的特点。

领会：违约责任的归责原则。

（二）违约责任的构成要件

识记：(1) 预期违约的概念和形态；(2) 实际违约的概念和类型。

（三）违约责任的免责事由

识记：(1) 违约责任的免责事由的概念；(2) 违约责任法定免责事由与约定免责事由。

领会：违约责任法定免责事由的具体形态。

（四）违约责任的承担方式

识记：(1) 继续履行的概念；(2) 替代履行的含义；(3) 违约损害赔偿的概念；(4) 违约金的概念；(5) 违约定金的概念。

领会：(1) 非金钱债务继续履行的除外条件；(2) 违约金的特点；(3) 定金的特点和违约定金的效力；(4) 采取补救措施的方式。

应用：(1) 赔偿损失的确定和限制；(2) 违约金的调整规则；(3) 违约定金与违约金、赔偿损失的关系。

四、本章重点与难点

本章重点：违约责任的构成要件。

本章难点：违约责任的承担方式。

第四编　合同分论

第二十二章　典型合同(上)

一、学习目的与要求

通过本章的学习,了解买卖合同、供用电(水、气、热力)合同、赠与合同、借款合同、保证合同的概念和特点;掌握买卖合同、供用电合同、赠与合同、借款合同、保证合同的效力;理解特殊买卖合同的特殊性,保证方式,保证责任的承担、免除与消灭。

二、课程内容

第一节　买卖合同
第二节　供用电、水、气、热力合同
第三节　赠与合同
第四节　借款合同
第五节　保证合同

三、考核知识点与考核要求

(一)买卖合同
识记:(1)买卖合同的概念和特点;(2)互易合同的概念。
领会:(1)买卖合同的效力;(2)特种买卖的特殊性。
应用:买卖合同风险转移和利益承受规则。
(二)供用电、水、气、热力合同
识记:供用电、水、气、热力合同的概念和特点。
领会:供用电合同的效力。
(三)赠与合同
识记:赠与合同的概念和特点。

领会:赠与合同的效力。

应用:赠与合同的撤销和不再履行。

(四)借款合同

识记:(1)借款合同的概念和特点;(2)自然人之间借款合同的概念和特点。

领会:金融机构借款合同的效力。

(五)保证合同

识记:(1)保证合同的概念和特点;(2)一般保证;(3)连带责任保证;(4)最高额保证合同;(5)共同保证合同。

领会:(1)一般保证与连带责任保证的区别;(2)保证合同的效力。

应用:(1)保证合同的成立条件;(2)保证责任免除和消灭的情形。

四、本章重点与难点

本章重点:买卖合同;赠与合同;保证合同。

本章难点:特种买卖;买卖合同的风险转移;赠与合同的撤销;保证责任的承担、免除和消灭。

第二十三章 典型合同(中)

一、学习目的与要求

通过本章的学习,了解租赁合同、融资租赁合同、保理合同、承揽合同、建设工程合同、运输合同、技术合同的概念和特点;掌握租赁合同、承揽合同、建设工程合同、运输合同的效力。

二、课程内容

第一节 租赁合同

第二节 融资租赁合同

第三节 保理合同

第四节 承揽合同

第五节 建设工程合同

第六节 运输合同

第七节 技术合同

三、考核知识点与考核要求

（一）租赁合同

识记:租赁合同的概念和特点。

领会:租赁合同的效力。

应用:租赁合同的特别效力。

（二）融资租赁合同

识记:融资租赁合同的概念和特点。

（三）保理合同

识记:保理合同的概念和特点。

（四）承揽合同

识记:承揽合同的概念和特点。

领会:承揽合同的效力。

（五）建设工程合同

识记:建设工程合同的概念和特点。

领会:(1)勘察、设计合同的效力;(2)施工合同的效力。

应用:施工合同的无效原因及其处理。

（六）运输合同

识记:(1)客运合同的概念和特点;(2)货运合同的概念和特点。

领会:(1)客运合同的效力;(2)货运合同的效力。

应用:运输合同的通用规则。

（七）技术合同

识记:(1)技术合同的概念和特点;(2)技术开发合同的概念和特点;(3)技术转让合同和技术许可合同的概念和特点;(4)技术咨询合同和技术服务合同的概念和特点。

四、本章重点与难点

本章重点:租赁合同;承揽合同;运输合同。

本章难点:施工合同的无效原因及其处理。

第二十四章 典型合同(下)

一、学习目的与要求

通过本章的学习,了解保管合同、仓储合同、委托合同、物业服务合同、行纪合同、中介合同、合伙合同的概念和特点;掌握保管合同、仓储合同、委托合同、物业服务合同、行纪合同、中介合同、合伙合同的效力。

二、课程内容

第一节　保管合同
第二节　仓储合同
第三节　委托合同
第四节　物业服务合同
第五节　行纪合同
第六节　中介合同
第七节　合伙合同

三、考核知识点与考核要求

(一) 保管合同

识记:保管合同的概念和特点。

领会:保管合同的效力。

(二) 仓储合同

识记:(1)仓储合同的概念和特点;(2)仓单的性质。

领会:仓储合同的效力。

(三) 委托合同

识记:委托合同的概念和特点。

领会:委托合同的效力。

应用:(1)委托合同的受托人以自己名义与第三人订立合同的特殊效力;(2)委托合同终止的原因及法律后果。

（四）物业服务合同
识记：物业服务合同的概念和特点。
领会：物业服务合同的效力。
（五）行纪合同
识记：行纪合同的概念和特点。
领会：行纪合同的效力。
（六）中介合同
识记：中介合同的概念和特点。
领会：中介合同的效力。
应用：委托合同、行纪合同、中介合同的区别。
（七）合伙合同
识记：合伙合同的概念和特点。
领会：合伙合同的效力。

四、本章重点与难点

本章重点：仓储合同；委托合同。
本章难点：委托合同的受托人以自己名义与第三人订立合同的效力。

第二十五章 准 合 同

一、学习目的与要求

通过本章的学习，了解无因管理和不当得利的概念和性质；掌握无因管理和不当得利的构成要件与效力；理解不当得利的基本类型。

二、课程内容

第一节 无因管理
第二节 不当得利

三、考核知识点与考核要求

（一）无因管理
识记：(1) 无因管理的概念；(2) 无因管理的构成要件。
领会：无因管理的性质。
应用：无因管理的效力。
（二）不当得利
识记：(1) 不当得利的概念；(2) 不当得利的构成要件。
领会：(1) 不当得利的性质；(2) 不当得利的基本类型。
应用：不当得利的效力。

四、本章重点与难点

本章重点：无因管理与不当得利的构成要件。
本章难点：不当得利的基本类型与效力。

第五编 人格权

第二十六章 人格权概述

一、学习目的与要求

通过本章的学习,了解和掌握人身权的概念和特点、人身权的分类;人格权的概念和特点、人格权的分类和人格权保护。

二、课程内容

第一节 人身权的概念和分类
第二节 人格权的概念和分类
第三节 人格权的民法保护

三、考核知识点与考核要求

(一)人身权的概念和分类
识记:(1)人身权的概念;(2)人身权的特点。
领会:人身权的分类。
(二)人格权的概念和分类
识记:人格权的概念和特点。
领会:人格权的分类。
(三)人格权的民法保护
领会:人格权的民法保护。

四、本章重点与难点

本章重点:人身权和人格权的分类。

本章难点：人格权的民法保护。

第二十七章　生命权、身体权和健康权

一、学习目的与要求

通过本章的学习，了解和掌握生命权、身体权和健康权的概念和特点，掌握生命权、身体权、健康权的内容，明确保护生命权、身体权、健康权的特别规定。

二、课程内容

第一节　生命权
第二节　身体权
第三节　健康权
第四节　保护生命权、身体权、健康权的特别规定

三、考核知识点与考核要求

（一）生命权
识记：生命权的概念和特点。
领会：生命权的内容。
（二）身体权
识记：身体权的概念和特点。
领会：身体权的内容。
（三）健康权
识记：健康权的概念和特点。
领会：健康权的内容。
（四）保护生命权、身体权、健康权的特别规定
应用：保护生命权、身体权、健康权的特别规定。

四、本章重点与难点

本章重点:生命权、身体权、健康权的内容。
本章难点:保护生命权、身体权、健康权的特别规定。

第二十八章　姓名权和名称权

一、学习目的与要求

通过本章的学习,了解姓名权、名称权的概念、特点及内容。

二、课程内容

第一节　姓名权
第二节　名称权

三、考核知识点与考核要求

(一)姓名权
识记:姓名权的概念和特点。
领会:姓名权的内容。
(二)名称权
识记:名称权的概念和特点。
领会:名称权的内容。

四、本章重点与难点

本章重点:姓名权、名称权的内容。
本章难点:姓名权、名称权的许可使用。

第二十九章　肖像权、名誉权和荣誉权

一、学习目的与要求

通过本章的学习,了解肖像权、名誉权和荣誉权的概念和特点,掌握肖像权、名誉权、荣誉权的内容。

二、课程内容

第一节　肖像权
第二节　名誉权和荣誉权

三、考核知识点与考核要求

(一) 肖像权
识记:肖像权的概念和特点。
领会:肖像权的内容。
应用:声音保护规则的适用。
(二) 名誉权和荣誉权
识记:(1) 名誉权的概念和特点;(2) 荣誉权的概念和特点。
领会:(1) 名誉权的内容;(2) 荣誉权的内容。
应用:名誉权与荣誉权的区别。

四、本章重点与难点

本章重点:肖像权的内容;名誉权的内容。
本章难点:名誉权与荣誉权的区别。

第三十章　隐私权和个人信息保护

一、学习目的与要求

通过本章的学习,了解和掌握隐私权的概念、特点和内容,个人信息的概念、特点和个人信息保护的内容。

二、课程内容

第一节　隐私权
第二节　个人信息保护

三、考核知识点与考核要求

(一)隐私权
识记:隐私权的概念和特点。
领会:隐私权的内容。
(二)个人信息保护
识记:个人信息的概念和特点。
领会:个人信息保护的内容。
应用:隐私与个人信息的区别。

四、本章重点与难点

本章重点:隐私权的内容。
本章难点:个人信息保护的内容。

第六编 婚姻家庭

第三十一章 婚姻家庭概述

一、学习目的与要求

通过本章的学习,了解婚姻家庭的概念和特点、婚姻家庭制度的基本原则;掌握亲属的概念和特点、亲属的种类,明确亲等的计算、近亲属与家庭成员。

二、课程内容

第一节 婚姻家庭的概念和原则
第二节 亲属

三、考核知识点与考核要求

(一)婚姻家庭的概念和原则
识记:(1)婚姻的概念;(2)家庭的概念。
领会:婚姻家庭制度的特点。
应用:婚姻家庭制度的基本原则。
(二)亲属
识记:(1)亲属的概念;(2)亲属的种类;(3)近亲属的范围;(4)家庭成员的概念。
领会:(1)亲属的特点;(2)亲等的计算。
应用:近亲属与家庭成员的关系。

四、本章重点与难点

本章重点:婚姻家庭制度的基本原则;亲属的种类。

本章难点:亲等的计算。

第三十二章 结 婚

一、学习目的与要求

通过本章的学习,了解结婚的条件和无效婚姻、可撤销婚姻。

二、课程内容

第一节 结婚的条件
第二节 无效婚姻和可撤销婚姻

三、考核知识点与考核要求

(一)结婚的条件
识记:结婚的概念和特点。
领会:结婚的实质要件和形式要件。
应用:结婚登记的效力。
(二)无效婚姻和可撤销婚姻
识记:(1)无效婚姻的概念和特点;(2)可撤销婚姻的概念和特点。
领会:(1)无效婚姻的原因;(2)无效婚姻的确认;(3)可撤销婚姻的类型;(4)可撤销婚姻的撤销权主体与撤销权的行使。
应用:婚姻无效或者被撤销的法律后果。

四、本章重点与难点

本章重点:结婚的条件。
本章难点:婚姻无效的确认和可撤销婚姻的撤销。

第三十三章　家庭关系

一、学习目的与要求

通过本章的学习,了解夫妻关系、父母子女关系和其他近亲属关系。

二、课程内容

第一节　夫妻关系
第二节　父母子女关系
第三节　其他近亲属关系

三、考核知识点与考核要求

(一) 夫妻关系
识记:(1) 夫妻关系的概念;(2) 夫妻人身关系的概念。
领会:(1) 夫妻人身关系的内容;(2) 夫妻共同财产制的特点和范围;(3) 夫妻个人特有财产制的含义与范围;(4) 夫妻约定财产制的效力。
应用:(1) 夫妻共同债务的认定;(2) 夫妻共同财产的分割。
(二) 父母子女关系
识记:(1) 亲子关系的概念;(2) 婚生子女与非婚生子女;(3) 养父母养子女关系;(4) 继父母继子女关系。
领会:(1) 亲子关系的确认与否认;(2) 父母子女间关系的主要内容。
(三) 其他近亲属关系
领会:(1) 祖父母、外祖父母与孙子女、外孙子女间关系的主要内容;(2) 兄弟姐妹间关系的主要内容。

四、本章重点与难点

本章重点:夫妻关系;父母子女关系。
本章难点:夫妻共同财产与共同债务。

第三十四章 离 婚

一、学习目的与要求

通过本章的学习,了解离婚的概念和特点,掌握协议离婚与诉讼离婚的要求,明确离婚的法律后果。

二、课程内容

第一节 离婚的概念和特点
第二节 协议离婚
第三节 诉讼离婚
第四节 离婚的法律后果

三、考核知识点与考核要求

(一)离婚的概念和特点
识记:(1)离婚的概念;(2)离婚的特点。
(二)协议离婚
识记:(1)协议离婚的概念;(2)协议离婚的程序。
领会:协议离婚的条件。
(三)诉讼离婚
识记:(1)诉讼离婚的概念和特点;(2)诉讼离婚的程序。
领会:(1)判决离婚的法定事由;(2)对现役军人配偶的离婚请求权的限制;(3)对男方离婚请求权的限制。
(四)离婚的法律后果
识记:离婚对双方人身关系的后果。
领会:(1)离婚后未成年子女的抚养归属及抚养费用负担;(2)离婚后父母对子女探望权的行使;(3)离婚时夫妻共同财产的分割原则和具体规则;(4)离婚时的经济补偿请求权的成立条件和行使;(5)离婚时经济帮助请求权成立的条件;(6)一方侵占夫妻共同财产时请求权的内容。

应用:(1)离婚时夫妻共同债务的清偿规则;(2)离婚损害赔偿的特点和请求权行使规则。

四、本章重点与难点

本章重点:诉讼离婚。
本章难点:离婚的法律后果。

第三十五章 收 养

一、学习目的与要求

通过本章的学习,了解收养的概念和特点、收养关系成立的实质要件和形式要件;掌握收养的法律效力,明确收养关系解除的概念和法定事由,理解收养关系解除的程序和法律后果。

二、课程内容

第一节 收养关系的成立
第二节 收养的法律效力
第三节 收养关系的解除

三、考核知识点与考核要求

(一)收养关系的成立
识记:收养的概念和特点。
领会:(1)收养关系成立的实质要件;(2)收养登记的程序。
(二)收养的法律效力
识记:收养的法律效力的概念。
领会:(1)收养的拟制效力;(2)收养的解消效力。
(三)收养关系的解除
识记:收养关系解除的概念。
领会:(1)收养关系解除的法定事由;(2)收养关系解除的程序。
应用:(1)解除收养关系在身份关系方面的法律后果;(2)解除收养关系在财产关系方

面的法律后果。

四、本章重点与难点

本章重点：收养关系成立的要件和收养的法律效力。
本章难点：收养解除的事由和解除后的法律后果。

第七编 继 承

第三十六章 继承概述

一、学习目的与要求

通过本章的学习,了解继承的概念和特点、继承的分类、继承权的概念和特点、继承权的接受与放弃的概念和要求;掌握继承权丧失的概念、事由和种类及效力,继承开始的时间、通知和地点;明确遗产的概念、特点和范围。

二、课程内容

第一节 继承的概念和分类
第二节 继承权
第三节 继承的开始
第四节 遗产

三、考核知识点与考核要求

(一)继承的概念和分类

识记:(1)继承的概念和特点;(2)继承的主要分类。

(二)继承权

识记:(1)继承权的概念和特点;(2)继承权的接受的概念;(3)继承权的放弃的概念;(4)继承权的丧失的概念。

领会:(1)继承权丧失的确认;(2)继承权丧失的种类;(3)继承权丧失的效力。

应用:继承权丧失的法定事由。

(三)继承的开始

识记:继承开始的时间和地点。

领会:继承开始的通知。

(四)遗产
识记:遗产的概念和特点。
应用:遗产的范围。

四、本章重点与难点

本章重点:继承的分类;继承权的接受和放弃。
本章难点:继承权的丧失;遗产的范围。

第三十七章 法定继承

一、学习目的与要求

通过本章的学习,了解法定继承的概念、特点和适用范围,法定继承人的范围和继承顺序,代位继承的概念和特点;掌握代位继承的条件、遗产份额的确定;明确法定继承的遗产分配原则和非继承人对遗产的取得条件。

二、课程内容

第一节 法定继承概述
第二节 法定继承人的范围和继承顺序
第三节 代位继承
第四节 法定继承的遗产分配

三、考核知识点与考核要求

(一)法定继承概述
识记:(1)法定继承的概念和特点;(2)法定继承的适用范围。
(二)法定继承人的范围和继承顺序
领会:(1)法定继承人的范围;(2)法定继承人的继承顺序。
(三)代位继承
识记:代位继承的概念。

领会:代位继承的性质。
应用:代位继承的条件及应继份额。
(四)法定继承的遗产分配
应用:(1)法定继承人继承份额的确定原则;(2)非继承人酌情分得遗产的权利。

四、本章重点与难点

本章重点:法定继承人的范围和继承顺序;法定继承人继承份额的确定。
本章难点:代位继承的条件;非继承人分得遗产的权利的行使条件。

第三十八章 遗嘱继承

一、学习目的与要求

通过本章的学习,了解遗嘱继承的概念和特点、遗嘱的概念和特点;掌握遗嘱继承的适用条件、遗嘱的内容和形式、遗嘱的有效条件、遗嘱的撤回和变更、遗嘱的执行。

二、课程内容

第一节 遗嘱继承概述
第二节 遗嘱的设立
第三节 遗嘱的效力
第四节 遗嘱的撤回与变更
第五节 遗嘱的执行

三、考核知识点与考核要求

(一)遗嘱继承概述
识记:(1)遗嘱继承的概念和特点;(2)遗嘱继承的适用条件。
(二)遗嘱的设立
识记:(1)遗嘱的概念和特点;(2)遗嘱见证人。

领会:遗嘱的内容。
应用:遗嘱的法定形式。
（三）遗嘱的效力
领会:(1)遗嘱的有效条件;(2)遗嘱无效的情形。
（四）遗嘱的撤回与变更
领会:遗嘱的撤回、变更的条件、方式和效力。
（五）遗嘱的执行
领会:遗嘱的执行人的确定和职责。

四、本章重点与难点

本章重点:遗嘱的设立;遗嘱的效力。
本章难点:遗嘱法定形式的构成要件。

第三十九章 遗赠与遗赠扶养协议

一、学习目的与要求

通过本章的学习,了解遗赠的概念和特点、遗赠扶养协议的概念和特点;理解遗赠与遗嘱继承的区别;掌握遗赠的接受与放弃、受遗赠权的丧失、遗赠的执行、转遗赠、遗赠扶养协议的效力、遗赠扶养协议的解除。

二、课程内容

第一节 遗赠
第二节 遗赠扶养协议

三、考核知识点与考核要求

（一）遗赠
识记:(1)遗赠的概念和特点;(2)遗赠的接受与放弃的方式;(3)受遗赠权丧失的事由。

领会:(1)遗赠与遗嘱继承的区别;(2)遗赠的执行。
应用:转遗赠。
(二)遗赠扶养协议
识记:遗赠扶养协议的概念和特点。
领会:遗赠扶养协议的解除。
应用:遗赠扶养协议的效力。

四、本章重点与难点

本章重点:遗赠。
本章难点:遗赠扶养协议的效力。

第四十章 遗产的处理

一、学习目的与要求

通过本章的学习,了解遗产的保管和管理、遗产管理人的确定、遗产管理人的职责及其民事责任和报酬请求权;掌握转继承的概念和适用条件、与代位继承的区别;明确遗产分割的概念和原则、遗产分割的方式和效力、被继承人债务的清偿、无人承受遗产的范围与归属。

二、课程内容

第一节　遗产的保管与管理
第二节　转继承
第三节　遗产的分割
第四节　被继承人债务的清偿
第五节　无人承受遗产的处理

三、考核知识点与考核要求

(一)遗产的保管与管理
识记:(1)遗产保管的概念;(2)遗产管理人的确定;(3)遗产管理人的报酬请求权。

领会:遗产管理人的民事责任。
应用:遗产管理人的职责。
(二)转继承
识记:转继承的概念和适用条件。
领会:转继承与代位继承的区别。
(三)遗产的分割
识记:(1)遗产分割的概念;(2)遗产分割的方式。
领会:(1)遗产分割的原则;(2)遗产分割的效力。
(四)被继承人债务的清偿
领会:被继承人债务的清偿原则。
(五)无人承受遗产的处理
应用:无人承受遗产的范围和归属。

四、本章重点与难点

本章重点:遗产管理;转继承。
本章难点:遗产分割的原则和分割效力。

第八编 侵权责任

第四十一章 侵权责任概述

一、学习目的与要求

通过本章的学习,了解侵权行为的概念和特点、侵权行为的分类、侵权责任的概念和特点;掌握侵权责任与违约责任竞合的处理规则。

二、课程内容

第一节 侵权行为的概念和分类
第二节 侵权责任的概念和竞合

三、考核知识点与考核要求

(一)侵权行为的概念和分类
识记:侵权行为的概念和特点。
领会:(1)积极侵权行为与消极侵权行为;(2)直接侵权行为与间接侵权行为;(3)单独侵权行为与数人侵权行为;(4)一般侵权行为与特殊侵权行为。
(二)侵权责任的概念和竞合
识记:侵权责任的概念和特点。
应用:侵权责任与违约责任竞合的处理。

四、本章重点与难点

本章重点:侵权行为的分类。
本章难点:侵权责任与违约责任的竞合。

第四十二章 侵权责任的归责原则

一、学习目的与要求

通过本章的学习,了解和掌握我国侵权责任归责原则的体系及其适用。

二、课程内容

第一节 侵权责任归责原则概述
第二节 过错责任原则
第三节 无过错责任原则

三、考核知识点与考核要求

(一)侵权责任归责原则概述
识记:侵权责任归责原则的概念。
领会:侵权责任归责原则的体系。
(二)过错责任原则
识记:过错责任原则的概念和特点。
领会:过错推定规则的适用范围。
应用:过错责任原则的适用。
(三)无过错责任原则
识记:无过错责任原则的概念和特点。
领会:过错责任原则和无过错责任原则的区别。
应用:无过错责任原则的适用。

四、本章重点与难点

本章重点:过错责任原则;无过错责任原则。
本章难点:过错推定的适用。

第四十三章　侵权责任的一般构成要件

一、学习目的与要求

通过本章的学习，了解和掌握侵权责任的一般构成要件及其适用。

二、课程内容

第一节　侵权责任的构成要件概述
第二节　加害行为
第三节　损害后果
第四节　因果关系
第五节　过错

三、考核知识点与考核要求

（一）侵权责任的构成要件概述
应用：侵权责任的一般构成要件。
（二）加害行为
识记：加害行为的概念。
领会：加害行为的形式。
（三）损害后果
识记：损害的概念和特点。
领会：损害的分类。
（四）因果关系
识记：因果关系的概念和形态。
领会：因果关系的认定标准。
（五）过错
识记：过错的概念。
领会：过错的认定。

四、本章重点与难点

本章重点：侵权责任的各构成要件。
本章难点：损害后果与因果关系。

第四十四章　侵权责任的免责事由

一、学习目的与要求

通过本章的学习，了解侵权责任免责事由的概念和特点、免责事由的分类、各类免责事由的概念；掌握受害人过错、第三人原因、自甘风险、自助行为、不可抗力、正当防卫、紧急避险的条件及效力。

二、课程内容

第一节　侵权责任免责事由概述
第二节　侵权责任免责事由的种类

三、考核知识点与考核要求

（一）侵权责任免责事由概述
识记：侵权责任免责事由的概念和特点。
（二）侵权责任免责事由的种类
识记：(1)受害人过错的概念；(2)第三人原因的概念；(3)自甘风险的概念；(4)自助行为的概念；(5)不可抗力的概念；(6)正当防卫的概念；(7)紧急避险的概念。
领会：(1)自甘风险的成立条件；(2)自助行为的成立条件；(3)正当防卫的成立条件；(4)紧急避险的成立条件。
应用：各类侵权责任免责事由的适用。

四、本章重点与难点

本章重点：各种侵权责任免责事由的构成条件。
本章难点：自甘风险；自助行为。

第四十五章　数人侵权责任

一、学习目的与要求

通过本章的学习，了解数人侵权责任的概念、特点和种类，掌握共同侵权责任的种类和责任承担，明确无意思联络的数人侵权责任的种类和责任承担。

二、课程内容

第一节　数人侵权责任概述
第二节　共同侵权责任
第三节　无意思联络的数人侵权责任

三、考核知识点与考核要求

（一）数人侵权责任概述
识记：(1) 数人侵权责任的概念和特点；(2) 共同侵权责任的概念。
（二）共同侵权责任
识记：共同危险行为的概念。
领会：(1) 共同加害行为的共同侵权责任；(2) 教唆、帮助行为的共同加害行为；(3) 共同危险行为的构成要件。
应用：共同侵权责任的构成和责任承担。
（三）无意思联络的数人侵权责任
识记：无意思联络的数人侵权责任的概念。
领会：共同侵权责任与无意思联络的数人侵权责任的区别。
应用：无意思联络的数人侵权责任的种类和责任承担。

四、本章重点与难点

本章重点:共同侵权责任。
本章难点:无意思联络的数人侵权责任的承担。

第四十六章　侵权责任的承担方式

一、学习目的与要求

通过本章的学习,了解侵权责任承担方式的类型及适用、侵权损害赔偿责任的适用规则;掌握人身损害赔偿、财产损害赔偿、精神损害赔偿的方法和范围。

二、课程内容

第一节　侵权责任承担方式概述
第二节　侵权损害赔偿责任

三、考核知识点与考核要求

(一)侵权责任承担方式概述
识记:(1)侵权责任承担方式的概念;(2)侵权责任承担方式的具体方式。
领会:侵权责任承担方式的适用。
应用:惩罚性赔偿责任的适用。
(二)侵权损害赔偿责任
识记:(1)一般伤害、致人残废和致人死亡的赔偿范围;(2)财产损害的赔偿范围;(3)精神损害赔偿的适用范围。
应用:精神损害赔偿额的确定。

四、本章重点与难点

本章重点：侵权损害赔偿。
本章难点：侵权损害赔偿责任的适用。

第四十七章 侵权责任主体的特殊规定

一、学习目的与要求

通过本章的学习，了解监护人责任、暂时丧失心智者责任、用人单位责任、个人劳务损害责任、定作人责任、网络侵权责任、违反安全保障义务责任、教育机构责任的概念及归责原则；掌握上述各类责任的构成要件、承担主体。

二、课程内容

第一节 监护人责任
第二节 暂时丧失心智者责任
第三节 用人单位责任
第四节 个人劳务损害责任
第五节 定作人责任
第六节 网络侵权责任
第七节 违反安全保障义务责任
第八节 教育机构责任

三、考核知识点与考核要求

（一）监护人责任
识记：监护人责任的概念和归责原则。
领会：监护人责任的构成要件。
应用：监护人责任的承担主体。

(二)暂时丧失心智者责任
识记:暂时丧失心智者责任的概念和归责原则。
领会:暂时丧失心智者责任的构成要件。
应用:暂时丧失心智者责任的承担主体。
(三)用人单位责任
识记:用人单位责任的概念。
领会:用人单位责任的构成要件。
应用:用人单位责任的承担主体。
(四)个人劳务损害责任
识记:个人劳务损害责任的概念和归责原则。
领会:个人劳务损害责任的构成要件。
应用:个人劳务损害责任的承担主体。
(五)定作人责任
识记:定作人责任的概念和归责原则。
领会:定作人责任的构成要件。
应用:定作人责任的承担主体。
(六)网络侵权责任
识记:网络侵权责任的概念和归责原则。
领会:网络侵权责任的构成要件。
应用:网络侵权责任的承担主体。
(七)违反安全保障义务责任
识记:违反安全保障义务责任的概念和归责原则。
领会:违反安全保障义务责任的构成要件。
应用:违反安全保障义务责任的承担主体。
(八)教育机构责任
识记:教育机构责任的概念和归责原则。
领会:教育机构责任的构成要件。
应用:教育机构责任的承担主体。

四、本章重点与难点

本章重点:侵权责任主体的特别情形。
本章难点:监护人责任;网络侵权责任;违反安全保障义务责任。

第四十八章　特殊侵权责任

一、学习目的与要求

通过本章的学习，了解产品责任、机动车交通事故责任、医疗损害责任、环境污染和生态破坏责任、高度危险责任、饲养动物损害责任、建筑物和物件损害责任的概念、归责原则；掌握上述各类责任的构成要件、责任承担主体。

二、课程内容

第一节　产品责任
第二节　机动车交通事故责任
第三节　医疗损害责任
第四节　环境污染和生态破坏责任
第五节　高度危险责任
第六节　饲养动物损害责任
第七节　建筑物和物件损害责任

三、考核知识点与考核要求

（一）产品责任
识记：产品责任的概念和归责原则。
领会：产品责任的构成要件。
应用：产品责任的责任主体。
（二）机动车交通事故责任
识记：机动车交通事故责任的概念和归责原则。
领会：机动车交通事故责任的构成要件。
应用：机动车交通事故责任的责任主体。
（三）医疗损害责任
识记：医疗损害责任的概念和归责原则。
领会：医疗损害责任的构成要件。
应用：医疗损害责任的承担。

（四）环境污染和生态破坏责任

识记:环境污染和生态破坏责任的概念和归责原则。

领会:环境污染和生态破坏责任的构成要件。

应用:环境污染和生态破坏责任的承担。

（五）高度危险责任

识记:高度危险责任的概念和归责原则。

领会:高度危险责任的构成要件。

应用:高度危险责任的责任承担。

（六）饲养动物损害责任

识记:饲养动物损害责任的概念和归责原则。

领会:饲养动物损害责任的构成要件。

应用:饲养动物损害责任的责任承担。

（七）建筑物和物件损害责任

识记:建筑物和物件损害责任的概念和归责原则。

领会:建筑物和物件损害责任的构成要件。

应用:建筑物和物件损害责任的承担主体。

四、本章重点与难点

本章重点:各种特殊侵权责任的构成要件和承担主体。

本章难点:机动车交通事故责任的承担主体;环境污染和生态破坏责任的承担主体;建筑物和物件损害责任的承担主体。

Ⅳ 关于大纲的说明与考核实施要求

一、课程自学考试大纲的目的和作用

课程自学考试大纲是根据专业自学考试计划的要求,结合自学考试的特点而确定的,其目的是对个人自学、社会助学和课程考试命题进行指导和规定。

课程自学考试大纲明确了课程学习的内容与深广度,规定了课程自学考试的范围和标准。因此,它是编写自学考试教材的依据,是社会助学组织进行自学辅导的依据,是自学者学习教材、掌握课程内容知识范围和程度的依据,也是进行自学考试命题的依据。

二、课程自学考试大纲与教材的关系

课程自学考试大纲是进行学习和考核的依据,教材是课程知识的基本内容与范围的详细讲解,教材的内容是大纲所规定的课程知识和内容的扩展与发挥。大纲与教材所体现的课程内容基本一致,大纲里面的课程内容和考核知识点,教材里一般也要有。但是,教材里有的内容,大纲里则不一定体现。

三、关于自学教材

《民法学》,全国高等教育自学考试指导委员会组编,郭明瑞、房绍坤主编,北京大学出版社,2024年版。

四、关于自学要求和自学方法的指导

本大纲的课程基本要求是依据专业基本规范和专业培养目标而确定的。课程基本要求明确了课程的基本内容,以及对基本内容掌握的程度。基本要求中的知识点构成了课程内容的主体部分。因此,课程基本内容的掌握程度、课程考核知识点是高等教育自学考试考核的主要内容。

为有效地指导个人自学和社会助学,本大纲已指明了课程的重点和难点,在章节的基本要求中一般也指明了章节内容的重点和难点。

本课程共7学分。

应考学生在学习《民法学》课程时应注意掌握以下方法和技巧:

1. 坚持理论联系实际

民法学是实践性很强的法学学科,因此,只有联系民法实际,才能掌握和理解民法的内容。通过联系民法实际,一方面可以帮助学生理解如何适用民法规范,加深对民法知识、民法理论和各项民法制度的感性认识;另一方面可以帮助学生了解司法实践中的新问题、新情况,加深对民法基本理论的理解。

2. 掌握基本的民事法律、法规

在学习本课程时,应当与学习民事法律、法规结合起来,通过学习教材掌握民事法律、法规,通过了解民事法律、法规,加深对教材的理解。

3. 坚持系统学习和重点学习

系统学习是必要的,它要求通读大纲和教材,全面掌握其内容。这样,才能适应自学考试的要求,才能为加深理解重大、疑难民事问题打下坚实的基础,才能更好地提高分析和解决民事法律问题的能力。与此同时,学习又要抓重点。在教材中,有不少内容属于基本概念、基本知识和基本理论,它们相对于教材中的其他内容来说是学习重点;就基本概念、基本知识和基本理论而言,又各有自己的重点。

4. 把握各部分间的逻辑联系,融会贯通

大纲、教材中有许多内容相互联系,有些内容容易相互混淆。因此,学习大纲、教材某些部分要与相关部分联系起来,要善于运用比较的方法进行学习。

五、对考核内容的说明

1. 本课程要求考生学习和掌握的知识点内容都作为考核的内容。课程中各章的内容均由若干知识点组成,在自学考试中成为考核知识点。因此,课程自学考试大纲所规定的考试内容是以分解为考核知识点的方式给出的。由于各知识点在课程中的地位、作用以及知识自身的特点不同,自学考试将对各知识点分别按三个认知层次确定其考核要求。

2. 在考试之日起 6 个月前,由全国人民代表大会和国务院制定或者修订的民事法律、法规都将列入本课程的考试范围。凡大纲、教材内容与现行民事法律、法规不符的,应以现行民事法律、法规为准。

六、关于考试方式和试卷结构的说明

1. 本课程的考试方式为闭卷,笔试,满分 100 分,60 分及格。考试时间为 150 分钟。

2. 本课程在试卷中对不同能力层次要求的分数比例大致为:识记占 30%,领会占 40%,应用占 30%。

3. 试卷要合理安排难易结构,试题的难易度可分为易、较易、较难、难四个等级。必须注意试题的难易程度与能力层次有一定的联系,但二者不是等同的概念。在各个能力层次中对于不同的考生都存在着不同的难度。

4. 本课程考试命题的主要题型一般有:单项选择题、多项选择题、名词解释题、简答题、案例分析题等。

附录 题型举例

一、单项选择题：在每小题列出的备选项中只有一项是最符合题目要求的，请将其选出。

1. 甲被宣告死亡，其配偶乙与丙再婚后丙死亡。现甲返回住所地，经本人申请法院撤销了对甲的死亡宣告。甲、乙双方的夫妻关系
   A. 自行恢复   B. 经甲同意后恢复
   C. 经乙同意后恢复   D. 不能恢复

2. 甲占有乙借给他的电视机一台，其后，甲、乙约定将电视机出卖给甲。根据法律规定，自双方买卖合同成立之日起，该电视机的所有权即转移给甲。这种交付方式被称为
   A. 现实交付   B. 简易交付   C. 占有改定   D. 指示交付

二、多项选择题：在每小题列出的备选项中至少有两项是符合题目要求的，请将其选出，错选、多选或少选均无分。

3. 下列情形中，属于要约失效原因的有
   A. 要约人依法撤销要约
   B. 承诺期限届满，受要约人未作出承诺
   C. 受要约人对要约的内容作出实质性变更
   D. 拒绝要约的通知到达要约人

4. 依《民法典》的规定，下列情形不适用诉讼时效的有
   A. 身体受到伤害要求赔偿的   B. 要求返还被侵占的房屋的
   C. 要求侵权人排除妨碍的   D. 请求支付抚养费的

三、名词解释题

5. 物权
6. 代位继承

四、简答题

7. 简述法人应具备的条件。
8. 简述诉讼时效与除斥期间的区别。

五、案例分析题

某日，甲、乙、丙、丁四人到同学家借游戏卡，回家途中行至河边，看到河对面洗鞋子的戊，甲提议乙、丙、丁三人用石子砸戊的鞋子，三人照办。戊见有石子飞来，欲取鞋子避让，不料被一粒石子砸中左眼。戊为此支付医疗费两万余元。甲、乙、丙、丁四人的年龄分别是17岁、16岁、15岁和14岁。究竟是谁砸中戊的左眼无法查清。甲、乙两家家境困难，收入只能勉强维持基本生活。丙、丁两家家境富裕。但乙、丙、丁家认为是甲提议砸的，所以自己不应承担责任。

(1) 甲、乙、丙、丁砸人招致戊遭受损害，构成什么侵权行为？为什么？
(2) 戊的损失应由谁承担？如何承担？说明理由。

大 纲 后 记

《民法学自学考试大纲》是根据《高等教育自学考试专业基本规范(2021年)》的要求,由全国高等教育自学考试指导委员会法学类专业委员会组织制定的。

全国考委法学类专业委员会对本大纲组织审稿,根据审稿会意见由编者作了修改,最后由法学类专业委员会定稿。

本大纲由山东大学郭明瑞教授、吉林大学房绍坤教授负责编写。参加审稿并提出修改意见的有清华大学崔建远教授、中国政法大学李永军教授、中国人民大学姚辉教授、中国社会科学院谢鸿飞教授、北京大学王成教授。

对参与本大纲编写和审稿的各位专家表示感谢。

全国高等教育自学考试指导委员会
法学类专业委员会
2023年12月

全国高等教育自学考试指定教材

民　法　学

全国高等教育自学考试指导委员会　组编

编者的话

《民法学》教材是为了适应高等教育自学考试的需要,按照自学考试大纲规定的学习范围和考核要求组织编写的。

本教材在编写时充分考虑了自学考试的需要,突出了以下特点:

第一,为体现《民法典》全貌,按照《民法典》的体例设计教材内容,以总则、物权、合同、人格权、婚姻家庭、继承、侵权责任为主线,全面展现《民法典》的基本规定,并适当反映《民法典》相关司法解释的内容,以便自学者能够全面掌握《民法典》的内容,并了解《民法典》在司法实践中的运用情况。

第二,为方便自学者自学,教材内容在阐述上力求简明扼要,用简洁、准确的语言概括民法的基本概念、基本内容、基本理论。对于存在学说争议的问题,采取理论通说进行讲述,不进行观点评述,以避免自学者产生认识误区。

第三,为方便自学者参加自学考试,每章配备了练习题。练习题按照考试大纲设计的题型,围绕相应章节中的考核知识点和重点、难点,分别设计了单项选择题、多项选择题、名词解释题、简答题、案例分析题等题型。自学者在学习教材内容后,可以通过练习题检测学习效果,提高学习效率。

本教材由山东大学郭明瑞教授、吉林大学房绍坤教授担任主编,负责总体框架设计、编写大纲并对全书进行统稿。北京大学刘凯湘教授、中国海洋大学王洪平教授和烟台大学张玉东教授参加了编写工作。

清华大学崔建远教授、中国政法大学李永军教授、中国人民大学姚辉教授、中国社会科学院谢鸿飞教授、北京大学王成教授对本教材初稿进行了评审并提出了许多有建设性的意见,在此深表感谢!

受作者水平限制,教材内容难免存在不妥之处,恳请广大读者提出宝贵意见。

编 者
2023 年 12 月

导 言

一、民法与民法学

民法是法律体系中的一个独立法律部门。民法既包括形式上的民法即民法典,也包括单行的民事法律和其他法律、法规中的民事法律规范。在民商分立的国家,民法为商法以外的全部私法;在民商合一的国家,民法为私法的全部。民法是基本法,在保护社会成员的基本权利,调整民事关系,维护社会和经济秩序,增强人们的平等观念、民主观念、权利观念、法治意识、竞争意识、自由意识,弘扬社会主义核心价值观,促进市场经济的发展和社会文明建设,以及实现依法治国的方略等方面,都有着重要的意义。

民法学是法学体系中的一个学科,是以民法为研究对象的一门科学。作为一门学科,民法学不仅要研究民法的各项基本制度以及各项制度之间的关系,研究民法与经济基础的关系,而且要研究民法适用中的新经验、新情况、新问题,研究民法制度的历史及其内在的规律性,研究民法的学说和基本理论。广义民法学包括民法社会学、民法史学和比较民法学等,狭义民法学则指以研究和阐述现行民法规范为主要内容的民法规范学。我们这里所说的民法学即指狭义民法学。

民法和民法学的地位决定了民法学在法学教育中的地位和作用。作为法学教育中的一门课程,民法学不仅是普通高等法学教育中的一门专业基础理论的必修课,也是高等教育自学考试法学专业的一门重要的必考课程。

二、民法学的体系和内容

民法学的体系和内容决定于民法的体系和内容。依据《中华人民共和国民法典》(以下简称《民法典》)的规定,民法包括总则、物权、合同(含债法总则)、人格权、婚姻家庭、继承和侵权责任等制度。民法学以民法的基本知识、基本理论和基本制度为内容。民法学应当包括以下主要内容:(1)关于民法概念、调整对象、性质、任务、基本原则、渊源、效力、适用和解释的基本论述;(2)关于民事法律关系的基本理论,包括民事法律关系的概念、特点、要素、法律事实以及民事权利义务和民事责任等基本知识;(3)关于民事主体制度(包括自然人、法人和非法人组织)的基本知识和基本理论;(4)关于民事主体行为规则的基本理论;(5)关于物权制度的基本知识和基本理论;(6)关于合同制度的基本知识和基本理论,包括债法总则和准合同;(7)关于人格权制度的基本知识和基本理论;(8)关于婚姻家庭制度的基本知识和基本理论;(9)关于继承制度的基本知识和基本理论;(10)关于侵权责任制度的基本知识和基本理论。

作为一门课程,民法学的内容还决定于法学专业课程的整体安排。根据自学考试课程的整体安排,本教材包括民法总论、物权、合同总论、合同分论、人格权、婚姻家庭、继承和侵权责任共八编。

三、学习民法的方法

民法学课程的基本任务,是让学员通过学习,掌握民法的基本知识和基本理论,理解民法的重要地位和作用,增强民法和民事权利意识,学会运用民法的基本技能,提高利用民法知识和理论分析、判断和解决民事法律问题的能力。

民法学属于应用法学,既具有严密的科学性,又具有强烈的实践性。因此,学习民法,首先要坚持马克思主义的世界观和方法论,坚持理论联系实际,学以致用。"民法准则只是以法律形式表现了社会的生活条件",因此,学习民法必须联系实际。所谓联系实际,一是要联系民事立法的实际,要了解和掌握法律的基本规定;二是要联系经济生活的实际,理解改革开放和发展社会主义市场经济中的民事法律问题;三是要联系自己和身边人的社会生活的实际,分析日常生活中遇到的民事法律问题;四是要联系司法实务中的案例。通过对实际问题的分析、研究,可以加深对法律条文的理解,理解和掌握民法的基本知识和基本理论,并提高自己分析问题和解决问题的能力。

其次,学习中要注重各项制度间的联系性。民法的各部分内容,既有独立性,又有关联性,民法的各项制度是相互联系的,因此,在学习中要注重各部分内容相互之间的联系,前后结合,以融会贯通。

最后,学习中要注意重点,强化记忆。民法涉及的领域广泛,内容繁多,既要全面掌握各部分内容,又要突出重点。学习中对于基本概念、基本理论一定要记住。当然,记忆时不能死记硬背,要在理解的基础上记忆,同时又要通过记忆加深理解。作为自学考试的课程,学习的重点应放在对我国现行民事法律制度的掌握上,对于民法有关制度的历史发展可作一般的了解;对于一些有争论的理论问题,则应掌握通说,对其他不同观点可作一般性了解。

第一编 民法总论

第一章 民法概述

第一节 民法的含义

一、民法的概念

依据《民法典》第 2 条的规定,民法是指调整平等主体的自然人、法人和非法人组织之间人身关系和财产关系的法律规范的总称。这一定义有三层含义:其一,民法是一国法律体系中的一个法律部门,是一定法律规范的总和,因而是有国家强制力的社会生活规范;其二,民法是调整社会生活中的人身关系与财产关系的法律规范,而不调整其他领域的社会关系;其三,民法是调整平等主体之间的社会关系的法律规范,调整非平等主体之间的人身关系和财产关系的法律规范不属于民法的范围。

作为一个法律概念,民法有实质意义与形式意义之分。

(一)实质意义的民法

实质意义的民法是指作为部门法的民法。实质意义的民法又有广义民法与狭义民法之分。广义民法是指调整平等主体之间的人身关系与财产关系的法律规范的总称,也就是私法的全部。因此,凡是调整平等主体之间的人身关系和财产关系的法律规范,不论其以何种形式表现出来,均属于民法的范畴。狭义的民法,在民商分立的国家,是指商法以外的私法。我国采取民商合一的立法例,商法并非作为一个独立的法律部门,因此,实质意义的民法是指广义的民法。

民法学上研究的民法为实质意义的民法,但是作为一门课程,民法学所研究的范围并非全部的民法。例如,在我国大学课程的设置中,商法、知识产权法都已成为一门独立的课程,相应的内容也就不全放在民法课中学习。

(二)形式意义的民法

形式意义的民法是指以一定体例编纂并以民法命名的成文法典。《民法典》就是我国的形式民法,该法于 2020 年 5 月 28 日由第十三届全国人民代表大会第三次会议通过,自 2021 年 1 月 1 日起施行。

二、民法的历史沿革

民法是随着商品经济关系的产生而产生,随着商品经济关系的发展而发展的。民法的历史沿革可以分为古代民法、近代民法和现代民法三个阶段。

古代民法是指简单商品生产者社会即奴隶制社会和封建社会的民法。古代社会民法的典型代表为罗马法。古代社会的法律并没有如近代所说的民法这样的法律部门,而是诸法合一的。但是,由于古罗马法学理论上出现了公法与私法的区分,同时,罗马国家商品经济关系在当时比较发达,特别是随着后期罗马帝国版图的扩大,外来人与罗马人的交往日益增多,从而形成了较为完善的调整商品经济关系的基本规则,这些法律规范构成了罗马法的精华。正如恩格斯所说:"在罗马帝国时期……至少对自由民来说产生了私人的平等,在这种平等的基础上罗马法发展起来了,它是我们所知道的以私有制为基础的法的最完备形式。"① 罗马法是"商品生产者社会的第一个世界性法律"。

近代民法是指随着民族国家的形成而产生的反映自由资本主义社会生活条件的民法。近代民法是在继受罗马法的基础上形成的,但是由于历史传统的原因,形成了大陆法和英美法两大不同法系。大陆法推行法典化,编纂有民法典,所以又称为民法法系;而英美法以判例为法律的主要渊源,所以又称判例法系。近代民法以1804年的《法国民法典》为代表。近代民法以权利为本位,以人格平等为基础,确立了私法自治、私有财产神圣和过错责任等基本原则。

现代民法是指19世纪末20世纪初资本主义进入垄断时期以来的民法。资本主义现代民法可以说是始于1897年公布、1900年生效的《德国民法典》。20世纪以来,西方国家的两大法系虽然仍保留自己的传统,但是相互吸收对方的长处,有融合的趋势。以大陆法国家而言,为适应经济和社会发展的需要,或者对原法典进行修订,或者制定新的法典。现代民法对近代民法的原则有所修订,从以权利为本位的私权绝对化、私法自治转向对私权予以一定的限制,并且确立了无过错责任等一些新的原则。十月革命胜利后,1923年列宁亲自主持制定的《苏俄民法典》是第一部社会主义性质的民法典。

我国古代法律与其他国家的古代法一样,也是诸法合一的,虽然在律法中也有民事法律规范,但是民事关系主要是由"礼"来调整,私法并不发达。中国的近代民事立法始于清末。1907年清政府开始制定《大清民律草案》,1911年完稿。但是该法典未及颁布施行,清政府就被推翻了。我国历史上的第一部民法典,是1930年南京国民政府制定的民法典。该法典随着1949年中华人民共和国的成立在中国大陆已被废除,现仅在我国台湾地区有效。

自中华人民共和国成立以来,我国曾经四次组织编纂民法典,均因各种不同的原因而未成功。长期以来,民事关系主要由单行的民事法律调整。自中共十八届四中全会提出编纂民法典后,我国启动了第五次民法典编纂。现已施行的我国《民法典》是21世纪民法典的代表,具有鲜明的中国特色、实践特色、时代特色。

第二节　民法的调整对象

《民法典》第2条规定:"民法调整平等主体的自然人、法人和非法人组织之间的人身关系和财产关系。"这说明,民法所调整的社会关系包括平等主体之间的人身关系和财产关系。

---

① 《马克思恩格斯选集》(第三卷),人民出版社2012年版,第481页。

一、平等主体之间的人身关系

（一）人身关系的概念和特点

人身关系是人们在社会生活中形成的具有人身属性，与主体的人身不可分离的、不以经济利益而以特定精神利益为内容的社会关系。人们在社会生活中会发生多种多样的人身关系，这些人身关系并不全由民法调整。民法仅调整平等主体之间的人身关系，这类人身关系具有以下特点：

第一，主体的地位平等。民法所调整的人身关系的主体地位是平等的，主体相互间没有管理和被管理、命令和被命令、领导和被领导的关系，任何一方都不能支配另一方，而应平等相待，互不干涉。凡是主体地位不平等、相互之间一方可支配另一方的人身关系，都不由民法调整。

第二，与民事权利的享受和行使有关。人身关系，有的与民事权利的享受与行使有关；有的与政治权利的享受与行使有关，而与民事权利的享受和行使无关。民法只调整前者而不调整后者。例如，基于自然人的身体、健康、姓名、名誉而发生的人身关系，与自然人享受和行使民事权利有关，属于民法调整的人身关系；而基于选民身份或者基于某一党团成员身份而发生的人身关系，与民事权利的享受与行使无关，则不属于民法的调整对象。

第三，与主体的人身不可分离且不具有经济内容。所谓人身，是指主体的自身。因此，人身关系是基于体现主体自身属性的人格和身份而发生的社会关系，与主体的人身是不可分离的。这类社会关系不具有经济内容而是以特定的精神利益为内容。当然，这并不是说民法所调整的人身关系与财产关系无任何联系。有的人身关系与财产关系无直接的联系，却是主体存在的条件，是主体取得财产利益的前提，如自然人的生命健康关系；有的人身关系是与财产关系有直接联系的，如基于自然人的发明、发现而发生的人身关系。

（二）人身关系的种类

平等主体之间的人身关系包括人格关系和身份关系。

人格关系是指基于主体的人格而产生的以人格利益为内容的人身关系。所谓人格，是主体之能作为独立主体存在必须具备的条件，如自然人的身体、生命、健康、名誉、肖像等。

身份关系是基于主体的一定身份而产生的以身份利益为内容的人身关系。所谓身份，是主体在特定关系中所处的一种不可让与的地位或者资格。例如，父母子女间的身份、配偶身份等。

二、平等主体之间的财产关系

财产关系是指人们在社会财富的生产、分配、交换和消费过程中形成的以经济利益为内容的社会关系。财产关系也称为经济关系，但是由于财产总是与特定主体的经济利益相联系的，因此，财产关系只能是具体的经济关系，而不同于高度抽象的生产关系。社会生活中的财产关系并不都由民法调整，民法所调整的财产关系具有以下特点：

第一，主体的地位是平等的。从主体的地位上说，有的财产关系的主体地位是不平等的，相互之间有隶属关系；有的财产关系的主体地位是平等的，相互间并无隶属关系。前者如财政税收关系，俗称为纵向经济关系；后者如借款关系，俗称为横向经济关系。只有主体地位平等的财产关系,才是民法的调整对象。

第二,一般是当事人自愿发生的。财产关系,有的是根据主体自己的意愿发生的,有的并不是主体自愿发生的。因民法所调整的财产关系的主体地位是平等的,各自独立,任何一方都不能将自己的意志强加给另一方,因此,这种财产关系一般是主体在自愿基础上确立的。

第三,一般受价值规律支配。平等主体之间的财产关系因大多是当事人基于自己的利益需要按照自己的意愿设立的,因此,一般遵循价值规律。正因为如此,民法调整的财产关系多是等价有偿的。

民法调整的财产关系的上述特点说明,这些财产关系主要是商品经济关系,包括财产归属、利用关系和财产流转关系。

第三节 民法的性质与任务

一、民法的性质

我国民法是社会主义民法,因为它是建立在社会主义经济基础之上的,体现人民的意志。同时,我国民法又具有各国民法固有的一些特性。总的来说,我国民法具有以下性质:

(一)民法是调整社会主义市场经济关系的基本法

从民法史上说,民法是随商品经济的产生而产生,随商品经济的发展而发展的。我国经济体制改革的目标是建立社会主义市场经济体制。社会主义市场经济关系需要由与之相适应的法律予以调整,而调整市场经济关系的最基本的法律就是民法,因为发展社会主义市场经济关系首先要有三个基本要素:一是要确认主体;二是要确认主体的权利;三是要确认交易规则。没有合格的市场主体,没有主体对其财产的权利,没有主体之间进行交易的规则,也就谈不上发展市场经济。民法确认和规范市场主体,确认和保护主体的财产权利,规范主体的行为,规定交易的规则,为市场经济的发展提供基本的法律保障。民法的主体制度、财产权制度、合同制度等是建立和发展市场经济所需要的最基本的制度。

马克思和恩格斯曾指出,"民法准则只是以法律形式表现了社会的经济生活条件"。因此,不同的社会经济条件下就会有不同的民法,社会主义市场经济生活条件也就需要由社会主义民法来表现。人们常说,社会主义市场经济是法治经济。也就是说,社会主义市场经济是需有相应的法律予以保障的有序的正当竞争的社会主义市场经济,这些法律中最基本的就是民法。

(二)民法为行为规范兼裁判规范

行为规范是人的行为准则,裁判规范是法院裁判案件的准则。民法规定当事人的行为模式,规范主体的行为。民事主体在民事活动中只有遵守民法的规定,才受国家的保护;违反民法的规定,则会承担相应的民事责任。因此,民法是主体的行为规范。同时,在当事人发生纠纷时,人民法院或者仲裁机构须依照民法的规定来确定当事人的权利、义务和责任,所以,民法规范又是法院裁判案件的裁判规范。

(三)民法为实体法

法律按其内容可以分为实体法和程序法。实体法主要是规定主体权利义务的法律,程序法则是主要规定保障实体权利义务实现程序的法律。民法规定主体的行为准则,确认主体的权利义务,因此,民法为实体法。

（四）民法为私法

早在罗马法时期,就有公法与私法的划分。关于公法与私法的划分标准,有不同的学说。通说认为,公法为规定国家生活关系的法律,而私法是规定私人生活关系的法律。由此看来,私法涉及法律上有平等地位的人之间的法律关系,而公法涉及的是不具有平等地位的主体之间的法律关系。民法调整平等主体之间的财产关系和人身关系,自然应属于私法。

二、民法的任务

民法的任务是民法立法宗旨的具体体现,是由民法的性质和地位所决定的。《民法典》第1条规定:"为了保护民事主体的合法权益,调整民事关系,维护社会和经济秩序,适应中国特色社会主义发展要求,弘扬社会主义核心价值观,根据宪法,制定本法。"据此,民法的任务可以概括为以下四项：

（一）保护民事主体的合法权益

民法是一部权利法,以保护民事主体的合法权益为自己的任务。民法不仅确认主体的各项财产权,而且确认和保护主体的各项人身权。财产权既是主体进行民事活动,满足自己利益需要的条件,也是人身权的物质前提。人身权既是主体享有财产权的前提,也是人自身发展的需要。民事主体只有享有人身权,才能成为独立的主体；只有享有财产权,才能生存和发展。民法保护民事主体的合法权益,一方面从法律上确认各项民事权利,另一方面规定权利受到侵害时的救济方法。民事主体的各项合法民事权益受到侵害时,权利人都有权请求国家给予保护。《民法典》第3条明确规定:"民事主体的人身权利、财产权利以及其他合法权益受法律保护,任何组织或者个人不得侵犯。"

（二）调整民事关系,维护社会和经济秩序

社会主义市场经济是法治经济,只有建立起良好的正常的经济秩序和社会秩序,才能保障社会主义现代化建设的顺利进行。民事关系是平等主体之间的社会关系,民法调整民事关系,一方面倡导公平竞争,保障交易安全,为主体进行正常的经济活动创造平等竞争的条件和环境；另一方面规定主体实施不法行为的民事责任,从而在民事主体之间建立和谐的市民关系,维护正常的经济秩序和社会秩序。

（三）适应中国特色的社会主义发展要求

中国特色的社会主义事业是我国各族人民的根本事业,尽管已经取得了世人瞩目的巨大成就,但是并无终点,而是在不断发展的。社会主义事业的发展是多方面的,最主要的是社会主义市场经济的发展与社会主义民主政治的发展。在社会主义事业的发展进程中,会出现新情况、新问题,民法通过调整民事关系,维护交易安全,调动民事主体的主动性和积极性,以满足市场经济的法治需求,适应社会主义事业的发展。

（四）弘扬社会主义核心价值观

社会主义核心价值观包括富强、民主、文明、和谐、自由、平等、公正、法治、爱国、敬业、诚信、友善。民法讲求的就是自由、平等、民主、诚信,民法的各项基本原则正是社会主义核心价值观的具体体现,民法的各项制度维护着社会的公正、和谐和稳定。正确贯彻实施《民法典》,必将践行和弘扬社会主义核心价值观。

第四节 民法的基本原则

一、民法基本原则的含义和功能

民法的基本原则是贯穿于各项民事法律制度之中的根本规则,是民法立法的指导方针和解释民法规范、适用民法规范以及进行民事活动的基本准则。我国民法的基本原则是对民法调整的社会关系的根本特性的集中反映,体现着党和国家的民事政策。

民法的基本原则由法律明确规定,或者虽未为法律明确规定但却体现在各项民事法律制度之中。民法的基本原则是具有普遍约束力的法律规则,这表现在:第一,它是民事立法须遵循的准则。立法者制定的民事法律规范,不能违反民法的基本原则,否则就不能很好地反映和适应社会经济生活条件,或者是无效的。第二,它是解释民法的基准。解释民法须以民法的基本原则为准绳,有权解释的机关对民法的解释若违反民法的基本原则,其解释应为无效。第三,它是民事活动的基本行为准则。民事主体在民事活动中若违反民法的基本原则,应承担相应的民事责任。第四,它是在没有具体规定时裁判民事案件的依据。尽管规定基本原则的法律条文属于不确定的原则性条款,但是在没有具体法律规定时,人民法院或者仲裁机构应依据基本原则裁决案件,而不得违反基本原则。

民法的基本原则具有评价功能和补充功能。其评价功能表现在:民法的基本原则可以帮助人们准确地理解民法的精神实质,正确地评价民事主体的行为;其补充功能表现为它可以补充法律的漏洞。因为民事关系具有广泛性、复杂性和发展性,一方面法律不可能对各种具体的民事关系都作出明确的规定,另一方面随着社会和经济的发展,会出现许多需要民法规范规制的新型关系,而民法又不能如同刑法那样实行"法定主义",即使法律对某种民事关系没有作出明确规定,该民事关系也应由民法调整。因此,在调整民事关系上,现有的民事法律规范必会存在一定的不足,也就是存在法律漏洞。而民法的基本原则是必须遵守的,在这种情况下,就须依据民法的基本原则解决当事人的纠纷,亦即以民法的基本原则补充民法规范规定的不足。

依据《民法典》的规定,我国民法基本原则包括:私权神圣原则、平等原则、自愿原则、公平原则、诚信原则、合法和公序良俗原则和绿色原则。

二、私权神圣原则

《民法典》第3条规定:"民事主体的人身权利、财产权利以及其他合法权益受法律保护,任何组织或者个人不得侵犯。"该条确认了私权神圣原则。

私权神圣原则是由民法的性质和任务决定的,是指民事主体享有的私法权益受法律的保护,任何人不得侵犯。保护民事主体的私法权益是民法的首要任务,私权神圣也就成为民法的基本原则。私权神圣原则体现法治的价值观,主要有两方面的含义:一是民事主体的民事权益受法律保护,不得侵犯;二是民事权益受到侵犯的,法律予以救济,侵犯民事主体民事权益的,应依法承担相应的法律责任。

三、平等原则

《民法典》第4条规定:"民事主体在民事活动中的法律地位一律平等。"这条明确规定了民法的平等原则。

平等原则是由民法调整的社会关系的性质决定的,是指民事主体在民事活动中的法律地位平等。因为民法所调整的社会关系就是平等主体之间的人身关系和财产关系,这就必然要求法律赋予主体平等的地位。

平等原则是民法的重要原则。因为社会成员只有在平等基础上形成的社会关系,才为民事关系,赋予主体平等的地位是民法特有的调整方法。离开平等也就没有民事关系,也就没有民法。我国民法的平等原则归根结底是由社会主义的经济制度和政治制度决定的。因为商品经济是"天生的平等派",在社会主义市场经济条件下,商品经济关系主体双方的地位只能是平等的。而社会主义的政治制度也要求人与人之间的关系是平等的,"法律面前人人平等"是社会主义法制的基本要求。

平等原则主要具体表现在以下方面:

其一,民事主体的法律地位平等。民事主体的法律地位平等主要包括两方面的内容:一是民事主体的主体资格平等。主体资格也就是法律上的人格。不仅自然人的民事权利能力平等,法人、非法人组织与自然人相互之间的主体资格也是平等的,在法律人格上无"大小之别、公私之分"。二是在具体民事法律关系中,当事人的地位平等,各自独立、互不隶属,无上下高低之分。

其二,民事主体平等地依法享受权利和负担义务。民事关系的当事人依法平等地享受权利和负担义务,任何民事主体既不能享有特殊的权利,也不负担特殊的义务。当事人可以依法平等协商确立相互间的权利义务,也可以依法平等协商变更或者终止相互间的权利义务。

其三,民事主体的合法权益受法律平等保护。法律并不因主体为自然人、法人还是非法人组织,而对其合法权益予以不同的保护。任何主体的合法权益受到侵害时,当事人都可请求予以法律救济。法律平等地保护民事主体的合法权益,决不偏袒某类主体,也不忽视或者轻视对某类主体合法权益的保护。

其四,民事主体的民事责任平等。民事主体在民事活动中都须遵守法律,尊重他人的权益。任何一方不法损害他人的权益,都应依法承担相应的民事责任。任何民事主体承担的民事责任范围都以等价赔偿为原则,民事关系的当事人相互间不存在惩罚和制裁关系。

四、自愿原则

《民法典》第5条规定:"民事主体从事民事活动,应当遵循自愿原则,按照自己的意思设立、变更、终止民事法律关系。"自愿原则是指民事主体在民事活动中以自己的意志充分表达自己的意愿,按照自己的意思和利益确立、变更、终止民事法律关系。

自愿原则是民事主体意志独立、利益独立的必然要求,也是平等原则的表现和延伸,其实质为"意思自治"。因为民事主体享有独立的主体资格和独立的利益,只有以自己的真实意志自愿地设定权利义务,才能充分发挥其进行民事活动的主动性和积极性,从而取得最佳的经济效益。自愿意味着自由,是以平等为前提的,当事人只有地位平等,各方才能有独立的意志,才能有意志自由,才能自愿地决定自己的行为。同时,若没有当事人的意志自由,一方也就可以将自己的意志强加给另一方,也就没有平等。

自愿原则主要有以下内容和表现:

其一,当事人自主决定民事事项。在民事活动中,当事人可以自主决定各种事项,不仅可以决定是否实施某行为或者参与某民事法律关系,而且可以决定行为的相对人、行为的方式以及法律关系的内容等;当事人不仅可以自主决定实体上的权利义务,而且可以自主处分其权利,选择处理纠纷的程序、方式等。当事人关于民事事项的约定,只要不违反法律的强行性规定,就有法律效力,并且"约定大于法定",即当事人关于该事项约定的效力优先于法律关于该事项的任意性规定。

其二,当事人对自己的真实意思负责。在民事活动中,只有当事人的真实意思表示,才能发生法律效力,民事主体也只对表达自己的真实意愿的民事行为负责。不是当事人的真实意思表示的行为,当事人可不认可其效力,可不受其拘束。并且,当事人对于在意志不自由的情况下造成的损害,原则上也不承担责任。

自愿原则的核心是合同自由,这也是市场经济的基本规则。当然,任何自由都不是绝对的,当事人自愿进行民事活动时不得违反法律的强行性规定,不得损害社会公共利益和他人的利益。

五、公平原则

《民法典》第 6 条规定:"民事主体从事民事活动,应当遵循公平原则,合理确定各方的权利和义务。"可见,公平原则也是民法的一项基本原则。

公平原则是指当事人在民事活动中应以社会正义、公平的观念指导自己的行为、平衡各方的利益,并以社会正义、公平的观念来处理当事人之间的纠纷。

公平是一种价值观念,是以一定社会的共同价值观为基础的,在不同的社会有不同的标准。在社会主义市场经济条件下,公平一方面要求主体发展机会的平等和自由竞争,另一方面要求主体之间的竞争是有效率的,不损害他人利益和社会利益。公平偏重的是社会正义,而不是个体正义,也就是说,判断公平与否的标准是社会公认的价值标准,而不是个体的价值观。

公平原则与自愿原则是相互补充的。自愿不能违反社会正义和公平,公平又是以自愿为前提的。一般说来,只有当事人完全按照自己的真实意愿协商设立的权利义务,才是公平合理的。只有在当事人间的权利义务并非是完全按照其真实意愿设立的,或者按照当事人的意思表示不能确定其权利义务时,才应按照公平原则确定当事人之间的关系。因此,人民法院或者仲裁机构裁判民事案件时,不能以公平原则否定或者对抗自愿原则。

公平原则主要表现在以下方面:

其一,民事主体参与民事法律关系的机会平等。民事主体进行民事活动的机会平等是公平的重要保障和基本条件。只有机会平等,民事主体才能平等地进行正当竞争。在民事活动中,民事主体利用自己的特别优势而强迫他人接受不利的条件,采取不正当的手段进行不正当竞争等,都是违反公平原则的。

其二,在当事人的关系上利益应均衡。在民事活动中,当事人应公平交换,利益均衡,在相互关系中当事人的权利义务应合理负担,一方的利益与其负担应相称。但是,利益均衡与等价有偿不同。所谓等价有偿,是指当事人在转移财产时应按照价值规律的要求实行等价交换。等价有偿原则是公平原则在有偿交易活动中的表现和要求,等价意味着经济利益的均衡,而公平原则所要求的利益均衡不局限于经济利益。

其三,当事人合理地承担民事责任。在民事活动中,当事人受有损害时,应公平合理地确定当事人的民事责任。例如,双方都有过错时,双方应依自己的过错程度承担民事责任;即使因一方过错造成损害的,过错方承担的责任范围也应与造成的损害相当。当事人因抢救他人财产或者保护他人合法权益而受有损害时,受益人应给予适当补偿。

六、诚信原则

《民法典》第 7 条规定:"民事主体从事民事活动,应当遵循诚信原则,秉持诚实,恪守承诺。"可见,诚信原则也是民法的一项基本原则。

诚信原则是指民事主体在民事活动中应诚实,守信用,善意地行使权利和履行义务。诚信原则的含义和适用范围极广,主要表现在:其一,民事主体在民事活动中要诚实,不弄虚作假,不欺诈,要进行正当竞争;其二,民事主体应善意行使权利,不以损害他人和社会利益的方式来获取私利;其三,民事主体应信守诺言,不擅自毁约,严格按法律规定和当事人的约定履行义务,兼顾各方利益;其四,在当事人约定不明确或者订约后客观情形发生重大改变时,应依诚信的要求确定当事人的权利义务。

诚信原则与公平原则一样,原同为道德准则。诚信作为市场经济活动的道德准则,要求当事人诚实经营,在追求自己的经济利益时不得损害他人的利益,以维护良好的市场经济秩序。诚信作为法律原则是将道德准则法律化,而使其具有法律拘束力。

诚信原则既是民事主体进行民事活动应遵循的基本准则,也是人民法院解释当事人意思的基准。人民法院在裁判案件时,既可依诚信原则来衡量当事人间的利益关系以确定当事人的权利和义务,又可以依此原则来解释和补充法律。但是人民法院在依诚信原则处理民事纠纷时,不得依此原则而滥用自由裁量权,也不能违反平等和自愿原则。

七、合法和公序良俗原则

《民法典》第 8 条规定:"民事主体从事民事活动,不得违反法律,不得违背公序良俗。"这条确认了合法和公序良俗原则。所谓公序良俗,即公共秩序和善良风俗。合法和公序良俗原则是指民事主体在民事活动中不得违反法律,不得违反公共秩序和善良风俗。

合法和公序良俗原则的内容主要包括以下两个方面:

第一,民事活动应当守法,尊重社会公共利益和社会公德。社会公共利益是社会成员的共同利益,社会公德是社会公认的道德规范。我国的社会主义经济制度和政治制度,社会主义市场经济秩序,社会生活秩序,符合社会主义精神文明建设要求的优良民风和习惯,都属于社会公共利益,民事主体在民事活动中均应尊重,不得违反。

第二,民事主体不得滥用权利。民事主体行使权利不得损害国家利益、社会利益和他人利益,不得违反法律的强行性或者禁止性规定。

八、绿色原则

《民法典》第9条规定:"民事主体从事民事活动,应当有利于节约资源,保护生态环境。"这条确认了绿色原则。可见,绿色原则就是指民事主体从事民事活动,应当有利于节约资源,保护生态环境。

绿色原则包括两个方式的内容:一方面,民事主体从事民事活动,应注重人与自然的和谐,坚持可持续发展,提倡绿色消费,节约资源;另一方面,民事主体从事民事活动浪费资源,破坏生态环境的,应当承担相应的法律责任。

第五节 民法的渊源和效力

一、民法的渊源

民法的渊源又称民法的法源,是指民事法律规范的来源或者表现形式。在不同的法系,民法规范的主要表现形式有所不同。在英美法中,民法规范主要来自判例,判例法为民法的主要渊源;而在大陆法中,民法规范主要来自制定法,制定法为民法的主要渊源。国家创制民事法律规范的活动也就是民事立法。我国民法的渊源主要是指国家有关机关在其职权范围内制定的有关民事方面的规范性文件,主要包括以下几类:

(一)宪法

宪法是国家的根本大法,是包括民法在内的各部门法的立法依据和基准。宪法中有关经济制度的具体规定,有关公民基本权利义务的规定等,不仅是制定民法的基本依据,也是处理有关民事纠纷的基本依据。但是一般认为,宪法不能作为民事案件裁判的直接依据。

(二)民事法律

民事法律是由全国人民代表大会和全国人民代表大会常务委员会制定的规范性文件,包括:

1. 民事基本法

民事基本法是由全国人民代表大会制定的基本民事法律。民法典即为我国民事基本法。

2. 民事单行法和其他法律中的民法规范

基本法以外的法律是由全国人大常委会制定的规范性文件,其中有关民事的法律为民事单行法。民事单行法,如《中华人民共和国合伙企业法》(以下简称《合伙企业法》)、《中华人民共和国个人独资企业法》(以下简称《个人独资企业法》)、《中华人民共和国农村土地承包法》(以下简称《农村土地承包法》)、《中华人民共和国公司法》(以下简称《公司法》)、《中华人民共和国海商法》(以下简称《海商法》)、《中华人民共和国涉外民事关系法律适用法》(以下简称《涉外民事关系法律适用法》)、《中华人民共和国招标投标法》(以下简称《招标投标法》)、《中华人民共和国拍卖法》(以下简称《拍卖法》)等,都是民法的重要渊源。

全国人大常委会制定的民事单行法以外的法律中，也有许多民事法律规范，这些有关民事的法律规范也为民法的渊源。例如，《中华人民共和国城市房地产管理法》（以下简称《城市房地产管理法》）中关于土地使用权出让、关于房地产交易等方面的规范，《中华人民共和国土地管理法》（以下简称《土地管理法》）中有关土地权利的规范，《中华人民共和国产品质量法》（以下简称《产品质量法》）中关于产品责任的规范，《中华人民共和国道路交通安全法》（以下简称《道路交通安全法》）中关于道路交通事故的规范，《中华人民共和国水污染防治法》（以下简称《水污染防治法》）中关于水污染损害责任的规范，《中华人民共和国民用航空法》（以下简称《民用航空法》）中有关航空器所有权、抵押权、优先权的规范，《中华人民共和国海域使用管理法》（以下简称《海域使用管理法》）中有关海域使用权的出让、转让等规范，《中华人民共和国矿产资源法》（以下简称《矿产资源法》）中有关探矿权、采矿权的取得、转让的规范，《中华人民共和国渔业法》（以下简称《渔业法》）中有关养殖、捕捞权利的规范，《中华人民共和国水法》（以下简称《水法》）中有关取水权的规范，也都属于民法渊源。

（三）法规

法规包括行政法规和地方性法规。行政法规是国务院制定的规范性文件，其中有关民事的部分是民法的渊源，如《计算机软件保护条例》等。地方性法规是指有立法权的地方人民代表大会及其常委会制定的规范性文件，其中涉及民事的规范也为民法的渊源。民族自治地方的人民代表大会有权制定自治条例和单行条例，其效力与地方性法规相同。

行政法规、地方性法规不能与法律相抵触，地方性法规不能与行政法规相抵触。

（四）规章

规章是指国务院各部（委）和地方人民政府为贯彻法律、法规，在其权限范围内制定的规范性文件。规章不能与法律、法规相抵触。在法律、法规没有规定的情况下，规章可以作为人民法院审理案件的参照规范。

（五）最高人民法院的司法解释

最高人民法院有权就法律适用中的问题作出解释。最高人民法院的司法解释包括关于贯彻执行法律的意见、适用法律的解答、就某案件如何适用法律的批复等，也是民法的重要渊源，如最高人民法院《关于适用〈中华人民共和国民法典〉总则编若干问题的解释》（以下简称《总则编解释》）、《关于适用〈中华人民共和国民法典〉物权编的解释（一）》（以下简称《物权编解释（一）》）、《关于适用〈中华人民共和国民法典〉有关担保制度的解释》（以下简称《担保制度解释》）、《关于适用〈中华人民共和国民法典〉合同编通则若干问题的解释》（以下简称《合同编通则解释》）、《关于适用〈中华人民共和国民法典〉继承编的解释（一）》（以下简称《继承编解释》（一））、《关于适用〈中华人民共和国民法典〉婚姻家庭编的解释（一）》（以下简称《婚姻家庭编解释（一）》）等。

（六）习惯

《民法典》第10条规定："处理民事纠纷，应当依照法律；法律没有规定的，可以适用习惯，但是不得违背公序良俗。"

依据《总则编解释》第2条的规定，在一定地域、行业范围内长期为一般人从事民事活动时普遍遵守的民间习俗、惯常做法等，可以认定为习惯。习惯在符合下列条件时，也为民法的渊源：(1) 所规范的事项为法律、法规没有规定的事项；(2) 其适用不违背社会主义核心价值观,不违背公序良俗(《总则编解释》第 2 条第 3 款)。

二、民法的效力

民法的效力又称民法的适用范围,是指在何时、何地、何人之间的关系应适用有关的民事法律规范。

(一) 民法在时间上的效力

民法在时间上的效力即时间上的适用范围,是指民事法律规范在何期间内有效,亦即在何时间内可以和应当适用该法律规范。民法在时间上的效力有以下两条规则:

1. 法律不溯及既往规则

法律不溯及既往规则是指法律原则上只适用于法律生效后发生的事项,而不适用于法律生效前已发生的事项。只有在特殊情况下,法律才能发生溯及既往的效力。例如,最高人民法院《关于适用〈中华人民共和国民法典〉时间效力的若干规定》第 2 条规定,《民法典》施行前的法律事实引起的民事纠纷案件,当时的法律、司法解释有规定,适用当时的法律、司法解释的规定,但是适用《民法典》的规定更有利于保护民事主体合法权益、更有利于维护社会和经济秩序、更有利于弘扬社会主义核心价值观的除外。

法律的生效时间也是法律的施行时间。民事法律规范自施行之日生效,施行之日与公布之日可以一致,也可以不一致。民事法律规范的施行日期一般是由相应的规范性文件规定的。只有在法律明确规定对法律施行前发生的事项也适用该法律时,该法的规范才有溯及力,才可适用于该法施行前发生的事项。

2. 新法改废旧法规则

新法改废旧法规则是指在新法生效后,有关针对同一事项的旧法即使没有明令废除,也当然废止。

法律规范自废止时失去效力,不得再适用。法律规范的废止日期可以在发布该规范的规范性文件中规定,也可以通过发布一项命令宣布废止,还可以是在新的规范性文件中规定。如果一项新的规范性文件生效,而对规定同一事项的旧规范性文件是否废止未作出规定,则依新法改废旧法规则,旧法当然失效。

适用新法改废旧法规则,须具备以下条件:(1)须新旧法是同一级机关颁布的,如同为全国人大常委会制定的法律,同为国务院制定的行政法规。(2)须新旧法处于同一位阶,如同为普通法;若一为普通法,一为特别法,则不能适用该规则。(3)须新旧法规定针对的是同一事项。若新旧法规定的事项不完全一致,但是某一事项在旧法中有规定,在新法中也有规定的,则旧法中关于该事项的规定废止,其他规定仍继续有效。

(二) 民法在空间上的效力

民法在空间上的效力即地域上的适用范围,是指民事法律规范适用于何地域内发生的民事关系。《民法典》第 12 条规定:"中华人民共和国领域内的民事活动,适用中华人民共和国法律。法律另有规定的,依照其规定。"据此,我国民法适用于中华人民共和国的领土、领海、领空内以及依据国际法和国际惯例视为我国领域的地区内发生的民事关系。但是,由于民法的渊源不同,民事法律规范的效力范围也就有所不同,对此应注意以下三点:第一,全国性的规范性文件适用于全国,但是仅为某一地区制定的,则该规定仅适用于该地区。法律允许某区域制定变通或者补充规定的,在许可的区域内应适用变通或者补充规定。第二,地方性的规范性文件仅适用于该地区,而不能适用于其他地区。第三,我国实行"一国两制",香港、澳门、台湾地区的法律仅适用于该地区,我国大陆地区民法不适用于这些地区。

（三）民法对人的效力

民法对人的效力即对人的适用范围,是指民事法律规范适用于哪些人。我国民法对人的效力同时采取"属人主义"与"属地主义",不仅适用于我国自然人、法人和非法人组织,也适用于居住在我国境内的外国人、无国籍人以及外国法人在我国设立的分支机构,但是法律另有规定的除外。

第六节 民法的适用与解释

一、民法的适用

民法的适用有广义与狭义之分。狭义的民法适用是指人民法院或者仲裁机构适用民事法律规范解决各类案件的活动。广义的民法适用还包括民事主体按照民事法律规范的规定从事民事活动。这里的民法适用仅指其狭义而言。

民法的适用过程是以现行的民事法律规范为依据就具体案件作出裁判的过程。因此,民法适用的关键是找出和引用适当的法律规范,即"找法"和"用法"。而民事法律规范构成一个体系,相互间有着严密的结构。在适用法律的"找法"和"用法"过程中,应遵循以下原则：

（一）特别法优于一般法

所谓特别法优于一般法,是指对于某一事项,特别法有规定时,应适用特别法的规定;只有在特别法没有规定时,才能适用一般法。一般法与特别法的划分有不同的标准。从规范的事项上说,规范一般事项的法为一般法,而规范特别事项的法为特别法。例如,《民法典》关于法人的规定为一般法,而《公司法》中关于公司的规定则为特别法。从法律效力上说,适用于全国的法为一般法,而适用于特别地域的法则为特别法。

（二）强行法优于任意法

民事法律规范有强行性规范与任意性规范之分。强行性规范是必须遵守的,当事人不得以自己的意思排除其适用;而任意性规范,则是可以选择适用的,当事人可以自己的意思排除其适用。所以,对于某一事项,凡有强行性规范的,就应适用该强行性规范,而不能适用任意性规范。

（三）例外规定排除一般规定

一般规定是对一般情形的规定,例外规定是对例外情形的规定。对于例外规定,在法律条文中一般表述为"法律另有规定的除外"或者"法律另有规定的,依照其规定"。对于某一事项有一般规定又有例外规定的,应适用例外规定,而不能适用一般规定。如《民法典》第188条第1款规定："向人民法院请求保护民事权利的诉讼时效期间为三年。法律另有规定的,依照其规定。"这一关于三年诉讼时效期间的规定即为一般规定,而法律关于诉讼时效期间的另外规定即为例外规定。

(四) 具体规定优于一般性条款

具体规定是指具体规定某种事实状态发生的法律效果的法律规范；一般性条款又称为"弹性条款"，是指并不具体规定某种事实状态发生的法律效果，而仅是规定原则的法律规范。例如，《民法典》关于基本原则的规定就属于一般性条款。对于某一事项，有具体规定的，应适用具体规定；只有在没有具体规定时，才可适用一般性规定。

二、民法的解释

民法的解释是指探求民事法律规范的含义，确定其内容。广义的民法解释，包括任何人对法律的理解和解释。通常依据解释法律的主体将法律解释分为立法解释、司法解释和学理解释。这里所说的民法解释仅指法律适用中的解释。因为民法的适用是一个"找法"和"用法"的过程。在案件审理中，对于某项法律规范能否适用于待决的案件，亦即具体案件中的事实是否为法律规范中规定的事项，往往需要对法律规范的含义作出解释。例如，依据《民法典》第18条第2款的规定，16周岁以上的未成年人，以自己的劳动收入为主要生活来源的，视为完全民事行为能力人。现某甲已满16周岁并找到一临时性工作，月收入达800元，可否视为完全民事行为能力人？这就需对该条款作出解释，说明其是否符合该条文中所说的"以自己的劳动收入为主要生活来源"。可见，民法的解释对于正确适用法律有重要意义。

民法的解释有文理解释与论理解释两种：

(一) 文理解释

文理解释又称文义解释，是指依据法律条文文句的字义或者文义所进行的解释。例如，《民法典》第13条规定："自然人从出生时起到死亡时止，具有民事权利能力，依法享有民事权利，承担民事义务。"何为"出生"？何为"死亡"？这就需要从该文句的文字含义作出解释。

(二) 论理解释

论理解释是指斟酌法律制定的理由以及其他一切情事，依推理而阐明法律规范的真意。例如，从立法目的上、从法律体系上、从比较法上、从历史上等方面以及用经济学、社会学、伦理学等方法分析、理解、说明法律规范的真实含义，就属于论理解释。由于论理解释是不拘泥于法律规范的文句而依一般法理进行解释，因此，只有在法律条文含糊不清，或者条款间相互矛盾，或者对待决事项法无明确规定，或者现有法律规定已不适应变化了的事实的情形下，才可适用论理解释的方法。论理解释主要有以下几种情形：

1. 扩张解释

扩张解释又称扩充解释，是指仅依法律文句的文义解释不足以表示立法的真意时，扩张该条文文句的含义作出解释。例如，《民法典》第994条关于死者人格利益保护的规定，提到"死者的姓名、肖像、名誉、荣誉、隐私、遗体等受到侵害的，其配偶、子女、父母有权依法请求行为人承担民事责任"。现原告诉被告侵害死者的坟墓，请求人民法院责令被告停止侵害、赔偿精神损害。人民法院应否支持原告的请求？若从法律条文的文义上理解，侵害死者的坟墓，不在列举的死者人格利益之中。但是，从该条规范的立法目的上看，该条规定是为了保护死者的人格利益，从保护死者人格利益上说，侵害死者坟墓的行为应在禁止之列。这种解释就属于扩张解释。

2. 限缩解释

限缩解释又称缩小解释、限制解释,是指在法律条文的文句含义过于广泛时,对其含义应予以缩小的解释。例如,《民法典》第 144 条规定:"无民事行为能力人实施的民事法律行为无效。"从立法目的上说,该条是为了保护无民事行为能力人的利益,因此,该条文的含义过于广泛。在解释上,无民事行为能力人实施的纯受利益的行为不在无效之列。这种解释即为限缩解释。

3. 反面解释

反面解释又称反对解释,是指依法律条文所规定的事项,就其反面的意思进行解释。例如,《民法典》第 13 条中规定,"自然人从出生时起到死亡时止,具有民事权利能力"。从其反面解释,未出生和已死亡的自然人即不具有民事权利能力。

4. 类推解释

类推解释是指对法律无直接规定的事项,选择法律关于类似事项的规定进行解释,以类推适用法律。例如,《民法典》第 467 条第 1 款规定:"本法或者其他法律没有明文规定的合同,适用本编通则的规定,并可以参照适用本编或者其他法律最相类似合同的规定。"在处理《民法典》和其他法律中没有明文规定的合同时,就需对法律关于有名合同的规定作出类推解释,即选择法律的类似规定作为参照。

第二章 民事法律关系

第一节 民事法律关系概述

一、民事法律关系的概念和特点

民事法律关系是指根据民事法律规范确立的以民事权利义务为内容的社会关系，是由民事法律规范调整而形成的社会关系。

人在社会生活中必然会结成各种各样的社会关系，这些社会关系受各种不同的规范调整，由民法调整而形成的社会关系就是民事法律关系。因此，民事法律关系具有以下特点：

第一，民事法律关系是一种法律关系。民事法律关系是按照民法规范确立的社会关系，因而是一种法律关系。作为法律关系，民事法律关系是人与人之间的关系，而不是人与物、人与自然界的关系。民法规范反映国家的意志，民事法律关系又可依当事人的意志确立，因此，民事法律关系是一种意志社会关系，而不是不依人们的意志为转移的物质社会关系，是以国家强制力保证实现的社会关系。

第二，民事法律关系是平等主体之间的关系，一般是自愿设立的。由于民法调整的社会关系是平等主体之间的人身关系和财产关系，依民法规范确立的民事法律关系也就只能是平等主体之间的关系。民事法律关系不仅符合国家的意志，更体现着当事人的意志，一般是由当事人依自己的意思自愿设立的。只要当事人依其意思实施的行为不违反法律规定，所设立的法律关系就受法律保护。

第三，民事法律关系是以民事权利和义务为内容的法律关系。民法调整社会关系就是赋予民事主体权利和义务，因此，民事法律关系也就是民事权利义务关系。民事法律关系一经确立，当事人一方即享有民事权利，而另一方便负担相应的民事义务。有的法律关系只有一方享有权利，另一方负有义务；多数法律关系的当事人双方均享有权利，并负担相应的义务。但是不论在何种情形下，民事法律关系的主体地位是平等的，当事人的民事权利和义务构成民事法律关系的内容。

二、民事法律关系的要素

民事法律关系的要素是指构成民事法律关系的必要因素或者条件，包括民事法律关系的主体、内容和客体。这些要素缺少其中的任何一个都不能成立民事法律关系；其中任何一个发生变化，民事法律关系都会发生变化。

（一）民事法律关系的主体

民事法律关系的主体又简称为民事主体，是指参与民事法律关系、享受民事权利和负担民事义务的人。因为民事法律关系是人与人之间的社会关系，因此，民事法律关系必须有双方主体参加，没有主体或者只有一方主体也就不能成立民事法律关系。民事法律关系的主体双方中任何一方都可以是一个人,也可以是多个人。民事法律关系的主体是在民事法律关系中享受民事权利和负担民事义务的当事人,享受权利的一方主体为权利主体,负担义务的一方主体为义务主体。但是,有的民事法律关系的主体双方都既为权利主体,又为义务主体;而有的民事法律关系的主体双方中仅有一方为权利主体,而另一方仅为义务主体。有的民事法律关系的义务主体是特定的人,有的民事法律关系的义务主体是不特定的人。

自然人、法人、非法人组织都可以自己的名义进行民事活动,参与民事法律关系,享受民事权利和负担民事义务。因此,自然人、法人和非法人组织都可为民事主体。国家也可以成为民事主体,如国家是国家财产的所有权人,是国债的债务人。凡法律规定可成为民事主体的,不论其为自然人还是组织,都属于民法上的"人"。

(二)民事法律关系的内容

民事法律关系的内容是民事主体在民事法律关系中享有的权利和负担的义务,亦即当事人之间的民事权利和义务。民事法律关系以民事权利和义务为内容,若仅有主体,而无主体之间的权利义务,当然也就构不成民事法律关系。

民事法律关系的内容包括权利和义务两个方面,权利和义务既相互对立,又相互联系。权利的内容是通过相应的义务来表现的,义务的内容是由相应的权利来限定的。民事权利和民事义务是民事法律关系三要素中起主导作用的要素,决定着民事法律关系的性质。例如,物权关系与债权关系的不同,就是因为主体的权利义务不同。

(三)民事法律关系的客体

民事法律关系的客体是指民事法律关系中的权利和义务共同指向的对象。民事法律关系的主体总是基于一定的对象而确定相互间的权利义务的,没有客体,民事权利义务就会落空,也就失去意义。

三、民事法律关系变动的原因——民事法律事实

(一)民事法律事实的概念和意义

任何民事法律关系都有产生至终止的过程,而民事法律关系的产生、变更、终止都需有一定的原因,该原因也就是民事法律事实。可见,民事法律事实是法律规定的能够引起民事法律关系产生、变更、终止的客观现象。民事法律事实具有两个基本特点:其一为客观性。民事法律事实是一种客观现象,而不是主观现象。单纯的主观意志并不能引起民事法律关系的产生、变更和终止。其二为法定性。何种客观现象能够引起民事法律效果,即引起民事法律关系的发生、变更或者终止,是由法律规定的,而不是由个人决定的。民法规范调整社会关系,也就是规定某种法律事实会引起某种法律效果,因此,民事法律事实是民事法律效果发生的原因,民事法律规范是认定法律事实和该事实引起的法律效果的依据。在一些情况下,一个法律事实就会发生某种法律效果;而在某些情况下,须有几个法律事实的结合,才能发生某种法律效果。例如,遗嘱继承法律关系只有存在被继承人的死亡、被继承人的有效遗嘱和遗嘱继承人接受继承的事实,才能发生。相互结合才能引起民事法律关系发生、变更、终止的法律事实的总和,通常称为民事法律事实构成。

民事法律事实的意义就在于能引发一定的民事法律后果,包括三种情形:

第一,引起民事法律关系的发生,即当事人间产生权利义务。民事法律关系的发生包括绝对发生和相对发生。绝对发生是指当事人间的权利义务原始发生,而不是由其他主体转移而来的。例如,甲新盖一所房屋,即产生房屋所有权关系,该关系就为绝对发生。相对发生是指当事人间因继受其他主体的权利义务而形成民事法律关系。例如,甲从乙处购得一所房屋,甲与他人间形成房屋所有权关系,该法律关系就为相对发生。

第二,引起民事法律关系的变更,即民事法律关系要素中的任一要素发生变化。例如,甲向乙借款1万元,借款期限为1年,现甲乙协商将借款期限改为2年,此即为借款的权利义务期限发生变更。民事法律关系的相对发生和相对消灭,也都可看作民事法律关系的变更。

第三,引起民事法律关系的消灭,即当事人间的民事权利义务关系终止。民事法律关系的消灭包括绝对消灭和相对消灭。绝对消灭是指当事人间的权利义务已不复存在,相对消灭是指当事人间的权利义务因转移给他人而消灭。例如,甲有一所房屋,现该房屋灭失,甲的房屋所有权关系绝对消灭;若甲的房屋未灭失,而是出卖给丙,由丙取得该房屋所有权,则甲的房屋所有权关系就为相对消灭,就丙而言则为所有权关系相对发生。

(二)民事法律事实的分类

民事法律事实是多种多样的,根据其是否与人的意志有关可分为自然事实和人的行为。

自然事实是指与人的意志无关的能引起民事法律后果的客观现象。所谓与人的意志无关,是指该现象本身不直接包含人的意志,并非指该现象的发生或者出现与人的意志无关。例如,甲被乙杀死。甲的死亡作为引起继承法律关系发生的法律事实是不包含人的意志的,甲的死亡便为自然事实。至于乙的杀害行为,作为引起侵权赔偿法律关系的法律事实,则与人的意志有关,不属于自然事实。

自然事实,包括事件和状态。事件是指某种偶发的客观现象,如人的出生、死亡,台风的发生;状态是指某种客观现象的持续,如时间的经过。

人的行为是指与人的意志有关,直接体现人的意志,能够引起民事法律后果的客观现象。对于自然事实,法律只能规定其发生的法律后果,但是不能控制其发生的数量,当事人也不能有意识地促成或者阻碍其发生,也不存在合法与否的问题。而对于人的行为,法律则可以通过规定其不同的后果,以控制其发生的数量。行为有合法与不合法之分,且当事人可以自主决定是否实施与实施何种行为。因此,法律规范人的行为,可以鼓励当事人实施合法行为或者制裁当事人的不法行为。

人的行为既包括当事人的行为,也包括他人的行为。当事人的行为是指当事人自己实施的发生民事法律后果的行为,如双方订立合同;他人的行为是指非由当事人实施的但是却在当事人之间发生民事后果的行为,如人民法院或者仲裁机构的裁决。

当事人的行为,依据其实施行为是否以发生民事法律后果为目的,可分为民事法律行为和事实行为。民事法律行为是指当事人实施的以发生一定民事法律后果为目的的行为,如订立合同;事实行为是指当事人实施行为并非以发生一定民事法律后果为目的,但是因该行为实施的事实即在当事人间发生民事法律后果的行为,如拾得遗失物。无论是民事法律行为还是事实行为,都有合法与不合法之分。不合法的行为虽不合法,但是因该行为引起的民事法律关系却是合法的。例如,侵权行为是不合法的事实行为,因侵权行为产生的侵权损害赔偿关系却是合法的。

第二节 民事权利

一、民事权利的概念

一般认为,民事权利是指民事主体依法享有并受法律保护的利益范围或者实施某一行为(作为或者不作为)以实现某种利益的可能性。

民事权利包含以下含义:(1)权利是法律关系的主体享有的利益范围或者为某种行为的可能性;(2)权利是权利主体要求他人实施某种行为或者不实施某种行为,以实现其利益的可能性;(3)在权利受到侵害时,权利主体得请求国家机关予以救济。

民事主体可以享有何种权利,是由法律规定的,也就是说,法律根据社会的经济生活条件规定民事主体可以享有哪些权利。但是,民事主体是否享有某一项权利,则决定于其是否参与在民事法律关系中,因为民事主体享有的具体权利是民事法律关系内容的组成部分。

二、民事权利的分类

依不同的标准,民事权利可作以下分类:

(一)人身权与财产权

根据民事权利是否以财产利益为内容,民事权利可分为人身权与财产权。

人身权是指不直接具有财产利益的内容,与主体人身不可分离的权利。人身权不直接具有财产内容,不能以金钱来衡量其价值,一般不具有可让与性,受到侵害时主要需以非财产的方式予以救济。人身权包括人格权和身份权。

财产权是指以财产利益为内容,直接体现财产利益的民事权利。财产权可以以金钱计算其价值,一般具有可让与性,受到侵害时需以财产方式予以救济。财产权既包括物权、债权、继承权,也包括知识产权中的财产权利等。

(二)支配权、请求权、抗辩权与形成权

根据民事权利的作用,民事权利可分为支配权、请求权、抗辩权与形成权。

支配权是指民事主体对权利客体可直接加以支配并享受其利益的权利。物权、人身权、知识产权等属于支配权。支配权的特点主要在于:第一,权利人可直接支配权利客体,以满足其利益需要,如房屋所有权人可以直接占有使用房屋;第二,具有排他性,权利人可禁止他人妨碍其对客体的支配。

请求权是指请求他人为一定行为或者不为一定行为的权利。如买卖合同的出卖人请求买受人支付价款的权利。请求权的特点在于,权利人不能直接取得作为权利内容的利益,须通过义务人的行为间接取得。请求权是由一定的基础权利派生的权利。如出卖人请求支付价款的请求权是基于其债权产生的,所有权人在其财物为他人非法占有时请求占有人返还的权利是基于所有权产生的。

抗辩权,广义上是指对抗请求权或者否认他人的权利主张的权利,有的称为异议权;狭义上仅指对抗请求权的权利。抗辩权的作用在于对抗请求权,又可分为一时抗辩权和永久抗辩权。例如,出卖人要求买受人支付价款,若买受人以当事人双方未约定何方先履行,因出卖人未履行交付货物的义务自己也不应付款为抗辩时,其抗辩权即为一时抗辩权;若买受人以出卖人的请求已过诉讼时效自己不予付款而为抗辩时,其行使的抗辩权就为永久抗辩权。

形成权是指权利人得以自己一方的意思表示而使法律关系发生变化的权利。例如,甲乙相互欠款,在还款期限已到时,任何一方都可主张其欠款相互充抵,当事人享有的这一抵销权即属于形成权。

（三）绝对权与相对权

根据民事权利的效力范围,民事权利可分为绝对权与相对权。

绝对权又称对世权,是指权利效力及于一切人,即义务人为不特定的任何人的权利。绝对权的特点在于,权利人可向任何人主张权利,权利人不需借助义务人的行为就可实现其权利。权利人享有绝对权的法律关系称为绝对法律关系。物权、知识产权、人身权、继承权都为绝对权。

相对权又称对人权,是指权利效力及于特定人的权利,即义务人为特定人的权利。相对权的特点在于,权利人只能向特定的义务人主张权利,需借助义务人行为的介入才能实现其权利。权利人享有的权利为相对权的法律关系属于相对法律关系。债权为典型的相对权。

（四）主权利与从权利

根据相互关联的民事权利之间的关系,民事权利可分为主权利与从权利。

主权利是指两项有关联的权利中不依赖另一权利而可独立存在的权利,从权利则是指两项有关联的权利中其效力受另一权利制约的权利。例如,某债权人享有担保权,该债权人享有的债权为主权利,其享有的担保权就为从权利。

（五）原权与救济权

根据民事权利相互间是否具有派生关系,民事权利可分为原权与救济权。

原权为基础权利,是权利性民事法律关系中的权利。救济权是由原权派生的,为在原权受到侵害或者有受侵害的现实危险而发生的权利,是保护性法律关系中的权利。例如,某甲的房屋被乙侵占,甲要求乙返还房屋的权利属于救济权,甲对其房屋享有的所有权属于原权。

（六）专属权与非专属权

根据民事权利有无移转性,民事权利可分为专属权与非专属权。

专属权是指无移转性,权利人一般不能转让,也不能依继承程序转移的权利。人身权就属于专属权。

非专属权是指具有移转性,权利人可以转让,也可依继承程序移转的权利。财产权多为非专属权。

三、民事权利的行使

民事权利的行使是指权利人为实现自己的权利实施一定的行为。权利行使是权利人实现其权利内容的利益,以满足其需要的过程,权利行使的结果就是权利的实现。权利行使不同于权利的享有,因为民事权利只能为权利人自己享有,但是权利人可以自己行使民事权利,也可以由他人代为行使民事权利。

民事权利行使的方式有事实方式和法律方式两种。事实方式是指权利人通过事实行为行使权利,法律方式是指权利人通过民事法律行为行使权利。例如,甲有一所房屋的所有权,甲自己使用该房屋,为以事实方式行使所有权;若甲将该房屋出租,则为以法律方式行使其所有权。

民事权利的行使应遵循以下三项主要原则:第一,自由行使原则。权利行使是权利人的自由,自应依当事人的意思决定,他人不得干涉。《民法典》第130条规定:"民事主体按照自己的意愿依法行使民事权利,不受干涉。"第二,正当行使原则。权利人应依权利的目的正当行使权利,遵循诚信原则,履行自己的义务。对此,《民法典》第131条规定:"民事主体行使权利时,应当履行法律规定的和当事人约定的义务。"第三,禁止权利滥用原则。《民法典》第132条规定:"民事主体不得滥用民事权利损害国家利益、社会公共利益或者他人合法权益。"所谓滥用权利,是指权利人不正当地行使权利,损害社会利益或者他人利益。依据《总则编解释》第3条的规定,行为人是否构成滥用民事权利,可以根据权利行使的对象、目的、时间、方式、造成当事人之间利益失衡的程度等因素作出认定。如果行为人以损害国家利益、社会公共利益、他人合法权益为主要目的行使民事权利,则应当认定构成滥用民事权利。

四、民事权利的保护

民事权利的保护是指为保障权利不受侵害或者恢复被侵害的民事权利所采取的救济措施。民事权利的保护分为自我保护和国家保护。

民事权利的自我保护又称为私力救济,是指权利人自己采取各种合法手段来保护其权利。民事权利的自我保护是权利固有的属性,是法律赋予权利人的权利,但是权利人只能在法律许可的限度内以法律许可的方式保护其权利,否则会构成权利的滥用。自我保护的方式主要有自卫行为和自助行为两种。自卫行为是指权利人为使自己或者他人的权利免受不法侵害而采取的防卫或者躲避措施,包括正当防卫和紧急避险;自助行为是指权利人在权利受到侵害来不及请求国家保护时而采取的对侵害人的财产或者人身施以扣押或者拘束等措施。

民事权利的国家保护又称公力救济,是指民事权利受到侵犯时,由国家机关通过法定程序予以保护。国家保护民事权利是由行政、司法等多种机关、多种手段实现的,其中最主要的是由人民法院予以保护。权利人在其权利受侵害时,有权向法院提起诉讼,请求法院依法保护其权利。

第三节 民事义务和民事责任

一、民事义务

(一)民事义务的概念

民事义务是指义务主体为满足权利人的利益需要,在权利限定的范围内必须为一定行为或者不为一定行为的约束。民事义务的根本特性在于其约束性,即为满足权利人的需要,义务人必须为一定行为或者不为一定行为,否则,义务人就会承担相应的民事责任。义务的范围是由权利限定的,超过权利人权利限定的范围,义务人没有必为某种行为的义务。

(二) 民事义务的分类

民事义务主要有以下分类:

1. 法定义务与约定义务

根据民事义务的发生根据,民事义务可分为法定义务与约定义务。

法定义务是直接根据法律规定产生的而非由当事人约定的义务,如不得侵犯他人财物的义务;约定义务是指由当事人自行约定的义务,如合同债务人的义务。

2. 积极义务与消极义务

根据民事义务的内容,民事义务可分为积极义务与消极义务。

积极义务是指以义务人须为一定行为(作为)为内容的义务,如交付财物的义务;消极义务是指以义务人须不为一定行为(不作为)为内容的义务,如不干涉所有权人行使权利的义务。

3. 专属义务与非专属义务

根据民事义务与主体的关系,民事义务可分为专属义务与非专属义务。

专属义务是指义务人不得将其转移给他人负担的义务,如某特邀演员演出的义务;非专属义务是指义务人可将其转移给他人负担的义务,如偿还欠款的义务。

4. 给付义务与附随义务

根据民事义务的性质,民事义务可分为给付义务与附随义务。

给付义务包括主给付义务和从给付义务。主给付义务是指债的当事人所约定的、自始确定的基本义务。例如,在买卖合同中,出卖人交付标的物、买受人支付价款等,都为主给付义务。从给付义务是指主给付义务以外,债权人可独立诉请履行,以满足其给付利益的义务。从给付义务为非主要债务,如名犬的出卖人负交付血统证明书的义务,即为从给付义务。从给付义务仅起辅助主给付义务的作用,目的在于确保债权人的利益能得到最大限度的满足。因此,当事人即使不履行从给付义务,另一方一般也不能解除合同。依据《合同编通则解释》第 26 条的规定,当事人一方未根据法律规定或者合同约定履行开具发票、提供证明文件等非主要债务,对方请求继续履行该债务并赔偿因怠于履行该债务造成的损失的,人民法院依法予以支持;对方请求解除合同的,人民法院不予支持,但是不履行该债务致使不能实现合同目的或者当事人另有约定的除外。

附随义务是指为履行给付义务或者保护当事人人身或者财产上利益,基于诚信原则而产生的义务。依据《民法典》第 509 条第 2 款的规定,当事人应当遵循诚信原则,根据合同的性质、目的和交易习惯履行通知、协助和保密等义务。这里所规定的义务就是附随义务。所谓交易习惯,主要是指当事人之间在交易活动中的惯常做法,或者在交易行为当地或者某一领域、某一行业通常采用并为交易对方订立合同时所知道或者应当知道的做法。当然,交易习惯不得违反法律、行政法规的强制性规定且不违背公序良俗(《合同编通则解释》第 2 条)。

二、民事责任

(一) 民事责任的概念和特点

民事责任是指民事主体因违反民事义务而依法应承担的民事法律后果。

民事责任具有以下特点：

第一，民事责任以民事义务为基础，是违反民事义务的法律后果。民事义务是民事责任的前提，只有当事人负有义务而没有履行或者违反了义务，才会产生民事责任。没有义务，也就不存在履行或者违反问题；若义务人履行了义务，则不产生民事责任。

第二，民事责任以恢复被侵害的权利为目的。民事权利的实现须义务人不违反义务。义务人违反义务就会侵害权利人的权利，就要通过民事责任恢复被侵害的权利。因此，民事责任是保护民事权利的法律手段，以恢复民事权利为目的，正因为如此，民事责任是违反民事义务的一方当事人向权利受侵害的一方当事人承担的责任。民事责任一般不具有惩罚性，其范围与义务人违反义务所造成的损害后果相适应。

第三，民事责任具有法律上的强制性。民事责任是一种法律责任，当然也就具有强制性。但是，违反了民事义务的当事人可自行承担民事责任。只有在当事人不能自觉承担民事责任时，国家才通过法定程序强制义务人承担民事责任。

第四，民事责任是当事人一方向另一方承担的责任。民事法律关系的义务主体违反了民事义务，权利主体因此享有救济性的请求权，可以请求义务主体承担民事责任。从这一意义上说，民事责任又是通过特定当事人负担一定的义务来实现的。

第五，民事责任具有独立性和优先性。《民法典》第187条规定："民事主体因同一行为应当承担民事责任、行政责任和刑事责任的，承担行政责任或者刑事责任不影响承担民事责任；民事主体的财产不足以支付的，优先用于承担民事责任。"可见，民事责任具有独立性和优先性。

(二) 民事责任的分类

常见的民事责任分类主要有以下几种：

1. 债务不履行的民事责任与侵权的民事责任

根据民事责任发生的原因，民事责任可分为债务不履行的民事责任和侵权的民事责任。

债务不履行的民事责任简称债务不履行责任，是指因债务人不履行已存在的债务而发生的民事责任。债务不履行责任是特定债务人违反义务的结果，以债务的存在为前提。

侵权的民事责任简称侵权责任，是指因实施侵权行为而发生的民事责任。侵权责任是绝对权的义务人违反消极义务的后果，责任人本不负担债务，因承担民事责任才负有债务。

2. 履行责任、返还责任与赔偿责任

根据民事责任的内容，民事责任可分为履行责任、返还责任与赔偿责任。

履行责任是指责任人须履行自己原负担的债务的责任，如合同债务人继续履行合同的责任。

返还责任是指以返还利益为内容的责任，如非法占有人将占有的财物返还给权利人的责任。

赔偿责任是指以赔偿对方损害为内容的责任，如侵权人造成他人人身、财产或者精神损

害时所承担的赔偿损失的责任。

3. 按份责任与连带责任

根据承担民事责任的一方当事人之间的关系,民事责任可分为按份责任与连带责任。

按份责任是指在责任人为多人时,各责任人按照一定的份额向权利人承担民事责任。《民法典》第177条规定:"二人以上依法承担按份责任,能够确定责任大小的,各自承担相应的责任;难以确定责任大小的,平均承担责任。"

连带责任是指责任人为多人时,每个人都负有清偿全部债务的责任,各责任人相互间有连带关系。依据《民法典》第178条的规定,二人以上依法承担连带责任的,权利人有权请求部分或者全部连带责任人承担责任。连带责任人的责任份额根据各自责任大小确定;难以确定责任大小的,平均承担责任。实际承担责任超过自己责任份额的连带责任人,有权向其他连带责任人追偿。

4. 财产责任与非财产责任

根据民事责任的内容有无财产性,民事责任可分为财产责任与非财产责任。

财产责任是指直接以一定的财产为内容的责任,如返还财产、赔偿损失等。

非财产责任是指不直接具有财产内容的民事责任,如消除影响、恢复名誉等。

(三) 民事责任的承担方式

民事责任的承担方式又称为民事责任的形式,是指民事主体承担民事责任的具体措施。

依据《民法典》第179条的规定,承担民事责任的方式主要有:(1) 停止侵害;(2) 排除妨碍;(3) 消除危险;(4) 返还财产;(5) 恢复原状;(6) 修理、重作、更换;(7) 继续履行;(8) 赔偿损失;(9) 支付违约金;(10) 消除影响、恢复名誉;(11) 赔礼道歉。法律规定惩罚性赔偿的,依照其规定。各种承担民事责任的方式,可以单独适用,也可以合并适用。

第三章 自 然 人

第一节 自然人的民事权利能力

一、自然人民事权利能力的概念

自然人的民事权利能力是指法律赋予自然人享有民事权利和负担民事义务的资格。

所谓自然人，是指基于自然规律而出生的人。在民法上，自然人与法人、非法人组织相对应，是最主要的民事主体。自然人不同于公民，公民仅指具有一国国籍的自然人，而自然人则还包括外国人和无国籍人。

自然人的民事权利能力是自然人参与民事法律关系，享受民事权利和负担民事义务的能力，是自然人之成为民事主体，具有法律人格的条件和标志。

民事权利能力与民事权利是相互联系但是不相同的法律概念。二者的区别主要在于：第一，民事权利能力仅是法律赋予民事主体享受权利和负担义务的资格，仅是民事主体享受民事权利的前提条件和可能性；而民事权利则是民事主体参与具体民事法律关系实际享有某种利益的形式，是以利益为内容的。第二，民事权利能力是由法律赋予的，不取决于民事主体的意志；而民事权利的享有可由民事主体的意思决定之。第三，民事权利能力与民事主体的人身不可分离，既不能放弃，也不能转让；而民事权利除法律另有规定外，民事主体可以放弃和转让。第四，民事权利能力不仅是享受民事权利的资格，也是负担民事义务的资格，即民事权利能力也包括民事义务能力；而民事权利与民事义务是相互对立的概念，民事权利与民事义务是不能相互包含和相互替代的。

二、自然人民事权利能力的特点

《民法典》第 14 条规定："自然人的民事权利能力一律平等。"平等性，是自然人民事权利能力的根本特点。凡自然人，不分民族、种族、性别、年龄、职业，也不论其政治态度、宗教信仰、财产状况和健康与否等，都有平等的民事权利能力，有平等参与民事法律关系的机会。

三、自然人民事权利能力的起止

《民法典》第 13 条规定："自然人从出生时起到死亡时止，具有民事权利能力，依法享有民事权利，承担民事义务。"因自然人的民事权利能力与其人身不可分离，因而自然人的民事权利能力始于出生、终于死亡。

出生是自然人取得民事权利能力的法律事实，有重要法律意义。何时为出生？曾有各种不同的学说。通说认为，出生包括"出"和"生"，出为完全脱离母体，生为有独立生命，出生为完全脱离母体而为有独立生命的人。

自然人的民事权利能力既为其一生享有，至其死亡时也就终止。民法上的死亡包括自然死亡和宣告死亡。

自然死亡又称生理死亡,是指自然人生命的终结。但是在何时为死亡的问题上,也有不同的学说。现代医学上提出了脑死亡说,因为以脑死亡为死亡,有利于进行器官移植。自然人是否死亡,应以医学上的认定为准。

依据《民法典》第15条的规定,自然人的出生时间和死亡时间,以出生证明、死亡证明记载的时间为准;没有出生证明、死亡证明的,以户籍登记或者其他有效身份登记记载的时间为准。有其他证据足以推翻以上记载时间的,以该证据证明的时间为准。

四、胎儿利益保护

既然自然人自出生时起具有民事权利能力,未出生的胎儿就不具有民事权利能力。但是,胎儿终将出生,为未来的民事主体,因此,为保护胎儿利益,各国法律上对于胎儿的法律地位均作出了特别规定。我国《民法典》第16条规定:"涉及遗产继承、接受赠与等胎儿利益保护的,胎儿视为具有民事权利能力。但是,胎儿娩出时为死体的,其民事权利能力自始不存在。"依据《总则编解释》第4条的规定,涉及遗产继承、接受赠与等胎儿利益保护,父母在胎儿娩出前作为法定代理人主张相应权利的,人民法院依法予以支持。

第二节 自然人的民事行为能力

一、自然人民事行为能力的概念和特点

自然人的民事行为能力是指自然人得通过自己的独立行为取得和行使权利、设定和履行义务的资格。

自然人的民事行为能力有广义与狭义之分。狭义的民事行为能力仅指通过自己的合法行为设定民事权利义务的能力;广义的民事行为能力还包括不法行为能力,即对自己的不法行为负责的能力。依据《民法典》的规定,完全民事行为能力人须对自己的不法行为负责,无完全民事行为能力人对其不法行为一般不承担民事责任。

自然人的民事行为能力具有以下两个显著特点:第一,自然人的民事行为能力是法律赋予的一种资格。自然人的民事行为能力是法律赋予的,而不是由自然人自行决定的,因此,非依法定程序,任何人不得限制或者剥夺。第二,自然人的民事行为能力以对客观事物的判断和认识能力即意识能力为依据。只有有意识能力的人才有民事行为能力,而人的意识能力与人的年龄和智力健康状况有关,因此,自然人的民事行为能力受其年龄和智力健康状况的影响,并不是人人都相同。

自然人的民事行为能力与民事权利能力都是法律赋予的资格,尽管其性质、发生时间和确认的根据不同,但是有着密切的联系。民事权利能力是民事行为能力的前提,民事行为能力是民事权利能力实现的条件。

二、自然人民事行为能力的划分

由于自然人对客观事物的识别和判断能力是不同的,因此,各国法上都将自然人的民事

行为能力划分为不同情况。依据《民法典》的规定,自然人的民事行为能力分为三种情况:

(一) 完全民事行为能力

完全民事行为能力是指可完全独立地进行民事活动,通过自己的行为取得民事权利和负担民事义务的资格。《民法典》第18条第1款规定:"成年人为完全民事行为能力人,可以独立实施民事法律行为。"18周岁以上的自然人为成年人。因此,除法律另有规定外,年满18周岁的自然人就当然取得完全民事行为能力。

但是,有的未成年人也具有相应的意识能力,能够独立地处理个人事务和承担相应的责任,根据需要也须赋予其完全民事行为能力。因此,各国法上对于未成年人都有例外的特别规定,视某些具备一定条件的未成年人为成年人。我国《民法典》第18条第2款规定:"十六周岁以上的未成年人,以自己的劳动收入为主要生活来源的,视为完全民事行为能力人。"所谓以自己的劳动收入为主要生活来源,应是能以自己的劳动收入维持当地群众的一般生活水平。

(二) 限制民事行为能力

限制民事行为能力又称部分民事行为能力、不完全民事行为能力,是指可以独立实施一些民事法律行为,但是不能独立实施全部民事法律行为的资格。限制民事行为能力人包括8周岁以上的未成年人和不能完全辨认自己行为的成年人。

8周岁以上的未成年人,其智力已发育到一定的程度,有一定的意识能力,但是对客观事物又不全具有判断能力,同时,由于8周岁以上的未成年人年龄差距较大,认识能力存在很大不同。因此,《民法典》第19条规定:"八周岁以上的未成年人为限制民事行为能力人……可以独立实施纯获利益的民事法律行为或者与其年龄、智力相适应的民事法律行为。"

成年人有的并不具有正常人的意识能力,不能对各种事物都具有判断能力,不能完全辨认自己的行为。依据《民法典》第22条的规定,不能完全辨认自己行为的成年人为限制民事行为能力人,可以独立实施纯获利益的民事法律行为或者与其智力、精神健康状况相适应的民事法律行为。

依据《总则编解释》第5条的规定,限制民事行为能力人实施的民事法律行为是否与其年龄、智力、精神健康状况相适应,人民法院可以从行为与本人生活相关联的程度,本人的智力、精神健康状况能否理解其行为并预见相应的后果,以及标的、数量、价款或者报酬等方面认定。

(三) 无民事行为能力

无民事行为能力是指不具有以自己的行为取得民事权利和负担民事义务的资格。《民法典》第20条规定:"不满八周岁的未成年人为无民事行为能力人,由其法定代理人代理实施民事法律行为。"依据《民法典》第21条的规定,不能辨认自己行为的成年人以及8周岁以上不能辨认自己行为的未成年人为无民事行为能力人,由其法定代理人代理实施民事法律行为。

需要指出,法律不赋予未成年人和不能完全辨认自己行为的成年人完全民事行为能力的目的,主要是为了保护这些人的合法权益,以免其在民事活动中受到损害。

三、自然人民事行为能力的认定

自然人民事行为能力的认定,是指人民法院经利害关系人的申请,依法认定成年人为无民事行为能力人或者限制民事行为能力人的制度。

一般来说,自然人成年就应具有完全的民事行为能力,但是有的自然人因智力或者精神健康上的原因,虽成年也不具有相应的认识能力,因而也就不能具有相应的民事行为能力。自然人能否有相应的民事行为能力不能由当事人自己决定,也不能由他人任意决定,只能由人民法院依诉讼程序作出裁决。《民法典》第24条第1款规定:"不能辨认或者不能完全辨认自己行为的成年人,其利害关系人或者有关组织,可以向人民法院申请认定该成年人为无民事行为能力人或者限制民事行为能力人。"因此,对自然人民事行为能力的认定须具备以下条件:第一,须经利害关系人申请;第二,被申请的当事人须为不能辨认或者不能完全辨认自己行为的成年人;第三,须由人民法院经特别程序作出认定。人民法院经审理认为被申请人没有判断能力和自我保护能力,不知其行为后果的,可以认定为不能辨认自己行为的人;被申请人对于比较复杂的事物或者比较重大的行为缺乏判断能力和自我保护能力,并且不能预见其行为后果的,可以认定为不能完全辨认自己行为的人。

依据《民法典》第24条第2款的规定,被人民法院认定为无民事行为能力人或者限制民事行为能力人的,经本人、利害关系人或者有关组织申请,人民法院可以根据其智力、精神健康恢复的状况,认定该成年人恢复为限制民事行为能力人或者完全民事行为能力人。

可以申请认定自然人民事行为能力的有关组织包括:居民委员会、村民委员会、学校、医疗机构、妇女联合会、残疾人联合会、依法设立的老年人组织、民政部门等。

第三节 自然人的住所

一、住所的概念

自然人的住所是指自然人生活和进行民事活动的主要基地和中心场所。

人生活在社会中,进行民事活动,参与民事法律关系,总有一个中心场所。也就是说,以该场所作为其参与民事活动的集中地。该场所,在法律上就为住所。同样,一个人生活在社会上总是要居住在一个地方的,其居住的地点称为居所。居所与住所不同。一个人只能有一个住所,却可以有若干个居所。

二、住所的确定

各国法上对住所的确定标准不一,有意定住所与法定住所之分。意定住所是指依当事人的意思自行决定的住所;法定住所是指不问当事人的意思由法律直接规定的住所,如有的国家规定,亲权之下的子女以父母的住所为住所。我国《民法典》第25条规定:"自然人以户籍登记或者其他有效身份登记记载的居所为住所;经常居所与住所不一致的,经常居所视为住所。"

三、住所的法律意义

住所的法律意义,有的称为住所的法律价值、法律效力,是指住所在法律上的作用。住所的法律意义主要有以下方面：

第一,确定民事主体的状态,确定某些民事法律关系发生、变更、终止的地点。例如,认定某一人是否失踪,应以其是否离开住所地长期无消息为准;继承开始的地点一般为被继承人的最后住所地。

第二,确定债务的履行地。例如,债务履行地点约定不明确,给付货币的,应在接受货币一方的住所地履行。

第三,确定案件的管辖。例如,在民事诉讼中,一般情况下,原告应到被告住所地法院起诉。

第四,确定法律文书的送达和某些特定行为的实施地。例如,无另外规定时,法律文书应送达被送达人的住所地的居所;除另有规定外,结婚登记须在当事人的住所地办理。

第五,确定涉外民事关系的准据法。例如,依据《涉外民事关系法律适用法》第44条的规定,侵权责任,适用侵权行为地法律,但是当事人双方有共同经常居所地的,适用共同经常居所地法律。

第四节 监 护

一、监护的概念和目的

监护是指为无民事行为能力人和限制民事行为能力人设立保护人的制度。所设立的保护人称为监护人,受监护人保护的无民事行为能力人和限制民事行为能力人称为被监护人。

监护具有以下特点：第一,被监护人须为无民事行为能力人和限制民事行为能力人,对完全民事行为能力人不能设立监护；第二,监护人须为完全民事行为能力人,不具有完全民事行为能力的人不能作监护人；第三,监护人的职责是由法律规定的,而不能由当事人约定。

监护制度的目的就是监护的意义,主要是为了保护无民事行为能力人和限制民事行为能力人的利益。因为无民事行为能力人和限制民事行为能力人虽有与他人平等的民事权利能力,但是却不具备完全民事行为能力,不能独立地或者不能完全独立地实施民事法律行为,其民事权利能力不能以自己的行为加以实现,对自己的合法权益不能予以保护。设立监护,则可由监护人代无民事行为能力人和限制民事行为能力人实施民事法律行为,并保护其合法权益。同时,监护制度也有利于维护社会的安定。因为无民事行为能力人和限制民事行为能力人对其行为后果缺乏相应的判断能力,若实施不法行为给他人造成损害,也不能承担民事责任,设立监护就可由监护人约束其行为,以免其对他人造成损害,从而维护社会秩序。

二、监护的设立

监护的设立是指为无民事行为能力人和限制民事行为能力人确定监护人。

（一）法定监护

法定监护，即由法律直接规定监护人。

依据《民法典》第 27 条的规定，父母是未成年子女的监护人。未成年人的父母已经死亡或者没有监护能力的，由下列人员中有监护能力的人按顺序担任监护人：(1) 祖父母、外祖父母；(2) 兄、姐；(3) 其他愿意担任监护人的个人或者组织，但是须经未成年人住所地的居民委员会、村民委员会或者民政部门同意。

依据《民法典》第 28 条的规定，无民事行为能力或者限制民事行为能力的成年人，由下列有监护能力的人按顺序担任监护人：(1) 配偶；(2) 父母、子女；(3) 其他近亲属；(4) 其他愿意担任监护人的个人或者组织，但是须经被监护人住所地的居民委员会、村民委员会或者民政部门同意。

（二）遗嘱监护

遗嘱监护是指由遗嘱指定监护人。

《民法典》第 29 条规定："被监护人的父母为监护人的，可以通过遗嘱指定监护人。"只有被监护人的父母才可以通过遗嘱为其子女指定监护人。担任监护人的父母通过遗嘱指定监护人，遗嘱生效时被指定的人不同意担任监护人的，人民法院应依法定监护的规定确定监护人。

（三）协议监护和指定监护

协议监护是指由具有监护资格的人协议确定监护人，指定监护是指在对监护人的确定有争议时，依法指定监护人。

依据《民法典》第 30 条的规定，依法具有监护资格的人之间可以协议确定监护人。协议确定的监护人应当尊重被监护人的意愿。但是未成年人的父母不得与其他具有监护资格的人订立协议，约定免除具有监护能力的父母的监护职责。

依据《民法典》第 31 条第 1 款的规定，对监护人的确定有争议的，由被监护人住所地的居民委员会、村民委员会或者民政部门指定监护人，有关当事人对指定不服的，可以向人民法院申请指定监护人；有关当事人也可以直接向人民法院申请指定监护人。指定监护人时，应当尊重被监护人的真实意愿，按照最有利于被监护人的原则在依法具有监护资格的人中指定监护人。依据《总则编解释》第 9 条的规定，人民法院指定监护人，应具体参考以下因素：(1) 与被监护人生活、情感联系的密切程度；(2) 依法具有监护资格的人的监护顺序；(3) 是否有不利于履行监护职责的违法犯罪等情形；(4) 依法具有监护资格的人的监护能力、意愿、品行等。人民法院依法指定的监护人一般应当是一人，由数人共同担任监护人更有利于被监护人利益的，也可以是数人。

在有关当事人申请人民法院指定监护人而法院未指定监护人前，被监护人的人身权利、财产权利以及其他合法权益处于无人保护状态的，由被监护人住所地的居民委员会、村民委员会、法律规定的有关组织或者民政部门担任临时监护人（《民法典》第 31 条第 3 款）。

监护人被指定后，不得擅自变更；擅自变更的，不免除被指定的监护人的责任（《民法典》第 31 条第 4 款）。

（四）意定监护

意定监护是指依被监护人的意思确定监护人。

《民法典》第 33 条规定："具有完全民事行为能力的成年人，可以与其近亲属、其他愿意担任监护人的个人或者组织事先协商，以书面形式确定自己的监护人，在自己丧失或者部分丧失民事行为能力时，由该监护人履行监护职责。"完全民事行为能力人订立书面协议事先确定自己监护人的，协议的任何一方在该成年人丧失或者部分丧失民事行为能力前可以请求解除协议。

三、监护人的职责

《民法典》第 34 条第 1 款规定："监护人的职责是代理被监护人实施民事法律行为，保护被监护人的人身权利、财产权利以及其他合法权益等。"

监护人履行监护职责既是其权利，也是其义务。监护人依法履行监护产生的权利，受法律保护；监护人有权请求排除对其履行监护职责的不法干涉和妨碍。监护人不履行监护职责或者侵害被监护人合法权益的，应当依法承担法律责任。

监护人应当按照最有利于被监护人的原则履行监护职责，除为维护被监护人利益外，不得处分被监护人的财产。未成年人的监护人在作出与被监护人利益有关的决定时，应当根据被监护人的年龄和智力状况，尊重被监护人的真实意愿；成年人的监护人应当最大程度地尊重被监护人的真实意愿，保障并协助被监护人实施与其智力、精神健康状况相适应的民事法律行为，不得干涉被监护人有能力独立处理的事务（《民法典》第 35 条）。

监护人因患病、外出务工等原因在一定期限内不能完全履行监护职责的，可以将监护职责部分或者全部委托给他人，但是受托人并不因此成为监护人（《总则编解释》第 13 条）。因发生突发事件等紧急情况，监护人暂时无法履行监护职责，被监护人的生活处于无人照料状态的，被监护人住所地的居民委员会、村民委员会或者民政部门应当为被监护人安排必要的临时生活照料措施（《民法典》第 34 条第 4 款）。

四、监护人的撤换

监护人的撤换是指对不履行监护职责的监护人，经有关人员或者单位申请，由人民法院撤销该监护人的监护资格，另行确定监护人。依据《民法典》第 36 条的规定，监护人有下列情形之一的，人民法院根据个人或者组织的申请，撤销其监护人资格，安排必要的临时监护措施，并按照最有利于被监护人原则依法指定监护人：(1) 实施严重损害被监护人身心健康的行为；(2) 怠于履行监护职责，或者无法履行监护职责且拒绝将监护职责部分或者全部委托给他人，导致被监护人处于危困状态；(3) 实施严重侵害被监护人合法权益的其他行为。有权申请撤换监护人的个人、组织包括：其他依法具有监护资格的人，居民委员会、村民委员会、学校、医疗机构、妇女联合会、残疾人联合会、未成年人保护组织、依法设立的老年人组织、民政部门等。

对被监护人依法负担扶养义务的监护人被撤销监护人资格的，不影响其扶养义务，其仍应继续履行负担被监护人抚养费、赡养费、扶养费的义务。

被监护人的父母或者子女被撤销监护人资格后，除对被监护人实施故意犯罪的外，确有悔改表现的，经其申请，人民法院可以在尊重被监护人真实意愿的前提下，视情况恢复其监护人资格，法院指定的监护人与被监护人的监护关系同时终止。

五、监护的终止

监护的终止即监护关系消灭,有绝对终止与相对终止之分。前者是指不再设立监护人;后者是指原监护关系消灭,但是仍需另行确定监护人。依据《民法典》第39条的规定,有下列情形之一的,监护关系终止:(1)被监护人取得或者恢复完全民事行为能力;(2)监护人丧失监护能力;(3)被监护人或者监护人死亡;(4)人民法院认定监护关系终止的其他情形。

第五节 宣告失踪和宣告死亡

一、宣告失踪

(一)宣告失踪的概念和意义

宣告失踪是指经利害关系人申请,由人民法院对下落不明满一定期间的自然人宣告为失踪人的制度。

自然人长期离开自己的住所,下落不明时,其在住所地的财产关系就会处于不确定的状态。为消除因自然人长期下落不明所造成的不利影响,法律设立宣告失踪制度,通过宣告下落不明的人为失踪人,并为其设立财产代管人,由代管人管理失踪人的财产,以保护失踪人与相对人的财产权益。

(二)宣告失踪的条件和程序

依据《民法典》第40条的规定,宣告失踪须具备一定的条件,并经过法定的程序。

1. 须经利害关系人申请

宣告失踪不能由人民法院主动为之,必须经利害关系人的申请。所谓利害关系人,是指被申请人的近亲属、依据《民法典》规定对被申请人有继承权的人和其他与被申请人有民事财产权利义务关系的人,如债权人、债务人、合伙人等。与被申请人虽有民事权利义务关系,但是不申请宣告失踪不影响其权利行使、义务履行的人,不属于可申请宣告失踪的利害关系人(《总则编解释》第14条)。

2. 须被申请人下落不明满一定期间

所谓下落不明,是指自然人离开自己的住所无任何消息。如果一个自然人离开自己的住所,他人确知其在何处仅是无法进行通讯联系,则该人不为下落不明。只有被申请人下落不明满2年,利害关系人才可申请法院宣告该人为失踪人。下落不明的时间,自被申请人失去音讯之日起算;战争期间下落不明的,下落不明的时间自战争结束之日或者有关机关确定的下落不明之日起计算。

3. 须由人民法院宣告

宣告失踪为人民法院的职权,其他任何机关都无权宣告失踪。人民法院受理宣告失踪的申请后,应发出寻找失踪人的公告,公告期间为3个月。公告期间届满,人民法院根据被申请人失踪的事实是否确定作出裁决,对仍未出现或者无确切消息的,作出宣告其为失踪人的判决。

(三)宣告失踪的法律后果

人民法院作出宣告失踪的判决,应当同时指定失踪人的财产代管人。依据《民法典》第

42条的规定,失踪人的财产由其配偶、成年子女、父母或者其他愿意担任代管人的人代管;如果代管有争议,没有法律规定的人或者法律规定的人无代管能力的,由人民法院指定的人代管。

失踪人的财产代管人负有管理失踪人财产的职责。依据《民法典》第43条的规定,失踪人所欠税款、债务和应付的其他费用,由代管人从失踪人的财产中支付。财产代管人因故意或者重大过失造成失踪人财产损失的,应当承担赔偿责任。

依据《民法典》第44条的规定,财产代管人不履行代管职责、侵害失踪人财产权益或者丧失代管能力的,失踪人的利害关系人可以向人民法院请求变更财产代管人。财产代管人有正当理由的,也可以向人民法院申请变更代管人。人民法院变更财产代管人的,变更后的代管人有权请求原代管人及时移交有关财产并报告财产代管情况。

(四)失踪宣告的撤销

宣告失踪仅是推定失踪,因此,失踪人重新出现的,应当撤销失踪宣告。《民法典》第45条第1款规定:"失踪人重新出现,经本人或者利害关系人申请,人民法院应当撤销失踪宣告。"人民法院撤销失踪宣告后,财产代管关系也就终止。代管人应停止代管行为,将代管的财产交给被撤销失踪宣告的人并报告代管情况。代管期间已经支付的财产和费用,除代管人主观上有恶意外,财产所有人不得要求代管人偿还。

二、宣告死亡

(一)宣告死亡的概念和意义

宣告死亡是指经利害关系人申请,由人民法院对下落不明满一定期间的人宣告死亡的制度。

自然人长期下落不明时虽可宣告其为失踪人,为其设立财产代管人,但是并不能结束其参与的法律关系的不稳定状态。因自然人生死不明,其亲属上和财产上的法律关系就不能确定,从而影响利害关系人的利益和社会公共利益,因此,法律设立宣告死亡制度,以宣告生死不明的失踪人为死亡,从而结束该人以原住所为中心的法律关系,稳定社会秩序。

(二)宣告死亡的条件和程序

1. 须经利害关系人申请

宣告死亡必须先由利害关系人提出申请。依据《总则编解释》第16条的规定,申请宣告死亡的利害关系人是:被申请人的配偶、父母、子女以及对公婆或者岳父母尽了主要赡养义务的丧偶儿媳或者女婿。符合下列情形之一的,被申请人的其他近亲属以及对被申请人有代位继承权的亲属也应当认定为利害关系人:(1)被申请人的配偶、父母、子女均已死亡或者下落不明的;(2)不申请宣告死亡不能保护其相应合法权益的。被申请人的债权人、债务人、合伙人等不能认定为可申请宣告死亡的利害关系人,但是不申请宣告死亡不能保护其相应合法权益的除外。

2. 须被申请人下落不明满一定期间

依据《民法典》第46条的规定,自然人有下列情形之一的,利害关系人可以向人民法院申请宣告其死亡:(1)下落不明满4年的;(2)因意外事件,下落不明满2年。因意外事件下落不明,经有关机关证明该自然人不可能生存的,申请宣告死亡不受2年时间的限制。自然人在战争期间下落不明的,利害关系人申请宣告死亡的期间为4年,自战争结束之日或者有关机关确定的下落不明之日起计算(《总则编解释》第17条)。

3. 须由人民法院宣告

人民法院受理宣告死亡的案件后,应当发出寻找失踪人的公告,公告期间为1年。但是因意外事故下落不明,经有关机关证明确实不能生存的,公告期间为3个月。公告期间届满,失踪人仍未出现的,人民法院即作出宣告死亡的判决。被宣告死亡的人,法院宣告死亡的判决作出之日视为其死亡的日期;因意外事件下落不明宣告死亡的,意外事件发生之日视为其死亡的日期。

(三)宣告死亡的法律后果

宣告死亡在婚姻、继承等领域发生与自然死亡相同的法律后果。例如,被宣告死亡人的婚姻关系终止、继承开始。但是,被宣告死亡人被宣告死亡的时间和自然死亡的时间未必一致。对此,《民法典》第49条规定,自然人被宣告死亡但是并未死亡的,不影响该自然人在被宣告死亡期间实施的民事法律行为的效力。也就是说,自然人自然死亡前实施的民事法律行为与被宣告死亡引起的法律后果相抵触的,则以其实施的民事法律行为为准。

(四)死亡宣告的撤销

宣告死亡为推定死亡,因此,《民法典》第50条规定:"被宣告死亡的人重新出现,经本人或者利害关系人申请,人民法院应当撤销死亡宣告。"

宣告死亡的判决一经撤销,发生以下法律后果:

(1)依据《民法典》第51条的规定,除被撤销死亡宣告人的配偶在其被宣告死亡后再婚或者向婚姻登记机关书面声明不愿意恢复婚姻关系的外,婚姻关系自撤销死亡宣告之日起自行恢复。

(2)依据《民法典》第52条的规定,被撤销死亡宣告人的子女在被宣告死亡期间被他人依法收养的,该收养关系有效。被撤销死亡宣告人不得仅以未经本人同意而主张收养行为无效。

(3)依据《民法典》第53条的规定,被撤销死亡宣告的人有权请求依照继承编取得其财产的民事主体返还财产。被撤销死亡宣告的人请求返还财产的,取得财产的民事主体应当返还原物,无法返还原物的,应当给予适当补偿。利害关系人隐瞒真实情况,致使他人被宣告死亡而取得其财产的,除应当返还财产外,还应对由此造成的损失承担赔偿责任。

第六节 个体工商户和农村承包经营户

一、个体工商户

依据《民法典》第54条的规定,自然人从事工商业经营,经依法登记,为个体工商户。

个体工商户具有以下特点:

第一,个体工商户是以"户"为经营单位的。个体工商户是自然人个人或者家庭经营的,但是不是以自然人或者家庭的名义而是以工商户的名义进行经营活动。个体工商户可以有自己的字号,可以雇工或者找帮工。

第二,个体工商户须依法核准登记。个体工商户即使是自然人个人经营的,也须依法登记,领取营业执照后,方可以户的名义进行经营。不经核准登记,不能成立个体工商户。个体工商户转业、合并、转让、停业、歇业时,都应依法办理相应的登记手续。

第三,个体工商户须在法律允许的范围内从事工商业经营。个体工商户只能从事工商业经营活动,并且其从事的工商业经营活动只能是法律允许个体经营的。个体工商户应在核准登记的经营范围内依法进行生产经营活动。

第四,个体工商户以户的名义进行民事活动,享有民事权利和承担民事义务。个体工商户自登记之日起就取得独立经营的资格,可以工商户的名义进行民事活动。个体工商户对自己的名称享有名称权,对自己的商标享有商标权,其以自己的财产自主经营,参与民事法律关系。

第五,个体工商户的户主对个体工商户的债务承担无限责任。个体工商户的财产与户主的个人财产并非严格区分,其不能独立地承担民事责任。对于个体工商户经营中的债务,户主并不以其投入工商户的财产为限承担清偿责任,而是要负无限责任。依据《民法典》第56条第1款的规定,个体工商户的债务,个人经营的,以个人财产承担;家庭经营的,以家庭财产承担;无法区分的,以家庭财产承担。

二、农村承包经营户

依据《民法典》第55条的规定,农村集体经济组织的成员,依法取得农村土地承包经营权,从事家庭承包经营的,为农村承包经营户。

农村承包经营户具有以下特点:

第一,农村承包经营户是以户为单位的农村集体经济的一个经营层次。农村承包经营户,可以是个人经营,也可以是家庭经营,但是其是以"户"的名义从事经营活动。农村承包经营是集体经济的一种经营形式,因而承包经营户一般为农村集体经济组织的成员。

第二,农村承包经营户依法取得农村土地承包经营权,从事家庭经营。农村承包经营户是以取得农村土地承包经营权为存在基础的,是基于农村土地承包合同发生的,承包户须独立进行经营。农村承包经营户须从事商品经营,仅是生产自己需要的农副产品的,不为农村承包经营户。

第三,农村承包经营户应在法律允许的范围内从事农业生产经营。农村承包经营户虽不需进行工商登记,但是其也只能在法律和政策允许的范围内按照承包合同的约定从事农业生产经营活动,承包经营户对其承包经营的自然资源和其他资产应合理使用,妥善管理,不得擅自改变其用途。

第四,农村承包经营户的经营者对承包经营期间的债务负无限责任。依据《民法典》第56条第2款的规定,农村承包经营户的债务,以从事农村土地承包经营的农户财产承担;事实上由农户部分成员经营的,以该部分成员的财产承担。

第四章 法 人

第一节 法人概述

一、法人的概念和特点

依据《民法典》第57条的规定,法人是具有民事权利能力和民事行为能力,依法独立享有民事权利和承担民事义务的组织。

法人具有以下特点:

第一,法人是社会组织。法人是自然人之外的另一类重要的民事主体,其与自然人的根本区别在于法人是社会组织,而不是基于自然规律出生的人。社会组织是为实现一定的目的按照一定的方式建立的团体,既可以是自然人的集合体,也可以是财产的集合体。社会组织是以组织的名义从事活动,而不是以自然人的名义从事活动。

第二,法人是具有民事权利能力和民事行为能力的社会组织。法人是社会组织,但是社会组织并不都是法人,只有具有民事权利能力和民事行为能力的社会组织,才能成为法人。能够独立进行民事活动的社会组织,也只有在民事活动中,才会成为法人。

第三,法人是依法独立享有民事权利和承担民事义务的社会组织。除法人外,其他社会组织也可具有民事权利能力和民事行为能力。法人与非法人组织的重要区别在于,法人是完全独立享有民事权利和承担民事义务的社会组织,这种独立性主要体现在以下三个方面:(1)组织上的独立性。这种独立性主要表现在:法人有自己独立的健全的组织机构,能形成统一的意志和执行自己的意志;法人与其成员完全相独立,不会因其成员的死亡、退出或者破产而影响其存续;法人无需依赖其他组织而能独立存在。(2)财产上的独立性。财产上的独立性是指法人的财产与其创办人的其他财产、与其他组织和自然人的财产、与法人内部自己成员的财产相分离,完全独立地由法人支配。(3)责任上的独立性。责任上的独立性是指法人仅以自己的财产对自己在民事活动中发生的债务负清偿责任。除法律另有特别规定外,法人不对其他组织和个人包括其创办人和成员的债务承担清偿责任,其他人也不对法人的债务负清偿责任。

二、法人的分类

(一)学理上对法人的分类

1. 公法人与私法人

根据法人设立所依据的法律,法人可分为公法人与私法人。公法人是指依据公法设立的法人,如国家机关、地方自治团体;凡依据私法设立的法人,则为私法人。

2. 社团法人与财团法人

根据法人成立的基础,法人可分为社团法人与财团法人。社团法人是指以社员权为基础的人的集合体,以有一定的成员为成立条件,如公司;财团法人是指为一定的目的财产的集合体,其以捐助的一定财产为基础,以一定的捐助行为为成立条件,如基金会。

3. 营利法人、公益法人与中间法人

根据社团法人设立的目的,法人可分为营利法人、公益法人与中间法人。营利法人是指以营利为目的的法人,设立的目的是为其成员谋取经济上的利益,如公司;公益法人是指以从事公益事业为目的的法人,如学校;既不以营利为目的,又不以从事公益事业为目的的法人,属于中间法人,如校友会。

4. 本国法人与外国法人

根据法人的国籍,法人可分为本国法人与外国法人。本国法人是指根据本国法设立的具有本国国籍的法人,外国法人是指本国法人以外的法人。凡依据我国法在我国境内设立的法人,均为我国的法人。外国法人可在我国设立分支机构。

(二)法律上对法人的分类

《民法典》根据法人设立的宗旨和活动性质,将法人分为营利法人、非营利法人、特别法人。

1. 营利法人

依据《民法典》第76条的规定,营利法人是指以取得利润并分配给股东等出资人为目的成立的法人。营利法人包括有限责任公司、股份有限公司和其他企业法人等。

营利法人有以下特点:其一,以营利为目的。营利法人是以营利为目的设立的法人,独立从事商品生产经营活动,有自己独立的营业,是最主要的市场经济主体。《民法典》第86条规定:"营利法人从事经营活动,应当遵守商业道德,维护交易安全,接受政府和社会的监督,承担社会责任。"其二,营利法人的设立应制定章程并经依法登记。《民法典》第78条规定:"依法设立的营利法人,由登记机关发给营利法人营业执照。营业执照签发日期为营利法人的成立日期。"其三,营利法人有完整的法人治理机构。营利法人不仅应当设立权力机构,还应当设立执行机构和监督机构。其四,营利法人的设立财产为股东等出资人的投资。出资人可以分配法人经营所得利润,行使出资人的权利。依据《民法典》第83条的规定,营利法人的出资人不得滥用出资人权利损害法人或者其他出资人的利益;滥用出资人权利造成法人或者其他出资人损失的,应当依法承担民事责任。营利法人的出资人滥用法人独立地位和出资人有限责任,逃避债务,严重损害法人债权人的利益的,应当对法人债务承担连带责任。

2. 非营利法人

依据《民法典》第87条的规定,非营利法人是指为公益目的或者其他非营利目的成立,不向出资人、设立人或者会员分配所取得利润的法人。非营利法人的根本特征在于不以营利为目的,不能分配所得利润。《民法典》第95条规定:"为公益目的成立的非营利法人终止时,不得向出资人、设立人或者会员分配剩余财产。剩余财产应当按照法人章程的规定或者权力机构的决议用于公益目的;无法按照法人章程的规定或者权力机构的决议处理的,由主管机关主持转给宗旨相同或者相近的法人,并向社会公告。"

非营利法人包括事业单位法人、社会团体法人、捐助法人等。

(1)事业单位法人。事业单位法人是指从事非营利性的社会各项公益事业的法人。

《民法典》第 88 条规定:"具备法人条件,为适应经济社会发展需要,提供公益服务设立的事业单位,经依法登记成立,取得事业单位法人资格;依法不需要办理法人登记的,从成立之日起,具有事业单位法人资格。"事业单位法人设理事会的,除法律另有规定外,理事会为其决策机构(《民法典》第 89 条)。

(2) 社会团体法人。社会团体法人是指由会员自愿组成的为实现会员共同意愿,按照章程开展活动的非营利性的具有法人资格的社会组织。《民法典》第 90 条规定:"具备法人条件,基于会员共同意愿,为公益目的或者会员共同利益等非营利目的设立的社会团体,经依法登记成立,取得社会团体法人资格;依法不需要办理法人登记的,从成立之日起,具有社会团体法人资格。"设立社会团体法人应当制定法人章程,设会员大会或者会员代表大会等权力机构、设理事会等执行机构。理事长或者会长等负责人按照法人章程的规定担任法定代表人(《民法典》第 91 条)。

(3) 捐助法人。捐助法人是以捐助财产设立的以公益事业为目的的法人。依据《民法典》第 92 条的规定,具备法人条件,为公益目的以捐助财产设立的基金会、社会服务机构等,经依法登记成立,取得捐助法人资格;依法设立的宗教活动场所,具备法人条件的,可以申请法人登记,取得捐助法人资格。《民法典》第 93 条规定,设立捐助法人应依法制定法人章程,捐助法人应设立理事会、民主管理组织等决策机构,设立执行机构,并设立监事会等监督机构。

3. 特别法人

依据《民法典》第 96 条的规定,机关法人、农村集体经济组织法人、城镇农村的合作经济组织法人、基层群众性自治组织法人,为特别法人。

(1) 机关法人。机关法人是依法承担国家管理职能并因行使职权需要具有民事主体资格的法定机构。有独立经费的机关和承担行政职能的法定机构,从成立之日起即取得机关法人资格,可以从事为履行职能所需要的民事活动(《民法典》第 97 条)。

(2) 农村集体经济组织法人。农村集体经济组织是由农村集体成员组成集体经营、按劳分配的经济组织。依据《民法典》第 99 条的规定,农村集体经济组织依法取得法人资格。

(3) 合作经济组织法人。合作经济组织是由社员自愿成立的自我组织、自我管理、自我受益的社会组织。依据《民法典》第 100 条的规定,城镇农村的合作经济组织依法取得法人资格。

(4) 基层群众性自治组织法人。依据《民法典》第 101 条的规定,居民委员会、村民委员会具有基层群众性自治组织法人资格,可以从事为履行职能所需要的民事活动。未设立村集体经济组织的,村民委员会可以依法代行村集体经济组织的职能。

三、法人应具备的条件

(一) 依法成立

所谓依法成立,是指法人须依照法律的规定成立。这包括两个方面:一是法人设立的目的、宗旨、组织形式、活动范围等须符合法律的规定;二是法人须依照法律规定的程序成立。非依法成立的组织,不能成为法人。

(二) 有必要的财产或者经费

有必要的财产或者经费,是法人作为民事主体独立进行民事活动的物质基础,也是法人独立承担民事责任的财产保障。由于法人的宗旨、性质、经营范围、经营方式等不同,其所需具备的财产和经费也有所不同。所谓必要的财产或者经费,是指法人的财产或者经费须与其宗旨、性质、活动范围等相适应。这里的经费,是指国家预算拨款。

(三) 有自己的名称、组织机构和住所

名称是代表一个组织的符号,是此组织区别于彼组织的标志。有自己的名称,法人才能以自己的名义进行民事活动,以自己的名义享有权利和承担义务。因此,法人必须有自己的名称,并且一个法人只能有一个名称。法人的名称应当能反映自己的性质并符合法律关于法人名称的规定,不得使用法律禁止使用的名称。

法人既为社会组织就须有自己的组织机构。法人的组织机构须能保证形成法人的团体意志,这样它才能作为一个独立主体自主进行民事活动。尽管不同的法人,其组织机构有所不同,但是任何法人都需要有能保证自己成为一个组织体的机构。

法人须有住所。《民法典》第63条规定:"法人以其主要办事机构所在地为住所。依法需要办理法人登记的,应当将主要办事机构所在地登记为住所。"法人的住所不同于场所,场所是法人进行业务活动的地方。法人场所可有多个,如办公场所、生产场所、销售场所等,而法人的住所只能有一个。

(四) 能独立承担民事责任

能独立承担民事责任是与有必要的财产联系在一起的。独立承担民事责任是法人的重要特点,能独立承担民事责任则是法人应具备的条件,不能独立承担民事责任的组织不能成为法人。能独立承担民事责任有三方面的含义:首先,是能以自己的名义承担民事责任,而不是以他人的名义承担民事责任;其次,是有能力承担民事责任;最后,是能以自己的独立财产承担民事责任,而不能以他人的财产承担民事责任。《民法典》第60条规定:"法人以其全部财产独立承担民事责任。"

第二节 法人的民事能力

一、法人的民事权利能力

法人的民事权利能力是指法人能够以自己的名义独立享有民事权利和承担民事义务的资格。

法人的民事权利能力与自然人的民事权利能力一样都是由法律赋予的,而不是由法人自己决定的。法人的民事权利能力与自然人的民事权利能力相比,具有以下特点:

第一,法人的民事权利能力始于成立、终于消灭。自然人的民事权利能力始于出生、终于死亡,生死是自然现象;而法人的民事权利能力则是始于成立、终于消灭。当然,法人成立时间和终止的原因各有不同。例如,需办理法人登记的法人,只有经办理登记领取法人执照,法人才成立,才具有法人的民事权利能力;而不需办理法人登记的法人,自设立之日起即具有民事权利能力。营利法人可因被宣告破产而终止,而机关法人则不会因此种原因而

消灭。

第二，法人的民事权利能力受法人自然属性的限制。法人是社会组织，自不能享受自然人基于其自然属性所享有的权利，如法人不能享有生命权、身体权、健康权、继承权等，因此，凡专属于自然人享有的民事权利能力的内容，法人不能享有，如法人不可能享有婚姻能力、遗嘱能力、收养能力等。

第三，法人的民事权利能力的内容具有差异性。法人的民事权利能力不仅受其自然属性的限制，还受其目的范围的限制。各类法人的设立目的不同，其民事权利能力也就有所不同，而自然人的民事权利能力则并无差异。赋予不同法人不同的民事权利能力，是维护社会主义正常的市场经济秩序的需要。例如，机关法人不能从事营利性活动；而营利法人则可从事营利性活动，因为其成立是以营利为目的的。当然，法人民事权利能力存在差异并不意味着法人的民事法律地位不平等，在民事活动中，不论何种法人，其民事法律地位仍然是平等的。

二、法人的民事行为能力

法人的民事行为能力是指法人通过自己的行为取得民事权利和设定民事义务的资格。

法人的民事行为能力也是法律赋予的一种资格，是法人作为民事主体的充分条件。法人的民事行为能力与其民事权利能力是相联系又有区别的。法人的民事权利能力是法人民事行为能力的前提，有权利能力才能有行为能力；法人的民事行为能力是法人民事权利能力实现的条件，有行为能力才能独立实施民事法律行为，以自己的行为取得权利和负担义务。

法人的民事行为能力与自然人的民事行为能力相比，具有以下特点：

第一，法人的民事行为能力与其民事权利能力在存续时间上是一致的。法人民事行为能力与其民事权利能力同时产生、同时终止。因为法人一经成立，就需以自己的名义独立实施民事法律行为，否则就不能实现法律赋予其权利能力的目的，失去了其设立的意义。因此，法人从一成立时起就需具有民事行为能力。而就自然人的民事行为能力而言，其与民事权利能力却不能同时发生。

第二，法人的民事行为能力范围受其目的和经营范围的限制。法人民事行为能力的范围是法人可以进行民事活动的范围，法人只能在其法律许可的目的和经营范围内进行民事活动。法人民事行为能力范围受经营范围的限制，这是维护社会正常的经济秩序和社会秩序的需要，是保护发起人和投资者利益的需要，也是确保交易安全的需要。因为不同的法人担负的社会职能不同，发起人设立法人的目的不同，法律对不同法人的条件要求也不同，法人只有在其经营范围内进行活动，才有利于稳定社会的经济秩序，才能实现发起人和投资者的目的，才能维护与法人进行民事活动的相对人的利益。而自然人的民事行为能力则受其年龄和智力状况的限制。

第三，法人的民事行为能力是由法人机关或者代表人实现的。民事行为能力是以意思能力为基础的。法人是社会组织，法人的意思是团体意思，须通过一定的形式通过自然人的意思来形成和实现。法人的意思就是通过法人的机关或者代表人来形成和实现的，法人机关或者代表人以其意思代表着法人的团体意志，因此，法人机关或者代表人在其权限范围内以法人名义从事的民事活动,其法律后果由法人承受(《民法典》第62条第1款)。法人机关或者代表人的权限是由法律、章程或者条例规定的,但是法人章程或者法人权力机构对法定代表人代表权的限制,不得对抗善意第三人(《民法典》第61条第3款)。

三、法人的民事责任能力

法人的民事责任能力是指法人对自己的不法行为承担民事责任的能力。

法人既为独立的民事主体,具有从事合法民事行为的能力,也具有对其不法行为承担民事责任的能力。法人的民事责任能力有以下两个最主要的特点:

第一,法人民事责任能力与其民事权利能力、民事行为能力同时产生、同时消灭。法人的民事责任能力是其广义民事行为能力的内容,与法人的民事权利能力的存续期间一致。自法人成立时起,法人就不仅有独立实施民事法律行为取得权利和设定义务的资格,也具有对自己的违法行为承担民事责任的资格。

第二,法人民事责任能力是对其自己的违法行为承担责任的能力。法人民事责任能力是法人独立承担民事责任的资格,是以法人的意思能力为基础的。因而,法人的民事责任能力是法人对自己的行为承担民事责任的能力,法人对于非属于法人的行为不具有承担民事责任的资格。而法人的行为是通过法人的法定代表人或者其他工作人员的有意识的行为体现出来的,法人的法定代表人或者其他工作人员的行为只有属于法人的行为时,法人才对该行为承担民事责任。依据《民法典》第62条的规定,法定代表人因执行职务造成他人损害的,由法人承担民事责任;法人承担民事责任后,依照法律或者法人章程的规定,可以向有过错的法定代表人追偿。

第三节 法人机关

一、法人机关的概念和特点

法人机关是指根据法律、章程或者条例的规定,于法人成立时就产生的不需特别授权就能够以法人的名义对内管理法人的事务,对外代表法人进行民事活动的集体或者个人。

法人机关具有以下特点:

第一,法人机关是形成、表示和实现法人意志的法人机构。如前所述,法人须有自己的组织机构,以形成法人的意志、执行法人的意志和保障法人意志的实现。没有法人机关,也就无法形成、无法表示和无法实现法人的意志。

第二,法人机关是法人的有机组织成分。法人机关并不是独立于法人之外而存在的,而是法人的组成部分,是使法人成为社会有机体的必要机构,不能与法人相分离。

第三,法人机关是根据法律、章程或者条例的规定而设立的。法人机关的设立和权限是由法律或者章程、条例规定的,因此,法人机关代表法人实施行为时不需要另行授权。

第四,法人机关是法人的领导或者代表机关。法人机关对内负责管理法人的各项事务,对外代表法人进行民事活动。

第五,法人机关是由单个自然人或者集体组成的。由单个自然人形成的法人机关为独任机关,如法定代表人;由集体组成的法人机关称为合议制机关,如股东大会、董事会、监事会。

二、法人机关的种类

各类法人的法人机关有所不同,一般说来,法人机关包括权力机关、执行机关和监督机关。

法人的权力机关是法人自身意思的形成机关,是决定法人生产经营或者业务管理的重大事项的机关,如股份有限公司的股东大会。

法人的执行机关是执行法人权力机关决定的机关,是执行法人意志的机关。它有权执行法人章程、条例或者设立命令所规定的以及法人权力机关决定的事项,如股份有限公司的董事会。

法人的监督机关是对法人的执行机关的行为实行监督检查,以保障法人意志能得以实现的机关,如股份有限公司的监事会。

三、法人的法定代表人

依据《民法典》第61条第1款的规定,法人的法定代表人是指依照法律或者法人章程的规定,代表法人从事民事活动的负责人。法定代表人是法人机关的组成之一,其特点在于:第一,法定代表人是由法律或者法人章程规定的。第二,法定代表人是代表法人从事民事活动的负责人。法定代表人直接根据法律或者法人章程的规定以法人的名义代表法人进行民事活动,无需另行授权。法定代表人只能是法人的负责人。第三,法定代表人是代表法人进行业务活动的自然人。法人的法定代表人只能由自然人担当,一个自然人担任法定代表人在职权范围内代表法人进行活动时,才为法定代表人,其行为也才为法人的行为。若其不是代表法人进行活动,则不为法定代表人,其行为属于自己的个人行为。第四,担任法人法定代表人的自然人须不存在禁止担任法定代表人的条件。具有不能担任法定代表人情形的自然人,不得担任法人的法定代表人。

四、法人机关与法人的关系

法人机关与法人之间不是两个主体之间的关系,而是具有同一的法律人格。法人机关是法人的组成部分,二者是部分与整体的关系。法人机关在其职权范围内以法人名义进行活动,是代表法人的,其行为就是法人的行为,而不是代理法人的代理行为。

法人机关虽由自然人担当,但是法人机关与法人机关的担当人是不同的。如公司董事、董事长与担任董事、董事长的自然人是不同的。法人机关担当人的更换,并不是法人机关的变更。同时,法人机关的成员只有在其职权范围内以法人名义所为的行为,才为法人的行为。

第四节 法人的设立

一、法人设立的概念

法人的设立是指法人这一组织体的创办或者建立。作为组织体的法人,只有建立起组织体,才能取得法人资格。

法人的设立不同于法人的成立。法人的设立是法人成立的前置准备阶段,是法人成立的必经程序。于设立后,法人才能成立;法人于成立时起才为独立的民事主体。因此,法人的成立是指已设立的社会组织取得法人的资格。有的法人于设立后即取得法人资格,一经设立也就成立,如机关法人;有的法人于设立后须经法人登记后才能取得法人资格,设立与成立完全是两个阶段,如营利法人。

二、法人设立的原则

(一)特许设立主义

依特许设立主义,法人的设立须经国家立法和国家元首的许可。这种设立原则对于法人的设立进行严格限制。现代各国法上,只对特别的法人才采取该原则。我国对于机关法人的设立原则上采特许设立主义,其设立须依法律的直接规定。

(二)许可设立主义

许可设立主义又称行政许可设立主义,是指法人的设立须经行政机关的许可。在我国,事业单位法人和社会团体法人的设立一般是采取该原则的,即其设立须经行政机关的审查许可。

(三)自由设立主义

自由设立主义又称放任设立主义,即对法人的设立国家不作任何干预,由当事人自由设立。现代各国法上多不采此原则。

(四)准则设立主义

准则设立主义是指法律规定设立法人的条件,设立人可按此条件设立法人,而不必经行政机关的许可。我国对于营利法人的设立多采此原则。

(五)强制设立主义

强制设立主义是指国家对法人的设立采取强制设立的政策。强制设立主义仅适用于特殊领域的法人。例如,依我国法律,凡应当设立工会的,必须设立工会。

三、法人设立的程序

(一)法人设立的方式

依我国现行法的规定,法人的设立方式主要有以下几种:

1. 命令设立

这是政府以其命令设立法人的方式。机关法人以这种方式设立。

2. 发起设立

这是由发起人一次性认足法人设立所需资金以设立法人的方式。营利法人大多采用这种设立方式。

3. 募集设立

这是由发起人认足法人设立所需的部分资金，其余部分向社会公开募集而设立法人的方式。依据《公司法》的规定，股份有限公司的设立，可以采取发起设立或者募集设立的方式。发起设立是指由发起人认购公司应发行的全部股份而设立公司；募集设立是指由发起人认购公司应发行股份的一部分，其余股份向社会公开募集或者向特定对象募集而设立公司。

4. 捐助设立

这是基金会法人的设立方式，由发起人捐足法人所需的资金以设立法人。

(二) 法人设立的条件

不同的法人，其设立的条件要求不同。总的说来，法人的设立须具备以下共同条件：

1. 有发起人或者设立人

法人的设立必有发起人或者设立人，并且其人数还需符合法律的规定。例如，有限责任公司由 50 个以下股东共同出资设立；设立股份有限公司，应当有 2 人以上 200 人以下为发起人，其中须有半数以上的发起人在中国境内有住所。

2. 须有法律依据

所谓有法律依据，是指所设立的法人在法律上有规定，是法律确认的。如果法律上没有关于相关法人的规定，则不能设立此法人。

(三) 法人资格的取得

如上所述，法人的设立不等于法人的成立，只有于设立后取得法人资格，法人才成立。依据《民法典》的规定，营利法人经依法登记成立；依法不需要办理法人登记的事业单位、社会团体，自设立之日起即具有法人资格；事业单位法人和社会团体法人，依法需要办理法人登记的，依法登记成立，取得事业单位法人、社会团体法人资格。

第五节 法人的变更与终止

一、法人的变更

法人变更是指法人成立后在其存续期间内因各种原因而发生的组织体、组织形式以及其他事项的变动。依据《民法典》第 64 条的规定，法人存续期间登记事项发生变化的，应当依法向登记机关申请变更登记。

(一) 法人组织体的变更

法人组织体的变更包括法人合并和法人分立。依据《民法典》第 67 条的规定，法人合并的，其权利和义务由合并后的法人享有和承担；法人分立的，其权利和义务由分立后的法人享有连带债权，承担连带债务，但是债权人和债务人另有约定的除外。

法人合并分为吸收合并和新设合并。吸收合并是指各个合并在一起的法人中一个法人的资格保留，其他法人的资格消灭。如甲公司与乙公司合并为一新的甲公司，甲公司的资格保留，而乙公司的资格消灭。新设合并又称创设合并，是指各合并在一起的法人的资格均消灭，而成立一个新的法人。如甲公司与乙公司并在一起成立丙公司。法人作出合并决议后，应通知债权人，债权人可以要求其清偿债务或者提供相应的担保。法人合并时，合并各方的债权、债务由合并后存续的法人或者新设的法人承继。

法人分立包括新设分立和派生分立。新设分立是指原法人资格消灭，而分成几个新法人。如甲公司分为乙公司与丙公司，甲公司的资格消灭。派生分立是指原法人资格不消灭，而从中分出几个新的法人，如从甲公司中分出乙公司。法人作出分立决议后，应通知债权人并公告。除法人在分立前与债权人就债务清偿达成的书面协议另有约定外，分立前的债务由分立后的法人承担连带责任。

（二）法人组织形式的变更

组织形式的变更是指营利法人组织形式的改变。如非公司法人改为公司法人，有限责任公司改为股份有限公司。组织形式变更，依法须经审批的，经审批后才可变更。法人组织形式的变更是于原法人的基础上创设新法人，因此须办理法人登记，变更后的法人承受原法人的权利义务。

（三）其他重要事项的变更

其他重要事项，是指法人登记中应登记的事项，如法人的名称、代表人、住所等。凡法人登记中应登记的事项变更的，均应于核准变更后在规定期间内办理变更登记。但是这些事项的变更，不影响法人原参与的法律关系的效力。

二、法人的终止

法人的终止又称法人的消灭，是指法人的民事主体资格不再存在，其民事权利能力和民事行为能力终止。

不同的法人终止的原因有所不同。例如，机关法人常因法律的直接规定或者命令撤销而终止，社会团体法人常因团体成员的决定撤销或者因违反法律、法规被撤销而终止。依据《民法典》第68条的规定，有下列原因之一并依法完成清算、注销登记的，法人终止：(1) 法人解散；(2) 法人被宣告破产；(3) 法律规定的其他原因。法人终止，法律、行政法规规定须经有关机关批准的，依照其规定。

（一）解散

依据《民法典》第69条的规定，有下列情形之一的，法人解散：(1) 法人章程规定的存续期间届满或者法人章程规定的其他解散事由出现；(2) 法人的权力机构决议解散；(3) 因法人合并或者分立需要解散；(4) 法人依法被吊销营业执照、登记证书，被责令关闭或者被撤销；(5) 法律规定的其他情形。

（二）依法被宣告破产

法人出现破产法规定的应宣告破产的事由时，经该法人的代表人、主管机关或者其债权人等的申请，人民法院受理后依法宣告该企业法人破产。

（三）法律规定的其他原因

除上述原因外，法人也可以基于其他原因而终止。机关法人因机构改革被撤销的，机关法人终止。

三、法人的清算

法人的清算是指于法人终止时由清算组织依职权清理该法人的财产,了结其参与的财产法律关系。

法人的清算是法人消灭中的必要程序,也是法人清算义务人的义务。清算义务人应当及时组织清算组进行清算。

清算组织又称为清算人,其职责包括:(1)了结现存的业务,如未履行的合同,若能够继续履行,则应继续履行完;(2)收取债权和清偿债务;(3)将清偿债务后剩余的财产移交给享有权利的人。

依据《民法典》第72条的规定,清算期间法人存续,但是不得从事与清算无关的活动。清算结束并完成法人注销登记时,法人终止;依法不需要办理法人登记的,清算结束时,法人终止。

第五章 非法人组织

第一节 非法人组织概述

一、非法人组织的概念和特点

依据《民法典》第102条的规定,非法人组织是不具有法人资格但能够依法以自己的名义从事民事活动的组织。非法人组织包括个人独资企业、合伙企业、不具有法人资格的专业服务机构等。

非法人组织具有以下特点:

第一,非法人组织为社会组织。非法人组织与法人一样,也是社会组织。作为依法成立的组织,非法人组织不同于自然人。尽管有的非法人组织的成员仅有一个自然人,但是它也是作为一个组织而存在的。这是非法人组织与自然人的根本区别。

第二,非法人组织具有相应的民事权利能力和民事行为能力。非法人组织可以自己的名义从事民事活动,可以享有民事权利和承担民事义务。这是非法人组织与法人的相同之处。也正因为其享有民事权利能力和民事行为能力,在民法上才有意义。如果某一组织不具有民事权利能力和民事行为能力,则该组织不为民法上的非法人组织。依据《民法典》第105条的规定,非法人组织可以确定一人或者数人代表该组织从事民事活动。

第三,非法人组织不具备法人的条件。尽管非法人组织也为一个组织体,但是其不是如法人一样地具有完全的独立性、严密的组织机构、严格的议事规则,也不能独立地承担民事责任。依据《民法典》第104条的规定,非法人组织的财产不足以清偿债务的,其出资人或者设立人承担无限责任。法律另有确定的,依照其规定。

二、非法人组织的分类

(一)营利性非法人组织与非营利性非法人组织

根据非法人组织的成立目的,非法人组织可分为营利性非法人组织与非营利性非法人组织。

营利性非法人组织是指以营利为目的的不具有法人资格的社会组织,例如个人独资企业、合伙企业等;非营利性非法人组织是指不以营利为目的的不具有法人资格的社会组织,例如不具有法人资格的社会团体。

(二)批准型非法人组织与非批准型非法人组织

根据非法人组织的设立是否经过批准,非法人组织可以分为批准型非法人组织与非批准型非法人组织。

批准型非法人组织是指法律、行政法规规定须经有关机关批准才能设立的非法人组织。例如,律师事务所的设立应当经司法行政机关批准。非批准型非法人组织是指无需批准即可设立的非法人组织。例如,法人的分支机构就是非批准型非法人组织。

三、非法人组织的设立与解散

非法人组织应当按照法律规定设立,并且应当依照法律规定进行登记。依据《民法典》第103条第1款的规定,非法人组织应当依照法律的规定登记。

依据《民法典》第106条的规定,在下列情形下,非法人组织解散:(1)章程规定的存续期间届满或者章程规定的其他解散事由出现;(2)出资人或者设立人决定解散;(3)法律规定的其他情形。非法人组织解散的,应当依法进行清算(《民法典》第107条)。

第二节 非法人组织的类型

一、个人独资企业

依据《个人独资企业法》第2条的规定,个人独资企业是指在中国境内设立,由一个自然人投资,财产为投资人个人所有,投资人以其个人财产对企业债务承担无限责任的经营实体。

个人独资企业具有以下特点:

第一,个人独资企业由自然人一人投资,财产为投资人个人所有。个人独资企业是由自然人一人投资设立的,投资人对本企业的财产依法享有所有权,其有关权利可以依法进行转让或者继承,任何单位和个人不得违反法律、行政法规的规定以任何方式强制个人独资企业提供财力、物力、人力。

第二,个人独资企业有一定的经营规模并须经核准登记。个人独资企业须具备一定的规模,其设立须有合法的名称,有投资人申报的出资,有固定的生产经营场所和必要的生产经营条件,有必要的从业人员。个人独资企业应当依法设置会计账簿,进行会计核算。个人独资企业须向所在地的登记机关提交设立申请书,经登记机关核准登记才能成立。个人独资企业在存续期间登记事项发生变更的,应依法向登记机关办理变更登记;个人独资企业解散的,应于清算结束后,办理注销登记。

第三,个人独资企业以自己的名义进行民事活动。个人独资企业于登记机关予以登记、发给营业执照之日成立。个人独资企业成立后,投资人即得以个人独资企业的名义从事经营活动。个人独资企业可以依法申请贷款、取得土地使用权,并享有法律、行政法规规定的其他权利。个人独资企业投资人可以自行管理企业事务,也可以委托或者聘用其他具有民事行为能力的人负责企业的事务管理。投资人对受托人或者被聘用的人员职权的限制,不得对抗善意第三人(《个人独资企业法》第19条)。

第四,个人独资企业不能独立承担民事责任。个人独资企业不具有独立承担民事责任的能力,投资人以其个人财产对企业债务承担无限责任;投资人在申请企业设立登记时明确以其家庭共有财产作为个人出资的,应当依法以家庭共有财产对企业债务承担无限责任。因此,个人独资企业财产不足以清偿债务的,投资人应以其个人的其他财产予以清偿。个人独资企业解散后,原投资人对个人独资企业存续期间的债务仍应承担偿还责任,但是债权人在 5 年内未向债务人提出偿债请求的,该责任消灭(《个人独资企业法》第 28 条)。

二、合伙企业

依据《合伙企业法》第 2 条的规定,合伙企业是指自然人、法人和非法人组织依法在中国境内设立的普通合伙企业和有限合伙企业。普通合伙企业由普通合伙人组成,合伙人对合伙企业债务承担无限连带责任。法律对普通合伙人承担责任的形式有特别规定的,从其规定。有限合伙企业由普通合伙人和有限合伙人组成,普通合伙人对合伙企业债务承担无限连带责任,有限合伙人以其认缴的出资额为限对合伙企业债务承担责任。

合伙企业具有以下特点:

第一,合伙企业是按照共同协议组成的联合体。合伙人成立合伙的共同协议称为合伙合同。合伙合同是合伙成立的基础,没有合伙合同也就不能成立合伙,所以,合伙有时指合伙合同,有时指合伙组织。但是合伙的成立除须有合伙合同外,还应办理工商登记,领取《营业执照》。

第二,合伙企业是独立从事经营活动的联合体。合伙企业是合伙人为了共同的经济目的而成立的组织,可有自己的名称或者字号,可以自己的名义享有权利和承担义务,其具有团体性,在人格、财产、利益和责任等方面都是相对独立于合伙人个人的。

第三,合伙企业是由合伙人共同出资成立的联合体。合伙企业是由合伙人共同出资成立的联合体,合伙人的出资是合伙企业进行经营活动的物质基础。合伙人的出资数额和方式由合伙合同约定。依据《合伙企业法》第 16 条的规定,普通合伙人可以用货币、实物、知识产权、土地使用权或者其他财产权利出资,也可以用劳务出资;以实物、知识产权、土地使用权或者其他财产权利出资,需要评估作价的,可由全体合伙人协商确定,也可由全体合伙人委托法定评估机构评估;以劳务出资的,其评估办法由全体合伙人协商确定,并在合伙协议中载明。有限合伙人不得以劳务出资。

第四,合伙企业是合伙人共享收益、共担风险的社会组织。合伙企业是合伙人为了共同的经济目的和基于相互信任而组成的,合伙收益由合伙人共享,合伙的经营风险由合伙人共担。在普通合伙中,合伙人对于合伙的债务负连带责任;在有限合伙中,有限合伙人以其认缴的出资为限对合伙债务承担责任,普通合伙人对合伙债务承担无限连带责任。可以说,合伙中必有合伙人对合伙债务负无限连带责任,是合伙与法人的重要区别之一。

三、专业服务机构

专业服务机构是指利用自己的专业知识,在特定领域为服务对象提供服务的社会组织。例如,会计师事务所、律师事务所、科技咨询服务机构、市场调查服务机构等。

从法律地位上说,专业服务机构可以为非法人组织,也可以依法登记为法人而取得法人资格。例如,依据《会计师事务所执业许可和监督管理办法》第 6 条的规定,会计师事务所可以采用普通合伙、特殊普通合伙或者有限责任公司形式。合伙形式为非法人组织,公司形式则为法人。再如,合伙制律师事务所也为非法人组织。

四、法人分支机构

法人分支机构是指由法人为实现其职能而设立的可以自己的名义进行民事活动但是不能独立承担民事责任的独立机构。

法人分支机构具有以下特点:

第一,法人分支机构是由法人为实现其职能而设立的机构。法人分支机构是法人设立的从属机构,这主要表现在:(1)法人分支机构是法人的一个组成部分,受法人的统一支配和管理;(2)法人分支机构的名称须冠以其所从属的法人名称;(3)法人分支机构是法人为扩大自己的营业活动范围设立的,为法人的营业场所;(4)法人分支机构的营业在法人的业务范围内,法人分支机构在法人授权的范围内进行活动。

第二,法人分支机构是相对独立的机构。法人分支机构不同于法人的一般组成部分,具有相对独立性。这主要表现在:法人分支机构有自己可以独立支配的财产,有自己的组织机构,有自己的名称和营业所;法律、行政法规规定法人分支机构应当登记的,应依法办理登记;法人分支机构在法人授权的范围内独立进行民事活动。

第三,法人分支机构不能独立承担民事责任。法人分支机构不同于法人设立的子公司,其虽有独立性但是不具备法人的条件。法人分支机构独立进行民事活动的法律后果为法人承担,法人分支机构在经营活动中应承担的民事责任由其所属法人以其全部财产承担。《民法典》第74条第2款规定,法人的分支机构以自己的名义从事民事活动,产生的民事责任由法人承担;也可以先以该分支机构管理的财产承担,不足以承担的,由法人承担。

第六章　民事法律关系客体

第一节　民事法律关系客体概述

一、民事法律关系客体的概念和特点

民事法律关系客体是民事法律关系的要素之一,是指作为法律关系内容的民事权利和民事义务共同指向的对象。因为在民事法律关系的内容中,民事权利处于主导地位,所以民事法律关系的客体,也就是民事权利的客体,又称为民事权利的标的。

民事法律关系的客体具有以下特点:

第一,有益性。所谓有益性,是指能够满足人们的利益需要。因为民事主体参与民事法律关系是为满足自己的物质利益或者非物质利益需要,各种民事法律关系都是主体基于能够满足其利益需要的对象形成的,这一对象即是民事权利义务共同指向的法律关系的客体。因此,只有能够满足人们的各种利益需要的物质财富或者非物质财富,才会成为民事法律关系的客体。

第二,客观性。所谓客观性,是指不依主体的意识而转移。民事法律关系的客体是存在于主体意识之外的客观现象,既可以是客观物质世界的现象,也可以是客观精神世界的现象,是能够为主体的意识所感知和为主体所支配的事物,但是不依主体的意识而转移。因此,单纯的主观意识不能成为法律关系的客体。

第三,法定性。所谓法定性,是指由法律所规定。民事法律关系的客体虽为客观现象,但是并非各种客观现象皆可为客体。何种客观事物可为民事法律关系的客体是由法律确认的。例如,自然人的人身在古代法中可为民事法律关系的客体,在现代法中则不能为民事法律关系的客体。

二、民事法律关系客体的种类

民事法律关系的客体范围甚广,并且随着生产力的发展会不断扩大。总的说来,民事法律关系的客体包括以下几类:

(1)物,其中包括金钱和有价证券。

(2)其他财产。财产在民法上是一个多含义的概念,有时专指物,有时指和财产权利,有时指物以及财产权利和财产义务。这里的财产是指物以外的财产。

(3)行为。行为是指人的工作和服务,如保管物品的保管行为、演出服务等。

(4)智力成果。智力成果是智力劳动所创造出的成果,又称知识产品,是知识产权的客体。依据《民法典》第123条的规定,知识产权的客体包括:作品;发明、实用新型、外观设计;商标;地理标志;商业秘密;集成电路布图设计;植物新品种;法律规定的其他客体。

(5)人身利益。人身利益是指人格和身份所体现的非物质利益。

(6)数据、网络虚拟财产。依据《民法典》第 127 条的规定,法律对数据、网络虚拟财产的保护有规定的,依照其规定。

(7)其他利益。其他能够满足人的需要的各种利益,也可以成为权利客体。

第二节 物

一、物的概念和特点

民法上的物是民事主体能够实际控制或者支配的具有一定经济价值的物质资料。

民法上的物与物理学上的物既有联系又有区别。物理学上的物,是由物的自然属性决定的,而法律上的物不仅具有自然属性,还具有法律属性。不为物理学上的物,自不能成为法律上的物;但是虽为物理学上的物,也并非就为法律上的物。

民法上的物具有以下特点:

第一,须存在于人身之外。民法上的物只能是存在于人身之外的物,而不能是人身。现代法上人只能为主体,而不能为客体。不仅人身不能成为客体,人身上的某一部分包括各种器官在未与人体脱离前也不能成为物。但是,人身的组成部分在与人体脱离后,可以成为物。

第二,须能够为人力所实际控制或者支配。只有能够为人力所支配和控制的物,才为民法上的物。因为只有这样的物,才能满足主体的个体需要,才能用于交易。随着生产力的发展,人类支配自然的能力增强,物的范围也不断扩大。例如,电、热、声、光、气等自然力,在不能为人力实际控制和支配前不为物,而能够为人力控制和支配后则成为物。

第三,须能够满足人们的社会生活需要。民法上的物须具有可使用性,具有价值和使用价值。因为只有能够满足人们的生产或者生活需要,才可为主体所有,才可用于交换。不能满足人们生产或者生活的实际需要的物,在法律上没有意义。

第四,须为独成一体的有体物。民法上的物一般仅指有体物。所谓有体,是指具有一定的形体,能够为人的感官感触到。民法上的物还须独为一体,即能够单独满足人们的需要。如不能独成一体,则不能单独用于交易,不为民法上的物。

二、物的分类

(一)动产与不动产

根据物是否具有可移动性,物可分为动产与不动产。

动产是指可以一般方法移动且移动后不会改变或者不会损害其价值的物,不动产则是指不能以一般方法移动或者移动后会改变或者损害其价值的物。依我国法规定,土地、海域以及房屋、林木等地上定着物为不动产,不动产以外的物为动产。

这种分类的主要意义在于:第一,权利的公示方式和变动要件不同。动产上的权利一般以占有为公示方式,权利的变动以交付为要件;而不动产上的权利以登记为公示方式,权利的变动一般以登记为要件。第二,在某些法律关系中,法律的适用不同。例如,在涉外法定继承中,不动产适用不动产所在地法律,而动产适用被继承人死亡时经常居所地法律(《涉外民事关系法律适用法》第 31 条）。第三，诉讼管辖不同。不动产纠纷由不动产所在地法院管辖，动产纠纷则不依动产的所在地确定管辖权。

（二）流通物与限制流通物、禁止流通物

根据物是否具有自由流通性，物可分为流通物与限制流通物、禁止流通物。

流通物是指允许在民事主体之间自由流通的物；限制流通物是指法律对其流通予以一定限制，仅可在特定主体之间或者特定范围内流通的物；禁止流通物是指法律禁止其流通，不能成为交易标的物的物。限制流通物与禁止流通物是由法律明确规定的。在我国，禁止流通物主要包括国家的专有物（如矿藏、水流等）、假币、淫秽物品、毒品等；限制流通物主要包括文物、麻醉药品、运动枪支弹药等。法律未作限制流通或者禁止流通规定的物，都为流通物。

这种分类的主要意义在于：流通物可以自由流通；限制流通物只能在限定的范围内流通，否则交易无效；禁止流通物则不得为交易的标的物。

（三）主物与从物

根据两物之间的作用关系，物可分为主物与从物。

主物是指由同一人所有的需共同使用才能更好发挥效用的两物中起主要作用的物，从物则是指辅助主物发挥效用的物。从物须具备三个条件：第一，与主物同属一人所有；第二，须独成一物；第三，须与主物共同使用才能更好地发挥物的作用。如汽车与车上的备用轮胎，前者为主物，后者为从物，但是汽车上的轮胎则不为其从物。

这种分类的主要意义在于：除法律另有规定或者当事人另有约定外，对主物处分的效力及于从物，从物随主物的转移而转移。《民法典》第 320 条规定："主物转让的，从物随主物转让，但是当事人另有约定的除外。"

（四）原物与孳息

根据两物之间的派生关系，物可分为原物与孳息。

原物为产生孳息的物，孳息则是由原物产生的收益。孳息又分为天然孳息和法定孳息。天然孳息是指依物的自然属性而产生的收益，如果树所产果实、母猪所生猪仔；法定孳息是指依法律关系所生的收益，如房屋出租所得的租金。

这种分类的主要意义在于：天然孳息由所有权人取得；既有所有权人又有用益物权人的，由用益物权人取得。当事人另有约定的，按照约定。法定孳息，当事人有约定的，按照约定取得；没有约定或者约定不明确的，按照交易习惯取得（《民法典》第 321 条）。

（五）消耗物与非消耗物

根据物使用后形态的变化性，物可分为消耗物与非消耗物。

消耗物又称消费物，是指经一次性使用就会归于消灭或者改变形态和性质的物，如米、面；非消耗物又称非消费物，是指可长期多次使用而不会改变形态和性质的物，如房屋、自行车。

这种分类的主要意义在于：消耗物不能作为转移使用权的债的标的物，而非消耗物可以作为转移使用权的债的标的物。

（六）可分物与不可分物

根据物是否可分割，物可分为可分物与不可分物。

可分物是指经分割后并不会改变其性质或者影响其效益的物。如一袋米经分割后不会改变用途,也不会降低其价值。不可分物是指经分割会改变其性质和影响其用途的物,如一台电视机就不能分割。

这种分类的主要意义在于:共有物为可分物的,当事人可采取实物分割的方式分割;若为不可分物,则不能采取实物分割的方法,而只能采取折价补偿或者变价的方式分割。

(七) 特定物与种类物

根据物在交易中的确定方式,物可分为特定物与种类物。

特定物是指以单独的特点具体确定的物。特定物既可以是因物自身的特点而区别于他物的物,如某件文物;也可以是依当事人的主观意志确定的物,如从同一型号的电视机中选出的一台。种类物是指仅以品种、规格、型号或者度量衡加以确定的物,如海信牌51英寸电视机100台。

这种分类的主要意义在于:第一,某些法律关系只能以特定物为标的物,如租赁、借用关系;而某些法律关系只能以种类物为标的物,如借贷关系。第二,标的物意外灭失的法律后果不同。特定物在交付前灭失的,一般发生债的履行不能;而种类物在交付前灭失时,一般不发生履行不能,只要债务人还有同种类物,就应负履行责任。

(八) 代替物与不可代替物

根据物可否由他物替代,物可分为代替物与不可代替物。

代替物是指得以同一种类、品质及数量的物代替的物;不可代替物是指不能以他物代替的物。前者如米、面,后者如房屋、车辆。

这种分类的主要意义在于:代替物为借贷(消费借贷)的标的物,而不可代替物为借用(使用借贷)、租赁的标的物。

三、物在民法上的意义

物在民法中有特别重要的意义,主要表现在以下方面:

第一,物涉及多种民事法律关系。物为物权关系的客体。物又是最常见的交易对象,债的客体也常涉及物即标的物。

第二,物可决定民事法律关系的性质。一方面,物会影响到民事法律关系的效力,如以限制流通物进行交易的,若在限制的范围内,可有效;若超出限制交易的范围,则无效。另一方面,物会决定某些民事法律关系的类别,如甲将一物出借给乙,若该物为非消耗物,则成立借用关系;若该物为消耗物,则成立借贷关系。

第三,物会影响案件的管辖。当事人发生纠纷时,会因物的性质不同而受不同法院的管辖。例如,因不动产纠纷提起的诉讼就由不动产所在地的法院管辖。

第三节 货币和有价证券

一、货币

货币,有时称金钱,是充当一般等价物的一种特殊的物。

货币的特殊性在于其价值体现为票面价值,如 1 张 100 元的人民币与 10 张 10 元的人民币价值完全相同。从性质上说,货币属于动产,是代替物。作为一般等价物,货币是一种支付手段,又是流通手段和补偿手段。

货币有本币与外币之分。本币为本国的货币,外币为外国的货币。我国的本币人民币为法定货币,可以任意流通;特别行政区的货币与外国的货币属于限制流通物。依法律规定,单位之间的交易,一般不能以现金支付。

二、有价证券

(一)有价证券的概念和特点

有价证券是设定并证明持券人有权取得一定财产权利的书面凭证。有价证券代表着一定的财产权利,具有经济价值,也是一种特殊的物。

有价证券具有以下特点:

第一,有价证券与证券上所记载的权利不可分离。有价证券之所以有价,是因为它代表着一定的权利,其价值是由证券所代表的权利体现出来的,因此,有价证券与证券上代表的权利不可分离。享有证券上的权利须持有证券,行使证券上的权利须提示证券,转让证券上的权利须交付证券。不持有有价证券也就不能享有证券上载明的权利。有价证券的这一特点,区别于单纯证明权利存在的书面证据。例如,借据也是证明债权人债权的凭证,但是它仅起证据的作用,债权人不持有借据,仍可向债务人主张权利。

第二,有价证券的持有人(持券人)只能向特定的义务人主张权利。持券人享有证券所代表的权利,但是持券人只能向特定的负有支付义务的人主张权利,而不能向其他人主张权利。在这一点上,有价证券显然不同于货币,货币的持有人可向任何人主张权利。并且,有价证券的义务人不会因持券人的变更而变更。

第三,有价证券的支付义务人负有单方的见券即付的履行义务。只要持券人的证券是有效的,义务人见到证券即应履行支付义务,既无权要求对方给付对价,也不论持券人是否为真正权利人。

(二)有价证券的分类

有价证券是多种多样的,通常有两种分类方法对有价证券进行分类。

其一,根据有价证券上所代表的权利的性质,有价证券可分为:(1)代表一定货币的有价证券,如本票、汇票、支票;(2)代表一定商品的有价证券,如仓单、提单;(3)代表一定股份权利的有价证券,如股票;(4)代表一定债权的有价证券,如债券。

其二,根据有价证券权利的转移方式,有价证券可分为:(1)记名有价证券,即在证券上记明权利人姓名或者名称的证券。记名有价证券的权利转让一般需按照债权转让的方式进行,有的还需办理登记过户手续。(2)指示有价证券,即在证券上指明第一个取得证券权利人姓名或者名称的有价证券。指示有价证券的权利转让需依背书方式进行,也就是不仅需交付证券,且需背书受让人的姓名或者名称。(3)无记名有价证券,即证券上无权利人姓名或者名称记载的有价证券。无记名有价证券的权利转让,可依单纯交付方式为之。

第七章　民事法律行为

第一节　民事法律行为概述

一、民事法律行为的概念和特点

依据《民法典》第133条的规定,民事法律行为是指民事主体通过意思表示设立、变更、终止民事法律关系的行为。

民事法律行为具有以下特点:

第一,民事法律行为是民事主体实施的以发生一定民事法律后果为目的的行为。民事法律行为是能够发生一定民事法律后果的行为,但是它是民事主体实施的行为。不是民事主体实施的行为,即使能够发生民事上的法律后果,也不属于民事法律行为。如人民法院的判决虽能发生民事法律后果,却不是民事法律行为。民事法律行为的这一特点决定了民事法律行为的当事人的法律地位是平等的。同时,民事法律行为以发生一定的民事法律后果为目的,民事主体实施的不以发生民事法律后果为目的的行为,同样不属于民事法律行为。

第二,民事法律行为是以意思表示为要素的行为。意思表示是当事人设立、变更、终止民事权利和民事义务的内在意志的外部表现。民事主体虽有设立、变更、终止民事权利和民事义务的行为目的,但是若不将该意思表达出来,则外人无从知道,也就不可能发生当事人预期的法律后果。因此,民事法律行为以意思表示为要素。没有意思表示,也就没有民事法律行为。是否以意思表示为要素,是民事法律行为与事实行为的根本区别。

第三,民事法律行为是能否发生当事人预期法律后果不确定的行为。民事法律行为尽管是以意思表示为要素的,是当事人以发生一定民事法律后果为目的的行为,但是能否发生当事人预期的法律后果,还决定于该行为是否符合法律的规定。只有符合法律规定的合法行为,才能发生当事人预期的法律后果,否则就不能发生当事人预期的民事法律后果。

二、民事法律行为的分类

(一) 单方行为、双方(多方)行为与决议行为

根据构成民事法律行为的意思表示为单数还是复数,民事法律行为可分为单方行为、双方(多方)行为与决议行为。

单方行为是指仅有当事人一方的意思表示即可成立的民事法律行为。例如,遗嘱只要有立遗嘱人一方的意思表示就可成立,即为单方行为。

双方(多方)行为是指须有双方或者多方当事人的意思表示的一致才能成立的民事法律行为。例如,买卖合同为双方行为,要有出卖人与买受人双方的意思表示的一致才能成立,仅有其中一方的一个意思表示,买卖行为不能成立;合伙人如有三人以上,则合伙合同为多方行为。

决议行为是指依照规定的程序和方式作出的只需具备规定的多数意思表示一致就可以成立的法律行为。《民法典》第134条第2款规定："法人、非法人组织依照法律或者章程规定的议事方式和表决程序作出决议的,该决议行为成立。"

这种分类的主要意义在于,正确确定民事法律行为是否成立。单方行为只需有一个意思表示;双方(多方)行为需有两个以上的意思表示,且意思表示的内容一致;决议行为则需依规定的方式和程序作出才可成立。《民法典》第85条规定,营利法人的权力机构、执行机构作出决议的会议召集程序、表决方式违反法律、行政法规、法人章程,或者决议内容违反法人章程的,营利法人的出资人可以请求法院撤销该决议。但是,营利法人依据该决议与善意相对人形成的民事法律关系不受影响。

(二)有偿行为与无偿行为

根据民事法律行为是否有对价,民事法律行为可分为有偿行为与无偿行为。

有偿行为是有对价的民事法律行为,一方从对方取得利益须支付一定的财产代价,任何一方在没有给予对方相应的代价时,不能从对方取得相应的利益。无偿行为是指没有对价的民事法律行为,一方从对方取得某种财产利益,不需向对方支付财产代价。民事法律行为的有偿无偿取决于法律的规定和当事人的约定。有的民事法律行为只能是有偿的,如买卖、租赁等;有的民事法律行为只能是无偿的,如借用、赠与等;有的民事法律行为是否有偿取决于当事人的约定,如委托、保管等。

这种分类的主要意义在于:第一,有偿行为显失公平时,当事人有权请求撤销;而无偿行为不存在显失公平问题。第二,有偿行为当事人的责任重于无偿行为当事人的责任。例如,买卖为有偿行为,出卖人负瑕疵担保责任;赠与为无偿行为,赠与人一般不负瑕疵担保责任。又如,《民法典》第897条规定,保管期内,因保管人保管不善造成保管物毁损、灭失的,保管人应当承担赔偿责任。但是,无偿保管人证明自己没有故意或者重大过失的,不承担赔偿责任。第三,有偿行为的当事人须具有相应的民事行为能力,而限制民事行为能力人可以独立实施纯获利益的无偿行为。

(三)双务行为与单务行为

根据当事人双方权利义务的关系,民事法律行为可分为双务行为与单务行为。

双务行为是指当事人双方均负担相应义务的民事法律行为,一方的义务也就是另一方的权利。例如,买卖为双务行为,出卖人负有交付出卖物并转移所有权的义务,买受人则负有支付价款的义务。单务行为是指当事人一方仅负担义务而另一方仅享有权利的民事法律行为。例如,赠与为单务行为,赠与人仅负有交付赠与物并转移所有权的义务,而不享有相应的权利。

这种分类的主要意义在于:除法律另有规定或者当事人另有约定外,双务行为的当事人应当同时履行其义务,一方未履行自己的义务而请求对方履行时,对方有权拒绝;一方因可归责于自己的事由不能履行义务时,对方有权依法解除法律关系并要求赔偿。单务行为不发生上述法律后果。

(四)诺成行为与实践行为

根据民事法律行为的成立生效是否以标的物的实际交付为要件,民事法律行为可分为诺成行为与实践行为。

诺成行为又称不要物行为,是指只要当事人意思表示一致即可成立的民事法律行为,不以标的物的实际交付为成立生效要件。实践行为又称要物行为,是指除当事人意思表示一致外,还须实际交付标的物才能成立生效的民事法律行为。民事法律行为是诺成行为还是实践行为,取决于法律的规定和交易习惯。例如,《民法典》第890条规定:"保管合同自保管物交付时成立,但是当事人另有约定的除外。"据此,除当事人另有约定外,保管合同即为实践行为。

这种分类的主要意义在于:诺成行为自当事人达成合意时成立,交付标的物为履行义务;而实践行为自当事人交付标的物时成立,交付标的物是民事法律行为的成立条件。

(五) 要式行为与不要式行为

根据民事法律行为是否须采用某种特定形式,民事法律行为可分为要式行为与不要式行为。

要式行为是指须采用某种特定形式的民事法律行为,不采用特定的形式不能成立生效;不要式行为是指法律不要求采用某种特定形式的民事法律行为,采用何种形式可由当事人自由决定。在现代法中,民事法律行为以不要式为原则,以要式为例外。

这种分类的主要意义在于,正确确定民事法律行为的成立与否。对于要式行为,当事人若未采用法律规定的形式,则不能成立生效。

(六) 要因行为与不要因行为

根据民事法律行为与其原因的关系,民事法律行为可分为要因行为与不要因行为。

要因行为又称有因行为,是指与其原因不可分离,原因不存在,民事法律行为也就不能成立生效的民事法律行为。不要因行为又称无因行为,是指可与原因相分离,原因存在与否不影响其效力的民事法律行为。民事法律行为的原因,也就是民事法律行为的目的。例如,买卖行为的原因,在出卖人为取得价款,在买受人为取得出卖物的所有权。买卖行为属于要因行为,若无一方取得所有权,另一方取得价款的原因,则买卖行为不能有效。又如,甲因支付货款而向乙签发一票据,该票据行为的原因即为甲应付货款,因票据行为属于不要因行为,因此,即使甲不应向乙付货款,甲所签发的票据也可是有效的。

这种分类的主要意义在于,正确确定民事法律行为的效力。要因行为的原因不存在时,行为无效;而不要因民事法律行为则不会因原因的不存在而无效。

(七) 生前生效行为与死后生效行为

根据民事法律行为发生效力的时间,民事法律行为可分为生前生效行为与死后生效行为。

生前生效行为又称为生存行为,是指其效力发生于行为人生存时的民事法律行为。多数民事法律行为属于生前生效行为。死后生效行为又称为死因行为,是指于行为人死亡后方发生法律效力的民事法律行为。例如,遗嘱就为死因行为。

这种分类的主要意义在于,法律对死后生效行为多设有特别规定。例如,法律对于遗嘱就有特别规定。

(八) 主行为与从行为

根据民事法律行为相互间的关系,民事法律行为可分为主行为与从行为。

主行为是指在两个有联系的民事法律行为中,不依赖于他行为而可独立存在的民事法律行为；而需依赖于他行为而存在的民事法律行为，就为从行为。例如，为担保贷款而订立保证合同，贷款行为为主行为，保证合同则为从行为。

这种分类的主要意义在于：主行为的效力决定从行为的效力，主行为不存在，从行为也不能存在；主行为无效，从行为也无效。

（九）身份行为与财产行为

根据民事法律行为发生的法律后果的性质，民事法律行为可分为身份行为与财产行为。

身份行为是指以发生身份关系变动为目的的法律行为，如结婚、离婚、收养等行为；财产行为是指以发生财产关系变动为目的的法律行为，又分为处分行为与负担行为。处分行为是指直接发生财产权利变动的行为，如抛弃所有权、免除债务、让与权利；负担行为是指让一方负担给付义务的行为，如赠与行为使赠与人负给付赠与物的义务。

这种分类的主要意义在于：第一，二者适用的法律规范性质不同。身份行为适用身份法规范，财产行为则适用财产法规范。第二，二者可否适用代理规则不同。身份行为一般不能由代理人代理，不能适用代理规则，而财产行为一般可由代理人代理实施。第三，二者发生的法律后果的性质不同。身份行为引发身份关系的变动，不直接引发财产关系变动；而财产行为引发财产关系的变动，不能引发身份关系变动。

第二节 意思表示

一、意思表示的概念和内容

意思表示作为民事法律行为的要素，是指行为人设立、变更、终止民事权利和民事义务的内在意思的外在表现。行为人实施民事法律行为的内在意思是其行为的目的，该目的只有表示出来才能为他人了解，才有法律意义。因此，意思表示包括意思与表示两方面的要件或者内容。

意思表示中的意思是行为人实施法律行为的内在意思，是行为人要设立、变更、终止民事权利和义务即发生民事法律后果的意思，因而又称为效果意思。至于行为人何以形成该意思，即产生该意思的动机，则不属于意思表示的内容，一般不会影响意思表示的效力。

意思表示中的表示是指行为人以一定形式表达出其意思。表示包括两个要素：其一，表示行为，即行为人表达意思的外部行为；其二，表示意思，即行为人通过表示行为将内在意思表达出的外部意思。

意思与表示只有一致，意思表示才能发生效力。意思表示发生效力，表意人就要受其意思表示的拘束，非依法律规定不得擅自撤回或者变更其意思表示。

二、意思表示的形式

意思表示的形式也是民事法律行为的形式，是指表意人为意思表示或者表现意思表示的方式。没有一定的方式，就不能表现出行为人的意思，只有通过一定的形式才能表现出当事人的意思表示。

意思表示的形式包括明示和默示形式，明示形式又包括口头形式和书面形式。

口头形式是指以口头语言的方式为意思表示,如以口头语言当面交谈或在电话中商谈。口头形式具有简单方便的特点,但是在发生纠纷时,难以查证。

书面形式是指以书面文字等方式为意思表示。书面形式可以有形地表现所载内容,因此有利于确定意思表示的内容,在发生纠纷时也可有据可查。合同书、信件、传真、电报、电传、电子数据交换和电子邮件等都属于书面形式。

默示形式是指不直接以语言文字而是通过行为作出意思表示。这种形式,根据当事人是以作为即积极行为还是以不作为即消极行为表达意思,又可分为推定形式和沉默形式。所谓推定形式,是指当事人通过某种积极行为表达其意思,他人从其行为中可推断出其意思表示。例如,存车人将车停放在看车场,看车人发给存车牌,从当事人的停放车辆和给予看车牌的行为可推断出当事人保管车辆的意思表示。所谓沉默形式,是指行为人以消极行为表达其意思。例如,继承人知道被继承人死亡,对其是否继承遗产不作任何表示,只保持沉默。依据《民法典》第140条第2款的规定,沉默只有在有法律规定、当事人约定或者符合当事人之间的交易习惯时,才可以视为意思表示。

三、意思表示的分类

(一) 明示的意思表示与默示的意思表示

根据意思表示的表示方式,意思表示可分为明示的意思表示与默示的意思表示。

明示的意思表示是指以语言文字或者法律或交易习惯所确认的其他表示方法,直接表示其意思的意思表示。例如,以口头或者书面方式所作出的意思表示。默示的意思表示是指通过表意人的行为来表示其意思的意思表示。例如,房屋租赁合同届满后,承租人继续居住并交房租,出租人收受房租,双方以其行为表示出订立不定期租赁合同的意思。

这种分类的主要意义在于:有的意思表示必须是明示的,否则不能成立。如《民法典》第1124条第2款规定:"受遗赠人应当在知道受遗赠后六十日内,作出接受或者放弃受遗赠的表示;到期没有表示的,视为放弃受遗赠。"依照这一规定,接受遗赠的意思表示必须是明示的。如上所述,除法律另有规定外,单纯的沉默不能构成默示意思表示。

(二) 有相对人的意思表示与无相对人的意思表示

根据意思表示有无相对人,意思表示可分为有相对人的意思表示与无相对人的意思表示。

有相对人的意思表示是指有表示对象的意思表示。例如,合同订立中的要约与承诺,都是有相对人的意思表示。双方行为中的意思表示都是有相对人的意思表示。无相对人的意思表示是指没有表示对象的意思表示。例如,遗嘱、捐助都是无相对人的意思表示。单方行为的意思表示多为无相对人的,但是有的也有相对人,如撤销权的行使行为。

这种分类的主要意义在于:有相对人的意思表示须向相对人为之,并且受领意思表示的相对人原则上须有受领能力,意思表示只有到达相对人才能生效;而无相对人的意思表示则不必向相对人为之,表示完成时生效。法律另有规定的,依照其规定(《民法典》第138条)。

(三) 对话的意思表示与非对话的意思表示

有相对人的意思表示,根据表示到达对方的方式,可分为对话的意思表示与非对话的意思表示。

对话的意思表示是指表意人作出的意思表示可直接入于为对方了解范围的意思表示，如当面或者用电话所为的意思表示；非对话的意思表示是指表意人作出的意思表示不是直接为对方了解而是间接进入对方了解范围的意思表示。例如，以书信作出的意思表示、经第三人传达的意思表示就属于非对话的意思表示。

这种分类的主要意义在于，正确认定二者的生效时间。依据《民法典》第137条的规定，以对话方式作出的意思表示，相对人知道其内容时生效；以非对话方式作出的意思表示，到达相对人时生效。以非对话方式作出的采用数据电文形式的意思表示，相对人指定特定系统接收数据电文的，数据电文进入该特定系统时生效；未指定特定系统的，相对人知道或者应当知道该数据电文进入其系统时生效。当事人对采用数据电文形式的意思表示的生效时间另有约定的，按照其约定。若意思表示是以公告方式作出的，则公告发布时生效（《民法典》第139条）。

（四）健全的意思表示与不健全的意思表示

根据意思表示有无瑕疵，意思表示可分为健全的意思表示与不健全的意思表示。

健全的意思表示是指无瑕疵的意思表示。健全的意思表示不仅需表意人的意思与表示相一致，且表意人的意思是自由形成的，未受不当的影响。不健全的意思表示为有瑕疵的意思表示，是指表意人的意思与表示不一致或者表意人的意思形成不自由的意思表示。

这种分类的主要意义在于，正确认定二者的效力。健全的意思表示为有效的意思表示，不健全的意思表示可影响民事法律行为的效力。

四、意思表示的瑕疵

意思表示的瑕疵包括意思与表示不一致和意思表示不自由两种情况。

（一）意思与表示不一致

意思与表示不一致是指表意人的真实意思与其表示于外部的意思不相符合。意思与表示不一致可分为以下两种情形：

1. 故意的不一致

意思与表示故意的不一致，是指表意人的真实意思与表示的不一致为表意人所明知。具体包括以下情形：

（1）真意保留。真意保留又称单独虚伪表示，是指表意人故意隐匿其真意而表示出不同的意思，其并无受其意思表示拘束的意思而为意思表示。例如，表意人欲出卖电视机而故意表示出卖电冰箱。为保护交易的安全及相对人的利益，真意保留的意思表示原则上有效，表意人应受其意思表示的拘束；但是相对人明知表意人故意使其意思与表示不一致的，该意思表示应无效。

（2）通谋虚伪表示。通谋虚伪表示是指表意人与相对人通谋而为虚假的意思表示。例如，债务人为逃避强制执行与其亲友通谋将财产出卖给其亲友。通谋虚伪表示，因当事人双方都知道并非真实意思，因而应为无效，但是为保护交易的安全和善意第三人的利益，当事人不得以其虚伪表示无效而对抗善意第三人。

（3）隐藏行为。隐藏行为是指表意人为虚伪表示而其真意为发生另外的法律效果的表示行为。例如，甲欲将某物出卖给乙，但是与乙通谋为赠与乙的意思表示。隐藏行为中的虚伪表示应为无效,其所隐藏的意思表示能否有效应依关于真实行为的规定确定。

2. 无意的不一致

意思与表示无意的不一致,是指意思与表示的不一致不为表意人所明知。具体包括以下情形:

(1) 错误。错误是指表意人因误认或者不知而使其意思与表示不一致。错误既可能是表示内容上的错误,也可能是表示上的错误。错误可以有各种情形,主要包括:关于当事人的错误,如将甲误认为乙而赠与财物;关于行为性质的错误,如误认租赁为借用;关于标的物的错误,如将黄铜误认为黄金,将公斤误表示为市斤。

(2) 误传。误传是指因第三人无意地传达错误而造成意思与表示不一致。例如,表意人的意思是购买某物,而被第三人错误地译成出卖某物。

(二) 意思表示不自由

意思表示不自由,是指表意人所为的意思表示不是出于自己的自由意志,即其意思是因受到不正当干预而非自由形成的。意思表示不自由主要包括以下情形:

1. 受欺诈的意思表示

受欺诈的意思表示是指表意人因受他人的欺诈而作出的违背自己真意的意思表示。受欺诈的意思表示构成须具备三个条件:(1) 须有他人的欺诈。所谓欺诈,是指故意告知虚假情况(如称他人之物为自己的货物)或者故意隐瞒真实情形(如知其商品有瑕疵而不告知),使他人陷入错误。但是当事人无告知义务时,虽未如实告知真实情况,也不为欺诈。(2) 需表意人因受欺诈而陷入错误(如误认对方有货可供,对方的商品为优质品)。(3) 表意人因该错误而作出违背其真意的意思表示(如同意购买对方的货物)。

2. 受胁迫的意思表示

受胁迫的意思表示是指表意人因受他人的胁迫而作出的违背其真意的意思表示。受胁迫的意思表示的构成须具备以下条件:(1) 须有他人的胁迫。所谓胁迫,是指以给其本人或者亲友的身体、生命、健康、自由、名誉、财产等造成损害相要挟,以使表意人产生恐惧而为意思表示。(2) 需表意人受胁迫而产生恐惧。(3) 表意人因恐惧而为违背真意的意思表示。

3. 危难的意思表示

危难的意思表示是指表意人处于困境或者面临危难,为摆脱困境被迫迎合对方而作出的违背其真意的意思表示。危难意思表示的构成须具备以下条件:(1) 需表意人处于危难之中,如急需某物。(2) 对方利用表意人的危难迫使其作出符合自己意思的意思表示,如使对方同意高价购买某物。(3) 表意人为摆脱困境而迎合对方作出违背其真意的意思表示,如表意人不得不同意出高价购买某物,而其真意并不愿意出此高价。

五、意思表示的解释

意思表示的解释是指阐明当事人意思表示的真实含义。当事人所为的意思表示,其意思明确、清楚,相互并无争议时,当然不发生意思表示的解释问题。若当事人所为的意思表示不够明了,相互有争议时,就发生意思表示的解释问题。依据《民法典》第142条的规定,意思表示的解释基于其有无相对人而有所不同:有相对人的意思表示的解释,应当按照所使用的词句,结合相关条款、行为的性质和目的、习惯以及诚信原则,确定该意思表示的含义;

无相对人的意思表示的解释,不能完全拘泥于所使用的词句,而应当结合相关条款、行为的性质和目的、习惯以及诚信原则,确定行为人的真实意思。

第三节 民事法律行为的成立与生效

一、民事法律行为的成立要件

民事法律行为是否成立决定于其是否具备成立要件。民事法律行为的成立要件分为一般要件和特别要件。

(一)民事法律行为的一般成立要件

任何民事法律行为的成立,均须具备以下三个条件:

1. 行为人

行为人是实施民事法律行为作出意思表示的主体。单方行为只需有一行为人即可,而双方(多方行为)的主体需为二人以上。

2. 意思表示

意思表示是民事法律行为的要素,是民事法律行为区别于事实行为的根本特点,因而意思表示是民事法律行为的成立要件之一。单方行为只需有一个意思表示即可;双方(多方)的民事行为不仅需有两个以上的意思表示,而且需各方的意思表示一致;决议行为则需依规定的程序和方式作出。

3. 标的

这里的标的,是指行为的内容,也就是行为人实施行为所要达到的效果。

(二)民事法律行为的特别成立要件

民事法律行为的特别成立要件,是指一些特别民事法律行为成立所需要的特有条件。何种民事法律行为的成立需特别的成立要件,依其性质而不同。例如,要式行为的成立须有特别的方式,实践行为的成立须有标的物的实际交付。

二、民事法律行为的生效要件

民事法律行为生效即发生法律效力,而只有具备有效条件的民事法律行为才能发生效力。民事法律行为的生效要件也有一般生效要件与特别生效要件之别。

(一)民事法律行为的一般生效要件

民事法律行为的一般生效要件,是指民事法律行为生效普遍须具备的条件。依据《民法典》第143条的规定,民事法律行为的一般生效要件包括以下三个:

1. 行为人具有相应的民事行为能力

行为人具有相应的民事行为能力,是指行为人具有实施该行为的相应的意思表示的能力。限制民事行为能力人只能独立实施与其年龄、智力或者精神健康状况相适应的民事法律行为,其他的民事法律行为须由法定代理人代理或者经其同意。不具有相应民事行为能力人所实施的民事法律行为,不能有效。

2. 意思表示真实

意思表示真实，是指行为人的意思表示为健全的意思表示。若行为人的意思表示不真实，属于不健全的意思表示，则该民事法律行为为意思表示有瑕疵的民事法律行为，不能当然有效。

3. 不违反法律、行政法规的强制性规定，不违背公序良俗

这是指行为的内容即标的合法、确定、可能。所谓合法，是指不与法律、行政法规的强行性规定或者禁止性规定相抵触，不违反公序良俗；所谓可能，是指行为的内容是可以实现的；所谓确定，是指行为的内容确定，当事人的权利义务可以确定。若当事人的行为内容不合法，如买卖国有土地；或者不可能，如买卖已不存在的房屋；或者不确定，如买卖材料一批，则该行为不能有效。

（二）民事法律行为的特别生效要件

民事法律行为的特别生效要件是指一些特殊的民事法律行为除具备一般生效要件外还须具备的生效条件。例如，死后生效行为的特别生效要件为行为人的死亡，行为人不死亡则该法律行为不能生效。

第四节 无效民事法律行为

一、无效民事法律行为的概念和特点

无效民事法律行为是指因根本不具备民事法律行为的生效要件，自始确定的、当然的、完全不能发生法律效力的民事法律行为。

无效民事法律行为具有以下特点：

其一，无效民事法律行为是严重欠缺生效要件的民事法律行为。无效民事法律行为虽是当事人以发生民事法律后果为目的、以意思表示为要素的行为，但是其不具备民事法律行为的生效要件，亦即不具备法律规定的民事法律行为应具备的条件，因而是欠缺合法性的民事法律行为。

其二，无效民事法律行为是自始不能发生效力的民事法律行为。无效民事法律行为自成立时起就不具有法律效力，自一开始就是无效的，因而，它不同于成立时起发生效力而后归于无效的民事法律行为。

其三，无效民事法律行为是确定的当然无效的民事法律行为。无效民事法律行为不能发生效力是确定的、不会改变的。它不仅从开始就无效，其后也不能变为有效。无效民事法律行为属于当然无效的民事法律行为。所谓当然无效，是指不需经任何程序和无需任何人的主张，它就是无效的；任何人都可主张其无效，任何人也不能使之有效。因此，人民法院或者仲裁机构不仅可应当事人的请求，确认无效民事行为的无效，而且在案件审理中可依职权主动宣告无效民事法律行为的无效。

二、无效民事法律行为的种类

（一）无民事行为能力人实施的民事法律行为

无民事行为能力人不具有独立实施民事法律行为的资格，其实施的民事法律行为无效

(《民法典》第144条)。但是,如前所述,无民事行为能力人实施纯受利益的民事法律行为的,相对人不能以其为无民事行为能力人而主张无效,这是保护无民事行为能力人利益的需要。

(二) 限制民事行为能力人实施的依法不能独立实施的单方民事法律行为

限制民事行为能力人只能独立实施依法可独立实施的行为,而单方行为又不发生法定代理人的追认,所以,限制民事行为能力人实施的依法不能独立实施的单方行为无效。例如,限制民事行为能力人订立的遗嘱无效。但是,限制民事行为能力人实施的依法不能独立实施的双方行为,因经法定代理人追认后可有效,不属于确定无效的民事法律行为。

(三) 虚假的民事法律行为

《民法典》第146条规定:"行为人与相对人以虚假的意思表示实施的民事法律行为无效。以虚假的意思表示隐藏的民事法律行为的效力,依照有关法律规定处理。"依照这一规定,双方以虚假的意思表示实施的民事法律行为,因并无发生相应法律后果的真实意思表示的合意,因而只能是无效的。当事人作虚假意思表示时可能会隐藏着真实意思表示,也就是以虚假行为隐藏着一个真实行为,于此情形下,虚假的民事法律行为无效。至于隐藏的民事法律行为是否有效,则依隐藏的民事法律行为是否具备有效条件而定。

(四) 恶意串通,损害他人合法权益的民事法律行为

依据《民法典》第154条的规定,行为人与相对人恶意串通,损害他人合法权益的民事法律行为无效。恶意串通民事法律行为的构成要件为:(1) 当事人双方有共同的故意;(2) 双方合谋的目的是损害他人的合法权益。由于该种行为是以损害他人利益为目的的,因而是无效民事法律行为。

(五) 违反法律、行政法规的效力性强制性规定的民事法律行为

《民法典》第153条第1款规定:"违反法律、行政法规的强制性规定的民事法律行为无效。但是,该强制性规定不导致该民事法律行为无效的例外。"法律、行政法规中的强制性规定,是任何人都需遵守的,当事人不得以其意思排除其适用。一般地说,只有违反公法上的强制性规定,才能导致民事法律行为无效。依据《合同编通则解释》第16条的规定,合同违反法律、行政法规的强制性规定,有下列情形之一,由行为人承担行政责任或者刑事责任能够实现强制性规定的立法目的的,人民法院可以依据《民法典》第153条第1款关于"该强制性规定不导致该民事法律行为无效的除外"的规定认定该合同不因违反强制性规定无效:(1) 强制性规定虽然旨在维护社会公共秩序,但是合同的实际履行对社会公共秩序造成的影响显著轻微,认定合同无效将导致案件处理结果有失公平公正;(2) 强制性规定旨在维护政府的税收、土地出让金等国家利益或者其他民事主体的合法利益而非合同当事人的民事权益,认定合同有效不会影响该规范目的的实现;(3) 强制性规定旨在要求当事人一方加强风险控制、内部管理等,对方无能力或者无义务审查合同是否违反强制性规定,认定合同无效将使其承担不利后果;(4) 当事人一方虽然在订立合同时违反强制性规定,但是在合同订立后其已经具备补正违反强制性规定的条件却违背诚信原则不予补正;(5) 法律、司法解释规定的其他情形(第1款)。法律、行政法规的强制性规定旨在规制合同订立后的履行行为,当事人以合同违反强制性规定为由请求认定合同无效的,人民法院不予支持。但是,合同履行必然导致违反强制性规定或者法律、司法解释另有规定的除外(第2款)。

法律、行政法规的规定虽然有"应当""必须"或者"不得"等表述,但是该规定旨在限制或者赋予民事权利,行为人违反该规定将构成无权处分、无权代理、越权代表等,或者导致合同相对人、第三人因此获得撤销权、解除权等民事权利的,人民法院应当依据法律、行政法规规定的关于违反该规定的民事法律后果认定合同效力(《合同编通则解释》第18条)。

(六)违背公序良俗的民事法律行为

《民法典》第153条第2款规定:"违背公序良俗的民事法律行为无效。"公序良俗事关社会利益、国家利益,违背公序良俗会损害社会公共利益、国家利益,因而违背公序良俗的民事法律行为无效。依据《合同编通则解释》第17条的规定,合同虽然不违反法律、行政法规的强制性规定,但是有下列情形之一,人民法院应当依据《民法典》第153条第2款认定合同无效:(1)合同影响政治安全、经济安全、军事安全等国家安全的;(2)合同影响社会稳定、公平竞争秩序或者损害社会公共利益等违背社会公共秩序的;(3)合同背离社会公德、家庭伦理或者有损人格尊严等违背善良风俗的。人民法院在认定合同是否违背公序良俗时,应当以社会主义核心价值观为导向,综合考虑当事人的主观动机和交易目的、政府部门的监管强度、一定期限内当事人从事类似交易的频次、行为的社会后果等因素,并在裁判文书中充分说理。当事人确因生活需要进行交易,未给社会公共秩序造成重大影响,且不影响国家安全,也不违背善良风俗的,人民法院不应当认定合同无效。

三、无效民事法律行为的后果

无效民事法律行为自始不能发生当事人预期的法律后果,即当事人的效果意思自始确定不能发生法律效力,但是无效民事法律行为并非不发生任何后果。依据《民法典》的规定,无效民事法律行为主要发生以下法律后果:

(一)不得履行

无效民事法律行为不具有履行效力,当事人不得履行;已经开始履行的,应当停止履行。当然,民事法律行为有部分无效和全部无效之分。民事法律行为部分无效,不影响其他部分效力的,其他部分仍然有效(《民法典》第156条)。民事法律行为部分无效,其他部分仍然有效的,其他部分应当履行。

(二)返还财产

无效民事法律行为成立后,当事人已经履行的,应当恢复原状。当事人应将依该民事法律行为取得的财产返还给对方;不能返还或者没有必要返还的,应当折价补偿(《民法典》第157条)。

(三)赔偿损失

因无效民事法律行为的实施给当事人造成损失的,有过错的一方应当赔偿对方因此受到的损失,各方都有过错的,应当各自承担相应的责任(《民法典》第157条)。

第五节 可撤销民事法律行为

一、可撤销民事法律行为的概念和特点

可撤销民事法律行为是指因行为人意思表示有瑕疵,当事人可以请求人民法院或者仲

裁机构予以撤销的民事法律行为。

可撤销民事法律行为具有以下特点：

第一，可撤销民事法律行为是仅意思表示有瑕疵的民事法律行为。可撤销民事法律行为在外观上具备民事法律行为的生效要件，但是其并不完全具备民事法律行为的生效要件，实质上意思表示不健全，即意思表示有瑕疵。

第二，可撤销民事法律行为是可以撤销的民事法律行为。可撤销的民事法律行为并非自始无效，在行为成立后是有效的，仅是因意思表示不真实，当事人可以请求撤销，在被撤销后才属于自始无效。

第三，可撤销民事法律行为是只有当事人才可主张无效的民事法律行为。可撤销民事法律行为不是当然无效的，只有当事人才可以请求撤销，也只有在被撤销后才从成立时起无效。除当事人外，其他任何人不得主张撤销可撤销的民事法律行为，在案件审理中，当事人未提出请求撤销的，人民法院或者仲裁机构也不得依职权主张撤销。

二、可撤销民事法律行为的种类

（一）重大误解的民事法律行为

《民法典》第147条规定："基于重大误解实施的民事法律行为，行为人有权请求人民法院或者仲裁机构予以撤销。"重大误解的民事法律行为当事人的意思与表示不一致，属于意思表示错误的法律行为，因而当事人可请求撤销。依据《总则编解释》第19条的规定，行为人对行为的性质、对方当事人或者标的物的品种、质量、规格、价格、数量等产生错误认识，按照通常理解如果不发生该错误认识，就不会作出相应意思表示的，人民法院可以认定属于重大误解。行为人能够证明自己实施民事法律行为时存在重大误解，并请求撤销该民事法律行为的，人民法院依法予以支持；但是，根据交易习惯等认定行为人无权请求撤销的除外。行为人以其意思表示存在第三人转达错误为由请求撤销民事法律行为的，应当按照重大误解的民事法律行为处理（《总则编解释》第20条）。

（二）受欺诈的民事法律行为

依据《民法典》第148条的规定，一方以欺诈手段，使对方在违背真实意思的情况下实施的民事法律行为，受欺诈方有权请求人民法院或者仲裁机构予以撤销。受欺诈民事法律行为，受欺诈方的意思表示属于意思表示不自由的不健全的意思表示，由于其意思表示不自由，因此表意人可以请求撤销其意思表示。依据《总则编解释》第21条的规定，故意告知虚假情况，或者负有告知义务的人故意隐瞒真实情况，致使当事人基于错误认识作出意思表示的，人民法院可以认定为欺诈。

依据《民法典》第149条的规定，第三人实施欺诈行为，使一方在违背真实意思的情况下实施的民事法律行为，对方知道或者应当知道该欺诈行为的，受欺诈方有权请求人民法院或者仲裁机构予以撤销。在第三人欺诈的情况下，受到损失的当事人有权请求第三人承担赔偿责任；如果当事人亦有违背诚信原则的行为，应当根据各自的过错承担相应的责任。但是，法律、司法解释对当事人与第三人的民事责任另有规定的，依照其规定（《合同编通则解释》第5条）。

(三) 受胁迫的民事法律行为

《民法典》第 150 条规定:"一方或者第三人以胁迫手段,使对方在违背真实意思的情况下实施的民事法律行为,受胁迫方有权请求人民法院或者仲裁机构予以撤销。"依据《总则编解释》第 22 条的规定,以给自然人及其近亲属等的人身权利、财产权利以及其他合法权益造成损害或者以给法人、非法人组织的名誉、荣誉、财产权益等造成损害为要挟,迫使其基于恐惧心理作出意思表示的,可以认定为胁迫。在第三人胁迫的情况下,受到损失的当事人有权请求第三人承担赔偿责任;如果当事人亦有违背诚信原则的行为,应当根据各自的过错承担相应的责任。但是,法律、司法解释对当事人与第三人的民事责任另有规定的,依照其规定(《合同编通则解释》第 5 条)。

(四) 显失公平的民事法律行为

显失公平的民事法律行为又称为暴利行为,是指因各种原因致使民事法律行为成立时双方的权利义务分配严重失衡。《民法典》第 151 条规定:"一方利用对方处于危困状态、缺乏判断能力等情形,致使民事法律行为成立时显失公平的,受损害方有权请求人民法院或者仲裁机构予以撤销。"在显失公平的民事法律行为中,如果当事人一方是自然人,根据该当事人的年龄、智力、知识、经验并结合交易的复杂程度,能够认定其对合同的性质、合同订立的法律后果或者交易中的特定风险缺乏应有的认知能力的,可以认定该情形构成缺乏判断能力(《合同编通则解释》第 11 条)。

三、可撤销民事法律行为的撤销

(一) 撤销权的概念

撤销权是指当事人享有的请求人民法院撤销民事法律行为,从而使可撤销民事法律行为自始不发生效力的权利。

撤销权由可撤销民事法律行为当事人中有权请求撤销该法律行为的人享有,如受欺诈方、受胁迫方。从性质上说,撤销权为形成权,撤销权人可以自己一方的意思表示而使当事人双方的民事法律行为失去效力。

撤销权人只能通过诉讼程序行使撤销权。也就是说,撤销权人行使撤销权,应向人民法院或者仲裁机构请求撤销该民事法律行为。

(二) 撤销权的消灭

享有撤销权的当事人应当及时行使撤销权。依据《民法典》第 152 条的规定,有下列情形之一的,撤销权消灭:(1)具有撤销权的当事人自知道或者应当知道撤销事由之日起 1 年内、重大误解的当事人自知道或者应当知道撤销事由之日起 90 日内没有行使撤销权;(2)当事人受胁迫,自胁迫行为终止之日起 1 年内没有行使撤销权;(3)具有撤销权的当事人知道撤销事由后明确表示或者以自己的行为表明放弃撤销权。当事人自民事法律行为发生之日起 5 年内没有行使撤销权的,撤销权消灭。撤销权消灭后,当事人不得请求撤销,该民事法律行为有效。

(三) 可撤销民事法律行为被撤销后的后果

可撤销民事法律行为经当事人请求被撤销的,该民事法律行为自始无效,发生无效民事法律行为的法律后果。

第六节 效力待定民事法律行为

一、效力待定民事法律行为的概念和特点

效力待定民事法律行为又称效力未定民事法律行为,是指于民事法律行为成立时其是有效还是无效尚不能确定,还待其后一定事实的发生来确定的民事法律行为。

效力待定民事法律行为具有以下特点:

第一,效力待定民事法律行为是于成立时是有效或者无效处于不确定状态的民事法律行为。效力待定民事法律行为因欠缺民事法律行为的某种非实质性的生效要件,于成立时不能确定有效,但是其又不是当然无效的,可以通过其他的行为使之有效。因此,效力待定民事法律行为既不同于无效民事法律行为,也不同于可撤销民事法律行为。无效民事法律行为因欠缺民事法律行为的根本性生效要件而当然无效,可撤销民事法律行为在未被撤销前是有效的。

第二,效力待定民事法律行为既可成为有效民事法律行为,也可成为无效民事法律行为。效力待定民事法律行为可能有效,也可能无效,但是它不同于可撤销民事法律行为。可撤销民事法律行为于成立时是有效的,只是因意思表示有瑕疵,享有撤销权的当事人可行使撤销权而使之自始无效。而效力待定民事法律行为于行为成立时并不能确定有效,也不能确定无效,其有效或者无效取决于他人的行为。

二、效力待定民事法律行为的种类

(一)限制民事行为能力人实施的依法不能独立实施的双方民事法律行为

限制民事行为能力人可以独立实施与其年龄、智力、精神健康状况相适应的或者纯获利益的民事法律行为,其他民事法律行为须由法定代理人代理或者经法定代理人同意。因此,限制民事行为能力人未经法定代理人同意而独立实施的依法不能独立实施的民事法律行为,属于效力待定民事法律行为:经法定代理人同意或者追认,该行为有效;若法定代理人不同意或者拒绝追认,则该行为无效。

所谓法定代理人追认,是指法定代理人于限制民事行为能力人实施的民事法律行为成立后表示同意该行为。法定代理人追认的意思表示,既可以向限制民事行为能力人作出,也可以向与限制民事行为能力人实施行为的相对人作出。

由于法定代理人是否追认决定着限制民事行为能力人所实施的行为的效力,若法定代理人长时间不作出是否追认的意思表示,则该行为就始终处于效力不定的状态。因此,为保护相对人的利益,法律赋予相对人以催告权和撤销权。依据《民法典》第145条的规定,相对人可以催告法定代理人自收到通知之日起30日内予以追认。法定代理人未作出表示的,视为拒绝追认。同时,在该行为未被追认前,善意相对人有撤销的权利。撤销应当以通知的方式作出。所谓善意,是指与限制民事行为能力人实施民事法律行为的相对人不知道或者不应当知道限制民事行为能力人行为能力的欠缺。

(二)无权代理行为

代理人应在代理权限内为代理行为。无权代理人以本人名义所为的民事法律行为,未

经被代理人追认的,对被代理人不发生效力;而经被代理人追认的,则对被代理人发生效力。因此,无权代理行为也属于效力待定民事法律行为。

依据《民法典》第 171 条的规定,对于无权代理行为,相对人可以催告被代理人自收到通知之日起 30 日内予以追认。被代理人未作表示的,视为拒绝追认。民事法律行为被追认前,善意相对人有撤销的权利。撤销应当以通知的方式作出。

(三) 欠缺债权人同意的债务转移行为

债务转移是指债务人将其债务转移给第三人负担的民事法律行为。《民法典》第 551 条规定:"债务人将债务的全部或者部分转移给第三人的,应当经债权人同意。债务人或者第三人可以催告债权人在合理期限内予以同意,债权人未作表示的,视为不同意。"因此,欠缺债权人同意时债务人与第三人实施的移转债务的民事法律行为,属于效力待定民事法律行为;经债权人同意的,为有效,可发生债务移转的后果;若债权人不同意,则为无效,不能发生债务移转的后果。

第七节 附条件和附期限民事法律行为

一、附条件的民事法律行为

《民法典》第 158 条规定:"民事法律行为可以附条件,但是根据其性质不得附条件的除外。附生效条件的民事法律行为,自条件成就时生效。附解除条件的民事法律行为,自条件成就时失效。"可见,附条件的民事法律行为是指行为人设定一定条件,以条件的成就与否作为民事法律行为效力发生与否的根据的民事法律行为。

(一) 条件的概念和特点

民事法律行为所附的条件,是指当事人在实施行为时设定的用以确定行为效力的特定客观事实。民事法律行为一般从成立时生效,但是当事人也可以以其意思不使民事法律行为于成立时起生效而于发生某一客观事实时生效或者使民事法律行为的效力于发生某一客观事实时终止。例如,甲有房屋 4 间准备给儿子结婚用,现乙要租用甲的房屋,甲乙订立租赁合同,同时约定若甲的儿子于 5 月 1 日不结婚,房屋即由乙租用。又如,甲将房屋出租给乙,同时约定于甲的儿子结婚时,租赁合同即终止。这里,甲乙间约定的"甲的儿子不结婚""甲的儿子结婚"都为民事法律行为所附的条件。条件实际上是当事人用以决定民事法律行为效力的发生或者消灭的事项。

附条件民事法律行为中的条件具备以下特点:

第一,条件须为尚未发生的客观事实。客观事实是不依当事人主观意志决定的客观存在的事实。当事人的主观意志可以决定的事实,或者在民事法律行为成立时已经发生的客观事实,不能作为条件。

第二,条件须为将来能否发生不能确定的事实。条件是将来能否发生具有或然性的事实。将来确定能发生或者确定不能发生的事实,不能作为条件。依据《总则编解释》第 24 条的规定,民事法律行为所附条件不可能发生,当事人约定为生效条件的,人民法院应当认定民事法律行为不发生效力;当事人约定为解除条件的,应当认定未附条件,民事法律行为是否失效,依照《民法典》和相关法律、行政法规的规定认定。

第三,条件须为合法的事实。作为条件的事实须不违反法律、法规,不违反公序良俗。如约定将某人致伤则赠与财物若干,即为以不合法的事实为条件。以违法事项为条件的民事法律行为不能有效,但是若民事法律行为中关于条件的部分无效不影响其他部分效力的,其他部分可为有效。

第四,条件须为当事人约定的事项。条件只能是当事人特别约定的客观事实。若为法律规定的或者民事法律行为性质决定的限制民事法律行为效力的事项,不为条件。例如,甲将其房屋设立抵押权,当事人约定:"抵押权自登记时设立"。当事人约定的这一事实就不属于条件,因为房屋抵押权自登记时设立是法律的规定。

第五,条件须为与当事人希望发生的法律效果不相矛盾的事实。当事人关于条件的约定属于民事法律行为内容的一部分,自不能与当事人希望发生的效果相矛盾。例如,甲乙约定:甲将某物卖与丙时,即赠与乙。这里,甲赠与乙某物的条件即与当事人欲发生的效果冲突,该民事法律行为自不能有效。

(二)条件的成就与不成就

条件既是将来发生与否不能确定的事实,也就有发生或者不发生的可能。所谓条件成就,是指作为条件的客观事实发生;所谓条件不成就,是指作为条件的客观事实未发生。例如,约定以甲的儿子不结婚为条件,若甲的儿子未结婚,则为条件成就;若甲的儿子结婚,则为条件不成就。

因为条件决定着民事法律行为的效力发生与否,在条件成就与否未确定前,当事人享有条件发生后可取得的利益的权利(这一权利属于期待权)。因此,条件的成就与不成就,应是自然发生的结果,当事人不得恶意促成或者恶意阻碍条件的成就。依据《民法典》第159条的规定,附条件的民事法律行为,当事人为自己的利益不正当阻止条件成就的,视为条件已经成就;不正当地促成条件成就的,视为条件不成就。

(三)条件的分类

1. 停止条件与解除条件

根据条件的作用,条件可分为停止条件与解除条件。

停止条件又称延缓条件,是指关系民事法律行为效力发生的条件。附停止条件的民事法律行为成立后,当事人的权利义务已经确定,但是不发生效力,当事人的权利义务处于停止的状态,一直延缓到条件成就时才发生效力;若条件不成就,则该民事法律行为失去效力。例如,甲乙约定,乙考上大学即赠与财物若干。"乙考上大学"这一条件,就属于停止条件。

解除条件是指关系民事法律行为效力消灭的条件。附解除条件的民事法律行为,在条件成就时当事人间的民事权利义务关系终止;条件不成就时,当事人间的权利义务关系继续存在。例如,甲将房屋出租给乙,约定若甲的儿子于毕业时回本地工作,则乙即交还租住的房屋。"甲的儿子毕业时回本地工作"这一条件,就属于解除条件。

2. 积极条件与消极条件

根据条件的内容,条件可分为积极条件与消极条件。

积极条件是指以某种事实的发生为内容的条件。如乙考上大学即赠与财产若干,这里的条件"乙考上大学"即属于积极条件。

消极条件是指以某种事实不发生为内容的条件。如甲乙约定，甲的儿子毕业时不回本地工作，甲将房屋租给乙居住。这里的条件"甲的儿子毕业时不回本地工作"即为消极条件。

二、附期限的民事法律行为

附期限的民事法律行为是指当事人以将来确定到来的客观事实作为决定民事法律行为效力的附款的民事法律行为。《民法典》第160条规定："民事法律行为可以附期限，但是根据其性质不得附期限的除外。附生效期限的民事法律行为，自期限届至时生效。附终止期限的民事法律行为，自期限届满时失效。"

附期限民事法律行为中所附的期限与附条件民事法律行为中所附的条件，其作用是相同的，二者的根本区别在于：期限是将来确定发生的事实，而条件是将来能否发生不确定的事实。

附期限的民事法律行为所附的期限，依其作用可分为生效期限与终止期限。

生效期限简称始期，又称延缓期限，是指决定民事法律行为效力发生的期限。附生效期限的民事法律行为，在期限到来前当事人的权利义务不发生效力。如甲乙约定，于甲的大楼落成时租给乙两间房，"大楼落成"就属于生效期限。

终止期限又称终期，是指决定民事法律行为效力消灭的期限。附终止期限的民事法律行为，在期限到来前一直有效。如甲乙约定，甲将房屋出租给乙，有效期限为10年。这里10年的期限就为终止期限，于10年期限届满时，该租赁行为就失去效力。

第八章 代 理

第一节 代理概述

一、代理的概念和特点

（一）代理的概念

依据《民法典》第162条的规定，代理是指代理人在代理权限内，以被代理人的名义实施民事法律行为，由被代理人直接承受其法律后果的制度。这属于狭义的代理，又称为直接代理。广义的代理还包括间接代理。间接代理又称为隐名代理，是指代理人在代理权限内以自己的名义与第三人实施民事法律行为，其行为后果为被代理人承受的制度。这里所说的代理仅指《民法典》总则编中规定的直接代理。

代理涉及三方当事人、三方面的法律关系。三方当事人是：代理人、被代理人即本人、与代理人为民事法律行为的第三人即相对人。三方面的关系是：代理人与被代理人之间的关系，此为代理的基础关系；代理人与相对人之间的关系，此为代理行为；相对人与被代理人之间的关系，此为代理的法律后果。

（二）代理的特点

第一，代理人以被代理人的名义实施代理行为。代理人以被代理人的名义为民事法律行为，直接为被代理人设定权利义务。代理的这一特点将代理行为与行纪行为相区别。若某人受他人的委托以自己的名义为他人与第三人为民事法律行为，则不属于这里所说的代理。

第二，代理人代理进行的主要是民事法律行为。代理人代被代理人实施的主要是民事法律行为，但是不限于民事法律行为，如代办房产登记、代办企业登记等均可。但是若代理进行的行为不具有民事法律意义，不能产生民事权利义务，则不属于代理，如代人整理资料就不为代理。代理的这一特点将法律上的代理与事实上的代理相区分。

第三，代理人独立为代理行为。代理人独立地进行代理活动，其与相对人实施代理行为时，独立作出意思表示或者受领意思表示。正因为代理人独立为代理行为，因此，代理人应为完全民事行为能力人，非完全民事行为能力人不能作代理人。代理的这一特点将代理人与使者、中介人等区别开来。使者是辅助民事主体实施民事法律行为的辅助人，但是使者仅是代他人转达意思表示，而不能独立作出意思表示。中介人是向委托人报告订立合同的机会或者提供订立合同的媒介服务的人，但是其并不代一方向对方为意思表示或者受领意思表示。

第四，代理人在代理权限内实施代理行为。代理人进行代理活动须有代理权。因此，代理人只能在代理权限范围内实施代理行为。

第五，代理人实施代理的法律后果直接由被代理人承受。《民法典》第162条中规定，代理行为"对被代理人发生效力"。这就是说,代理人所为的代理行为的后果直接归属于被代理人,虽代理人与相对人为民事法律行为,却是在被代理人与相对人间发生权利义务关系。正因为代理的后果由被代理人直接承受,所以代理人在代理中所为的意思表示应与被代理人的真实意思或者利益相一致,代理人所实施的行为属于可撤销民事法律行为时,被代理人有权请求变更或者撤销。

二、代理的适用范围

依据《民法典》第161条的规定,民事主体可以通过代理人实施民事法律行为。依照法律规定、当事人约定或者民事法律行为的性质,应当由本人亲自实施的民事法律行为不得代理。可见,从主体上说,不论自然人、法人还是非法人组织,都可以通过代理人进行民事活动;从代理的事项上说,代理进行的虽主要是民事法律行为,但是其他与民事法律行为相关的能够引起民事权利义务发生的具有法律意义的行为,也可以适用代理。不过,下列行为不适用代理:

第一,依照法律规定、当事人的约定或者民事法律行为的性质,应当由本人实施的民事法律行为。例如,立遗嘱,依法律规定只能由本人亲自实施,不得代理。又如,与特定人的身份有关的义务的履行不适用代理,如特邀某演员表演不能由他人代理表演。

第二,事实行为。事实行为不以发生民事法律后果为目的,无需向他人为意思表示,因而不适用代理的规定。

第三,违法行为。代理实施违法行为的,不适用代理的规定。《民法典》第167条规定:"代理人知道或者应当知道代理事项违法仍然实施代理行为,或者被代理人知道或者应当知道代理人的代理行为违法未作反对表示的,被代理人和代理人应当承担连带责任。"

三、代理的分类

(一) 委托代理与法定代理

根据代理人代理权的发生根据,代理可分为委托代理与法定代理。

委托代理是指按照委托人的委托而产生的代理。委托代理是基于被代理人的意思而发生的,因此又称为意定代理。委托代理的代理权来自被代理人的授权,所以又称为授权代理。委托代理人按照被代理人的委托行使代理权。

法定代理是指由法律根据一定的社会关系直接规定的代理。法定代理的代理权来自法律的直接规定,因此,法定代理人依照法律的规定行使代理权。依据《民法典》第23条的规定,无民事行为能力人、限制民事行为能力人的监护人是其法定代理人。

(二) 一般代理与特别代理

根据代理人代理权限的范围,代理可分为一般代理与特别代理。

一般代理又称为总括代理、全权代理,是指代理人的代理权限及于一般事项的全部,其范围并无特别限定的代理;特别代理是指特别限定代理某一事项,代理权限限定于一定范围或者特定事项的代理。

这种分类的主要意义在于:对于法律规定的某些需特别授权的事项,只有在特别授权的情况下,代理人才有代理权。

（三）单独代理与共同代理

根据代理人的人数，代理可分为单独代理与共同代理。

单独代理是指代理权仅授予一人，代理人只有一人的代理；共同代理是指代理权授予二人以上，代理人为数人的代理。

这种分类的主要意义在于：共同代理人应共同行使代理权。《民法典》第166条规定："数人为同一代理事项的代理人的，应当共同行使代理权，但是当事人另有约定的除外。"依据《总则编解释》第25条的规定，数个委托代理人共同行使代理权，其中一人或者数人未与其他代理人协商，擅自行使代理权的，按照无权代理的规定处理；构成表见代理的，按照表见代理的规定处理。

（四）本代理与再代理

根据代理权是否是由本人授予，代理可分为本代理与再代理。

本代理是指直接由本人授权的代理。本代理的代理人是由被代理人直接选任的。再代理又称为复代理，是指代理人在必要的情形下，将部分或者全部代理事项转托他人而由他人即再代理人（又称复代理人）所为的代理。再代理中的再代理人是由原代理人选任的，而不是由本人选定的。

这种分类的主要意义在于：再代理的成立须具备特别的条件。《民法典》第169条规定："代理人需要转委托第三人代理的，应当取得被代理人的同意或者追认。转委托代理经被代理人同意或者追认的，被代理人可以就代理事务直接指示转委托的第三人，代理人仅就第三人的选任以及对第三人的指示承担责任。转委托代理未经被代理人同意或者追认的，代理人应当对转委托的第三人的行为承担责任；但是，在紧急情况下代理人为了维护被代理人的利益需要转委托第三人代理的除外。"依照这一规定，再代理的成立须具备以下条件：(1)须经原代理人授权。再代理人是由原代理人选任的，须由原代理人授权。原代理人对再代理人的授权，不能超越其代理权限。若不是由原代理人授权，而是由本人直接授权的，不成立再代理，而发生本代理。(2)须事先取得被代理人的同意或者事后及时报告被代理人并取得其追认。再代理人虽是由原代理人选任的，但是其仍是本人的代理人，而不是原代理人的代理人，再代理人为代理行为的后果直接由本人承受。所以，再代理须征得本人的同意或者追认。未经本人同意或者追认的，则不成立再代理。再代理成立的，再代理人所为的代理行为的后果直接归属于被代理人；否则原代理人应对其转托的第三人的行为后果承担民事责任。但是在紧急情况下，代理人为了维护被代理人的利益的需要而转托他人代理的，即使事后被代理人不同意，也发生再代理的效力。依据《总则编解释》第26条的规定，所谓"紧急情况"，是指由于急病、通讯联络中断、疫情防控等特殊原因，委托代理人自己不能办理代理事项，又不能与被代理人及时取得联系，如不及时转委托第三人代理，会给被代理人的利益造成损失或者扩大损失的情况。

第二节 代 理 权

一、代理权的概念

代理权是指代理人得以被代理人的名义进行民事活动，并由被代理人承受其法律后果的一种法律资格。

代理人享有代理权,既有权利也有义务为代理行为,代理行为的后果也就应由被代理人承受,可见,代理权实质上反映着代理人在代理关系中的地位,包含权利、义务、责任。

二、代理权的授予

(一)代理权授予的概念

代理权的授予是指授予代理人以代理权的法律现象。代理权的授予是代理权发生的根据,没有代理权的授予,代理人也就不享有代理权。代理人证明自己被授予代理权的法律文书通常称为代理证书。

代理权的授予依代理的种类不同而不同。如前所述,委托代理与法定代理的区别根据就在于代理权产生的根据不同。法定代理中的代理权是由法律直接赋予的,委托代理中的代理权是由被代理人即本人授予的。我们这里所说的代理权的授予主要是对委托代理而言的。

(二)代理权授予的性质、形式和内容

代理权的授权行为是一种单方行为,只要有本人一方授予代理权的意思表示,就可以发生授权的效力。本人授权的意思表示,应向代理人为之,也可以向与代理人为民事法律行为的第三人为之。

《民法典》第165条规定:"委托代理授权采用书面形式的,授权委托书应当载明代理人的姓名或者名称、代理事项、权限和期限,并由被代理人签名或者盖章。"书面形式授予代理权的文书称为授权委托书。授权委托书也是证明代理人有代理权的代理证书。因此,为维护代理关系中各方当事人的利益,授权委托书的内容应当具体明确。

委托代理中的职务代理具有一定的特殊性,代理人的代理权来自职务授权。依据《民法典》第170条的规定,执行法人或者非法人组织工作任务的人员,就其职权范围内的事项,以法人或者非法人组织的名义实施的民事法律行为,对法人或者非法人组织发生效力。法人或者非法人组织对执行工作任务的人员职权范围的限制,不得对抗善意第三人。

三、代理权的行使

(一)代理权行使的原则

代理权的行使是指代理人在代理权限内实施代理行为。代理权的行使应遵循以下原则:

1. 在代理权限内积极行使代理权

行使代理权是代理人的权利和义务,是代理人的职责。代理人应在代理权限内积极行使代理权,而不得消极不行使。这是代理人履行代理职责的基本要求。代理人怠于行使代理权的,构成其义务的违反。依据《民法典》第164条第1款的规定,代理人不履行或者不完全履行职责,造成被代理人损害的,应当承担民事责任。

2. 维护被代理人的利益

代理权的行使是以为被代理人取得利益为目的的,因此,代理人行使代理权时应当维护被代理人的利益,而不得为自己的利益计算。代理人为代理行为时应尽相当的注意,以免给

被代理人造成损失。委托代理人不得擅自变更被代理人的指示，不得擅自转委托他人代理。代理人应及时向被代理人报告代理的情况，并将在代理中受有的利益及时转交给被代理人。因代理人未尽注意义务，擅自变更被代理人的指示等而使被代理人受到损失的，代理人应负赔偿责任。

3. 合法行使代理权

代理人行使代理权，不得逾越代理权限，也不得滥用代理权。超越代理权的代理行为，构成无权代理；滥用代理权则为禁止行为。

（二）滥用代理权的禁止

滥用代理权是指代理人违背代理的宗旨而实施了损害被代理人利益的行为。滥用代理权的构成须具备以下条件：(1) 代理人有代理权；(2) 代理人实施了行使代理权的代理行为；(3) 代理人所实施的代理行为损害或者会损害被代理人的利益。由于滥用代理权违背了代理的宗旨，所以各国立法上普遍禁止，滥用代理权的行为一般是无效的。

滥用代理权主要有以下三种情形：

1. 对己代理

对己代理是指代理人以被代理人的名义与自己实施民事法律行为。例如，甲委托乙代理出卖货物，乙以甲的名义与自己订立购买该货物的合同。该代理行为因只有代理人一人的意思表示，会损害被代理人的利益，所以除使本人纯获利益者外，对己代理一般应无效。《民法典》第168条第1款规定："代理人不得以被代理人的名义与自己实施民事法律行为，但是被代理人同意或者追认的除外。"

2. 双方代理

双方代理是指代理人同时代理双方为同一民事法律行为。例如，代理人丙代理甲出卖某房屋，代理乙购买该房屋。双方代理，一方面因实际上只有代理人一人的意思表示，另一方面代理人"一手托两家"，会损害某一方被代理人的利益，因此，除双方特别许可的外，双方代理为法律禁止的无效行为。《民法典》第168条第2款规定："代理人不得以被代理人的名义与自己同时代理的其他人实施民事法律行为，但是被代理的双方同意或者追认的除外。"

3. 代理人与第三人恶意串通

代理人与第三人恶意串通是代理人与第三人实施民事法律行为时串通损害被代理人利益的行为。于此情形下，代理人虽有代理权，但是其行使是以损害被代理人利益为目的的，因此，该行为是滥用代理权的无效行为。《民法典》第164条第2款规定："代理人和相对人恶意串通，损害被代理人合法权益的，代理人和相对人应当承担连带责任。"

四、代理权的消灭

代理权的消灭，也就是代理关系的终止。因发生代理权的根据不同，代理权的消灭原因也有所不同。

依据《民法典》第173条的规定，有下列情形之一的，委托代理终止：(1) 代理期限届满或者代理事务完成；(2) 被代理人取消委托或者代理人辞去委托；(3) 代理人丧失民事行为能力；(4) 代理人或者被代理人死亡；(5) 作为代理人或者被代理人的法人、非法人组织终止。依据《民法典》第174条第1款的规定，被代理人死亡后，有下列情形之一的，委托代理人实施的代理行为有效:(1)代理人不知道且不应当知道被代理人死亡;(2)被代理人的继承人予以承认;(3)授权中明确代理权在代理事项完成时终止;(4)被代理人死亡前已经实施,为了被代理人的继承人的利益继续代理。

依据《民法典》第175条的规定,有下列情形之一的,法定代理终止:(1)被代理人取得或者恢复完全民事行为能力;(2)代理人丧失民事行为能力;(3)代理人或者被代理人死亡;(4)法律规定的其他情形。其他原因导致被代理人和代理人之间的监护关系消灭的,法定代理也就终止。

代理权终止,代理人就不再有代理权,不得以本人的名义进行民事活动,否则其所为的行为即属于无权代理。代理权终止后,代理证书也就失去效力,为维护当事人和第三人的利益,代理人应缴回代理证书,而不得留置,本人有权要求代理人缴回代理证书。

第三节 无权代理

一、无权代理的概念和发生原因

无权代理是指行为人没有代理权而以他人的名义所实施的代理。代理本以代理人有代理权为条件,若无代理权却以他人的名义进行民事活动,则不属于代理。但是由于无权代理的行为人是以本人的名义实施行为的,该行为具有代理行为的表面特点,行为人实施行为的目的和后果对本人也并非就不利,所以,各国法律一般仍将无权代理规定在代理中。

无权代理发生的原因主要有以下三种:其一,行为人自始就没有代理权。例如,行为人从未被授予代理权,其却以代理人的资格自居而为"代理行为"。行为人曾被授予代理权,但是授权行为无效或者被撤销的,也属于自始没有代理权。其二,行为人所为的代理行为超越代理权。代理人只能在代理权限内为代理行为,其所为的代理行为若超越代理权限,则属于无权代理而不为有权代理。例如,行为人被本人授权购买电视机,却以本人的名义购买电冰箱。其三,行为人的代理权消灭。行为人原有代理权,但是代理权已经消灭,此时行为人仍以代理人身份而为代理行为的,也构成无权代理。

在广义上,无权代理包括狭义的无权代理和表见代理。

二、狭义无权代理

狭义无权代理是指行为人无代理权,也没有使他人足以相信其有代理权的客观事实,行为人以本人名义而实施的代理。

无权代理涉及行为人、本人及相对人三方,依法律规定发生以下法律后果:

(一)本人与相对人之间的关系

如前所述,就本人方面说,无权代理行为属于效力待定民事法律行为。该行为若经本人追认,则为有效代理,对本人发生法律效力;若本人不追认,则对本人不发生法律效力。同时,相对人有催告权,其得对本人确定一个合理期限,催告本人对无权代理行为作出是否追认的决定,在催告期间本人未作表示的,视为拒绝追认;善意相对人有撤销权,在本人未对无权代理行为追认前,可以自己的意思予以撤销该无权代理行为。

(二) 行为人与相对人之间的关系

在行为人与相对人之间,无权代理行为经善意相对人撤销的,自不发生效力;未经相对人撤销而经本人追认的,行为人不承担行为的后果;本人拒绝追认的,行为人应承担行为的后果。《民法典》第171条第3款规定:"行为人实施的行为未被追认的,善意相对人有权请求行为人履行债务或者就其受到的损害请求行为人赔偿。但是,赔偿的范围不得超过被代理人追认时相对人所能获得的利益。"依据《总则编解释》第27条的规定,无权代理行为未被追认,相对人请求行为人履行债务或者赔偿损失的,由行为人就相对人知道或者应当知道行为人无权代理承担举证责任。行为人不能证明的,人民法院依法支持相对人的相应诉讼请求;行为人能够证明的,人民法院应当按照各自的过错认定行为人与相对人的责任。

(三) 行为人与本人之间的关系

在行为人与本人之间,若无权代理行为经本人追认,则行为人属于本人的代理人。若无权代理行为未经本人追认,则依不同情况处理:行为人实施的行为是为避免本人利益受损失的,可成立无因管理,按无因管理关系处理;行为人的行为损害本人利益的,行为人应向本人承担民事责任,相对人为恶意的,与行为人共同承担赔偿责任。《民法典》第171条第4款规定:"相对人知道或者应当知道行为人无权代理的,相对人和行为人按照各自的过错承担责任。"

三、表见代理

(一) 表见代理的概念和构成

表见代理又称表现代理,是指行为人无代理权而以本人的名义与第三人为民事法律行为,但是有足以使第三人相信其有代理权的理由,善意相对人与行为人实施民事法律行为的,该行为的后果由本人承担的法律制度。

《民法典》第172条规定:"行为人没有代理权、超越代理权或者代理权终止后,仍然实施代理行为,相对人有理由相信行为人有代理权的,代理行为有效。"可见,构成表见代理须具备以下条件:

1. 行为人无代理权却以本人的名义为民事法律行为

表见代理属于广义无权代理中的情形,因此,只有行为人无代理权而为代理行为的,才可构成。若行为人有代理权,则为有权代理,不属于表见代理。

2. 客观上有足以使相对人相信行为人有代理权的理由

表见代理之所以称为表见代理,就是因为行为人虽无代理权,但是从行为人与本人关系的外表上看,行为人有代理权,也就是存在代理权的外观,行为人的无权代理行为表现为有权代理。正由于在行为人方面存在足以使相对人相信其有代理权的理由,为了保护相对人的利益,维护交易的安全,才确认表见代理发生有权代理的效力。

3. 相对人不知道行为人行为时无代理权且无过失

相对人无过失是指相对人为善意,不知道行为人行为时无代理权。因为表见代理制度的目的是保护善意相对人的利益。若相对人主观上有过失,知道行为人无代理权而仍与之为民事法律行为,则无加以保护的必要。

4. 行为人与相对人所为的民事法律行为具备生效要件

表见代理发生有效代理的法律后果,即本人承担行为人所为代理行为的法律效果。因此,只有在行为人与相对人间所为的民事法律行为有效时,才可构成表见代理。若行为人与相对人所为的行为本身就无效,则不能成立表见代理,不能由本人承担该无效民事行为的后果。

(二) 表见代理的常见情形

行为人没有代理权、超越代理权或者代理权终止后以本人名义实施民事法律行为的,都会成立表见代理。常见的构成表见代理的情形主要有以下几种:(1) 本人对第三人表示授权给行为人而实际上本人并未向行为人授予代理权或者在授权后又撤回其授权。(2) 本人交付证明文件给行为人,行为人以此证明文件与相对人实施民事法律行为。例如,本人将空白介绍信或者盖有合同专用章的合同书交给行为人,行为人用此文件与他人订立合同。(3) 代理关系终止后,本人未收回代理证书,行为人以原委托授权书等代理证书与相对人实施行为。(4) 本人知道行为人为无权代理行为而不表示反对。例如,无代理权的行为人以本人的名义与相对人订立合同,本人知道后不反对并已经开始准备履行合同义务。

(三) 表见代理的后果

表见代理发生有权代理的后果,因为表见代理的代理行为有效,被代理人就应承受该代理行为的法律后果,与相对人发生民事权利义务关系。被代理人承担有效代理行为所产生的责任后,可以向无权代理人追偿因代理行为而遭受的损失。但是,表见代理属于广义无权代理的一种,毕竟不为有权代理,所以,相对人也可在本人未承认该表见代理行为前主张该行为为无权代理而撤销该行为,从而可直接向实施无权代理行为的行为人追究民事责任。

第九章 诉讼时效与期限

第一节 民事时效概述

一、民事时效的概念

民事时效是指一定的事实状态持续存在一定时间后即发生一定法律后果的法律制度。

民事时效包含以下三方面的要素：(1)须有一定的事实状态的存在。所谓事实状态，是指仅为一种客观的事实，而并未受法律的确认。如某人没有权利而占有某物，某人不行使其请求权。(2)需该事实状态持续不间断地存在了一定期间。如已连续占有某物15年，连续不行使权利5年。(3)发生一定的法律后果，即权利取得或者消灭。

民事时效是将一定的事实状态经过一定的时间与一定的法律后果联系在一起。一定的事实状态持续存在的一定期间就是时效期间。可见，时效期间的构成条件为二：一是一定事实状态的存在，二是一定事实状态持续存在一定期间。缺少其中任何一个条件，就不构成时效期间这一法律事实。时效期间的出现引起一定的法律后果，该后果也就是时效的法律效力。

二、民事时效的性质

民事时效的性质，可以从两个方面理解：

第一，时效为法律事实中的自然状态。时效因是一定事实状态经过一定期间而发生一定法律后果的法律现象，因此，时效是可引起民事法律后果的法律事实。时效作为一种法律事实与人的意志无关，不属于行为。因其为时间的经过，因而时效属于一种自然状态。

第二，时效具有强行性。时效的构成和效力是由法律直接规定的，当事人不得排除其适用。时效期间是由法律规定的，而不是由当事人约定的。因此，时效期间为法定期间、强行性期间。

三、民事时效的种类

民事时效依不同的标准，可有不同的分类。各国法律通常依据民事时效的构成条件和法律后果，将民事时效分为取得时效和消灭时效。

取得时效是指占有他人的财物的事实状态持续存在一定期间后即取得该财产的所有权的时效制度。因此种时效以占有财产为前提，故又称为占有时效。取得时效的构成条件是占有人和平、公开并且善意地以自己的名义占有他人的财产，这一占有的事实状态持续地达到一定期间，其法律后果则是占有人取得所占有的物的所有权。可见，取得时效的目的，是使财产所有权关系确定。取得时效是物权取得的一种根据，但是《民法典》未规定取得时效。

消灭时效是指不行使权利的事实状态持续存在一定期间后即发生丧失权利的法律后果的时效制度。例如，债权人不请求债务人履行债务达到一定期间，即丧失请求债务人履行的权利。关于消灭时效,在各国法上规定也不完全一致。我国现行法上规定了诉讼时效,诉讼时效属于消灭时效。

第二节 诉讼时效

一、诉讼时效概述

(一) 诉讼时效的概念和特点

诉讼时效是指权利人于一定期间内不行使请求人民法院保护其民事权利的请求权,就丧失该项请求权的法律制度。

如前所述,权利人的民事权利受法律的保护。权利人在其权利受到侵害时,有权请求人民法院予以保护,但是人民法院保护权利也不是无限制的。权利人应于法律规定的期间内请求保护,超过该期间后,人民法院将不再予以保护。法律规定的权利人请求人民法院保护其民事权利的法定期间就是诉讼时效期间。

诉讼时效具有以下特点:

第一,诉讼时效属于消灭时效。诉讼时效是以权利人不行使请求人民法院保护其民事权利的请求权的事实状态为前提的,这与消灭时效以权利人不行使权利的事实状态为前提相一致。同时,诉讼时效完成后,权利人丧失的并不是向人民法院起诉的权利,权利人仍有权起诉,只不过权利人丧失了通过诉讼获得救济的权利,人民法院会不再保护其权利。

第二,诉讼时效具有法定强行性。法律关于诉讼时效的规定属于法律的强行性规定,当事人既不能协议排除对诉讼时效的适用,也不得以协议变更诉讼时效期间。《民法典》第197条第1款规定:"诉讼时效的期间、计算方法以及中止、中断的事由由法律规定,当事人约定无效。"同时,当事人对诉讼时效利益的预先放弃亦无效(《民法典》第197条第2款)。

第三,诉讼时效具有普遍性。诉讼时效规范为普遍性规范,除法律另有规定外,诉讼时效适用于各种民事法律关系。

(二) 诉讼时效与除斥期间的区别

除斥期间又称预定期间,是指法律规定或者当事人约定的某种权利的存续期间。例如,在可撤销民事法律行为中,有撤销权的当事人应于法律规定的期间内行使撤销权,期间届满而未行使的,撤销权消灭。法律规定的撤销权的行使期间就属于除斥期间。

因为除斥期间届满后也会发生某种权利消灭的后果,所以其与诉讼时效极为相似。但是,诉讼时效与除斥期间为不同的制度,二者主要有以下区别:

第一,性质和后果不同。诉讼时效期间是权利受到侵害时权利人请求法律保护的法定期间,诉讼时效完成后权利人丧失的仅是请求法律保护的权利;而除斥期间是权利存续的期间,除斥期间届满后所消灭的权利一般为形成权而非请求权。诉讼时效的目的和作用在于维护新的关系而否定原来的法律关系(权利人行使请求权的目的是维护原来的法律关系),而除斥期间的目的和作用是维护原来的法律关系(权利人行使权利的目的是变动原来的关系)。

第二,起算点不同。诉讼时效期间一般自权利人能够行使请求权之日起计算,若权利人不能行使请求法律保护的权利,则一般不开始计算时效期间;而除斥期间则一般自权利成立之日时起算,至于权利人能否行使其权利,一般并不影响期间的计算。依据《民法典》第199条的规定,法律规定或者当事人约定的撤销权、解除权等权利的存续期间,除法律另有确定外,自权利人知道或者应当知道权利产生之日起计算。

第三,计算方式不同。诉讼时效期间为可变期间,在诉讼时效期间开始计算后,可发生中止、中断或者延长;而除斥期间为不变期间,除斥期间开始后不发生中止、中断或者延长(《民法典》第199条)。

第四,法律条文表述不同。诉讼时效期间和除斥期间虽都是由法律直接规定的,但是在法律条文的表述上不同。对于诉讼时效,法律条文中一般直接表述为"时效"或者表述为某项请求权因多长时间不行使而消灭或者不受保护等;而对于除斥期间,法律条文中一般不表述为时效,仅表述为某权利(如撤销权)的存续期间为多长时间或者因多长时间不行使而消灭或者应于何期间内行使。

第五,适用条件不同。对于诉讼时效,因时效完成后权利人仅消灭其请求权,因此于诉讼时效完成后,当事人自愿履行的,不受时效的限制;而对于除斥期间,不论当事人是否主张,法院可依职权主动适用关于除斥期间的规定。

(三) 诉讼时效的适用范围

诉讼时效的适用范围又称诉讼时效的客体,是指诉讼时效适用于何种权利。

如前所述,诉讼时效具有普遍性。诉讼时效适用于权利受到侵害时权利人请求法律保护的请求权。除法律另有规定外,各种因权利受到侵害而产生的请求权均适用诉讼时效。依据《民法典》第196条的规定,下列请求权不适用诉讼时效的规定:(1)请求停止侵害、排除妨碍、消除危险;(2)不动产物权和登记的动产物权的权利人请求返还财产;(3)请求支付抚养费、赡养费或者扶养费;(4)依法不适用诉讼时效的其他请求权。但是因侵害人身权而给权利人造成财产损害而产生的损害赔偿请求权,适用诉讼时效。依据《最高人民法院关于审理民事案件适用诉讼时效制度若干问题的规定》(以下简称《诉讼时效规定》)第1条的规定,下列债权请求权不适用诉讼时效:(1)支付存款本金及利息请求权;(2)兑付国债、金融债券以及向不特定对象发行的企业债券本息请求权;(3)基于投资关系产生的缴付出资请求权;(4)其他依法不适用诉讼时效规定的债权请求权。

(四) 诉讼时效的种类

1. 普通诉讼时效

普通诉讼时效又称一般诉讼时效,是指民法上统一规定的适用于法律没有另外特别规定的各种民事法律关系的诉讼时效。《民法典》第188条第1款规定:"向人民法院请求保护民事权利的诉讼时效期间为三年。法律另有规定的,依照其规定。"依照这一规定,除法律另有规定外,都应适用3年期间的诉讼时效。因此,普通诉讼时效的时效期间为3年。

2. 特别诉讼时效

特别诉讼时效又称特殊诉讼时效,是指由民法或者单行法特别规定的仅适用于特殊民事法律关系的诉讼时效。如《民法典》第594条规定:"因国际货物买卖合同和技术进出口合同争议提起诉讼或者申请仲裁的时效期间为四年。"这里规定的4年诉讼时效期间即为特别诉讼时效。

3. 最长诉讼时效

最长诉讼时效是指法律规定的民事权利保护的最长期限。依据《民法典》第 188 条第 2 款的规定,从权利受到损害之日超过 20 年的,人民法院不予保护。这种以 20 年为时效期间的时效,即为最长诉讼时效。

二、诉讼时效的起算

诉讼时效的起算是指诉讼时效期间的开始计算。诉讼时效起算,也就是诉讼时效期间开始。因此,诉讼时效从何时起计算直接关系到权利的保护期间,对当事人双方有着重要意义。

《民法典》第 188 条第 2 款规定:"诉讼时效期间自权利人知道或者应当知道权利受到损害以及义务人之日起计算。法律另有规定的,依照其规定。但是,自权利受到损害之日起超过二十年的,人民法院不予保护,有特殊情况的,人民法院可以根据权利人的申请决定延长。"因为诉讼时效期间,是权利人请求人民法院保护其民事权利的法定期间,因此只能从权利人知道或者应当知道权利受到侵害以及义务人之日起计算。所谓知道,是指权利人明确权利被何人侵害的事实;所谓应当知道,是指根据客观事实推定权利人能够知道权利被侵害和被何人侵害。但是,自权利受到损害之日起超过 20 年的,即使权利人不知道或者不应当知道权利受到侵害以及义务人,人民法院也不再予以保护。

在不同的法律关系中,权利人知道或者应当知道权利受到侵害及义务人的时间有所不同。一般来说,诉讼时效期间的开始时间一般应依下列情形确定:(1) 约定有履行期限的债,诉讼时效期间自约定的履行期限届满之日起计算。(2) 当事人约定同一债务分期履行的,诉讼时效期间从最后一期履行期限届满之日起计算(《民法典》第 189 条)。(3) 未约定有履行期限的债,诉讼时效期间应自债权人给予的宽限期届满之日起计算,但是债务人在债权人第一次向其主张权利时明确表示不履行义务的,诉讼时效期间从债务人明确表示不履行义务之日起计算(《诉讼时效规定》第 4 条)。所谓宽限期间,是指债权人要求对方履行时给予对方的必要的准备时间。(4) 合同被撤销,返还财产、赔偿损失请求权的诉讼时效期间从合同被撤销之日起计算(《诉讼时效规定》第 5 条第 2 款)。(5) 返还不当得利请求权的诉讼时效期间,从当事人一方知道或者应当知道不当得利事实及对方当事人之日起计算(《诉讼时效规定》第 6 条)。(6) 管理人因无因管理行为产生的给付必要管理费用、赔偿损失请求权的诉讼时效期间,从无因管理行为结束并且管理人知道或者应当知道本人之日起计算。本人因不当无因管理行为产生的赔偿损失请求权的诉讼时效期间,从知道或者应当知道管理人及损害事实之日起计算(《诉讼时效规定》第 7 条)。(7) 以不作为为标的的请求权,应自义务人违反不作为义务之日起计算。(8) 侵害身体健康,伤害明显的,从受伤害之日起计算。伤害当时未曾发现,后经确诊并能证明是由伤害引起的,从伤势确诊之日起计算。(9) 无民事行为能力人或者限制民事行为能力人对其法定代理人的请求权的诉讼时效期间,自该法定代理终止之日起计算(《民法典》第 190 条)。依据《总则编解释》第 37 条的规定,无民事行为能力人、限制民事行为能力人的权利受到原法定代理人损害,且在取得、恢复完全民事行为能力或者在原法定代理终止并确定新的法定代理人后,相应民事主体才知道或者应当知道权利受到侵害的,有关请求权诉讼时效期间的计算适用《民法典》第 188 条第 2 款、《总则编解释》第36条的规定。(10) 依据《总则编解释》第36条的规定,无民事行为能力人或者限制民事行为能力人的权利受到损害的,诉讼时效期间自其法定代理人知道或者应当知道权利受侵害以及义务人之日起计算,但是法律另有规定的除外。(11) 未成年人遭受性侵害的损害赔偿请求权的诉讼时效期间,自受害人年满18周岁之日起计算(《民法典》第191条)。

三、诉讼时效的中止

（一）诉讼时效中止的概念

诉讼时效的中止是指在诉讼时效期间的最后6个月内,因发生法定事由使权利人不能行使请求权的,暂停计算时效期间,待中止事由消除后,再继续计算诉讼时效期间的制度。可见,诉讼时效的中止,只是在诉讼时效进行中因一定的法定事由的发生而停止计算时效期间,而在阻碍诉讼时效进行的法定事由消除后,诉讼时效将继续进行。

（二）诉讼时效中止的事由和时间

诉讼时效中止的理由是客观上导致权利人不能行使请求权的障碍。依据《民法典》第194条的规定,在诉讼时效期间的最后6个月内,因下列障碍,不能行使请求权的,诉讼时效中止:(1) 不可抗力;(2) 无民事行为能力人或者限制民事行为能力人没有法定代理人或者法定代理人死亡、丧失民事行为能力、丧失代理权;(3) 继承开始后未确定继承人或者遗产管理人;(4) 权利人被义务人或者其他人控制;(5) 其他导致权利人不能行使请求权的障碍,如当事人双方处于夫妻关系中、义务人逃避民事责任下落不明等均属之。

诉讼时效中止的事由发生在诉讼时效期间的最后6个月内。如果中止的事由发生在诉讼时效期间的最后6个月前而于最后6个月时消除的,诉讼时效不中止;若该事由延续到最后6个月内,则自时效期间的最后6个月时起中止。

（三）诉讼时效中止的后果

诉讼时效中止,只是发生诉讼时效期间的停止计算,原进行的诉讼时效仍然有效。因此,诉讼时效中止,只是将中止的时间不计入诉讼时效期间,中止前后进行的诉讼时效期间继续有效,且于中止时效的事由消除之日起满6个月,诉讼时效期间届满。

四、诉讼时效中断

（一）诉讼时效中断的概念和事由

诉讼时效中断是指在诉讼时效进行中,因发生法定事由致使已经经过的诉讼时效期间全归无效,待中断事由消除后,重新开始计算诉讼时效期间的制度。

依据《民法典》第195条的规定,有下列情形之一的,诉讼时效中断,从中断、有关程序终结时起,诉讼时效期间重新计算:

1. 权利人向义务人提出履行请求

权利人向义务人提出履行请求,是指权利人向义务人主张权利,要求义务人履行义务。权利人向义务人的代理人、财产代管人或者遗产管理人等提出履行请求的,亦属于诉讼时效中断事由(《总则编解释》第38条第2款)。权利人提出要求,说明其未放弃权利,改变了权利人不行使权利的事实状态,因此发生诉讼时效的中断。依据《诉讼时效规定》第8条的规定,具有下列情形之一的,应当认定为"权利人向义务人提出履行请求",产生诉讼时效中断的效力:(1) 当事人一方直接向对方当事人送交主张权利文书,对方当事人在文书上签名、盖章、按指印或者虽未签名、盖章、按指印但是能够以其他方式证明该文书到达对方当事人的。对方当事人为法人或者其他组织的,签收人可以是其法定代表人、主要负责人、负责收发信件的部门或者被授权主体;对方当事人为自然人的,签收人可以是自然人本人、同住的具有完全民事行为能力的亲属或者被授权主体。(2) 当事人一方以发送信件或者数据电文方式主张权利,信件或者数据电文到达或者应当到达对方当事人的。(3) 当事人一方为金融机构,依照法律规定或者当事人约定从对方当事人账户中扣收欠款本息的。(4) 当事人一方下落不明,对方当事人在国家级或者下落不明的当事人一方住所地的省级有影响的媒体上刊登具有主张权利内容的公告的,但法律和司法解释另有特别规定的,适用其规定。权利人对同一债权中的部分债权主张权利,除权利人明确表示放弃剩余债权的情形外,诉讼时效中断的效力及于剩余债权(《诉讼时效规定》第9条)。

2. 义务人同意履行义务

义务人同意履行义务,是指义务人承认权利人的权利,表示自己履行义务。义务人同意履行义务,当事人双方间的权利义务关系处于确定状态,已进行的诉讼时效也就无维持的必要,因此发生诉讼时效的中断。依据《诉讼时效规定》第14条的规定,义务人作出分期履行、部分履行、提供担保、请求延期履行、制定清偿债务计划等承诺或者行为的,应当认定为"义务人同意履行义务"。

3. 权利人提起诉讼或者申请仲裁

权利人提起诉讼或者申请仲裁是指权利人依诉讼程序或者仲裁程序向人民法院起诉或者向仲裁机构申请仲裁,主张其权利。权利人提起诉讼或者申请仲裁,说明其已积极行使请求权保护其权利,因此诉讼时效不应再进行。依据《诉讼时效规定》第10条的规定,当事人一方向人民法院提交起诉状或者口头起诉的,诉讼时效从提交诉状或者口头起诉之日起中断。

4. 与提起诉讼或者申请仲裁具有同行效力的其他情形。

依据《诉讼时效规定》第11条的规定,具有下列事项之一的,人民法院应当认定与提起诉讼具有同等诉讼时效中断的效力:(1) 申请支付令;(2) 申请破产、申报破产债权;(3) 为主张权利而申请宣告义务人失踪或者死亡;(4) 申请诉前财产保全、诉前临时禁令等诉前措施;(5) 申请强制执行;(6) 申请追加当事人或者被通知参加诉讼;(7) 在诉讼中主张抵销;(8) 其他与提起诉讼具有同等诉讼时效中断效力的事项。

权利人向人民调解委员会以及其他依法有权解决相关民事纠纷的国家机关、事业单位、社会团体等社会组织提出保护相应民事权利的请求的,诉讼时效从提出请求之日起中断(《诉讼时效规定》第12条)。权利人向公安机关、人民检察院、人民法院报案或者控告,请求保护其民事权利的,诉讼时效从其报案或者控告之日起中断(《诉讼时效规定》第13条第1款)。

(三) 诉讼时效中断的法律后果

发生诉讼时效中断时,已经经过的诉讼时效全归无效,重新开始计算诉讼时效期间。一般说来,因起诉或者申请仲裁而中断诉讼时效的,应自诉讼终结或者人民法院或仲裁机构作出裁决之日起重新开始计算时效期间;权利人申请强制执行的,应自执行程序完毕之日起重新开始计算时效期间。向公安机关、检察院、法院报案或者控告,上述机关决定不立案、撤销案件、不起诉的,诉讼时效期间从权利人知道或者应当知道不立案、撤销案件、不起诉之日起重新计算;刑事案件进入审理阶段的,诉讼时效期间从刑事裁判文书生效之日起重新计算(《诉讼时效规定》第13条第2款)。因权利人提出要求或者义务人同意履行义务而中断诉讼时效的,自要求或者同意的意思表示到达对方之日起重新开始计算诉讼时效期间。债权转让的,应当认定诉讼时效从债权转让通知到达债务人之日起中断;债务承担情形下,构成原债务人对债务承认的,应当认定诉讼时效从债务承担意思表示到达债权人之日起中断(《诉讼时效规定》第17条)。

应当指出,诉讼时效中断后,在新的诉讼时效期间内,再次出现中断事由的,可以认定为诉讼时效再次中断(《总则编解释》第38条第1款)。

(四)诉讼时效的中断与中止的区别

诉讼时效的中断与中止,都是诉讼时效完成的障碍,都有使诉讼时效不能按期完成的作用,但是二者有着以下重要的区别:

第一,发生的事由不同。诉讼时效中断和中止的事由,尽管都是法律规定的法定事由,但是其性质不同:诉讼时效中断的事由属于可由当事人主观意志决定的情况,而诉讼时效中止的事由属于不由当事人主观意志决定的客观情况。

第二,发生的时间不同。诉讼时效的中断可发生在诉讼时效开始后的任何时间内,而诉讼时效的中止只能发生在诉讼时效期间的最后6个月内。

第三,发生的后果不同。诉讼时效中断是使已经过的时效期间全归无效,重新开始计算诉讼时效期间;而诉讼时效中止是使已经过的时效期间仍然有效,只是使时效期间暂停计算,于中止事由消除后继续计算时效期间,即自中止事由消除之日起满6个月,诉讼时效期间届满。

五、诉讼时效的延长

诉讼时效的延长是指在诉讼时效完成后,权利人向人民法院提出请求时,经人民法院查明权利人确有正当理由未能及时行使权利的,可延长时效期间的制度。所谓有正当理由,是指权利人由于客观的障碍在法定诉讼时效期间不能行使请求权的特殊情况。

诉讼时效延长是对诉讼时效中止的一种补充,其与诉讼时效中止有以下区别:(1)诉讼时效中止发生在诉讼时效进行中,而诉讼时效延长则发生于诉讼时效期间届满后;(2)诉讼时效中止的事由是由法律直接规定的,而诉讼时效延长的事由是由人民法院确定的。

依据《总则编解释》第35条的规定,3年诉讼时效期间不适用延长的规定;而20年期间可以适用延长的规定,不适用中止、中断的规定。

六、诉讼时效的效力

诉讼时效的效力是指诉讼时效完成即诉讼时效期间届满后发生的法律后果。

《民法典》第192条规定:"诉讼时效期间届满的,义务人可以提出不履行义务的抗辩。诉讼时效期间届满后,义务人同意履行的,不得以诉讼时效期间届满为由抗辩;义务人已经自愿履行的,不得请求返还。"依照这一规定,诉讼时效完成后,权利人丧失请求权,但是其受领权不丧失，义务人自愿履行时，权利人有权受领。债务人是否自愿履行取决于债务人的意思。因此，在权利人请求人民法院保护其权利，要求义务人承担履行责任时，债务人可以提出诉讼时效的抗辩，债务人不提出诉讼时效抗辩的，即表示其愿意承担责任。因诉讼时效届满后债务人享有时效抗辩权，因此，人民法院不得主动适用诉讼时效规定（《民法典》第193条）。当事人未提出诉讼时效抗辩的，人民法院不应对诉讼时效问题进行释明（《诉讼时效规定》第2条）。

第三节　期　　限

一、期限的概念和意义

期限是指民事法律关系发生、变更和终止的时间。民事法律关系都有一个产生、变更和终止的过程，与时间有着密切的关系。期限包括期日和期间。期日是指不可分的一定时间，如某年、某月、某日、某时；期间则是指从某一时刻到另一时刻所经过的一段时间，如1个月、1年，从2020年11月30日到2025年11月30日。

期限在民法上的意义主要表现在以下方面：(1) 期限可以决定民事主体的民事能力的取得丧失。例如，出生之时为自然人民事权利能力发生的时间，成年之日为自然人取得完全民事行为能力的时间，法人的成立时间决定着法人民事权利能力的产生。(2) 期限可以决定某些事实的推定，如自然人下落不明满一定期间可宣告其失踪或者死亡。(3) 期限决定着权利的行使和义务的履行，如债务履行期限、保证期限、撤销权的行使期间。(4) 期限可以决定民事权利义务的取得、丧失，如所有权的转移时间、除斥期间、时效期间。(5) 期限可以决定民事法律关系的效力，如附期限民事行为中的期限。

二、期间的分类

（一）任意性期间与强行性期间

根据期间是否具有强制性，期间可分为任意性期间与强行性期间。

任意性期间是指法律允许当事人自行约定的期间。民法上的期间多为任意性期间，可由当事人自行约定。强行性期间是指由法律直接规定的并且当事人不得排除其适用的期间，如诉讼时效期间、除斥期间。

（二）确定期间、相对确定期间与不确定期间

根据期间的确定性，期间可分为确定期间、相对确定期间与不确定期间。

确定期间是指以日历上的某一时间来确定的期间，如合同的有效期为从2013年5月15日至2016年5月14日；相对确定期间是指以某一事件或者行为的发生而准确计算的期间，如继承开始后2个月；不确定期间是指未明确规定而由当事人根据情况来确定的期间，如债务人收到债权人通知后应及时发货，这里的期间即为不确定期间。

（三）连续期间与不连续期间

根据期间的计算方法，期间可分为连续期间与不连续期间。

连续期间是指期间开始后连续不间断地进行计算，不因任何情况的出现而中断计算的

期间,如除斥期间;不连续期间是指期间开始后只计算其中某些时间或者可舍去某些时间的期间,如约定"工期1年,但是中间不能施工的日期不计入内",这里1年的期间即为不连续期间。

（四）法定期间、指定期间与意定期间

根据期间的确定根据,期间可分为法定期间、指定期间与意定期间。

法定期间是指由法律直接规定的期间,如诉讼时效期间;指定期间是指由人民法院或者仲裁机构等确定的期间,如裁决中规定的偿还债务的期间;意定期间是指由当事人自行约定的期间,所以又称约定期间,如合同中约定的履行期间。

（五）普通期间与特殊期间

根据期间的适用范围,期间可分为普通期间与特殊期间。

普通期间是指除法律另有规定外,普遍适用于某类或者各种民事法律关系的期间,如普通诉讼时效期间;特殊期间是指法律规定的仅适用于特别规定的某些特定民事法律关系的期间,如特殊诉讼时效期间。

三、期限的确定与计算

期限可以以下方式确定:(1)规定日历上的某一时间,如2025年2月1日;(2)规定一定期间,如1个月、1年;(3)规定某一必然到来或者必然发生的特定时刻,如死亡之日;(4)规定以当事人提出的时间为准,如规定债权人提出偿还债务时即应偿还。

依据《民法典》的规定,期间按照公历年、月、日、小时计算(第200条),具体计算方法为:(1)期间的起点。按照年、月、日计算期间的,开始的当天不计入,自下一天开始计算;按照小时计算期间的,自法律规定或者当事人约定的时间开始计算(第201条)。(2)期间的终点。按年、月计算期间的,到期月的对应日是为期间的最后一日;没有对应日的,月末日为期间的最后一日(第202条)。期间的最后一日是法定休假日的,以法定休假日结束的次日为期间的最后一日;期间的最后一日的截止时间为24时,有业务时间的,停止业务活动的时间为截止时间(第203条)。

依据《民法典》第1259条的规定,民法所称的"以上""以下""以内""届满",包括本数;所称的"不满""超过""以外",不包括本数。

第二编 物 权

第十章 物权总论

第一节 物权概述

一、物权的概念和特点

依据《民法典》第 114 条第 2 款的规定，物权是指权利人依法对特定的物享有直接支配和排他的权利，包括所有权、用益物权和担保物权。

物权具有以下特点：

第一，物权是以特定物为客体的权利。物权作为一种法律关系，其客体原则上是物，而不能是行为。《民法典》第 115 条规定："物包括不动产和动产。法律规定权利作为物权客体的，依照其规定。"可见，物权的客体主要是有体物，包括不动产和动产；只有在特殊情况下，权利才能作为物权的客体。例如，权利质权就是以权利为物权客体的。在物权的客体问题上，物权法实行物权客体特定主义。按照物权客体特定主义，物权的客体只能是特定的、独立的一物，物的构成成分不能作为物权的客体。也就是说，就物的构成成分不能设立物权。当然，若物的构成成分与物本身相分离而成为独立一物时，则可以作为物权的客体。

第二，物权是权利人直接支配特定物的权利。物权是权利人对特定物直接支配的权利，具有支配性，因此，物权是支配权。所谓支配，是指对物加以控制、管领、处分。这种控制、管领、处分既可以是对物的实体的控制，也可以是对物的价值的控制；既包括事实上的使用、处置，也包括法律上的使用、处置。所谓直接支配，是指权利人得依自己的意思，无需借助于他人的意思或者行为，即可实现物权。例如，所有权人得以自己的意思依法直接对其所有物进行占有、使用、收益、处分。应当指出，权利人直接支配特定物并非其目的，其目的在于通过支配标的物而享受物的利益。

第三，物权是具有排他性的权利。物权的支配权性质，决定了物权是具有排他性的权利。物权的支配性与排他性是紧密相连的，反映了两种不同的关系。物权的支配性反映了权利人与物的关系，强调的是物权的权能；物权的排他性反映了权利人与其他人的关系，强调的是物权的效力。因此，物权的排他性可以从两个方面理解：一方面，同一特定物上不能同时存在两个相同的支配力，即在同一特定物之上不能同时设立两个以上内容相抵触的物权。例如，一物之上不能同时设立两个所有权，一块土地之上也不能同时设立两个土地承包经营权。另一方面,物权的效力及于权利人之外的其他人,其他人都负有不得侵害物权的消极义务。因此,物权是对世权、绝对权。

二、物权的分类

(一) 物权的法定种类

在物权的法定种类问题上,物权法实行物权法定原则。对此,《民法典》第116条规定:"物权的种类和内容,由法律规定。"可见,物权法定原则(又称物权法定主义),是指当事人只能依法律的规定设立物权,即物权的种类、内容由法律直接规定,不允许当事人任意创设或者改变。物权种类之所以实行物权法定原则,其根本原因在于物权是绝对权,具有对世效力,与社会经济制度、交易安全及他人利益都有着直接关系。只有以强行性规范规定物权的种类和内容,才能使物权的存在明确化、物权的变动公开化,也才能确保交易的安全便捷,维护第三人的利益。

依据《民法典》第116条的规定,物权法定包括物权的种类法定和物权的内容法定。物权的种类法定又称物权的类型强制,是指物权的种类由法律明确规定,当事人不得以协议的方式创设法律所不认可的物权类型。例如,当事人不得创设我国法律所没有规定的不动产质权。物权的内容法定又称物权的内容固定,是指物权的内容由法律明定,当事人不得创设与法定物权内容不符的物权。例如,当事人协议设立不转移占有的动产质权,因与法律的规定相悖而无效。当事人违反物权法定原则的,依其违反的情形,将产生如下法律后果:(1) 当事人违反物权法定原则,若法律设有特别的效果规定时,应当从其规定。例如,法律规定,在建设用地使用权中,工业用地的最高存续期限为50年。若当事人约定的年限超过50年,则超过部分无效,应缩短至50年。(2) 当事人违反物权法定原则,若法律没有特别规定的,应属于违反法律的禁止性规定,应为无效。例如,当事人约定房屋租赁权为物权的,应认定无效。(3) 当事人违反物权法定原则而使物权内容部分无效,但是不影响其他部分效力的,其他部分仍可有效。例如,当事人在土地承包合同中约定,承包人可以将承包地改成建设用地。这一约定因违反法律规定而无效,但是不影响土地承包经营权的效力。(4) 当事人设立的物权虽归于无效,但是若该行为符合其他法律规定的,仍可发生其他法上的效力。例如,当事人订立了房屋租赁合同,双方约定:承租人在出租人继续出租房屋时享有优先承租权,并且具有物权效力。关于"具有物权效力"的约定因无民法上的根据而无效。但是这种约定符合《民法典》中租赁合同的规定,因而可以发生合同法上的效力。

从《民法典》的规定来看,法定的物权种类有所有权、土地承包经营权、建设用地使用权、宅基地使用权、居住权、地役权、抵押权、质权和留置权。在《民法典》之外,其他法律也规定了其他物权的类型。例如,《民法典》第328条规定:"依法取得的海域使用权受法律保护。"第329条规定:"依法取得的探矿权、采矿权、取水权和使用水域、滩涂从事养殖、捕捞的权利受法律保护。"海域使用权、探矿权、采矿权、取水权、养殖、捕捞权是由《海域使用管理法》《矿产资源法》《水法》《渔业法》等法律所规定的,也属于物权的法定种类。此外,《海商法》所规定的船舶优先权、《民用航空法》所规定的民用航空器优先权,也属于物权的法定种类。

(二) 物权的学理分类

物权依据一定的标准,可以作不同的分类,主要有以下几种:

1. 意定物权与法定物权

根据物权成立的原因,物权可分为意定物权与法定物权。

意定物权是指根据当事人的协议而设立的物权。当事人设立物权的协议,通常称为物权合同,如抵押合同、质押合同。在物权法上,多数物权为意定物权,如依当事人的协议而设立的土地承包经营权、建设用地使用权、居住权、地役权、抵押权、质权等。法定物权是指根据法律的直接规定而成立的物权,例如留置权、优先权等。在法定物权中,有的物权,当事人可以排除适用,如留置权;有的物权,当事人不能排除适用,如优先权。

这种分类的主要意义在于:这两种物权的成立要件及法律适用不同。法定物权不需要当事人通过协议设立,只要具备法律所规定的条件即可成立。同时,法定物权成立后,权利人应当按照法律所规定的内容行使物权。

2. 完全物权与定限物权

根据物权人对标的物的支配范围,物权可分为完全物权与定限物权。

完全物权是指权利人对标的物为全面支配的物权。所谓全面支配,是指既可以支配物的使用价值,又可以支配物的交换价值。在物权中,只有所有权人才能对标的物进行全面支配,所以,只有所有权是完全物权。由于所有权是所有权人对自己的标的物进行全面支配的权利,因而所有权又称自物权。定限物权是指权利人对标的物仅能于一定限度内为一定范围支配的物权。定限物权对标的物的支配力是不完全的,或者是对标的物的使用价值予以支配,或者是对标的物的交换价值予以支配,权利人仅能在限定的范围内对标的物予以支配。所以,定限物权又称不完全物权。在一物之上设立定限物权时,所有权人的权利就在该物权的效力范围内受到限制,所以,定限物权有限制所有权的作用,又可以称为限制物权。在物权中,定限物权是在他人之物上设立的,而不是在自己之物上设立的,所以,定限物权也就是他物权。

这种分类的主要意义在于:一方面,完全物权与定限物权的行使范围不同。完全物权为全面的支配权,定限物权仅为一定限度或者一定范围的支配权。另一方面,定限物权的效力强于完全物权。所有物之上存在定限物权时,在他物权人的权利范围内,所有权人不能同时享有相同的权利内容。

3. 用益物权与担保物权

对于定限物权,根据物权人支配标的物的内容,可分为用益物权与担保物权。

用益物权是指以支配标的物的使用价值为内容的物权,如土地承包经营权、建设用地使用权、宅基地使用权、居住权、地役权等;担保物权是指以支配标的物的交换价值为内容的物权,如抵押权、质权、留置权等。

这种分类的主要意义在于:一方面,设立用益物权的目的在于取得物的使用价值,而设立担保物权的目的在于取得物的交换价值。另一方面,用益物权人以对标的物的实体加以利用而实现权利为目的,因此,在同一标的物上已存在用益物权时,通常不能再设立用益物权;而担保物权因是对标的物的交换价值加以支配的权利,权利人是以就担保物的交换价值优先受偿来确保债权的,因此,在同一标的物上可以有数个担保物权同时存在。

4. 不动产物权、动产物权与权利物权

根据物权的客体种类,物权可分为不动产物权、动产物权与权利物权。

不动产物权是指以不动产为客体的物权。例如，土地所有权、建筑物所有权、土地承包经营权、建设用地使用权、宅基地使用权、居住权、地役权都属于不动产物权。动产物权是指以动产为客体的物权。凡动产上存在的物权，如动产所有权、动产抵押权、动产质权和留置权等都为动产物权。权利物权是指以权利为客体的物权。在我国物权法上，物权的客体原则上为有体物，但是在特定情形下，权利也可以作为物权的客体，从而成立权利物权，如建设用地使用权抵押权、权利质权等。

这种分类的主要意义在于：这三种物权在成立与变动的要件、公示方式等方面存在不同。例如，不动产物权通常以登记为公示方式，动产物权通常以占有为公示方式，权利物权以登记或者占有权利凭证为公示方式。

5. 主物权与从物权

根据物权能否独立存在，物权可分为主物权与从物权。

主物权是指非从属于他权利而能够独立存在的物权。例如，所有权、土地承包经营权、建设用地使用权、宅基地使用权、居住权等都属于主物权。从物权，是指附属于他权利而存在，权利人须享有他权利才能享有的物权。担保物权为典型的从物权，其以所担保的债权的存在为存在前提；地役权也为从物权，其以地役权人享有需役地的权利为存在前提。

这种分类的主要意义在于：主物权可以独立存在，而从物权只能依其他权利的存在而存在。

6. 有期物权与无期物权

根据物权的存续是否有期限，物权可分为有期物权与无期物权。

有期物权是指物权的存续有期限限制的物权。除法律另有特别规定外，定限物权一般为有期物权。在有期物权中，有的物权由法律规定最长存续期限，如土地承包经营权、建设用地使用权；有的物权由当事人约定物权的存续期限，如居住权、地役权；还有的物权虽法律没有规定或者当事人没有约定存续期限，但是从性质上说也是有存续期限的，如抵押权、质权、留置权等。无期物权是指物权的存续没有期限限制的物权。这里所说的没有存续期限的限制，并不是指物权永远存在，不能消灭，而是仅指物权与其客体共存。所有权为永久存续的权利，属于无期物权。

这种分类的主要意义在于：有期物权得因其存续期间届满而消灭，而无期物权则不会因某一期间的届满而消灭，只可因标的物灭失、抛弃或者其他原因而消灭。

7. 一般法上物权与特别法上物权

根据物权所依据的法律规范，物权可分为一般法上物权与特别法上物权。

一般法上物权是指由一般法所规定的物权。一般法是指《民法典》，因此，《民法典》上所规定的物权属于一般法上物权。特别法上物权是指由特别法规定的物权。如《海商法》中规定的船舶优先权、《海域使用管理法》中规定的海域使用权、《矿产资源法》中规定的采矿权和探矿权、《渔业法》中规定的养殖权和捕捞权、《水法》中规定的取水权等。

这种分类的主要意义在于：这两种物权所适用的法律不同。特别法上物权应优先适用特别法的规定，只有在特别法没有规定时才可适用一般法的规定。

第二节 物权的效力

一、物权效力概述

物权的效力是法律赋予物权的作用力与保障力。物权的效力是由物权的内容和性质所决定的,反映着物权的权能和特性,也是物权依法成立后所发生的法律效果。

物权的效力有共同效力和特殊效力之分。物权的共同效力是各种物权都具有的效力,而物权的特殊效力是每种物权所特有的效力。这里所讲的物权效力,是就物权的共同效力而言。一般地说,物权的效力包括排他效力、优先效力、追及效力、妨害排除效力。

二、物权的排他效力

物权的排他效力是指在同一标的物之上不能同时存在两个以上内容不相容的物权,亦即在同一标的物之上已存在的物权具有排除在该物上再成立与其内容相抵触的物权的效力。

物权的排他效力是由物权的支配性所决定的。物权是直接支配标的物的权利,为保障这种支配权的实现,法律必须赋予其排他效力,某物一旦受某人某一方面的支配,他人就不能再为同样的支配。否则,物权的直接支配权就会落空,权利人就不能对标的物为有效的支配,也就不能对物为正常的交易。例如,若一物之上可以有两个所有权,则何人可以处分标的物必成疑问。

当然,由于物权的种类不同,其排他效力的强弱程度也有所不同,具体表现在:首先,所有权的排他效力最强,所有权之间不能并存。在同一标的物之上只能存在一个所有权,只要一物之上已有一所有权存在,就不能另有其他所有权存在。其次,用益物权之间原则上不能并存,即不能并存于同一标的物之上。例如,一块土地之上不能同时存在两个以上的土地承包经营权、建设用地使用权或者宅基地使用权。再次,担保物权之间原则上可以并存,即担保物权原则上可以并存于同一标的物之上。例如,在同一标的物之上可以设立数个抵押权,也可以在同一动产上设立抵押权后再设立质权或者留置权。但是,质权、留置权因其是以占有标的物为成立条件的,故一般不能并存于同一标的物之上。最后,不同种类的物权可以并存。例如,所有权与用益物权、所有权与担保物权、用益物权与担保物权等都可以并存于同一标的物之上。

三、物权的优先效力

(一) 物权相互间的优先效力

物权相互间的优先效力是指在同一个标的物之上同时存在两个以上不同内容或者性质的物权时,通常先成立的物权具有优先于后成立的物权的效力。这就是物权法理论上所称的"时间在先,权利在先"规则或者"先来后到"规则。这种优先效力主要表现以下两个方面:一方面,优先享受其权利,即先成立的物权优先于后成立的物权而得到实现。例如,在同一标的物之上设立多个抵押权时,先登记的抵押权会优先于后登记的抵押权。另一方面,先成立的物权压制后成立的物权,即后成立的物权害及先成立的物权时,后成立的物权将因先成立的物权的实行而被排斥或者消灭。当然,如果不能确定物权的先后顺序,则物权之间不具有优先效力。例如,多个未登记的动产抵押权之间处于平等地位,相互之间不发生优先顺序。

以物权的成立时间先后确定物权的优先效力只是一般原则,但是也存在例外。这种例外主要有两种情形:(1)定限物权优先于所有权。定限物权是在一定范围内限制所有权的权利,因此,在同一标的物上,虽然定限物权成立在后,也具有优先于所有权的效力。(2)法律规定有物权先后顺序的,应依法律的规定确定物权的先后顺序。一般地说,法律通常依据以下规则规定物权的先后顺序:一是费用性担保物权优先于融资性担保物权。前者以担保因保存或者增加标的物价值所生债权为目的,如留置权;后者以担保融资所生债权为目的,如抵押权、质权。例如,《民法典》第456条规定:"同一动产上已经设立抵押权或者质权,该动产又被留置的,留置权人优先受偿。"二是基于公益或者社会政策确定后发生的物权具有优先效力。例如,《海商法》第25条第1款规定:"船舶优先权先于船舶留置权受偿,船舶抵押权后于船舶留置权受偿。"依据该规定,船舶优先权即使成立在后,也优先于船舶留置权、船舶抵押权。

(二)物权优先于债权的效力

物权优先于债权的效力是指物权的客体和债权的给付物为同一标的物时,无论物权成立先后,其效力均优先于债权。物权优先于债权的效力主要表现在以下三方面:(1)所有权的优先效力。例如,在"一物二卖"时,若后买受人(后发生债权的债权人)因登记或者交付而取得标的物的所有权,则先买受人(先发生债权的债权人)不能以其债权发生在先而主张标的物的所有权。(2)用益物权的优先效力。在某物已为债权给付的标的物时,若在该物之上又有用益物权存在时,则不论该用益物权设立于债权成立之前或者之后,用益物权的效力均优先于债权。例如,房屋所有权人将房屋出借于甲后,又就同一房屋为乙设立了居住权,则乙的居住权的效力优先于甲的借用权。(3)担保物权优先于一般债权。例如,在债务人的财产上存在有抵押权时,抵押权有优先于一般债权的效力。

物权优先于债权的效力作为一般原则,也存在着例外,即债权在特殊情形下也具有优先于物权的效力。例如,租赁合同的出租人将租赁物出卖给受让人时,受让人虽取得租赁物的所有权,但是不能以该所有权对抗承租人的租赁权。也就是说,租赁权虽为债权,但是具有优先于受让人的所有权的效力。这就是所谓的"买卖不破租赁"规则。对此,《民法典》第725条规定:"租赁物在承租人按照租赁合同占有期限内发生所有权变动的,不影响租赁合同的效力。"再如,依据《民法典》第221条的规定,当事人签订买卖房屋的协议或者其他不动产物权的协议,为保障将来实现物权,按照约定向登记机构申请预告登记后,未经预告登记的权利人同意,处分该不动产的,不发生物权效力。可见,经过预告登记的债权具有否定其后设立于该标的物上的物权的效力。

四、物权的追及效力

物权的追及效力是指物权成立后,其标的物无论辗转归于何人之手,物权人均得追及物之所在而直接支配该物。

基于物权的追及效力,在标的物的占有发生转移时,物权人得直接基于物权追及到该物行使权利,从而可以充分保障物权人的权利实现。例如,当所有权人的财产被他人侵夺时,所有权人就有权向侵夺人请求返还所有物。即使该财产被侵夺人转让于第三人,财产所有权人仍有权向现实的财产占有人请求返还其所有物。再如,依据《民法典》第406条的规定,抵押财产转让的,抵押权不受影响。就是说,即使抵押财产所有权发生变动,抵押权人仍然可以追及至抵押财产而行使抵押权。

当然,物权的追及效力是有限制的,在某些情形下会因善意取得的适用而被阻断。例如,无权处分人处分他人财产,而第三人为善意有偿取得该财产时,构成善意取得,物权的追及效力即被阻断,第三人可以取得受让财产的所有权,原所有权人只能通过其他方法加以救济。

五、物权的妨害排除效力

物权的妨害排除效力是指物权人于其物被侵害或者有被侵害之虞时,物权人得请求排除侵害或者防止侵害,以回复其物权的圆满状态的权利。

物权是物权人对特定物的支配权、绝对权,具有排他性,其他人都负有不得侵害物权的义务,因而为保障物权人对标的物的支配,以排除他人的非法干涉或者侵害,确保物权的圆满状态,法律自应赋予物权以妨害排除效力。可见,物权的妨害排除效力是以物权的存在为前提的,是以排除对物权的妨害使物权处于圆满状态为目的的,是对物权的一种救济。

第三节 物权的变动

一、物权变动的概念和形态

物权的变动可以从两个方面理解:就物权自身而言,物权的变动是指物权的发生、变更、转让和消灭的运动状态;就物权主体而言,物权的变动是指物权的取得、丧失与变更。

《民法典》物权编第二章的章名为"物权的设立、变更、转让和消灭"。因此,物权变动包括物权的发生、变更、转让和消灭四种形态。

(一)物权的发生

物权的发生是指物权与某一特定主体相结合,即某一特定主体取得对某物的物权。就物权主体而言,物权的发生又称物权的取得。基于物权取得的根据不同,物权取得可以分为原始取得与继受取得。

物权的原始取得又称物权的固有取得或者物权的绝对发生,是指权利人非依据他人既存的权利而取得物权。例如,通过生产、没收、征收、善意取得、先占、添附等方法取得的物权,都属于物权的原始取得。一般而言,依据原始取得方式取得的物权为所有权。当然,定限物权在特殊情形下也可以依据原始取得方式而取得,如通过善意取得方式取得抵押权、质权等。物权的原始取得主要是基于事实行为而取得物权,该物权的客体上可能原不存在物权,也可能原存在物权。但是,即使该物上原存在物权,以原始取得方式取得物权时,物权的取得也与原权利人的物权无关,原始取得人一经取得该物的物权,该物上的原有一切负担均因原始取得而归于消灭,原物权人不得就该标的物再主张任何权利。

物权的继受取得又称物权的传来取得或者物权的相对发生,是指依据他人既存的权利而取得物权。继受取得一般是通过民事法律行为而取得物权的,但是又不限于民事法律行为。继受取得又可以分为创设的继受取得与转移的继受取得。创设的继受取得简称物权的创设取得,是指于物权的标的物上创设新的物权。创设取得是在他人之物上再设立一物权,因此,只有定限物权才能适用创设取得的方式,并且创设取得的物权只能是与原物权人的物权不同的物权。转移的继受取得简称物权的转移取得,是指就他人的物权依原状转移而取得物权。除法律另有规定外,所有物权均可以适用转移取得的方式,而且转移取得的物权与原物权人的物权内容是相同的。

（二）物权的变更

物权的变更有广义与狭义之分。广义的物权变更包括物权的主体、客体和内容的变更。物权主体的变更是指物权主体人数的变化（如单独所有变为共有,共有变为单独所有）和物权主体的更换（如所有权人由甲变为乙）。物权客体的变更为量的变更,是指物权的客体在量上有所增减。例如,物权的客体因添附而增加,或者因部分毁损而减少。物权内容的变更为质的变更,是指物权在内容上的扩张或者缩减、期限的延长或者缩短。例如,建设用地使用权期限的延长、抵押权顺序的变更等。狭义的物权变更仅指物权的客体与内容的变更,不包括物权主体的变更。由于物权主体的变更通常涉及物权的取得与丧失,也即物权转让,且《民法典》已经将变更与转让作为物权变动的两种并列形态,因此,物权变更仅为狭义的物权变更,即物权的客体变更与内容变更。

（三）物权的转让

物权的转让是指物权人将物权通过一定的方式转移于他人,即新物权人取得物权,原物权人丧失物权。例如,通过买卖、赠与、互易等方式取得某物的所有权,即属于物权的转让。如前所述,从广义上说,物权的转让属于物权变更的一种形式,属于物权主体的变更。同时,因物权转让后,新物权人取得物权,而原物权人丧失物权,因此,物权的转让,就新物权人而言,属于物权的取得,为转移取得;就原物权人而言,属于物权的消灭,为物权的相对消灭。

（四）物权的消灭

物权的消灭即物权的终止、丧失,是指物权与其权利主体相分离。物权的消灭可以分为绝对消灭与相对消灭。物权的绝对消灭是指不仅原物权人的物权消灭,并且其他人也不能取得该物权。例如,物权客体灭失,不仅原物权人的权利消灭,其他人也不可能再就该物取得物权。物权的相对消灭是指物权虽与原物权人相分离,但是又与新的物权人结合。物权的相对消灭,从原物权人来说,为物权的消灭;从物权取得人来说,为物权的转移取得。因此,物权的相对消灭与物权的继受取得,实际上是一个问题的两个方面。

物权消灭的原因很多,既包括民事法律行为,也包括法律事实。概括起来,物权消灭的主要原因有抛弃、混同、标的物灭失、权利存续期间届满、因法定原因被撤销等。这里仅就抛弃、混同作一说明。

1. 抛弃

抛弃是依物权人的意思表示,使物权归于消灭的一种单方行为。由于抛弃是一种单方行为,故只要有物权人一方的意思表示即可。抛弃的意思表示,应以一定的方式为之。例如,物权人抛弃动产所有权的,其放弃对该动产的占有即可产生抛弃的效力;抛弃留置权、质权等动产物权的,应向因该抛弃而直接受利益者为抛弃的意思表示并交付该动产,始发生抛弃的效力;抛弃不动产物权的,通常应向登记机关为抛弃的意思表示,并办理注销登记才能产生抛弃的效力。

原则上,物权人得自由抛弃物权。但是,如果物权的抛弃妨害他人利益时,则物权人不得抛弃物权。例如,以自己取得的建设用地使用权为担保,向银行贷款而设立抵押权后,该建设用地使用权人就不得抛弃其建设用地使用权。

2. 混同

物权的混同是指同一物之上所存在的两个以上的物权归属于一人的事实。在物权发生混同的情况下,一物权即因混同而消灭。物权的混同主要有两种情形:其一,所有权与其他物权混同。一物之上所有权和其他物权(包括用益物权和担保物权)归属于一人时,其他物权因混同而消灭。例如,甲在其房屋上为乙设立了抵押权,后乙购买了该房屋而取得所有权,则所有权与抵押权同归于乙,乙的抵押权消灭。其二,所有权之外的物权与以该权利为客体的物权混同。所有权之外的物权与以该权利为客体的物权归属于一人时,则以该权利为客体的物权消灭。例如,甲对一块土地享有建设用地使用权,甲以其建设用地使用权为乙设立了抵押权,后乙取得了甲的建设用地使用权,则建设用地使用权与以该建设用地使用权为客体的抵押权同归于乙,抵押权消灭。

当然,物权的混同导致物权的消灭,只是一般原则。在一些特殊情况下,物权也不因物权的混同而消灭。例如,在所有权与其他物权发生混同时,如果其他物权的存续对于所有权人或者第三人有法律上的利益时,其他物权不消灭。同理,在所有权之外的物权与以该权利为客体的物权发生混同时,如果以该物权为客体的权利的存在对于权利人或者第三人有法律上的利益时,该权利也不消灭。例如,在同一财产上设立有数个抵押权时,先顺序抵押权与所有权混同的,该抵押权不消灭,且可以对抗后顺序的抵押权。在这种情况下所产生的抵押权,通常称为所有人抵押权。

二、物权变动的公示原则

公示原则是指当事人以公开方式使公众知晓物权变动的事实。即物权的变动必须与一定的标志结合起来,使第三人能够从外部加以识别。

物权变动之所以坚持公示原则,决定于物权本身的性质。物权为对世权,具有绝对性与排他性,其义务主体是权利人之外的任何第三人。因此,物权的变动不仅关系到权利人的利益,并且涉及权利人以外的一切人。这样,为维护第三人的利益和交易的安全,物权的变动就必须以一定的方式公示于众,否则将不能发生物权变动的法律后果。可见,公示原则不仅有利于保护物权人的利益,也有利于保护第三人的利益,以免善意第三人因受让的权利有瑕疵而受损失。

物权变动的公示方法,依物权种类的不同而有所不同。《民法典》第208条规定:"不动产物权的设立、变更、转让和消灭,应当依照法律规定登记。动产物权的设立和转让,应当依照法律规定交付。"可见,不动产物权变动以登记为公示方法,而动产物权变动以交付为公示方法。

关于物权变动的公示效力,立法上有公示要件主义、公示对抗主义、折中主义三种不同主义。① 在我国,物权变动的公示效力原则上采取公示要件主义。就不动产而言,不动产物权的设立、变更、转让和消灭,经依法登记,发生效力;未经登记,不发生效力,但是法律另有规定的除外(《民法典》第 209 条第 1 款)。例如,房屋所有权、建设用地使用权、居住权、不动产抵押权等的物权变动均实行公示要件主义;就动产而言,动产物权的设立和转让,自交付时发生效力,但是法律另有规定的除外(《民法典》第 224 条)。当然,在法律有特殊规定的情况下,物权变动的公示效力也可以采取对抗主义。例如,地役权的设立未经登记的,不得对抗善意第三人(《民法典》第 374 条);动产抵押权的设立未经登记的,不得对抗善意第三人(《民法典》第 403 条)。

物权变动公示后,依法产生公信力,即依公示方式所表现的物权即使与真实的权利状态不符,法律仍承认其具有与真实物权存在相同的效果。例如,在不动产登记簿上记载某人享有某项物权时,应推定该人享有该项权利;动产的占有人对其占有的动产实施某项行为时,应推定该人依法享有为此种行为的权利。即使公示表现的权利与真实的物权不一致,第三人基于对公示权利的信赖而自推定权利人处取得物权的,可构成善意取得而取得受让物权,真正物权人不得以处分人无权处分为由否认第三人已取得的物权。

三、物权变动的原因

物权变动的原因是指引起物权变动的法律事实。物权变动的原因有多种多样,从性质上可以分为民事法律行为和非民事法律行为两大类。

(一)民事法律行为

民事法律行为是物权变动的最常见、最主要的原因。这里的民事法律行为既包括双方行为,也包括单方行为。前者如设立、变更及转让物权的合同,后者如物权的抛弃。

物权如何基于民事法律行为而发生变动,各国立法有不同的规定,主要有债权意思主义、物权形式主义、债权形式主义三种立法例。② 在我国法上,物权变动的模式原则上采取了债权形式主义,特殊情形下采取了债权意思主义。就债权形式主义而言,《民法典》在物权变动上既不要求物权变动须另有物权合意,也未承认物权变动的无因性。对此,《民法典》第 209 条第 1 款规定:"不动产物权的设立、变更、转让和消灭,经依法登记,发生效力;未经登记,不发生效力,但是法律另有规定的除外。"《民法典》第 224 条规定:"动产物权的设立和转让,自交付时发生效力,但是法律另有规定的除外。"应当指出的是,我国《民法典》尽管采取了债权形式主义,但是也明确了债权行为与物权变动的区分原则,即当事人之间订立有关设

---

① 按照公示要件主义,公示为物权变动的生效要件,未经公示的不发生物权变动的效果;按照公示对抗主义,公示仅为物权变动的对抗要件,未经公示的亦发生物权变动的效果,但是不得对抗第三人;按照折中主义,须依不同种类的物权分别采取公示要件主义和公示对抗主义。

② 按照债权意思主义,登记或者交付并不是物权变动的生效要件,而仅是物权变动的对抗要件。例如,在买卖房屋关系中,当事人于买卖合同的意思表示一致时,买卖合同成立,房屋所有权即由出卖人转移至买受人。至于办理所有权的转移登记,并不是买受人取得房屋所有权的要件,而是对抗第三人的要件。按照物权形式主义,债权行为只能发生债权债务关系,物权变动是物权行为的效果。物权行为独立存在,其效力不受原因关系即债权行为的影响。登记或者交付为物权行为的法定形式,是物权变动的生效要件。例如,在买卖关系中,当事人双方关于成立买卖关系的意思表示的一致仅发生买卖的债权债务关系。当事人要发生转移所有权的物权变动,还需另有转移标的物所有权的合意及履行登记或者交付等手续。按照债权形式主义,物权的变动仅需在债权意思表示外加上登记或者交付即为已足,不需另有物权变动的合意。

立、变更、转让和消灭不动产物权的合同,除法律另有规定或者合同另有约定外,自合同成立时生效;未办理物权登记的,不影响合同效力(《民法典》第215条)。就债权意思主义而言,《民法典》也规定在特殊情形下仅以当事人的意思作为物权变动的条件,而无需交付或者登记。例如,《民法典》第333条第1款规定:"土地承包经营权自土地承包经营权合同生效时设立。"

(二) 非民事法律行为

除民事法律行为外,物权变动的原因还包括事实行为与事件、行政行为与司法行为等非民事法律行为。事实行为如先占、拾得遗失物、发现埋藏物、添附、混同、建造建筑物等;事件如法定期间的届满、物权人的死亡等;行政行为与司法行为如征收、没收、法院判决、仲裁委员会裁决等。

一般说来,基于非民事法律行为而发生的物权变动,不经登记或者交付即可直接发生效力。至于何时发生物权变动的效力,取决于法律的直接规定。对此,《民法典》规定了三种情形:(1)因人民法院、仲裁机构的法律文书或者人民政府的征收决定等,导致物权设立、变更、转让或者消灭的,自法律文书或者征收决定等生效时发生效力(第229条)。依据《物权编解释(一)》第7条的规定,人民法院、仲裁机构在分割共有不动产或者动产等案件中作出并依法生效的改变原有物权关系的判决书、裁决书、调解书,以及人民法院在执行程序中作出的拍卖成交裁定书、变卖成交裁定书、以物抵债裁定书,应当认定为导致物权变动的人民法院、仲裁机构的法律文书。(2)因继承取得物权的,自继承开始时发生效力(第230条)。(3)因合法建造、拆除房屋等事实行为设立或者消灭物权的,自事实行为成就时发生效力(第231条)。非基于民事法律行为而发生的物权变动,虽不经公示即可生效,但是毕竟上述物权变动不一定为社会一般人所明知。为维护交易的安全,法律通常对物权取得人的处分权作一定的限制,将完成公示作为物权取得人处分物权的要件。对此,《民法典》第232条规定,基于上述物权变动而享有不动产物权的,处分该物权时,依照法律规定需要办理登记的,未经登记,不发生物权变动的效力。

四、不动产登记

(一) 不动产登记的概念

不动产登记是指不动产登记机构依法将不动产归属和其他法定事项记载于登记簿上的行为。不动产登记由不动产所在地的登记机构办理,国家对不动产实行统一登记制度(《民法典》第210条)。依据《不动产登记暂行条例》第7条的规定,不动产登记由不动产所在地的县级人民政府不动产登记机构办理;直辖市、设区的市人民政府可以确定本级不动产登记机构统一办理所属各区的不动产登记。

在不动产登记中,不动产登记簿与不动产权属证书是两个重要的法律文件。依据《民法典》第214条的规定,不动产物权的设立、变更、转让和消灭,依照法律规定应当登记的,自记载于不动产登记簿时发生效力。因此,不动产登记簿是物权归属和内容的根据(《民法典》第216条),即确认物权的根据。就不动产权属证书而言,其是权利人享有该不动产物权的证明。不动产权属证书记载的事项应当与不动产登记簿一致;记载不一致的,除有证据证明不动产登记簿确有错误外,以不动产登记簿为准(《民法典》第217条)。为保护权利人的利益,权利人、利害关系人可以申请查询、复制不动产登记材料,登记机构应当提供(《民法典》第218条)。但是,利害关系人不得公开、非法使用权利人的不动产登记资料(《民法典》第219条)。

(二) 不动产登记机构的职责

依据《民法典》第211条的规定,当事人申请不动产登记的,应当根据不同登记事项提供权属证明和不动产界址、面积等必要材料。登记机构收到申请后,应当履行下列职责:(1) 查验申请人提供的权属证明和其他必要材料;(2) 就有关登记事项询问申请人;(3) 如实、及时登记有关事项;(4) 法律、行政法规规定的其他职责。申请登记的不动产的有关情况需要进一步证明的,登记机构可以要求申请人补充材料,必要时可以实地查看(《民法典》第212条)。为防止登记机构利用职权损害当事人的利益,依据《民法典》第213条的规定,登记机构不得有下列行为:(1) 要求对不动产进行评估;(2) 以年检等名义进行重复登记;(3) 超出登记职责范围的其他行为。应当指出的是,登记机构在进行不动产登记时,只能按件收取登记费用,不得按照不动产的面积、体积或者价款的比例收取(《民法典》第223条)。

登记机构应当认真履行自己的职责,登记机构因登记错误,给他人造成损害的,应当承担赔偿责任。登记机构赔偿后,可以向造成登记错误的人追偿。同时,当事人提供虚假材料申请登记,给他人造成损害的,也应当承担赔偿责任(《民法典》第222条)。

(三) 不动产登记的种类

1. 初始登记、变更登记、转移登记与注销登记

初始登记又称首次登记,是指对原无权属证书的不动产首次办理的不动产登记。例如,对合法建造的房屋所办理的房屋所有权登记。

变更登记是指不动产登记事项发生变更或者变化所进行的登记。例如,权利人的自然状况发生变更、不动产的面积发生变更、不动产权利的期限发生变化、抵押担保的范围发生变化等所进行的登记均为变更登记。

转移登记是指不动产权利发生转移时所进行的登记。例如,买卖不动产、因继承或者受遗赠导致权利发生转移、因法律文书导致不动产权利发生转移等所进行的登记均为转让登记。

注销登记是指对已经消灭的不动产物权予以消除所进行的登记。例如,已经登记的宅基地使用权和地役权消灭的,应当办理注销登记。

2. 正式登记与预告登记

正式登记又称本登记或者终局登记,是指对现实的不动产物权所进行的登记。通常所进行的不动产登记,大都是正式登记。

预告登记是指为保全一项以将来发生不动产物权变动为目的的债权请求权所进行的预先登记。依据《民法典》第221条的规定,当事人签订买卖房屋的协议或者其他不动产物权的协议,为保障将来实现物权,按照约定可以向登记机构申请预告登记;预告登记后,未经预告登记的权利人同意,处分该不动产的,不发生物权效力。预告登记后,债权消灭或者自能够进行不动产登记之日起90日内未申请登记的,预告登记失效。在商品房等不动产预售、不动产买卖或者抵押、以预购商品房设定抵押权等情形,当事人均可申请预告登记。依据

《物权编解释(一)》的规定,未经预告登记的权利人同意,转让不动产所有权等物权,或者设立建设用地使用权、居住权、地役权、抵押权等其他物权的,应当认定其不发生物权效力(第4条);预告登记的买卖不动产物权的协议被认定无效、被撤销,或者预告登记的权利人放弃债权的,应当认定为债权消灭(第5条)。

3. 更正登记与异议登记

更正登记是指申请人认为登记有错误时,登记机构经登记的权利人书面同意或者有证据证明登记确有错误时所进行的改变登记权利人的登记。依据《民法典》第220条第1款的规定,权利人、利害关系人认为不动产登记簿记载的事项错误的,可以申请更正登记;不动产登记簿记载的权利人书面同意更正或者有证据证明登记确有错误的,登记机构应当予以更正。更正登记具有终止现实登记权利的效力,是对既有登记内容的变更,因此,更正登记必须在查明事实的前提下进行。

异议登记是指对现实登记的权利的正确性提出异议而进行的登记。异议登记的主要功能在于阻止登记权利人对登记的不动产进行现时处分,属于一种临时性的不动产保护措施。依据《民法典》第220条第2款的规定,异议登记主要包括以下三项内容:(1)异议登记的前提条件是申请人在提出更正登记申请的情况下,不动产登记簿记载的权利人不同意更正;(2)登记机构予以异议登记,申请人自异议登记之日起15日内不起诉的,异议登记失效;(3)异议登记不当,造成权利人损害的,权利人可以向申请人请求损害赔偿。

五、动产交付

(一)动产交付的概念

动产交付是指物权人将动产转移给他人占有。交付是动产物权变动的生效要件,即除法律另有规定外,动产物权的设立和转让,自交付时发生效力。依据《民法典》第225条的规定,船舶、航空器和机动车等物权的设立、变更、转让和消灭,亦以交付为生效要件,但是未经登记,不得对抗善意第三人。除法律另有规定外,转让人转让船舶、航空器和机动车等所有权,受让人已经支付合理价款并取得占有,虽未经登记,但转让人的债权人不能主张自己为"善意第三人"(《物权编解释(一)》第6条)。

(二)动产交付的种类

在物权法上,交付包括现实交付和观念交付。现实交付又称直接交付,是指物权人将动产直接移交给另一方占有并由其行使直接管领力。实际上,现实交付也就是占有的现实转移。观念交付是指动产的占有在观念上转移而非现实转移。为照顾特殊情形下交易的便捷,法律许可在特殊情形下,以观念交付代替现实交付。观念交付主要包括简易交付、指示交付、占有改定。

简易交付是指当事人双方以转移物权的合意代替该动产现实转移占有的交付。对此,《民法典》第226条规定:"动产物权设立和转让前,权利人已经占有该动产的,物权自民事法律行为生效时发生效力。"例如,甲借用乙的电视机,其后甲、乙约定将该电视机出卖给甲。此时,电视机的所有权自双方买卖合同生效时即发生转移。

指示交付是指当动产由第三人占有时,转让人以对第三人的返还请求权转让给受让人以代替现实交付。对此,《民法典》第227条规定:"动产物权设立和转让前,第三人占有该动产的,负有交付义务的人可以通过转让请求第三人返还原物的权利代替交付。"例如,甲将出租给乙的一台设备出卖给丙,甲、丙约定:甲将其对乙的返还设备请求权转让给丙,由丙以自己的名义直接向乙请求返还该设备。于此情形下,甲即是以指示交付的方式为交付,设备的所有权自约定生效时转移于丙。

占有改定是指转让动产物权的出让人仍直接占有标的物,而由受让人间接占有该标的物。对此,《民法典》第228条规定:"动产物权转让时,当事人又约定由出让人继续占有该动产的,物权自该约定生效时发生效力。"例如,甲、乙双方签订钢琴买卖合同,但是乙因参加演出需继续使用钢琴至演出结束,乙与甲又订立乙借用该钢琴的合同,由乙继续占有该钢琴。此时,钢琴的所有权自买卖合同生效时即视为交付而发生所有权的转移。

第四节 物权的保护

一、物权确认请求权

物权确认请求权是指在物权归属和内容发生争议时,利害关系人请求有关国家机关确认物权归属、明确物权内容,以解决物权争议的行为。依据《民法典》第234条的规定,因物权的归属、内容发生争议的,利害关系人可以请求确认权利。这里的利害关系人包括权利人、对物主张权利的人以及与其具有债权债务关系的人。

二、物权请求权

物权请求权是指在物权的圆满状态受到妨害或者有妨害之虞时,物权人请求妨害人除去妨害或者防止妨害发生,以回复物权的圆满状态的权利。

物权请求权主要包括如下形态:

(一)返还原物

返还原物是指物权人请求现时的无权占有人返还其物。依据《民法典》第235条的规定,无权占有不动产或者动产的,权利人可以请求返还原物。物权人请求返还原物的权利,通常称为返还原物请求权。

(二)排除妨害

排除妨害是指当他人以侵夺占有之外的方式妨害物权人行使物权时,物权人得请求妨害人除去妨害,以回复物权的圆满状态。依据《民法典》第236条的规定,妨害物权的,权利人可以请求排除妨害。物权人请求排除妨害的权利,通常称为排除妨害请求权。

(三)消除危险

消除危险是指当他人的行为有妨害物权人行使物权的危险时,物权人得请求妨害人消除该危险。依据《民法典》第236条的规定,可能妨害物权的,权利人可以请求消除危险。物权人请求消除危险的权利,通常称为消除危险请求权或者预防妨害请求权。

此外,依据《民法典》第237条的规定,造成不动产或者动产毁损的,权利人可以依法请求修理、重作、更换或者恢复原状。

第十一章 所有权

第一节 所有权概述

一、所有权的概念和特点

依据《民法典》第240条的规定,所有权是指所有权人对自己的不动产或者动产依法享有的占有、使用、收益和处分的权利。

所有权除具有物权的一般特点外,还具有以下特点:

第一,所有权具有自权性。所有权的自权性是指所有权系所有权人对自己的物所享有的物权。因此,所有权为自物权。所有权人在行使对标的物的权利时,无需其他权利的中介,即可以直接、无条件地行使占有、使用、收益、处分的权利。

第二,所有权具有全面性。所有权的全面性又称完全性,是指所有权是最完全的物权。在法律规定的范围内,所有权人对于其物得为占有、使用、收益及处分等全面的概括的支配,即对所有物的使用价值和交换价值可予以全面的支配。

第三,所有权具有整体性。所有权的整体性又称浑一性,是指所有权系对标的物具有概括管领支配力或者统一支配力的物权。所有权尽管有占有、使用、收益、处分等各种权能,但是所有权并不是这些权能或者作用的总和,而是各种权能浑然一体的整体性权利。因此,所有权本身不得在内容或者时间上加以分割。

第四,所有权具有弹力性。所有权的弹力性又称归一性,是指所有权的单一内容可以自由伸缩。即,在所有权之上设立定限物权时,所有权人对所有物的全面支配权将因受到限制而减缩,而于该限制解除时,所有权人又恢复了对所有物的圆满支配状态。可见,所有权的弹力性系附随于所有权之上设立定限物权而产生的。所有权之上没有定限物权的存在,就无所谓所有权的弹力性。

第五,所有权具有恒久性。所有权的恒久性又称为永久性、无期性,是指所有权因标的物的存在而永久存续,不得预定其存续期间。因此,所有权是无期物权。所有权的恒久性并非指所有权永不消灭或者不可消灭,而只是指所有权不得预定存续期间。例如,标的物灭失、抛弃等原因都可导致所有权的消灭。

二、所有权的权能

所有权的权能即所有权的内容,是指所有权所发生的作用。所有权的不同权能具有不同的作用,而这种作用又体现在所有权人对所有物实施一类或者一系列行为的可能性上。依据《民法典》第240条的规定,所有权包括占有、使用、收益和处分四项权能。

(一) 占有权能

占有权能是指所有权人对所有物为事实上管领、控制的权能。占有权能是所有权人对所有物进行现实支配的前提和基础,也是所有权人支配其所有物的直观表现。

占有权能在一定条件下可以与所有权相分离,依照法律规定或者当事人约定由非所有权人享有。非所有权人享有的占有权能同样受法律保护,所有权人不得随意请求返还原物,回复对所有物的占有。应当指出的是,非依法律规定或者当事人约定而占有所有权人之物的,构成非法占有,非法占有人不仅不能享有占有权能,而且应对所有权人承担返还原物的责任。

(二)使用权能

使用权能是指依所有物的性能或者用途,不毁损其物或者变更其性质而加以利用,以满足生产和生活需要的权能。使用权能是所有权人对标的物为事实上的支配,本质上是对标的物使用价值的利用。使用权能的行使以对物的占有为前提,享有物的使用权能须同时享有物的占有权能。但是在某些场合,享有物的占有权能却并不一定享有物的使用权能,如质权人对质押财产享有占有权能,但是原则上不享有使用权能。

如同占有权能一样,使用权能也可以与所有权人发生分离,而由非所有权人享有。非所有权人享有使用权能,只能是依法律规定或者当事人的约定而利用标的物。否则,即构成非法使用,使用人不仅不享有使用权能,而且应对所有权人承担民事责任。

(三)收益权能

收益权能是指收取标的物所产生的新增经济利益的权能。这里的经济利益的范围相当广泛,不仅包括天然孳息和法定孳息,而且包括在实际生产经营活动中所产生的各种收益。

收益权能与使用权能有着密切的联系。通常情况下,收益权能是以使用权能为前提的,故收益权能与使用权能的主体一般是一致的。当然,收益权能也可以与所有权发生分离,且分离的形式呈现出多样化的趋势。例如,土地所有权人在自己的土地上为他人设立土地承包经营权、建设用地使用权等,都是土地所有权人将收益权能部分或者全部地让与他人,从而使收益权能与所有权发生分离。

(四)处分权能

处分权能是指依法对物进行处置,从而决定其命运的权能。由于处分权能涉及物的最终处理,因此,处分权能是所有权的核心权能。处分权能通常由所有权人享有,非所有权人只有在法律有特别规定或者当事人有特别约定时才能处分他人所有的财产。

处分包括事实上的处分和法律上的处分。事实上的处分是指对物进行消费,即通过事实行为使物的物理形态发生变化,从而满足人们的需要。例如,粮食、燃料的消费等。法律上的处分是指对物权的处置,即通过民事法律行为使物权发生变动。此外,于物上设立负担如抵押权、地役权等,也可以认为是法律上的处分。

三、所有权的分类

(一)国家所有权与集体所有权、私人所有权

根据所有权的主体,所有权可以分为国家所有权与集体所有权、私人所有权。《民法典》第207条规定:"国家、集体、私人的物权和其他权利人的物权受法律平等保护,任何组织或者个人不得侵犯。"可见,国家所有权与集体所有权、私人所有权受法律的平等保护,并不因主体的不同而存在差异。但是,在我国现行经济制度下,不同主体的所有权在客体范围、取得方

式及行使等方面还是存在不同的。因此,《民法典》在第二编(物权)所有权分编专章规定了"国家所有权和集体所有权、私人所有权"(本章第二节将专门介绍)。

(二) 不动产所有权与动产所有权

根据所有权的客体,所有权可以分为不动产所有权与动产所有权。不动产所有权是以不动产为客体的所有权,主要包括土地所有权和建筑物所有权;动产所有权是以动产为客体的所有权。这里,仅对不动产所有权中的土地所有权和建筑物所有权作一简要说明。

1. 土地所有权

土地所有权是以土地为客体的不动产所有权。土地所有权具有以下特点:(1) 土地所有权的客体具有特定性。土地所有权的客体为土地,在我国法上,土地包括国有土地和集体土地。(2) 土地所有权的主体具有限定性。在我国法上,土地所有权的主体只能是国家或者农民集体,其他任何人或者任何组织都不能成为土地所有权的主体。(3) 土地所有权的交易具有禁止性。我国法律严格禁止土地的交易,不允许以任何形式进行土地交易。(4) 土地所有权的行使具有特殊性。在我国,土地虽然归国家或者集体所有,但是国家或者农民集体一般并不直接行使土地所有权,而是通过所有权人设置土地使用权的方式行使其所有权。例如,就国家土地所有权而言,主要实行建设用地使用权制度;就集体土地所有权而言,主要实行土地承包经营权、宅基地使用权等制度。

土地所有权以土地为客体,而土地又包括地表、地上空间和地下地身。因此,明确土地所有权的效力范围具有重要意义。对此,可以从"横"和"纵"两个方面理解。在"横"的方面,可以通过划定四至的方法,明确疆界即地界,以此来确定某一土地所有权的范围。可见,土地所有权在"横"的方面是以地界为其效力所及的范围。在"纵"的方面,土地所有权的效力及于地表、地上空间和地下地身,但是土地所有权的效力在及于地上空间、地下地身时应受到一定的限制。例如,国防、电信、交通、自然资源、环境保护、名胜古迹保护等方面的法律限制。同时,土地所有权的效力应当以"行使所有权有利益"为限。就是说,土地所有权的效力范围,仅限于其行使受到法律保护的利益范围之内;超出此范围,为土地所有权的效力所不及。例如,飞机在土地上空飞行,对土地所有权人而言,即属于"行使所有权有利益"的范围之外。

2. 建筑物所有权

建筑物所有权是指以各种类型的建筑物为客体的不动产所有权。建筑物所有权包括普通建筑物所有权和业主的建筑物区分所有权,它们各具有不同的特性。关于"业主的建筑物区分所有权",《民法典》第二编(物权)所有权分编专章作了规定(本章第三节将专门介绍)。

建筑物属于地上定着物,因此,在物理上,建筑物与土地不可分离。但是在法律上,建筑物与土地的关系存在着结合主义和分别主义两种不同的立法例。依据结合主义,建筑物与土地结合为一个不动产,建筑物只是土地的一部分而不是独立的物;依据分别主义,建筑物与土地是两个独立的物。我国法采取分别主义,建筑物与其占有范围内的土地为两个独立的不动产,可以分别成为物权的客体,具体表现为建筑物所有权与土地使用权是两种独立的不动产物权。《民法典》在实行分别主义的同时,又实行了"房地一体处分"原则。依据《民法典》第356条和第357条的规定,建设用地使用权转让、互换、出资或者赠与的,附着于该土地上的建筑物、构筑物及其附属设施一并处分;建筑物、构筑物及其附属设施转让、互换、出资或者赠与的,该建筑物、构筑物及其附属设施占用范围内的建设用地使用权一并处分。这就是通常所称的"房随地走""地随房走"规则。

四、所有权的限制

所有权是绝对权,具有排他性,任何人都负有不得侵害所有权的义务,以确保所有权的圆满状态。但是,与其他权利一样,所有权也不是绝对无限制的。所有权的行使必须在法律允许的范围内进行,以保护社会公共利益和他人的正当权益。

从我国法律的有关规定来看,所有权受限制的情形主要有以下几种:

(一)国家有权依法征收、征用所有权人的不动产和动产

为了公共利益的需要,依照法律规定的权限和程序,国家有权征收或者征用所有权人的不动产或者动产,并给予公平、合理的补偿(《民法典》第117条)。关于征收,《民法典》第243条规定了如下内容:(1)为了公共利益的需要,依照法律规定的权限和程序可以征收集体所有的土地和组织、个人的房屋及其他不动产。(2)征收集体所有的土地,应当依法及时足额支付土地补偿费、安置补助费以及农村村民住宅、其他地上附着物和青苗等的补偿费用,并安排被征地农民的社会保障费用,保障被征地农民的生活,维护被征地农民的合法权益。(3)征收组织、个人的房屋及其他不动产,应当依法给予征收补偿,维护被征收人的合法权益;征收个人住宅的,还应当保障被征收人的居住条件。(4)任何组织、个人不得贪污、挪用、私分、截留、拖欠征收补偿等费用。关于征用,《民法典》第245条规定了如下内容:(1)因抢险救灾、疫情防控等紧急需要,依照法律规定的权限和程序可以征用组织、个人的不动产或者动产;(2)被征用的不动产或者动产使用后,应当返还被征用人;(3)组织、个人的不动产或者动产被征用或者征用后毁损、灭失的,应当给予补偿。

(二)接受相邻关系人的限制

所有权人应当容忍他人对其所有物为一定限度内的"妨碍"行为,为相邻关系人在用水、通行、排水、铺设管线等方面提供必要的便利,除非相邻关系人对其造成损害,不得向相邻关系人请求支付任何费用。关于相邻关系,《民法典》第二编(物权)所有权分编中专章作了规定(本章第四节专门介绍)。

(三)接受法律规定的不作为义务或者作为义务的限制

所有权人不得任意实施某种自由支配行为,如不得擅自改变耕地用途等;或者于一定情况下不仅有行使其所有权的权利,还负有积极行使的义务,如应及时拆除或者加固危房、不能任凭土地荒置而不利用等。

第二节　国家所有权和集体所有权、私人所有权

一、国家所有权

《民法典》第246条第1款规定:"法律规定属于国家所有的财产,属于国家所有即全民所有。"依照这一规定,国家所有权是指国家对国家所有即全民所有的财产依法享有的占有、使用、收益和处分的权利。

国家所有权具有以下特点：

第一，国家所有权的主体是国家。国家所有权的主体只能是代表全体人民意志和利益的国家，其他任何国家机关、单位或者个人都不能充当国家所有权的主体。

第二，国家所有权的客体具有广泛性。国家所有权的客体具有无限的广泛性，任何财产都可以成为国家所有权的客体而不受限制，而且有些财产属于国家专有。《民法典》第242条规定："法律规定专属于国家所有的不动产和动产，任何组织或者个人不能取得所有权。"依据《民法典》第247条至第254条的规定，下列财产属于国家所有：(1)矿藏、水流、海域；(2)无居民海岛；(3)城市的土地和法律规定属于国家所有的农村和城市郊区的土地；(4)森林、山岭、草原、荒地、滩涂等自然资源，但是法律规定属于集体所有的除外；(5)法律规定属于国家所有的野生动植物资源；(6)无线电频谱资源；(7)法律规定属于国家所有的文物；(8)国防资产以及依照法律规定为国家所有的铁路、公路、电力设施、电信设施和油气管道等基础设施。

第三，国家所有权的取得方法具有特殊性。国家所有权的取得除与集体所有权、私人所有权具有相同的取得方法外，还有自己的特殊取得方法，如征收、没收、税收等。这些取得方法只能产生国家所有权，而不能产生其他类型的所有权。

第四，国家所有权的行使具有特殊性。依据《民法典》第246条第2款的规定，除法律另有规定外，国有财产由国务院代表国家行使所有权。对于无居民海岛，由国务院代表国家行使所有权(《民法典》第248条)。国务院在代表国家行使所有权时，可以依据具体情况决定所有权的行使方法。例如，依据《民法典》的规定，国家机关对其直接支配的不动产和动产，享有占有、使用以及依照法律和国务院的有关规定处分的权利(第255条)；国家举办的事业单位对其直接支配的不动产和动产，享有占有、使用以及依照法律和国务院的有关规定收益、处分的权利(第256条)；国家出资的企业，由国务院、地方人民政府依照法律、行政法规规定分别代表国家履行出资人职责，享有出资人权益(第257条)。

第五，国家所有权的保护具有一定的特殊性。国家所有权与集体所有权、私人所有权在法律地位上是平等的，法律予以平等保护。但是，由于国家所有权的主体毕竟是国家，因此，在所有权的保护上，还存在一定的特殊性。例如，依据《民法典》第259条的规定，履行国有财产管理、监督职责的机构及其工作人员，应当依法加强对国有财产的管理、监督，促进国有财产保值增值，防止国有财产损失；滥用职权，玩忽职守，造成国有财产损失的，应当依法承担法律责任。违反国有财产管理规定，在企业改制、合并分立、关联交易等过程中，低价转让、合谋私分、擅自担保或者以其他方式造成国有财产损失的，应当依法承担法律责任。

二、集体所有权

《民法典》第261条第1款规定："农民集体所有的不动产和动产，属于本集体成员集体所有。"第263条规定："城镇集体所有的不动产和动产，依照法律、行政法规的规定由本集体享有占有、使用、收益和处分的权利。"根据上述规定，集体所有权是指农民集体或者城镇集体依法对集体财产享有的占有、使用、收益、处分的权利。

集体所有权具有以下特点：

第一，集体所有权的主体具有多元性。集体所有权的主体是为数众多的劳动群众集体，包括农民集体和城镇集体,其种类包括工业、农业、商业、手工业等各行各业的集体组织。可见,集体所有权的主体具有多元性。

第二,集体所有权的客体具有相对广泛性。集体所有权的客体范围十分广泛,除国家专有财产不能成为集体所有权的客体外,其他财产均可以成为集体所有权的客体。依据《民法典》第260条的规定,集体所有的不动产和动产主要包括:(1)法律规定属于集体所有的土地和森林、山岭、草原、荒地、滩涂;(2)集体所有的建筑物、生产设施、农田水利设施;(3)集体所有的教育、科学、文化、卫生、体育等设施;(4)集体所有的其他不动产和动产。

第三,集体所有权的行使具有特殊要求。集体所有权由作为所有权人的集体组织直接行使,或者由所有权人的代表行使。依据《民法典》第261条的规定,农民集体所有权行使中的重大事项应当依照法定程序经本集体成员决定,包括土地承包方案以及将土地发包给本集体以外的单位或者个人承包、个别土地承包经营权人之间承包地的调整、土地补偿费等费用的使用及分配办法、集体出资的企业的所有权变动等。对于集体所有的土地和森林、山岭、草原、荒地、滩涂等,应当依照下列规定行使所有权:(1)属于村农民集体所有的,由村集体经济组织或者村民委员会代表集体行使所有权;(2)分别属于村内两个以上农民集体所有的,由村内各该集体经济组织或者村民小组代表集体行使所有权;(3)属于乡镇农民集体所有的,由乡镇集体经济组织代表集体行使所有权(《民法典》第262条)。依据《民法典》的规定,在行使农民集体所有权时,农村集体经济组织或者村民委员会、村民小组应当依照法律、行政法规以及章程、村规民约向本集体成员公布集体财产的状况。集体成员有权查阅、复制相关资料(《民法典》第264条)。如果农村集体经济组织、村民委员会或者其负责人作出的决定侵害集体成员的合法权益,受侵害的集体成员可以请求法院予以撤销(《民法典》第265条第2款)。

三、私人所有权

《民法典》第266条规定:"私人对其合法的收入、房屋、生活用品、生产工具、原材料等不动产和动产享有所有权。"依照这一规定,私人所有权是指私人依法对其合法取得的不动产和动产享有占有、使用、收益、处分的权利。

私人所有权具有以下特点:

第一,私人所有权的主体是私人。私人所有权的主体只能是私人,而不是国家或者集体。这里的私人可以是单独的自然人,也可以是个人独资企业、个人合伙企业等非公有制企业。

第二,私人所有权的客体包括生活资料和生产资料。私人所有权的客体包括生活资料和生产资料,但是主要是生活资料。私人财产主要包括私人的合法收入、房屋、生活用品、生产工具、原材料等。

第三,私人所有权通过劳动及其他合法方式获得。私人所有权的取得方式主要是劳动,包括体力劳动和脑力劳动。但是通过接受继承、遗赠、赠与等非劳动方式,也可以取得私人财产所有权。

四、法人所有权

《民法典》除规定了国家所有权与集体所有权、私人所有权外,还规定了法人所有权。所谓法人所有权,是指法人对其不动产和动产依照法律、法规及规章的规定享有的占有、使用、收益和处分的权利。

关于法人所有权,《民法典》主要规定了两种:(1) 营利法人所有权。依据《民法典》的规定,营利法人对其不动产和动产依照法律、行政法规以及章程享有占有、使用、收益和处分的权利(第269条第1款)。国家、集体和私人所有的不动产或者动产投到企业的,由出资人按照约定或者出资比例享有资产收益、重大决策以及选择经营管理者等权利并履行义务(《民法典》第268条)。营利法人以外的法人,对其不动产和动产的权利,适用有关法律、行政法规以及章程的规定(第269条第2款)。(2) 社会团体法人、捐助法人所有权。依据《民法典》第270条的规定,社会团体法人、捐助法人依法所有的不动产或者动产,受法律保护(第270条)。

第三节 业主的建筑物区分所有权

一、建筑物区分所有权的概念和特点

依据《民法典》第271条的规定,建筑物区分所有权是指业主对建筑物内的住宅、经营性用房等专有部分享有所有权,对专有部分以外的共有部分享有共有权和共同管理权的一种不动产所有权。

建筑物区分所有权具有以下特点:

第一,建筑物区分所有权的客体具有特殊性。建筑物区分所有权的客体为建筑物,这种建筑物与一般建筑物有所不同,它在结构上须能够在横向、纵向或者纵横向上区分为若干独立部分,而且建筑物的区分各部分能够单独使用并能为不同的业主(所有权人)所专用。如果一个建筑物不能区分为若干个独立部分,或者即使能够区分但是不能为不同的业主所专用,则不能形成建筑物区分所有权,而只能形成普通建筑物所有权。

第二,建筑物区分所有权的内容具有复合性。建筑物区分所有权是由专有权(所有权)、共有权、管理权(成员权)的复合而构成的特别所有权。对于建筑物的专有部分,业主享有专有权;对于建筑物的共有部分,业主享有共有权和管理权。在这三种权利中,专有权占主导地位。依据《民法典》第273条第2款的规定,业主转让建筑物内的住宅、经营性用房的,其对共有部分享有的共有和共同管理的权利一并转让。

第三,建筑物区分所有权的主体具有多重身份性。建筑物区分所有权是由专有权、共有权、管理权所构成的,这就决定了建筑物区分所有权的主体具有多重身份性。就是说,业主对专有部分享有专有权,为所有权人;对共有部分享有共有所有权和共同管理权,为共有所有权人和管理权人。

二、专有部分的专有权

专有部分的专有权是指业主对区分所有建筑物的专用部分所享有的占有、使用、收益和处分的权利。《民法典》第272条规定:"业主对其建筑物专有部分享有占有、使用、收益和处分的权利。业主行使权利不得危及建筑物的安全,不得损害其他业主的合法权益。"依据最高人民法院《关于审理建筑物区分所有权纠纷案件适用法律若干问题的解释》(以下简称《区分所有权解释》)第4条的规定,业主基于对住宅、经营性用房等专有部分特定使用功能的合理需要,无偿利用屋顶以及与其专有部分相对应的外墙面等共有部分的,不应认定为侵权。但是违反法律、法规、管理规约,损害他人合法权益的除外。

专有权的客体是区分所有建筑物中的独立建筑空间,如公寓楼中的某一单元住宅。与普通建筑物所有权不同,建筑物区分所有权中的专有权不是对有体物加以管领支配,而是对由建筑材料所组成的"空间"加以管领支配。因此,建筑物区分所有权中的专有权又被称为空间所有权。依据《区分所有权解释》第2条的规定,建筑区划内符合下列条件的房屋(包括整栋建筑物),以及车位、摊位等特定空间,应当认定为专有部分:(1)具有构造上的独立性,能够明确区分;(2)具有利用上的独立性,可以排他使用;(3)能够登记成为特定业主所有权的客体。规划上专属于特定房屋,且建设单位销售时已经根据规划列入该特定房屋买卖合同中的露台等,应当认定为专有部分的组成部分。

三、共有部分的共有权

共有部分的共有权是指业主对区分所有建筑物的共有部分所享有的权利。《民法典》第273条第1款规定:"业主对建筑物专有部分以外的共有部分,享有权利,承担义务;不得以放弃权利为由不履行义务。"依据《区分所有权解释》第14条的规定,建设单位、物业服务企业或者其他管理人等擅自占用、处分业主共有部分、改变其使用功能或者进行经营性活动的,权利人有权请求排除妨害、恢复原状、确认处分行为无效或者赔偿损失。对于擅自进行经营性活动的情形,权利人有权请求建设单位、物业服务企业或者其他管理人等将扣除合理成本之后的收益用于补充专项维修资金或者业主共同决定的其他用途。

共有权的客体是区分所有建筑物的共有部分,即除专有部分之外的部分。在建筑物区分所有权中,共有部分主要包括以下几项:

1. 建筑区划内的道路,属于业主共有,但是属于城镇公共道路的除外;建筑区划内的绿地,属于业主共有,但是属于城镇公共绿地或者明示属于个人的除外;建筑区划内的其他公共场所、公用设施和物业服务用房,属于业主共有(《民法典》第274条)。

2. 建筑区划内,规划用于停放汽车的车位、车库应当按照以下规定明确其归属:(1)建筑区划内,规划用于停放汽车的车位、车库的归属,由当事人通过出售、附赠或者出租等方式约定(《民法典》第275条第1款)。(2)建筑区划内,规划用于停放汽车的车位、车库应当首先满足业主的需要(《民法典》第276条)。依据《区分所有权解释》第5条的规定,建设单位按照配置比例将车位、车库,以出售、附赠或者出租等方式处分给业主的,应当认定其行为符合有关"应当首先满足业主的需要"的规定。这里的配置比例是指规划确定的建筑区划内规划用于停放汽车的车位、车库与房屋套数的比例。(3)占用业主共有的道路或者其他场地用于停放汽车的车位,属于业主共有(《民法典》第 275 条第 2 款)。这里所称车位,是指建筑区划内在规划用于停放汽车的车位之外,占用业主共有道路或者其他场地增设的车位(《区分所有权解释》第 6 条)。

3. 除法律、行政法规规定的共有部分外,建筑区划内的以下部分,应当认定为共有部分:(1) 建筑物的基础、承重结构、外墙、屋顶等基本结构部分,通道、楼梯、大堂等公共通行部分,消防、公共照明等附属设施、设备,避难层、设备层或者设备间等结构部分;(2) 其他不属于业主专有部分,也不属于市政公用部分或者其他权利人所有的场所及设施等。建筑区划内的土地,依法由业主共同享有建设用地使用权,但是属于业主专有的整栋建筑物的规划占地或者城镇公共道路、绿地占地除外(《区分所有权解释》第 3 条)。

四、共有部分的管理权

共有部分的管理权是指业主基于对建筑物共有部分的管理而享有的权利。业主的管理权主要包括以下内容:

1. 业主可以设立业主大会,选举业主委员会(《民法典》第 277 条)。业主大会或者业主委员会的决定,对业主具有约束力;但是业主大会或者业主委员会作出的决定侵害业主合法权益的,受侵害的业主可以请求人民法院予以撤销(《民法典》第 280 条)。业主以业主大会或者业主委员会作出的决定侵害其合法权益或者违反了法律规定的程序为由,请求人民法院撤销该决定的,应当在知道或者应当知道业主大会或者业主委员会作出决定之日起 1 年内行使(《区分所有权解释》第 12 条)。

2. 下列事项由业主共同决定:(1) 制定和修改业主大会议事规则;(2) 制定和修改管理规约;(3) 选举业主委员会或者更换业主委员会成员;(4) 选聘和解聘物业服务企业或者其他管理人;(5) 使用建筑及其附属设施的维修资金;(6) 筹集建筑及其附属设施的维修资金;(7) 改建、重建建筑物及其附属设施;(8) 改变共有部分的用途或者利用共有部分从事经营活动;(9) 有关共有和共同管理权利的其他重大事项(《民法典》第 278 条),如处分共有部分以及业主大会依法决定或者管理规约依法确定应由业主共同决定的事项属于"其他重大事项"(《区分所有权解释》第 7 条)。业主共同决定事项,应当由专有部分面积占比 2/3 以上的业主且人数占比 2/3 以上的业主参与表决。其中,决定上述第六项至第八项规定的事项,应当经参与表决专有部分面积 3/4 以上的业主且占参与表决人数 3/4 以上的业主同意;决定其他事项的,应当经参与表决专有部分面积过半数的业主且参与表决人数过半数的业主同意。这里的专有部分面积可以按照不动产登记簿记载的面积计算;尚未进行物权登记的,暂按测绘机构的实测面积计算;尚未进行实测的,暂按房屋买卖合同记载的面积计算(《区分所有权解释》第 8 条)。业主人数可以按照专有部分的数量计算,一个专有部分按一人计算。但是建设单位尚未出售和虽已出售但是尚未交付的部分,以及同一买受人拥有一个以上专有部分的,按一人计算(《区分所有权解释》第 9 条)。

3. 业主不得违反法律、法规以及管理规约,将住宅改变为经营性用房;业主将住宅改变为经营性用房的,除遵守法律、法规以及管理规约外,应当经有利害关系的业主一致同意(《民法典》第 279 条)。业主将住宅改变为经营性用房,未经有利害关系的业主一致同意,有利害关系的业主有权请求排除妨害、消除危险、恢复原状或者赔偿损失的,人民法院应予支持。将住宅改变为经营性用房的业主,不得以多数有利害关系的业主同意其行为进行抗辩(《区分所有权解释》第10条)。业主将住宅改变为经营性用房,本栋建筑物内的其他业主,应当认定为"有利害关系的业主"。建筑区划内,本栋建筑物之外的业主,主张与自己有利害关系的,应证明其房屋价值、生活质量受到或者可能受到不利影响(《区分所有权解释》第11条)。

4. 建筑物及其附属设施的维修资金,属于业主共有。经业主共同决定,可以用于电梯、屋顶、外墙、无障碍设施等共有部分的维修、更新和改造。建筑物及其附属设施的维修资金的筹集、使用情况应当公布。在紧急情况下,需要维修建筑及其附属设施的,业主大会或者业主委员会可以依法申请使用建筑物及其附属设施的维修资金(《民法典》第281条)。

5. 建设单位、物业服务企业或者其他管理人等利用业主的共有部分产生的收入,在扣除成本之后,属于业主共有(《民法典》第282条)。

6. 建筑物及其附属设施的费用分摊、收益分配等事项,有约定的,按照约定;没有约定或者约定不明确的,按照业主专有部分所占比例确定(《民法典》第283条)。

7. 业主可以自行管理建筑物及其附属设施,也可以委托物业服务企业或者其他管理人管理;对建设单位聘请的物业服务企业或者其他管理人,业主有权依法更换(《民法典》第284条)。物业服务企业或者其他管理人根据业主的委托,依照物业服务合同的规定管理建筑区划内的建筑物及其附属设施,接受业主的监督,并及时答复业主对物业服务情况提出的询问;物业服务企业或者其他管理人应当执行政府依法实施的应急处置措施和其他措施,积极配合开展相关工作(《民法典》第285条)。

8. 业主应当遵守法律、法规以及管理规约,相关行为应当符合节约资源、保护生态环境的要求。对于物业服务企业或者其他管理人执行政府依法实施的应急处置措施和其他管理措施,业主应当依法予以配合。业主大会或者业主委员会对任意弃置垃圾、排放污染物或者噪声、违反规定饲养动物、违章搭建、侵占通道、拒付物业费等损害他人合法权益的行为,有权依照法律、法规以及管理规约,要求行为人停止侵害、排除障碍、消除危险、恢复原状、赔偿损失。业主或者其他行为人拒不履行相关义务的,有关当事人可以向有关行政主管部门报告或者投诉,有关行政主管部门应当依法处理(《民法典》第286条)。依据《区分所有权解释》第15条的规定,业主或者其他行为人违反法律、法规、国家相关强制性标准、管理规约,或者违反业主大会、业主委员会依法作出的决定,实施下列行为的,可以认定为其他"损害他人合法权益的行为":(1)损害房屋承重结构,损害或者违章使用电力、燃气、消防设施,在建筑物内放置危险、放射性物品等危及建筑物安全或者妨碍建筑物正常使用;(2)违反规定破坏、改变建筑物外墙面的形状、颜色等损害建筑物外观;(3)违反规定进行房屋装饰装修;(4)违章加建、改建,侵占、挖掘公共通道、道路、场地或者其他共有部分。

9. 业主有权请求公布、查阅下列应当向业主公开的情况和资料:(1)建筑物及其附属设施的维修资金的筹集、使用情况;(2)管理规约、业主大会议事规则,以及业主大会或者业主委员会的决定及会议记录;(3)物业服务合同、共有部分的使用和收益情况;(4)建筑区划内规划用于停放汽车的车位、车库的处分情况;(5)其他应当向业主公开的情况和资料(《区分所有权解释》第13条)。

第四节 相邻关系

一、相邻关系的概念和特点

相邻关系是指相互毗邻的不动产所有权人或者使用权人之间在行使所有权或者使用权时,因相互间给予便利或者接受限制所发生的权利义务关系。可见,相邻关系的实质是不动产权利内容的限制和扩张。

相邻关系具有以下特点:

第一,相邻关系的主体具有多数性。相邻关系作为所有权的一种限制,只能发生在两个以上的民事主体之间,单一的民事主体不可能发生相邻关系。相邻关系可以发生在自然人之间、法人或者非法人组织之间,也可以发生在自然人与法人或者非法人组织之间。在相邻关系中,当事人只能是两个以上不同的不动产的所有权人或者使用权人。

第二,相邻关系的标的物具有相邻性。相邻关系只能产生在相邻的不动产之间,动产之间不能产生相邻关系。这是因为,如果不动产不相毗邻,则所有权人或者使用权人之间就不会发生权利行使的冲突问题,自然也就不会发生相邻关系;而当事人因相邻动产的所有权或者使用权行使发生冲突时,完全可以通过移动动产的位置而加以解决。不动产的毗邻不仅包括不动产相互连接,也包括不动产相互邻近。

第三,相邻关系的产生具有法定性。相邻关系是由法律直接规定的,而不是当事人约定的,是法律为调和不动产所有权人或者使用权人之间的利益冲突而对所有权所作的限制,属于所有权制度的一项重要内容。

第四,相邻关系的内容具有复杂性。相邻关系的内容十分复杂,不同种类的相邻关系所体现的内容各不相同。但是综合而言,相邻关系的内容主要包括两个方面:一是相邻任何一方在行使所有权或者使用权时,都有权要求相邻他方给予便利,而相邻他方应当提供必要的便利。所谓必要的便利,是指非从相邻方得到这种便利,就不能正常行使不动产的所有权或者使用权。二是相邻各方行使权利时,不得损害相邻他方的合法权益。

第五,相邻关系的客体具有特殊性。相邻关系是对不动产所有权或者使用权的限制,也是一种物权制度,但是相邻关系的客体与物权的客体有所不同。相邻关系所要解决的并不是相邻各方对不动产本身的争议,而只是在行使不动产权利时所发生的利益冲突。因此,相邻关系的客体是行使不动产权利时所体现的利益。

二、相邻关系的处理原则

在处理相邻关系时,应当坚持以下原则:

(一)有利生产和方便生活的原则

相邻关系是人们在生产、生活中,因行使不动产权利而产生的,与人们的生产、生活直接相关。因此,《民法典》第288条中规定,相邻权利人应当按照有利生产、方便生活的原则,正确处理相邻关系。

(二)团结互助和公平合理的原则

相邻关系发生在相邻不动产的所有权人或者使用权人之间,要求相邻一方为另一方行使不动产权利给予必要的便利。如果相邻各方只要求他人给予方便,而自己却不为他人提供方便,就不可能处理好相邻关系。因此,《民法典》第288条中规定,不动产的相邻权利人应当按照团结互助、公平合理的原则,正确处理相邻关系。同时,在相邻关系中,相邻权利人在获得便利时,也应当承担一定的义务,避免对相邻的不动产权利人造成损害。对此,《民法典》第296条规定:"不动产权利人因用水、排水、通行、铺设管线等利用相邻不动产的,应当尽量避免对相邻的不动产权利人造成损害。"

(三) 遵循习惯的原则

相邻关系基于不动产的特殊性,并非一朝一夕就形成的。因此,在处理相邻关系时,必须遵循当地的习惯。只有这样,才能稳定相邻关系,维护社会的生产和生活秩序,也有利于为人们所接受。对此,《民法典》第289条规定:"法律、法规对处理相邻关系有规定的,依照其规定;法律、法规没有规定的,可以按照当地习惯。"例如,对于相邻一方所有或者使用的建筑物范围内历史形成的必经通道,所有权人或者使用权人不得堵塞。

三、相邻关系的种类

相邻关系主要包括以下几种:

(一) 相邻用水和排水关系

在相邻用水和排水关系中,不动产权利人应当为相邻权利人用水、排水提供必要的便利。对自然流水的利用,应当在不动产的相邻权利人之间合理分配。对自然流水的排放,应当尊重自然流向(《民法典》第290条)。

(二) 相邻土地通行关系

在相邻的土地之间,不动产权利人对相邻权利人因通行等必须利用其土地的,应当提供必要的便利(《民法典》第291条)。

(三) 相邻不动产利用关系

不动产权利人因建造、修缮建筑物以及铺设电线、电缆、水管、暖气和燃气管线等必须利用相邻土地、建筑物的,该土地、建筑物的权利人应当提供必要的便利(《民法典》第292条)。

(四) 相邻通风、采光和日照关系

建造建筑物,不得违反国家有关工程建设标准,不得妨碍相邻建筑物的通风、采光和日照(《民法典》第293条)。

(五) 相邻有害物排放关系

不动产权利人不得违反国家规定弃置固体废物,排放大气污染物、水污染物、土壤污染物、噪声、光辐射、电磁波辐射等有害物质(《民法典》第294条)。

(六) 相邻不动产安全维护关系

不动产权利人挖掘土地、建造建筑物、铺设管线以及安装设备等,不得危及相邻不动产的安全(《民法典》第295条)。

第五节 共 有

一、共有的概念和特点

依据《民法典》第 297 条的规定，共有是指两个以上的权利主体对同一项财产共同享有所有权的法律制度。在共有关系中，共同享有所有权的人称为共有人，共有的标的物称为共有物，包括不动产和动产。

共有具有以下特点：

第一，共有主体的多数性。在共有关系中，共有人须为两个以上的权利主体。如果只存在单一的权利主体，则不能形成共有关系。

第二，共有客体的同一性。共有主体尽管具有多数性，但是多数主体系对同一项财产共同享有所有权。所谓"同一项财产"，是指在法律上可以独立存在的、尚未分割的统一财产。此项财产既可以是某一个特定的财产，如一栋房屋、一辆汽车等；也可以是一项集合财产，如遗产、夫妻共有财产等。

第三，共有内容的双重性。在共有关系中，既存在共有人之间的对内关系，也存在共有人与第三人之间的对外关系。在对内关系中，各共有人对共有物或者按照各自的份额享有权利、承担义务，或者平等地享有权利、承担义务。在对外关系中，共有人作为一个单一的权利主体与第三人发生民事法律关系。

第四，共有权的联合性。共有权的联合性是指共有是所有权的联合，而不是一种独立的所有权类型。这种所有权的联合，可以是同种类所有权的联合，如集体所有权之间的联合、私人所有权之间的联合，也可以是不同种类所有权的联合，如集体所有权与国家所有权之间的联合、集体所有权与私人所有权之间的联合等。

第五，共有产生原因的共同性。共有是权利主体根据自身的生产或者生活需要而设立的，或者法律为满足权利主体的共同需要而规定的，具有产生原因的共同性。

二、共有的种类

依据《民法典》第 297 条的规定，共有包括按份共有和共同共有。《民法典》第 310 条规定："两个以上组织、个人共同享有用益物权、担保物权的，参照适用本章的有关规定。"这种情形通常称为准共有，即两个以上的权利主体共同享有所有权之外的其他财产权的一种共有。

（一）按份共有

依据《民法典》第 298 条的规定，按份共有是共有人按照确定的份额对共有物分享权利、分担义务的共有。

按份共有作为共有的一种形式，除具有共有的共同特点之外，还具有以下特点：

第一，按份共有人的权利义务体现在一定份额之上。在按份共有中，按份共有人对共有物按照其份额享有所有权，因此，按份共有人的权利义务体现在一定份额之上。这个份额称为应有部分，是共有人对共有物所有权所享有的权利的比例，是确定按份共有人的权利义务的依据。依据《民法典》第 309 条的规定,按份共有人对共有物享有的份额,应当依共有人的约定确定;没有约定或者约定不明确的,按照出资额确定;不能确定出资额的,视为等额享有。

第二,按份共有人对其应有部分享有相当于所有权的权利。按份共有人虽然按照其份额享有权利、承担义务,但是共有人对其应有部分享有相当于所有权的权利。所以,按份共有人有权要求将自己的份额分出或者予以转让,除非法律或者共有协议有所限制。在按份共有人死亡时,其继承人也有权继承其应有部分。

第三,按份共有人的权利义务及于共有物的全部。按份共有人按照自己的应有部分享有权利、承担义务,但是应有部分只是所有权的量的分割,而非共有物的量的分割,所以,按份共有人并不是就共有物的各特定部分享有权利,承担义务,而是就自己的份额比例对整个共有物享有权利、承担义务。

(二)共同共有

依据《民法典》第 299 条的规定,共同共有是共有人基于共同关系,对共有物不分份额地享有权利、承担义务的共有。

共同共有与按份共有相比,具有以下特点:

第一,共同共有是不分份额的共有。在共同共有关系存续期间,各共有人对共有物并没有份额之分。只有在共同共有关系消灭时,才能确定各共有人的应有份额。因此,共同共有是不分份额的共有。各共有人共同享有共有物的各种利益,同时负担因共有物而产生的各种义务。

第二,共同共有的发生以共有人之间存在共同关系为前提。共同共有以共有人之间存在共同关系为成立的前提,没有共同关系的存在,就不能成立共同共有,只能成立按份共有。共同关系消灭时,共同共有关系也就随之消灭。因此,《民法典》第 308 条规定:"共有人对共有的不动产或者动产没有约定为按份共有或者共同共有,或者约定不明确的,除共有人具有家庭关系等外,视为按份共有。"

第三,共同共有人平等地享有权利和承担义务。在共同共有中,共有人对共有物共同享有所有权。因此,在共同共有关系中,各共同共有人对于共有物享有平等的占有、使用、收益、处分的权利。同时,各共有人对共有物也承担平等的义务。

三、共有的内部关系

共有的内部关系即共有的对内效力,表现为各共有人之间的权利义务关系。在共有的内部关系中,共有人的权利义务主要包括:

(一)共有物的占有、使用、收益

共有是共有人对共有物享有所有权,因此,共有人对共有物都享有占有、使用、收益的权利。但是,因按份共有与共同共有的内部关系不同,共有人对行使所有权的要求也不同。按份共有人对共有物按照其份额享有所有权,共同共有人共同享有所有权。

(二)共有物的管理

共有人对共有物进行管理,既是权利,也是义务。对此,《民法典》第 300 条规定:"共有人按照约定管理共有的不动产或者动产;没有约定或者约定不明确的,各共有人都有管理的权利和义务。"

(三) 共有物的处分

既然共有人对共有物享有所有权,共有人当然对共有物享有处分权。但是,因共有物的处分涉及每个共有人的利益,故这种处分不能由共有人任意进行。依据《民法典》第 301 条的规定,共有人处分共有物或者对共有物作重大修缮、变更性质或者用途的,除共有人之间另有约定外,应当经占份额 2/3 以上的按份共有人或者全体共同共有人同意。

(四) 应有部分的处分

应有部分只在按份共有中存在,共同共有中不存在应有部分。因此,处分应有部分是按份共有人的权利。例如,按份共有人有权将其应有部分抛弃、转让或者分出。依据《民法典》第 305 条的规定,按份共有人转让其享有的共有的不动产或者动产份额的,其他共有人在同等条件下享有优先购买的权利。

按份共有人优先购买权的成立和行使应当符合以下条件:(1) 优先购买权适用于共有份额有偿转让的情形。因此,共有份额的权利主体因继承、遗赠等原因发生变化时,其他按份共有人不能主张优先购买,但是按份共有人之间另有约定的除外(《物权编解释(一)》第 9 条)。(2) 优先购买权适用于按份共有人向共有人之外的人转让共有份额情形。因此,按份共有人之间转让共有份额的,除按份共有人之间另有约定外,其他按份共有人无权行使优先购买权(《物权编解释(一)》第 13 条)。(3) 按份共有人应当在同等条件下行使优先购买权。对于"同等条件",应当综合共有份额的转让价格、价款履行方式及期限等因素确定(《物权编解释(一)》第 10 条)。(4) 按份共有人应当在规定期间内行使优先购买权。关于优先购买权的行使期间,按份共有人之间有约定的,按照约定处理;没有约定或者约定不明的,按照下列情形确定:其一,转让人向其他按份共有人发出的包含同等条件内容的通知中载明行使期间的,以该期间为准;其二,通知中未载明行使期间,或者载明的期间短于通知送达之日起 15 日的,为 15 日;其三,转让人未通知的,为其他按份共有人知道或者应当知道最终确定的同等条件之日起 15 日;其四,转让人未通知,且无法确定其他按份共有人知道或者应当知道最终确定的同等条件的,为共有份额权属转移之日起 6 个月(《物权编解释(一)》第 11 条)。具备上述条件的,按份共有人有权行使优先购买权。如果两个以上其他共有人主张行使优先购买权的,协商确定各自的购买比例;协调不成的,按照转让时各自的共有份额比例行使优先购买权(《民法典》第 306 条)。

(五) 共有物的费用负担

共有物的费用既包括管理费用,也包括税费、保险费等其他费用。依据《民法典》第 302 条的规定,对共有物的管理费用以及其他负担,共有人有约定的,按照约定;没有约定或者约定不明确的,按份共有人按照其份额负担,共同共有人共同负担。

四、共有的外部关系

共有的外部关系即共有的对外效力,表现为共有人与第三人之间的权利义务关系。依据《民法典》第 307 条的规定,因共有物产生的债权债务,在对外关系上,共有人享有连带债权、承担连带债务,但是法律另有规定或者第三人知道共有人不具有连带债权债务关系的除外;在共有人内部关系上,除共有人另有约定外,按份共有人按照份额享有债权、承担债务,共同共有人共同享有债权、承担债务。偿还债务超过自己应当承担份额的按份共有人,有权向其他共有人追偿。

五、共有物的分割

(一)共有物分割的原则

在共有关系终止时,通常要对共有物进行分割。共有人在分割共有物时,应当坚持下列原则:

1. 遵循约定原则

依据《民法典》第303条的规定,共有人约定不得分割共有物,以维持共有关系的,应当按照约定,但是共有人有重大理由需要分割的,也可以请求分割。可见,共有物分割首先应遵循共有人的约定。

2. 分割自由原则

依据《民法典》第303条的规定,共有人没有约定不得分割共有物或者约定不明确的,按份共有人可以随时请求分割,共同共有人在共有的基础丧失或者有重大理由需要分割时也可以请求分割。可见,在共有人对不得分割共有物没有约定或者约定不明确时,共有人享有共有物的分割自由。

3. 物尽其用原则

共有人在分割共有物时,应当保存和发挥共有物的效用,不得损害共有物的价值。对于难以实物分割或者因实物分割会减损价值的,应采取其他的分割方式。

4. 平等协商原则

共有人在分割共有物时,应当在平等协商的基础上,本着团结和睦的精神进行。共有人对共有物的分割时间、方法、范围等都应当进行协商。

(二)共有物分割的方法

《民法典》第304条第1款规定:"共有人可以协商确定分割方式。达不成协议,共有的不动产或者动产可以分割且不会因分割减损价值的,应当对实物予以分割;难以分割或者因分割会减损价值的,应当对折价或者拍卖、变卖取得的价款予以分割。"依照这一规定,共有物的分割方法有以下三种:

1. 实物分割

实物分割是指共有人对共有物进行实体分割,由各共有人取得分割部分的单独所有权。实物分割只能在共有物为可分物且不会因分割减损价值的情况下,才能适用。

2. 折价补偿

折价补偿是指由某个共有人取得共有物的所有权,并由该共有人向其他共有人补偿其应取得部分的价值。

3. 变价分割

变价分割是指将共有物出卖而由共有人分配价金。在共有物不能进行实物分割时,或者共有人都不愿意接受共有物时,则可以将共有物拍卖或者变卖,由共有人分割价款。

(三) 共有物分割的效力

共有物分割的效力主要包括两个方面：

(1) 请求分割共有物的赔偿责任。共有人因分割共有物造成其他共有人损害的，应当给予赔偿（《民法典》第 303 条）。

(2) 共有物分割的瑕疵担保责任。该责任是指在共有物分割后，共有人之间应当对其他共有人分得的共有物部分的瑕疵所应承担的责任。对此，《民法典》第 304 条第 2 款规定："共有人分割所得的不动产或者动产有瑕疵的，其他共有人应当分担损失。"

第六节 所有权取得的特别规定

一、善意取得

(一) 善意取得的概念

善意取得又称即时取得，是指无权处分人将不动产或者动产有偿转让于善意第三人时，该第三人即取得该不动产或者动产的所有权的法律制度。

善意取得不仅适用于所有权的取得，也适用于其他物权的取得。当事人善意取得其他物权的，应当参照所有权善意取得的规定（《民法典》第 311 条第 3 款）。例如，建设用地使用权、抵押权、质权等都可以适用善意取得。

(二) 善意取得的成立条件

依据《民法典》第 311 条第 1 款的规定，善意取得应当具备下列成立条件：

1. 标的物须为动产或者不动产

在我国，动产占有、不动产登记均具有公信力，因此，善意取得适用于动产和不动产。动产物权以占有为其公示方法，交易中极易使人误信占有人为所有权人，故需要通过善意取得维护交易安全。不动产物权虽以登记为公示方法，但是对于登记错误的不动产，交易中同样会发生使人相信登记的权利人为真正所有权人的问题，因此，不动产交易安全也需要善意取得加以保护。

适用善意取得的动产并不是指一切动产，法律禁止流通的动产、货币和无记名有价证券、盗窃物等不适用善意取得，而遗失物只有在特定情形下适用善意取得。《民法典》第 312 条规定："所有权人或者其他权利人有权追回遗失物。该遗失物通过转让被他人占有的，权利人有权向无处分权人请求损害赔偿，或者自知道或者应当知道受让人之日起二年内向受让人请求返还原物；但是，受让人通过拍卖或者向具有经营资格的经营者购得该遗失物的，权利人请求返还原物时应当支付受让人所付的费用。权利人向受让人支付所付费用后，有权向无处分权人追偿。"可见，权利人自知道或者应当知道受让人之日起 2 年内没有请求受让人返还原物的，遗失物应当适用善意取得，由受让人取得遗失物的所有权。

适用善意取得的不动产仅限于建筑物等地上定着物，而不包括土地。因为土地不得买卖，自无适用善意取得的可能。

2. 转让人对处分的动产或者不动产无处分权

在善意取得中，转让人必须是无处分权的动产的占有人或者不动产的登记所有权人。

一方面,对于动产而言,转让人须为占有人,因为只有占有人才有可能将占有的动产转让给第三人;对于不动产而言,转让人须为登记的所有权人,因为只有登记为所有权人的人才有可能将登记的不动产转让给第三人。无论是动产的占有人,还是登记为不动产所有权人的人,只有转让人没有处分该动产或者不动产的权利,才能适用善意取得。如果转让人享有处分动产或者不动产的权利,则无善意取得的适用问题。

3. 受让人受让财产时须为善意

顾名思义,善意取得应当以受让人的善意为成立条件。受让人受让不动产或者动产时,不知道转让人无处分权,且无重大过失的,应当认定受让人为善意。真实权利人主张受让人不构成善意的,应当承担举证证明责任(《物权编解释(一)》第 14 条)。对于受让人是否具有重大过失,应区分不动产和动产分别认定。就不动产而言,真实权利人有证据证明不动产受让人应当知道转让人无处分权的,则应当认定受让人具有重大过失。具体而言,具有下列情形之一的,应当认定受让人知道转让人无处分权:(1) 登记簿上存在有效的异议登记;(2) 预告登记有效期内,未经预告登记的权利人同意;(3) 登记簿上已经记载司法机关或者行政机关依法裁定、决定查封或者以其他形式限制不动产权利的有关事项;(4) 受让人知道登记簿上记载的权利主体错误;(5) 受让人知道他人已经依法享有不动产物权(《物权编解释(一)》第 15 条第 1 款)。就动产而言,受让人受让动产时,交易的对象、场所或者时机等不符合交易习惯的,应当认定受让人具有重大过失(《物权编解释(一)》第 16 条)。

认定受让人的善意,应当以受让财产时为判断标准。具体而言,"受让人受让该不动产或者动产时",是指依法完成不动产物权转移登记或者动产交付之时。如果当事人以简易交付的方式交付动产的,转让动产民事法律行为生效时为动产交付之时;当事人以指示交付的方式交付动产的,转让人与受让人之间有关转让返还原物请求权的协议生效时为动产交付之时。如果法律对不动产、动产物权的设立另有规定的,应当按照法律规定的时间认定权利人是否为善意(《物权编解释(一)》第 17 条)。

应当指出,在无权处分的情况下,如果转让合同被认定无效或者被撤销的,受让人不能主张善意取得(《物权编解释(一)》第 20 条)。

4. 受让人须支付合理的价格

转让人将动产或者不动产转让于受让人,必须通过买卖、互易等有偿交易行为而完成。受让人非因有偿交易行为而受让动产或者不动产的,不发生善意取得问题。例如,因赠与、继承、受遗赠等而取得财产的,不适用善意取得。受让人不仅应基于有偿交易行为取得受让动产或者不动产,且应支付合理的价格。这里的"合理的价格",应当根据转让标的物的性质、数量以及付款方式等具体情况,参考转让时交易地市场价格以及交易习惯等因素综合认定(《物权编解释(一)》第 18 条)。

5. 转让的动产或者不动产已经交付或者登记

动产所有权的取得以交付为要件,不动产所有权的取得以登记为要件,所以,善意取得的成立须受让人取得动产的占有或者不动产登记,即转让的不动产或者动产依照法律规定应当登记的已经登记,不需要登记的已经交付给受让人。应当指出,转让人将船舶、航空器和机动车等交付给受让人的,应当认定符合善意取得的条件(《物权编解释(一)》第 19 条)。

(三) 善意取得的效力

善意取得成立后,依法产生一定的法律效力。这种法律效力表现在以下两个方面:

1. 受让人与原所有权人之间的效力

依据《民法典》第311条第1款的规定,在构成善意取得的情况下,受让人取得受让不动产或者动产的所有权。可见,善意取得在受让人与原所有权人之间发生物权变动。受让人取得不动产或者动产的所有权,系基于法律的规定,属于原始取得。因此,善意受让人取得动产后,该动产上的原有权利消灭。但是,善意受让人在受让时知道或者应当知道该权利的除外(《民法典》第313条)。

2. 转让人与原所有权人之间的效力

依据《民法典》第311条第2款的规定,受让人依据善意取得而取得不动产或者动产所有权的,原所有权人有权向无处分权人请求赔偿损失。可见,善意取得在转让人与原所有权人之间发生债权债务关系。原所有权人向转让人请求赔偿损失可以行使下列权利:(1)债务不履行损害赔偿请求权。当原所有权人与转让人之间存在合同关系时,如借用、租赁、保管关系等,原所有权人可以依据违约责任的规定,请求赔偿损失。(2)侵权损害赔偿请求权。转让人处分原所有权人的不动产或者动产属于一种侵权行为,原所有权人可以依据侵权责任的规定,请求赔偿损失。(3)不当得利返还请求权。转让人处分原所有权人的不动产或者动产所取得的对价构成不当得利,原所有权人可以依据不当得利的规定,请求转让人返还所受利益。

二、拾得遗失物

(一) 拾得遗失物的概念

拾得遗失物是指发现他人的遗失物而予以占有的事实。

拾得遗失物是一种事实行为,故拾得人不以具有民事行为能力为限。只要拾得人发现遗失物并予以实际占有,就可构成拾得遗失物。

(二) 拾得遗失物的成立条件

一般地说,拾得遗失物的成立应当具备以下两个条件:

1. 标的物须为遗失物

遗失物是指所有权人遗忘于某处而不为任何人所占有的动产。一般地说,遗失物的构成须具备以下条件:一是须为有主物;二是须为动产;三是须丧失物的占有;四是须丧失占有非出于遗失人的本意。

2. 须有拾得的行为

所谓拾得,是指发现并占有遗失物的行为。发现与占有是构成拾得的两个必备要素,二者缺一不可。发现是指认识遗失物之所在,占有系对标的物实施事实上的管领力。只有发现与占有的结合,才能构成拾得。

(三) 拾得遗失物的效力

拾得遗失物成立后,发生以下三个方面的效力:

1. 拾得人的义务

(1) 返还义务。拾得人拾得遗失物的,应当将遗失物返还给权利人(《民法典》第314

条)。这里的权利人包括遗失物的所有权人及其他合法占有的权利人(如保管人、承租人等)。

(2)通知和送交义务。拾得人拾得遗失物的,应当及时通知权利人领取或者送交公安等有关部门(《民法典》第314条)。有关部门收到遗失物,知道权利人的,应当及时通知其领取;不知道的,应当及时发布招领公告(《民法典》第315条)。

(3)保管义务。拾得人在遗失物送交有关部门前以及有关部门在遗失物被领取前,应当妥善保管遗失物。因故意或者重大过失致使遗失物毁损、灭失的,应当承担民事责任应当将遗失物返还给权利人(《民法典》第316条)。

2. 拾得人的权利

(1)费用偿还请求权。权利人领取遗失物时,应当向拾得人或者有关部门支付保管遗失物等支出的必要费用(《民法典》第317条第1款)。可见,拾得人及有关部门对其支付的保管遗失物的必要费用有权要求权利人返还。当然,拾得人侵占遗失物的,则无权请求权利人偿还保管遗失物等支出的费用(《民法典》第317条第3款)。

(2)报酬请求权。权利人悬赏寻找遗失物的,领取遗失物时应当按照承诺履行义务(《民法典》第317条第2款)。就是说,权利人悬赏寻找遗失物的,在领取遗失物时应当按照承诺支付约定的报酬。

3. 国家取得遗失物的所有权

依据《民法典》第318条的规定,遗失物自发布招领公告之日起1年内无人认领的,归国家所有。可见,拾得遗失物作为所有权的取得方式,并不是由拾得人取得所有权,而是由国家取得所有权。

(四)拾得漂流物、发现埋藏物或者隐藏物的参照适用

依据《民法典》第319条的规定,拾得漂流物、发现埋藏物或者隐藏物的,参照适用拾得遗失物的规定。法律另有规定的,依照其规定。可见,对于拾得漂流物、发现埋藏物或者隐藏物的,拾得人、发现人并不能取得所有权,而应当按照《民法典》第318条的规定确定所有权。

三、添附

(一)添附的概念和形式

添附是指不同所有权人的财产结合在一起或者不同人的劳力与财产结合在一起,而形成一种新的独立物的法律状态。依据《民法典》第322条的规定,添附包括加工、附合和混合三种形式。

1. 加工

加工是指对他人的物进行制作或者改造而形成一种新物的添附形式。因加工而形成的物,通常称为加工物。

加工应当具备以下条件:(1)加工的标的物须为动产,不动产不发生加工问题。(2)须有加工行为,即对他人的财产进行制作或者改造的行为。加工行为是一种事实行为,因此,加工人有无民事行为能力,在所不问。(3)加工的物须为他人所有,对自己的动产进行加工的,不发生所有权的变动问题,自不发生加工物的所有权归属问题。(4)因加工而制成新

物。如果没有制成新物，则不会发生所有权的变动问题。

2. 附合

附合是指不同所有权人的有形财产相互结合而形成一种新物的添附方式。附合有动产与不动产的附合、动产与动产的附合两种形式。

动产与不动产的附合简称不动产附合，是指不同所有权人的动产与不动产相互结合而形成一种新的独立物的附合形式。动产与不动产的附合应当具备以下条件：(1) 动产与不动产须相互结合，即动产附合于不动产之上，如木板、瓷砖附合于房屋之上；(2) 动产须成为不动产的重要成分，即动产与不动产结合后，非经毁损或者变更其性质不能使其分离，或者虽能分离但是花费过大；(3) 动产与不动产应分别属于不同的人所有，同一所有权人的动产与不动产不发生附合问题。

动产与动产的附合简称动产附合，是指不同所有权人的动产相互结合而形成一种新的独立物的附合形式。动产与动产的附合应当具备以下条件：(1) 动产与动产须相互结合，如将宝石镶入戒指等；(2) 动产与动产须组成合成物，即动产与动产附合的程度须达到非经毁损不能分离或者虽能分离但是花费过大的程度；(3) 附合的动产应属于不同的人所有，同一所有权人的动产不发生附合问题。

3. 混合

混合是指不同所有权人的物相互混杂而形成一种新物的添附形式。因混合而形成的物，通常称为混合物。

混合应当具备以下条件：(1) 混合的各项财产须为动产，不动产之间或者动产与不动产之间不发生混合的问题；(2) 混合物须不能识别或者识别花费过大，即无法从外观上识别混合前的各项动产，或者虽能通过某种方法加以识别但是花费过大；(3) 混合的各项动产须属于不同的所有权人，同一所有权人的动产混杂在一起，不发生混合问题。

（二）添附的效力

添附成立后，发生两个方面的效力：

1. 添附的物权效力

添附的物权效力是指添附物所有权的归属效力。依据《民法典》第 322 条的规定，因加工、附合、混合而产生的物的归属，有约定的，按照约定；没有约定或者约定不明确的，依照法律规定；法律没有确定的，按照充分发挥物的效用以及保护无过错当事人的原则确定。对于加工物、附合物、混合物的所有权归属，可以按照如下标准确定：

(1) 就加工物的所有权归属而言，加工物通常归原材料所有权人所有，但是如果加工物的价值显然大于原材料价值的，加工物也可以归加工人所有。

(2) 就附合物而言，若是动产与不动产附合的，应由不动产所有权人取得动产所有权，动产所有权归于消灭；若是动产与动产附合的，可以采取以下三种方法确定附合物的所有权：一是由各原所有权人按照附合时的价值共有附合物的所有权；二是附合的动产中，如有可视为主物的，由主物的所有权人取得附合物的所有权；三是附合的动产中不存在可视为主物的动产，则由原物价值大的所有权人取得附合物的所有权。

(3) 就混合物而言，可以准用动产与动产的附合确定混合物的所有权。

2. 添附的债权效力

添附的债权效力是指因添附产生损失的赔偿或者补偿效力。依据《民法典》第 322 条的规定,因一方当事人的过错或者确定物的归属造成另一当事人损害的,应当给予赔偿或者补偿。

四、先占

(一)先占的概念

先占是指占有人以所有的意思,最先占有无主动产而取得所有权的法律事实。

通说认为,先占属于事实行为,所以,先占人并不以具有完全民事行为能力者为限。即使是无民事行为能力人或者限制民事行为能力人,也可因先占而取得所有权。

(二)先占的成立条件

一般地说,先占的成立应具备以下三个条件:

1. 先占物须为无主物

所谓无主物,是指现在不属于任何人所有的物。无主物包括两种情形:一是从来没有为任何人所有的物,如不属于国家所有的野生动植物(如野兔、荒草等);二是曾有所有权人而现在无所有权人的物,如所有权人抛弃的物,即废弃物。某物是否为无主物,不以先占人的主观认识为准,而应以先占时的客观情况为依据。

2. 先占物须为动产

先占物不仅须为无主物,而且须为动产。无主的不动产不得依先占取得所有权,只能依法律的规定处理。但是,这里的动产也并不是指一切动产,而是仅限于一定范围内的动产。一般认为,不适用先占的动产主要包括两种:一是法律禁止适用先占的物,如禁止流通物、文物等;二是他人依法享有独占的先占权之物,如依渔业法对特定水面享有捕捞权的人,即对该水面内的水产动植物享有独占的先占权,故该水面内的水产动植物就不得成为先占物。

3. 先占人须以所有的意思占有无主动产

先占人以所有的意思占有无主动产,实际上包括了两个条件:一是先占人须有"所有的意思"。这里的"所有的意思"并非指取得所有权的意思,而是指先占人将占有的动产归于自己管领支配的意识。二是先占人须实际占有无主动产。行为人仅发现无主动产,尚不构成先占,还必须加以实际占有。

(三)先占的效力

目前,我国《民法典》还没有将先占规定为所有权的取得方法,但是习惯上承认。在实践生活中,通过先占取得无主动产的所有权已经成为一项的重要习惯。例如,捡拾废弃物、割荒草、钓鱼等,均可以通过先占而取得所有权。

第十二章　用　益　物　权

第一节　用益物权概述

一、用益物权的概念和特点

依据《民法典》第323条的规定,用益物权是指用益物权人对他人所有的不动产或者动产,依法享有占有、使用和收益的物权。

用益物权是一种在他人所有之物上设立的定限物权,具有以下特点:

第一,用益物权具有用益性。用益性是指用益物权是以物的使用和收益为目的而设立的物权。用益性是用益物权的基本属性,是用益物权与担保物权相区别的基本标志。物具有交换价值和使用价值双重属性。用益物权和担保物权是就这两种不同的价值而设立的权利:用益物权侧重于物的使用价值,担保物权侧重于物的交换价值。

第二,用益物权具有独立性。用益物权不以他权利的成立为成立前提,不随他权利的转让而转让,亦不随他权利的消灭而消灭;同时,用益物变化,如部分灭失或者价值减少等,用益物权都将随之发生变化。因此,用益物权具有独立性。但是,地役权例外,即地役权具有从属性。

第三,用益物权通常具有占有性。占有性是指用益物权的实现通常须以实体上支配用益物为条件。用益物权的内容在于使用收益物的实体,即对物的使用价值的用益,因而它必然以物的实体上的有形支配,即实际占有为必要。用益物须转移给用益物权人实际占有支配,否则,用益物权人的用益目的就无法实现。例如,若不转移土地,用益物权人就无法在土地上营造建筑物或者进行耕作,从而也就无法实现建设用地使用权或者土地承包经营权。

第四,用益物权的客体主要是不动产。用益物权以物的使用、收益为目的,而不动产较之动产,其价值较高,社会上对其所有权与利用价值分别归属的需求较强,且通过物权关系加以确认,有利于稳定财产的利用关系。因此,用益物权的客体主要是不动产。当然,《民法典》第323条也将动产纳入用益物权的客体,但是目前用益物权的类型均以不动产为客体,如土地承包经营权、建设用地使用权、宅基地使用权、居住权、地役权等。

二、用益物权的行使

在我国,国家所有或者国家所有由集体使用以及法律规定属于集体所有的自然资源,组织、个人可以占有、使用和收益(《民法典》第324条);而对于自然资源,国家实行有偿使用制度,但是法律另有规定的除外(《民法典》第325条)。用益物权人在行使权利时,应当遵守法律有关保护和合理开发利用资源、保护生态环境的规定,所有权人不得干涉用益物权人行使权利(《民法典》第326条)。

三、用益物权的种类

用益物权是各国民法中的一项重要内容，但是，由于各国的社会结构、经济形态、生活习惯的不同，各国民法所规定的用益物权的种类亦存在着很大的差异。

在我国，用益物权的种类包括土地承包经营权、建设用地使用权、宅基地使用权、居住权、地役权。同时，特别法中规定的海域使用权、探矿权、采矿权、取水权、养殖权和捕捞权等也属于用益物权。

第二节 土地承包经营权

一、土地承包经营权的概念和特点

依据《民法典》第331条的规定，土地承包经营权是指土地承包经营权人依法享有的对其承包经营的耕地、林地、草地等占有、使用和收益以及自主从事种植业、林业、畜牧业等农业生产的权利。

土地承包经营权具有以下特点：

第一，土地承包经营权的目的在于从事农业生产活动。土地承包经营权的目的是在土地上从事种植业、林业、畜牧业等农业生产活动。因此，非以从事农业生产活动为目的而使用他人土地的，不能设立土地承包经营权。

第二，土地承包经营权的主体是农业生产者。土地承包经营权的目的在于从事农业生产活动，因此，土地承包经营权的主体只能是从事农业生产的人，其他非从事农业生产的单位或者个人不能成为土地承包经营权的主体。同时，土地承包经营权的主体一般为本集体经济组织的成员。

第三，土地承包经营权的客体是农村土地。只有农村土地才能成为土地承包经营权的客体，在非农村土地上不能设立土地承包经营权。所谓农村土地，包括农民集体所有和国家所有依法由农民集体使用的耕地、林地、草地以及其他依法用于农业的土地（《民法典》第330条第2款）。

第四，土地承包经营权的取得具有严格的程序性。农村土地承包经营制度是我国在农村实行的基本经济制度，而且土地承包经营权涉及每个农户的基本生活保障，因此，法律对土地承包经营权的取得规定了严格的程序。例如，依据《农村土地承包法》第20条的规定，采用家庭承包方式设立土地承包经营权的，应按下列程序进行：本集体经济组织成员的村民会议选举产生承包工作小组、承包工作小组依法拟订承包方案、召开村民会议并讨论通过承包方案、公开组织实施承包方案、签订承包合同。

二、土地承包经营权的取得

土地承包经营权主要基于民事法律行为而取得，其取得方式可以是创设的继受取得，这体现为土地承包经营权的设立；也可以是转移的继受取得，这体现为土地承包经营权的互换、转让。

土地承包经营权的设立是指承包人与发包人通过合同创设土地承包经营权。创设土地承包经营权的合同,为土地承包经营权合同。依据《民法典》第333条的规定,土地承包经营权自土地承包经营权合同生效时设立。登记机构应当向土地承包经营权人发放土地承包经营权证、林权证等证书,并登记造册,确认土地承包经营权。

依据《农村土地承包法》第22条的规定,土地承包经营权合同应当采取书面形式,一般包括以下条款:(1)发包方、承包方的名称,发包方负责人和承包方代表的姓名、住所;(2)承包土地的名称、坐落、面积、质量等级;(3)承包期限和起止日期;(4)承包土地的用途;(5)发包方和承包方的权利和义务;(6)违约责任。

三、土地承包经营权的内容

(一)土地承包经营权人的权利

1. 承包地的占有权

土地承包经营权人取得土地承包经营权的目的,在于在承包的土地上从事农业生产活动,而从事这些农业生产活动,必须以占有承包地为前提。因此,土地承包经营权人当然享有占有承包地的权利。

2. 承包地的使用权

土地承包经营权人占有承包地的目的在于使用承包地,如在耕地上耕种、在草原上放牧、在林地上种植竹木等。因此,土地承包经营权人对承包地有使用权,有权按照承包地的属性和约定用途利用承包地,有权在承包地上自主从事生产经营活动,有权在承包地上修建必要的附属设施等。

3. 承包地的收益权

在土地承包经营权中,无论权利人对承包地的使用是以土地的产出物自用为目的的消费性使用,还是以土地的产出物出售以获得经济利益或者为取得土地的法定孳息为目的的经营性使用,土地承包经营权人都有权获取使用土地所获得的利益。

4. 权利处分权

土地承包经营权人对其权利的处分,主要方式是土地承包经营权的互换、转让。依据《民法典》第334条的规定,土地承包经营权人有权依法将土地承包经营权互换、转让。土地承包经营权人将土地承包经营权互换、转让的,当事人可以向登记机构申请登记;未经登记,不得对抗善意第三人(《民法典》第335条)。应当指出,土地承包经营权互换、转让只能在本集体经济组织内部进行,即互换双方、转让双方应当属于同一集体经济组织内的农户(《农村土地承包法》第33条和第34条)。

5. 依法流转土地经营权

依据《民法典》第339条的规定,土地承包经营权人可以自主决定依法采取出租、入股或者其他方式向他人流转土地经营权。土地经营权人取得土地经营权后,有权在合同约定的期限内占有农村土地,自主开展农业生产经营并取得收益(《民法典》第340条)。流转期限为5年以上的土地经营权,自流转合同生效时设立。当事人可以向登记机构申请土地经营权登记;未经登记,不得对抗善意第三人(《民法典》第341条)。土地承包经营权依法流转土地经营权是承包地"三权分置"的具体体现,即承包地实行所有权、承包权、经营权分别设置。

除家庭承包中流转土地经营权外,通过招标、拍卖、公开协商等方式承包农村土地,经依法登记取得权属证书的,可以依法采取出租、入股、抵押或者其他方式流转土地经营权(《民法典》第342条)。

6. 补偿请求权

土地承包经营权人在下列三种情况下,享有补偿请求权:(1) 在承包期内,土地承包经营权人交回承包地或者发包人依法收回承包地时,权利人对其在承包地上投入而提高土地生产能力的,有权获得相应的补偿(《农村土地承包法》第27条第3款);(2) 土地承包经营权人自愿交回承包地的,可以获得合理补偿(《农村土地承包法》第30条);(3) 承包地被征收的,土地承包经营权人有权依法获得相应的补偿(《民法典》第338条)。

(二) 土地承包经营权人的义务

1. 维护承包地的农业用途

土地承包经营权人负有"维护土地的农业用途,未经依法批准不得用于非农建设"的义务(《农村土地承包法》第18条第1项)。在土地承包经营权互换、转让时,未经依法批准,不得将承包地用于非农建设(《民法典》第334条)。

2. 保护和合理利用承包地的义务

土地承包经营权人负有"依法保护和合理利用土地,不得给土地造成永久性损害"的义务(《农村土地承包法》第18条第2项)。这种义务,一般统称为维持地力的义务。如果土地承包经营权人违反保护和合理利用土地的义务,给承包地造成永久性损害的,发包人有权制止,并有权要求承包人赔偿由此造成的损失(《农村土地承包法》第63条)。

3. 返还土地的义务

在土地承包经营权消灭时,土地承包经营权人应当将土地返还给发包人。如果当事人约定,在返还土地时,土地承包经营权人应当恢复原状的,还应当恢复土地的原状。

四、土地承包经营权的消灭

一般地说,土地承包经营权可以因下列原因而消灭:

(一) 期限届满不愿意继续承包

土地承包经营权是有期物权,只在法律规定的期间内存续。依据《民法典》第332条的规定,土地承包经营权的具体期限为:耕地的承包期为30年;草地的承包期为30年至50年;林地的承包期为30年至70年。在土地承包经营权的期限届满时,土地承包经营权人有权按照法律规定继续承包。如果土地承包经营权人不愿继续承包的,土地承包经营权应归于消灭。

(二) 承包地交回

土地承包经营权人交回承包地的,土地承包经营权归于消灭。依据《农村土地承包法》第30条的规定,在承包期内,承包方可以自愿将承包地交回发包方,但是应当提前半年以书面形式通知发包方。承包方在承包期内交回承包地的,在承包期内不得再要求承包土地

(三) 承包地收回

依据《民法典》第337条的规定,在承包期内,发包人不得收回承包地。法律另有规定的,依照其规定。在承包期内,承包农户进城落户的,应当引导支持其按照自愿有偿原则依

法在本集体经济组织内部转让土地承包经营权或者将承包地交回发包方(《农村土地承包法》第 27 条第 3 款)。同时,承包期内发包人也不得调整承包地。因自然灾害严重毁损承包等特殊情形,需要适当调整承包的耕地、草地的,应当依照农村土地承包的法律规定办理。可见,只有在法律有规定的情况下,发包方才能收回承包地。发包方依法收回承包地的,土地承包经营权归于消灭。但是应当注意,在承包期内,妇女结婚,在新居住地未取得承包地的,发包方不得收回其原承包地;妇女离婚或者丧偶,仍在原居住地生活或者不在原居住地生活但是在新居住地未取得承包地的,发包方不得收回其原承包地(《农村土地承包法》第 31 条)。

(四) 土地被征收、占用

国家出于公共利益的需要,征收承包地的,土地承包经营权归于消灭;因乡(镇)村公共设施、公益事业建设的需要而占用承包地的,土地承包经营权亦归于消灭。

(五) 土地灭失

在土地承包经营权存续期间,承包地因自然灾害而毁损灭失的,如耕地完全沙漠化、耕地全部成为水面等,土地承包经营权归于消灭。

第三节 建设用地使用权

一、建设用地使用权的概念和特点

依据《民法典》第 344 条的规定,建设用地使用权是指建设用地使用权人为建造建筑物、构筑物及其附属设施而使用国有土地的权利。

建设用地使用权具有以下特点:

第一,建设用地使用权具有特定的目的性。建设用地使用权是以开发经营或者公益事业为目的而在他人土地之上建造建筑物、构筑物及其附属设施的权利,并因之而取得土地上建造的建筑物、构筑物及其附属设施的所有权。

第二,建设用地使用权的主体具有广泛性。在建设用地使用权中,不论是法人、非法人组织,还是自然人,都可以依法取得建设用地使用权,成为建设用地使用权人。同时,建设用地使用权人也不受从事特定目的或者特定身份的限制。

第三,建设用地使用权的客体具有限定性。建设用地使用权以土地为客体,且以国有建设用地为限。同时,建设用地使用权的客体范围不限于地表,也包括地上或者地下的一定空间。对此,《民法典》第 345 条规定:"建设用地使用权可以在土地的地表、地上或者地下分别设立。"

第四,建设用地使用权原则上具有期限性和流通性。建设用地使用权是使用国有土地的权利,属于他物权,因此,原则上应当有期限性。我国现行法对以出让方式取得的建设用地使用权的期限作了明确规定,但是对以划拨方式取得的建设用地使用权,除法律、行政法规另有规定外,并没有使用期限的限制。同时,除法律另有规定外,建设用地使用权人有权将建设用地使用权转让、互换、出资、赠与或者抵押,因此,建设用地使用权具有流通性。

二、建设用地使用权的取得

建设用地使用权可以基于民事法律行为而取得,也可以基于民事法律行为之外的其他法律事实而取得。

(一)基于民事法律行为取得

基于民事法律行为而取得建设用地使用权,主要是通过出让或者划拨的设立方式取得,当然也通过转让的方式取得。

依据《民法典》第347条第1款的规定,设立建设用地使用权,可以采取出让或者划拨等方式。无论采取何种方式,设立建设用地使用权,都应当符合节约资源、保护生态环境的要求,遵守法律、行政法规关于土地用途的规定,不得损害已经设立的用益物权(《民法典》第346条)。

建设用地使用权的出让是指国家以土地所有权人的身份将建设用地使用权在一定年限内让与给建设用地使用权人,并由建设用地使用权人向国家支付建设用地使用权出让金的行为。《民法典》第347条第2款规定:"工业、商业、旅游、娱乐和商品住宅等经营性用地以及同一土地有两个以上意向用地者的,应当采取招标、拍卖等公开竞价的方式出让。"通过招标、拍卖、协议等出让方式设立建设用地使用权的,当事人应当采取书面形式订立建设用地使用权出让合同。建设用地使用权出让合同一般包括下列条款:(1)当事人的名称和住所;(2)土地界址、面积等;(3)建筑物、构筑物及其附属设施占用的空间;(4)土地用途、规划条件;(5)建设用地使用期限;(6)出让金等费用及其支付方式;(7)解决争议的方法(《民法典》第348条)。

建设用地使用权的划拨是指县级以上人民政府依法批准,在建设用地使用权人缴纳补偿、安置等费用后将土地交付其使用,或者将建设用地使用权无偿交付给建设用地使用权人使用的行为。我国法律严格限制以划拨方式设立建设用地使用权。依据《土地管理法》第54条的规定,下列建设用地,可以由县级以上人民政府依法批准划拨:(1)国家机关用地和军事用地;(2)城市基础设施用地和公益事业用地;(3)国家重点扶持的能源、交通、水利等基础设施用地;(4)法律、法规规定的其他用地。

依据《民法典》第349条的规定,无论以何种方式设立建设用地使用权,都应当向登记机构申请建设用地使用权登记。建设用地使用权自登记时设立,登记机构应当向建设用地使用权人发放建设用地使用权证书。

(二)基于民事法律行为以外的事实取得

建设用地使用权除因出让和划拨的民事法律行为而取得外,还可以基于民事法律行为以外的其他法律事实而取得,如建设用地使用人为自然人的,在该自然人死亡时,建设用地使用权作为遗产,可以由继承人继承。

三、建设用地使用权的内容

(一)建设用地使用权人的权利

1. 土地利用权

土地利用权是指建设用地使用权人对建设用地本身的占有、使用、收益的权利。土地利用权主要表现为建设用地使用权人利用土地从事建造建筑物、构筑物及其附属设施的行为，也包括在占用的土地范围内，从事必要的，非以建造建筑物、构筑物及其附属设施为目的的附属行为，如开辟道路、修筑围墙、种植花木等。

2. 权利处分权

依据《民法典》第353条的规定，建设用地使用权人有权将建设用地使用权转让、互换、出资、赠与或者抵押，但是法律另有规定的除外。建设用地使用权转让、互换、出资、赠与或者抵押的，应当采取书面形式订立相应的合同。具体的使用期限由当事人约定，但是不得超过建设用地使用权的剩余期限(《民法典》第354条)。依据《民法典》第355条的规定，建设用地使用权转让、互换、出资或者赠与的，应当向登记机构申请变更登记。建设用地使用权人在处分建设用地使用权时，应当遵守"房随地走"与"地随房走"两项规则。"房随地走"规则表现为：建设用地使用权转让、互换、出资或者赠与的，附着于该土地上的建筑物、构筑物及其附属设施一并处分(《民法典》第356条)；"地随房走"规则表现为：建筑物、构筑物及其附属设施转让、互换、出资或者赠与的，该建筑物、构筑物及其附属设施占用范围内的建设用地使用权一并处分(《民法典》第357条)。

3. 建筑物、构筑物以及附属设施所有权的取得权

依据《民法典》第352条的规定，建设用地使用权人建造的建筑物、构筑物及其附属设施的所有权属于建设用地使用权人，但是有相反证据证明的除外。

4. 请求补偿的权利

依据《民法典》第358条的规定，建设用地使用权期间届满前，因公共利益需要提前收回该土地的，应当依法对该土地上的房屋及其他不动产给予补偿，并退还相应的出让金。同时，建设用地被征收、征用致使建设用地使用权消灭或者影响建设用地使用权行使的，建设用地使用权人有权获得征收、征用补偿(《民法典》第327条)。

(二) 建设用地使用权人的义务

1. 合理利用土地，不得改变土地用途的义务

依据《民法典》第350条的规定，建设用地使用权人应当合理利用土地，不得改变土地用途；需要改变土地用途的，应当依法经有关行政主管部门批准。所谓合理利用土地，是指建设用地使用权人应当按照法律的规定和合同的约定，合理开发、利用、经营土地；所谓不得改变土地用途，是指建设用地使用权人不得擅自改变建设用地使用权出让合同约定的或者建设用地使用权划拨批准文件中规定的土地用途。例如，不得将公益用地改变为商业用地，不得将非住宅用地改变为住宅用地等。

2. 支付出让金等费用的义务

建设用地使用权人应当依照法律规定以及合同约定支付出让金等费用(《民法典》第351条)，这是出让建设用地使用权人最基本的义务。此外，在划拨建设用地使用权中，建设用地使用权人虽不负支付出让金的义务，但是应当依照法律规定支付补偿、安置等费用。

3. 返还土地的义务

在建设用地使用权消灭时，建设用地使用权人不再享有继续占用土地的权利，因此，应将土地返还于土地所有权人。在建设用地使用权人返还土地时，应依法对土地恢复原状。

四、建设用地使用权的消灭

（一）建设用地使用权消灭的主要原因

1. 期限届满

期限届满主要是出让建设用地使用权消灭的原因，因为划拨建设用地使用权一般并没有期限的限制。依据我国现行法的规定，建设用地使用权出让的最高年限为：（1）居住用地70年；（2）工业用地50年；（3）教育、科技、文化、卫生、体育用地50年；（4）商业、旅游、娱乐用地40年；（5）综合或者其他用地50年。

建设用地使用权约定的期限届满后，建设用地使用权消灭。但是，为保护建设用地使用权人的建筑物所有权，法律赋予了建设用地使用权人在期限届满时的续期权。依据《民法典》第359条的规定，住宅建设用地使用权期限届满的，自动续期。续期费用的缴纳或者减免，依照法律、行政法规的规定办理。非住宅建设用地使用权期限届满后的续期，依照法律规定办理。可见，住宅建设用地使用权并不会因使用权期限届满而消灭，而非住宅建设用地使用权期限届满后未续期的，则权利消灭。

2. 建设用地使用权被收回

依据《民法典》第358条的规定，建设用地使用权期限届满前，因公共利益需要，出让人有权提前收回。此外，建设用地使用权人连续2年未使用土地的，经原批准机关批准，由县级以上人民政府无偿收回建设用地使用权。建设用地使用权被提前收回的，建设用地使用权即归于消灭。

3. 土地灭失

当建设土地因某种客观的原因（如地震、火山爆发等自然灾害）而灭失时，建设用地使用权即归于消灭。当然，如果土地仅是部分灭失的，则建设用地使用权只是部分灭失。就未灭失的土地部分，建设用地使用权仍为存续。

（二）建设用地使用权消灭的后果

依据《民法典》的规定，建设用地使用权消灭后，产生以下法律后果：

（1）建设用地使用权因公共利益需要提前收回土地而消灭的，国家应当对该土地上的房屋及其他不动产给予补偿，并退还相应的出让金（《民法典》第358条）。

（2）非住宅建设用地使用权因期限届满消灭的，该土地上的房屋及其他不动产的归属，有约定的，按照约定；没有约定或者约定不明确的，依照法律、行政法规的规定办理（《民法典》第359条第2款）。

（3）建设用地使用权消灭的，出让人应当及时办理注销登记。登记机构应当收回建设用地使用权证书（《民法典》第360条）。

第四节　宅基地使用权

一、宅基地使用权的概念和特点

依据《民法典》第362条的规定，宅基地使用权是指宅基地使用权人为建造住宅及其附属设施而使用集体所有土地的权利。

宅基地使用权具有以下特点：

第一，宅基地使用权的客体是集体土地。宅基地使用权只能在土地之上设立，而且宅基地使用权的客体仅限于集体土地，在国有土地上只存在建设用地使用权而不存在宅基地使用权。

第二，宅基地使用权的主体具有特定性。宅基地使用权人为农村村民，且一般限于该农民集体的成员，城镇居民不能成为宅基地使用权人，非该农民集体成员也不能通过审批取得该集体所有土地的宅基地使用权。

第三，宅基地使用权的目的在于建造住宅及其附属设施。宅基地使用权人取得权利的目的在于利用集体土地，即在集体土地上建造住宅及其附属设施。凡不以在土地上建造住宅及其附属设施为目的而使用土地的，如以种植、放牧等为目的而使用集体土地的，都不属于宅基地使用权的范围。

第四，宅基地使用权没有期限性。宅基地使用权是权利人使用集体所有土地的权利，这一权利没有期限的限制，只要土地上的住宅存在，宅基地的使用权也同时存在。

二、宅基地使用权的取得

从我国现行法和相关政策来看，宅基地使用权的取得有审批取得和附随取得两种方式。

（一）审批取得

审批取得是指宅基地使用权人经乡（镇）人民政府的审核批准而取得宅基地使用权。依据《土地管理法》第62条的规定，农村村民一户只能拥有一处宅基地，其宅基地的面积不得超过省、自治区、直辖市规定的标准；农村村民建住宅，应当符合乡（镇）土地利用总体规划、村庄规划，不得占用永久基本农田，并尽量使用原有的宅基地和村内空闲地；农村村民出卖、出租、赠与住宅后，再申请宅基地的，不予批准。

（二）附随取得

附随取得是指通过取得房屋所有权而附随取得宅基地使用权。尽管宅基地使用权不能单独转让，但是我国法律允许农村房屋在一定条件下的转让。在农村房屋所有权发生转移的情况下，按照"地随房走"的原则，房屋占用范围内的宅基地的使用权亦随之转移。

同时，在房屋所有权人死亡后，其继承人或者受遗赠人通过继承或者接受遗赠而取得房屋所有权的，也附随取得宅基地使用权。

三、宅基地使用权的内容

（一）宅基地使用权人的权利

1. 土地的占有、使用权

宅基地使用权人取得宅基地使用权的目的在于建造住宅及其附属设施。因此，宅基地使用权人有权占有和使用被批准的集体所有土地，用以建造住宅及其附属设施，并取得住宅及其附属设施的所有权。

2. 从事必要附属行为的权利

宅基地使用权人为行使宅基地使用权，可以在依法占有使用的土地范围内，进行非以建造住宅及其附属设施的行为,如修筑围墙、种植花木等。

3. 宅基地使用权的处分

依据《民法典》第363条的规定,宅基地使用权的转让,适用土地管理的法律和国家有关规定。已经登记的宅基地使用权转让的,应当及时办理变更登记(《民法典》第365条)。

(二)宅基地使用权人的义务

1. 按照批准的用途使用宅基地的义务

宅基地使用权的目的在于满足农村居民的居住生活需要,宅基地只能用于建造住宅及其附属设施,不能用于其他用途。这不仅是保障农村居民生活的需要,也是维护集体土地所有权的需要。

2. 按照批准的面积建造住宅及其附属设施的义务

我国不仅实行"一户一宅"原则,而且对于宅基地的面积有严格的限制。因此,宅基地使用权人必须按照批准的宅基地面积建造住宅及其附属设施。

3. 服从国家、集体的统一规划的义务

宅基地使用权的取得应当服从国家、集体的统一规划,其行使也应服从国家、集体的统一规划。因国家、集体的统一规划而需要变更宅基地时,宅基地使用权人应当配合,不得阻挠。

四、宅基地使用权的消灭

(一)宅基地使用权消灭的原因

一般地说,宅基地使用权可因下列原因而消灭:

1. 宅基地使用权的收回

土地所有权人基于特殊的原因,经原批准用地的人民政府批准,可以收回宅基地使用权。在宅基地使用权被收回后,该权利即归于消灭。例如,基于城镇或者乡村发展的需要,土地所有权人在对城镇或者乡村作出发展规划或者进行调整时,有权收回或者调整宅基地使用权。在这种情况下,宅基地使用权应归于消灭。

2. 征收

国家为了社会公共利益的需要,征收宅基地的,该宅基地使用权消灭。应当指出的是,这里征收的对象,既可以是单独的宅基地,也可以是住宅和宅基地。

3. 宅基地灭失

宅基地因自然灾害等原因灭失的,宅基地使用权消灭。但是,如果只是宅基地上的建筑物或者其他附属物灭失的,则不影响宅基地使用权的效力,宅基地使用权人有权在宅基地上重新建造房屋,以供居住。

(二)宅基地使用权消灭的后果

宅基地使用权消灭后,发生如下主要法律后果:

1. 重新分配宅基地

依据《民法典》第364条的规定,为保障居民的基本生活需要,在宅基地使用权消灭后,没有宅基地的农户,有权重新申请宅基地使用权。

2. 宅基地使用权人取得补偿权

在土地所有权人收回宅基地使用权的情况下，如非出于宅基地使用权人的原因，土地所有权人应当对宅基地使用权人给予适当补偿（《土地管理法》第66条第1款、第2款）。

3. 办理注销登记

依据《民法典》第365条的规定，已经登记的宅基地使用权消灭的，权利人应当及时办理注销登记。

第五节 居 住 权

一、居住权的概念和特点

依据《民法典》第366条的规定，居住权是指居住权人按照合同约定，对他人的住宅所享有的占有和使用，以满足生活居住需要的权利。

居住权具有以下特点：

第一，居住权的主体是特定的自然人，不包括法人和非法人组织。但是，法人、非法人组织可以为他人设立居住权。

第二，居住权的客体限于住宅。居住权是为满足生活居住需要而设立的用益物权，因此，居住权的客体仅限于住宅，不包括他人的经营用房。

第三，居住权的设立以无偿为原则，但是当事人也可以另行约定居住权为有偿（《民法典》第368条）。

第四，居住权的期限一般具有长期性、终身性。当事人可以约定居住权的期限，若没有约定的，则居住权为权利人终身享有。

第五，居住权不可转让、不可继承。居住权是为满足特定人的生活居住需要而设立的，只能由该特定人享有，不可转让、不可继承。因此，居住权具有人役权的性质。

二、居住权的设立

依据《民法典》的规定，居住权的取得方式主要有两种：

一是通过合同方式设立。通过合同方式设立居住权的，当事人应当采用书面形式订立居住权合同。居住权合同一般包括下列条款：(1) 当事人的姓名或者名称和住所；(2) 住宅的位置；(3) 居住的条件和要求；(4) 居住期限；(5) 解决争议的方法（《民法典》第367条）。依据《民法典》第368条的规定，设立居住权的，应当向登记机构申请居住权登记，居住权自登记时设立。

二是通过遗嘱方式设立。通过遗嘱方式设立居住权的，参照适用以合同方式设立居住权的有关规定（《民法典》第371条）。应当指出，通过遗嘱设立居住权的，居住权自遗嘱生效时设立。

三、居住权的内容

（一）居住权人的权利

居住权人取得居住权后，享有如下主要权利：

1. 对住宅的占有、使用权

居住权人有权按照合同的约定，占有和使用他人的住宅，以满足自己的生活居住需要。这是居住权人最重要、最基本的权利。

2. 有权按照约定出租住宅

依据《民法典》第369条的规定，设立居住权的住宅不得出租，但是当事人另有约定的除外。据此，在当事人没有约定设立居住权的住宅可以出租的情况下，居住权人无权出租住宅。

3. 对住宅的改良和修缮权

居住权人有权对住宅进行必要的改良和修缮，但是不得对住宅作重大的结构性的改变。

(二) 居住权人的义务

居住权人的义务主要有如下几项：

(1) 居住权人应当合理使用住宅，并承担日常维护费用。

(2) 在居住权有偿设立的情形下，居住权人应当支付居住权的对价，即"房租"。

(3) 居住权人不得转让居住权，不得让他人继承居住权。

(4) 居住权人在居住期间应当合理保管居住的住宅，不得从事任何有损于住宅的行为。

四、居住权的消灭

(一) 居住权消灭的原因

依据《民法典》第370条的规定，居住权消灭的原因主要有二：(1) 居住权期限届满；(2) 居住权人死亡。此外，居住权人放弃居住权、居住权混同以及因不可抗力致使住宅灭失等，也是居住权消灭的原因。

(二) 居住权消灭的法律后果

居住权消灭后，发生以下主要法律后果。

第一，返还住宅。在居住权期限届满后，居住权人应当返还住宅。

第二，恢复原状。居住权人在居住期间对住宅进行添附的，应当恢复原状。但是，住宅所有权人不要求恢复原状的，可以不恢复原状。住宅所有权人留用添附物的，应当折价补偿。

第三，居住权消灭的，应当及时办理注销登记(《民法典》第370条)。

第六节 地役权

一、地役权的概念和特点

依据《民法典》第372条的规定，地役权是指为提高自己不动产的效益而利用他人不动产的权利。在地役权中，为自己不动产的便利而利用他人不动产的一方称为地役权人(需役地人)，将自己的不动产供他人利用的一方称为供役地人，需要提供便利的不动产称为需役地，供地役权人利用的不动产称为供役地。

地役权具有以下特点：

第一,地役权是为需役地的便利而设立的物权。地役权的目的并不在于地役权人使用他人的不动产,而在于地役权人为自己不动产的利用提供便利,以增加自己不动产的效用,提高利用价值。所以,只有为自己不动产的便利而利用他人不动产的,才能设立地役权。也就是说,地役权是为需役地而存在的。在地役权中,需役地和供役地可以是土地,也可以是建筑物;地役权人和供役地人,可以是不动产的所有权人,也可以是不动产的使用权人。

第二,地役权的内容具有多样性。地役权是为需役地的便利而设立的物权,这种便利的内容相当广泛,从而使得地役权的内容具有了多样性。地役权中的便利,系指方便利益,其内容只要不违反法律或者公序良俗,可以由当事人自行约定。一般地说,地役权的便利内容主要有:(1)以供役地供利用,如通行、汲水地役权等;(2)以供役地供收益,如引水地役权等;(3)排除相邻关系规定的适用;(4)禁止或者限制供役地为某种使用,如禁止在供役地建筑高楼等。

第三,地役权具有从属性。地役权的从属性是指地役权不得与需役地所有权或者使用权(以下统称需役地权利)相分离而单独存在,不得保留地役权而处分需役地权利。地役权的从属性主要表现在以下两个方面:一方面,地役权不得与需役地分离而为转让,只能随同需役地权利一同转让。具体而言,需役地人不得自己保留需役地权利而将地役权转让给他人,不得自己保留地役权而将需役地权利转让给他人,也不得将需役地权利与地役权分别转让给不同的人。对此,《民法典》第380条规定:"地役权不得单独转让。土地承包经营权、建设用地使用权等转让的,地役权一并转让,但是合同另有约定的除外。"另一方面,地役权不得与需役地分离而为其他权利的标的。对此,《民法典》第381条规定:"地役权不得单独抵押。土地经营权、建设用地使用权等抵押的,在实现抵押权时,地役权一并转让。"此外,《民法典》第378条规定:"土地所有权人享有地役权或者负担地役权的,设立土地承包经营权、宅基地使用权等用益物权时,该用益物权人继续享有或者负担已经设立的地役权。"这也是地役权从属性的一个表现。

第四,地役权具有不可分性。地役权的不可分性是指无论是地役权的发生或者消灭,还是地役权的享有或者负担,均及于需役地与供役地的全部,不得分割为数部分或者仅为一部分而存在。可见,地役权的不可分性主要包括以下三项内容:其一,地役权发生上的不可分性。一方面,需役地为共有时,各共有人不得仅就自己的应有部分取得地役权,而需就需役地的全部取得地役权;另一方面,供役地为共有时,各共有人不能仅就自己的应有部分为他人设立地役权,而只能就供役地的全部设立地役权。其二,地役权消灭上的不可分性。一方面,需役地为共有时,各共有人不能按其应有部分使已经存在的地役权一部分消灭;另一方面,供役地为共有时,各共有人不能仅就其应有部分除去地役权。其三,地役权享有或者负担上的不可分性。一方面,在地役权设立后,需役地为共有的,地役权由需役地共有人共同享有,而非由需役地各共有人分别享有。对此,《民法典》第382条规定:"需役地以及需役地上的土地承包经营权、建设用地使用权等部分转让时,转让部分涉及地役权的,受让人同时享有地役权。"另一方面,供役地为共有的,地役权由供役地共有人共同负担,而非由供役地各共有人分别负担。对此,《民法典》第383条规定:"供役地以及供役地上的土地承包经营权、建设用地使用权等部分转让时,转让部分涉及地役权的,地役权对受让人具有法律约束力。"应当指出的是,在需役地或者供役地被分割时,如果地役权的行使,依其性质只涉及需役地或者供役地的一部分的,则地役权仅就该部分存续。

二、地役权的取得

地役权可以基于民事法律行为而取得,也可以基于民事法律行为以外的法律事实而取得(如继承)。

基于民事法律行为而取得地役权,主要是地役权的设立。地役权的设立主要是通过合同而为之。依据《民法典》第373条的规定,设立地役权,当事人应当采取书面形式订立地役权合同。地役权合同一般包括以下条款:(1)当事人的姓名或者名称和住所;(2)供役地和需役地的位置;(3)利用目的和方法;(4)地役权期限;(5)费用及其支付方式;(6)解决争议的方法。《民法典》第374条规定:"地役权自地役权合同生效时设立。当事人要求登记的,可以向登记机构申请地役权登记;未经登记,不得对抗善意第三人。"应当指出的是,如果土地上已设立土地承包经营权、建设用地使用权、宅基地使用权等用益物权,未经用益物权人同意,土地所有权人不得设立地役权(《民法典》第379条)。

三、地役权的内容

(一) 地役权人的权利义务

1. 地役权人的权利

(1) 供役地的使用权。地役权存在的目的,在于以供役地供需役地的便利之用。所以,地役权人当然享有使用供役地的权利。

(2) 地役权的附随转让权。地役权人可以将地役权随需役地权利同时让与他人,或者随同需役地权利为其他权利的标的。

(3) 为必要的附随行为与设施的权利。地役权人为达到地役权的目的或者实现权利内容,在权利行使的必需范围内,可以为一定的必要行为或者为必要的设施,以便更好地实现地役权。但是地役权人行使这一权利时,应选择对供役地损害最少的处所及方法为之。

2. 地役权人的义务

(1) 合理利用供役地的义务。地役权人应当按照合同约定的利用目的和方法利用供役地,尽量减少对供役地权利人物权的限制(《民法典》第376条)。

(2) 维护设施的义务。地役权人对于其在权利行使的必要范围内所为的设施,负有维持的义务,以防止供役地因此而受到损害。

(3) 支付费用的义务。如果当事人约定地役权为有偿的,则地役权人负有向供役地人支付约定费用的义务。

(4) 恢复原状的义务。在地役权消灭后,如果地役权人占有供役地,则应返还土地并恢复原状。地役权人在供役地上有设施时,如该设施仅供需役地便利之用,则地役权人应取回该设施,并负责恢复原状。

(二) 供役地人的权利义务

1. 供役地人的权利

(1) 设施使用权。对于地役权人于供役地上所为的设施,供役地人在不影响地役权行使的范围内,有权使用之。

(2) 费用请求权。在有偿的地役权中,供役地人享有请求支付费用的权利。

(3) 供役地使用场所及方法的变更请求权。当事人在设立地役权时,定有权利行使场所及方法的,如变更该场所及方法对地役权人并无不利,而对于供役地人是有利的,则供役地人对于地役权人有请求变更地役权的行使场所及方法的权利。

2. 供役地人的义务

(1) 容忍及不作为义务。供役地权利人应当按照合同约定,允许地役权人利用其不动产,不得妨害地役权人行使权利(《民法典》第 375 条)。

(2) 维持设施费用的分担义务。供役地人有权使用地役权人所为的设施,但是为公平起见,供役地人应按其受益程度,分担维持设施的费用。

四、地役权的消灭

一般地说,地役权的消灭原因主要有以下几项:

(一) 供役地人解除地役权合同

依据《民法典》第 384 条的规定,地役权人有下列情形之一的,供役地权利人有权解除地役权合同,地役权归于消灭:(1) 违反法律规定或者合同约定,滥用地役权;(2) 有偿利用供役地,约定的付款期限届满后在合理期限内经两次催告未支付费用。

(二) 约定的事由出现

在地役权设立时,如果当事人约定在一定事由发生时,地役权消灭的,则一旦该事由出现,地役权即归于消灭。例如,当事人约定地役权不随同需役地权利而转让的,则需役地权利转让时,地役权消灭。

(三) 存续期间届满

地役权合同约定地役权有存续期限的,则存续期限届满后,地役权归于消灭。关于地役权的期限,应当由当事人约定;但是,不得超过土地承包经营权、建设用地使用权等用益物权的剩余期限(《民法典》第 377 条)。

(四) 标的物灭失

地役权存在的前提是供役地和需役地的同时存在,因此,当供役地灭失时地役权自归于消灭,需役地灭失的,地役权也归于消灭。如果供役地或者需役地仅一部分灭失,则除地役权不能行使外,地役权不能消灭。

(五) 目的之事实不能

所谓目的之事实不能,是指设立地役权的目的因自然原因而不能实现。当供役地已不能供或者难以供需役地便利之用时,如不使地役权消灭,则不仅设立地役权的目的无法达到,而且供役地必承受无谓的负担,这是不符合地役权调节不动产利用关系的本旨的。因此,目的之事实不能是地役权的消灭原因。例如,引水地役权因其水源枯竭应归于消灭。

地役权消灭后,应当及时办理注销登记(《民法典》第 385 条)。

第十三章 担保物权

第一节 担保物权概述

一、担保物权的概念和特点

依据《民法典》第386条的规定,担保物权是指权利人以确保债权的实现为目的,在债务人不履行到期债务或者发生当事人约定的情形时,依法就担保财产优先受偿的权利。

担保物权具有以下特点:

第一,担保物权具有变价受偿性。变价受偿性又称为换价性,这是担保物权的本质属性。所谓变价受偿性,是指担保物权是以取得担保财产的交换价值为内容,在债务人不履行债务或者发生当事人约定的实现担保物权的情形,担保物权人可以就担保财产的交换价值优先受偿。担保物权不以取得标的物的占有、使用、收益为内容,而仅是为了控制标的物的价值,以保证在债务人不履行债务时,担保物权人能够以标的物的价值优先受偿。可见,担保物权是一种价值权。

第二,担保物权具有从属性。从属性又称附随性、附属性、伴随性,是指担保物权系以确保债权的实现为目的的权利,是其所担保的主债权的从权利。依据《民法典》第388条的规定,担保合同是主债权债务合同的从合同。由此可见,担保物权具有从属性。一般地说,担保物权的从属性表现在以下方面:(1)存在上的从属性,即担保物权的存在应以相应的债权存在为前提条件,不能脱离债权而单独设立。因此,除法律另有规定外,主债权债务合同无效的,担保合同无效;担保合同无效,担保物权亦不能存在。依据《担保制度解释》第2条的规定,当事人在担保合同中约定担保合同的效力独立于主合同,或者约定担保人对主合同无效的法律后果承担担保责任的,该有关担保独立性的约定无效。(2)处分上的从属性,即担保物权应随同主债权的转让而转让,不能与主债权分离而单独转让。例如,抵押权不得与债权分离而单独转让或者作为其他债权的担保(《民法典》第407条)。(3)消灭上的从属性是指担保物权随主债权的消灭而消灭,主债权不存在,担保物权必不能存在。例如,主债权消灭的,担保物权消灭(《民法典》第393条)。

第三,担保物权具有不可分性。担保物权的不可分性是指担保物权人于其全部债权受清偿前,得就担保财产的全部行使其权利,担保财产的价值变化及债权的变化不影响担保物权的整体性。就是说,担保物权人得支配担保财产的全部价值,以保障自己的全部债权受清偿。关于担保物权的不可分性,《担保制度解释》作了规定,表现在:(1)主债权未受全部清偿的,担保物权人可以就担保财产的全部行使抵押权;担保财产被分割或者部分转让的,担保物权人可以就分割或者转让后的担保财产行使抵押权(第38条)。(2)主债权被分割或者部分转让的,各债权人可以其享有的债权份额行使担保物权;主债务被分割或者部分转移的,债务人自己提供物的担保的,债权人有权以担保财产担保全部债务履行(第39条)。

第四,担保物权具有物上代位性。担保物权的物上代位性是指担保物权的效力及于担保财产的代替物。这是因为,担保物权是以支配担保物的交换价值为内容的权利,以取得标的物的交换价值受偿为目的,所以,担保物权的效力也就及于担保物的代替物。关于担保物权的物上代位性,《民法典》第390条规定:"担保期间,担保财产毁损、灭失或者被征收等,担保物权人可以就获得的保险金、赔偿金或者补偿金等优先受偿。被担保债权的履行期限未届满的,也可以提存该保险金、赔偿金或者补偿金等。"

二、担保物权的分类

(一)法定担保物权与约定担保物权

根据担保物权的发生原因,担保物权可以分为法定担保物权与约定担保物权。

法定担保物权是指依据法律的直接规定而产生的担保物权,如留置权、优先权等;约定担保物权是指依据当事人的意思而设立的担保物权,如约定抵押权、约定质权等。

这种分类的主要意义在于:这两种担保物权的成立条件不同。法定担保物权依法律规定而成立,约定担保物权依当事人的意思而设立。依据《民法典》第388条的规定,设立担保物权,当事人应当订立担保合同。担保合同包括抵押合同、质押合同和其他具有担保功能的合同。这里的具有担保功能的合同包括保留所有权买卖合同、融资租赁合同、保理合同。

(二)不动产担保物权、动产担保物权与权利担保物权

根据担保物权的客体性质,担保物权可以分为不动产担保物权、动产担保物权与权利担保物权。

不动产担保物权是以不动产为客体的担保物权,如不动产抵押权;动产担保物权是以动产为客体的担保物权,如动产质权、动产抵押权、留置权等;权利担保物权是以权利为客体的担保物权,如权利质权、建设用地使用权抵押权。

这种分类的主要意义在于,法律对它们的调整原则不同。一般地说,不动产担保物权以登记为公示方法,动产担保物权通常以交付(占有)为公示方法,而权利担保物权以交付(占有)权利凭证或者登记为公示方式。

(三)转移占有的担保物权与不转移占有的担保物权

根据担保财产是否转移占有,担保物权可以分为转移占有的担保物权与不转移占有的担保物权。

转移占有的担保物权是指担保财产由担保物权人占有的担保物权,如质权、留置权;不转移占有的担保物权是指担保财产不转移给担保物权人占有的担保物权,如抵押权。

这种分类的主要意义在于:其一,这两种担保物权的成立条件不同。转移占有的担保物权以占有担保财产为成立条件,而不转移占有的担保物权则不以占有担保财产为成立条件。其二,物权人的权利义务范围不同。转移占有的担保物权的物权人对担保财产享有占有权,同时负有保管义务;不转移占有的担保物权的物权人对担保财产没有占有权,也不负保管义务。其三,这种分类可以作为区分不同担保物权的标准。例如,质权与抵押权的区分,无论其担保财产的性质如何,只要是转移占有的,就是质权;只要是不转移占有的,就是抵押权。再如,留置权和优先权都是法定担保物权,但是留置权以物权人占有担保财产为要件,而优先权并不以物权人占有担保财产为要件。

（四）登记担保物权与非登记担保物权

根据担保物权的登记与否，担保物权可以分为登记担保物权与非登记担保物权。

登记担保物权是指依法应当办理登记才能成立的担保物权，如不动产抵押权、股权质权、知识产权质权等；非登记担保物权是指依法无需登记即可成立的担保物权，如质权、留置权、动产抵押权等。

这种分类的主要意义在于：这两种担保物权的成立条件不同。登记担保物权只有经登记，才能发生物权的法律效力；非登记担保物权自担保合同生效时成立或者自法律规定的条件具备时成立，并不以登记为成立条件。

第二节 抵 押 权

一、抵押权的概念和特点

依据《民法典》第394条的规定，抵押权是指为担保债务的履行，债务人或者第三人不转移财产的占有而将该财产抵押给债权人，在债务人不履行到期债务或者发生当事人约定的实现抵押权的情形时，债权人就该财产优先受偿的权利。在抵押权中，提供担保财产的债务人或者第三人为抵押人，债权人为抵押权人，提供担保的财产为抵押财产或者抵押物。

抵押权作为一种担保物权，除具有变价受偿性、从属性、不可分性、物上代位性外，还具有以下特点：

第一，抵押权是不转移担保财产占有的担保物权。抵押人设立抵押，并不转移抵押财产的占有。也就是说，抵押权是在不转移抵押财产占有的情况下于标的物上设立的担保物权。由于抵押权是不以抵押财产的占有转移为成立条件的，因此，对抵押权不能以占有的方式来公示，而只能以登记的方式公示。

第二，抵押权的标的物可以是不动产或者动产，也可以是权利。抵押权是在债务人或者第三人的财产上设立的担保物权。这里的财产既可以是不动产、动产，也可以是法律规定的可用以抵押的权利，如建设用地使用权、土地经营权等。

第三，抵押权具有特定性。抵押权的特定性是指抵押财产和抵押权担保的债权须为特定的。抵押权是以抵押财产的交换价值来担保债权实现的，因此，抵押财产只能是特定的财产。这既是抵押权作为物权的要求，也是其担保作用的要求。对于不特定的财产，当事人无法估计其价值，也就不能起到担保的作用。抵押权所担保的债权也必须特定，抵押权只能担保特定的债权，而不能担保一切债权。

第四，抵押权具有顺序性。抵押权的顺序性是指在同一财产上设立有数个抵押权时，各抵押权之间有一定的先后顺序。因为抵押权不以转移对抵押财产的占有为成立要件，所以在同一财产上可以设立数个抵押权；又因为抵押权的实质是优先受偿权，同一财产上设立的数个抵押权就应有一定的顺序。顺序在先的抵押权优于顺序在后的抵押权，在实现抵押权时只有先顺序的抵押权人受偿后，后一顺序的抵押权人才能就抵押财产余下的价值受偿。当然，若各个抵押权为同一顺序，则各抵押权人只能按其各自的债权额比例受清偿。

二、抵押权的设立

一般地说,抵押权的设立须有抵押合同、抵押财产和法定公示方式等要件。

(一) 抵押合同

抵押合同是抵押当事人双方自愿设立抵押权的合意。设立抵押权,当事人应当采取书面形式订立抵押合同。抵押合同一般包括下列条款:(1)被担保债权的种类和数额;(2)债务人履行债务的期限;(3)抵押财产的名称、数量等情况;(4)担保的范围(《民法典》第400条)。

在抵押合同中,当事人双方为抵押人和抵押权人。抵押人又称设抵人,是提供财产作为债权担保的一方当事人。抵押人可以是债务人,也可以是第三人。当第三人作为抵押人时,该第三人称为物上保证人。抵押权人须为抵押权所担保的主债权的债权人,非主债权人不能成为抵押权人。

(二) 抵押财产

抵押财产是指抵押人用以设立抵押权的财产。关于抵押财产的范围,《民法典》从正反两个方面作了规定。

《民法典》第395条规定,债务人或者第三人有权处分的下列财产可以抵押:(1)建筑物和其他土地附着物;(2)建设用地使用权;(3)海域使用权;(4)生产设备、原材料、半成品、产品;(5)正在建造的建筑物、船舶、航空器;(6)交通运输工具;(7)法律、行政法规未禁止抵押的其他财产。抵押人可以将上述财产一并抵押。应当指出,在可以抵押的财产中,以建筑物抵押的,该建筑物占用范围内的建设用地使用权一并抵押;以建设用地使用权抵押的,该土地上的建筑物一并抵押。抵押人未一并抵押的,未抵押的财产视为一并抵押(《民法典》第397条)。但是,在建设用地使用权抵押后,该土地上新增的建筑物不属于抵押财产。该建设用地使用权实现抵押权时,应当将该土地上新增的建筑物与建设用地使用权一并处分,但是新增建筑物所得的价款,抵押权人无权优先受偿(《民法典》第417条)。关于抵押财产的范围,《担保制度解释》作了如下规定:(1)以违法的建筑物抵押的,抵押合同无效,但是一审法庭辩论终结前已经办理合法手续的除外;当事人以建设用地使用权依法设立抵押,抵押人以土地上存在违法建筑物为由主张抵押合同无效的,人民法院不予支持(第49条)。(2)抵押人以划拨建设用地上的建筑物抵押,当事人以该建设用地使用权不能抵押或者未办理批准手续为由主张抵押合同无效或者不生效的,人民法院不予支持。抵押权依法实现时,拍卖、变卖建筑物所得的价款,应当优先用于补缴建设用地使用权出让金。当事人以划拨方式取得的建设用地使用权抵押,抵押人以未办理批准手续为由主张抵押合同无效或者不生效的,人民法院不予支持。已经依法办理抵押登记,抵押权人主张行使抵押权的,人民法院应予支持(第50条)。(3)当事人仅以建设用地使用权抵押,债权人主张抵押权的效力及于土地上已有的建筑物以及正在建造的建筑物已完成部分的,人民法院应予支持。债权人主张抵押权的效力及于正在建造的建筑物的续建部分以及新增建筑物的,人民法院不予支持。当事人以正在建造的建筑物抵押,抵押权的效力范围限于已办理抵押登记的部分。当事人按照担保合同的约定,主张抵押权的效力及于续建部分、新增建筑物以及规划中尚未建造的建筑物的,人民法院不予支持(第51条)。

依据《民法典》第 399 条的规定,下列财产不得抵押:(1)土地所有权;(2)宅基地、自留地、自留山等集体所有土地的使用权,但是法律规定可以抵押的除外;(3)学校、幼儿园、医疗机构等以公益为目的成立的非营利法人的教育设施、医疗卫生设施和其他社会公益设施;(4)所有权、使用权不明或者有争议的财产;(5)依法被查封、扣押、监管的财产;(6)法律、行政法规规定不得抵押的其他财产。应当指出,乡镇、村企业的建设用地使用权不得单独抵押,但是以乡镇、村企业的厂房等建筑物抵押的,其占用范围内的建设用地使用权一并抵押(《民法典》第 398 条)。关于不得抵押的财产,《担保制度解释》作了如下规定:(1)以公益为目的的非营利性学校、幼儿园、医疗机构、养老机构等提供担保的,人民法院应当认定担保合同无效,但是以教育设施、医疗卫生设施、养老服务设施和其他公益设施以外的不动产、动产或者财产权利设立的担保物权有效(第 6 条)。(2)当事人以所有权、使用权不明或者有争议的财产抵押,经审查构成无权处分的,按照善意取得的规定处理。当事人以依法被查封或者扣押的财产抵押,抵押权人请求行使抵押权,经审查查封或者扣押措施已经解除的,人民法院应予支持。抵押人以抵押权设立时财产被查封或者扣押为由主张抵押合同无效的,人民法院不予支持。以依法被监管的财产抵押的,按照上述规则处理(第 37 条)。

(三)抵押权的登记

抵押权登记又称抵押登记,是指由登记机关依法在登记簿上就抵押财产上的抵押权状态予以记载。

关于抵押权登记的效力,各国立法上大体有两种立法例:一是登记生效主义,即不经登记的抵押权不生效;二是登记对抗主义,即不经登记的抵押权可以生效,但是不能对抗第三人。在我国,抵押权登记根据抵押财产的不同分别实行登记生效主义和登记对抗主义。依据《民法典》第 402 条的规定,以建筑物和其他土地附着物、建设用地使用权、海域使用权以及正在建设的建筑物抵押的,应当办理抵押登记,抵押权自登记时设立。可见,不动产抵押权(包括不动产权利抵押权)实行登记生效主义。依据《民法典》第 403 条的规定,以生产设备、原材料、半成品、成品、交通运输工具以及正在建造的船舶、航空器抵押的,抵押权自抵押合同生效时设立;未经登记,不得对抗善意第三人。可见,动产抵押权实行登记对抗主义。但是,以动产抵押的,不得对抗正常经营活动中已经支付合理价款并取得抵押财产的买受人(《民法典》第 404 条)。所谓出卖人正常经营活动,是指出卖人的经营活动属于其营业执照明确记载的经营范围,且出卖人持续销售同类商品(《担保制度解释》第 56 条第 2 款)。

关于不动产抵押登记,《担保制度解释》作了如下规定:(1)不动产抵押合同生效后未办理抵押登记手续,债权人请求抵押人办理抵押登记手续的,人民法院应予支持。抵押财产因不可归责于抵押人自身的原因灭失或者被征收等导致不能办理抵押登记,债权人请求抵押人在约定的担保范围内承担责任的,人民法院不予支持;但是抵押人已经获得保险金、赔偿金或者补偿金等,债权人请求抵押人在其所获金额范围内承担赔偿责任的,人民法院依法予以支持。因抵押人转让抵押财产或者其他可归责于抵押人自身的原因导致不能办理抵押登记,债权人请求抵押人在约定的担保范围内承担责任的,人民法院依法予以支持,但是不得超过抵押权能够设立时抵押人应当承担的责任范围(第 46 条)。(2)不动产登记簿就抵押财产、被担保的债权范围等所作的记载与抵押合同约定不一致的,人民法院应当根据登记簿的记载确定抵押财产、被担保的债权范围等事项(第 47 条)。(3)当事人申请办理抵押登记手续时,因登记机构的过错致使其不能办理抵押登记,当事人请求登记机构承担赔偿责任的,人民法院依法予以支持(第48条)。(4)当事人办理抵押预告登记后,预告登记权利人请求就抵押财产优先受偿,经审查存在尚未办理建筑物所有权首次登记、预告登记的财产与办理建筑物所有权首次登记时的财产不一致、抵押预告登记已经失效等情形,导致不具备办理抵押登记条件的,人民法院不予支持;经审查已经办理建筑物所有权首次登记,且不存在预告登记失效等情形的,人民法院应予支持,并应当认定抵押权自预告登记之日起设立(第52条第1款)。

三、抵押权的效力

(一) 抵押权所担保的债权范围

抵押权所担保的债权的范围是指抵押权人得以从抵押财产的变价中优先受偿的范围。依据《民法典》第389条的规定,抵押权的担保范围包括主债权及其利息、违约金、损害赔偿金和实现抵押权的费用;当事人另有约定的,按照其约定。

(二) 抵押权效力及于标的物的范围

抵押权效力及于标的物的范围是指抵押权人于实现抵押权时得依法予以变价并优先受偿的标的物的范围。因此,抵押权效力及于标的物的范围不同于抵押权的标的物即抵押财产。抵押权效力及于标的物的范围除原抵押财产外,还包括抵押财产的从物、从权利、添附物、孳息、代位物等。

1. 抵押财产的从物

依照从物随主物处分的原则,抵押权的效力应当及于抵押财产的从物。依据《担保制度解释》第40条的规定,从物产生于抵押权依法设立前,抵押权人主张抵押权的效力及于从物的,人民法院应予支持,但是当事人另有约定的除外;从物产生于抵押权依法设立后,抵押权人主张抵押权的效力及于从物的,人民法院不予支持,但是在抵押权实现时可以一并处分。

2. 抵押财产的从权利

按照主权利与从权利的关系,抵押权的效力也应当及于抵押财产的从权利。例如,地役权虽然不得单独抵押,但是作为需役地权利的土地经营权、建设用地使用权等抵押的,地役权也应随之抵押,在实现抵押权时,地役权一并转让。

3. 抵押财产的添附物

添附包括加工、附合、混合,因添附而形成的物为添附物。依据《担保制度解释》第41条的规定,抵押权设立后,抵押财产被添附,添附物归第三人所有的,抵押权的效力及于补偿金;抵押人对添附物享有所有权的,抵押权的效力及于添附物,但是添附导致抵押财产价值增加的,抵押权的效力不及于增加的价值部分;抵押人与第三人因添附成为添附物的共有人的,抵押权的效力及于抵押人对共有物享有的份额。

4. 抵押财产的孳息

依据《民法典》第412条的规定,债务人不履行到期债务或者发生当事人约定的实现抵押权的情形,致使抵押财产被人民法院依法扣押的,自扣押之日起,抵押权人有权收取该抵押财产的天然孳息或者法定孳息,但是抵押权人未通知应当清偿法定孳息义务人的除外。可见,抵押权的效力及于孳息,但是孳息应当先充抵收取孳息的费用。

5. 抵押财产的代位物

担保物权具有物上代位性,因此,抵押权的效力当然及于抵押财产的代位物,包括保险赔偿金、损害赔偿金或者补偿金。依据《担保制度解释》第42条的规定,抵押权依法设立后,抵押财产毁损、灭失或者被征收等,抵押权人请求按照原抵押权的顺位就保险金、赔偿金或者补偿金等优先受偿的,人民法院应予支持;给付义务人已经向抵押人给付了保险金、赔偿金或者补偿金,抵押权人请求给付义务人向其给付保险金、赔偿金或者补偿金的,人民法院不予支持,但是给付义务人接到抵押权人要求向其给付的通知后仍然向抵押人给付的除外。

(三) 抵押人的权利

抵押人的权利是抵押权对抵押人的效力。抵押权成立后,抵押人享有以下主要权利:

1. 抵押财产的占有、使用、收益权

由于抵押权的设立并不转移抵押财产的占有,而抵押权又为价值权而非实体权,因此,于抵押权设立后,抵押人仍得对抵押财产为占有、使用、收益的权利。

2. 抵押财产的转让权

抵押人设立抵押权后,并不丧失对抵押财产的所有权。因此,抵押人仍享有对抵押财产的所有权,抵押人可以转让抵押财产。依据《民法典》第406条的规定,抵押期间,抵押人可以转让抵押财产。当事人另有约定的,按照其约定。但是,抵押财产转让的,抵押权不受影响。抵押人转让抵押财产时,应当及时通知抵押权人。抵押权人能够证明抵押财产转让可能损害抵押权的,可以请求抵押人将转让所得的价款向抵押权人提前清偿债务或者提存。转让的价款超过债权数额的部分归抵押人所有,不足部分由债务人清偿。依据《担保制度解释》第43条的规定,当事人约定禁止或者限制转让抵押财产,而抵押人违反该约定的,应当区分两种情况处理:(1) 当事人未将该约定登记,抵押权人请求确认转让合同无效的,人民法院不予支持;抵押财产已经交付或者登记,抵押权人请求确认转让不发生物权效力的,人民法院不予支持,但是抵押权人有证据证明受让人知道的除外;抵押权人请求抵押人承担违约责任的,人民法院依法予以支持。(2) 当事人已经将约定登记,抵押权人请求确认转让合同无效的,人民法院不予支持;抵押财产已经交付或者登记,抵押权人主张转让不发生物权效力的,人民法院应予支持,但是因受让人代替债务人清偿债务导致抵押权消灭的除外。

3. 担保物权的设立权

抵押人设立抵押权后,仍享有抵押财产的所有权,并不转移抵押财产的占有,因此,抵押人就同一抵押财产有权再设立抵押权,也可以就同一抵押的动产设立动产质权。

4. 抵押财产的出租权

抵押财产的出租权是指抵押人于抵押权设立后得将抵押财产出租给他人的权利。在抵押期间,抵押人将抵押财产出租的,在同一抵押财产上即存在抵押权与承租权的竞合。依据《民法典》第405条的规定,抵押权设立前,抵押财产已经出租并转移占有的,原租赁关系不受抵押权的影响。在这种情况下,租赁权可以对抗抵押权。在动产抵押权中,若抵押合同订立后未办理抵押登记,抵押人将抵押财产出租给他人并移转占有,抵押权人行使抵押权的,租赁关系不受影响,但是抵押权人能够举证证明承租人知道或者应当知道已经订立抵押合同的除外(《担保制度解释》第54条第2项)。

5. 用益物权的设立权

用益物权是对物的实体加以支配的权利，与抵押权的内容并不发生冲突。因此，在抵押权成立后设立用益物权的，不会影响抵押权的效力。

6. 物上保证人对债务人的追偿权

抵押人为债务人以外的第三人的，在其代为清偿债务，或者因抵押权的实现而丧失抵押财产所有权时，抵押人对债务人享有追偿权。依据《民法典》第 392 条的规定，为债务人抵押担保的第三人，在承担担保责任后，有权向债务人追偿。依据《担保制度解释》的规定，担保人承担的责任超出债务人应当承担的责任范围，担保人向债务人追偿，债务人主张仅在其应当承担的责任范围内承担责任的，人民法院应予支持；担保人请求债权人返还超出部分的，人民法院依法予以支持（第 3 条第 2 款）。承担了担保责任或者赔偿责任的担保人，在其承担责任的范围内向债务人追偿的，人民法院应予支持（第 18 条第 1 款）。

如果同一债务有两个以上第三人提供担保，担保人之间约定相互追偿及分担份额，承担了担保责任的担保人请求其他担保人按照约定分担份额的，人民法院应予支持；担保人之间约定承担连带共同担保，或者约定相互追偿但是未约定分担份额的，各担保人按照比例分担向债务人不能追偿的部分（《担保制度解释》第 13 条第 1 款）。

（四）抵押权人的权利

抵押权人的权利是抵押权对抵押权人的效力。抵押权成立后，抵押权人享有以下主要权利：

1. 抵押权的保全权

抵押权的保全权是指在抵押期间于抵押财产的价值受到侵害时，抵押权人得享有的保全其抵押权益的权利。在抵押期间，抵押权人虽不占有抵押财产，但是如抵押财产受到侵害致使其价值减少的，于抵押权实现时，抵押权人就不能完全受清偿或者会减缩受清偿的范围。因此，在抵押期间对抵押财产的侵害，也是对抵押权的一种侵害，为保护抵押权人的权利，法律赋予抵押权人保全抵押权的权利。对此，《民法典》第 408 条规定："抵押人的行为足以使抵押财产价值减少的，抵押权人有权请求抵押人停止其行为；抵押财产价值减少的，抵押权人有权请求恢复抵押财产的价值，或者提供与减少的价值相应的担保。抵押人不恢复抵押财产的价值，也不提供担保的，抵押权人有权要求债务人提前清偿债务。"依照这一规定，在抵押财产受侵害时，抵押权人的保全权包括以下三种：（1）停止侵害请求权，即抵押权人得要求抵押人停止其侵害行为的权利；（2）恢复原状请求权，即抵押权人得请求抵押人恢复抵押物的价值的权利；（3）提供相当担保请求权，即抵押权人得请求抵押人另行提供相当担保（人保或者物保）的权利；（4）提前清偿债务请求权，即在抵押权人行使恢复原状请求权或者提供相当担保请求权时，抵押人既不恢复抵押物的价值，也不提供担保的，抵押权人有权要求债务人提前清偿债务。

2. 抵押权的处分权和变更权

抵押权的处分权是指抵押权人处分其抵押权及抵押权顺序的权利。抵押权的处分包括抵押权的抛弃、抵押权的转让、抵押权的供作担保及抵押权顺序的处分等；抵押权的变更，通常是指变更抵押权担保的债权数额等抵押权的内容。

依据《民法典》第 409 条的规定，抵押权人可以放弃抵押权或者抵押权的顺位。抵押权人与抵押人可以协议变更抵押权顺位以及被担保的债权数额等内容。但是,抵押权的变更未经其他抵押权人书面同意的,不得对其他抵押权人产生不利影响。债务人以自己的财产设定抵押,抵押权人放弃该抵押权、抵押权顺位或者变更抵押权的,其他担保人在抵押权人丧失优先受偿权益的范围内免除担保责任,但是其他担保人承诺仍然提供担保的除外。

3. 优先受偿权

抵押权人的优先受偿权是指于抵押权实现时,抵押权人以抵押财产的变价优先受清偿的权利。优先受偿权是抵押权的实质内容,是抵押权人最主要的权利。一般地说,抵押权人的优先受偿权主要表现在以下几方面:

(1) 在一般情况下,抵押权人优先于普通债权人受偿。在抵押人宣布破产时,抵押权优先于抵押人的一切债权,抵押权人有别除权。抵押财产不列入破产财产,抵押权人得就抵押财产的变价于其受担保的债权额内受偿。但是,动产抵押合同订立后未办理抵押登记,抵押人破产的,抵押权人无权主张对抵押财产优先受偿(《担保制度解释》第54条第4项)。

(2) 在抵押财产被查封、扣押或者被执行时,抵押权优先于执行权,即不影响抵押权的效力。但是,动产抵押合同订立后未办理抵押登记,抵押人的其他债权人申请保全或者执行抵押财产,人民法院已经作出财产保全裁定或者采取执行措施的,抵押权人无权主张对抵押财产优先受偿(《担保制度解释》第54条第3项)。

(3) 顺序在先的抵押权优先于顺序在后的抵押权。依据《民法典》第414条的规定,同一财产向两个以上债权人抵押的,拍卖、变卖抵押财产所得的价款依照下列规定清偿:其一,抵押权已经登记的,按照登记的时间先后确定清偿顺序;其二,抵押权已经登记的先于未登记的受偿;其三,抵押权未登记的,按照债权比例清偿。对于其他可以登记的担保物权,其清偿顺序参照适用上述规则。应当指出,同一财产既设立抵押权又设立质权的,拍卖、变卖该财产所得的价款按照登记、交付的时间先后确定清偿顺序(《民法典》第415条)。

(4) 依据《民法典》第416条的规定,动产抵押担保的主债权是抵押财产的价款,标的物交付后10日内办理抵押登记的,该抵押权人优先于抵押财产买受人的其他担保物权人受偿,但是留置权人除外。该条规定的抵押是购买价款抵押权,具有超级优先效力,处于超级优先顺位,属于"登记在先规则"的例外。购买价款抵押权只要在抵押财产交付后10日内办理了抵押登记,则无论其登记先后,均优先于抵押财产买受人的其他担保物权人。

四、抵押权的实现

(一) 抵押权的实现条件

抵押权的实现又称为抵押权的实行,是指抵押权人行使抵押权,实现抵押财产的价值,从中优先受偿其债权的法律现象。依据《民法典》第410条第1款的规定,债务人不履行到期债务或者发生当事人约定的实现抵押权的情形,抵押权人可以与抵押人协议以抵押财产折价或者以拍卖、变卖该抵押财产所得的价款优先受偿。依照这一规定,抵押权的实现应当具备以下条件:

1. 须抵押权有效存在并不受限制

抵押权的实现属于权利行使的行为,因此,只有抵押权有效存在,才会有所谓抵押权的实现。抵押权的设立如为无效或者已被撤销,则因抵押权不存在,当然不能实现。抵押权虽有效存在,但是其实现受有一定限制时,在受限制的范围内不能实现抵押权。例如,抵押权随主债权为其他债权担保的,于质权人实现质权前,抵押权人不能实现抵押权。

2. 须债务人不履行到期债务或者发生当事人约定的实现抵押权的情形

抵押权是债权实现的担保,因此,只有在债务人不履行到期债务,即债权不能如期受清偿时,抵押权人才能实现抵押权。在当事人约定有其他实现抵押权的情形时,若该情形发生的,抵押权人也可以实现抵押权。

3. 须于法律规定的期间内行使

《民法典》第419条规定:"抵押权人应当在主债权诉讼时效期间行使抵押权;未行使的,人民法院不予保护。"依照这一规定,抵押权的行使期间为主债权诉讼时效期间,该期间届满后仍未行使的抵押权,人民法院不予保护。

(二)抵押权的实现方式

在具备抵押权的实现条件时,抵押权人可以与抵押人协商以抵押财产折价或者以拍卖、变卖的方法实现抵押权。抵押权人与抵押人达成的实现抵押权的协议损害其他债权人利益的,其他债权人可以请求人民法院撤销该协议。抵押权人与抵押人未就抵押权实现方式达成协议的,抵押权人可以请求人民法院拍卖、变卖抵押财产。可见,抵押权的实现方式包括抵押财产的折价、拍卖和变卖。抵押财产的折价是指抵押权人与抵押人约定,将抵押财产以一定的价格由抵押权人取得抵押财产的所有权;抵押财产的拍卖、变卖是以出卖的方式实现抵押财产的价值。抵押财产折价或者拍卖、变卖后,其价款超过债权数额的部分归抵押人所有,不足部分由债务人清偿(《民法典》第413条)。无论以何种方式实现抵押权,集体土地使用权抵押权实现后,未经法定程序,不得改变土地所有权的性质和土地用途(《民法典》第418条)。

如果被担保的债权既有抵押担保又有保证的,债务人不履行到期债务或者发生当事人约定的实现担保物权的情形,债权人应当按照约定实现债权;没有约定或者约定不明确,债务人自己提供抵押担保的,债权人应当先就该抵押担保实现债权;第三人提供抵押担保的,债权人可以就抵押担保实现债权,也可以请求保证人承担保证责任(《民法典》第392条)。

应当指出,抵押权人在债务履行期限届满前,与抵押人约定债务人不履行到期债务时抵押财产归债权人所有的,只能依法就抵押财产优先受偿(《民法典》第401条)。就是说,当事人约定有"流押"条款的,即使其有效,也要进行清算。

五、抵押权的消灭

抵押权作为一种担保物权,既可因物权消灭的一般原因而消灭,又可因担保物权消灭的原因而消灭,还有自己独特的消灭原因。抵押权消灭的原因主要有以下几种:

(一)主债权消灭

担保物权为从属于主债权的从权利,按照"从随主"原则,主权利消灭的,从权利也消灭。因此,在主债权因债务人清偿、抵销、免除等原因而完全绝对消灭时,抵押权也就消灭。

(二)债权人擅自许可债务人转移债务

依据《民法典》第391条的规定,第三人提供抵押担保,未经其书面同意,债权人允许债务人转移全部或者部分债务的,抵押人不再承担相应的担保责任。可见,在抵押人为物上保证人时,无论主债务全部转移还是部分转移,只要未经抵押人书面同意继续担保的,抵押人相应的担保责任就归于消灭。

(三) 抵押财产灭失而无代位物

抵押财产为抵押权的标的物,由于标的物的灭失为物权消灭的一般原因,因此,抵押财产灭失的,不论其为事实上的灭失还是法律上的灭失,抵押权都消灭。但是因抵押权为价值权,因此抵押财产虽灭失但是其有代位物时,由于其价值仍存在,抵押权并不能消灭,而是存在于代位物之上。因此,只有当抵押财产灭失而无代位物时,抵押权才归于消灭。

(四) 抵押权实现

抵押权实现,抵押权的设立的目的即达到,抵押权当然消灭,不论抵押权人所担保的债权是否全部受偿。

六、特殊抵押权

(一) 动产浮动抵押权

1. 动产浮动抵押权的概念和特点

依据《民法典》第396条的规定,动产浮动抵押权是指企业、个体工商户、农业生产经营者以现有的以及将有的动产抵押,在债务人不履行到期债务或者发生当事人约定的实现抵押权情形时,抵押权人就实现抵押权时的动产优先受偿的权利。

动产浮动抵押权为一种特殊抵押权,具有以下特点:

第一,动产浮动抵押权中的抵押人限于企业、个体工商户、农业生产经营者,国家机关、社会团体、事业单位以及非从事生产经营的自然人不能设立动产浮动抵押权。

第二,动产浮动抵押权的客体限于抵押人的生产设备、原材料、半成品、成品,其他的动产、不动产、权利不能设立动产浮动抵押权。同时,动产浮动抵押权的客体包括现有的动产以及将有的动产。

第三,动产浮动抵押权设立后,抵押的财产处于不断变动之中,抵押人可以将抵押的原材料投入生产,也可以出卖抵押财产。同时,新增抵押财产范围内的动产也应列入抵押财产之中。可见,动产浮动抵押权的客体具有不确定性。

2. 动产浮动抵押权的设立

依据《民法典》第403条的规定,当事人设立动产浮动抵押权的,抵押权自抵押合同生效时设立;未经登记,不得对抗善意第三人。可见,动产浮动抵押的设立采取登记对抗主义。

3. 动产浮动抵押权的实现

动产浮动抵押权的客体具有不确定性,而抵押权的实现须以抵押财产确定为前提。因此,动产浮动抵押的动产须依法定事由使之确定后才能实现抵押权。依据《民法典》第411条的规定,动产浮动抵押的动产自下列情形之一发生时确定:(1) 债务履行期届满,债权未实现;(2) 抵押人被宣告破产或者被撤销;(3) 当事人约定的实现抵押权的情形;(4) 严重影响债权实现的其他情形。

在动产浮动抵押的财产确定后,动产浮动抵押权即变为固定抵押权,抵押权人应当按照一般抵押权的实现方式实现抵押权。

(二) 最高额抵押权

1. 最高额抵押权的概念和特点

依据《民法典》第420条第1款的规定，最高额抵押权是指为担保债务的履行，债务人或者第三人对一定期间内将要连续发生的债权提供抵押财产，债务人不履行到期债务或者发生当事人约定的实现抵押权情形时，抵押权人在最高债权额限度内就该抵押财产优先受偿的权利。

最高额抵押权是一种特殊抵押权，具有以下特点：

(1) 最高额抵押权是为担保将来发生的债权所设立的抵押权。与一般抵押权不同，最高额抵押权所担保的债权通常不是已经发生的特定债权，而是将来要发生的债权。当然，经当事人同意，在最高额抵押权设立前已经存在的债权也可以转入最高额抵押权担保的债权范围（《民法典》第420条第2款）。

(2) 最高额抵押权所担保的是将来发生的不特定债权。在一般抵押权中，抵押权所担保的债权必须是特定债权，不能是不特定的债权。而最高额抵押权是对一定期间内将要连续发生的债权所作的担保。这种将要连续发生的债权是否一定发生、发生额为多少都是不确定的，因此，最高额抵押权所担保的债权属于不特定的债权。

(3) 最高额抵押权所担保的债权是一定期间内连续发生的债权。最高额抵押权是对一定期间内连续发生的债权的担保，仅适用于有连续发生债权的法律关系，如连续交易关系、连续借贷关系等。因此，最高额抵押权的适用范围受到限制。如果债权的发生不是一定期间内连续发生的，则不能设立最高额抵押权。

(4) 最高额抵押权所担保的债权设有最高限额。所谓最高限额，是指抵押权人实现抵押权时能够优先受偿的最高债权额，即抵押权人只能在最高债权额限度内就抵押财产优先受偿。如果抵押权所担保的债权没有最高限额，则不能成立最高额抵押权。

2. 最高额抵押权的设立

在最高额抵押权的设立上，当事人应当遵循法律关于一般抵押权设立的要求。与一般抵押权设立不同的是，当事人在设立最高额抵押权时，应在抵押合同中特别订明以下两项内容：

(1) 抵押权所担保的债权范围和最高债权额。在最高额抵押合同中，当事人应当对最高额抵押权所担保的债权范围和最高债权额作出约定。否则，不能成立最高额抵押权。依据《担保制度解释》第15条的规定，最高债权额是指包括主债权及其利息、违约金、损害赔偿金、保管担保财产的费用、实现债权或者实现担保物权的费用等在内的全部债权，但是当事人另有约定的除外。如果登记的最高债权额与当事人约定的最高债权额不一致的，应当依据登记的最高债权额确定债权人优先受偿的范围。

(2) 最高额抵押权所担保的债权的确定日期，即决算期。最高额抵押合同中约定担保的债权最高限额并非抵押权实际担保的债权数额，因此，最高额抵押合同中应有决算期的约定。当事人约定了决算期的，约定的债权确定期间届满时，抵押权人的债权确定。抵押合同中没有约定债权确定期间或者约定不明的，依据《民法典》第423条的规定，有下列情形之一的，抵押权人的债权确定：① 抵押权人或者抵押人自最高额抵押权设立之日起满2年后请求确定债权；② 新的债权不可能发生；③ 抵押权人知道或者应当知道抵押财产被查封、扣押；④ 债务人、抵押人被宣告破产或者被撤销；⑤ 法律规定债权确定的其他情形。

3. 最高额抵押权的效力

最高额抵押权在效力上主要有以下特殊性：

（1）最高额抵押担保的债权确定前，部分债权转让的，最高额抵押权不得转让，但是当事人另有约定的除外（《民法典》第 421 条）。

（2）最高额抵押担保的债权确定前，抵押权人与抵押人可以通过协议变更债权确定的期间、债权范围以及最高债权额。但是，变更的内容不得对其他抵押权人产生不利影响（《民法典》第 422 条）。

4. 最高额抵押权的实现

最高额抵押权所担保的不特定债权，在特定后，债权已届清偿期的，最高额抵押权人可以根据一般抵押权的规定行使其抵押权。最高额抵押权人在实现抵押权时，如果实际发生的债权额高于最高限额的，以最高限额为限，超过部分不具有优先受偿效力；如果实际发生的债权额低于最高限额的，以实际发生的债权额为限对抵押财产优先受偿。

第三节　质　权

一、质权的概念和特点

质权是指债权人因担保其债权而占有债务人或者第三人提供的财产，于债务人不履行债务或者发生当事人约定的实现质权的情形时，得以其所占有的标的物的价值优先受偿的权利。在质权关系中，债务人或者第三人用于质权担保的财产为质押财产，也称质押物；占有质权标的的债权人为质权人；提供财产设定质权的债务人或者第三人为出质人。

质权是一种担保物权，因此，质权具有担保物权的一般特点。此外，质权还具有以下特点：

第一，质权的标的物是动产和权利。质权的标的物可以是动产和权利，而不能是不动产，即在不动产之上不能设立质权。质权的标的物为动产的，为动产质权；质权的标的物为权利的，为权利质权。动产质权为质权的一般形式，而权利质权则为质权的特殊形式。因此，权利质权除适用《民法典》有关权利质权的特殊规定外，应适用有关动产质权的规定（《民法典》第 446 条）。例如，有关权利质权合同的内容、质权人的权利义务、质权的实现方式等，在《民法典》没有具体规定时，都应适用有关动产质权的相关规定。

第二，质权为于债务人或者第三人交付的财产上设立的担保物权。质权的标的物可以是债务人的财产，也可以是第三人的财产，但是不能是债权人自己的财产，因而质权是在他人财产上设立的他物权。质权不仅需在他人财产上设立，而且需在债务人或者第三人交付给债权人占有的财产上设立。

第三，质权是以债权人占有质押财产为要件的担保物权。质权以出质人移交质押财产的占有为成立要件，也是以债权人占有质押财产为存续要件的。在债务人履行债务前，质权人得留置质押财产。在动产质权中，质权人须直接占有质押财产，在债权受偿前，质权人有权留置质押财产而拒绝质押财产所有权人的返还请求；在权利质权中，质权人须占有权利证书和有关证书,在债权受偿前,质权人有权禁止出质人对其已质押的权利的行使。

二、动产质权

（一）动产质权的概念

依据《民法典》第 425 条的规定,动产质权是指为担保债务的履行,债务人或者第三人将其动产出质给债权人占有,债务人不履行到期债务或者发生当事人约定的实现质权的情形时,债权人就该动产优先受偿的权利。

（二）动产质权的设立

动产质权的设立,须符合以下条件：

第一,质押财产须为法律允许出质的动产,法律、行政法规禁止转让的动产不得出质(《民法典》第 426 条)。

第二,出质人对质押财产须有处分权。债务人或者第三人作为出质人,须对质押财产享有处分权,否则无权出质。但是,依据《民法典》第 311 条第 3 款的规定,在出质人无处分权的情况下,动产质权可以适用善意取得。

第三,当事人须以书面形式订立质权合同。依据《民法典》第 427 条第 2 款的规定,质权合同一般包括以下条款：(1) 被担保债权的种类和数额；(2) 债务人履行债务的期限；(3) 质押财产的名称、数量等情况；(4) 担保的范围；(5) 质押财产交付的时间、方式。

第四,出质人须将质押财产移交债权人占有。依据《民法典》第 429 条的规定,质权自出质人交付质押财产时设立。因此,出质人应当按照质权合同的约定交付质押财产,质押财产的交付时间即为质权的设立时间。质押财产的交付可以是现实交付,也可以是观念交付中的简易交付、指示交付,但是不能是占有改定。当然,当事人也可以约定质押财产的其他交付方式。例如,依据《担保制度解释》第 55 条的规定,债权人、出质人与监管人订立三方协议,出质人以通过一定数量、品种等概括描述能够确定范围的货物为债务的履行提供担保,当事人有证据证明监管人系受债权人的委托监管并实际控制该货物的,应当认定质权于监管人实际控制货物之日起设立。当事人有证据证明监管人系受出质人委托监管该货物,或者虽然受债权人委托但是未实际履行监管职责,导致货物仍由出质人实际控制的,应当认定质权未设立。

（三）动产质权的效力

1. 动产质权所担保的债权范围

依据《民法典》第 389 条的规定,除当事人另有约定外,动产质权所担保的债权范围包括主债权及其利息、违约金、损害赔偿金、质押财产保管费用和实现质权的费用。

2. 动产质权效力及于的标的物范围

动产质权的效力除及于质权的标的物即原质押财产外,还及于质押财产的从物、孳息物、代位物、添附物等。

(1) 动产质权的效力及于原物的从物,但是从物未随同质押财产移交质权人占有的,质权的效力不及于从物。

(2) 除质权合同另有约定外,质权的效力及于质押财产的孳息。这里的孳息既包括天然孳息,也包括法定孳息。

(3) 动产质权的效力及于代位物。质押财产灭失而存在代位物的,动产质权的效力及于该代位物。

(4) 动产质权的效力及质押财产的添附物,其性质与抵押权相同。

3. 质权人的权利和义务

(1) 质权人的权利。在质权中,质权人享有以下主要权利:

第一,占有和留置质押财产的权利。质权以质押财产的占有转移为成立和存续要件,因此,质权人当然得占有和留置质押财产。只要债权未受清偿,质权人就得拒绝一切人返还质押财产的请求。即使出质人将质押财产转让给第三人的,也不影响质权人的质权。

第二,质押财产孳息的收取权。依据《民法典》第430条的规定,质权人有权收取质押财产的孳息,但是合同另有约定的除外。质权人收取的孳息应当先充抵收取孳息的费用。

第三,费用偿还请求权。质权人对于因保管质押财产所支出的必要费用,有权要求出质人偿还。所谓必要费用,是指为保存和管理质押财产所不可缺的费用。因质押财产仍为出质人所有,质权人保管质押财产也属于为出质人保管财产,因此,质权人为保管质押财产所支出的必要费用应由质押财产所有权人负担。

第四,质权保全权。依据《民法典》第433条的规定,因不可归责于质权人的事由可能使质押财产毁损或者价值明显减少,足以危害质权人权利的,质权人有权要求出质人提供相应的担保;出质人不提供的,质权人可以拍卖、变卖质押财产,并与出质人通过协议将拍卖、变卖所得的价款提前清偿债务或者提存。可见,质权保全权主要包括提供相应担保请求权、质押财产变价权。

第五,转质的权利。所谓转质,是指质权人为给自己的债务作担保,将质押财产移交于自己的债权人而设立新质权的行为。因转质而取得质权的人,称为转质权人。转质有两种情况:一是责任转质,即质权人在质权存续期间,不经出质人同意而以自己的责任,将质押财产转质于第三人,设立新质权;二是承诺转质,即质权人经出质人同意,为供自己债务的担保而将质押财产转移占有于第三人,就质押财产再设立新质权的行为。依据《民法典》第434条的规定,质权人在质权存续期间,未经出质人同意转质,造成质押财产毁损、灭失的,应当向出质人承担赔偿责任。

第六,质权的处分权。质权的处分权是质权人处分其质权的权利,包括质权的放弃、质权的让与或者供作他债权的担保。但是,债务人以自己的财产出质,质权人放弃该质权的,其他担保人在质权人丧失优先受偿权益的范围内免除担保责任,除非其他担保人承诺仍然提供担保(《民法典》第435条)。质权不得与其所担保的债权相分离而单独让与或者供为他债权的担保,但是得与债权一并让与或者供作他债权担保。债权让与时,质权应随同主债权一并让与,但是当事人约定质权不随同让与时,质权应消灭。

第七,优先受偿权。优先受偿权是质权人就质押财产的变价优先受偿的权利,是质权的基本效力。当债务人不履行到期债务或者发生当事人约定的实现质权情形时,质权人有权就该质押财产优先受偿。

(2) 质权人的义务。在质权中,质权人承担以下主要义务:

第一,不得擅自使用、处分质押财产的义务。质权人在质权存续期间,未经出质人同意,擅自使用、处分质押财产,给出质人造成损害的,应当承担赔偿责任(《民法典》第431条)。

第二,质押财产的保管义务。质权以质权人占有质物为存续条件,因此,质权人应当承担妥善保管质押财产的义务;因保管不善致使质押财产毁损、灭失的,应当承担赔偿责任(《民法典》第432条第1款)。

第三,质押财产的返还义务。债务人履行债务或者出质人提前清偿所担保的债权的,质权人应当返还质押财产(《民法典》第436条第1款)。

4. 出质人的权利

(1) 质押财产的处分权。出质人于质权成立后,并不丧失其对质押财产的所有权,因此,出质人得对质押财产为法律上的处分。

(2) 质押财产孳息的收取权。出质人在设立质权后,质押财产虽然由质权人占有,但是出质人可依合同约定收取质押财产的孳息(《民法典》第430条)。

(3) 除去侵害和返还质押财产请求权。质权人的行为可能使质押财产毁损、灭失的,出质人可以要求质权人将质押财产提存,或者要求提前清偿债务并返还质押财产(《民法典》第432条第2款)。

(4) 物上保证人对债务人的追偿权。依据《民法典》第392条的规定,在动产质权中,物上保证人承担担保责任后,有权向债务人追偿。

(四) 动产质权的实现

动产质权的实现是指债务人不履行到期债务或者发生当事人约定的情形时,质权人通过特定的方式行使质权以实现质押财产的交换价值,并从质押财产的交换价值中优先受偿其债权的法律现象。

依据《民法典》第436条第2款的规定,债务人不履行到期债务或者发生当事人约定的实现质权的情形,质权人可以与出质人协议以质押财产折价,也可以就拍卖、变卖质押财产所得的价款优先受偿。可见,动产质权的实现方式包括折价、拍卖、变卖三种方式。质押财产折价或者拍卖、变卖后,其价款超过债权数额的部分归出质人所有,不足部分由债务人清偿(《民法典》第438条)。应当指出,质权人在债务履行期届满前,与出质人约定债务人不履行到期债务时质押财产归债权人所有的,只能依法就质押财产优先受偿(《民法典》第428条)。

依据《民法典》第437条的规定,出质人可以请求质权人在债务履行期届满后及时行使质权;质权人不行使的,出质人可以请求人民法院拍卖、变卖质押财产。出质人请求质权人及时行使质权,因质权人怠于行使权利造成损害的,由质权人承担赔偿责任。

(五) 动产质权的消灭

一般地说,动产质权消灭的原因主要有:

1. 主债权消灭

质权与其担保的债权同时存在,债权消灭的,质权同时消灭。

2. 质押财产灭失而无代位物

质押财产灭失后无代位物的,质权消灭。但是,质押财产灭失后有代位物的,质权就代位物存在。

3. 质权的抛弃及质押财产的任意返还

质权为质权人的财产权利,质权人有权抛弃质权。在质权人抛弃其质权时,质权当然因抛弃而消灭。质权人任意将质押财产返还于出质人的,质权亦归于消灭。

4. 质押财产占有的丧失且不能回复

这里的质押财产占有的丧失,仅指因不可归责于质权人的事由而丧失占有。在此情况下,质权人可以向不法占有质押财产的第三人要求返还质押财产。若第三人将质押财产返还,则质权不消灭;若第三人不能将质押财产返还,则质权归于消灭。例如,若质押财产已为善意第三人取得所有权的,质权应归于消灭。

5. 质权的实现

当债务人到期不履行债务而质权人实现质权时,质权即因实现而消灭。

(六) 最高额质权

最高额质权是指为担保债务的履行,债务人或者第三人对一定期间内将要连续发生的债权提供质押财产,债务人不履行到期债务或者发生当事人约定的实现质权情形时,质权人在最高债权额限度内就该质押财产优先受偿的权利。

依据《民法典》第439条的规定,出质人与质权人可以协议设立最高额质权。最高额质权除适用动产质权的一般规定外,参照适用最高额抵押权的规定。

三、权利质权

(一) 权利质权的概念和特点

权利质权是指为担保债务的履行,债务人或者第三人将其有权处分的权利出质给债权人,债务人不履行到期债务或者发生当事人约定的实现质权的情形时,债权人得就该权利优先受偿的权利。

权利质权与动产质权相比,具有以下特点:

1. 权利质权的客体是权利

与动产质权不同,权利质权的客体是权利。这里的权利并不是指所有的权利,而仅指所有权、用益物权以外的可以让与的其他财产权利。同时,这种财产权利须具有让与性。依据《民法典》第440条的规定,债务人或者第三人有权处分的下列权利可以出质:(1) 汇票、支票、本票;(2) 债券、存款单;(3) 仓单、提单;(4) 可以转让的基金份额、股权;(5) 可以转让的注册商标专用权、专利权、著作权等知识产权中的财产权;(6) 现有的以及将有的应收账款;(7) 法律、行政法规规定可以出质的其他财产权利。

2. 权利质权涉及第三债务人

权利质权的客体是财产权利,这种财产权利不仅涉及权利人,还涉及义务人。该义务人虽不是质权合同的当事人,但是属于有利害关系的第三人,通常称为第三债务人。

3. 权利质权以交付权利凭证或者登记为设立条件

在权利质权的设立上,以具有权利凭证的财产权利设立质权的,应将该权利凭证交付于质权人占有,质权自权利凭证交付质权人时设立;以无权利凭证的财产权利设立质权的,质权自办理登记时设立。

(二) 证券质权

证券质权是指以有价证券即汇票、支票、本票、债券、存款单、仓单、提单所表示的财产权利为客体的质权。依据《民法典》第441条的规定,以汇票、支票、本票、债券、存款单、仓单、提单出质的,质权自权利凭证交付质权人时设立;没有权利凭证的,质权自办理出质登记时设立。但是,如果法律另有规定的,应当依照其规定。依据《担保制度解释》的规定,以汇票出质,当事人以背书记载"质押"字样并在汇票上签章,汇票已经交付质权人的,应当认定质权自汇票交付质权人时设立(第58条)。存货人或者仓单持有人在仓单上以背书记载"质押"字样,并经保管人签章,仓单已经交付质权人的,应当认定质权自仓单交付质权人时设立。没有权利凭证的仓单,依法可以办理出质登记的,仓单质权自办理出质登记时设立(第59条第1款)。

在证券质权中,汇票、支票、本票、债券、存款单、仓单、提单的兑现日期或者提货日期先于主债权到期的,质权人可以兑现或者提货,并与出质人协议将兑现的价款或者提取的货物提前清偿债务或者提存(《民法典》第442条)。如果汇票、支票、本票、债券、存款单、仓单、提单的兑现或者提货日期后于债务履行期的,质权人只能在兑现或者提货日期届满时兑现款项或者提取货物。

(三) 基金份额、股权质权

基金份额、股权质权是指基金份额、股权所表示的财产权利为客体的质权。所谓基金份额,是指向投资者公开发行的,表示持有人按其所持份额对基金财产享有收益分配权等相关财产权利的凭证。依据《民法典》第443条第1款的规定,以基金份额、股权出质的,质权自办理出质登记时设立。

基金份额、股权出质后,不得转让,但是经出质人与质权人协商同意的除外。出质人转让基金份额、股权所得的价款,应当向质权人提前清偿债务或者提存(《民法典》第443条第2款)。

(四) 知识产权质权

知识产权质权是指以注册商标专用权、专利权、著作权等知识产权中的财产权为客体的质权。依据《民法典》第444条第1款的规定,以注册商标专用权、专利权、著作权等知识产权中的财产权出质的,质权自办理出质登记时设立。

在知识产权质权中,知识产权中的财产权出质后,出质人不得转让或者许可他人使用,但是经出质人与质权人协商同意的除外。出质人转让或者许可他人使用出质的知识产权中的财产权所得的价款,应当向质权人提前清偿债务或者提存(《民法典》第444条第2款)。

(五) 应收账款质权

应收账款质权是指以现有的或者将有的应收账款债权为客体的质权。所谓应收账款,是指债权人因提供一定的货物、服务或设施而获得的要求债务人付款的权利以及依法享有的其他付款请求权,包括现有的以及将有的金钱债权,但不包括因票据或其他有价证券而产生的付款请求权,以及法律、行政法规禁止转让的付款请求权(《动产和权利担保统一登记办法》第3条)。依据《民法典》第445条第1款的规定,以应收账款出质的,质权自办理出质登记时设立。

在应收账款质权中,应收账款出质后,出质人不得转让,但是经出质人与质权人协商同意的除外。出质人转让应收账款所得的价款,应当向质权人提前清偿债务或者提存(《民法典》第445条第2款)。依据《担保制度解释》第61条第3款的规定,以现有的应收账款出质,应收账款债务人已经向应收账款债权人履行了债务的,质权人无权请求应收账款债务人履行债务,但是应收账款债务人接到质权人要求向其履行的通知后,仍然向应收账款债权人履行的除外。

第四节 留 置 权

一、留置权的概念和特点

依据《民法典》第447条第1款的规定,留置权是指当债务人不履行到期债务时,债权人可以留置已经合法占有的债务人的动产,并就该动产优先受偿的权利。在留置权中,债权人为留置权人,占有的动产为留置财产。

留置权除具有担保物权的一般特点外,还具有以下特点:

第一,留置权是一种法定担保物权。留置权不是依当事人的意思而设立的,只能依法律规定的条件直接发生。只要具备了法律规定的条件,留置权即当然发生,因而留置权为一种法定担保物权。

第二,留置权为需发生二次效力的担保物权。留置权不同于其他担保物权之处,不仅在于其成立上的法定性,还在于其效力上的二次性。留置权的第一次效力是留置债务人动产的效力,即当债务人不履行到期债务时,留置权人有权扣留已经合法占有的债务人的动产;留置权的第二次效力是优先受偿的效力,即当债务人于债务履行期限届满超过一定期限仍不履行债务时,留置权人得依法处分留置的动产,以其变价优先受偿。

第三,留置权为动产担保物权和转移占有的担保物权。留置权的标的物限于动产,而不包括不动产和权利。因此,留置权属于动产担保物权。同时,留置权的成立以留置权人占有留置财产为条件,因此,留置权为转移占有的担保物权。

二、留置权的成立条件

（一）留置权成立的积极条件

留置权的成立条件是留置权成立必须具备的条件。依据《民法典》的规定,留置权的成立须具备以下积极条件:

1. 债权人须合法占有债务人的动产

所谓"债务人的动产",并非专指债务人所有的动产,而是指债务人交付给债权人占有的动产。因此,尽管为第三人所有的动产,但是只要为债务人交付给债权人,由债权人合法占有的,也可以成立留置权。例如,债务人不履行到期债务,债权人因同一法律关系留置合法占有的第三人的动产,主张就该留置财产优先受偿的,第三人无权以该留置财产并非债务人的财产为由请求返还(《担保制度解释》第62条第1款)。

2. 债权人占有的动产与债权属于同一法律关系

依据《民法典》第448条的规定,债权人留置的动产,应当与债权属于同一法律关系,但是企业之间留置的除外。可见,除企业之间的留置权外,只有债权人占有的动产与债权属于同一法律关系时,留置权才能成立。这种同一法律关系,通常称为牵连关系。应当指出,企业之间留置权的成立不要求留置的动产与债权属于同一法律关系。但是，企业之间留置的动产与债权并非同一法律关系，而债权人留置的财产为第三人的财产的，第三人有权请求债权人返还留置财产（《担保制度解释》第 62 条第 3 款），即不成立留置权。

3. 债权须已届清偿期

债权已届清偿期是指债务人的债务履行期已到。如果债务人的履行义务尚未到期，而债权人返还其占有的标的物的义务已经到期，则不成立债权人的留置权。若债权人的债权未届清偿期而许可其留置占有的标的物，则等于允许债权人得迟延履行返还标的物的义务，并对于债务人的债务得于期前强制其履行。当然，在例外情况下，债权人的债权即使未届清偿期，也允许成立留置权。这种留置权，通常称为紧急留置权。

（二）留置权成立的消极要件

留置权成立的消极条件是指虽具备留置权成立的积极条件，但是因其存在仍不能成立留置权的情形。一般地说，留置权成立的消极条件包括以下几项：

1. 法律规定或者当事人约定不得留置

依据《民法典》第 449 条的规定，法律规定或者当事人约定不得留置的动产，不得留置。例如，法律只允许在合法占有动产的时候成立留置权，故对于非法占有的动产不能成立留置权。同时，对于当事人约定不得留置的动产，也不能成立留置权。

2. 留置债务人的动产违反公序良俗

公序良俗原则是民法的一项基本原则，也适用担保活动。因此，若留置债务人的动产违反公序良俗，则不能成立留置权。例如，对于债务人生活上的必需品，或者身份证、毕业证等，债权人如留置，或者会使债务人的生活难以维持，或者会使债务人无法工作，则违反公序良俗原则。因此，在这种情形下，不能成立留置权。

3. 留置财产与债权人所承担的义务相抵触

如果债权人留置财产与其承担的义务相抵触，而仍许可债权人留置财产，则无异于许可债权人不履行其承担的义务，这有违于诚信原则。因此，在留置财产与债权人承担的义务相抵触时，不成立留置权。例如，承运人负有将承运的物品运送到约定地点的义务，其不得以债务人未支付运费为由，而留置货物不予运送，因为这与其承担的运送义务相抵触。但是承运人将货物运送到目的地后，尽管其负有应给付货物的义务，却得为运费等债权的受偿而留置货物。

三、留置权的效力

（一）留置权所担保的债权范围

留置权为法定担保物权，因此，对于留置权所担保的债权范围，不得由当事人约定，而是由法律规定。依据《民法典》第 389 条的规定，留置权担保的债权范围包括主债权及利息、违约金、损害赔偿金、留置财产的保管费用和实现留置权的费用。

（二）留置权效力及于标的物的范围

留置权效力及于标的物的范围包括原留置财产、从物、孳息以及代位物。依据《民法典》第 450 条的规定，留置财产为可分物的，留置财产的价值应当相当于债务的金额。

(三)留置权人的权利义务

1. 留置权人的权利

(1) 留置财产的占有权。留置权人在其债权未受偿前,得扣留留置财产,拒绝一切返还请求。这是留置权产生第一次效力时的一项权利,是留置权的基本效力之一。

(2) 留置财产的孳息收取权。留置权人有权收取留置财产的孳息,该孳息应当先充抵收取孳息的费用(《民法典》第452条)。

(3) 留置财产的必要使用权。留置权人虽得占有留置财产,但是原则上对留置财产不得为使用收益。只有为保管上的必要,于保管留置财产所必要的范围内,留置权人才得使用留置财产。当然,经留置财产所有权人同意的,留置权人也得使用留置财产。

(4) 必要费用的返还请求权。留置权人为保管留置财产所支出的必要费用,是为物的所有权人的利益而支出的,自得向留置财产的所有权人请求返还。所谓保管的必要费用,是指为留置财产的保存及管理上所不可缺的费用,如养护费、维修费等。

(5) 留置财产变价的优先受偿权。留置权人有优先受偿权,于一定条件下,得就留置财产的变价优先受清偿。这是留置权产生第二次效力时的一项权利,也是留置权的基本效力之一。

2. 留置权人的义务

(1) 留置财产的保管义务。依据《民法典》第451条的规定,留置权人负有妥善保管留置财产的义务;因保管不善致使留置财产毁损、灭失的,应当承担赔偿责任。

(2) 不得擅自使用、利用留置财产的义务。除为保管上的必要而为使用外,未经债务人同意,留置权人不仅不得自己使用留置财产,也不得将留置财产出租或者供作担保。

(3) 返还留置财产的义务。在留置权所担保的债权消灭时,留置权人有义务将留置财产返还于债务人。在债权虽未消灭,但是债务人另行提供担保而使留置权消灭时,留置权人也有返还留置财产的义务。

(四)留置财产所有权人的权利

1. 留置财产的处分权

留置财产被债权人留置后,留置财产的所有权人并不因此而丧失留置财产的所有权。因此,留置财产的所有权人仍可以对留置财产为法律上的处分,但是其处分不影响留置权的存在。

2. 赔偿请求权

依据《民法典》第451条的规定,因留置权人没有妥善保管留置财产致使留置财产毁损、灭失的,留置财产所有权人有权请求赔偿损失。

3. 返还留置财产请求权

在留置权消灭时,留置财产的所有权人有权请求留置权人返还留置财产,留置权人有义务将留置财产返还于债务人。

4. 请求留置权人及时行使留置权

依据《民法典》第454条的规定,债务人可以请求留置权人在债务履行期限届满后行使留置权;留置权人不行使的,债务人可以请求人民法院拍卖、变卖留置财产。

四、留置权的实现

（一）留置权的实现条件

留置权的实现条件是指在何种情形下，留置权人得行使优先受偿权。一般地说，留置权的实现须具备以下条件：

1. 留置权人享有留置权

留置权实现的先决条件，是留置权人享有留置权。只有在留置权成立后留置权人留置标的物并保持对留置财产的占有，留置权人才可以行使优先受偿权。如果留置权人不占有留置财产，或者留置权已经消灭，则留置权人就不能实现留置权。

2. 确定留置财产后债务人履行债务的宽限期

留置权具有二次效力性，因此，留置权人于留置财产后，须经过一定期限后才可实现留置权。也就是说，在留置财产后，须给债务人一定的债务履行的宽限期。依据《民法典》第453条第1款的规定，留置权人与债务人应当约定留置财产后的债务履行期限；没有约定或者约定不明确的，留置权人应当给债务人60日以上履行债务的期间，但是鲜活易腐等不易保管的动产除外。

3. 债务人在宽限期内仍未履行债务，也未另行提供担保

债务人债务履行的宽限期确定后，债务人应当于宽限期内履行债务。如果债务人于宽限期内履行了义务，留置权人的权利实现，留置目的达到，则留置权人也就不能实现留置权。如果债务人于宽限期内提供了另外的担保，留置权人的权利也得到了保障，留置权归于消灭，留置权人当然也不能实现留置权。只有在债务人于宽限期内仍未履行债务，且也未另外提供相当担保的情形下，留置权人才可实现留置权。

（二）留置权的实现方式

依据《民法典》第453条第1款的规定，留置权的实现方式包括留置财产的折价和拍卖、变卖。

留置财产的折价是指以一定的价格将留置财产折归留置权人，也就是卖给留置权人，由留置权人出价取得留置财产的所有权。留置财产的折价须留置权人与债务人协商一致，其价格应当公平合理。对此，《民法典》第453条第2款规定："留置财产折价或者变卖的，应当参照市场价格。"

留置财产的拍卖、变卖是指将留置财产出卖给第三人。留置财产是拍卖还是变卖，可以由留置权人与债务人协商。如果当事人协商不成，则留置权人得自行决定留置财产变价的方式。

在留置财产折价或者拍卖、变卖后，其价款超过债权数额的部分归债务人所有，不足部分由债务人清偿（《民法典》第455条）。

五、留置权的消灭

留置权作为一种担保物权，既可因物权消灭的一般原因而消灭，又可因担保物权消灭的原因而消灭，还有自己独特的消灭原因。一般地说，留置权消灭的特殊原因主要有以下

几种：

第一，留置财产占有的丧失。依据《民法典》第457条的规定，留置权人对留置财产丧失占有的，留置权消灭。这是因为，留置权是以留置财产的占有为成立条件和存续条件的，因此，留置权人丧失对留置财产的占有的，留置权的存续条件也就不存在，留置权也就归于消灭。

第二，担保的另行提出。依据《民法典》第457条的规定，留置权人接受债务人另行提供担保的，留置权消灭。债务人另行提供的担保，可以是人的担保（如保证），也可以是物的担保（如抵押权、质权）。但是无论何种形式的担保，只有为留置权人所接受，才能使留置权消灭。

第三，债权清偿期的延缓。留置权的成立以债务人不履行到期债务为条件。如果留置权人同意延缓债权的清偿期，则留置权人就不能请求债务人履行债务，不能认为债务人超过约定的期限不履行义务，从而也就欠缺留置权成立的要件。因此，在债权清偿期延缓时，留置权消灭。

第十四章 占 有

第一节 占有概述

一、占有的概念和本质

占有是指占有人对物有事实上管领力的事实状态。在占有法律关系中,管领物的人称为占有人,被管领之物称为占有物。

从本质上说,占有是一种事实,而不是一种权利。占有仅体现为人对物的支配管领关系,并不反映某种权利关系。无论是合法行为还是违法行为,均可基于管领物的事实而成立占有。所以,占有不是一种权利。将占有定性为事实,旨在表示法律对物的事实支配状态的保护,而不问占有是否具有法律上的正当权利。

二、占有的特点

占有具有如下特点:

第一,占有的客体为物。占有是一种事实,反映的是一种人对物的管领关系。所以,占有的客体以物为限。这里的物与作为物权客体的物的范围并无不同,亦包括动产和不动产。但是作为占有客体的物,并不以独立物为限,物的一部分或者构成部分亦可成为占有的客体。例如,房屋的墙壁不能成为物权的客体,却可以作为占有的客体,如将墙壁出租于他人供广告之用等。

第二,占有为法律所保护的事实。尽管占有是一种事实而不是一种权利,但是这种事实如同权利一样,也是受法律保护的。占有的事实之所以受法律保护,其主要理由在于维护社会秩序,增进社会福利。

第三,占有的成立须占有人对标的物有事实上的管领力。占有是一种事实,所以,只要占有人对物有事实上的管领力即可成立,而不问其内心意思如何。所谓事实上的管领力,是指人对物有确定、现实的支配状态。占有人有无事实上的管领力,应依社会观念加以认定。一般地说,人对物已有确定与继续的支配关系,或者已处于得排除他人干涉的状态,就可以认定有事实上的管领力。

第二节 占有的分类

一、有权占有与无权占有

根据占有是否具有法律的根据或者原因,占有可分为有权占有与无权占有。

有权占有又称为正权源占有、有权源占有、合法占有,是指具有法律的根据或者原因的占有。例如,承租人、保管人、用益物权人对标的物的占有,都属于有权占有。无权占有又称为无权源占有、非法占有,是指没有法律的根据或者原因的占有。例如,小偷对赃物的占有、侵权人对他人财产的占有等,都属于无权占有。这里的法律上的根据或者原因,是指占有是权利人行使权利的结果,其所行使的权利通常称为本权或者权源。所以,基于本权的占有或者有权源的占有,为有权占有;没有本权或者权源的占有,为无权占有。

这种分类的主要意义在于,它们受法律保护的程度不同。有权占有因系有权源的占有,故在权源存在时,权利人请求占有人返还占有物的,占有人有权予以拒绝;而无权占有因系无权源的占有,故在权利人请求返还占有物时,占有人负有返还的义务。

二、单独占有与共同占有

根据占有的人数,占有可分为单独占有与共同占有。

单独占有是指占有人为一人的占有,共同占有是指占有人为二人以上对同一标的物所为的占有。共同占有又有重复共同占有和统一共同占有之分。重复共同占有又称通常共同占有、普通共同占有、单纯共同占有,是指各共同占有人在不妨碍其他共同占有人的情形下,各得单独管领其占有物的占有。如数人承租同一房屋,各人均得单独使用公用的浴室、厨房、停车场等。统一共同占有是指全体共同占有人对于其占有物仅有一个管领力,不得单独各自为管领的占有。例如,数个继承人共同掌管装有遗嘱的保密箱,各人分别保管不同的钥匙,任何人都无法单独打开保密箱。

这种分类的主要意义在于:单独占有不发生占有人之间的关系,而共同占有发生各占有人之间的关系。共有占有人就其占有物使用的范围,不得相互请求占有的保护;在占有受到他人侵害时,共同占有人主张保护的权利会受到他占有人意思的制约。

三、自主占有与他主占有

根据占有人是否以所有的意思进行占有,占有可分为自主占有与他主占有。

自主占有是指占有人以所有的意思对标的物进行的占有。例如,所有权人对所有物的占有等。他主占有是指占有人非以所有的意思对标的物进行的占有。例如,承租人、保管人、他物权人等对标的物的占有等。这里的"所有的意思",无需为依民事法律行为取得所有权的意思,而只需事实上对于物具有与所有权人为同样管领的意识即可构成。所以,自主占有不以标的物为占有人所有为必要,标的物虽非为占有人所有,但是其以所有的意思而占有的,亦为自主占有。例如,误认他人之物为自己之物进行占有、盗窃者对盗窃物的占有等,都属于自主占有。

这种分类的主要意义在于:第一,在所有权的变动中,只有以自主占有的意思取得标的物的,才能取得所有权;第二,在先占制度中,只有以自主占有的意思占有无主物的,才能因先占而取得无主物的所有权。

四、直接占有与间接占有

根据占有人是否对标的物直接进行事实上的管领,占有可分为直接占有与间接占有。

直接占有是指占有人直接对标的物进行事实上的管领的占有。例如,所有权人对其所有物的占有、承租人对租赁物的占有、借用人对借用物的占有、保管人对保管物的占有等,都属于直接占有。间接占有是指基于一定的法律关系,自己不直接对标的物进行管领,而是对于直接占有人有返还请求权,并间接地对标的物进行管领的占有。例如,出租人、出借人、出质人、寄托人等为间接占有人,他们对标的物的占有即为间接占有。间接占有必须与直接占有同时存在,不能独立存在。而间接占有人与直接占有人之间亦必须存在一定的法律关系。否则,就不可能产生间接占有。

严格地说,间接占有并非真正的占有。法律上将其视为占有,其主要意义在于维护间接占有人的利益,以使其与直接占有人同样受占有制度的法律保护。

五、善意占有与恶意占有

根据无权占有人的主观状态,占有可以分为善意占有与恶意占有。

善意占有是指占有人不知道或者不应知道无占有的权利而进行的占有。例如,买受人不知道出卖人没有处分权而购买财产并加以占有,此时买受人的占有即为善意占有。恶意占有是指占有人知道或者应当知道无占有的权利而仍进行的占有。例如,承租人在租赁期满后,拒不返还租赁物的,此时承租人的占有即为恶意占有。

这种分类的主要意义在于:第一,善意取得以善意占有为要件,受让人恶意占有的,不发生善意取得问题;第二,占有人对于回复请求人的权利义务,因善意占有或者恶意占有而有所不同;第三,占有人因使用占有物而造成占有物损害的,赔偿责任因善意占有与恶意占有而有所不同。

第三节 占有的效力

一、占有的权利推定效力

占有的权利推定效力是指依占有事实所表现的权利外观,推定占有人享有此种权利。这是因为,占有为动产物权的公示方式,为权利存在的外观,在占有存在时,通常均有实质或者直接的权利为其基础。基于占有之背后真实权利存在的盖然性,为保护占有人的利益,推定占有人基于其占有而产生的各种权利外像具有真实的权利基础。

占有的权利推定效力包括以下主要内容:(1) 占有物上行使的权利为依占有所表现的一切权利,既包括物权,也包括债权。例如,占有人于占有物上行使所有权或者质权时,就推定其有所有权或者质权;于占有物上行使租赁权或者借用权时,也推定其有该权利。但是,不以占有为内容的权利,如抵押权等,不在推定之列。(2) 受权利推定的占有人不负有权占有的举证责任,但是当他人提出反证证明其无占有的权利时,占有人负有推翻反证的举证责任。(3) 权利推定效力,不仅占有人可以主张,第三人也可以主张,如债权人对于债务人占有的动产得主张该动产为债务人所有。(4) 受权利推定的人,包括一切占有人,无论占有人的占有是否存在瑕疵。(5) 权利的推定,一方面可以为占有人的利益而为推定,另一方面也可以为占有人的不利益而为推定,如推定占有人为所有权人,则物上的负担也应推定由占有人负担。(6) 权利的推定仅具有消极的效力,占有人不得利用此项推定作为享有权利的证明,如占有人不得利用权利的推定,申请权利登记。

二、占有人的权利和义务

占有人的权利义务包括有权占有人的权利义务和无权占有人的权利义务。有权占有人的权利义务，可以依据相关权利保护其利益，不必借助占有进行保护。对此，《民法典》第458条规定："基于合同关系等产生的占有，有关不动产或者动产的使用、收益、违约责任等，按照合同约定；合同没有约定或者约定不明确的，依照有关法律规定。"因此，在通常情况下，占有人的权利义务系指无权占有人的权利义务。概括地说，无权占有人的权利义务主要有以下几项，且因善意占有或者恶意占有而有所不同。

（一）占有人的使用、收益权

根据占有的权利推定效力，占有人被推定为享有某项权利时，如果占有人为善意占有人，则占有人可依其被推定的权利，对占有物进行使用、收益。但是，善意占有人对占有物的使用、收益应以其权利推定的权利范围为限，并且被推定的权利须包含使用、收益的内容。

（二）费用求偿权

费用求偿权是指在权利人请求返还占有物时，占有人享有的请求权利人偿还有关费用的权利。对此，《民法典》第460条规定："不动产或者动产被占有人占有的，权利人可以请求返还原物及其孳息；但是，应当支付善意占有人因维护该不动产或者动产支出的必要费用。"可见，只有善意占有人才能享有费用求偿权，恶意占有人并不享有此项权利。

（三）返还占有物及其孳息的义务

依据《民法典》第460条的规定，无论是善意占有人还是恶意占有人，对于真正权利人都负有返还占有物及孳息的义务。

（四）赔偿损失的义务

依据《民法典》第459条的规定，占有人因使用占有的不动产或者动产，致使该不动产或者动产受到损害的，恶意占有人应当承担赔偿责任。可见，恶意占有人对权利人应当承担赔偿损失的义务。如果占有的不动产或者动产毁损、灭失，该不动产或者动产的权利人请求赔偿的，占有人应当将因毁损、灭失取得的保险金、赔偿金或者补偿金等返还给权利人；权利人的损害未得到足够弥补的，恶意占有人还应当赔偿损失（《民法典》第461条）。

三、占有的妨害排除效力

占有的妨害排除效力是占有保护方面的效力，是指占有人于其占有物被侵占或者占有被妨害时，得请求侵害人恢复占有人原来的占有的圆满状态。基于占有的妨害排除与防止效力而产生的权利，称为占有保护请求权。对此，《民法典》第462条规定："占有的不动产或者动产被侵占的，占有人有权请求返还原物；对妨害占有的行为，占有人有权请求排除妨害或者消除危险；因侵占或者妨害造成损害的，占有人有权依法请求损害赔偿。占有人返还原物的请求权，自侵占发生之日起一年内未行使的，该请求权消灭。"可见，占有保护请求权包括占有物返还请求权、占有妨害除去请求权和占有妨害防止请求权三种。占有物返还请求权应当在法律规定的1年期间内行使。该期间为不变期间，不发生中止、中断和延长的问题。占有妨害除去请求权和占有妨害防止请求权不受期间的限制，只要妨害或者危险存在，占有人就可以行使妨害除去请求权和占有妨害防止请求权。

第三编 合同总论

第十五章 债与合同概述

第一节 债的概述

一、债的概念和特点

债是指按照合同的约定或者依照法律的规定,在当事人之间产生的特定的权利义务关系。

债作为一种民事法律关系,具有如下特点:

第一,债是一种财产法律关系。民事法律关系有人身关系与财产关系之分,债的关系属于财产关系。换言之,债是具有直接的经济利益内容的法律关系,债的主体是为了这种经济上的利益才参加到债的关系中来。所以,民法的等价有偿原则在债的关系中表现得最为充分,而债的制度也就成为调整经济关系的基本法律制度。同时,债反映的财产关系是动态的财产关系,即财产流转关系,也就是财产由一个主体转移给另一个主体的关系。

第二,债是特定的当事人之间的法律关系。债的当事人即债的主体包括债权人和债务人,前者享有权利,后者承担义务,主体双方都是特定的。债权人的权利原则上只对债务人发生效力,而债务人也仅对债权人负担义务。所以,债属于相对法律关系。

第三,债是以特定行为(给付)为客体的法律关系。债的客体是债权和债务共同指向的对象,也称为债的标的。因为债的本质是债权人得请求债务人为特定行为,所以债的客体就是债权人得请求债务人实施的行为,该行为就是债权债务的载体。在民法理论上,作为债的客体的行为通常称为"给付"。

二、债的要素

(一) 债的主体

债的主体是指参与债的关系的当事人,包括债权人和债务人。在同一债的关系中,债权人可以是一人或者数人,债务人也可以是一人或者数人。但是,无论债权人或者债务人为一人还是数人,都必须是特定的。

债权人和债务人具有利益上的对立性,因此,在通常情况下,债的主体具有双重身份,即每一方当事人既是债权人,又是债务人。也就是说,当事人双方互享权利、互负义务。当然,在某些债的关系中,一方当事人仅享有债权而不负有债务,另一方当事人仅负担债务而不享有债权。

(二)债的内容

1. 债权

债权是指权利人请求特定义务人为或者不为一定行为的权利。

债权具有以下特点:

第一,债权是一种请求权。债是特定当事人间得请求为特定行为的关系,债权人取得所需利益,只能通过请求债务人给付来完成。因而,债权为请求权,而不属于支配权。

第二,债权是相对权。债是特定当事人之间的法律关系,债权人和债务人都是特定的。债权人只能向特定的债务人请求给付,债务人只对特定的债权人负给付义务。因此,债权是相对权,具有相对性。当然,债权的相对性也存在例外情形,如合同保全制度就突破了债权的相对性。

第三,债权具有期限性。债权的期限性是指债权的效力仅存在于一定的期限之内,不会长期有效,期限届满则债权失去效力。

第四,债权具有兼容性与平等性。债权的兼容性与平等性,是指对同一个标的,可以同时成立数个有效的债权(兼容性),且每一个债权都具有相同的效力,受到法律同样的保护(平等性)。

2. 债务

债务是指债务人基于法律规定或者当事人约定而必须为一定行为或者不为一定行为的一种义务。债务具有如下特点:

第一,债务具有特定性。债务表现为特定债务人所为的特定行为,因此,债务的内容具有特定性。例如,债务人应交付货物的,其所应交付的货物的数量、质量等都是确定的。

第二,债务具有积极性。债权为请求权,必须依赖于债务人的特定行为才能得以实现。也就是说,只有通过债务人的积极行为,才能满足债权人的利益需要。因此,债务具有积极性。

第三,债务具有不利益性。在债的关系中,债务人与债权人处于利益对立的地位。因此,债务人履行债务的行为,一方面使债权人的利益得以实现,另一方面则使债务人失去了既有利益,处于不利益的状态。

第四,债务具有受约束性。债务是债务人应当为特定行为的义务,因此,债务具有法律约束性。债务人必须依照当事人约定或者法律规定的内容为特定行为。否则,债务人就应当承担债务不履行的责任。

(三)债的客体

债的客体是指债权、债务共同指向的对象。债的设立,对债权人来说,其目的就是满足自己的某种需要,但是,债权人不能通过直接支配标的物或者债务人的行为达到这一目的,而只能请求债务人为或者不为一定行为;对债务人而言,其义务就是应债权人请求而为或者不为一定行为。可见,债权、债务共同指向的对象就是债务人应为的特定行为。例如,支付金钱、交付财物、提供劳务、完成工作并提交成果、转移权利等,都属于债的客体。

三、债的发生原因

债的发生原因又称债的发生根据,是指产生债的法律事实。依据《民法典》第118条的规定,债的发生原因包括合同、侵权行为、无因管理、不当得利以及法律的其他规定。

(一)合同

依据《民法典》第119条的规定,依法成立的合同,对当事人具有法律约束力。这种法律约束力就体现为在当事人之间产生债的关系。因合同而产生的债,称为合同之债。

(二)侵权行为

依据《民法典》第120条的规定,民事权益受到侵害的,被侵权人有权请求侵权人承担侵权责任。侵权行为是法律禁止的行为,因实施侵权行为造成他人损害的,行为人应当承担侵权责任。侵权责任通常是通过损害赔偿的方式实现的,因此,侵权行为是债的发生原因。

(三)无因管理

《民法典》第121条规定,没有法定的或者约定的义务,为避免他人利益受损失而进行管理的人,有权请求受益人偿还由此支出的必要费用。可见,无因管理成立后,在管理人与受益人之间即发生债的关系,管理人有权请求受益人偿还其管理事务所支出的必要费用,受益人有义务偿还。因此,无因管理是债的发生原因。

(四)不当得利

《民法典》第122条规定,因他人没有法律根据,取得不当利益,受损失的人有权请求其返还不当利益。可见,不当得利成立后,受损人有权请求得利人返还其取得的不当利益,得利人有义务返还。因此,不当得利是债的发生原因。

(五)法律的其他规定

除合同、侵权行为、无因管理、不当得利外,法律规定的其他原因也能导致债的发生。例如,在缔约过失的情况下,也会产生债的关系。

四、债的分类

(一)法定之债与意定之债

根据债的发生原因及债的内容是否由当事人的意志决定,债可以分为法定之债与意定之债。

法定之债是指债的发生与内容均由法律明确规定的债。法定之债包括侵权赔偿之债、不当得利之债、无因管理之债、缔约过失之债等。意定之债是指债的发生与内容完全由当事人依其自由意志决定的债。意定之债主要是合同之债,亦包括单方允诺之债,所以,意定之债也称为合同之债或者约定之债。

区分法定之债与意定之债的主要意义在于,这两种债的发生原因及债的内容不同。法定之债的发生原因和内容由法律规定,而意定之债的发生原因与内容由当事人约定。

(二)单一之债与多数人之债

根据债的主体双方的人数,债可以分为单一之债与多数人之债。

单一之债是指债的双方主体即债权人和债务人都仅为一人的债,而多数人之债是指债的双方主体均为二人以上或者其中一方主体为二人以上的债。

区分单一之债与多数人之债的主要意义在于：单一之债的主体双方都只有一人，当事人之间的权利、义务关系比较简单，不发生多方主体之间的权利、义务关系；而多数人之债的当事人之间的关系比较复杂，不仅有债权人和债务人之间的权利义务关系，还发生多数债权人或者多数债务人之间的权利义务关系。因此，正确地区分单一之债和多数人之债，有利于准确地确定当事人之间的权利和义务。

（三）按份之债与连带之债

在多数人之债中，根据多数人一方相互之间的权利义务关系，债可以分为按份之债与连带之债。

按份之债是指债的一方主体为多数，且各自按照一定的份额享有权利或者承担义务的债。依据《民法典》第517条的规定，按份之债包括按份债权和按份债务。在按份之债中，债权人为二人以上，标的可分，按照份额各自享有债权的，为按份债权；债务人为二人以上，标的可分，按照份额各自负担债务的，为按份债务。无论是按份债权还是按份债务，其份额应当按照约定确定；如果按份债权人或者按份债务人的份额难以确定的，则视为份额相同。在按份之债中，各债权人的债权或者各债务人的债务各自独立，相互之间没有连带关系。

连带之债是指债的主体一方为多数人，且多数人一方当事人都有权请求对方履行全部债务或者都有义务向对方履行全部债务的债。依据《民法典》第518条的规定，连带之债包括连带债权与连带债务。债权人为二人以上，部分或者全部债权人均可以请求债务人履行债务的，为连带债权；债务人为二人以上，债权人可以请求部分或者全部债务人履行全部债务的，为连带债务。在连带之债中，多数人一方当事人之间有连带关系，即对当事人中一人发生效力的事项对于其他当事人同样会发生效力。

区分按份之债与连带之债的主要意义在于，二者所发生的效力不同。按份之债的各债权人的债权或者各债务人的债务都是各自独立的，相互之间没有连带关系，对某一债权人或者某一债务人发生效力的事项，对其他债权人或者债务人不发生效力。按份债权人只能就自己享有的债权份额请求债务人履行，按份债务人只就自己分担的债务份额负清偿责任。但是，连带之债的各债权人的债权或者各债务人的债务并不是各自独立的，而是存在连带关系，对某一债权人或者某一债务人发生效力的事项，对其他债权人或者债务人同样发生效力。

（四）特定物之债与种类物之债

根据债的标的物属性的不同，债可以分为特定物之债与种类物之债。

特定物之债是指以特定物为标的物的债。以特定物为标的物的债在发生时，其标的物即已存在并特定化。种类物之债是指以种类物为标的物的债。以种类物为标的物的债在发生时，其标的物未特定化，甚至尚不存在，但是当事人双方须就标的物的种类、数量、质量、规格或者型号等达成协议。

区分特定物之债与种类物之债的主要意义在于：第一，在特定物之债中，债务人只能以给付特定的标的物来履行债务，债权人也只能请求债务人给付特定物；而在种类物之债中，债务人可以给付同种类的物来履行债务。第二，特定物之债的标的物发生灭失时，发生债的履行不能；而种类物之债的标的物发生灭失时，通常不发生履行不能，当该种类物全部灭失而不存在或者即使没有全部灭失但履行成本过高时，才会发生履行不能。

（五）金钱之债与非金钱之债

根据债是否以一定数额的货币为给付标的，债可以分为金钱之债与非金钱之债。

金钱之债又称货币之债，是指债务人以给付一定货币履行债务的债；非金钱之债是指债务人以货币之外的其他标的履行债务的债。

区分金钱之债与非金钱之债的主要意义在于：第一，能否发生履行不能不同。由于货币在性质上属于种类物，具有较强的流通性和可替代性，因此，金钱之债一般不发生履行不能的问题；而如果非金钱之债的标的物毁损、灭失，则可能发生履行不能。例如，当事人一方不履行非金钱债务或者履行非金钱债务不符合约定的，对方可以请求履行，但是在法律上或者事实上不能履行时，不能请求继续履行（《民法典》第580条）。第二，债的履行要求不同。对于金钱之债而言，债务人原则上不需要交付特定的货币，仅需要向债权人交付等值的货币。而对于非金钱之债而言，当事人应当严格按照债的要求履行，不得主张以交付其他标的物代替当事人约定的标的物来履行债务。第三，是否约定利息不同。金钱之债的标的为货币，故其履行通常会伴随利息的支付；而非金钱之债一般不会产生利息之债。第四，债的转让限制不同。金钱作为一般等价物不同于其他的物，其目的就在于流通，因此其转让受到较小的限制，而非金钱债权的转让则受到更多的限制。依据《民法典》第545条第2款的规定，当事人约定非金钱债权不得转让的，不得对抗善意第三人；当事人约定金钱债权不得转让的，不得对抗第三人。

（六）简单之债与选择之债

根据债的标的有无选择性，债可分为简单之债与选择之债。

简单之债又称不可选择之债，是指债的标的是单一的，当事人只能以该种标的履行，并没有选择余地的债。选择之债是指债的标的为两项以上，当事人可以选择其中一项来履行的债。选择之债的成立需要两个条件：其一，须有两种以上内容相异的给付供当事人选择；其二，须在两种以上的给付中选择其一来履行。

区分简单之债与选择之债的主要意义在于：第一，简单之债的标的是特定的一种，当事人只能按该标的履行；而选择之债的标的是两种以上，只有在当事人选择之后，债的标的才得以确定，进而才能履行。第二，简单之债的标的无法履行时，发生债的履行不能；而选择之债的某种标的无法履行时，不发生债的履行不能，因为当事人仍然可以选择其他标的履行，只有在数项标的都无法履行时，才发生债的履行不能。

（七）一时性之债与继续性之债

根据时间因素对于债的履行的影响程度，债可以分为一时性之债与继续性之债。

一时性之债是指债务经过一次履行即告结束，债权即可实现的债，如常见的买卖合同；继续性之债是指并非一次履行即可完成，而是需要长期的、多次的履行，履行处于一种持续状态的债，如租赁合同、保管合同、委托合同等均属于继续性之债。

区分一时性之债与继续性之债的主要意义在于：第一，债的消灭特别是解除原因不同。一时性之债根据约定或者法律规定由当事人行使解除权，解除权的行使有严格的条件要求，通常法律不会赋予当事人任意解除权；而对于继续性之债，由于双方之间的信赖关系非常重要，一旦丧失此种信任与信赖，就需要给当事人更为宽松的退出债的关系的机制，以免当事人陷入长期的履行艰难的合同僵局之中，所以在债的解除方面，继续性之债的当事人有更多的自由。第二,债的解除的法律后果不同。一时性之债发生解除时,通常会产生解除的溯及力,合同自始失去效力,已经履行的也需要采取恢复原状的方式,尽量恢复至合同未履行的状态;而在继续性之债的情形,债的解除原则上不具有溯及力,即尚未履行的不再履行,因为绝大多数情形下继续性之债是不可能恢复原状的。

第二节 合同概述

一、合同的概念和特点

依据《民法典》第464条第1款的规定,合同是指民事主体之间设立、变更、终止民事法律关系的协议。合同具有以下特点:

第一,合同是当事人之间在自由平等基础上所达成的协议。合同是当事人之间为实现一定的目的而进行协商的结果,是经过协商而取得的认识上的一致。这种一致是当事人之间自愿协商所达成的,建立在自由平等的基础之上。不是平等主体之间签订的协议,不属于合同。因此,当事人的地位平等,是合同的内在要求。

第二,合同是双方或者多方民事法律行为。合同是当事人以发生一定民事法律后果为目的的行为,以当事人的意思表示为要素,因此,合同是民事法律行为。合同作为一种民事法律行为,是一种双方或者多方民事法律行为。因此,至少要有两方以上的当事人,并且须各方的意思表示一致,合同才能成立。

第三,合同以确立民事权利义务关系为目的。当事人可以通过合同设立民事权利义务关系,也可以通过合同来变更或者终止民事权利义务关系。因此,合同是以确立民事权利义务关系为目的的。合同所确立的民事权利义务关系不同于因其他原因而确定的民事权利义务关系,它是当事人依法自由约定的,是相互平等协商一致自行同意的。尽管合同的权利义务是当事人自行确立的,但因为是当事人依法设定的,所以,合同所确定的民事权利义务关系同样受法律的保护。合同一经依法成立,就对当事人产生法律约束力,当事人必须按照合同规定享有权利和承担义务。

二、合同的分类

(一) 有名合同与无名合同

根据法律是否规定了特定名称,合同可以分为有名合同与无名合同。

有名合同又称典型合同,是指法律设有规范并赋予了特定名称的合同。只要法律上确定了名称并设有相应规范的合同,都属于有名合同,如《民法典》合同编规定的19类合同,其他特别法中所规定的保险合同、旅游服务合同等。有名合同的特点在于,法律对其确定了特定的名称并设置了相应规范,为当事人订立和履行合同提供了便利。

无名合同又称非典型合同,是指法律未设有相应规范,也没有赋予特定名称的合同。无名合同的特点在于,法律没有对其确定特定的名称,也没有规定相应的规范。

区分有名合同与无名合同的主要意义在于,两者适用的法律规则不同。对于有名合同应当直接适用《民法典》合同编第二分编或者其他民事法律的规定,而无名合同则应当按照法律规定的适用规则确定其所适用的法律。在确定无名合同的适用法律时,首先应当考虑适用《民法典》合同编第一分编即通则所规定的一般规则,然后可以参照最相类似的典型合同,适用该种典型合同的规则。《民法典》第 467 条第 1 款规定:"本法或者其他法律没有明文规定的合同,适用本编通则的规定,并可以参照适用本编或者其他法律最相类似合同的规定。"

(二) 诺成合同与实践合同

根据合同的成立是否需要交付标的物,合同可以分为诺成合同与实践合同。

诺成合同又称不要物合同,是指当事人双方意思表示一致即可成立的合同。实践合同又称要物合同,是指除当事人双方意思表示一致以外尚需交付标的物或者完成其他现实给付才能成立的合同。诺成合同是合同的典型形态,大多数合同都是诺成合同。只有在法律有特别规定时,合同才为实践合同。例如,自然人之间的借款合同,自贷款人提供借款时成立,为实践合同(《民法典》第 679 条)。

区分诺成合同与实践合同的主要意义在于,两者成立的时间是不同的。诺成合同自双方当事人意思表示一致时即告成立;而实践合同则在当事人达成合意之后,还必须由当事人交付标的物或者完成其他给付以后,合同才能成立。

(三) 要式合同与不要式合同

根据合同是否以特定的形式为要件,合同可以分为要式合同与不要式合同。

要式合同是指法律、行政法规规定或者当事人约定采用特定形式的合同。合同是否属于要式合同,取决于法律、行政法规或者当事人的规定。不要式合同是指法律、行政法规没有规定或者当事人没有约定采取特定形式的合同。不要式合同的特点在于,当事人可以根据合同自由原则约定合同的形式,不受法律、行政法规规定的限制。

区分要式合同与不要式合同的主要意义在于,合同成立与生效的条件不同。要式合同若没有采用法律、行政法规规定或者当事人约定的特定形式,则会发生特别的法律效果,主要有两个方面的效果:其一,合同没有采用特定形式的,合同原则上不成立。依据《民法典》第 490 条第 2 款的规定,法律、行政法规规定或者当事人约定合同应当采用书面形式订立,当事人未采用书面形式但是一方已经履行主要义务,对方接受时,该合同成立。可见,当事人没有采用法律、行政法规规定或者当事人约定的书面形式,也没有履行主要义务的,合同应为不成立。其二,合同没有采用特定形式的,合同未生效。依据《民法典》第 502 条第 2 款的规定,法律、行政法规规定合同应当办理批准等手续,当事人未办理批准等手续的,合同未生效。

(四) 双务合同与单务合同

根据当事人双方是否负有对待给付义务,合同可以分为双务合同与单务合同。

双务合同是指当事人双方互负对待给付义务的合同,即双方当事人互享债权,互负债务,一方的权利正好是对方的义务,彼此形成对价关系。单务合同是指合同当事人仅有一方负担义务而另一方只享有权利的合同。

区分单务合同与双务合同的主要意义表现在:第一,是否适用履行抗辩权不同。双务合同可以适用同时履行抗辩权、先履行抗辩权、不安抗辩权,而单务合同则不适用。第二,因一方的过错所致合同不履行的后果不同。在双务合同中,如果守约方已履行合同的,可以要求违约方履行合同或者承担其他违约责任;如果守约方要求解除合同,则对于其已经履行的部分有权要求未履行给付义务的一方返还其已取得的财产。但是在单务合同中,则一般不存在上述情况。

(五) 有偿合同与无偿合同

根据当事人取得权利是否支付对价,合同可以分为有偿合同与无偿合同。

有偿合同是指一方通过履行合同规定的义务而给对方某种利益,对方要得到该利益必须为此支付相应代价的合同。实践中,绝大多数反映交易关系的合同都是有偿的。无偿合同是指一方给付对方某种利益,对方取得该利益时并不支付任何对价的合同。

区分有偿合同和无偿合同的主要意义在于:第一,当事人的注意义务要求不同。在有偿合同中,当事人的义务要受当事人之间利益关系的影响,因此,法律对有偿合同的当事人要求有较高的注意义务;而对无偿合同的当事人,因当事人一方仅支付代价而没有取得利益,所以法律要求其承担较低的注意义务。第二,主体资格要求不同。有偿合同的当事人原则上应当具备完全民事行为能力,限制民事行为能力人非经法定代理人同意,原则上不得订立有偿合同。限制民事行为能力人订立了有偿合同,只有经法定代理人同意、追认,才能有效(《民法典》第19条)。但是,对于一些单纯获得利的无偿合同,如赠与合同等,限制民事行为能力人和无民事行为能力人都可以订立,无需法定代理人同意或者追认。第三,债权人行使撤销权的条件不同。债务人将财产无偿地转让给第三人的,只要影响债权人的债权实现,债权人就可以请求撤销该行为,而无论债务人和第三人的主观态度如何;但是,债务人以明显不合理的低价转让或者以明显不合理的高价受让财产,影响债权人的债权实现的,只有在债务人的相对人知道或者应当知道该情形时,债权人才能行使撤销权(《民法典》第539条)。第四,构成善意取得的条件不同。在无权处分他人财产的人将财产转让给第三人时,第三人是善意有偿取得的,则构成善意取得;但是,第三人是无偿取得的,无论第三人是否为善意,均不构成善意取得。

(六) 主合同与从合同

根据合同相互间的主从关系,合同可以分为主合同与从合同。

主合同是指能够独立存在的合同;依附于主合同方能存在的合同即为从合同。从合同的主要特点在于其附属性,即从合同不能独立存在,必须以主合同的存在并生效为前提。

区分主合同与从合同的主要意义在于,主合同的效力决定从合同的效力。因此,主合同不能成立,从合同就不能有效成立;主合同转让,从合同也不能单独存在;主合同被宣告无效或者被撤销,从合同也将失效;主合同终止,从合同亦随之终止。

(七) 束己合同与涉他合同

根据合同效力的范围,合同可以分为束己合同与涉他合同。

束己合同是指仅约束当事人自己而不涉及他人的合同。基于合同的相对性原理,一般的合同都是约束自己的,不能约束合同当事人以外的第三人,所以一般的合同都是束己合同。涉他合同是指双方订立的涉及第三人利益的合同。其中最关键的是第三人是否受到合同的约束,是否根据约定而享有权利或者承担义务。

区分束己合同与涉他合同的主要意义在于,束己合同只在当事人之间发生效力,即只约束当事人双方;而涉他合同对第三人亦能发生效力。

(八) 预约合同与本约合同

根据订立合同是否有事先约定的关系,合同可以分为预约合同与本约合同。

预约合同简称预约,是指约定将来订立合同的合同;本约合同简称本约,是指根据预约而订立的正式的合同。预约和本约是对应的概念,有预约才有本约,没有预约就不存在所谓的本约。《民法典》第 495 条第 1 款规定:"当事人约定在将来一定期限内订立合同的认购书、订购书、预订书等,构成预约合同。"依据《合同编通则解释》第 6 条的规定,当事人以认购书、订购书、预订书等形式约定在将来一定期限内订立合同,或者为担保在将来一定期限内订立合同交付了定金,能够确定将来所要订立合同的主体、标的等内容的,人民法院应当认定预约合同成立;当事人通过签订意向书或者备忘录等方式,仅表达交易的意向,未约定在将来一定期限内订立合同,或者虽然有约定但是难以确定将来所要订立合同的主体、标的等内容,一方主张预约合同成立的,人民法院不予支持;当事人订立的认购书、订购书、预订书等已就合同标的、数量、价款或者报酬等主要内容达成合意,符合合同成立条件,未明确约定在将来一定期限内另行订立合同,或者虽然有约定但是当事人一方已实施履行行为且对方接受的,人民法院应当认定本约合同成立。

区分预约合同与本约合同的主要意义在于,二者的法律效力不同。预约合同的效力在于当事人应订立本约合同,而不发生当事人之间的实体上的权利义务关系;而本约合同的效力在于确定当事人之间的权利义务关系。如果当事人没有履行预约合同,即不履行预约合同约定的订立合同的义务,对方可以请求其承担预约合同的违约责任(《民法典》第 495 条第 2 款)。依据《合同编通则解释》第 7 条的规定,预约合同生效后,当事人一方拒绝订立本约合同或者在磋商订立本约合同时违背诚信原则导致未能订立本约合同的,人民法院应当认定该当事人不履行预约合同约定的义务。人民法院认定当事人一方在磋商订立本约合同时是否违背诚信原则,应当综合考虑该当事人在磋商时提出的条件是否明显背离预约合同约定的内容以及是否已尽合理努力进行协商等因素。预约合同生效后,当事人一方不履行订立本约合同的义务,对方请求其赔偿因此造成的损失的,人民法院依法予以支持。这里的损失赔偿,当事人有约定的,按照约定;没有约定的,人民法院应当综合考虑预约合同在内容上的完备程度以及订立本约合同的条件的成就程度等因素酌定(《合同编通则解释》第 8 条)。

三、合同自由原则

(一) 合同自由的内容

合同自由是指当事人决定是否订立合同以及以何种形式、内容订立合同的自由。合同自由原则的内容相当广泛,主要包括以下五项内容:

第一,订约的自由。订约自由即当事人可以自由决定是否与他人订立合同。在现代社会中,合同是满足人们各种需求的重要法律手段。因此,只有允许当事人自主决定是否与他人订立合同,才能满足其利益需求。

第二,选择相对人的自由。选择相对人的自由即当事人可以自由决定与何人订立合同。当事人为最大限度地满足自己的需求,有权自由决定与何人订立合同,即选择交易伙伴。

第三,决定合同内容的自由。决定合同内容的自由即当事人可以自由决定合同内容,这是合同自由的核心。当事人在订立合同时,于法律规定的范围内,可以自由订立合同条款,设定双方的权利和义务。只要当事人设定的合同内容不违反法律的禁止性规定,就应当承认其效力。

第四,变更或者解除合同的自由。变更或者解除合同的自由即当事人可以自由协商变更或者解除合同(《民法典》第543条、第562条第1款)。变更或者解除合同的自由是订约自由、决定合同内容自由的延伸。

第五,选择合同形式的自由。当事人在订立合同时,除法律另有规定外,可以自由选择自己认为合适的合同形式,如书面形式、口头形式或者其他形式。

(二) 合同自由的限制

合同自由并不是绝对的,民法对合同自由也有许多限制,主要有:

第一,利用强制缔约限制合同自由。依据《民法典》第494条的规定,国家根据抢险救灾、疫情防控或者其他需要下达国家订货任务、指令性任务的,有关民事主体之间应当依照有关法律、行政法规规定的权利和义务订立合同。依照法律、行政法规的规定负有发出要约义务的当事人,应当及时发出合理的要约。依照法律、行政法规的规定负有作出承诺义务的当事人,不得拒绝对方合理的订立合同要求。

第二,利用格式条款限制合同自由。利用格式条款限制合同自由,主要是限制决定合同内容的自由。在利用格式条款订立合同时,格式条款的提供方将合同的内容事先制定,相对方只能表示接受或者不接受这些条款,而没有就合同内容进行协商的自由。因此,就决定合同的内容而言,格式条款的提供方享有合同自由,而相对方则不享有合同自由。

第三,利用强行性法规限制合同自由。利用强行性法规限制合同自由,包括对决定合同内容的自由、选择合同形式的自由、变更或者解除合同的自由等方面的限制。合同法虽然属于任意法,但是也有强行性规定。这些强行性规定,构成了对合同自由原则的限制。例如,违反法律、行政法规的效力性强制性规定或者违反公序良俗的,合同无效(《民法典》第153条);合同中约定的造成对方人身伤害以及因故意或者重大过失造成对方财产损失的免责条款无效(《民法典》第506条)。

第十六章 合同的订立与效力

第一节 合同订立的程序

一、要约

(一) 要约的概念和构成要件

要约是订立合同所必须经过的程序,是指一方当事人以缔结合同为目的,向对方当事人所作的意思表示。发出要约的人称为要约人,接受要约的人则称为受要约人或者承诺人。

《民法典》第472条规定:"要约是希望与他人订立合同的意思表示,该意思表示应当符合下列条件:(一)内容具体确定;(二)表明经受要约人承诺,要约人即受该意思表示约束。"依照这一规定,一项有效的要约应具备以下构成要件:

第一,要约人须具有订约能力。要约人必须具有《民法典》规定的民事行为能力。无行为能力人或者依法不能独立实施某种行为的限制行为能力人发出的订立合同的要约,不能产生行为人预期的效果。

第二,要约人具有明确的订立合同的意图。这一要件称为要约的目的性。正如《民法典》第472条所表述的那样,要约是希望和他人订立合同的意思表示,要约中必须表明要约经受要约人承诺,要约人即受该意思表示的拘束。

第三,要约应当向特定的相对人发出。这一要件称为要约的特定性。要约只有向要约人希望与其缔结合同的受要约人发出才能够唤起受要约人的承诺,所以要约原则上应向一个或者数个特定人发出。当然,在特殊情况下,要约可以向不特定的人发出而不影响其要约的效力。例如,发布悬赏广告是一种要约行为,其是向不特定的社会公众发出的,任何看到悬赏广告的人只要作出了广告中要求的行为或者完成了广告中要求的事项,即为承诺。依据《民法典》第499条的规定,悬赏人以公开方式声明对完成特定行为的人支付报酬的,完成该行为的人可以请求其支付。再如,要约人向不特定人发出具有要约内容的商业广告,并自愿承担由此产生的后果的,此时的商业广告即视为要约(《民法典》第473条第2款)。

第四,要约的内容必须具体确定。这一要件称为要约的确定性。所谓"具体",是指要约的内容必须具有足以使合同成立的主要条款;所谓"确定",是指要约的内容必须明确肯定,而不能是商量性、试探性、询问性的语言。

(二) 要约与要约邀请

在理解要约的概念和要件时,需要特别注意要约与要约邀请的区别。要约邀请又称为要约引诱,是指希望他人向自己发出要约的表示(《民法典》第473条第1款)。要约邀请是当事人订立合同的预备行为,在发出要约邀请时,当事人仍处于订约的准备阶段,其目的在于引诱他人向自己发出要约,其内容往往是不明确、不具体的,其相对人是不特定的,所以,要约邀请不具有要约的约束力,发出要约邀请的人不受其约束。

区分要约与要约邀请,一般可以根据以下标准进行:一是法律的规定,即如果法律对某种行为是要约或者邀请要约作出了明确的规定,则应依法律的规定确定行为的性质。例如,依据《民法典》第473条的规定,拍卖公告、招标公告、招股说明书、债券募集办法、基金招募说明书、商业广告和宣传、寄送的价目表等为要约邀请;商业广告和宣传的内容符合要约条件的,视为要约。二是某种行为是要约还是要约邀请,可以通过交易习惯加以区分。例如,询问商品的价格一般不能认为是要约,而只能是要约邀请。三是当事人的提议内容,即根据当事人的提议是否包括了合同成立的主要条款来区分要约和要约邀请。如果提议中包括了合同成立的主要条款,则该提议可视为要约,反之则为要约邀请。四是当事人的意愿,即当事人事先声明其提议为要约或者要约邀请的,应以其声明的内容予以确定。例如,尽管提议中包括了合同的主要条款,但行为人明确表示不受此拘束的,则该提议也只能是要约邀请。

(三)要约的法律效力

要约具备了构成要件,就会对要约人和受要约人产生一定的效力。要约的法律效力包括以下几项规则:

1. 要约生效的时间

要约的生效时间关系到要约从什么时间对要约人产生拘束力,也涉及承诺期限的问题。《民法典》第474条规定:"要约生效的时间适用本法第一百三十七条的规定。"依据《民法典》第137条的规定,要约的生效时间依意思表示方式的不同分别采取了解主义和到达主义。以对话方式作出要约的,采取了解主义,即受要约人知道要约内容时,要约生效;以非对话方式作出要约的,采取到达主义,即要约到达受要约人时生效。所谓要约到达受要约人,是指要约送达到受要约人所能控制并应当能了解的地方,如受要约人的住所和信箱等,不要求必须送达到受要约人手中。以非对话方式作出的采用数据电文形式的要约,受要约人指定特定系统接收数据电文的,该数据电文进入该特定系统时生效;未指定特定系统的,受要约人知道或者应当知道该数据电文进入其系统时生效。如果当事人对采用数据电文形式的要约的生效时间另有约定的,按照其约定。

2. 要约的存续期间

要约的存续期间,是指要约可在多长时间内发生法律效力。要约的存续期间应由要约人决定。如果要约人在要约中具体规定了存续期限(如规定本要约有效期限为10日,或者规定本要约于某年某月某日前答复有效),则该期限为要约的有效存续期限。如果要约人没有规定,则只能以要约的具体情况来确定合理期限。

3. 要约法律效力的内容

要约在发出以后即对要约人和受要约人产生一定的拘束力。要约拘束力的内容具体表现如下:

第一,要约对要约人的拘束力。此种拘束力又称为要约的形式拘束力,是指要约一经生效,要约人即受到要约的拘束,不得随意撤销要约或者对要约的内容随意加以限制、变更和扩张。

第二,要约对受要约人的拘束力。此种拘束力又称承诺适格。要约生效以后,只有受要约人才享有对要约人作出承诺的权利,受要约人必须根据要约规定的期限、方式等作出承诺,否则,不构成有效的承诺。

4. 要约的撤回与撤销

要约的撤回是指在要约发出后、生效前,要约人取消要约。既然要约还没有生效,对要约人就没有法律效力,要约人当然也就有权取消要约。这也就意味着,在要约生效后,要约人就不能撤回要约。《民法典》第475条规定:"要约可以撤回。要约的撤回适用本法第一百四十一条的规定。"依据《民法典》第141条的规定,行为人可以撤回意思表示,撤回意思表示的通知应当在意思表示到达相对人前或者与意思表示同时到达相对人。可见,要约发出以后可以撤回,但是必须先于要约到达对方或者同时到达,若要约已经到达对方了,就不能撤回。

要约撤销是指在要约生效后,要约人取消要约,从而使要约失去效力。在要约生效后,虽然对要约人产生拘束力,但是在受要约人承诺之前,合同并没有成立,因此,应当允许要约人撤销要约。但是,要约人撤销要约也要受到一定的限制。依据《民法典》第476条的规定,要约可以撤销,但是有下列情形之一的除外:(1)要约人以确定承诺期限或者其他形式明示要约不可撤销;(2)受要约人有理由认为要约是不可撤销的,并已经为履行合同做了合理准备工作。要约人撤销要约,意思表示以对话方式作出的,该意思表示的内容应当在受要约人作出承诺之前为受要约人所知道;撤销要约的意思表示以非对话方式作出的,应当在受要约人作出承诺之前到达受要约人(《民法典》第477条)。

(四)要约的失效

要约的失效是指要约失去法律效力,要约人不再受约束。要约失效以后,受要约人也丧失了其承诺的能力。依据《民法典》第478条的规定,要约失效的原因主要有以下几种:

第一,要约被拒绝。拒绝要约是指受要约人没有接受要约所规定的条件。

第二,要约人依法撤销要约。要约在受要约人发出承诺通知之前,可以由要约人依法撤销要约,一旦撤销,要约将失效。

第三,承诺期限届满,受要约人未作出承诺。凡是在要约中明确规定了承诺期限的,则承诺必须在该期限内作出,超过了该期限,则要约自动失效。

第四,受要约人对要约的内容作出实质性变更。受要约人对要约的实质内容作出限制、更改或者扩张,表明受要约人拒绝了要约,同时构成向要约人提出了新要约(反要约)。

二、承诺

(一)承诺的概念与构成要件

《民法典》第479条规定:"承诺是受要约人同意要约的意思表示。"依照这一规定,承诺是指受要约人同意接受要约的条件以缔结合同的意思表示。承诺的法律效力在于一经承诺并到达要约人,合同便告成立。因此,承诺必须符合一定的条件。在法律上,承诺必须具备以下条件,才能产生法律效力:

第一,承诺须由受要约人向要约人作出。由于要约原则上是向特定人发出的,因此,只有接受要约的特定人即受要约人才有权作出承诺,第三人因不是受要约人,当然无资格向要约人作出承诺。

第二,承诺须在规定的期限内到达要约人。承诺只有到达要约人时才能生效,而到达也必须具有一定的期限限制。要约规定了承诺期限的,则应当在规定的承诺期限内到达要约人;要约没有规定期限,若要约是以对话方式作出的,承诺人应当即时作出承诺;若要约是以非对话方式作出的,承诺应当在合理的期限内作出并到达要约人(《民法典》第481条)。

第三,承诺的内容应当与要约的内容一致。依据《民法典》第488条的规定,承诺的内容应当与要约的内容一致。这就是说,承诺是对要约的同意,其同意内容须与要约的内容一致,才构成意思表示的一致即合意,从而使合同成立。所谓承诺的内容与要约的内容一致,是指受要约人应当同意要约的实质内容,而不得对要约的内容作出实质性更改,否则,不构成承诺,应视为对原要约的拒绝并作出一项新要约。依据《民法典》第488条的规定,受要约人对要约的内容作出实质性变更的,为新要约;有关合同标的、数量、质量、价款或者报酬、履行期限、履行地点和方式、违约责任和解决争议方法等的变更,是对要约内容的实质性变更。如果承诺对要约中所包含的上述条款作出了改变,就意味着更改了要约的实质性内容。这样的承诺将不产生使合同成立的效果,只能作为一种新要约而存在。当然,承诺不能更改要约的实质内容,并非不能对要约的非实质性内容作出更改。对非实质性内容作出更改,不应影响合同成立。依据《民法典》第489条的规定,即使是非实质性内容的变更在以下两种情况下承诺也不能生效:第一,要约人及时表示反对,即要约人在收到承诺通知后,立即表示不同意受要约人对非实质性内容所作的变更。如果经过一段时间后仍不表示反对,则承诺生效。第二,要约人在要约中明确表示,承诺不得对要约的内容作出任何变更,否则无效。

(二)承诺的方式

承诺的方式是受要约人向要约人送达承诺通知的形式。依据《民法典》第480条的规定,承诺应当以通知的方式作出。这就是说,受要约人必须将承诺的内容通知要约人,但是受要约人应采取何种通知方式,应根据要约的要求确定。如果要约规定承诺必须以一定的方式作出、否则承诺无效,那么承诺人作出承诺时,必须符合要约人规定的承诺方式。在此情况下,承诺的方式成为承诺生效的特殊要件。

依据《民法典》第480条的规定,根据交易习惯或者要约的要求可以通过行为作出承诺的,受要约人也可通过一定的行为作出承诺。这种承诺方式,通常称为意思实现。

(三)承诺的生效时间

依据《民法典》第484条第1款的规定,以通知方式作出的承诺,生效时间适用《民法典》第137条的规定,即以对话方式作出的承诺,相对人知道其内容时生效;以非对话方式作出的承诺,到达相对人时生效。以非对话方式作出的采用数据电文形式的承诺,相对人指定特定系统接收数据电文的,该数据电文进入该特定系统时承诺生效;未指定特定系统的,相对人知道或者应当知道该数据电文进入其系统时承诺生效。如果当事人对采用数据电文形式的承诺的生效时间另有约定的,应当按照约定确定承诺的生效时间。

根据交易习惯或者要约的要求,承诺以行为作出的,作出承诺的行为时生效(《民法典》第484条第2款)。

(四)承诺的撤回

承诺的撤回是指受要约人在发出承诺通知后,在承诺生效前取消其承诺。《民法典》第485条规定:"承诺可以撤回。承诺的撤回适用本法第一百四十一条的规定。"《民法典》第141条规定:"行为人可以撤回意思表示。撤回意思表示的通知应当在意思表示到达相对人前或者与意思表示同时到达相对人。"依照这一规定,承诺撤回的规则与要约撤回的规则是一致的,撤回承诺的通知必须与承诺同时或者先于承诺达到。如果撤回承诺的通知晚于承诺通知到达要约人,则撤回的通知不发生效力,合同仍可成立。

(五) 承诺的逾期

承诺的逾期是指承诺在承诺期限届满后到达要约人,主要包括如下两种情形。

(1) 主观的承诺逾期。受要约人超过承诺期限发出承诺,或者在承诺期限内发出承诺,按照通常情形不能及时到达要约人的,为主观的承诺逾期。这种承诺逾期因是受要约人主观因素造成的,因而不构成有效承诺,而是一种新要约。当然,如果要约人及时通知受要约人该承诺有效的,承诺有效(《民法典》第486条)。

(2) 客观的承诺逾期。受要约人在承诺期限内发出承诺通知,按照通常情形能够及时到达要约人,但是因其他原因致使承诺到达要约人时超过承诺期限的,为客观的承诺逾期。这种承诺逾期因是客观因素造成的,因此,除要约人及时通知受要约人因承诺超过期限不接受该承诺外,该承诺有效(《民法典》第487条)。

第二节 合同的形式和内容

一、合同的形式

合同的形式又称合同的方式,是当事人的合意所采取的方式。依据《民法典》第469条第1款的规定,合同的形式主要可以分为书面形式、口头形式和其他形式。

(一) 书面形式

合同的书面形式是指以文字方式作为载体的一种合同形式,由文字及各种表格、符号、数字等记载,可以保存、复制与重现。合同的书面形式包括合同书、信件、电报、电传、传真等可以有形地表现所载内容的形式(《民法典》第469条第2款)。此外,以电子数据交换、电子邮件等方式能够有形地表现所载内容,并可以随时调取查用的数据电文,视为书面形式(《民法典》第469条第3款)。通常来说,长期交易、继续性交易、大额交易、不动产交易、国际贸易交易等,大都采用书面形式。

(二) 口头形式

合同的口头形式是指以言语的方式作为载体而达成合同的形式。口头形式一般认为是非正式的形式,但是实际上在民事主体的日常生活中,口头形式是极为常见的合同形式。口头形式的优点是快捷、方便、高效,符合人们的生活习惯;不足之处是缺少严肃性,发生纠纷时由于口说无凭而难以举证。

(三) 其他形式

其他形式是指书面形式和口头形式以外的订立合同的形式。学理上一般理解为默示形式,即通过相关事实与行为推定双方之间达成了合同关系。尽管双方之间既无口头的合同约定,更无书面的合同文本,但是依照生活习惯或者交易习惯能够推定双方之间存在真实的合同关系。依据《总则编解释》第18条的规定,当事人未采用书面形式或者口头形式,但是实施的行为本身表明已经作出相应意思表示,并符合合同成立条件的,可以认定为采用其他形式订立的合同。

二、合同的内容

合同的内容是指法律为方便当事人订立合同而确定的合同条款。

(一) 合同的提示性条款

依据《民法典》第 470 条第 1 款的规定,合同的内容由当事人约定,一般包括以下条款:

(1) 当事人的名称或者姓名和住所。当事人是合同关系的主体,如果没有当事人,合同就不能成立。

(2) 标的。合同标的是合同法律关系的客体,是合同双方的权利和义务共同指向的对象。没有标的,权利义务就失去目标,也就无法确定,当事人之间就不可能建立合同关系。

(3) 数量。数量是确定合同标的的具体条件,也是使合同标的得以相互区别的具体特征。合同标的的数量应当在合同中加以明确,当事人应当约定明确的计量单位和计量方法。

(4) 质量。质量也是确定合同标的的具体条件,合同中应当加以明确,如标的物的技术指标、质量要求、规格、型号等都要明确,以免在履行中发生争议。

(5) 价款或者酬金。价款或者酬金是标的的价金,也是取得标的所应支付的代价。

(6) 履行的期限、地点和方式。履行期限是当事人各方依照合同规定全面完成自己合同义务的时间;履行地点是当事人依照合同约定完成自己义务所处的场所;履行方式是指当事人履行合同义务的方法。对于上述条款,合同中应予规定。

(7) 违约责任。违约责任是当事人违反合同时所应承担的法律责任,是促使债务人履行义务,保护守约方利益的重要措施。因此,合同中对违约责任应予明确,如违约金数额、赔偿金额及其计算方法等。

(8) 解决争议的方法。解决争议的方法是当事人解决合同纠纷的手段、途径,如诉讼、仲裁等。在合同中,当事人可以选择仲裁或者诉讼作为解决合同纠纷的方法。

(二) 主要条款与普通条款

在合同条款中,根据其所起的作用,合同条款可以分为主要条款与普通条款。

合同的主要条款又称必要条款,是指合同成立所必须具备的条款。合同若欠缺主要条款,则不能成立。当事人只有就主要条款达成一致,才能成立合同。依据《合同编通则解释》第 3 条的规定,当事人对合同是否成立存在争议,人民法院能够确定当事人姓名或者名称、标的和数量的,一般应当认定合同成立。但是,法律另有规定或者当事人另有约定的除外。能够认定合同已经成立的,对于合同欠缺的内容,应当依据《民法典》第 510 条、第 511 条等规定予以确定。可见,在一般情况下,合同的主要条款包括合同的主体、标的和数量。确定合同主要条款的根据有三:一是根据法律的规定确定。凡法律规定某些合同必须具备的条款,则为合同的主要条款。若当事人双方不能就这些条款达成协议,合同就不能成立。二是根据合同的类型和性质确定。凡合同的类型和性质决定的合同必须具备的条款为主要条款。如买卖合同,没有标的物和数量条款,则不成为买卖合同,因此标的物和数量应当成为买卖合同的主要条款;租赁合同若没有标的物和租金的约定,也不能成立租赁合同。三是根据当事人的要求确定。除法律规定和根据合同性质所确定的主要条款以外,凡当事人要求合同必须具备的条款,也属于合同的主要条款。由于确定合同主要条款的根据不同,因而,每一个具体合同的主要条款也有所不同。

合同的普通条款是指合同主要条款以外的条款,又称一般条款。普通条款对于明确当事人的权利义务,与主要条款具有同样的意义,只是不影响合同的成立。因此,不能将主要条款看成是重要条款,而将普通条款看成是次要条款。在普通条款中,有的条款不必经当事人协商而当然地成为合同内容的条款,如买卖合同的卖方负有保证出卖物符合质量规定的义务;有的条款须经当事人协商方能成为合同内容的条款,如关于货物包装条款。

(三) 合同条款的解释

合同条款的解释简称合同解释,是指当事人对合同条款的理解不一致以及各合同文本所使用的词句不一致或者矛盾时,对该条款及词句的真实意思或者通常意思所作的理解和说明。依据《民法典》第466条第1款的规定,当事人对合同条款的理解有争议的,应当依据《民法典》第142条第1款的规定,确定争议条款的含义。合同文本采用两种以上文字订立并约定具有同等效力的,对各文本使用的词句推定具有相同含义;各文本使用的词句不一致的,应当根据合同的相关条款、性质、目的以及诚信原则等予以解释。依据《合同编通则解释》第1条第1款的规定,人民法院依据《民法典》第142条第1款、第466条第1款的规定对合同条款进行解释时,应当以词句的通常含义为基础,结合相关条款、合同性质和目的、习惯以及诚信原则,参考缔约背景、磋商过程、履行行为等因素确定争议条款的含义。可见,合同解释主要应当遵守文义解释、整体解释、目的解释、习惯解释、诚信解释等规则。

文义解释是指按照合同所使用的词句解释有争议的合同条款。合同是由若干条款所组成的,而合同条款又是由语言文字所构成的,因此,欲确定合同条款的含义,必须先了解其所用词句,并按照合同所使用的词句的通常含义解释合同条款。如果有证据证明当事人之间对合同条款有不同于词句的通常含义的其他共同理解,一方主张按照词句的通常含义理解合同条款的,人民法院不予支持(《合同编通则解释》第1条第2款)。

整体解释又称体系解释,是指将合同的全部条款和构成部分作为一个整体,从各个条款及构成部分之间的总体联系上阐明有争议的合同条款及用语的真正含义,而不能拘泥于所用的个别词句。因此,在解释合同时,就应当将合同的条款及构成部分作为一个整体来考虑,以探求合同条款或者用语的真正意思,并在此基础上进行符合整体的意思的判断与取舍。

目的解释是指对合同有争议的文字或者条款,根据合同目的所进行的解释。因此,如果当事人对合同条款及其使用的语句或者用语发生争议时,遵循能够有效达成交易的目的的解释应更加合理和真实,这就要求必须根据合同的目的确定其真正含义。

习惯解释是指当事人对合同所使用的文句或者条款有疑义时,按照习惯或者惯例所进行的解释。交易习惯或者惯例是人们在交易活动中普遍认可和遵守的行为规则,具有普遍的指导意义,因此,按照习惯或者惯例对合同进行解释,对于明确合同当事人的权利、义务是十分重要的。

诚信原则是民法的一项基本原则,当然也适用于合同解释。在合同中,如果合同条款本身不明确或者合同缺乏规定,就应当按照一个诚实守信的人所应当作出的理智的选择进行解释,在平衡当事人双方利益的基础上,公平、合理地确定合同内容。

此外,依据《合同编通则解释》第1条第3款的规定,对合同条款有两种以上解释,可能影响该条款效力的,人民法院应当选择有利于该条款有效的解释;属于无偿合同的,应当选择对债务人负担较轻的解释。

(四) 格式条款的规制

1. 格式条款的概念和特点

格式条款是当事人为了重复使用而预先拟定,并在订立合同时未与对方协商的条款(《民法典》第 496 条第 1 款)。

格式条款具有以下特点:

第一,格式条款是单方预先拟定,即由生产者、经营者单方事先拟定,不与对方进行协商。

第二,格式条款是长期、反复、大量使用的条款。格式条款不是针对某一个或者某一类用户设计的,而是针对不特定的所有消费者设计的;不是一次性使用的,而是长期、反复使用的。应当指出,虽然格式条款通常都具有反复使用的特征,但是并不排除例外情形下即使是偶然或者初次使用的条款也属于格式条款的性质。《合同编通则解释》第 9 条第 2 款规定:"从事经营活动的当事人一方仅以未实际重复使用为由主张其预先拟定且未与对方协商的合同条款不是格式条款的,人民法院不予支持。但是,有证据证明该条款不是为了重复使用而预先拟定的除外。"

第三,格式条款通常都含有对拟定条款一方有利而对消费者不利的条款,即俗称的"霸王条款"。因此,法律对格式条款设有特殊的规制内容。

2. 格式条款的订入规则与提供人的法定义务

《民法典》第 496 条第 2 款规定:"采用格式条款订立合同的,提供格式条款的一方应当遵循公平原则确定当事人之间的权利和义务,并采取合理的方式提示对方注意免除或者减轻其责任等与对方有重大利害关系的条款,按照对方的要求,对该条款予以说明。提供格式条款的一方未履行提示或者说明义务,致使对方没有注意或者理解与其有重大利害关系的条款的,对方可以主张该条款不成为合同的内容。"依此规定,格式条款的提供人应当履行以下三项法定义务:

第一,公平原则的遵循义务。即提供格式条款的一方拟定合同条款时就应当本着诚信、公平原则,合理确定当事人之间的权利和义务,合理分配各方的责任与风险。

第二,主动提示义务。对于那些单方免除自己责任或者减轻自己责任等与对方有重大利害关系的条款,提供格式条款一方应当采取合理的方式提示对方注意。

第三,说明义务。提供格式条款一方应当按照对方的要求对与对方有重大利害关系的条款予以说明。说明义务与提示义务的不同之处在于,提示义务是主动的,说明义务是被动的,如果对方没有提出说明要求,则不能认定提供人违反了该义务。

对于如何认定提供格式条款一方是否尽到了上述提示与说明义务,《合同编通则解释》第 10 条规定,提供格式条款的一方在合同订立时采用通常足以引起对方注意的文字、符号、字体等明显标识,提示对方注意免除或者减轻其责任、排除或者限制对方权利等与对方有重大利害关系的异常条款的,人民法院可以认定其已经履行《民法典》第 496 条第 2 款规定的提示义务;提供格式条款的一方按照对方的要求,就与对方有重大利害关系的异常条款的概念、内容及其法律后果以书面或者口头形式向对方作出通常能够理解的解释说明的,人民法院可以认定其已经履行《民法典》第 496 条第 2 款规定的说明义务;提供格式条款的一方对其已经尽到提示义务或者说明义务承担举证责任。对于通过互联网等信息网络订立的电子合同,提供格式条款的一方仅以采取了设置勾选、弹窗等方式为由主张其已经履行提示义务或者说明义务的,人民法院不予支持,但是其举证符合前两款规定的除外。

3. 格式条款违反法定义务的后果

依据《民法典》第496条的规定,如果提供格式条款一方未履行提示或者说明义务,致使对方没有注意或者理解与其重大利害关系的条款的,对方可以主张该条款不成为合同的内容。学理上将此种情形称之为"未订入合同",即从合同成立而非合同效力的角度对其进行规制,认定该条款不能作为合同的内容,将其排除在合同之外,对当事人(当然主要是对对方即消费者)没有约束力。

依据《民法典》第497条的规定,有下列情形之一的,该格式条款无效:(1) 具有《民法典》有关无效民事法律行为的情形和无效免责条款的情形。例如,虚假的民事法律行为、恶意串通的民事法律行为以及违反法律、行政法规的强制性规定的民事法律行为等无效民事法律行为,造成对方人身损害、因故意或者重大过失造成对方财产损失的免责条款无效等情形。(2) 提供格式条款一方不合理地免除或者减轻其责任、加重对方责任、限制对方主要权利。(3) 提供格式条款一方排除对方主要权利。

4. 格式条款的解释规则

《民法典》第498条规定:"对格式条款的理解发生争议的,应当按照通常理解予以解释。对格式条款有两种以上解释的,应当作出不利于提供格式条款一方的解释。格式条款和非格式条款不一致的,应当采用非格式条款。"这是关于格式条款解释规则的规定,具体有三项规则:

第一,通常解释规则。这是关于解释方法的首要规则,即如果对格式条款的理解发生争议,人民法院、仲裁机构或者其他处理争议的机构与人员应当按照人们的通常理解去解释有争议条款的含义,而不能仅仅按照拟定者自己的理解进行解释。

第二,不利解释规则。如果对格式条款有两种以上的不同解释,则应当作出不利于提供格式条款一方的解释。适用不利解释规则的前提是存在两种以上的不同理解,如果根据通常理解只能作出一种解释,则应当根据通常理解确定争议条款的含义,不能适用不利解释规则。

第三,格式条款和非格式条款不一致的,应当采用非格式条款。在采取合同书的形式或者其他的书面形式订立合同时,在一份合同中可能既有格式条款,又有非格式条款。如果格式条款与非格式条款不一致,应当优先适用非格式条款。通常而言,格式条款往往都含有对提供方有利的条款,对使用方往往不利,而非格式条款往往含有一定的磋商的成分,对对方较为有利,所以优先适用。

第三节 合同成立的时间与地点

一、合同成立的时间

合同成立的时间是指合同于何时成立。关于合同成立的时间,应当根据不同情况加以确定。

第一，除法律另有规定或者当事人另有约定外，承诺生效时合同成立（《民法典》第483条）。在一般情况下，承诺生效之时就是合同成立之时。承诺生效时合同成立的规则有两种例外情况：一是法律另有规定的，合同不能以承诺生效时间作为成立时间。例如，自然人之间的借款合同，自贷款人提供借款时成立（《民法典》第679条）。二是当事人另有约定时，合同不能以承诺生效时间作为成立时间。例如，当事人约定合同自办理公证后成立的，只有办理了公证合同才能成立。

第二，采用合同书订立合同的，自当事人均签名、盖章或者按指印时合同成立。签字、盖章或者按指印不在同一时间的，最后签字、盖章或者按指印时合同成立。但是，如果在签名、盖章或者按指印之前，当事人一方已经履行主要义务，对方接受的，该合同成立。同时，如果法律、行政法规或者当事人约定合同应当采用书面形式订立，当事人未采用书面形式但是一方已经履行主要义务，对方接受的，该合同成立（《民法典》第490条）。

第三，当事人采用信件、数据电文等形式订立合同要求签订确认书的，签订确认书时合同成立。当事人一方通过互联网等信息网络发布的商品或者服务信息符合要约要求的，对方选择该商品或者服务并提交订单成功时合同成立，但是当事人另有约定的除外（《民法典》第491条）

第四，以招投标方式订立合同，当事人请求确认合同自中标通知书到达中标人时成立的，人民法院应予支持。合同成立后，当事人拒绝签订书面合同的，人民法院应当依据招标文件、投标文件和中标通知书等确定合同内容（《合同编通则解释》第4条第1款）。

第五，以现场拍卖、网络拍卖等公开竞价方式订立合同的，当事人请求确认合同自拍卖师落槌、电子交易系统确认成交时成立的，人民法院应予支持。合同成立后，当事人拒绝签署成交确认书的，人民法院应当依据拍卖公告、竞买人的报价等确定合同内容（《合同编通则解释》第4条第2款）。

第六，对于通过产权交易所等机构主持拍卖、挂牌交易的方式成立的合同，其公布的拍卖公告、交易规则等文件公开确定了合同成立需要具备的条件，当事人请求确认合同自该条件具备时成立的，人民法院应予支持（《合同编通则解释》第4条第3款）。

二、合同成立的地点

（一）合同成立地点的概念和意义

合同成立的地点是指合同于何地成立。

合同成立地点的确定有两方面的意义：其一，作为确定合同履行地的判断依据。如果合同中没有履行地的约定，则合同成立的地点可以确定为合同履行地。其二，合同的履行地对于确定合同纠纷的管辖具有重要意义。依据《中华人民共和国民事诉讼法》（以下简称《民事诉讼法》）第24条的规定，因合同纠纷提起的诉讼，由被告住所地或者合同履行地人民法院管辖。

（二）以要约承诺方式成立合同的合同成立地点

《民法典》第492条第1款规定："承诺生效的地点为合同成立的地点。"第2款规定："采用数据电文形式订立合同的，收件人的主营业地为合同成立的地点；没有主营业地的，其住所地为合同成立的地点。当事人另有约定的,按照其约定。"承诺采用对话方式作出的,作出时即为到达,到达即生效,故合同成立的地点就是承诺作出的地点。承诺以非对话的方式作出的,承诺到达要约人的地点为合同成立的地点,通常也就是要约人的住所地。采用传真、邮件、短信等数据电文形式订立合同的,则以收件人的主营业地为合同成立的地点;如果没有主营业地的,则以其住所地为合同成立的地点。

(三) 以合同书方式成立合同的合同成立地点

依据《民法典》第493条的规定,当采用合同书方式签订合同时,合同成立的地点可以由当事人在合同书中加以约定,约定的地点即为合同成立的地点。如果当事人对于合同成立地点没有约定,则以最后签名、盖章或者按指印的地点为合同成立的地点。

第四节 缔约过失责任

一、缔约过失责任的概念和特点

缔约过失责任是指在合同的订立过程中,一方违背其依据诚信原则所应尽的义务,导致另一方的信赖利益的损失所应承担的民事责任。

概括地说,缔约过失责任具有如下特点:

第一,缔约过失责任中的过失发生在缔约阶段,而不是履约阶段。当然,这里的过失也包含故意在内。所以,缔约过失责任也可称为缔约过错责任。

第二,缔约人违反的是依据诚信原则而产生的义务,即先合同义务,如保密义务、信息披露义务、如实告知义务、说明义务、提示义务、保护对方的人身财产安全的义务等,都是基于诚信原则产生的义务。

第三,因缔约过失造成了对方的损失。这种损失通常都属于信赖利益的损失,而非履行利益的损失。

第四,缔约过失责任是一种法定责任,不同于侵权责任,也不同于违约责任。侵权责任是侵害绝对权的民事责任,违约责任是侵害相对权即合同债权的民事责任,而缔约过失行为所侵害的权利既可能是绝对权,也可能是相对权。

二、缔约过失责任的类型

依据《民法典》第500条和第501条的规定,缔约过失责任的类型包括以下四种:

(一) 假借订立合同,恶意进行磋商

这是缔约过失责任中最严重的一种情形,行为人主观上完全是恶意的,即根本不存在与对方订立合同的真实目的与动机,磋商谈判不过是一种手段,其背后往往存在一个真实的目的,这个真实的目的都是不正当的。

(二) 故意隐瞒与订立合同有关的重要事实或者提供虚假情况

在这种情形中,行为人订立合同的目的是真实的,但是其违背了合同订立中的信息披露义务,没有如实向对方披露或者提供与合同订立相关的事实,或者故意捏造事实,提供虚假的信息。这种情形其实就是欺诈,有两种类型:故意隐瞒重要事实,称为消极欺诈;故意提供虚假情况,称为积极欺诈。

(三) 有其他违背诚信原则的行为

凡是不能列入上述两种情形,但是确实属于在订立合同中违反诚信原则的行为且对于对方的权利义务有实质性或者重大影响的,都可以用该项规定进行解释与适用,进而认定行为人构成缔约过失,应当承担相应的责任。

(四) 泄露、不正当地使用对方的商业秘密或者信息,造成对方损失

在合同订立过程中,基于商业谈判的需要与惯例,一方需要向对方提供一定范围内的己方的商业秘密或者信息,己方也需要了解或者掌握对方一定范围内的商业秘密或者信息,此时双方都应当为对方严守商业秘密,不得进行利用,也不得泄露给第三人。如果出现了一方通过商业谈判而了解与掌握对方的商业秘密与信息进行利用,或者泄露给第三人的行为,并造成对方损失的,即构成缔约过失责任。

三、缔约过失责任的赔偿范围

当事人在订立合同过程中,实施了假借订立合同、恶意进行磋商等违背诚信原则的行为,造成对方损失的,应当承担赔偿责任。此处所说的赔偿责任并非违约责任,因为在缔约阶段,合同还没有成立,另一方不得请求其承担违约责任。在缔约过失责任中,应当以信赖利益作为赔偿的基本范围,这与违约责任应救济非违约方的履行利益是不同的。信赖利益的损失限于直接损失,主要是因为信赖合同的成立和生效所支出的各种费用。

一般认为,信赖利益赔偿以不超过履行利益为限,即在合同不成立、无效或者被撤销的情况下,有过错的一方所赔偿的信赖利益不应超过合同有效或者成立时的履行利益。例如,因一方的过错导致合同不能有效成立,另一方可以要求赔偿因信赖合同成立而支付的各种费用,而不能要求赔偿合同成立本应获得的利润。

第五节 合同的效力

一、合同效力的概念

合同的效力是指依法成立的合同所具有的法律约束力。依据《民法典》第465条的规定,依法成立的合同,受法律保护;依法成立的合同,仅对当事人具有法律拘束力,但是法律另有规定的除外。可见,只有依法成立的合同,才能具有法律拘束力。合同之所以具有法律拘束力,来源于法律对当事人意志的评价,是法律对合同进行法律判断的结果。

依据《民法典》第502条第1款的规定,依法成立的合同,自成立时生效,但是法律另有规定或者当事人另有约定的除外。可见,合同成立即生效,即合同的生效与合同的成立原则上是同时发生的,除非法律对合同生效的条件另有规定或者当事人对合同效力附加了生效条件。如果没有这两种情形,合同成立即生效。如果属于此两种情形之一,则合同成立但尚未生效,是否生效取决于将来合同是否满足法律规定或者合同约定的生效条件。

二、批准等手续对合同效力的影响

《民法典》第502条第2款规定:"依照法律、行政法规的规定,合同应当办理批准等手续

的,依照其规定。未办理批准等手续影响合同生效的,不影响合同中履行报批等义务条款以及相关条款的效力。应当办理申请批准等手续的当事人未履行义务的,对方可以请求其承担违反该义务的责任。"依照这一规定,批准等手续对合同效力的影响主要体现在如下方面:

第一,如果法律、行政法规规定某种合同必须经过主管部门或者审批机关批准才能生效,则合同在未获得主管部门或者审批机关的批准之前,不发生法律上的约束力,但是不属于无效状态,而是未生效状态。例如,依据《保险法》第84条的规定,变更出资额占有限责任公司资本总额5%以上的股东,或者变更持有股份有限公司股份5%以上的股东,应当经保险监督管理机构批准。在未获批准之前,股权转让的合同属于未生效状态。

第二,只有法律、行政法规规定必须经过审批或者批准手续的合同,在未办理批准等手续之前其效力处于未生效状态,部门规章、地方法规中的类似规定不能影响合同的生效。目前,我国法律、法规规定需要办理批准手续才能生效的合同主要集中于金融商事领域、外商投资领域、国有资产转让领域、探矿权采矿权转让领域等。

第三,按照法律、行政法规的规定应当办理批准等手续的合同,在没有办理批准等手续的情况下,尽管合同处于未生效状态,但是合同中约定的报批义务或者与报批有关的其他义务条款是已经生效的,发生法律效力,而非全部合同条款均未生效。换言之,有关报批义务的条款是独立生效的。

第四,合同依法成立后,负有报批义务的当事人不履行报批义务或者履行报批义务不符合合同的约定或者法律、行政法规的规定,对方请求其继续履行报批义务的,人民法院应予支持;对方主张解除合同并请求其承担违反报批义务的赔偿责任的,人民法院应予支持(《合同编通则解释》第12条第1款)。人民法院判决当事人一方履行报批义务后,其仍不履行,对方主张解除合同并参照违反合同的违约责任请求其承担赔偿责任的,人民法院应予支持(《合同编通则解释》第12条第2款)。

第五,负有报批义务的当事人已经办理申请批准等手续或者已经履行生效判决确定的报批义务,批准机关决定不予批准,对方请求其承担赔偿责任的,人民法院不予支持。但是,因迟延履行报批义务等可归责于当事人的原因导致合同未获批准,对方请求赔偿因此受到的损失的,人民法院应当依据《民法典》第157条的规定处理(《合同编通则解释》第12条第4款)。

第六,合同存在无效或者可撤销的情形,当事人不能以该合同已在有关行政管理部门办理备案、已经批准机关批准或者已依据该合同办理财产权利的变更登记、移转登记等为由主张有效(《合同编通则解释》第13条)。

三、无权代理订立合同的事实追认

《民法典》第503条规定:"无权代理人以被代理人的名义订立合同,被代理人已经开始履行合同义务或者接受相对人履行的,视为对合同的追认。"在无权代理签订合同的场合,如果被代理人不予追认,则合同不能约束被代理人。追认通常应当以明示的方式进行,一旦追认则对被代理人发生效力。但是,如果被代理人没有以明示的方式进行追认,而是已经开始根据合同的约定履行义务,如向相对人交付货物或者支付款项,或者当相对人履行义务时被代理人不仅没有表示拒绝,而是主动接受其履行,则应视为被代理人对合同的追认,合同在被代理人与相对人之间发生效力。

四、越权代表订立合同的效力

《民法典》第 504 条规定:"法人的法定代表人或者非法人组织的负责人超越权限订立的合同,除相对人知道或者应当知道其超越权限外,该代表行为有效,订立的合同对法人或者非法人组织发生效力。"法人的法定代表人或者非法人组织的负责人以法人或者非法人组织的名义订立的合同,只要属于法定代表人或者负责人的职权范围之内,其效力应当归属于法人或非法人组织。但是,如果法定代表人或者负责人超越职权订立合同,按理其效力就不应当归属于法人或者非法人组织,然而这样处理可能会使得善意相对人蒙受不利的后果,也不利于交易秩序的安全与稳定。所以,民法上确立了越权代表行为有效的原则,即使法定代表人或者负责人超越职权订立合同,只要相对人是善意的,该合同仍然对法人或者非法人组织发生效力,法人或者非法人组织不得以法定代表人或者负责人越权为由抗辩。唯一的例外是,如果相对人不是善意,亦即相对人知道或者应当知道法定代表人或者负责人超越权限,却仍然与其订立合同,此种情况下合同就不能对法人或者非法人组织发生效力。

依据《合同编通则解释》第 20 条的规定,法律、行政法规为限制法人的法定代表人或者非法人组织的负责人的代表权,规定合同所涉事项应当由法人、非法人组织的权力机构或者决策机构决议,或者应当由法人、非法人组织的执行机构决定,法定代表人、负责人未取得授权而以法人、非法人组织的名义订立合同,未尽到合理审查义务的相对人主张该合同对法人、非法人组织发生效力并由其承担违约责任的,人民法院不予支持,但是法人、非法人组织有过错的,可以参照《民法典》第 157 条的规定判决其承担相应的赔偿责任。相对人已尽到合理审查义务,构成表见代表的,人民法院应当依据《民法典》第 504 条的规定处理(第 1 款)。合同所涉事项未超越法律、行政法规规定的法定代表人或者负责人的代表权限,但是超越法人、非法人组织的章程或者权力机构等对代表权的限制,相对人主张该合同对法人、非法人组织发生效力并由其承担违约责任的,人民法院依法予以支持。但是,法人、非法人组织举证证明相对人知道或者应当知道该限制的除外(第 2 款)。法人、非法人组织承担民事责任后,向有过错的法定代表人、负责人追偿因越权代表行为造成的损失的,人民法院依法予以支持。法律、司法解释对法定代表人、负责人的民事责任另有规定的,依照其规定(第 3 款)。

依据《合同编通则解释》第 21 条的规定,法人、非法人组织的工作人员就超越其职权范围的事项以法人、非法人组织的名义订立合同,相对人主张该合同对法人、非法人组织发生效力并由其承担违约责任的,人民法院不予支持。但是,法人、非法人组织有过错的,人民法院可以参照《民法典》第 157 条的规定判决其承担相应的赔偿责任。前述情形若构成表见代理的,人民法院应当依据《民法典》第 172 条的规定处理(第 1 款)。合同所涉事项有下列情形之一的,人民法院应当认定法人、非法人组织的工作人员在订立合同时超越其职权范围:(1)依法应当由法人、非法人组织的权力机构或者决策机构决议的事项;(2)依法应当由法人、非法人组织的执行机构决定的事项;(3)依法应当由法定代表人、负责人代表法人、非法人组织实施的事项;(4)不属于通常情形下依其职权可以处理的事项(第 2 款)。合同所涉事项未超越依据前款确定的职权范围,但是超越法人、非法人组织对工作人员职权范围的限制,相对人主张该合同对法人、非法人组织发生效力并由其承担违约责任的,人民法院应予支持。但是,法人、非法人组织举证证明相对人知道或者应当知道该限制的除外(第3款)。法人、非法人组织承担民事责任后,向故意或者有重大过失的工作人员追偿的,人民法院依法予以支持(第4款)。

五、超越经营范围订立合同的效力

《民法典》第505条规定:"当事人超越经营范围订立的合同的效力,应当依照本法第一编第六章第三节和本编的有关规定确定,不得仅以超越经营范围确认合同无效。"营利性法人在办理主体资格登记、取得营业执照时,需要登记并公示其经营范围,但是经营范围可以是变化的,只要不属于需要特别批准的营业(如专营专卖、特许经营等),任何具有营业主体资格的法人、非法人组织或者自然人都可以进行。所以,不能仅仅以当事人超越了登记的经营范围为由认定合同无效。概言之,认定合同无效只能依据《民法典》总则编第六章民事法律行为中的第三节"民事法律行为的效力"的规定,以及《民法典》其他与民事法律行为效力有关的规定,而不能仅仅依据其是否超越了经营范围。

六、免责条款的法定无效事由

《民法典》第506条规定:"合同中的下列免责条款无效:(一)造成对方人身损害的;(二)因故意或者重大过失造成对方财产损失的。"所谓免责条款,是指事先在合同中约定将来限制或者免除一方当事人承担合同责任的事由的条款。免责条款如果是经过双方协商一致且订入了合同中,符合合同生效的一般条件,便具有约束力。但是,如果免责条款中含有以下内容,则即便已经明确约定在合同中,也不能发生效力,而是无效条款:其一,一方的行为造成对方人身损害时,行为一方免责;其二,一方因故意或者重大过失的行为造成对方财产损失时,行为一方免责。这两种情形属于法定的不得免责的事项。

七、争议解决条款的独立性

《民法典》第507条规定:"合同不生效、无效、被撤销或者终止的,不影响合同中有关解决争议方法的条款的效力。"此即合同中争议解决条款的独立性规则。争议解决条款是指合同当事人事先就将来出现合同争议时的解决方式、程序以及法律适用等作出的约定。常见的争议解决条款包括仲裁条款、选择受诉法院的条款、法律适用条款等。

争议解决条款的独立性,是指争议解决条款的效力独立于主合同,在主合同出现无效、被撤销、不生效、被解除等情形,争议解决条款仍然独立存在且发生效力,当事人仍然可以依据合同中的争议解决条款提起仲裁或者诉讼。当然,如果争议解决条款本身被认定为无效或者被撤销,也不会影响主合同的效力。

第十七章 合同的履行

第一节 合同的履行原则

一、全面履行原则

《民法典》第509条第1款规定:"当事人应当按照约定全面履行自己的义务。"可见,全面履行原则是指按照法律规定或者合同约定,全面地履行债务。例如,当事人应当严格按照合同约定的主体、标的物、质量、数量、交付时间、交付方式、交付地点、价款支付等履行,既不能拒绝履行,也不能不符合约定履行。同时,无论是主给付义务还是从给付义务,无论是法定义务还是约定义务,都应当全面履行。

二、诚信履行原则

债务人履行债务不仅需要按照约定或者法律规定全面履行,而且基于诚信原则,要为对方利益而计算,为对方着想,这就是诚信原则的要求。《民法典》第509条第2款规定:"当事人应当遵循诚信原则,根据合同的性质、目的和交易习惯履行通知、协助、保密等义务。"此处的通知、协助、保密等都是指向对方当事人,为对方当事人的利益考虑,进而实现双方利益的平衡。这些义务就是典型的合同中的附随义务,包括先合同义务、后合同义务,也包括合同履行当中的附随义务。

三、绿色履行原则

《民法典》第509条第3款规定:"当事人在履行合同过程中,应当避免浪费资源、污染环境和破坏生态。"该款所规定的就是合同履行中的绿色履行原则。该原则强调的是当事人在履行债务时应当尽量节约资源,减少浪费,避免对环境的污染和破坏生态。例如,发送货物应当避免豪华或者过度的包装,建筑施工合同的履行应当尽量减少对周围环境噪声污染。

第二节 合同的适当履行

一、合同适当履行的要素

(一)履行主体

合同的履行主体是指履行债务和接受履行的人。合同是当事人之间的权利义务关系,是当事人通过实施特定行为来履行的,即由债务人向债权人履行债务,由债权人接受债务人的履行,因此,合同的履行主体包括债务人和债权人。当然,在不违反法律禁止性规定或者当事人约定的情况下,合同也可以由第三人履行,此时,第三人也可以成为合同的履行主体。

第三人作为履行主体,主要包括如下情形:

1. 向第三人履行的合同

向第三人履行的合同只为第三人创设权利,第三人不承担义务,故学理上将这种合同称为"利益第三人合同"或者"利他合同"。通说认为,《民法典》第522条规定了两种类型的利他合同,其中第1款规定的是不真正利益第三人合同,第2款规定的是真正利益第三人合同。

所谓不真正利益第三人合同,是指债务人应当向合同关系之外的第三人履行,但是第三人并未取得履行请求权的合同类型。对此,《民法典》第522条第1款规定:"当事人约定由债务人向第三人履行债务,债务人未向第三人履行债务或者履行债务不符合约定的,应当向债权人承担违约责任。"在这种类型的合同中,第三人对债务人不享有债权,债务人向第三人履行债务,实际上是在履行自己对债权人的债务。不真正利益第三人合同中的第三人具有以下特点:第一,不真正利益第三人合同中的第三人并非由合同当事人一方进行指定,而是由双方当事人在合同中进行约定;第二,不真正利益第三人合同中的第三人不享有合同中的请求权;第三,如果债务人不履行或者不按照合同约定履行,不真正利益第三人合同中的第三人不能向债务人主张承担违约责任,能够主张违约责任的仍然是合同债权人。

所谓真正利益第三人合同,是指合同关系之外的第三人依据利益第三人合同的规定,对债务人享有请求权的合同。对此,《民法典》第522条第2款规定:"法律规定或者当事人约定第三人可以直接请求债务人向其履行债务,第三人未在合理期限内明确拒绝,债务人未向第三人履行债务或者履行债务不符合约定的,第三人可以请求债务人承担违约责任;债务人对债权人的抗辩,可以向第三人主张。"在真正利益第三人合同中,第三人享有如下权利:其一,拒绝权。在真正利益第三人合同中,法律推定合同当事人为第三人设定权利是符合第三人利益的,或者至少不会侵害其权利,但是这毕竟只是法律上的推定,当事人在合同中为第三人设定权利是否真正符合其利益,第三人是否接受该利益,应当由第三人自己决定。因此,第三人享有拒绝权。依据《合同编通则解释》第29条第3款的规定,债务人按照约定向第三人履行债务,第三人拒绝受领,债权人请求债务人向自己履行债务的,人民法院应予支持,但是债务人已经采取提存等方式消灭债务的除外。第三人拒绝受领或者受领迟延,债务人请求债权人赔偿因此造成的损失,人民法院依法予以支持。其二,履行请求权。第三人虽然不是订约当事人,但是其可以请求债务人向其履行债务,并接受债务人的给付。其三,请求债务人承担违约责任。如果债务人没有依约向第三人作出给付,则第三人有权请求债务人承担违约责任,如要求债务人继续履行、赔偿损失等。但是,在向第三人履行的合同中,第三人不享有撤销权、解除权等民事权利,法律另有规定的除外(《合同编通则解释》第29条第1款)。

2. 由第三人履行的合同

由第三人履行的合同是指合同当事人约定,债务人的债务由约定的第三人履行,而非由债务人履行。所以,这种合同是为第三人设定义务或者负担,故又称为第三人负担的合同。对此,《民法典》第523条规定:"当事人约定由第三人向债权人履行债务,第三人不履行债务或者履行债务不符合约定的,债务人应当向债权人承担违约责任。"从这一规定可以看出,在由第三人履行的合同中,如果第三人没有履行债务或者履行债务不符合约定,债权人只能向债务人主张违约责任,而不能向第三人请求承担违约责任。

3. 第三人代为履行

第三人代为履行是指第三人因对债务人的履行具有合法利益,在债务人不履行债务时,该第三人向债权人代为履行,以了结债权人与债务人之间的债权债务关系,并且取得债权人地位的制度。对此,《民法典》第524条规定:"债务人不履行债务,第三人对履行该债务具有合法利益的,第三人有权向债权人代为履行;但是,根据债务性质、按照当事人约定或者依照法律规定只能由债务人履行的除外。债权人接受第三人履行后,其对债务人的债权转让给第三人,但是债务人和第三人另有约定的除外。"依照这一规定,第三人代为履行须符合如下条件:

第一,债权人与债务人之间的合同并没有约定由第三人履行债务。如果有这样的约定,则构成由第三人履行的合同。

第二,债务人不履行债务。如果债务人自己已经将债务履行完毕,则债权债务关系已经终止,自无第三人代为履行之可能与必要。

第三,第三人对履行该债务具有合法利益。所谓合法利益,是指不违反法律的任何正当利益。依据《合同编通则解释》第30条第1款的规定,对履行债务具有合法利益的第三人包括下列人员:(1)保证人或者提供物的担保的第三人;(2)担保财产的受让人、用益物权人、合法占有人;(3)担保财产上的后顺位担保权人;(4)对债务人的财产享有合法权益且该权益将因财产被强制执行而丧失的第三人;(5)债务人为法人或者非法人组织的,其出资人或者设立人;(6)债务人为自然人的,其近亲属;(7)其他对履行该债务具有合法利益的第三人。

第四,不存在禁止第三人代为履行的情形。如果根据债的性质,或者合同的约定,或者法律的规定,债务只能由债务人自己来履行,不能由第三人代为履行,则不适用该规则。

(二) 履行标的

合同的履行标的是指债务人应当给付的内容,包括交付实物或者货币、提供服务等。债务人的债务性质不同,履行标的的要求也有所不同。债务人以实物履行债务的,履行标的应符合当事人约定或者法律规定的规格、型号、数量、质量,标的物的数量应按法定或者约定的数量和计量方法确定,质量应当按当事人约定或者法律规定的质量标准履行。债务人以货币履行债务的,应当按照当事人约定或者法律规定的支付方法支付价款或者报酬。

债务人原则上应全部履行,因此,债权人可以拒绝债务人部分履行债务,但部分履行不损害债权人利益的除外。债务人部分履行债务给债权人增加的费用,由债务人负担(《民法典》第531条)。

(三) 履行期限

合同的履行期限是指债务应为履行的时间。履行期限的确定,按照当事人的约定。当事人可以约定将债务分为几个部分,并确定各部分债务的履行期限。债务人应当按照法律规定或者当事人约定的履行期限履行债务。依据《民法典》第530条的规定,债权人可以拒绝债务人提前履行债务,但是提前履行不损害债权人利益的除外。债务人提前履行债务给债权人增加的费用,由债务人负担。

对于电子合同,应当依据《民法典》第512条的规定确定履行时间:(1)通过互联网等信息网络订立的电子合同的标的为交付商品并采用快递物流方式交付的,收货人的签收时间为交付时间。电子合同的标的为提供服务的,生成的电子凭证或者实物凭证中载明的时间为提供服务时间;前述凭证没有载明时间或者载明时间与实际提供服务时间不一致的,以实际提供服务的时间为准。(2)电子合同的标的物为采用在线传输方式交付的,合同标的物进入对方当事人指定的特定系统且能够检索识别的时间为交付时间。(3)电子合同当事人对交付商品或者提供服务的方式、时间另有约定的,按照其约定。

(四)履行地点

合同的履行地点是指债务人履行债务和债权人接受履行的地方。履行地点应依据当事人的约定确定,当事人没有约定或者约定不明确的,依照法律的规定确定。履行地点一旦确定,债务人就应当在履行地点作出履行,债权人也应当在履行地点接受给付。应当指出,债权人分立、合并或者变更住所没有通知债务人,致使履行债务发生困难的,债务人可以中止履行或者将标的物提存(《民法典》第529条)。

(五)履行方式

合同的履行方式是债务人履行义务的方法,如标的物的交付方法、运输方法,价款的支付方法等。债的履行方式由当事人约定,当事人要求一次性履行的,债务人不得分批履行;凡要求分期分批履行的,债务人也不得一次性履行。

(六)履行费用

履行费用是指债务人履行义务所必要的费用。履行费用包括运输费、包装费、邮费、装卸费等。债的履行费用,应当由约定的当事人负担;当事人没有约定的,由债务人负担。

二、合同适当履行的补充性规则

在合同的履行中,如果当事人对合同标的的质量、价款或者报酬、履行期限、履行地点、履行方式、履行费用等有明确约定的,则应依据当事人的约定履行债务。如果当事人没有约定或者约定不明确的,依据《民法典》第510条的规定,当事人可以协议补充,不能达成补充协议的,按照合同相关条款或者交易习惯确定。依据《民法典》第511条的规定,当事人就有关合同内容约定不明确,依据《民法典》第510条规定仍不能确定的,适用下列规定。

(一)质量要求不明确时的履行规则

对于标的物的质量标准、质量参数、技术参数,包括质量的检测机构、检测方法等不明确的,如果标的物有强制性的国家标准,按照强制性国家标准履行;没有强制性国家标准的,按照推荐性国家标准履行;如果没有推荐性国家标准的,则按照行业标准履行;如果没有国家标准、行业标准,按照通常标准或者符合合同目的的特定标准履行。如果合同中没有特殊的要求,则只要交付的标的物的质量能够达到产品的一般质量要求,即符合质量要求。

(二)价款或者报酬不明确时的履行规则

价款或者报酬不明确的,按照下列规则履行:其一,按照合同订立时履行地的市场价格履行。这里涉及确定价格的三个判断因素:一是时间因素,即应当是订立合同时,而不是履行合同时;二是地点因素,即应当是合同履行地,而不是合同订立地或者其他地方;三是价格性质因素,即应当是市场价格,即当地市场的一般或者平均交易价格。其二,依法应当执行政府定价或者政府指导价的,按照规定履行。依据《民法典》第513条的规定,执行政府定价或者政府指导价的,在合同约定的交付期限内政府价格调整时,按照交付时的价格计价。逾期交付标的物的,遇价格上涨时,按照原价格执行;价格下降时,按照新价格执行。逾期提取标的物或者逾期付款的,遇价格上涨时,按照新价格执行;价格下降时,按照原价格执行。

(三)履行地点不明确时的履行规则

履行地点不明确的,首先要区分给付的内容,并且将给付的内容具体分为两种情形,一种为给付货币,一种为给付非货币。在前者,由接受货币一方所在地作为履行地。对于以支付金钱为内容的债,除法律另有规定或者当事人另有约定外,债权人可以请求债务人以实际履行地的法定货币履行(《民法典》第514条)。在后者,则进一步将标的物分为不动产与动产及其他标的。如果是不动产,由该不动产所在地作为履行地;如果是动产或者其他标的(如给付技术资料、知识产权、股权等),则在履行该动产或者其他标的的给付义务一方所在地履行。

(四)履行期限不明确时的履行规则

履行期限不明确的,从债权人的角度而言,债权人可以随时要求债务人履行债务,他只需要给债务人一个合理的期限做准备即可;从债务人的角度而言,债务人可以随时履行,债权人不得拒绝受领。当然,债务人在实际给付之前基于诚信原则应当通知债权人。

(五)履行方式不明确时的履行规则

履行方式不明确的,应当按照有利于实现合同目的的方式履行。在确定履行方式不明确时的履行规则时,首先需要明确双方当事人特别是债权人在合同中的目的是什么,然后才能对不明确的履行方式加以确定。

(六)履行费用负担不明确时的履行规则

履行费用的负担不明确的,由履行义务一方负担;因债权人原因增加的履行费用,由债权人负担。换言之,谁是履行义务一方,谁就负担因履行而发生的费用。

三、选择之债的履行规则

在选择之债中,选择权人既可能是债务人,也可能是债权人。依据《民法典》第515条第1款的规定,标的有多项而债务人只需履行其中一项的,债务人享有选择权;但是,法律另有规定、当事人另有约定或者另有交易习惯的除外。如果选择权人不行使选择权,将会使合同的履行产生不确定性,影响交易的顺利进行。因此,为了避免交易僵局,法律设定了选择权的转移。依据《民法典》第515条第2款的规定,享有选择权的当事人在约定期限内或者履行期限届满未作选择,经催告后在合理期限内仍未选择的,选择权转移至对方。

基于选择权对当事人履行可能产生的影响,选择权的行使应当让对方知悉。对此,《民法典》第516条第1款规定,当事人行使选择权应当及时通知对方,通知到达对方时,标的确定。除对方同意外,标的确定后不得变更。

在选择之债中,标的有多项,而在事实上如果多项标的中有一项或者数项已经履行不能的,基于诚信原则以及实现合同目的的考量,此时选择权人行使选择权就应受到法律的限制。对此,《民法典》第516条第2款规定,可选择的标的发生不能履行情形的,享有选择权的当事人不得选择不能履行的标的,但是该不能履行的情形是由对方造成的除外。

四、连带之债的履行规则

(一) 连带债务的效力

在连带债务中,既发生债务人之间的内部效力,又发生债务人与债权人之间的外部效力。就内部效力而言,连带债务人之间的债务有份额之分;如果连带债务人之间的份额难以确定的,视为份额相同。在债的履行中,实际承担债务超过自己份额的连带债务人,有权就超出部分在其他连带债务人未履行的份额范围内向其追偿,并相应地享有债权人的权利,但是不得损害债权人的利益。其他连带债务人对债权人的抗辩,可以向该债务人主张。被追偿的连带债务人不能履行其应分担份额的,其他连带债务人应当在相应范围内按比例分担(《民法典》第519条)。依据《民法典》第520条的规定,连带债务的外部效力主要体现在:(1)部分连带债务人履行、抵销债务或者提存标的物的,其他债务人对债权人的债务在相应范围内消灭;(2)部分连带债务人的债务被债权人免除的,在该连带债务人应当承担的份额范围内,其他债务人对债权人的债务消灭;(3)部分连带债务人的债务与债权人的债权同归于一人的,在扣除该债务人应当承担的份额后,债权人对其他债务人的债权继续存在;(4)债权人对部分连带债务人的给付受领迟延的,对其他连带债务人发生效力。

(二) 连带债权的效力

在连带债权中,连带债权人之间的份额难以确定的,视为份额相同。实际受领债权的连带债权人,应当按比例向其他连带债权人返还。连带债权参照适用连带债务的有关规定(《民法典》第521条)。

第三节 合同履行中的抗辩权

一、同时履行抗辩权

(一) 同时履行抗辩权的概念

同时履行抗辩权是指当事人互负债务,没有法定的或者约定的履行的先后顺序,一方当事人在对方未为对待给付之前,可以拒绝对方的履行请求的权利。

关于同时履行抗辩权,《民法典》第525条规定:"当事人互负债务,没有先后履行顺序的,应当同时履行。一方在对方履行之前有权拒绝其履行请求。一方在对方履行债务不符合约定时,有权拒绝其相应的履行请求。"例如,甲乙约定一份买卖合同,甲为买方,乙为卖方,没有约定由乙方先交货还是由甲方先付款,则当乙方没有交货而其请求甲方付款时,甲方可以主张同时履行抗辩权,拒绝乙的付款请求;或者相反,当甲方没有付款而请求乙方交货时,乙方可以主张同时履行抗辩权,拒绝甲的交货请求。

(二) 同时履行抗辩权的行使条件

依据《民法典》第525条的规定,同时履行抗辩权的行使须具备以下条件:

第一,当事人须因同一双务合同而互负债务。如果两个当事人之间存在多份合同关系,每个合同之间相互没有关联,则不能将不同的合同关系混同适用。例如,甲乙之间有一份买卖合同,同时还有一份租赁合同,则甲不能因为乙没有支付租金而拒绝买卖合同项下的交货义务。在同一双务合同中,须双方当事人互负债务。所谓互负债务,是指当事人所负的债务存在对价关系。如果双务合同的当事人之间不存在对价关系,则无同时履行抗辩权的适用。应当指出,当事人互负债务,一方以对方没有履行非主要债务为由拒绝履行自己的主要债务的,人民法院不予支持,但是对方不履行非主要债务致使不能实现合同目的或者当事人另有约定的除外(《合同编通则解释》第31条第1款)。

第二,当事人互负的债务没有先后履行的顺序,且均已届履行期。如果合同中约定了双方履行义务的先后顺序,则不能适用同时履行抗辩权,而可能会适用先履行抗辩权或者不安抗辩权。同时,当事人双方互负的债务均届清偿期。如果双方的债务没有同时到期,则债务已届清偿期的当事人履行义务后,不能行使同时履行抗辩权。否则,就等于要求未到期的债务人提前履行债务。

第三,对方未履行债务或者履行债务不符合约定。当事人一方请求对方履行债务时,如果请求方自己没有履行债务,则被请求方可以主张行使同时履行抗辩权,拒绝履行债务。如果请求方已履行了债务,则被请求方不发生同时履行抗辩权的问题。当事人履行债务不符合约定的,对方也可以行使同时履行抗辩权。

(三)同时履行抗辩权行使的效力

同时履行抗辩权属于延期的抗辩权,不具有消灭对方请求权的效力,而仅产生使对方请求权延期的效力。即当事人一方要求对方履行债务的,自己必须同时履行债务。而在对方没有履行债务时,自己则可以暂时拒绝履行自己的债务。正因为如此,债务人如享有同时履行抗辩权,即使未援用,亦不负迟延履行的责任。

依据《合同编通则解释》第31条第2款的规定,当事人一方起诉请求对方履行债务,被告主张双方同时履行的抗辩且抗辩成立,被告未提起反诉的,人民法院应当判决被告在原告履行债务的同时履行自己的债务,并在判项中明确原告申请强制执行的,人民法院应当在原告履行自己的债务后对被告采取执行行为;被告提起反诉的,人民法院应当判决双方同时履行自己的债务,并在判项中明确任何一方申请强制执行的,人民法院应当在该当事人履行自己的债务后对对方采取执行行为。

二、先履行抗辩权

(一)先履行抗辩权的概念

先履行抗辩权是指合同约定或者法律规定有先后履行顺序,当负有先履行义务一方未履行自己的债务或者履行债务不符合约定,而请求对方履行债务时,后履行一方可以拒绝对方履行请求的权利。

关于先履行抗辩权,《民法典》第526条规定:"当事人互负债务,有先后履行顺序,应当先履行债务一方未履行的,后履行一方有权拒绝其履行请求。先履行一方履行债务不符合约定的,后履行一方有权拒绝其相应的履行请求。"

(二)先履行抗辩权的行使条件

依据《民法典》第526条的规定,先履行抗辩权的行使应当具备如下条件:

第一,当事人须因同一双务合同而互负债务。先履行抗辩权与同时履行抗辩权一样,只在双务合同中存在,单务合同不发生先履行抗辩权问题。在双务合同中,当事人之间存在着对价关系,当事人一方履行债务,是为了换取对方的履行。所以,在先履行一方不履行自己的债务时,后履行一方为保护自己的履行利益,就可以不履行自己的债务。

第二,当事人的债务有先后履行顺序。通常情况下,合同会约定当事人双方各自履行债务的具体时间,先后顺序便包含在其中。当然,也可以没有具体的时间约定,但是明确约定一方先履行另一方后履行,如约定"货到付款",或者"款到发货",此时尽管没有各自交货或者付款的具体时间,但履行顺序已经清楚约定。如果合同中没有明确的关于先后顺序的约定,但是根据法律规定可以判断出先后顺序,或者根据交易习惯可以确定先后顺序,同样可以适用先履行抗辩权。

第三,先履行一方到期未履行债务或者未适当履行债务。在合同异时履行的情况下,负有先履行义务的一方应当先履行债务。如果先履行一方的债务已届履行期而不履行债务,则属于违约,后履行一方有权拒绝先履行一方的履行要求。如果先履行一方的履行不符合合同约定,则后履行一方有权拒绝先履行一方相应的履行要求,即与先履行一方履行债务不符合约定的部分的相应部分。

(三) 先履行抗辩权行使的效力

先履行抗辩权也属于延期的抗辩权,不具有消灭对方请求权的效力。因此,先履行抗辩权只是从履行程序或者时间层面保障后履行一方的期限利益,其本质是对先履行一方违约行为的抗辩,阻却后履行一方拒绝履行债务的违约性,暂停履行自己的义务,而非导致当事人债权债务的消灭,故一旦先履行一方补正了自己的违约行为,满足了对方的履行利益时,后履行一方即应当恢复履行。当然,这不影响后履行一方追究先履行一方的违约责任。依据《合同编通则解释》第 31 条第 3 款的规定,当事人一方起诉请求对方履行债务,被告主张原告应先履行的抗辩且抗辩成立的,人民法院应当驳回原告的诉讼请求,但是不影响原告履行债务后另行提起诉讼。

三、不安抗辩权

(一) 不安抗辩权的概念

不安抗辩权是指在异时履行的合同中,应当先履行的一方有确切证据证明在履行期限届满后对方将不能或者不会履行债务,则在对方没有履行或者提供担保以前,暂时中止债务的履行的权利。

在双务合同中,负有先履行债务的一方,不得援用同时履行抗辩权。但是,当对方有丧失或者可能丧失履行能力的情形而危及先履行债务一方的债权实现时,如仍要求应先履行一方先为履行,则会损害其利益。所以,法律为保护先履行债务的当事人的合法权益,贯彻公平原则,特设不安抗辩权制度。

(二) 不安抗辩权的行使条件

依据《民法典》第 527 条的规定,不安抗辩权的行使须具备如下条件:

第一,当事人须因双务合同互负债务。不安抗辩权只在双务合同中存在,单务合同不发生不安抗辩权问题。在双务合同中,当事人之间存在对价关系,当事人一方履行债务,是为了换取对方的履行。所以,一方的履行有可能不获实现的,他方为保护自己的履行利益,可以保留自己的履行。

第二,当事人一方须有先履行的义务且债务已届履行期。首先,当事人一方须有先履行的义务。在双务合同中,当事人应同时履行的,如果一方没有履行债务,对方可以援用同时履行抗辩权。但是,当事人的履行有先后顺序时,先履行一方应当先履行债务,不能援用同时履行抗辩权。其次,先履行的债务须已届履行期。在债务已届履行期时,当事人应按合同约定履行债务。但是,在后履行债务的一方有难以对待履行的危险时,先履行的债务人为保护自己的利益,可以暂停自己的履行。

第三,先履行一方有证据证明对方有不能为对待给付的风险。这种风险即是由《民法典》第527条规定的四种法定情形:一是经营状况严重恶化,如企业债务增加、资产减少、盈利能力急剧下降等;二是转移财产、抽逃资金,以逃避债务;三是丧失商业信誉,即与缔约前的状况相比,其在业界或者同行中,商业信用处于不佳状态;四是有丧失或者可能丧失履行债务能力的其他情形,如某项特定物已遭到毁损而不可能交付该特定物。

(三) 不安抗辩权行使的效力

当事人依法不安抗辩权的,将产生如下效力:

第一,暂时中止合同的履行。依据《民法典》第527条的规定,先履行一方有确切证据证明对方具有法律规定的不能或者不会对待履行的事由以后,可以行使不安抗辩权,暂时中止合同的履行。可见,暂时中止合同的履行是不安抗辩权行使的主要效果,且也只能暂时中止合同的履行,而不能直接解除合同。

第二,请求提供适当担保。依据《民法典》第528条的规定,当事人中止履行的,应当及时通知对方;对方提供适当担保的,应当恢复履行。可见,一方在暂时中止合同履行之后,有权要求对方在合理期限内提供担保。

第三,在构成预期违约的情况下,请求承担违约责任或者解除合同。依据《民法典》第528条的规定,当事人中止履行后,对方在合理期限内未恢复履行能力且未提供适当担保的,视为以自己的行为表明不履行主要债务,中止履行的一方可以解除合同并可以请求对方承担违约责任。

第四节 情势变更

一、情势变更的概念和构成要件

情势变更是指在合同有效成立后、履行过程中,因不可归责于双方当事人的原因发生了不可预见的客观情况的巨大变化,致使订立合同的基础丧失,若继续履行合同对一方当事人显失公平,因而允许当事人变更合同或者解除合同的制度。情势变更属于法律的强制性规定,若当事人事先约定排除适用的,该约定无效(《合同编通则解释》第32条第4款)。

依据《民法典》第533条的规定,情势变更须具备如下构成要件:

第一,须有情势变更的事实。此处的"情势"是指合同赖以订立的客观基础事实,是纯客观的存在,不属于合同当事人主观方面的认知;此处的"变更"是指重大变化,且此重大变化不是当事人在订立合同时所能够预见到的。依据《合同编通则解释》第32条第1款的规定,合同成立后,因政策调整或者市场供求关系异常变动等原因导致价格发生当事人在订立合同时难以合理预见的、不属于商业风险的涨跌,继续履行合同对于当事人一方明显不公平的,人民法院应当认定合同的基础条件发生了重大变化。但是,合同涉及市场属性活跃、长期以来价格波动较大的大宗商品以及股票、期货等风险投资型金融产品的除外。

第二,情势变更须发生在合同订立后、履行完毕前。从情势变更的发生上说,其只能限于合同订立后、履行完成前的时间段内。这是因为,如果情势变更在合同订立已经发生,则当事人就会认识或者应当认识到这种发生的事实,此时的合同是以已经变更的事实为基础的,故不应允许当事人事后调整,只能使明知之当事人自担风险;而在合同履行完毕后,合同关系已经消灭,情势如何发生变化均与合同无关。

第三,情势变更的发生须不可归责于当事人且当事人不可预见。所谓不可归责于当事人,是指情势变更与当事人无关,即是由不可抗力及其他意外事故造成的,双方当事人均无过错。同时,情势变更还须当事人不可预见。如果当事人在订立合同时能够预见到情势变更,则表明其自愿承担了这种风险,不能适用情势变更规则。因此,商业风险不构成情势变更,因为商业风险当事人是可以预见的。

第四,继续履行合同对一方当事人明显不公平。即已经属于显失公平,而不是轻微的不对等、不公平。因此,不公平必须是履行合同时的情况而非订立合同时的情况。

二、情势变更的法律后果

情势变更发生后,将发生如下法律后果:

第一,重新磋商义务。这是指欲以情势变更为由请求变更合同或者解除合同的一方,负有提出建议,先与对方进行磋商的义务。确实存在情势变更的情形时,当事人不能直接通知对方解除合同或者变更合同,甚至不能直接向人民法院或者仲裁机构请求解除或者变更合同,而是首先应当进行交涉,告诉对方客观情况发生了重大的变化。

第二,如果磋商达成了一致,相当于双方协商变更了合同,可以达成补充协议重新约定双方的权利义务;如果经过磋商不能达成一致,当事人可以请求人民法院或者仲裁机构变更或者解除合同。依据《合同编通则解释》第 32 条第 2 款的规定,在符合情势变更的条件下,当事人请求变更合同的,人民法院不得解除合同;当事人一方请求变更合同,对方请求解除合同的,或者当事人一方请求解除合同,对方请求变更合同的,人民法院可以结合案件的实际情况,根据公平原则判决变更或者解除合同。人民法院判决变更或者解除合同的,应当综合考虑合同基础条件发生重大变化的时间、当事人重新协商的情况以及因合同变更或者解除给当事人造成的损失等因素,在判项中明确合同变更或者解除的时间(《合同编通则解释》第 32 条第 3 款)。

第十八章 合同保全

第一节 合同保全概述

一、合同保全的概念和特点

合同保全是指债权人为防止债务人的财产不当减少而影响其债权实现,对合同关系之外的第三人所采取的保护债权的一种法律措施。

合同保全具有以下特点:

第一,合同保全是合同相对性的突破。按照合同相对性原理,合同只在当事人之间发生效力,即债权人只能对债务人主张和行使权利。但是,合同保全却允许债权人越过债务人对第三人主张权利或者对债务人与第三人之间的民事法律行为的效力提出异议,从而突破了合同相对性。

第二,合同保全发生在合同关系存续期间。合同保全以合同关系有效为前提,也就是以债权的合法、有效为前提。

第三,合同保全是通过维持债务人的责任财产而实现对债权的保护。一旦债务人的责任财产不正当地减少,或者应当增加而未增加,给债权人债权的实现带来现实的风险,导致债权有不能实现之虞,债权人就可以依法采取保全措施,以保障债权的实现。

第四,合同保全具体包括债权人代位权和债权人撤销权两种制度。一方面,债权人有权代债务人之位向第三人行使债务人的权利,这就是债权人的代位权制度;另一方面,债权人有权撤销债务人与第三人之间所为的民事法律行为,这就是债权人的撤销权制度。

二、合同保全的作用

法律设立合同保全制度的原因在于,合同债权的实现需要债务的适当履行,而债务的适当履行又须以债务人的财产为物质保障。在合同关系中,债务人是以其全部财产为清偿债务的保证的,即债务人是以其全部财产担保债的履行。债务人的全部财产或者总财产构成了责任财产,债务人即以其责任财产对债权人的债权承担清偿责任。因此,合同关系成立后,债务人责任财产的减少会直接影响债权人的债权的实现。为防止债务人责任财产的减少,保护债权人债权的实现,法律上还设置了合同保全制度,以弥补债权保障的不足。其中,债权人的代位权是为保持债务人的责任财产而设的,适用于债务人的财产应增加且能增加而因债务人的懈怠而未增加的情形;债权人的撤销权是为恢复债务人的责任财产而设的,适用于债务人的财产不应减少而减少的情形。可见,合同的保全对于保障债权得以实现具有积极预防的作用。

第二节 债权人代位权

一、债权人代位权的概念和特点

债权人代位权是指当债务人不履行债务,影响债权人的到期债权实现,又不行使自己对相对人(次债务人)的债权时,债权人以自己的名义请求债务人的债务人(即相对人)履行债务的权利。

债权人代位权具有以下特点:

第一,债权人代位权针对的是债务人消极不行使权利的行为。债权人代位权的原理是保持债务人责任财产的应然状态,不至于因为债务人的懒怠行为应当增加而没有增加,并因此减弱了债务人清偿债务的能力。

第二,债权人代位权是债权人向人民法院请求以自己的名义代位行使债务人的债权,是债权人向次债务人提出履行请求,而不是向债务人提出的。

第三,债权人代位权只能通过诉讼的方式行使。债权人如果要行使代位权,就必须向人民法院提起诉讼,通过诉讼程序获得救济,而不能通过私力救济的方式进行。

第四,债权人代位权的行使是债权的效力体现。债权人代位权属于实体法意义上的权利,而且是基于债权自身的属性所具有的一种权能,是债权效力的体现。

二、债权人代位权的成立条件

《民法典》第535条第1款规定:"因债务人怠于行使其债权或者与该债权有关的从权利,影响债权人的到期债权实现的,债权人可以向人民法院请求以自己的名义代位行使债务人对相对人的权利,但是该权利专属于债务人自身的除外。"依照这一规定,债权人代位权的成立须具备如下条件:

第一,债权人对债务人享有合法有效的到期债权。债权的性质与类型并无限制,但是债权人的债权必须已经到期且数额必须是确定的。

第二,债务人对相对人(次债务人)享有合法有效的到期债权或者与该债权有关的从权利。债权人代位权的行使不仅需要债权人对债务人享有合法有效且已经到期的债权,同时也要求债务人对次债务人享有合法有效的到期债权。债务人对次债务人享有的债权并限于金钱给付债权,同时除债务人对次债务人的债权外,与该债权有关的从权利也属于债权人代位权行使的标的。

第三,债务人怠于行使对次债务人的到期债权或者与该债权有关的从权利。此为代位权行使的实质要件,其含义有二:一是债务人的行为构成"怠于行使权利",二是由于债务人怠于行使权利进而对债权人的债权实现造成了不利影响。对于"怠于行使权利",应当限缩解释为不以诉讼、仲裁等公力救济的方法行使权利。换言之,债务人仅是通过向相对人发送催款函等私力救济的方式行使权利,而未提起诉讼或者仲裁的,仍然构成"怠于行使权利"。依据《合同编通则解释》第33条的规定,债务人不履行其对债权人的到期债务,又不以诉讼或者仲裁方式向相对人主张其享有的债权或者与该债权有关的从权利,致使债权人的到期债权未能实现的,人民法院可以认定为《民法典》第 535 条规定的"债务人怠于行使其债权或者与该债权有关的从权利,影响债权人的到期债权实现"。

第四,债权人代位权的标的为非专属于债务人自身的权利。依据《民法典》第 535 条"但书"条款,专属于债务人自身的债权,债权人不得代位行使。之所以不允许债权人对债务人的这些专属于其自身的权利行使代位权,是因为它们与债务人的人身密切相关,具有身份性,这些权利即使债务人自己不去行使,债权人也不能予以干预。依照《合同编通则解释》第 34 条的规定,下列权利为专属于债务人自身的权利:(1) 抚养费、赡养费或者扶养费请求权;(2) 人身损害赔偿请求权;(3) 劳动报酬请求权,但是超过债务人及其所扶养家属的生活必需费用的部分除外;(4) 请求支付基本养老保险金、失业保险金、最低生活保障金等保障当事人基本生活的权利;;(5) 其他专属于债务人自身的权利。

三、债权人代位权的行使

债权人在行使代位权时,应当符合下列要求:

第一,债权人代位权的行使主体是债务人的全体债权人。债权人代位权是债权人所享有的一项权利,只能由债权人行使。如果债务人的债权人有多个,则各个债权人都可以行使代位权。

第二,债权人应以自己的名义行使代位权。债权人在行使代位权时,应当以自己的名义为之,而不能以债务人的名义行使。

第三,债权人应以诉讼的方式行使代位权。债权人行使代位权应当采取诉讼方式,而不能直接向第三人行使。依据《合同编通则解释》第 37 条的规定,债权人以债务人的相对人为被告向人民法院提起代位权诉讼,未将债务人列为第三人的,人民法院应当追加债务人为第三人。两个以上债权人以债务人的同一相对人为被告提起代位权诉讼的,人民法院可以合并审理。债务人对相对人享有的债权不足以清偿其对两个以上债权人负担的债务的,人民法院应当按照债权人享有的债权比例确定相对人的履行份额,但是法律另有规定的除外。

第四,债权人行使代位权以保全债权为必要限度。债权人行使代位权的范围,以债权人的到期债权为限(《民法典》第 535 条第 2 款)。在必要范围内,债权人可同时或者依次代位行使债务人的数项权利。但是,如果债权人就某一项权利行使代位权已可满足清偿其债权的需要,则不得再对债务人的其他权利行使代位权。

四、债权人代位权行使的效力

债权人行使代位权,对债务人、第三人和债权人会产生不同的法律效力。

(一) 对债务人的效力

债权人行使代位权后,对债务人发生如下效力:

第一,诉讼时效中断。依据《诉讼时效规定》第 16 条的规定,债权人提出代位权诉讼的,应当认定对债权人的债权和债务人的债权均发生诉讼时效中断的效力。而且债权人对同一债权中的部分债权主张权利的,诉讼时效中断的效力及于剩余债权,但是权利人明确表示放弃剩余债权的情形除外(《诉讼时效规定》第 9 条)。

第二,债权人行使代位权后,对于被代位行使的权利,债务人的处分权能应受到限制。

依据《合同编通则解释》第41条的规定,债权人提起代位权诉讼后,债务人无正当理由减免相对人的债务或者延长相对人的履行期限,相对人以此向债权人抗辩的,人民法院不予支持。

第三,债务人负担行使代位权的必要费用。债权人在行使代位权时,如果支出了必要的费用,则该费用应由债务人承担(《民法典》第535条第2款)。

(二)对债务人的相对人的效力

债权人代位行使的是债务人的权利,债权人的地位不能超越债务人,即无论是债务人行使权利还是由债权人代位行使权利,债务人的相对人的法律地位及利益都不应受到影响,不能因债权人行使代位权而使债务人的相对人处于较债务人行使权利时不利的地位。因此,在债权人行使代位权时,相对人对于债务人所有的抗辩,均可以向债权人主张(《民法典》第535条第3款)。例如,合同不成立、无效、可撤销、超过诉讼时效、债务人应为同时履行等,第三人都可以向债权人主张。

(三)对债权人的效力

债权人行使代位权是代债务人行使权利,故不得超出债务人权利的范围。债权人因行使代位权所得的财产属于债务人的责任财产范围,债务人的相对人可以向债权人履行。依据《民法典》第537条的规定,人民法院认定代位权成立的,由债务人的相对人向债权人履行义务,债权人接受履行后,债权人与债务人、债务人与相对人之间相应的权利义务终止。债务人对相对人的债权或者与该债权有关的从权利被采取保全、执行措施,或者债务人破产的,依照相关法律的规定处理。可见,由债务人的相对人向债权人履行的"直接受偿规则"有利于保障行使代位权的债权人的利益。但是,作为"直接受偿规则"的限制措施,当债务人对相对人的债权或者与该债权有关的从权利被采取保全、执行措施,或者债务人破产时,则债务人的相对人不能向债权人履行,而应当依照相关法律的规定处理。

五、债权人代位保存权

(一)债权人代位保存权的概念

债权人代位权的行使以债权已经到期为前提,即债权人对债务人的债权已经到期,以及债务人对于相对人的债权也已经到期。债权人代位权的上述限制是合理的,因为尚未到期的债权不存在采取特别保护措施的必要性。但是,在某些特殊情况下,如果非要等到债权人的债权到期才能行使债权人代位权,则有可能待债权到期时已经无法实现对债权人的保护。此时便需要设立一种针对此种情形的规则。对此,《民法典》第536条规定:"债权人的债权到期前,债务人的债权或者与该债权有关的从权利存在诉讼时效期间即将届满或者未及时申报破产债权等情形,影响债权人的债权实现的,债权人可以代位向债务人的相对人请求其向债务人履行、向破产管理人申报或者作出其他必要的行为。"这里所规定的就是债权人代位保存权。据此,债权人代位保存权是指在债权人的债权到期之前,由于债务人出现某种可能危及债权人利益的现实情况,法律赋予债权人请求债务人的相对人履行债务或者采取其他措施以保全其债权的权利。

(二)债权人代位保存权的行使条件

第一,债权人对债务人存在未到期债权。如果债权已经到了清偿期,则债权人可以直接行使代位权而非代位保存权。

第二,债务人对相对人存在合法有效的权利。这是代位保存权行使的实质要件。与代位权不同的是,由于代位保存权遵循入库规则,债权人行使代位保存权而取得的利益归属于债务人,而非直接归属于债权人,所以《民法典》并没有将"专属于债务人自身的权利"排除在外。

第三,债务人的消极行为影响债权人的债权实现。债务人本来享有且应当行使其对次债务人或者其他相对人的权利,但是债务人消极地不作为,不向次债务人或者其他相对人行使债权、担保权利等,极有可能最终使得债务人不能再享有或者行使上述权利,而当债务人最终丧失了这些权利时,又会影响债务人的清偿能力,进而影响债权人的债权实现。

第三节 债权人撤销权

一、债权人撤销权的概念和特点

债权人撤销权是指因债务人实施不正当地减少其财产的行为,且因此影响债权人的债权实现的,债权人可以请求人民法院撤销该行为的权利。

债权人撤销权具有以下特点:

第一,债权人撤销权具有法定性与从属性。所谓法定性,是指撤销权作为债权的一项权能与效力,是由法律直接规定而产生的;所谓从属性,是指撤销权并非一项独立类型的民事权利,而是一项附属于债权的权能,不能离开债权而独立存在。

第二,债权人撤销权针对的是债务人的积极行为。债权人行使撤销权的前提是债务人积极地实施了某一处分行为或者交易行为,该等行为会导致债务人责任财产的不正当减少,进而减弱债务人的偿债能力,增大债权人债权实现的风险。

第三,债权人撤销权的功能具有混合性。债权人撤销权的行使既可以使得债务人与相对人的处分行为或者交易行为失去效力,此具有形成权的功能;又可以产生相对人向债务人返还财产进而增加债务人责任财产的效果,此具有请求权的功能。

第四,撤销权必须通过诉讼的方式行使,由人民法院最终裁定其撤销权之诉是否成立。

二、债权人撤销权的成立条件

债权人撤销权的成立要件可分为客观条件与主观条件,并且因债务人所为的行为是否有偿而有所不同。

(一)债权人撤销权的客观要件

债权人撤销权成立的客观条件为债务人实施了一定的行为,并影响债权人的债权实现。债务人实施的行为须以财产为标的,具体包括无偿行为和有偿行为两种。

依据《民法典》第538条的规定,债务人实施的无偿行为包括如下几项:(1)放弃债权。债务人放弃债权,既包括放弃已到期债权,也包括放弃尚未到期的债权。(2)放弃债权担保。虽然放弃债权担保并不必然导致债务人积极财产的减少,但是如果债务人的责任财产本来就不多,债务人又未能履行自己的债务以实现债权人的利益,此时债务人放弃自己债权之上设立的担保,则极有可能因债务人无法再行使对担保人的请求权而导致其自身债权无法实现,进而影响债权人的债权实现。(3) 无偿转让财产。赠与本来属于权利人依据意思自治原则处分自己财产的行为,法律不应干预,但是如果债务人一方面有债务不履行,另一方面却将自己的财产无偿赠与给他人,很明显是对债权的诈害行为。(4) 恶意延长其到期债权的履行期限。债务人与次债务人约定延长债务的履行期限,本属正常,但是如果债务人延长债务的履行期限明显会导致债务人偿付能力的下降,则构成诈害行为,债权人可以行使撤销权。

依据《民法典》第539条的规定,债务人实施的有偿行为包括如下几项:(1) 以明显不合理的高价受让他人财产。债务人故意以高价购买他人的财产,显然会导致债务人现金资产或者货币资产的不正当减少。(2) 以明显不合理的低价转让财产。债务人故意以极低的价格将自己的实物资产转卖给他人,会导致债务人实物资产的不正当减少。依据《合同编通则解释》第42条的规定,对于"明显不合理"的低价或者高价,人民法院应当依交易当地一般经营者的判断,并参考交易时交易地的市场交易价或者物价部门指导价予以认定。其中,转让价格达不到交易时交易地的市场交易价或者指导价70%的,一般可以认定为"明显不合理的低价";受让价格高于交易时交易地的市场交易价或者指导价30%的,一般可以认定为"明显不合理的高价"。如果债务人与相对人存在亲属关系、关联关系的,不受上述比例的限制。债务人以明显不合理的价格,实施互易财产、以物抵债、出租或者承租财产、知识产权许可使用等行为,影响债权人的债权实现,债务人的相对人知道或者应当知道该情形的,债权人有权请求撤销债务人的行为(《合同编通则解释》第43条)。(3) 为他人的债务提供担保。债务人为他人提供担保,有可能使其承担担保责任,从而减少债务人的责任财产,进而可能影响债权人的债权实现。

(二) 债权人撤销权的主观要件

针对债务人实施行为的性质,债权人撤销权是否需要具备主观条件存在差异。

对于无偿行为,由于其诈害性质明显,客观恶性程度高,且相对人无偿地获得了利益,所以只要具备客观条件,债权人即可行使撤销权。

对于有偿行为,相对人并非纯获利益,并且交易价格或者对价的确定在市场经济中比较复杂,所以,此种情形不能仅以此等客观行为本身发生就认定成立撤销权,而必须同时具备相对人的主观要件,即只有"债务人的相对人知道或者应当知道该情形的",债权人才能行使撤销权。

三、债权人撤销权的行使

(一) 债权人撤销权的行使方式

债权人撤销权的行使方式如同代位权一样,只能通过诉讼方式进行,即债权人须向人民法院提起撤销权之诉。在撤销权之诉中,债权人行使撤销权的目的是撤销民事法律行为,而该民事法律行为是债务人与相对人共同实施的,所以,债务人与相对人应为撤销之诉的共同被告(《合同编通则解释》第44条)。

(二) 债权人撤销权的保全范围

依据《民法典》第540条的规定,撤销权的行使范围以债权人的债权为限。债权人行使撤销权的目的在于保全所有债权人的一般债权。因此，债权人行使撤销权的范围原应以全体债权人的债权额为限，而不限于行使撤销权的债权人的债权额。依据《合同编通则解释》第45条第1款的规定，在债权人撤销权诉讼中，若被撤销行为的标的可分，当事人主张在受影响的债权范围内撤销债务人的行为的，人民法院应予支持；被撤销行为的标的不可分，债权人主张将债务人的行为全部撤销的，人民法院应予支持。例如，债务人将其10辆汽车通过一份合同以极低的价格转卖给同一个买受人，其中5辆汽车的价值可满足债权人的债权，受影响的债权为5辆汽车的价值，债权人即可请求撤销其中5辆汽车的买卖合同。

（三）撤销权行使的除斥期间

依据《民法典》第541条的规定，撤销权自债权人知道或者应当知道撤销事由之日起1年内行使。自债务人的行为发生之日起5年内没有行使撤销权的，该撤销权消灭。可见，债权人撤销权有两种除斥期间，即1年的除斥期间与5年的除斥期间。1年除斥期间的起算点，是从债权人知道或者应当知道可撤销事由之日起计算；5年的除斥期间是绝对的除斥期间，无论债权人是否知道撤销事由，均从撤销事由发生之时开始起算。

四、债权人撤销权的行使效力

债权人撤销权行使的效力，依人民法院的撤销判决而发生，并及于债务人、第三人及债权人。

（一）对债务人的效力

对于债务人而言，债务人影响债权人的债权实现的行为被撤销的，自始无法律约束力（《民法典》第542条）。

依据《民法典》第540条的规定，债权人行使撤销权的必要费用，由债务人负担。这是因为，债权人之所以行使撤销权，是因为债务人实施的行为影响了债权人的债权实现。为避免这种后果而支出的费用，属于管理事务的费用，当然应由实施该行为的人负担。这里的必要费用包括债权人行使撤销权所支付的合理的律师代理费、差旅费等费用（《合同编通则解释》第45条第2款）。

（二）对债务人的相对人的效力

对于债务人的相对人而言，相对人已受领债务人的财产的，应当予以返还；原物不能返还的，应当折价返还其利益。相对人向债务人支付对价的，得向债务人主张返还不当得利。

（三）对债权人的效力

对于债权人而言，行使撤销权的债权人得请求债务人的相对人将所得利益返还给债务人。但是，撤销权的行使效力及于全体债权人，由债务人的相对人返还的财产为债务人的所有债权的一般担保。依据《合同编通则解释》第46条第1款的规定，债权人在撤销权诉讼中同时请求债务人的相对人向债务人承担返还财产、折价补偿、履行到期债务等法律后果的，人民法院依法予以支持。

第十九章　合同的变更与转让

第一节　合同的变更

一、合同变更的概念和条件

合同的变更是指在合同成立后，当事人不发生变化的前提下，在原合同的基础上对合同内容进行的修改或者补充。

《民法典》第543条规定："当事人协商一致，可以变更合同。"应当指出，合同生效后，当事人不得因姓名、名称的变更或者法定代表人、负责人、承办人的变动而不履行合同义务（《民法典》第532条）。

一般地说，协议变更合同应当具备如下条件：

第一，当事人须已存在有效合同关系。合同的变更是改变合同的内容，因此，没有已经存在的有效合同关系，也就无所谓合同的变更。

第二，合同的内容须发生变化。合同的变更是合同的内容发生改变，因此，没有合同内容的改变，就不会有合同的变更。

第三，当事人须协商一致。在一般情况下，合同变更仅需当事人双方协商一致即可。当事人变更合同的程序，适用合同订立的一般程序。若双方就合同的某一事项的变更不能协商一致，则该项合同内容不能变更。如果当事人对合同变更的内容约定不明确的，则推定该事项未变更（《民法典》第544条）。

第四，依照规定办理批准等手续。依据《民法典》第502条第3款的规定，依照法律、行政法规的规定，合同的变更应当办理批准等手续的，应当依照其规定。因此，按照法律、行政法规规定，合同的变更应当办理批准等手续的，当事人就合同的变更达成协议后，还应按照规定办理批准等手续，否则，不能发生变更的效力。

二、合同变更的效力

合同的变更，在变更后的内容不违反法律、行政法规的强制性规定，不违背公序良俗的情况下，发生合同变更的法律后果。

第一，合同变更生效后，变更后的合同内容即取代原合同中的相关内容，当事人应按照合同变更后的内容履行合同，而不能再按原来的合同内容履行，否则其行为即构成违约。

第二，合同变更原则上仅对合同未履行的部分发生效力，对于已经履行的部分没有溯及力。因此，对于已经履行的部分，任何一方都不能基于合同的变更而要求返还，但是法律另有确定或者当事人另有约定的除外。

第三，合同变更后，若当事人对赔偿损失有约定的，应当依约定确定赔偿责任；若当事人没有约定的，则不存在赔偿责任。

第二节 合同债权转让

一、合同债权转让的概念

合同债权转让是合同转让的一种形式。所谓合同转让,是指在保持合同同一性的前提下,合同的主体发生变更,即合同关系的当事人一方将合同的债权、债务全部或者部分转移给第三人。

一般地说,合同转让具有以下特点:第一,合同的当事人发生变化。无论是债权移转还是债务移转,以及债权债务的概括转移,均将导致合同当事人即主体发生变化。第二,合同的内容保持同一性,即债权、债务关系本身不发生变化,仅仅是合同的主体发生了变化。第三,合同转让既可以基于当事人之间的约定发生,也可以基于法律的直接规定发生。

在合同转让中,合同债权转让是指在合同关系当中,债权人将他所享有的债权让与给第三人。合同债权转让既可以是债权人将其全部债权转让给第三人,也可以是将部分债权转让给第三人。

二、合同债权转让的条件

合同债权转让应当符合如下条件:

第一,须有效债权存在且债权具有可让与性。债权必须合法有效,违法的债权或者不受法律保护的债权,是不能转让的。债权的可让与性,是指债权能够被转让,具有可让渡性。债权是财产权,因此,大部分债权都是具有可让与性的,但是,某些债权由于其权利性质决定了其不能转让,或者法律规定其不能转让,或者当事人约定了不能转让,此等情形下债权就不能转让。依据《民法典》第545条第1款的规定,有下列情形之一的,债权不得转让:(1)根据债权性质不得转让;(2)按照当事人约定不得转让;(3)依照法律规定不得转让。

第二,债权人与受让人达成合意。债权转让协议通常由债权人作为让与人、第三人作为受让人而签订,即让与人与受让人之间达成债权转让合意。

第三,依照规定办理批准等手续。根据《民法典》第502条第3款的规定,依照法律、行政法规的规定,债权的转让应当办理批准等手续的,应当依照其规定。

三、合同债权转让的通知

《民法典》第546条第1款规定:"债权人转让债权,未通知债务人的,该转让对债务人不发生效力。"可见,债权转让通知债务人的,才能对债务人发生效力。债权人告知债权已经转让给受让人的事实,债务人知道这个事实后,就应当且只能向受让人为清偿,不能再向原债权人为清偿;如果债务人仍然向让与人为清偿,则不能产生清偿的法律效力。所谓"未通知债务人的,该转让对债务人不发生效力",是指债权转让不能对债务人产生效力,债务人仍然将让与人作为债权人为清偿,此种清偿能够发生消灭债的效果。

依据《合同编通则解释》第48条的规定,债务人在接到债权转让通知前已经向让与人履行,受让人请求债务人履行的,人民法院不予支持;债务人接到债权转让通知后仍然向让与人履行,受让人请求债务人履行的,人民法院应予支持(第1款)。让与人未通知债务人,受让人直接起诉债务人请求履行债务,人民法院经审理确认债权转让事实的,应当认定债权转让自起诉状副本送达时对债务人发生效力。债务人主张因未通知而给其增加的费用或者造成的损失从认定的债权数额中扣除的,人民法院依法予以支持(第2款)。

依据《民法典》第546条第2款的规定,债权转让的通知不得撤销,但是经受让人同意的除外。债权转让通知到达债务人后,债权人以债权转让合同不成立、无效、被撤销或者确定不发生效力为由请求债务人向其履行的,人民法院不予支持。但是,该债权转让通知被依法撤销的除外(《合同编通则解释》第49条第1款)。

四、合同债权转让的效力

(一)债权转让的内部效力

债权转让的内部效力体现在以下四个方面:

第一,受让人成为新的债权人。如果是债权全部让与,则受让人成为新的唯一的债权人,原债权人即让与人完全退出合同关系,让与人不能再向债务人主张权利;如果是债权部分让与,则就让与的部分受让人成为新的债权人,受让人与债务人之间建立起法律关系,就未让与的部分仍然是原债权人与债务人之间的法律关系。依据《合同编通则解释》第49条第2款的规定,受让人基于债务人对债权真实存在的确认受让债权后,债务人又以该债权不存在为由拒绝向受让人履行的,人民法院不予支持,但是受让人知道或者应当知道该债权不存在的除外。

第二,从属于主债权的从权利一并转让。如果主债权存在从权利,这些从权利同时转让给受让人,不论债权转让协议中是否对此作了明确的约定,均不影响这些从权利的同时移转,故从权利的转让属于法定移转。依据《民法典》第547条的规定,债权人转让债权的,受让人取得与债权有关的从权利,但是该从权利专属于债权人自身的除外。受让人取得从权利不因该从权利未办理转移登记手续或者未转移占有而受到影响。例如,转让的债权设有不动产抵押权的,则受让人即使没有办理抵押权变更登记手续,亦可以取得该不动产抵押权;转让的债权设有动产质权的,则受让人即使没有占有质物,亦可以取得该动产质权。

第三,债权证明文件的交付。债权本身不需要交付,债权转让协议生效之时债权即归受让人,但是有关债权的证明文件如债权证书、合同文本等,债权人应当按照约定及时交付给受让人;在没有约定的情况下,作为附随义务债权人也应当基于受让人的请求而交付。

第四,让与人的瑕疵担保责任。债权转让后,让与人应当保证受让人取得的债权不存在法律上的障碍,不会被认定为无效债权,债权上不存在权利负担或者被第三人追索的危险,不会罹于诉讼时效或者除斥期间。如果出现了上述瑕疵,受让人可以请求让与人承担相应的违约责任。

(二)债权转让的对外效力

债权转让的对外效力体现在以下三个方面:

第一,债务人不得再向让与人即原债权人履行债务。债务人只能向新的债权人即受让人履行债务。如果债务人仍然向原债权人为给付,构成错误给付,属于非债清偿,原债权人没有受领权,因而构成不当得利。依据《合同编通则解释》第50条的规定,让与人将同一债权转让给两个以上受让人,债务人以已经向最先通知的受让人履行为由主张其不再履行债务的,人民法院应予支持。债务人明知接受履行的受让人不是最先通知的受让人,最先通知的受让人请求债务人继续履行债务或者依据债权转让协议请求让与人承担违约责任的,人民法院应予支持;最先通知的受让人请求接受履行的受让人返还其接受的财产的,人民法院不予支持,但是接受履行的受让人明知该债权在其受让前已经转让给其他受让人的除外(第1款)。这里所称最先通知的受让人,是指最先到达债务人的转让通知中载明的受让人。当事人之间对通知到达时间有争议的,人民法院应当结合通知的方式等因素综合判断,而不能仅根据债务人认可的通知时间或者通知记载的时间予以认定。当事人采用邮寄、通讯电子系统等方式发出通知的,人民法院应当以邮戳时间或者通讯电子系统记载的时间等作为认定通知到达时间的依据(第2款)。

第二,债务人对原债权人的抗辩可以对抗受让人。债务人对原债权人享有的抗辩,不因债权移转而消灭,债务人得以对抗原债权人的所有抗辩均可以由债务人继续行使以对抗新债权人。对此,《民法典》第548条规定,债务人接到债权转让通知后,债务人对让与人的抗辩,可以向受让人主张。债权转让后,债务人向受让人主张其对让与人的抗辩的,人民法院可以追加让与人为第三人(《合同编通则解释》第47条第1款)。

依据《民法典》第549条的规定,有下列情形之一的,债务人可以向受让人主张抵销:(1)债务人接到债权转让通知时,债务人对让与人享有债权,且债务人的债权先于转让的债权到期或者同时到期。如果债务人的债权晚于被让与的债权到期,则不能抵销,因为抵销的前提是双方互享债权,互负债务,且主动债权已到期。(2)债务人的债权与转让的债权是基于同一合同产生。基于同一个合同产生,意味着债权人对债务人的债权和债务人对债权人的债权具有极为紧密的联系,受让人也应当意识到债务人极有可能基于该合同享有债权,受让人甚至可以就此种抵销权行使的可能性与让与人或者债务人进行统一的考虑与安排,在没有特别安排的情况下,债务人基于同一合同而对债权人享有的抵销权可以对受让人行使。

五、合同债权转让增加费用的负担规则

依据《民法典》第550条的规定,因债权转让增加的履行费用,应由让与人负担。在债务履行过程中,如果由于债权人的原因而导致履行费用增加,应当由债权人自行负担该增加的费用,与债务人无关。

第三节 合同债务的转移

一、合同债务转移的概念和类型

合同债务转移又称债务承担,是指在合同内容不变的情形下,债务人将其债务转移给第三人承担。在债务转移中,承担债务的第三人为承担人,为新债务人。

债务承担有两大类型:一种是免责的债务承担,一种是加入的债务承担或者并存的债务

承担。所谓免责的债务承担,是指承担人承担了债务人的债务,原债务人不再负有转移的债务;所谓加入的债务承担或者并存的债务承担,是指原来的债务人仍然保留在合同关系中,第三人加入进来,与原债务人共同作为债务人。

二、免责的债务承担

(一)免责的债务承担的成立条件

免责的债务承担应当具备如下条件:

第一,须债务有效存在。债务转移的标的是债务,因此,只有债务存在,才有转移的可能。同时,债务须为有效。债务无效的,不发生债务转移的法律后果。因此,合同无效、被撤销或者确定不生效的,债务即为无效,不发生债务的转移。

第二,债务须具有可让与性。如同债权转让一样,债务只能在具有可让与性的前提下才能转移。因此,根据债务性质不得转移的债务、按照当事人约定不得转移的债务、依照法律规定不得转移的债务,均不具有可让与性,不能作为债务转移的标的物。

第三,当事人之间须订立债务承担合同。通常情况下,债务承担合同由债务人与第三人订立。但是,债权人与第三人之间也可以订立债务承担合同。

第四,免责的债务承担须经债权人同意。在债权债务关系中,债务承担直接涉及债权人的债权能否得到实现,因此,债务移转应当经债权人同意(《民法典》第551条第1款)。为防止债务承担合同的效力久拖不决,债务人或者承担人可以催告债权人在合理期限内予以同意,债权人未作表示的,视为不同意(《民法典》第551条第2款)。

第五,依照法律、行政法规规定,债务转移应当办理批准等手续的,应办理批准等手续。

(二)免责的债务承担的效力

免责的债务承担成立后,发生如下效力:

第一,债务全部转移的,原债务人退出债务关系,不再为债务人,承担人为新债务人;债务部分转移的,原债务人并不退出原债务关系,就未转移的部分仍承担债务,承担人就转移的部分承担债务。

第二,债务人转移债务的,新债务人可以主张原债务人对债权人的抗辩(《民法典》第553条)。新债务人主张原债务人对债权人的抗辩的,人民法院可以追加原债务人为第三人(《合同编通则解释》第47条第2款)。

第三,原债务人对债权人享有债权的,新债务人不得向债权人主张抵销(《民法典》第553条)。这是因为,如果允许这种抵销,无异于承认新债务人可以处分债务人的权利,这已超出了债务承担的范畴。例如,甲对乙负有支付价款的债务,甲经乙同意将该债务转移给丙。同时,甲对乙享有返还借款的债权。此时,丙不得以其债务向债权人乙主张抵销。

第四,债务人转移义务的,新债务人应当承担与主债务有关的从债务,但是该从债务专属于原债务人自身的除外(《民法典》第554条)。例如,利息债务即应由新债务人一并承担。

三、并存的债务承担

(一)并存的债务承担的类型

依据《民法典》第 552 条的规定,第三人与债务人约定加入债务并通知债权人,或者第三人向债权人表示愿意加入债务,债权人未在合理期限内明确拒绝的,债权人可以请求第三人在其愿意承担的债务范围内和债务人承担连带债务。可见,并存的债务承担依据当事人之间的关系,可以分两种类型:

其一,通过加入协议而产生的并存债务承担。所谓加入协议,是指第三人与债务人之间订立的关于第三人加入债的关系的协议。第三人与债务人达成加入协议并不需要债权人的明确同意的意思表示即可生效,但是债权人可以作出拒绝的意思表示,一旦债权人表示拒绝则不发生债务加入的效果。

其二,第三人单方通知加入而产生的并存债务承担,即由第三人单方向债权人作出债务加入的意思表示。第三人的单方允诺构成债务加入的要约,因债务加入具有担保债权实现的功能,往往对债权人有利,因此,只要债权人对该承诺未在合理的期限内明确表示拒绝的,则推定债权人同意第三人的加入。简言之,第三人的单方允诺可以产生债务加入的效力,但是债权人可以行使拒绝权。

(二)并存的债务承担的效力

第三人有效加入债务后,债务人由一人变更为两人以上,原债务人继续留在债的关系之中而未离开,第三人与原债务人共同成为债务人,且对债权人承担连带清偿责任。

依据《合同编通则解释》第 51 条的规定,第三人加入债务并与债务人约定了追偿权,其履行债务后主张向债务人追偿的,人民法院应予支持;没有约定追偿权,第三人依照《民法典》关于不当得利等的规定,在其已经向债权人履行债务的范围内请求债务人向其履行的,人民法院应予支持,但是第三人知道或者应当知道加入债务会损害债务人利益的除外。债务人就其对债权人享有的抗辩向加入债务的第三人主张的,人民法院应予支持。

第四节 合同权利义务的概括转让

一、合同权利义务概括转让的概念

合同权利义务的概括转让是指合同当事人将其享有的债权和负担的债务一并移转给第三人。《民法典》第 555 条规定:"当事人一方经对方同意,可以将自己在合同中的权利和义务一并转让给第三人。"

合同权利义务的概括转让不同于单纯的债权让与或者债务承担,而是同时包括债权让与和债务承担两方面的内容。权利义务一并转让后,原来的债的一方当事人即转让方完全退出合同关系,第三人取代转让方的地位。由于债务承担必须经过债权人的同意,所以概括转让必须经对方当事人的同意。

二、合同权利义务概括转让的条件

《民法典》第556条规定:"合同的权利和义务一并转让的,适用债权转让、债务转移的有关规定。"依照这一规定,发生债权债务概括转让的,必须同时符合债权让与、债务承担的条件。具体而言,应当符合下列条件:

第一,必须同时存在债权与债务。如果当事人只享有债权或者只负担债务,则只能发生单纯的债权让与或者债务承担,不能发生债权与债务的同时移转。

第二,必须将债权和债务同时转让。如果债的当事人同时享有债权和负担债务,但其只是将其中的债权转让出去或者只是将其中的债务转让给第三人,自己仍然保留债务或者债权,则不是债权债务的概括转让,而是单纯的债权让与或者债务承担。

第三,必须经对方当事人的同意。由于合同权利义务概括转让中既含有债权让与又包括债务承担,而债务承担必须经过债权人同意才能有效,所以概括转让需要经过对方当事人的同意,否则不能发生相应的法律效力。

三、合同权利义务概括转让的效力

第一,转让方退出合同关系,第三人即受让方成为新的当事人。这是概括转让最主要的法律效力。

第二,从权利与从义务的附随转让。受让人取得与债权有关的从权利,承担与主债务有关的从债务,除非这些从权利与从债务具有专属于转让方自身的性质。

第三,抗辩权的继续行使。合同权利义务一并转让的,不影响对方当事人之前就享有的抗辩权,这些抗辩权对于受让人可以继续行使。

第四,抵销权的行使。依据《民法典》第549条的规定,债务人接到债权转让通知时,债务人对让与人享有债权,且债务人的债权先于转让的债权到期或者同时到期,或者债务人的债权与转让的债权是基于同一合同产生的,债务人可以向受让人主张抵销。但是,依据《民法典》第553条的规定,原债务人对债权人享有债权的,新债务人不得向债权人主张抵销。

第二十章　合同的权利义务终止

第一节　合同权利义务终止概述

一、合同权利义务终止的概念和特点

合同权利义务终止简称合同终止,是指合同当事人双方之间的权利义务于客观上已不复存在。因此,合同权利义务终止也称为合同权利义务消灭。

合同终止具有如下特点：

第一,合同终止既包括合同关系向未来消灭,也包括合同关系溯及既往地消灭,合同终止使当事人不再负履行义务。

第二,合同终止的对象是已经发生效力的合同。如果合同被确认无效或者被撤销,则不产生合同终止问题。

第三,合同的终止使合同关系在客观上不复存在。合同一旦终止,当事人不再受合同关系的约束,合同权利和义务归于消灭。

二、合同权利义务终止的一般效力

合同终止的一般效力主要表现为如下几个方面：

第一,给付义务消灭。给付义务消灭是指合同当事人所负担的给付义务归于消灭。与给付义务归于消灭相同的是请求权的消灭,即债权债务均归于消灭。这是合同权利义务终止最主要的效力。同时,债权债务终止时,债权的从权利同时消灭,但是法律另有规定或者当事人另有约定的除外(《民法典》第559条)。

第二,负债字据的返还。负债字据是用来证明债权债务关系的凭证。合同终止后,债权人应将负债字据返还于债务人。如果负债字据灭失无法返还,则应向债务人出具债务消灭的字据。

第三,发生后合同义务。后合同义务是指依照诚信原则,在合同终止后,原合同的当事人所负担的对他方当事人的照顾义务。依据《民法典》第558条的规定,债权债务终止后,当事人应当遵循诚信原则,根据交易习惯履行通知、协助、保密、旧物回收等义务。这些义务都是后合同义务,属于附随义务。

第二节　清　偿

一、清偿的概念

清偿是指能达到消灭债权效果的给付,即债务已经按照约定履行。清偿是合同权利义

务终止的最基本、最常见、最重要的原因。

在合同法中,履行与清偿的含义基本相同,只是考察问题的角度不同。履行是从合同的动态角度观察的,而清偿则是从合同的静态角度观察的。履行是债务人为实现合同内容所为的行为及其结果,是行为与结果的统一,重在债务人的行为结果;而清偿是债务人实现合同内容所产生的效力,重在合同内容实现的法律后果。

二、代物清偿

代物清偿是以他种给付代替原定给付的清偿。

债务人原则上应以债的标的物履行,不得以其他标的物替代。但是,经债权人同意,债务人可以其他给付作为合同履行。债权人受领代物清偿后,合同关系即告消灭。

代物清偿须满足以下条件:第一,须有债权债务存在。若没有债权债务存在,则不会发生代物清偿问题。第二,他种给付与原定给付须属于不同种类,如提供财产以代替提供劳务。第三,他种给付须代替原定给付。若不能经他种给付代替原定给付,则不产生代物清偿。第四,须经当事人合意。未经债权人同意的,不能成立代物清偿。因此,代物清偿是一种合同关系。

三、清偿抵充

(一)清偿抵充的概念

清偿抵充是指债务人对债权人负有数宗同种债务,而债务人的履行不足以清偿全部债务时,确定该履行抵充某宗或者某几宗债务的制度。例如,甲乙签订一份分期供应同种型号的钢材的合同,每月30日前交货,一共10批,甲依约供应了前两批货后,第三、四批未能在当月交货,但第5个月又交了一批钢材,对这批钢材,甲可以提出是为履行第3个月的交货义务,而非第5个月的义务。此时即发生清偿抵充。

(二)清偿抵充的成立要件

清偿抵充的构成须具备以下三个要件:

第一,债务人须对同一债权人负担数宗债务。如果对债权人仅负担一宗债务,即使其给付不能为全部清偿,也仅属于部分清偿,而不发生清偿抵充问题。

第二,债务人负担的数宗债务的种类相同。若数宗债务给付的种类不同,当然应以给付的种类来确定清偿的为何宗债务,不能发生清偿抵充。只有在债务人负担的数宗债务的种类相同的情况下,才能发生清偿抵充问题。

第三,债务人所提出的给付不足以清偿全部债权。虽有数项同种类给付的债务,如有数宗借款,但清偿人提出的给付足以清偿全部债权,如数宗借款共20万元,清偿人给付20万元,则不发生清偿抵充。只有在以债务人所提出的给付不足以清偿全部债权时,如有数宗债务共20万元,清偿人给付10万元,才会产生清偿抵充问题。

(三)清偿抵充的确定方法

依据《民法典》第560条的规定,清偿抵充方法有以下三种:

其一,约定抵充。约定抵充是指当事人之间事先约定债务人的清偿系抵充何种债务。如果当事人之间就债务人的清偿系抵充何种债务有约定时,应从其约定。

其二，指定抵充。指定抵充是指债务人以其意思指定其清偿应抵充的债务。指定抵充是在当事人没有约定的情况下所适用的一种清偿抵充方法。

其三，法定抵充。法定抵充是指在当事人未约定，也未指定清偿抵充方法时，依法律规定决定清偿人的清偿应抵充的债务。法定抵充应当按照如下规则进行：优先履行已经到期的债务；数项债务均到期的，优先履行对债权人缺乏担保或者担保最少的债务；均无担保或者担保相等的，优先履行债务人负担较重的债务；负担相同的，按照债务到期的先后顺序履行；到期时间相同的，按照债务比例履行。

（四）债务清偿顺序

依据《民法典》第561条的规定，债务人在履行主债务外还应当支付利息和实现债权的有关费用，其给付不足以清偿全部债务的，除当事人另有约定外，应当按照下列顺序履行：(1) 实现债权的有关费用；(2) 利息；(3) 主债务。

第三节 合同解除

一、合同解除的概念和种类

合同解除是指在合同依法成立后而尚未全部履行前，当事人基于协商或者法律规定或者当事人约定而使合同关系归于消灭的一种行为。

合同解除依据其发生的原因，可以分为协议解除（合意解除）和单方解除，单方解除又分为约定解除和法定解除。

（一）协议解除

《民法典》第562条第1款规定："当事人协商一致，可以解除合同。"这就是合同的协议解除或者称合意解除。可见，协议解除是指合同生效后、履行过程中，双方通过协商一致，提前终止合同的权利义务关系，双方都不再履行。

协议解除其实是一种新的协议，即双方之间达成了一个新的协议，该新的协议的目的与内容就在于解除之前的协议，所以，解除协议是一个独立的协议，应当符合合同成立与生效的一般条件。

（二）约定解除

《民法典》第562条第2款规定："当事人可以约定一方解除合同的事由。解除合同的事由发生时，解除权人可以解除合同。"可见，约定解除是指当事人在订立合同时设立专门的合同解除条款，约定一方或者双方在约定的事由发生时有权通过单方行使解除权的方式而解除合同。例如，租赁合同中约定，承租人连续五期不交租金，出租人有权解除合同。这就是约定的出租人单方的解除权。

（三）法定解除

法定解除是指由法律直接规定当事人可以行使解除权的条件，当事人依据法律规定行使解除权，进而使得合同权利义务关系归于消灭的制度。法定解除是与约定解除并列的一种单方解除合同的方式，其基本特征在于：由法律直接规定解除合同的条件，在具备条件时，当事人可以行使解除权以解除合同。

二、合同法定解除的条件

依据《民法典》第 563 条第 1 款的规定,在如下情形,当事人享有法定的解除权,可通过行使解除权解除合同:

第一,因不可抗力致使不能实现合同目的。不可抗力发生以后,对合同的影响程度是不一样的,只有在不可抗力致使不能实现合同目的时,才能解除合同。所谓"不能实现合同目的",是指当事人订立合同所追求的目标和基本利益不能实现。例如,出卖货物是为了获得价金,支付价金是为了获得货物。如果上述目的因不可抗力的发生而不可能实现,就可以解除合同。

第二,在履行期限届满之前,当事人一方明确表示或者以自己的行为表明不履行主要债务。此种情况属于预期违约的两种类型:一是履行期限届满前的明示毁约;二是履行期限届满前的默示毁约。预期违约表明当事人具有了完全不愿受合同约束的故意,合同对于该当事人已形同虚设。在此情况下,另一方当事人应有权在要求其继续履行和解除合同之间作出选择。

第三,当事人一方迟延履行主要债务,经催告后在合理期限内仍未履行。这种情形具体包括以下要求:一是必须是债务人在履行期限到来后未履行主要债务,而不是未履行次要债务;二是必须经过债权人的催告履行,如未催告则不能随意解除;三是在催告后债权人要给予债务人一段合理的宽限期,使债务人继续准备履行;四是债务人经催告后在合理期限内仍未履行。

第四,当事人一方迟延履行债务或者有其他违约行为致使不能实现合同目的。迟延履行影响到合同目的实现的,不需要经过催告程序,便可以解除合同;其他违约行为致使不能实现合同目的的,也允许非违约方解除合同。这实际上赋予了非违约方在违约方的违约已构成根本违约的情况下解除合同的权利。

第五,法律规定的其他情形。除了上述法定解除的情形外,发生法律规定的其他法定解除情形的,当事人也可以解除合同。

此外,依据《民法典》第 563 条第 2 款的规定,以持续履行的债务为内容的不定期合同,当事人可以随时解除合同,但是应当在合理期限之前通知对方。

三、合同解除的程序

(一)协议解除合同的程序

协议解除合同是当事人通过订立一个新合同的办法而解除合同。因此,协议解除合同必须遵循合同订立的程序,即必须经过要约和承诺两个阶段。就是说,当事人双方必须对解除合同的各种事项达成意思表示一致,合同才能解除。应当指出,合同的解除并不是单纯地消灭合同关系,还包括对合同存续期间所发生的各种权利义务关系的处理问题。这些问题如不加以解决,就会在当事人之间产生纠纷。但是,这些问题是否解决并不影响合同的协议解除。依据《合同编通则解释》第 52 条第 1 款的规定,当事人就解除合同协商一致时未对合同解除后的违约责任、结算和清理等问题作出处理,一方主张合同已经解除的,人民法院应予支持。但是,当事人另有约定的除外。

（二）通知解除合同的程序

约定解除和法定解除都属于单方解除。在具备了当事人约定的或者法律规定的条件时，当事人一方或者双方就享有解除合同的权利，简称解除权。例如，在一方根本违约时，另一方即享有解除权；在因不可抗力造成合同不能履行时，双方当事人都享有解除权。合同解除权是一种形成权，解除权人在行使解除权时，只要将解除合同的意思表示通知对方，即可产生解除的效力，无需对方作出答复，更无需对方同意。

当事人在行使解除权时，应当遵循下列规则：

第一，解除权应当在确定期间内或者合理期限内行使。依据《民法典》第564条的规定，法律规定或者当事人约定解除权行使期限，期限届满当事人不行使的，该权利消灭；法律没有规定或者当事人没有约定解除权行使期限，自解除权人知道或者应当知道解除事由之日起1年内不行使，或者经对方催告在合理期限内不行使的，该权利消灭。

第二，当事人一方依法主张解除合同的，应当通知对方，合同自通知到达对方时解除；通知载明债务人在一定期限内不履行债务则合同自动解除，债务人在该期限内未履行债务的，合同自通知载明的期限届满时解除。对方对解除合同有异议的，任何一方当事人均可以请求人民法院或者仲裁机构确认解除行为的效力。当事人一方未通知对方，直接以提起诉讼或者申请仲裁的方式依法主张解除合同，人民法院或者仲裁机构确认该主张的，合同自起诉状副本或者仲裁申请书副本送达对方时解除（《民法典》第565条）。如果当事人一方以通知方式解除合同，并以对方未在约定的异议期限或者其他合理期限内提出异议为由主张合同已经解除的，人民法院应当对其是否享有法律规定或者合同约定的解除权进行审查。经审查，享有解除权的，合同自通知到达对方时解除；不享有解除权的，不发生合同解除的效力（《合同编通则解释》第53条）。当事人一方未通知对方，直接以提起诉讼的方式主张解除合同，撤诉后再次起诉主张解除合同，人民法院经审理支持该主张的，合同自再次起诉的起诉状副本送达对方当事人时解除。但是，当事人一方撤诉后又通知对方解除合同且该通知已经到达对方的除外（《合同编通则解释》第54条）。

第三，当事人一方主张行使法律规定或者合同约定的解除权，经审理认为不符合解除权行使条件但是对方同意解除，或者双方当事人均不符合解除权行使条件但是均主张解除合同的，人民法院可以认定合同解除（《合同编通则解释》第52条第2款）。在此情况下，有关违约责任、结算和清理等问题，应当依据《民法典》第566条、第567条和有关违约责任的规定处理（《合同编通则解释》第52条第3款）。

四、合同解除的后果

（一）合同解除的溯及力

《民法典》第566条第1款规定："合同解除后，尚未履行的，终止履行；已经履行的，根据履行情况和合同性质，当事人可以请求恢复原状或者采取其他补救措施，并有权请求赔偿损失。"依照这一规定，合同解除应向将来发生效力，即尚未履行的应终止履行。既然合同已经解除，当事人的合同权利义务将消灭，任何一方都不得继续履行合同。

但是，在合同已经履行的情况下，可能产生溯及既往的效果。所谓溯及既往，是指可以要求恢复原状或者采取其他补救措施。具体而言：（1）根据合同具体的实际履行情况进行判断。例如,违约方已经履行,但履行不适当的,就应当将已经作出的履行返还给另一方,如此才有利于保护非违约方的利益;(2)根据合同性质判断。对于一些继续性合同(如租赁合同),已经发生的给付根本不可能返还或者恢复原状,此时不能发生溯及既往的效力。

(二) 合同解除与损害赔偿的关系

《民法典》第566条第2款规定:"合同因违约解除的,解除权人可以请求违约方承担违约责任,但是当事人另有约定的除外。"可见,我国法律承认合同解除与损害赔偿可以并存。因为合同解除作为一种补救手段,只是使受害人摆脱了合同关系的束缚,从而使其可以选择新的订约伙伴,但其因对方的违约而遭受的损失并没有得到补救。即使是在解除后采取恢复原状的方法,也不能使受害人遭受的损失得到补偿,还必须采用损害赔偿方法。

(三) 合同解除后的担保责任

依据《民法典》第566条第3款的规定,主合同解除后,担保人对债务人应当承担的民事责任仍应当承担担保责任。因为在主合同被解除后,债务人所应当承担的责任是其合同债务的一种延续,担保人应当承担主合同被解除后的责任。如果当事人在担保合同中明确约定,主合同解除后,担保人不再承担担保责任的,该约定也有效。

五、违约方终止合同

《民法典》第580条第1款规定:"当事人一方不履行非金钱债务或者履行非金钱债务不符合约定的,对方可以请求履行,但是有下列情形之一的除外:(一)法律上或者事实上不能履行;(二)债务的标的不适于强制履行或者履行费用过高;(三)债权人在合理期限内未请求履行。"第2款规定:"有前款规定的除外情形之一,致使不能实现合同目的的,人民法院或者仲裁机构可以根据当事人的请求终止合同权利义务关系,但是不影响违约责任的承担。"通常认为,该第2款是关于违约方解除合同的规定。对此,应当从如下方面理解:

第一,仅在发生合同僵局的情况下才有可能由违约方行使解除权。所谓合同僵局,是指非金钱给付之债中,债务人无法履行,或者根据合同性质无法强制其实际履行,债权人却不行使解除权,双方的权利义务都无法得到实现与履行的情形。一方面,债务人确实已经构成违约,应当履行义务;另一方面,很难或者无法强制债务人依据合同约定履行其义务,以实现债权人的权利。

第二,仅适用于非金钱给付之债。在纯粹的金钱给付之债中,不存在违约方无法履行的问题,所以不存在合同僵局问题。

第三,在发生合同僵局时,守约方与违约方都有权利行使合同解除权。

第四,守约方既可以通过行使单方解除权而解除合同,也可以通过诉讼或者仲裁的方式行使解除权。但是,违约方只能通过诉讼或者仲裁的方式行使解除权,即只能向人民法院提起诉讼或者向仲裁机构提起仲裁来行使解除权。

第五,违约方提起诉讼或者仲裁,只能是请求终止合同权利义务关系,而不能提出解除合同的请求,尽管其实际效果就是解除合同。

第四节 抵　　销

一、抵销的概念和种类

抵销是指当事人互享债权互负债务，并且债务的种类相同，双方债务在对等额内相互归于消灭的制度。《民法典》第 568 条第 1 款规定："当事人互负债务，该债务的标的物种类、品质相同的，任何一方可以将自己的债务与对方的到期债务抵销；但是，根据债务性质、按照当事人约定或者依照法律规定不得抵销的除外。"在抵销中，主张抵销一方的债权称为主动债权，被抵销的债权称为被动债权。

抵销分为法定抵销与约定抵销两种，二者的法律后果是一样的，即都产生消灭债的后果，但是二者的适用条件、行使方式等均不同。

二、法定抵销

(一) 法定抵销的条件

法定抵销即在符合法律规定条件的前提下，通过一方行使抵销权，向对方作出抵销的意思表示并到达对方，从而使双方的债权债务关系同时归于消灭的抵销方式。

法定抵销须具备如下条件：

第一，当事人互享债权，互负债务。此即抵销当中债权债务的交互性。如果仅是一方对另一方负有债务，而另一方并不对对方负有债务，则不可能产生抵销。

第二，债务的标的物种类、品质相同。即必须是同种类的债务，相互之间才能抵销。所谓同种类，就是债务的标的物的种类、品质相同。金钱之债是最典型的同种类债务。非金钱给付之债也可以抵销，前提是标的物的类型、品质相同。例如，都是东北产一级大米。

第三，主动债权已届清偿期。在抵销的两个债权中，主动债权必须已届清偿期，即主动债权中的债务人已经到了履行期，应当履行债务，否则其不能主张抵销。被动债权是否已经到期，在所不问。其实，如果被动债权尚未到期，亦即主张抵销的一方自己的债务尚未到履行期，对方的债权尚未到清偿期，但是主动债权愿意与对方的债务抵销，意味着他自己愿意放弃自己的期限利益，依据私法自治的原则当然应当允许。如果相反，主动债权尚未到期，却向对方主张抵销，等于要求对方提前履行债务，则不符合法定抵销的条件。

第四，双方的债务须是可以抵销的债务。根据债务性质、按照当事人约定或者依照法律规定不得抵销的债务，不得抵销（《民法典》第 568 条）。例如，因侵害自然人人身权益，或者故意、重大过失侵害他人财产权益产生的损害赔偿债务，不得抵销（《合同编通则解释》第 57 条）。当事人互负债务，一方以其诉讼时效期间已经届满的债权通知对方主张抵销，对方提出诉讼时效抗辩的，人民法院对该抗辩依法应予支持；一方的债权诉讼时效期间已经届满，对方主张抵销的，人民法院依法应予支持（《合同编通则解释》第 58 条）。

(二) 法定抵销的方式

法定抵销权的性质属于形成权，与合同解除权类似，依权利人单方作出意思表示即可发生抵销的效力，无须征得对方当事人的同意。《民法典》第 568 条第 2 款规定："当事人主张抵销的,应当通知对方。通知自到达对方时生效。抵销不得附条件或者附期限。"可见,抵销权应当以向对方发出抵销通知的方式行使,抵销通知到达对方时生效。

(三)法定抵销的效力

抵销的效力主要表现在以下方面:

第一,双方的债权债务于抵销数额内消灭。当事人双方的债务数额相等的,双方的债权债务全部消灭;双方的债务数额不等的,数额少的一方的债务全部消灭,另一方的债务在与对方债务相等的数额内消灭,其余额部分仍然存在。抵销消灭的债务包括主债务、利息、违约金或者损害赔偿金等在内的债务(《合同编通则解释》第55条)。

第二,抵销自通知到达对方时生效。在抵销诉讼中,人民法院经审理认为抵销权成立的,应当认定通知到达时双方互负的主债务、利息、违约金或者损害赔偿金等债务在同等数额内消灭(《合同编通则解释》第55条)。

第三,行使抵销权的一方负担的数项债务种类相同,但是享有的债权不足以抵销全部债务,当事人因抵销的顺序发生争议的,可以参照适用《民法典》第560条关于清偿抵充的规定处理。行使抵销权的一方享有的债权不足以抵销其负担的包括主债务、利息、实现债权的有关费用在内的全部债务,当事人因抵销的顺序发生争议的,可以参照适用《民法典》第561条有关债务清偿顺序的规定处理(《合同编通则解释》第56条)。

三、约定抵销

约定抵销亦称为合意抵销,是根据当事人的约定而发生的抵销。《民法典》第569条规定:"当事人互负债务,标的物种类、品质不相同的,经协商一致,也可以抵销。"此即约定抵销的规则。

合意抵销的效力体现在两个方面。一方面,合意抵销与法定抵销具有相同的效力,即消灭当事人之间同等数额的债权债务关系。另一方面,合意抵销可以改变法定抵销的条件。在抵销合同中,当事人可以约定减轻或者加重法定抵销的条件。

约定抵销与法定抵销的不同之处在于:法定抵销必须符合抵销的实质性要件,即债务的标的物的种类与品质相同,且主动债权必须已届清偿期,而约定抵销不需要满足上述条件。换言之,即使两个债务的标的物不是同种类、同品质,也可以相互抵销;即使两个债务未届清偿期,也可以相互抵销,只要双方当事人协商一致即可。

第五节 提 存

一、提存的概念

提存是指当债务人履行其到期债务时,由于债权人一方的原因而致使债务人无法或者难以履行,债务人将其需要给付的标的物或者价款提交到一定的部门保存,以代替履行并消灭债务的制度。

提存之所以作为合同终止的原因,主要是因为:第一,若债务不履行,债权人可能随时出现并主张债务人违约,要求债务人承担违约责任;第二,在双务合同中,债务人不履行自己的债务,其债权实现也会遇到履行抗辩权的问题;第三,标的物在债务人占有期间,可能会产生意外风险,而如果交付没有完成,债务人就需自己承担标的物因意外事故毁损灭失的风险,提存可以将标的物毁损灭失的风险转移给债权人。

二、提存的原因

依据《民法典》第570条第1款的规定,提存的具体原因有如下四种:

第一,债权人无正当理由拒绝受领。如果债权人拒绝受领是有正当的理由,如债权人主张债务人交付的标的物与约定不符,则债务人不能提存。

第二,债权人下落不明。在合同履行中,债权人下落不明,债务人就无法向其履行合同债务。因此,债权人下落不明,构成债务人提存的原因。债权人下落不明,包括债权人地址不清、失踪等。这种情形仅限于债权人为自然人的场合,不适用于债权人为法人或者非法人组织的场合。

第三,债权人死亡未确定继承人、遗产管理人,或者丧失民事行为能力未确定监护人。这种情形仍然仅限于债权人为自然人的情形,不涉及法人或者非法人组织。

第四,法律规定的其他情形。例如,法人或者非法人组织出现合并、分立等事由,暂时无法确定受领主体,此时债务人可以提存。

三、提存的效力

债务人将标的物或者将标的物依法拍卖、变卖所得价款交付提存部门时,提存成立(《民法典》第571条第1款)。提存成立后,就在债务人、提存部门和债权人三方之间发生效力。

(一) 在债务人与债权人之间的效力

提存成立的,视为债务人在其提存范围内已经交付标的物(《民法典》第571条第2款)。因此,提存后,债务人与债权人间的合同关系即归消灭,债务人不再负清偿责任。依据《民法典》第573条的规定,标的物提存后,毁损、灭失的风险由债权人承担;提存期间,标的物的孳息归债权人所有;提存费用由债权人负担。

为了使债权人能及时得知提存的事实,提存人应将提存的事实及时通知债权人。当然,这种通知义务以有可能通知为限,提存人不可能为通知的,则不负通知义务。因此,标的物提存后,除债权人下落不明的以外,债务人应当及时通知债权人或者债权人的继承人、遗产管理人、监护人、财产代管人(《民法典》第572条)。

(二) 在提存人与提存部门之间的效力

提存成立后,提存部门有保管提存物的义务。依据《提存公证规则》第19条的规定,提存部门应当采取适当的方法妥善保管提存物,以防毁损、变质。对不宜保存的、提存受领人到期不领取或者超过保管期限的提存物,提存部门可以拍卖,保存其价款。

依据《提存公证规则》第26条的规定,提存人可以凭人民法院的判决、裁定或者提存之债已经清偿的公证证明,取回提存物;提存受领人以书面形式向提存部门表示抛弃提存受领权的,提存人得取回提存物。提存人取回提存物的,视为未提存,因此而产生的费用由提存人承担。

（三）在提存部门与债权人之间的效力

提存成立后，债权人不仅有受领提存物的权利，也有请求交付提存物的权利。依据《民法典》第 574 条第 1 款的规定，债权人可以随时领取提存物。但是，债权人对债务人负有到期债务的，在债权人未履行债务或者提供担保之前，提存部门根据债务人的要求应当拒绝其领取提存物。

债权人领取提存物的权利，自提存之日起 5 年内不行使而消灭，提存物扣除提存费用后归国家所有。但是，债权人未履行对债务人的到期债务，或者债权人向提存部门书面表示放弃领取提存物权利的，债务人负担提存费用后有权取回提存物（《民法典》第 574 条第 2 款）。

第六节 债务免除

一、债务免除的概念和种类

债务免除是指通过债权人的单方意思表示或者债权人与债务人的合意，债权人放弃自己的全部或者部分债权，从而使得债务人不再负担债务，使债权债务关系归于消灭的制度。

广义的债务免除包括单方免除和合意免除，狭义上的免除则仅指单方免除。《民法典》第 575 条规定："债权人免除债务人部分或者全部债务的，债权债务部分或者全部终止，但是债务人在合理期限内拒绝的除外。"此条规定的即为单方免除。

二、债务免除的特点

债务的单方免除具有如下特点：

第一，债务免除是一种单方行为。尽管关于债务免除的性质在法律上仍然存在不同的看法，但我国法律实质上采纳了单方行为说。由于债务免除是一种单方行为，因此，一方面，一旦债权人向债务人作出免除债务的意思表示，即可以发生免除的效力，债权人实施免除的行为不需要征得债务人的同意；另一方面，在债权人作出了免除的意思表示以后，该行为便产生效力，债权人不得再撤销该意思表示。

第二，债务免除是一种无因行为。债权人作出免除的行为时，无论其实施免除行为的原因和动机如何，都会导致免除的效果。债权人免除债务人的债务可能基于赠与的动机，也可能基于与债务人的和解等。

第三，债务免除是一种无偿行为。债务免除是债权人消灭债务人债务负担的行为，并不以债权人取得相应对价为条件，免除本身为无偿行为。一般来说，免除不应当附条件，或者以债务人负担某种义务为前提，否则就不是真正意义上的免除。

第四，债务免除是一种不要式行为。免除的意思表示无需特定的方式，书面、口头及其他形式均可。

三、债务免除的效力

（一）债务归于消灭

债务免除的直接效力是债务归于消灭。如果是全部免除，则全部债务归于消灭；如果是部分免除,被免除的部分债务归于消灭,未免除的仍然有效。如果对于是全部免除还是部分免除产生争议,免除通知中没有明确,则应当根据综合因素判断债权人的真实意思表示,原则上应当推定为全部免除,除非有证据证明是部分免除并且能够确定免除的是哪一部分。

(二) 负债字据的返还

债权人应当将其持有的债务人所开具的借据、欠条等债权文书返还给债务人。

(三) 从权利同时消灭

债务免除之后,如果债权有从权利的,从权利同时消灭,如保证债权、利息债权等。

(四) 免除不能损害第三人的利益

债权人免除债务人的债务,虽然是债权人的权利,但该权利的行使不得损害第三人的利益。例如,如果债权人免除债务人的债务而导致自己责任财产的不正当减少,同时债权人自己又有对外债务未清偿,此种情况下债权人免除债务人的债务,会对自己的债权人造成损害,这就是合同保全撤销权当中的"放弃债权"之情形。

第七节 混 同

一、混同的概念

混同是指债权和债务同归于一人的法律事实。《民法典》第 576 条规定:"债权和债务同归于一人的,债权债务终止,但是损害第三人利益的除外。"此为混同的基本规则,即当合同关系中的债权人和债务人成为同一主体时,原来存在的合同关系即归于消灭。所以,混同是合同终止的原因之一。

混同为一种事实,无需有任何意思表示,只要有债权债务同归一人的事实,即发生合同消灭的效果。

二、混同的原因

混同是因债权或者债务的承受而来,故其发生原因包括概括承受和特定承受。

概括承受是指合同关系的一方当事人概括承受他方的债权债务。例如,甲乙两个企业合并,原来甲欠乙 10 万元,现在该债权债务关系因甲乙的合并而归于消灭。

特定承受是指债权人承受债务人对自己的债务,或者债务人受让债权人对自己的债权。

三、混同的效力

混同产生合同关系消灭的效力,由合同关系所生的从债权和从债务也一并消灭。但是,有一种情况例外,即当债权为他人权利的标的时,即使发生混同,合同关系也不消灭。例如,债权为他人质权的标的时,合同关系不应因混同而消灭,因为债权因混同而消灭的,则有害于质权人的利益。

第二十一章 违约责任

第一节 违约责任概述

一、违约责任的概念和特点

违约责任是指合同当事人不履行合同义务或者履行合同义务不符合约定而应承担的法律后果。

违约责任具有如下特点：

第一，违约责任以合同义务为基础。民事责任是违反民事义务的法律后果，所以，违约责任也是因违反民事义务而产生的责任。违约责任与其他违反民事义务的民事责任相比较，其主要特点在于违约责任是以合同义务为基础的，是合同当事人违反合同义务的法律责任。

第二，违约责任具有补偿性。违约责任的目的在于补偿受害人受到的损害，原则上不具有惩罚性。违约责任中有很多限制赔偿范围与赔偿数额的规则，都是因为违约责任不是为了惩罚违约方，而是要填补守约方所遭受的损失。

第三，违约责任具有约定性。违约责任可以由当事人约定，这不同于侵权责任，因为侵权责任是由法律直接规定的。当然，当事人在合同中没有约定违约责任的条款，也不影响其根据法律的规定而追究对方的违约责任。

第四，违约责任具有相对性。违约责任的相对性具有两层基本的含义：其一，只有合同当事人才会承担违约责任，第三人不会承担违约责任；其二，只有合同的一方当事人才能向另一方当事人主张违约责任，第三人原则上不能向合同当事人主张违约责任。即使是第三人原因造成违约，也只能由当事人承担违约责任。对此，《民法典》第593条规定："当事人一方因第三人的原因造成违约的，应当依法向对方承担违约责任。当事人一方和第三人之间的纠纷，依照法律规定或者按照约定处理。"

二、违约责任的归责原则

（一）违约责任归责原则的概念

违约责任的归责原则是确定违约方的违约责任的根据或者准则。也就是说，在违约行为发生后，应当以何种根据使违约方承担违约责任。

确定违约责任的根据无外乎有两个：一是违约方的过错，二是违约方的违约结果。以不同的根据确定违约方的责任，所得出的归责原则会有所不同。以违约方的过错作为确定责任的根据，即形成过错责任原则；以违约方的违约结果作为确定责任的根据，即形成无过错责任原则或者严格责任原则。

（二）《民法典》确定的违约责任归责原则

归责原则是确定责任的根据，而这种根据应来源于法律的规定。因此，归责原则应具有法定性。就是说，违约责任的归责原则应通过立法加以确定，或者通过立法精神展现出来。《民法典》第577条规定："当事人一方不履行合同义务或者履行合同义务不符合约定的，应当承担继续履行、采取补救措施或者赔偿损失等违约责任。"从这一规定可以看出，《民法典》在违约责任归责原则上采取了无过错责任原则，即无论违约方是否存在过错，都应对违约行为承担违约责任，除非存在法定的免责事由。当然，虽然《民法典》采取无过错责任原则，但也并没有完全否定过错责任在违约责任中的适用。在《民法典》中，有许多情况都与当事人的过错有关。例如，《民法典》第660条第2款规定，因赠与人故意或者重大过失致使赠与的财产毁损、灭失的，赠与人应当承担赔偿责任；第824条第1款规定，在运输过程中旅客随身携带物品毁损、灭失，承运人有过错的，应当承担赔偿责任。可见，《民法典》在违约责任归责原则上，采取以无过错责任原则为主，兼采过错责任原则。

第二节 违约责任的构成要件

一、违约责任的构成要件概述

（一）违约责任的构成要件的概念

违约责任的构成要件是指当事人承担违约责任须具备的条件，也就是指在何种情形下，合同当事人才能承担违约责任。

违约责任有各种不同的形式，而不同的违约责任形式所要求的构成要件并不完全相同。例如，支付违约金和赔偿损失，是最常见的两种违约责任方式。承担支付违约金的责任，其基本条件是有当事人一方的违约行为和有关于支付违约金的规定。至于违约行为是否给债权人一方造成损失，则并不是支付违约金责任的必要条件。但是，债权人一方因债务人一方违约而造成损失，以及损失与违约行为之间存在因果关系，却是赔偿损失这种违约责任的必要条件。所以，在确定当事人的违约责任时，要根据当事人具体承担的责任形式来分析责任构成要件。

（二）违约责任的构成要件的类型

违约责任的构成要件首先可以区分为一般构成要件和特殊构成要件。由于具体的违约责任形式和具体合同的违约责任各不相同，所以，学理只探讨违约责任的一般构成要件，即违约责任作为一种责任类型的构成要件，而不涉及具体责任形式的构成问题。

同时，由于违约责任的归责原则不同，违约责任的构成要件也会有所不同。在无过错责任原则下，违约责任不以过错为构成要件，只需要有违约行为即可成立；而在过错责任原则下，要求违约方须有过错，违约责任具备违约行为和违约方的过错才能成立。依据《民法典》规定，无过错责任的违约责任为常态，因此，在通常情况下，在具备了违约行为这一条件时，违约责任即可成立。

二、违约行为的形态之一：预期违约

（一）预期违约的概念

预期违约也称为先期违约，是指当事人一方无正当理由而明确表示其在履行期限届满后将不履行合同，或者其行为表明其在履行期限届满后将不可能履行合同的违约行为。《民法典》第578条规定："当事人一方明确表示或者以自己的行为表明不履行合同义务的，对方可以在履行期限届满前请求其承担违约责任。"

在合同履行期限届满前，当事人还不必实际履行其义务，此时一方的违约只是表现为未来将不履行义务，不像实际违约那样表现为现实的违约义务。因此，预期违约行为侵害的是期待的债权而不是现实的债权。

预期违约包括两种形态，即明示毁约和默示毁约。

（二）明示毁约

明示毁约是指一方当事人无正当理由，明确肯定地向另一方当事人表示他将在履行期限届满后不履行合同的违约行为。

构成明示毁约必须要具备以下条件：

第一，当事人一方须明确肯定地向对方作出不履行合同的表示。若当事人没有这种明确表示的，则不构成明示毁约。

第二，当事人表示不履行的义务是合同的主要义务。正是由于一方表示在履行期限届满后，将不履行合同的主要义务，从而会使另一方订约目的不能实现，或者严重损害其期待利益，因此，明示毁约人应负违约责任。

第三，不履行合同义务无正当理由。如果当事人在合同履行期限届满前表示不履行合同有正当理由，则不构成明示毁约。例如，在发生不可抗力的情况下，当事人在合同履行期限届满前表示不履行，就不构成明示毁约。

（三）默示毁约

默示毁约是指在履行期限届满前，当事人一方以自己的行为表明其将在履行期限届满后不履行合同的违约行为。

构成默示毁约须具备如下条件：

第一，当事人一方具有《民法典》第527条第1款所规定的情况，包括经营状况严重恶化；转移财产、抽逃资金，以逃避债务；丧失商业信誉；有丧失或者可能丧失履行债务能力的其他情形。

第二，另一方当事人具有确凿的证据证明对方具有上述情形。如果另一方当事人只是预见到或者推测一方当事人在履行期限届满后将不履行合同，不能构成确切的证据。

第三，当事人一方不愿提供适当的履约担保。另一方当事人虽有确切的证据证明一方当事人将不履行合同，还不能立即确定对方已构成违约。依据《民法典》第528条的规定，另一方当事人要确定对方违约，必须首先要求对方提供履约担保。只有在对方不提供履约担保的情况下，才能确定其构成预期违约。

三、违约行为的形态之二：实际违约

实际违约是指在合同履行期限届满后，当事人不履行合同义务或者履行合同义务不符合约定的违约行为。

在实践中，实际违约主要有以下几种类型：

（一）拒绝履行

拒绝履行是指在合同期限届满后，当事人一方无正当理由拒绝履行合同规定的全部义务。《民法典》第577条所提及的"不履行合同义务"就是指拒绝履行的行为。

拒绝履行须具备如下条件：(1) 当事人一方明确表示拒绝履行合同规定的主要义务，如果仅仅是表示不履行部分义务，则属于部分不履行的行为；(2) 当事人一方拒绝履行合同义务无任何正当理由；(3) 经催告在合理期限内仍不履行合同义务，构成了根本违约。

（二）迟延履行

迟延履行是指当事人虽履行了合同义务，但是其履行违反了合同中履行期限的约定。广义上的迟延履行包括债务人的给付迟延和债权人的受领迟延，狭义上的迟延履行仅指债务人的给付迟延。《民法典》规定的迟延履行是广义的概念。

迟延履行不同于拒绝履行，因为在迟延的情况下，违约当事人已经作出了履行合同义务并且愿意履行合同义务，只是履行不符合期限的规定。而在拒绝履行的情况下，违约当事人不仅没有作出履行合同义务，而且明确表示不愿意履行合同义务。当然，在迟延以后，违约当事人不愿继续履行合同义务也可转化为拒绝履行。

（三）部分履行

部分履行是指虽然履行了合同义务，但履行不符合数量或者比例或者程度的规定，未达到合同约定的量的标准。例如，只付部分货款、未按约定的数量交足货物等。

（四）不适当履行

不适当履行是指当事人交付的标的物、完成的工作成果等给付内容不符合合同约定的质量要求或者其他要求。不适当履行包含的范围很广，凡是拒绝履行、迟延履行、部分履行以外的其他违约行为都可以纳入不适当履行的范围中。

第三节 违约责任的免责事由

一、违约责任的免责事由的概念和分类

违约责任的免责事由又称为免责条件，是指法律规定或者当事人约定的免除部分或者全部违约责任的条件。

违约责任的免责事由根据其产生的原因，可以分为法定免责事由与约定免责事由。

（一）法定免责事由

法定免责事由是指法律规定的免除部分或者全部违约责任的条件，即法定免责条件。法定免责事由是法律规定的免责条件，而不是由当事人约定的，但是当事人可以约定排除其适用。因此，只要当事人没有相反的约定，发生违反合同时因有法定免责事由，违约方可不

承担违约责任。

(二) 约定免责事由

约定免责事由是指当事人在合同中约定的免除部分或者全部违约责任的条件。合同中约定的免责事由,通常称为免责条款。免责事由虽然可以由当事人在合同中约定,但是这种约定不得违反法律、行政法规的规定,不违背公序良俗。例如,依据《民法典》第506条的规定,合同中的下列免责条款无效:(1) 造成对方人身损害的免责条款;(2) 因故意或者重大过失造成对方财产损失的免责条款。

二、违约责任法定免责事由的具体形态

从《民法典》的相关规定来看,违约责任的法定免责事由主要有如下形态:

(一) 不可抗力

《民法典》第180条第1款规定:"因不可抗力不能履行民事义务的,不承担民事责任。法律另有规定的,依照其规定。"无论是违反约定义务或者法定义务,均可以不可抗力作为免除责任的事由,除非法律另有规定。

依据《民法典》第590条的规定,不可抗力作为违约责任的法定免责事由,发生如下两个方面的效力:其一,免除部分或者全部违约责任。当事人因不可抗力不能履行合同的,应当根据不可抗力的影响,免除违约方的部分或者全部违约责任。就是说,不可抗力导致合同部分不能履行的,就免除违约方的部分违约责任;不可抗力导致合同全部不能履行的,就免除违约方的全部违约责任。但是,如果法律规定因不可抗力不能履行合同不能免责的,则不可抗力不能作为免责事由。同时,当事人迟延履行后发生不可抗力的,不能免除其违约责任。其二,通知义务和提供证明义务。当事人一方因不可抗力不能履行合同的,应当及时通知对方,以减轻可能给对方造成的损失,并应当在合理期限内提供证明。

(二) 债权人的过错

因债权人的过错致使债务人违约的,债务人不承担违约责任。债权人的过错包括故意和过失两种形式。因债权人的故意致使合同不履行或者不适当履行的,债务人当然地不承担违约责任,而应由债权人自行承担合同不履行或者不适当履行的法律后果,因为任何人都应对自己的故意行为负责。例如,债权人无正当理由拒不接受债务人的履行时,债务人即可将给付标的物提存而不承担违约责任,债权人自己应当承担因此而发生的一切后果。按照法律规定,债权人虽无故意而有过失时,债务人也可不承担违约责任。

因债权人的过错作为免责事由主要有以下两种情形:

第一,因债权人过错造成合同不履行。因债权人的过错造成合同不履行,债权人应当自己承担其不利的法律后果。例如,在运输合同中,旅客的伤亡是旅客故意、重大过失而造成的,承运人不承担赔偿责任(《民法典》第823条);因托运人或者收货人的过错造成货物毁损、灭失的,承运人不承担赔偿责任(《民法典》第832条)。

第二,因债权人的过错造成违约损失后果扩大或者对损失的发生有过错。当事人一方违约后,对方应当采取适当措施防止损失的扩大;没有采取适当措施致使损失扩大的,不得就扩大的损失请求赔偿(《民法典》第591条第1款)。当事人一方违约后,债权人能够采取适当措施防止损失扩大而没有采取适当措施防止损失扩大的,说明债权人在损失扩大上存

在过错,债务人对因债权人过错造成的损失扩大部分不承担违约责任。同时,当事人一方违约造成对方损失,对方对损失的发生也有过错的,可以减少相应的损失赔偿额(《民法典》第592条第2款)。减少违约方的损失赔偿额,也就是部分免除违约方的违约责任。

(三)法律规定的其他免责事由

法律规定的其他免责事由,主要是对具体合同的违约责任所作出的特别规定。例如,在运输合同中,承运人证明货物的毁损、灭失是因货物本身的自然性质或者合理损耗而造成的,承运人不承担赔偿责任(《民法典》第832条)。在仓储合同中,因仓储物本身的自然性质、包装不符合约定或者超过有效储存期造成仓储物变质、损坏的,保管人不承担赔偿责任(《民法典》第917条)。

第四节 违约责任的承担方式

一、继续履行

(一)继续履行的概念和特点

继续履行又称强制履行或者实际履行,是指当合同当事人一方不履行合同义务或者履行合同义务不符合约定时,违约方应当承担的按合同约定履行合同的违约责任形式。

继续履行具有如下特点:

第一,继续履行是按照合同约定的内容作出履行。继续履行是在合同当事人一方违反合同的情况下所适用的一种违约责任形式,是履行原合同的债务,而非履行一种新的债务。因此,继续履行是违约后的一种补救方式。

第二,继续履行以债权人的请求为前提。在违约方不履行合同时,对方可以要求解除合同并赔偿损失,也可以要求债务人承担继续履行的责任。债权人没有提出继续履行请求权的,人民法院不得强制违约方承担继续履行责任。

第三,继续履行与其他违约责任形式可以并用。继续履行并不排斥赔偿损失、支付违约金、定金责任的适用,但是继续履行不能与解除合同并用。

(二)金钱债务的继续履行

《民法典》第579条规定:"当事人一方未支付价款、报酬、租金、利息,或者不履行其他金钱债务的,对方可以请求其支付。"依据该条规定,在债务人不履行金钱债务的情形下,债权人有权请求其实际履行。也就是说,对金钱债务而言,无论出现何种情形,债权人都可以请求债务人实际履行。

(三)非金钱债务的继续履行

依据《民法典》第580条的规定,当事人一方不履行非金钱债务或者履行非金钱债务不符合约定的,对方可以请求履行,但是有下列情形之一的除外:

第一,法律上或者事实上不能履行。继续履行是按合同约定的标的履行。因此,只有在合同有继续履行的可能时,违约方才能够承担继续履行的责任。如果合同已经履行不能,则不能适用继续履行的责任方式。履行不能包括两种:一种是法律不能,另一种是事实不能。法律不能亦称为主观不能,是指事实上可以履行,但是法律上不能履行。例如,房屋买卖合同中出卖人一房二卖,已经将房子过户登记给了第二个买受人,他不能再把房子过户给第一个买受人。事实不能亦称为客观不能,是指事实上不能继续履行。例如,买卖的标的物是特定物,但是交付前该特定物已经灭失了,此时基于事实上的物理规律,买卖合同履行不能。

第二,债务的标的不适于强制履行或者履行费用过高。一方面,只有在合同约定的标的适于强制履行时,才宜于追究违约方继续履行的责任。如果当事人约定的合同标的不适于强制履行,则在债务人违反合同时,虽债权人请求债务人继续履行,人民法院也不能强制债务人继续履行,而应责令债务人以其他方式承担违约责任。另一方面,如果继续履行的费用过高,继续履行就没有必要,就不应适用继续履行责任。

第三,债权人在合理期限内未要求履行。如果非违约方决定采取继续履行的补救措施,则必须在合理的期限内向违约方提出继续履行的要求。如果在违约方违约后,未在合理期限内提出继续履行的要求,不得再提出此种要求。

依据《民法典》第 580 条第 2 款的规定,有上述除外情形之一,致使不能实现合同目的的,人民法院或者仲裁机构可以根据当事人的请求终止合同权利义务关系,但是不影响违约责任的承担。当事人一方依据《民法典》第 580 条第 2 款的规定请求终止合同权利义务关系的,人民法院一般应当以起诉状副本送达对方的时间作为合同权利义务关系终止的时间。根据案件的具体情况,以其他时间作为合同权利义务关系终止的时间更加符合公平原则和诚信原则的,人民法院可以以该时间作为合同权利义务关系终止的时间,但是应当在裁判文书中充分说明理由(《合同编通则解释》第 59 条)。

(四) 替代履行

替代履行是指当债务人不履行义务或者履行义务不符合约定,根据合同的性质难以对债务人采取强制履行的方法,而由第三人代替债务人履行,因此而发生的费用由债务人承担的制度。

《民法典》第 581 条规定:"当事人一方不履行债务或者履行债务不符合约定,根据债务的性质不得强制履行的,对方可以请求其负担由第三人替代履行的费用。"依照这一规定,替代履行的适用条件有三项:其一,债务人不履行的是行为义务;其二,根据债务的性质不能对债务人采取强制履行的方式;其三,债务可以由第三人代为履行。

二、赔偿损失

(一) 赔偿损失的概念和特点

赔偿损失也即违约损害赔偿,是指违约方因不履行合同或者不完全履行合同义务而给对方造成损失,依据法律规定或者合同约定应承担的损害赔偿责任。《民法典》第 583 条规定:"当事人一方不履行合同义务或者履行合同义务不符合约定的,在履行义务或者采取补救措施后,对方还有其他损失的,应当赔偿损失。"

赔偿损失具有以下特点:第一,赔偿损失是因债务人不履行合同债务所产生的责任。第二,赔偿损失具有一定程度的任意性。当事人在订立合同时,可以预先约定一方当事人因违约产生的损失赔偿额的计算方法。第三,赔偿损失以赔偿当事人实际遭受的全部损失为原则。

(二) 赔偿损失的范围

《民法典》第584条规定：当事人一方不履行合同义务或者履行合同义务不符合约定，造成对方损失的，损失赔偿额应当相当于因违约所造成的损失，包括合同履行后可以获得的利益。可见，赔偿损失应当采纳完全赔偿原则。所谓完全赔偿，就是要通过赔偿受害人的实际损失和可得利益的损失，从而弥补受害人遭受的全部损失，使受害人回复到合同订立前的状态，或者回复到合同能够得到严格履行情况下的状态。

根据完全赔偿原则，违约方应赔偿受害人的实际损失和可得利益损失。

1. 实际损失

实际损失是指非违约方因违约行为而遭受的现实损害。但是，损害赔偿旨在弥补受害人遭受的全部实际损失，并不赔偿其因从事一笔不成功的交易所蒙受的损失。如果不成功的交易带来的损失也由违约方承担，实际上是将全部风险转给违约方，使违约方充当了非违约方的保险人的角色。

2. 可得利益损失

可得利益损失是指合同在履行以后可以实现和取得的利益的损失。可得利益损失具有如下特点：第一，它是未来的利益损失。也就是说，在违约行为发生时，该利益尚未取得，必须通过合同的实际履行才能实现。第二，它必须具有一定的确定性。任何可以补救的损害都必须具有一定的确定性，否则是不能要求赔偿的。因为可得利益损失具有一定的不确定性，所以，非违约方要获得此种损失的赔偿必须证明违约行为与非违约方可得利益损失之间具有一定的因果联系。第三，必须具有可预见性。在确定可得利益损失的赔偿时，受害人要证明这些损失是违约方在签订合同时能够合理预见的。可预见的损失不是准确的数额，只要能够预见大致的损失范围即可。

在确定合同履行后可以获得的利益时，可以在扣除非违约方为订立、履行合同支出的费用等合理成本后，按照非违约方能够获得的生产利润、经营利润或者转售利润等计算。非违约方依法行使合同解除权并实施了替代交易，有权主张按照替代交易价格与合同价格的差额确定合同履行后可以获得的利益；替代交易价格明显偏离替代交易发生时当地的市场价格，违约方有权主张按照市场价格与合同价格的差额确定合同履行后可以获得的利益。非违约方依法行使合同解除权但是未实施替代交易，有权主张按照违约行为发生后合理期间内合同履行地的市场价格与合同价格的差额确定合同履行后可以获得的利益（《合同编通则解释》第60条）。在以持续履行的债务为内容的定期合同中，一方不履行支付价款、租金等金钱债务，对方请求解除合同，人民法院经审理认为合同应当依法解除的，可以根据当事人的主张，参考合同主体、交易类型、市场价格变化、剩余履行期限等因素确定非违约方寻找替代交易的合理期限，并按照该期限对应的价款、租金等扣除非违约方应当支付的相应履约成本确定合同履行后可以获得的利益。非违约方主张按照合同解除后剩余履行期限相应的价款、租金等扣除履约成本确定合同履行后可以获得的利益的，人民法院不予支持。但是，剩余履行期限少于寻找替代交易的合理期限的除外（《合同编通则解释》第61条）。非违约方在合同履行后可以获得的利益难以根据上述规则予以确定的，可以综合考虑违约方因违约获得的利益、违约方的过错程度、其他违约情节等因素，遵循公平原则和诚信原则确定（《合同编通则解释》第62条）。

(三) 赔偿损失的限制

赔偿损失的范围不可能无边无界，否则不仅在法律上是不公平的，而且不利于社会财富的创造，过分加重违约方的负担，损害人们对交易秩序的信心。所以，法律确立了赔偿损失的限制规则。

1. 合理预见性规则

合理预见规则是指违反合同当事人承担的赔偿责任的范围，应当以订立合同时违约方应当预见到的损失为限度。《民法典》第584条在规定赔偿损失的范围时，明确限定了损失赔偿"不得超过违约一方订立合同时预见到或者应当预见到的因违约可能造成的损失"。根据合理预见规则，只有当违约所造成的损害是违约方在订约时可以预见的情况下，才能认为损害结果与违约行为之间具有因果关系，违约方才应当对这些损害负赔偿责任。如果损害不可预见，则违约方不应赔偿。在认定"违约一方订立合同时预见到或者应当预见到的因违约可能造成的损失"时，应当根据当事人订立合同的目的，综合考虑合同主体、合同内容、交易类型、交易习惯、磋商过程等因素，按照与违约方处于相同或者类似情况的民事主体在订立合同时预见到或者应当预见到的损失予以确定。除合同履行后可以获得的利益外，非违约方主张还有其向第三人承担违约责任应当支出的额外费用等其他因违约所造成的损失，并请求非违约方赔偿，经审理认为该损失系违约一方订立合同时预见到或者应当预见到的，人民法院应予支持（《合同编通则解释》第63条第1款、第2款）。

2. 减损义务规则

减损义务是指在一方违约并造成损害后，另一方应及时采取合理的措施以防止损失的扩大。《民法典》第591条规定："当事人一方违约后，对方应当采取适当措施防止损失的扩大；没有采取适当措施致使损失扩大的，不得就扩大的损失请求赔偿。当事人因防止损失扩大而支出的合理费用，由违约方负担。"依据《合同编通则解释》第63条第3款的规定，在确定违约损失赔偿数额时，违约方主张扣除非违约方未采取适当措施导致的扩大损失的，人民法院依法予以支持。

减损义务规则具有以下几个特点：第一，一方的违约导致了损害的发生；第二，受害方未采取合理措施；第三，造成了损失的扩大。这就是说，违约已经发生并造成了损害，而受害人未能采取措施防止损害的进一步扩大。对此扩大的损失，违约方不承担赔偿责任。

3. 与有过失规则

与有过失亦称为混合过错，是指一方构成违约，但是对方也有某种程度的过错，于是适当减少违约方的赔偿范围。《民法典》第592条第2款规定："当事人一方违约造成对方损失，对方对损失的发生有过错的，可以减少相应的损失赔偿额。"如果只有一方违约，另一方没有过错，由违约方承担全部责任；如果双方都违约，双方都有过错，就应当根据过错的程度、大小来确定各自应该承担多少责任；如果只有一方违约，对方没有违约，但是对方主观上对于损失的发生也有一定程度的过错，就要相应地减轻违约方的责任。依据《合同编通则解释》第63条第3款的规定，在确定违约损失赔偿额时，违约方主张扣除非违约方也有过错造成的相应损失的，人民法院依法予以支持。

4. 损益相抵规则

损益相抵规则又称为损益同销规则，是指债权人基于与损失发生的同一赔偿原因而受有利益时,其所能请求赔偿的数额应为从损失额中扣减其所受利益的差额。损益相抵规则其实是计算赔偿责任时的一个具体清算方法。违约方构成违约,需要承担损失赔偿责任,但是如果守约方因此获得了某种利益,获得的利益应当进行抵扣,亦即守约方受到的损失与他已经获得的利益要进行抵扣,以此来限制违约方的赔偿范围。依据《合同编通则解释》第63条第3款的规定,在确定违约损失赔偿数额时,违约方主张扣除非违约方因违约获得的额外利益或减少的必要支出的,人民法院依法予以支持。《最高人民法院关于审理买卖合同纠纷案件适用法律问题的解释》(以下简称《买卖合同解释》)第23条规定,买卖合同当事人一方因对方违约而获有利益,违约方有权主张从损失赔偿额中扣除该部分利益。

三、支付违约金

(一)违约金的概念和特点

违约金是指当事人依照合同约定或者法律规定,在一方违反合同时向对方支付的一定数额的金钱。

违约金具有如下特点:

第一,违约金的客体通常为金钱。以金钱作为违约金最为常见,但是也不排除以金钱以外的其他给付为违约金的情形。例如,有体物、权利等也可充当违约金。

第二,违约金主要基于当事人的约定而产生。当事人在订立合同时,可以在合同中约定违约金,即违约金条款。当然,如果法律有关于违约金的规定,应当依照法律的规定。

第三,违约金于违约时发生支付的效力。有关违约金的约定,在合同成立时并不发生履行的效力。只有在发生违约行为后,才具有履行的效力。从这个意义上说,违约金以合同债务的违反为生效条件。

第四,违约金计算方法具有多样性。典型的违约金计算方法有:(1)约定一个固定的违约金数额;(2)约定一个固定的违约金比例,通常是依照合同总额或者违约的金额为基数确定违约金的计算比例;(3)连续计算违约金,依此种方法计算出来的违约金的数额不是确定的,而且每日都在增加当中,直至实际支付之日止。

(二)违约金的调整

当事人约定的违约金可能过高或者过低,为了保证违约金规则的准确适用,发挥违约金制度的应有作用,《民法典》第585条第2款规定:"约定的违约金低于造成的损失的,人民法院或者仲裁机构可以根据当事人的请求予以增加;约定的违约金过分高于造成的损失的,人民法院或者仲裁机构可以根据当事人的请求予以适当减少。"

关于违约金数额的调整,应当遵循如下规则:

第一,违约金的调整以当事人的请求为前提,若当事人没有请求的,人民法院或者仲裁机构不能依职权主动进行调整。当事人的请求除直接请求外,也可以通过反诉或者抗辩的方式请求调整违约金(《合同编通则解释》第64条第1款)。

第二,违约方主张约定的违约金过分高于违约造成的损失,请求予以适当减少的,应当承担举证责任。非违约方主张约定的违约金合理的,也应当提供相应的证据(《合同编通则解释》第64条第2款)。当事人仅以合同约定不得对违约金进行调整为由主张不予调整违约金的,人民法院不予支持(《合同编通则解释》第64条第3款)。

第三，当事人主张约定的违约金过分高于违约造成的损失，请求予以适当减少的，应当以《民法典》第 584 条规定的损失为基础，兼顾合同主体、交易类型、合同的履行情况、当事人的过错程度、履约背景等因素，遵循公平原则和诚信原则进行衡量。约定的违约金超过造成损失的 30% 的，一般可以认定"过分高于造成的损失"。但是违约金数额的减少，不适用于恶意违约的当事人(《合同编通则解释》第 65 条)。

第四，当事人一方请求对方支付违约金，对方以合同不成立、无效、被撤销、确定不发生效力、不构成违约或者非违约方不存在损失等为由抗辩，未主张调整过高的违约金的，人民法院应当就若不支持该抗辩，当事人是否请求调整违约金进行释明。第一审人民法院认为抗辩成立且未予释明，第二审人民法院认为应当判决支付违约金的，可以直接释明，并根据当事人的请求，在当事人就是否应当调整违约金充分举证、质证、辩论后，依法判决适当减少违约金。被告因客观原因在第一审程序中未到庭参加诉讼，但是在第二审程序中到庭参加诉讼并请求减少违约金的，第二审人民法院可以在当事人就是否应当调整违约金充分举证、质证、辩论后，依法判决适当减少违约金(《合同编通则解释》第 66 条)。

四、违约定金罚则

(一)违约定金的概念和特点

违约定金是指为担保合同的履行，依当事人双方的约定，一方预先向另一方交付的一定数额的金钱。

在司法实践中，除违约定金外，还有立约定金、成约定金和解约定金。立约定金又称为订约定金，是指为保证正式订立合同而交付的定金。依据《合同编通则解释》第 67 条第 2 款的规定，当事人约定以交付定金作为订立合同的担保，一方拒绝订立合同或者在磋商订立合同时违背诚信原则导致未能订立合同，对方有权主张适用《民法典》第 587 条规定的定金罚则。成约定金是指以定金的交付作为合同成立或者生效要件的定金。依据《合同编通则解释》第 67 条第 3 款的规定，当事人约定以交付定金作为合同成立或者生效条件，应当交付定金的一方未交付定金，但是合同主要义务已经履行完毕并为对方所接受的，人民法院应当认定合同在对方接受履行时已经成立或者生效。解约定金是指当事人为保留合同解除权而交付的定金。依据《合同编通则解释》第 67 条第 4 款的规定，当事人约定定金性质为解约定金，交付定金的一方有权主张以丧失定金为代价解除合同，收受定金的一方有权主张以双倍返还定金为代价解除合同。

定金具有如下特点：

第一，定金是合同债权的一种担保。依据《民法典》第 586 条的规定，当事人可以约定一方向对方给付定金作为债权的担保。可见，定金是一种合同债权的担保。同时，违约定金也是一种违约责任的形式。

第二，定金的客体是金钱。依据《民法典》第 587 条规定可知，定金可以抵作价款。因此，定金的客体为金钱。当然，当事人也可以约定用可代替物作为定金。

第三，定金具有从属性。一般地说，定金与其所担保的合同之间形成主从关系。受担保的合同债权为主权利，定金权利为从权利，因而，定金具有从属性。

第四，定金的成立具有要物性。依据《民法典》第 586 条的规定，定金合同从实际交付之日起生效。可见,定金的成立具有要物性,只有交付了定金,定金才能成立。

第五,定金具有预先支付性。定金是由一方当事人向对方交付的,而且是预先支付的。这是因为,定金是为担保合同而设定的,只有在合同成立生效前,一方交付定金的,才能起到担保的作用。

(二) 违约定金的法定比例

《民法典》第586条第2款规定:定金的数额由当事人约定;但是,不得超过主合同标的额的20%,超过部分不产生定金的效力。实际交付的定金数额多于或者少于约定数额的,视为变更约定的定金数额。对于定金的法定比例,需要掌握以下几点:

第一,定金既可以是约定的具体数额,也可以是约定的一定比例。

第二,如果当事人之间约定的定金比例超过了20%,则并非整个定金合同或者定金条款无效,而只是超过20%的部分无效,20%以内的仍然有效,此时应当按最高比例20%计算。

第三,如果约定有明确的比例且未超过20%,但是实际履行中支付的定金数额少于约定的数额或者多于约定的数额,此时不能按照约定的数额确定定金比例与数额,而应当按照实际支付的数额确定定金的数额。

(三) 违约定金的效力

依据《民法典》第587条的规定,违约定金的效力主要体现为两个方面:

1. 预付效力

在债务人履行债务的情况下,定金应当抵作价款或者收回。可见,在债务人履行债务的情况下,违约定金具有预付的效力。

2. 定金罚则

在当事人不履行债务或者履行债务不符合约定,致使不能实现目的的情况下,违约定金产生罚则的效力,即:给付定金的一方无权请求返还定金;收受定金的一方应当双倍返还定金。

依据《合同编通则解释》第68条的规定,双方当事人均具有致使不能实现合同目的的违约行为,其中一方请求适用定金罚则的,人民法院不予支持。当事人一方仅有轻微违约,对方具有致使不能实现合同目的的违约行为,轻微违约方主张适用定金罚则,对方以轻微违约方也构成违约为由抗辩的,人民法院对该抗辩不予支持。当事人一方已经部分履行合同,对方接受并主张按照未履行部分所占比例适用定金罚则的,人民法院应予支持。对方主张按照合同整体适用定金罚则的,人民法院不予支持,但是部分未履行致使不能实现合同目的的除外。因不可抗力致使合同不能履行,非违约方主张适用定金罚则的,人民法院不予支持。

(四) 违约定金与违约金、赔偿损失的关系

1. 违约定金与违约金的关系

《民法典》第588条第1款规定:"当事人既约定违约金,又约定定金的,一方违约时,对方可以选择适用违约金或者定金条款。"可见,定金与违约金并存时,当事人只能择一行使,不能同时主张。这里其实应当适用选择之债的原理,但是法律直接规定了选择权人,即由守约方行使选择权。

2. 违约定金与赔偿损失的关系

依据《民法典》第 588 条第 2 款的规定，定金不足以弥补一方违约造成的损失的，对方可以请求赔偿超过定金数额的损失。可见，违约定金与赔偿损失在特定条件下可以并用。根据违约损害的全部赔偿原则，违约方应当赔偿对方的全部损失。因此，当适用违约定金不足以弥补全部损失时，对这部分损失还应予以赔偿。

五、采取补救措施

采取补救措施是指履行不符合约定时，采取合理的措施予以补救，使其达到符合约定的要求。补救措施一般是针对质量、数量等方面的履行不符合约定，常见的补救措施是修理、重作、更换、退货、减少价款或者报酬等。《民法典》第 582 条规定：履行不符合约定的，应当按照当事人的约定承担违约责任。对违约责任没有约定或者约定不明确，依据《民法典》第 510 条的规定仍不能确定的，受损害方根据标的的性质以及损失的大小，可以合理选择请求对方承担修理、重作、更换、退货、减少价款或者报酬等违约责任。

第四编 合同分论

第二十二章 典型合同(上)

第一节 买卖合同

一、买卖合同的概念和特点

依据《民法典》第595条的规定,买卖合同是出卖人转移标的物的所有权于买受人,买受人支付价款的合同。

买卖合同具有以下特点:

第一,买卖合同是转移标的物所有权的合同。在买卖合同中,买受人订立合同的目的在于取得标的物的所有权,只有出卖人交付标的物并转移标的物的所有权,才能实现买受人的这一目的。因买卖合同是标的物所有权由出卖人转移于买受人的合同,因此,因出卖人未取得处分权致使标的物所有权不能转移的,买受人可以解除合同并请求出卖人承担违约责任;法律、行政法规禁止或者限制转让的标的物,依照其规定(《民法典》第597条)。依据《合同编通则解释》第19条的规定,以转让或者设定财产权利为目的订立的合同,当事人或者真正权利人仅以让与人在订立合同时对标的物没有所有权或者处分权为由主张合同无效的,人民法院不予支持;因未取得真正权利人事后同意或者让与人事后未取得处分权导致合同不能履行,受让人主张解除合同并请求让与人承担违反合同的赔偿责任的,人民法院依法予以支持。合同被认定有效,且让与人已经将财产交付或者移转登记至受让人,真正权利人请求认定财产权利未发生变动或者请求返还财产的,人民法院应予支持。但是,受让人依据《民法典》第311条等规定善意取得财产权利的除外。

第二,买卖合同是有偿合同。在买卖合同中,买受人以支付价款为取得财产所有权的代价,而出卖人以转移标的物所有权为取得价款的代价,双方存在互为对价关系,因此,买卖合同是有偿合同。在有偿合同中,买卖合同是典型的合同形态,因此,若法律对其他有偿合同有规定的,依照其规定;没有规定的,参照买卖合同的有关规定(《民法典》第646条)。例如,根据《买卖合同解释》第32条的规定,法律或者行政法规对债权转让、股权转让等权利转让合同有规定的,依照其规定;没有规定的,参照适用买卖合同的有关规定。

第三,买卖合同是诺成合同、双务合同、不要式合同。买卖合同自出卖人与买受人意思表示一致时成立,交付标的物和支付价款是买卖合同的履行行为,不是合同的成立要件,因此,买卖合同为诺成合同。买卖合同成立后,出卖人负有转移标的物所有权的义务,而买受人负有支付价款的义务,即双方负有对待给付的义务,因此,买卖合同属于双务合同。买卖合同可以是口头的、书面的或者是其他形式,因此,买卖合同原则上为不要式合同。

买卖合同的内容一般包括标的物的名称、数量、质量、价款、履行期限、履行地点和方式、包装方式、检验标准和方法、结算方式、合同使用的文字及其效力等条款(《民法典》第596条)。

二、买卖合同的效力

(一) 出卖人的主要义务

1. 交付标的物或者交付提取标的物的单证的义务

依据《民法典》第598条的规定,出卖人应当履行向买受人交付标的物或者交付提取标的物的单证的义务。交付标的物或者交付提取标的物的单证的义务应当符合以下要求:

(1) 按照约定的时间交付标的物。出卖人应当按照约定的时间交付标的物;约定交付期限的,出卖人可以在该交付期限内的任何时间交付(《民法典》第601条)。依据《民法典》第602条的规定,当事人没有约定标的物的交付期限或者约定不明确的,买卖双方可以协议补充,不能达成补充协议的,按照合同相关条款或者交易习惯确定(《民法典》第510条)。此外,依照《民法典》第511条第4项的规定,履行期限不明确的,债务人可以随时履行,债权人也可以随时请求履行,但是应当给对方必要的准备时间。

(2) 按照约定的地点交付标的物。依据《民法典》第603条的规定,出卖人应当按照约定的地点交付标的物。当事人没有约定交付地点或者约定不明确,可以进行协议补充,不能达成补充协议的,按照合同相关条款或者交易习惯确定。仍不能确定的,按照以下方式确定:① 标的物需要运输的,出卖人应当将标的物交付给第一承运人以运交给买受人。② 标的物不需要运输,出卖人和买受人订立合同时知道标的物在某一地点的,出卖人应当在该地点交付标的物;不知道标的物在某一地点的,应当在出卖人订立合同时的营业地交付标的物。依据《买卖合同解释》第8条的规定,所谓"标的物需要运输的",是指标的物由出卖人负责办理托运,承运人系独立于买卖合同当事人之外的运输业者的情形。

(3) 按照约定的质量要求交付标的物。依据《民法典》第615条的规定,出卖人应当按照约定的质量要求交付标的物。出卖人提供有关标的物质量说明的,交付的标的物应当符合该说明的质量要求。依据《民法典》第616条的规定,当事人对标的物的质量要求没有约定或者约定不明确,可以协议补充,不能达成补充协议的,按照合同相关条款或者交易习惯确定;仍不能确定的,适用以下规则确定:按照强制性国家标准交付;没有强制性国家标准的,按照推荐性国家标准交付;没有推荐性国家标准的,按照行业标准交付;没有国家标准、行业标准的,按照通常标准或者符合合同目的特定标准交付(《民法典》第511条第1项)。

(4) 按照约定的数量交付标的物。依据《民法典》第629条的规定,出卖人多交标的物的,买受人可以接收或者拒绝接收多交的部分。买受人接收多交部分的,按照约定的价格支付价款;买受人拒绝接收多交部分的,应当及时通知出卖人。

(5) 按照约定的包装方式交付标的物。依据《民法典》第619条的规定,出卖人应当按照约定的包装方式交付标的物。对包装方式没有约定或者约定不明确,可以协议补充,不能达成补充协议的,按照合同相关条款或者交易习惯确定;仍不能确定的,应当按照通用的方式包装;没有通用方式的,应当采取足以保护标的物且有利于节约资源、保护生态环境的包装方式。

(6) 出卖人交付的标的物是无须以有形载体交付的电子信息产品,当事人对交付方式没有约定或者约定不明确的,依据《民法典》第510条的规定,当事人可以协议补充;不能达成补充协议的,按照合同有关条款或者交易习惯确定;仍不能确定的,买受人收到约定的电子信息产品或者权利凭证即为交付(《买卖合同解释》第2条)。

(7) 交付提取标的物的单证。依据《民法典》第598条的规定,出卖人可以交付提取标的物的单证以代替交付标的物,如交付仓单、提单等货权凭证以代替货物的交付。

2. 交付提取标的物单证以外的有关单证和资料的义务

依据《民法典》第599条的规定,对于提取标的物单证以外的有关单证和资料,出卖人应当按照约定或者交易习惯向买受人交付。"提取标的物单证以外的有关单证和资料",主要包括保险单、保修单、普通发票、增值税专用发票、产品合格证、质量保证书、质量鉴定书、品质检验证书、产品进出口检疫书、原产地证明书、使用说明书、装箱单等(《买卖合同解释》第4条)。

3. 转移标的物所有权的义务

买卖合同的标的物包括不动产和动产。不动产所有权的转让,经依法登记发生效力,未经登记不发生效力(《民法典》第209条);动产所有权的转让,自交付时发生效力(《民法典》第224条)。法律对不动产或者动产所有权的转让要件另有规定的,依照其规定。

标的物所有权与标的物知识产权是两种分别独立的民事权利和交易客体,原则上标的物所有权的转移不会一并转移标的物的知识产权,出卖人仍保有标的物的知识产权,买受人仅取得标的物的所有权,但在法律另有规定或者当事人另有约定时除外(《民法典》第600条)。

4. 权利瑕疵担保责任

依据《民法典》第612条的规定,权利瑕疵担保责任是指出卖人就交付的标的物,负有保证第三人对该标的物不享有任何权利的责任。权利瑕疵的存在不仅会导致买受人对标的物的权益受损,还可能因第三人的追索而丧失标的物的所有权,故法律要求出卖人承担标的物的权利瑕疵担保责任。

出卖人承担权利瑕疵担保责任隐含着其向买受人隐瞒真实情况或者告知虚假情况的欺诈故意,从而导致买受人因被欺诈而作出订立买卖合同的意思表示。若买受人订立合同时知道或者应当知道第三人对买卖的标的物享有权利的,则出卖人不承担权利瑕疵担保责任(《民法典》第613条)。为保障买受人的履行利益,《民法典》第614条规定:"买受人有确切证据证明第三人对标的物享有权利的,可以中止支付相应的价款,但是出卖人提供适当担保的除外。"该条规定的中止履行权是一项法定抗辩权,出卖人可通过提供担保的方式予以涤除。

5. 物的瑕疵担保责任

物的瑕疵担保责任是指出卖人就交付的标的物,负有保证质量合格、不存在瑕疵的责任。标的物的质量瑕疵有两种:一是外观瑕疵(《民法典》第622条),二是隐蔽瑕疵(《民法典》第 636 条）。对于这两种质量瑕疵，出卖人都要承担物的瑕疵担保责任。

依据《民法典》第 617 条的规定，出卖人交付的标的物不符合质量要求的，买受人可以依法请求出卖人承担违约责任。当事人约定减轻或者免除出卖人对标的物瑕疵承担的责任，因出卖人故意或者重大过失不告知买受人标的物瑕疵的，出卖人无权主张减轻或者免除责任（《民法典》第 618 条）。买受人在缔约时知道或者应当知道标的物质量存在瑕疵，出卖人不承担瑕疵担保责任，但是买受人在缔约时不知道该瑕疵会导致标的物的基本效用显著降低的除外（《买卖合同解释》第 24 条）。

6. 旧物回收义务

依据《民法典》第 558 条的规定，旧物回收义务是出卖人的后合同义务。依照法律、行政法规的规定或者按照当事人的约定，标的物在有效使用年限届满后应予回收的，出卖人负有自行或者委托第三人对标的物予以回收的义务（《民法典》第 625 条）。

（二）买受人的主要义务

1. 支付价款的义务

（1）按照约定的数额和支付方式支付价款。依据《民法典》第 626 条的规定，买受人应当按照约定的数额和支付方式支付价款。对价款的数额和支付方式没有约定或者约定不明确的，可以协议补充，不能达成补充协议的，按照合同相关条款或者交易习惯确定；仍不能确定的，按照订立合同时履行地的市场价格支付，依法应当执行政府定价或者政府指导价的，依照规定支付（《民法典》第 511 条第 2 项）；通过上述方式仍不能明确支付方式的，按照有利于实现合同目的的方式支付（《民法典》第 511 条第 5 项）。依法应当执行政府定价或者政府指导价的，在合同约定的交付期限内政府价格调整时，按照交付时的价格计价。逾期交付标的物的，遇价格上涨时，按照原价格执行；价格下降时，按照新价格执行。逾期提取标的物或者逾期付款的，遇价格上涨时，按照新价格执行；价格下降时，按照原价格执行（《民法典》第 513 条）。如果合同约定或者当事人之间习惯以普通发票作为付款凭证，买受人以普通发票证明已经履行付款义务的，应当予以承认，但是有相反证据足以推翻的除外（《买卖合同解释》第 5 条第 2 款）。

（2）按照约定的地点支付价款。依据《民法典》第 627 条的规定，买受人应当按照约定的地点支付价款。对支付地点没有约定或者约定不明确，可以协议补充，不能达成补充协议的，按照合同相关条款或者交易习惯确定；仍不能确定的，买受人应当在出卖人的营业地支付；但是，约定支付价款以交付标的物或者交付提取标的物单证为条件的，在交付标的物或者交付提取标的物单证的所在地支付。

（3）按照约定的时间支付价款。依据《民法典》第 628 条的规定，买受人应当按照约定的时间支付价款。对支付时间没有约定或者约定不明确，可以协议补充，不能达成补充协议的，按照合同相关条款或者交易习惯确定；仍不能确定的，买受人应当在收到标的物或者提取标的物单证的同时支付。

2. 受领标的物的义务

《民法典》第 589 条规定："债务人按照约定履行债务，债权人无正当理由拒绝受领的，债务人可以请求债权人赔偿增加的费用。在债权人受领迟延期间，债务人无须支付利息。"依照这一规定，在买卖合同的履行中，出卖人提出履行后，买受人有受领标的物的义务，否则即构成受领迟延或者拒绝受领。

3. 代为保管的义务

买受人的保管义务发生于出卖人交付标的物不符合约定而买受人拒绝接收的场合。例如,在出卖人提前履行而损害买受人利益时,买受人有权拒绝接收;在出卖人多交付标的物时,买受人可以拒绝接受多交的部分;在标的物质量不合格时,买卖人可以拒绝接收标的物。在买受人拒绝接收标的物时,除及时通知出卖人外,还应当承担代为保管的义务。在买受人代为保管的情况下,可视为成立有偿保管合同。因此,买受人有权要求出卖人负担代为保管期间的合理费用,也有权要求出卖人承担代为保管期间非因买受人故意或者重大过失所造成的损失(《买卖合同解释》第3条)。

三、标的物的检验

(一) 检验期限

依据《民法典》第620条的规定,买受人收到标的物时应当在约定的检验期限内检验;没有约定检验期限的,应当及时检验。

1. 检验期限有约定时的检验

当事人约定检验期限的,买受人应当在检验期限内将标的物的数量或者质量不符合约定的情形通知出卖人。买受人怠于通知的,视为标的物的数量或者质量符合约定(《民法典》第621条第1款)。出卖人知道或者应当知道提供的标的物不符合约定的,买受人不受应于约定的检验期限内通知的限制(《民法典》第621条第3款)。

当事人约定的检验期限过短,根据标的物的性质和交易习惯,买受人在检验期限内难以完成全面检验的,该期限仅视为买受人对标的物的外观瑕疵提出异议的期限。约定的检验期限或者质量保证期短于法律、行政法规规定期限的,应当以法律、行政法规规定的期限为准(《民法典》第622条)。

2. 未约定检验期限时的检验

当事人没有约定检验期限的,买受人应当在发现或者应当发现标的物的数量或者质量不符合约定的合理期限内通知出卖人。买受人在合理期限内未通知或者自收到标的物之日起2年内未通知出卖人的,视为标的物的数量或者质量符合约定;但是,对标的物有质量保证期的,适用质量保证期,不适用该2年的规定(《民法典》第621条第2款)。出卖人知道或者应当知道提供的标的物不符合约定的,买受人不受应于合理期限内或者2年内通知的限制(《民法典》第621条第3款)。

"合理期限"的认定,应当综合当事人之间的交易性质、交易目的、交易方式、交易习惯、标的物的种类、数量、性质、安装和使用情况、瑕疵的性质、买受人应尽的合理注意义务、检验方法和难易程度、买受人或者检验人所处的具体环境、自身技能以及其他合理因素,依据诚信原则进行判断。"2年"是最长的合理期限。该期限为不变期间,不适用诉讼时效中止、中断或者延长的规定(《买卖合同解释》第12条)。

依据《民法典》第623条的规定,当事人对检验期限未作约定,买受人签收的送货单、确认单等载明标的物数量、型号、规格的,推定买受人已经对数量和外观瑕疵进行检验,但是有相关证据足以推翻的除外。买受人在合理期限内提出异议,出卖人以买受人已经支付价款、确认欠款数额、使用标的物等为由,主张买受人放弃异议的,该主张不成立,但是当事人另有约定的除外(《买卖合同解释》第13条)。

3. 检验期限经过后的法律后果

约定的检验期限、合理期限、2年期限经过后,买受人主张标的物的数量或者质量不符合约定的,不予支持。出卖人自愿承担违约责任后,又以上述期限经过为由翻悔的,不予支持(《买卖合同解释》第14条)。

(二)检验标准

检验标准即质量标准,由当事人约定或者依法确定。依据《民法典》第624条的规定,出卖人依照买受人的指示向第三人交付标的物,出卖人和买受人约定的检验标准与买受人和第三人约定的检验标准不一致的,以出卖人和买受人约定的检验标准为准。

四、标的物的风险承担

(一)风险承担的一般规则

风险与收益并存,风险承担规则就是风险与收益的分配规则。风险控制与标的物的占有密切相关,对标的物具有支配权的人应承担标的物毁损、灭失的风险。因此,"交付"既成为风险承担的分水岭,也成为收益归属的分界点。依据《民法典》第604条的规定,除非法律另有规定或者当事人另有约定,标的物交付之前的风险由出卖人承担,交付之后的风险由买受人承担。但是,出卖人按照约定未交付有关标的物的单证和资料的,不影响标的物毁损、灭失风险的转移(《民法典》第609条)。

(二)风险承担的特殊规则

1. 交付逾期的风险承担

因买受人的原因致使标的物未按照约定的期限交付的,买受人应当自违反约定时起承担标的物毁损、灭失的风险(《民法典》第605条)。若因出卖人的原因导致逾期交付,则按照风险承担的一般规则,交付之前仍由出卖人承担,交付之后才由买受人承担。

2. 在途标的物买卖的风险承担

在途标的物的特殊性在于其地点处于变动状态,并且标的物毁损、灭失的风险随地点的变动而升高或者降低,因此需要设计特殊的风险承担规则。依据《民法典》第606条的规定,出卖人出卖交由承运人运输的在途标的物,除当事人另有约定外,毁损、灭失的风险自合同成立时起由买受人承担。但是,出卖人在合同成立时知道或者应当知道标的物已经毁损、灭失却未告知买受人的,则由出卖人承担标的物毁损、灭失的风险(《买卖合同解释》第10条)。

3. 定点交货的风险承担

定点交货即交货地点确定或者可得确定的标的物交付。出卖人按照约定将标的物运送至买受人指定地点并交付给承运人后,标的物毁损、灭失的风险由买受人承担,但是当事人另有约定的除外(《民法典》第607条第1款、《买卖合同解释》第9条);当事人没有约定交付地点或者约定不明确,标的物需要运输的,出卖人将标的物交付给第一承运人后,标的物毁损、灭失的风险由买受人承担(《民法典》第603条第2款第1项、第607条)。出卖人按照约定将标的物置于交付地点,或者将标的物依法交付给第一承运人后,买受人违反约定没有收取的,标的物毁损、灭失的风险自违反约定时起由买受人承担(《民法典》第603条第2款第2

项、第 608 条)。

4. 出卖人违约时的风险承担

因标的物不符合质量要求,致使不能实现合同目的的,买受人可以拒绝接受标的物或者解除合同。买受人拒绝接受标的物或者解除合同的,标的物毁损、灭失的风险由出卖人承担(《民法典》第 610 条)。在出卖人违约的情况下,若标的物毁损、灭失的风险仍由买受人承担的,不影响因出卖人履行义务不符合约定,买受人享有的请求其承担违约责任的权利(《民法典》第 611 条)。

5. 种类物买卖的风险承担

标的物为种类物时,当事人对风险承担有约定的,从其约定;没有约定的,出卖人未以装运单据、加盖标记、通知买受人等可识别的方式清楚地将标的物特定于买卖合同,买受人不负担标的物毁损、灭失的风险(《买卖合同解释》第 11 条)。

五、标的物的利益承受

标的物的利益承受是指于合同订立后标的物所生的孳息的归属。这里所谓的利益也就是标的物的孳息,包括天然孳息和法定孳息。利益承受一般与风险承担相一致,同时因利益的产生往往与物的占有有关,因此,标的物的利益承受也应随交付而转移,即除当事人另有约定外,标的物在交付之前产生的孳息,归出卖人所有;交付之后产生的孳息,归买受人所有(《民法典》第 630 条)。

六、买卖合同的解除

(一) 标的物包含主物与从物的合同解除

因标的物的主物不符合约定而解除合同的,解除合同的效力及于从物。因标的物的从物不符合约定被解除的,解除的效力不及于主物(《民法典》第 631 条)。

(二) 标的物为数物的合同解除

标的物为数物,其中一物不符合约定的,买受人可以就该物解除。但是,该物与他物分离使标的物的价值显受损害的,买受人可以就数物解除合同(《民法典》第 632 条)。

(三) 分批交付标的物的合同解除

出卖人分批交付标的物的,出卖人对其中一批标的物不交付或者交付不符合约定,致使该批标的物不能实现合同目的的,买受人可以就该批标的物解除。出卖人不交付其中一批标的物或者交付不符合约定,致使之后其他各批标的物的交付不能实现合同目的的,买受人可以就该批以及之后其他各批标的物解除。买受人如果就其中一批标的物解除,该批标的物与其他各批标的物相互依存的,可以就已经交付和未交付的各批标的物解除(《民法典》第 633 条)。

(四) 不履行从给付义务的合同解除

从给付义务是相对于主给付义务而言的,出卖人不履行主给付义务时买受人有权依法解除合同;出卖人没有履行或者不当履行从给付义务,致使买受人不能实现合同目的时,买受人亦有权依法主张解除合同(《民法典》第 563 条第 1 款第 4 项、《买卖合同解释》第 19 条)。

七、特种买卖

（一）分期付款买卖

分期付款买卖是指买受人将应付的总价款在一定期限内分不同期数向出卖人支付的买卖。

分期付款买卖具有如下特殊效力：

第一，分期付款的买受人须在一定期限内至少分三次向出卖人支付价款（《买卖合同解释》第27条第1款）。

第二，分期付款的买受人未支付到期价款的数额达到全部价款的1/5，经催告后在合理期限内仍未支付到期价款的，出卖人可以请求买受人支付全部价款或者解除合同。出卖人在解除合同时，可以向买受人请求支付该标的物的使用费（《民法典》第634条）。如果分期付款买卖合同的约定违反上述规定，损害买受人利益，买受人有权主张该约定无效（《买卖合同解释》第27条第2款）。

第三，分期付款买卖合同约定出卖人在解除合同时可以扣留已受领价金，出卖人扣留的金额超过标的物使用费以及标的物受损赔偿额，买受人有权请求返还超过部分。当事人对标的物的使用费没有约定的，可以参照当地同类标的物的租金标准确定（《买卖合同解释》第28条）。

（二）凭样品买卖

凭样品买卖简称样品买卖，是指当事人约定一定的样品并以该样品决定标的物质量的买卖合同。

凭样品买卖具有如下特殊效力：

第一，当事人须于合同中订明"以样品确定标的物的品质"或者"按样品买卖"，并应当封存样品，对样品质量予以说明（《民法典》第635条）。所谓样品，是由当事人选定的用以决定标的物品质的物品。

第二，出卖人交付的标的物应当与样品及其说明的质量相同（《民法典》第635条）。合同约定的样品质量与文字说明不一致且发生纠纷时当事人不能达成合意，样品封存后外观和内在品质没有发生变化的，应当以样品为准；外观和内在品质发生变化，或者当事人对是否发生变化有争议而又无法查明的，应当以文字说明为准（《买卖合同解释》第29条）。

第三，凭样品买卖的买受人不知道样品有隐蔽瑕疵的，即使交付的标的物与样品相同，出卖人交付的标的物的质量仍然应当符合同种物的通常标准（《民法典》第636条）。

（三）试用买卖

试用买卖是指出卖人将标的物先交由买受人试用，试用后由买受人自主决定是否购买的一种特殊买卖。

试用买卖作为一种特种买卖合同，其特殊性主要在于两个方面：一方面，试用买卖约定由买受人试用标的物；另一方面，以买受人对标的物经试用后的认可为合同的生效条件。因此，买卖合同存在下列约定内容之一的，不属于试用买卖：(1)约定标的物经过试用或者检验符合一定要求时，买受人应当购买标的物；(2)约定第三人经试验对标的物认可时，买受人应当购买标的物；(3)约定买受人在一定期限内可以调换标的物；(4)约定买受人在一定期限内可以退还标的物(《买卖合同解释》第 30 条)。

试用买卖具有如下特殊效力:

第一,在试用买卖中,当事人可以约定标的物的试用期限。对试用期限没有约定或者约定不明确,可以协议补充,不能达成补充协议的,按照合同相关条款或者交易习惯确定;仍不能确定的,由出卖人确定(《民法典》第 637 条)。

第二,试用买卖的买受人在试用期限内可以购买标的物,也可以拒绝购买。试用期限届满,买受人对是否购买标的物未作表示的,视为购买(《民法典》第 638 条第 1 款)。如果买受人在试用期内已经支付部分价款或者对标的物实施出卖、出租、设立担保物权等行为的,视为同意购买(《民法典》第 638 条第 2 款)。

第三,买受人在试用期内对标的物的占有、使用原则上是无偿的。试用买卖的当事人对标的物使用费没有约定或者约定不明确的,出卖人无权请求买受人支付(《民法典》第 639 条)。

第四,试用买卖中,标的物在试用期内毁损、灭失的风险由出卖人承担(《民法典》第 640 条),即试用买卖的标的物风险承担不遵循"交付主义"。

(四) 所有权保留买卖

所有权保留买卖是指当事人在买卖合同中约定,买受人未履行支付价款或者其他义务的,标的物的所有权属于出卖人的买卖方式。所有权保留买卖只适用于动产,不动产不适用所有权保留买卖(《买卖合同解释》第 25 条)。

所有权保留买卖具有如下特殊效力:

第一,出卖人保留所有权的合同具有担保合同的性质,所有权保留买卖是一种非典型担保的方式。但是,出卖人对标的物保留的所有权,未经登记,不得对抗善意第三人(《民法典》第 641 条第 2 款)。

第二,出卖人享有取回权。当事人约定出卖人保留合同标的物的所有权,在标的物所有权转移前,买受人有下列情形之一,造成出卖人损害的,除当事人另有约定外,出卖人有权取回标的物:(1) 未按照约定支付价款,经催告后在合理期限内仍未支付;(2) 未按照约定完成特定条件;(3) 将标的物出卖、出质或者作出其他不当处分(《民法典》第 642 条第 1 款)。但是,买受人已经支付标的物总价款的 75% 以上,出卖人不能主张取回标的物;买受人处分标的物后,第三人已经善意取得标的物所有权或者其他物权的,出卖人亦不能主张取回标的物(《买卖合同解释》第 26 条)。在出卖人享有取回权的情况下,出卖人可以与买受人协商取回标的物;协商不成的,可以参照适用担保物权的实现程序(《民法典》第 642 条第 2 款)。

第三,买受人享有赎回权。出卖人取回标的物后,买受人在双方约定或者出卖人指定的合理回赎期限内,消除出卖人取回标的物的事由的,可以请求回赎标的物。买受人在回赎期限内没有回赎标的物,出卖人可以以合理价格将标的物出卖给第三人,出卖所得价款扣除买受人未支付的价款以及必要费用后仍有剩余的,应当返还买受人;不足部分由买受人清偿(《民法典》第 643 条)。

(五) 招标投标买卖

招标投标买卖的当事人的权利和义务以及招标投标程序等,依照《招标投标法》等有关法律、行政法规的规定(《民法典》第 644 条)。

根据《招标投标法》的规定，以招标投标方式订立买卖合同，一般要经过招标、投标、开标、评标、中标等阶段。从合同订立的角度看，招标公告属于要约邀请，投标属于要约，中标通知属于承诺。开标与评标是确定中标人的程序。招标人和中标人应当自中标通知书发出之日起 30 日内，按照招标文件和中标人的投标文件订立书面合同。招标人和中标人不得再行订立背离合同实质性内容的其他协议(《招标投标法》第 46 条第 1 款)。

（六）拍卖

拍卖的当事人的权利和义务以及拍卖程序等，依照《拍卖法》等有关法律、行政法规的规定(《民法典》第 645 条)。

拍卖是指以公开竞价的形式，将特定物品或者财产权利转让给最高应价者的买卖方式(《拍卖法》第 3 条)。

拍卖的当事人包括拍卖人、委托人、竞买人和买受人。从合同订立的角度看，拍卖人发布的拍卖公告属于要约邀请，竞买人的应价行为属于要约，拍卖师的落槌行为属于买定的承诺。拍卖师作出买定的表示后，拍卖成交。拍卖成交后，买受人和拍卖人应当签署成交确认书(《拍卖法》第 52 条)。拍卖成立确认书具有合同书的性质。

八、互易合同

互易合同又称以物换物合同、易货贸易或者易货交易合同，是指当事人双方约定以货币以外的财物进行交换的合同。除当事人双方均以从对方取得标的物的所有权为目的这一特殊性之外，互易合同具备买卖合同的各种特征。因此，《民法典》第 647 条规定："当事人约定易货交易，转移标的物的所有权的，参照适用买卖合同的有关规定。"

第二节 供用电、水、气、热力合同

一、供用电、水、气、热力合同概述

（一）供用电、水、气、热力合同的概念和特点

供用电、水、气、热力合同是指由供方向用方供应电、水、气、热力，用方支付费用的合同。

供用电、水、气、热力合同具有以下特点：

第一，供用电、水、气、热力合同的订立具有强制缔约性质。《民法典》第 494 条第 3 款规定："依照法律、行政法规的规定负有作出承诺义务的当事人，不得拒绝对方合理的订立合同要求。"《民法典》第 648 条第 2 款规定："向社会公众供电的供电人，不得拒绝用电人合理的订立合同要求。"依照以上两条规定，当用电人提出合理的订立供用电合同的要约时，供电人负有作出承诺的义务，因而供用电合同的订立具有强制缔约性质。供用水、气、热力合同也同样具有强制缔约的性质。

第二，供用电、水、气、热力合同是继续性合同。供用电、水、气、热力合同以持续履行的债务为内容，为继续性合同。继续性合同可以是有固定期限的，也可以是无固定期限的，供用电、水、气、热力合同原则上是无固定期限的继续性合同。

第三，供用电、水、气、热力合同一般是格式合同。供用电、水、气、热力合同一般是由供

方单方制作的格式合同,且其中的合同条款往往具有法定性,即便是供方也不能按照自己的意志任意地制定合同条款。如合同中的价格条款,执行的一般是国家定价,而非当事人之间的协议价。

第四,供用电、水、气、热力合同是诺成合同、双务合同、有偿合同。供用电、水、气、热力合同在供方与用方意思表示一致时成立,因此,供用电、水、气、热力合同为诺成合同。电、水、气、热力的供应与支付费用之间形成对待给付关系,因此,供用电、水、气、热力合同为双务合同、有偿合同。

(二) 供用水、供用气、供用热力合同的法律适用

供用电合同、供用水合同、供用气合同、供用热力合同虽然标的物有所不同,但是合同的性质、目的、内容基本相同。《民法典》虽然用专章规定了"供用电、水、气、热力合同",但仅就供用电合同作了具体规定。因此,《民法典》第656条规定,供用水、供用气、供用热力合同,参照适用供用电合同的有关规定。

二、供用电合同

(一) 供用电合同的概念和内容

依据《民法典》第648条第1款的规定,供用电合同是供电人向用电人供电,用电人支付电费的合同。在供用电合同中,提供电力的一方为供电人,使用电力的一方为用电人。

供用电合同的内容一般包括供电的方式、质量、时间、用电容量、地址、性质、计量方式、电价、电费的结算方式、供用电设施的维护责任等条款(《民法典》第649条)。

(二) 供用电合同的效力

1. 供电人的主要义务

(1) 按照约定或者法定的履行地点供电的义务。电力是一种特殊的标的物,其交付不同于一般的有形物,故履行地点除由当事人约定外,法律需要作出一般性规定。依据《民法典》第650条的规定,供用电合同的履行地点,按照当事人约定;当事人没有约定或者约定不明确的,供电设施的产权分界处为履行地点。

(2) 保证供电质量和安全供电的义务。依据《民法典》第651条的规定,供电人应当按照国家规定的供电质量标准和约定安全供电。供电人未按照国家规定的供电质量标准和约定安全供电,造成用电人损失的,应当承担赔偿责任。

(3) 中断供电的事先通知义务。依据《民法典》第652条的规定,供电人因供电设施计划检修、临时检修、依法限电或者用电人违法用电等原因,需要中断供电时,应当按照国家有关规定事先通知用电人;未事先通知用电人中断供电,造成用电人损失的,应当承担赔偿责任。

(4) 因自然灾害等原因断电的及时抢修义务。依据《民法典》第653条的规定,因自然灾害等原因断电,供电人应当按照国家有关规定及时抢修;未及时抢修,造成用电人损失的,应当承担赔偿责任。

2. 用电人的主要义务

(1) 及时支付电费的义务。依据《民法典》第654条的规定,用电人应当按照国家有关规定和当事人的约定及时支付电费。用电人逾期不支付电费的,应当按照约定支付违约金。经催告用电人在合理期限内仍不支付电费和违约金的,供电人可以按照国家规定的程序中

止供电。供电人中止供电的,应当事先通知用电人。

(2) 安全、节约和计划用电的义务。依据《民法典》第 655 条的规定,用电人应当按照国家有关规定和当事人的约定安全、节约和计划用电。用电人未按照国家有关规定和当事人的约定用电,造成供电人损失的,应当承担赔偿责任。

第三节 赠 与 合 同

一、赠与合同的概念和特点

依据《民法典》第 657 条的规定,赠与合同是赠与人将自己的财产无偿给予受赠人,受赠人表示接受赠与的合同。

赠与合同具有以下特点:

第一,赠与合同是诺成合同。赠与人作出赠与的意思表示,受赠人作出接受赠与的意思表示,二者意思表示一致时赠与合同成立,赠与的财产是否交付和转移所有权不影响赠与合同的成立,因此,赠与合同为诺成合同。

第二,赠与合同是单务合同。赠与人负有给付的义务,受赠人享有接受赠与的权利,受赠人享有权利不以作出对待给付为条件,所以,赠与合同为一方负有义务,另一方享有权利的单务合同。附义务赠与合同也是单务合同,因为所附义务并不构成对待给付。

第三,赠与合同是无偿合同。赠与合同是典型的无偿合同。在有偿合同中,一方取得另一方的财产需要支付价款;而在无偿合同中,取得财产的一方不负有支付价款的合同义务,其无须向对方支付价款。受赠人取得赠与财产无须支付价款,因此,赠与合同为无偿合同。

第四,赠与合同原则上是可任意撤销的合同。合同的撤销原则上应当具有法定的撤销事由,否则合同的任何一方都不享有撤销权。因为赠与合同是单务合同、无偿合同,赠与人处于财产净损失的地位,受赠人处于纯获利益的地位,赠与人撤销赠与原则上不会损害受赠人的固有利益,故除法定的不得撤销情形外,赠与人原则上享有任意撤销权。

二、赠与合同的效力

(一) 赠与人的义务

1. 赠与财产的交付与登记义务

赠与合同是转移赠与财产所有权或者其他财产权利的合同。赠与财产为动产的,通过交付的方式转移所有权;赠与财产为不动产的,通过登记的方式转移所有权。《民法典》第 659 条规定:"赠与的财产依法需要办理登记或者其他手续的,应当办理有关手续。"如赠与房屋的,应当办理房产权转移登记,未办理转移登记的,赠与合同未履行完毕,赠与人仍可随时撤销赠与。

2. 赠与人的瑕疵担保责任

由于赠与是单务合同、无偿合同,受赠人不负对待给付义务,而赠与人一般又是以财产的现状为赠与,因此,在一般情形下,赠与人对赠与财产的瑕疵不负担保责任。但是,依据《民法典》第 662 条的规定,在下列两种情形下,赠与人应承担赠与财产的瑕疵担保责任:

(1) 附义务的赠与,赠与的财产有瑕疵的,赠与人在附义务的限度内承担与出卖人相同的瑕疵担保责任;(2) 赠与人故意不告知赠与财产瑕疵或者保证无瑕疵,造成受赠人损失的,应当就受赠人因该赠与财产的瑕疵所受损害负赔偿责任。

(二) 受赠人的权利

受赠人的权利主要体现在交付请求权上。对于赠与人享有任意撤销权的赠与,赠与合同是否履行完全取决于赠与人的自主选择,因此,受赠人并不享有真正意义上的交付请求权。但是,对于赠与人不享有任意撤销权的赠与,即经过公证的赠与合同或者依法不得撤销的具有救灾、扶贫、助残等公益、道德义务性质的赠与合同,赠与人则依法负有交付义务,赠与人不交付赠与财产的,受赠人可以请求交付(《民法典》第 660 条第 1 款)。

对于受赠人享有交付请求权的赠与,赠与财产因赠与人故意或者重大过失致使毁损、灭失的,赠与人应当承担赔偿责任(《民法典》第 660 条第 2 款)。赠与财产具有特定性,其毁损、灭失后即无法完成交付,赠与合同客观上不能实际履行,故该损害赔偿责任为违约责任。

三、赠与合同的撤销

(一) 赠与合同的任意撤销

赠与合同的任意撤销是指依赠与人的单方意思,无须征得受赠人的同意,赠与人即可撤销赠与。赠与人任意撤销权的行使须在赠与财产的权利转移之前实施(《民法典》第 658 条第 1 款);若赠与财产的权利已经转移,则赠与人无权任意撤销,其只能通过法定撤销权的行使方式予以撤销。

依据《民法典》第 658 条第 2 款的规定,经过公证的赠与合同或者依法不得撤销的具有救灾、扶贫、助残等公益、道德义务性质的赠与合同,赠与人不享有任意撤销权。经过公证的赠与不得任意撤销,是因为赠与人通过公证的形式,已经表达了不可撤销的意思,根据允诺禁反言原则,其不得任意撤销。公益性赠与不得任意撤销,是出于公共利益优先保护的考虑;道德性赠与不得任意撤销,是因为赠与人负有赠与的道德义务,若允许其任意撤销,就相当于允许其任意背弃道德,这与社会主义核心价值观相背离。

(二) 赠与合同的法定撤销

1. 赠与人的法定撤销

赠与人的法定撤销是指赠与财产的权利转移给受赠人后,因受赠人的原因,在具有法定的可撤销情形时,赠与人依法撤销赠与。赠与人的法定撤销权应自其知道或者应当知道撤销事由之日起 1 年内行使(《民法典》第 663 条第 2 款)。

依据《民法典》第 663 条第 1 款的规定,受赠人有下列情形之一的,赠与人可以撤销赠与:(1) 严重侵害赠与人或者赠与人近亲属的合法权益;(2) 对赠与人有扶养义务而不履行;(3) 不履行赠与合同约定的义务。

依据《民法典》第 665 条的规定,撤销权人撤销赠与的,可以向受赠人请求返还赠与的财产,受赠人有返还的义务。

2. 赠与人的继承人或者法定代理人的法定撤销

依据《民法典》第 664 条的规定,因受赠人的违法行为致使赠与人死亡或者丧失民事行为能力的,赠与人的继承人或者法定代理人可以撤销赠与。赠与人的继承人或者法定代理人的撤销权,自知道或者应当知道撤销事由之日起6个月内行使。受赠人的违法行为应作广义理解,包括受赠人的民事违法行为、行政违法行为和刑事违法行为;既包括受赠人的故意行为,也包括受赠人的过失行为。此外,须受赠人的违法行为与赠与人的死亡或者丧失民事行为能力之间具有因果关系,否则不得撤销。

四、赠与合同的不再履行

《民法典》第666条规定:"赠与人的经济状况显著恶化,严重影响其生产经营或者家庭生活的,可以不再履行赠与义务。"赠与合同是单务合同、无偿合同,是赠与人的一种无私奉献行为,不能在赠与人自身罹患危难时仍强迫其继续履行赠与义务,否则无异于雪上加霜而有悖伦常,这正是法律规定赠与合同可以不再履行的原因。

赠与合同的不再履行仅适用于赠与人负有"赠与义务"的赠与,即经过公证的赠与、公益性赠与和道德赠与;对于赠与人享有任意撤销权的赠与不适用,因为在后者情形,赠与人可以随时撤销赠与合同。

应当指出,赠与合同不再履行后,对于此前已经履行的部分不能请求返还。

五、附义务的赠与

附义务赠与又称附负担赠与,是指使受赠人负担一定义务的赠与。《民法典》第661条规定:"赠与可以附义务。赠与附义务的,受赠人应当按照约定履行义务。"受赠人不履行赠与合同约定的义务,赠与人可以撤销赠与(《民法典》第663条第1款)。

附义务的赠与不同于附条件的赠与。附条件的赠与属于附条件民事法律行为的范畴,条件的成就与否具有不确定性。而在附义务的赠与中,所附义务具有确定性。"如果你今年考上大学,我就送你一台电脑。"这是一个附条件的赠与,因为是否能够考上大学具有不确定性。"我将轿车送给你,但你须接送我的孩子上下学,直到初中毕业。"这是一个附义务的赠与,接送孩子上下学是一种义务而非条件。

第四节 借款合同

一、借款合同的概念和特点

依据《民法典》第667条的规定,借款合同是借款人向贷款人借款,到期返还借款并支付利息的合同。

借款合同包括金融机构借款合同和自然人之间借款合同。尽管这两种借款合同存在一定的差别,但总的说来,借款合同有以下特点:

第一,借款合同的贷款人包括金融机构和自然人。借款合同的当事人包括贷款人和借款人。其中,贷款人可以是金融机构,也可以是自然人。但是,依据《最高人民法院关于审理民间借贷案件适用法律若干问题的规定》(以下简称《民间借贷规定》)第1条第1款的规定,除金融机构和自然人外,其他的民事主体,如法人或者非法人组织也可以成为贷款人。

第二,借款合同是以转移货币所有权为目的的合同。货币是典型的代替物、消耗物,货币交付即发生所有权的转移。因此,借款合同的目的就是由借款人取得所借货币的所有权。在借款合同中,借款人不仅有权占有、使用所借货币,而且有权处分所借货币。

第三,借款合同是受到国家较多管制的合同。货币是一种特殊的标的物,金钱往来涉及国家金融秩序,所以相较于其他合同而言,国家对借款合同从各方面都作出了较多的管制。不论是借贷双方的主体资格,还是利息、利率的确定等,借贷双方的意思自治都受到较强的国家干预。

二、金融机构借款合同

(一)金融机构借款合同的概念和特点

金融机构借款合同是指以金融机构为贷款人的借款合同。

金融机构借款合同除具有借款合同的一般特征外,还具有如下特点:

第一,金融机构借款合同为诺成合同。《民法典》第671条第1款规定:"贷款人未按照约定的日期、数额提供借款,造成借款人损失的,应当赔偿损失。"这一规定表明,在贷款人提供借款之前,双方当事人已经就借款的日期、数额等内容达成了合意,即合同已经成立。金融机构借款合同的成立,并不以贷款人提供借款为条件,因此,金融机构借款合同为诺成合同。

第二,金融机构借款合同一般为有偿合同。在金融机构借款合同中,贷款人为金融机构,金融机构以发放贷款为业,其发放贷款要收取利息。因此,金融机构借款合同为有偿合同。但是,如果借款合同没有约定利息的,视为没有利息(《民法典》第680条第2款),而没有利息的借款合同为无偿合同。

第三,金融机构借款合同为双务合同。金融机构借款合同成立生效后,贷款人负有按合同的约定交付借款的义务,借款人负有按期偿还借款和支付利息的义务。因此,金融机构借款合同为双务合同。

第四,金融机构借款合同为要式合同。《民法典》第668条第1款规定:"借款合同应当采用书面形式,但是自然人之间借款另有约定的除外。"可见,金融机构借款合同应当采取书面形式,属于要式合同。依据《民法典》第668条的规定,借款合同的内容一般包括借款种类、币种、用途、数额、利率、期限和还款方式等条款。

(二)金融机构借款合同的效力

1. 贷款人的主要义务

(1)不得预扣利息的义务。依据《民法典》第670条的规定,借款的利息不得预先在本金中扣除。利息预先在本金中扣除的,应当按照实际借款数额返还借款并计算利息。

(2)按期足额提供借款的义务。依据《民法典》第671条第1款的规定,贷款人应当按照约定的日期、数额提供借款,未按照约定的日期、数额提供借款,造成借款人损失的,应当赔偿损失。

2. 借款人的主要义务

(1)如实告知的义务。依据《民法典》第669条的规定,订立借款合同,借款人应当按照贷款人的要求提供与借款有关的业务活动和财务状况的真实情况。

(2)按期收取借款的义务。依据《民法典》第671条第2款的规定,借款人未按照约定的日期、数额收取借款的,应当按照约定的日期、数额支付利息。

(3) 接受督查和报告的义务。依据《民法典》第 672 条的规定,贷款人按照约定可以检查、监督借款的使用情况,借款人应当按照约定向贷款人定期提供有关财务会计报表或者其他资料。

(4) 按照约定的用途使用借款的义务。依据《民法典》第 673 条的规定,借款人未按照约定的借款用途使用借款的,贷款人可以停止发放借款、提前收回借款或者解除合同。

(5) 按照约定的期限支付利息的义务。依据《民法典》第 674 条的规定,借款人应当按照约定的期限支付利息。对支付利息的期限没有约定或者约定不明确,可以协议补充,不能达成补充协议的,按照合同相关条款或者交易习惯确定;仍不能确定的,借款期间不满一年的,应当在返还借款时一并支付;借款期间一年以上的,应当在每届满一年时支付,剩余期间不满一年的,应当在返还借款时一并支付。

(6) 按照约定的期限返还借款的义务。依据《民法典》第 675 条的规定,借款人应当按照约定的期限返还借款。对借款期限没有约定或者约定不明确,可以协议补充,不能达成补充协议的,按照合同相关条款或者交易习惯确定;仍不能确定的,借款人可以随时返还,贷款人可以催告借款人在合理期限内返还。借款人未按照约定的期限返还借款的,应当按照约定或者国家有关规定支付逾期利息(《民法典》第 676 条)。借款人提前返还借款的,除当事人另有约定外,应当按照实际借款的期间计算利息(《民法典》第 677 条)。借款人可以在还款期限届满前向贷款人申请展期;贷款人同意的,可以展期(《民法典》第 678 条)。

三、自然人之间借款合同

(一) 自然人之间借款合同的概念和特点

自然人之间借款合同是指合同双方都是自然人的借款合同。

自然人之间借款合同与金融机构借款合同相比,具有如下特点:

第一,自然人之间借款合同的主体为自然人,不包括法人、非法人组织。若贷款人与借款人中有一方不是自然人或者双方均不是自然人,则不构成自然人之间借款合同。自然人之间借款合同是民间借贷合同的一种。《民法典》只规定了自然人之间借款合同这一种民间借贷合同。

第二,自然人之间借款合同为实践合同。金融机构借款合同为诺成合同,自双方当事人意思表示一致时成立。但是,自然人之间借款合同则不同,仅有双方当事人意思表示一致,合同并不能成立。《民法典》第 679 条规定:"自然人之间的借款合同,自贷款人提供借款时成立。"

第三,自然人之间借款合同可以是有偿合同,也可以是无偿合同,而金融机构借款合同一般为有偿合同。

第四,自然人间的借款合同为不要式合同。金融机构借款合同为要式合同。《民法典》第 668 条第 1 款规定:"借款合同应当采用书面形式,但是自然人之间借款另有约定的除外。"可见,自然人之间借款合同可以采取口头形式,也可以采取书面形式。因此,自然人之间借款合同为不要式合同。

(二) 自然人之间借款合同的效力

自然人之间借款合同的效力可以参照金融机构借款合同的规定处理。例如，利息的支付、预扣利息的禁止、借款的返还等都可以参照金融机构借款合同的规定处理。同时，因自然人之间借款合同属于民间借贷的一种，因此，《民间借贷规定》对于民间贷款合同的效力适用于自然人之间借款合同。

自然人之间借款合同具有以下一些特殊效力：

第一，在自然人之间借款合同中，借贷双方没有约定利息或者对支付利息约定不明两种情形下，出借人均无权主张支付利息。除自然人之间借贷的外，借贷双方对借贷利息约定不明，出借人主张利息的，应当结合民间借贷合同的内容，并根据当地或者当事人的交易方式、交易习惯、市场报价利率等因素确定利息（《民法典》第 680 条第 2 款、第 3 款，《民间借贷规定》第 24 条）。

第二，依据《民法典》第 680 条第 1 款的规定，禁止高利放贷，借款的利率不得违反国家有关规定。目前，国家对借款利率的限制性规定为：当事人约定的利率不得超过合同成立时一年期贷款市场报价利率的四倍（《民间借贷规定》第 25 条）。

第三，借贷双方对前期借款本息结算后将利息计入后期借款本金并重新出具债权凭证，如果前期利率没有超过合同成立时一年期贷款市场报价利率四倍，重新出具的债权凭证载明的金额可认定为后期借款本金，但超过部分的利息，不应认定为后期借款本金。按照上述计算，借款人在借款期间届满后应当支付的本息之和，超过以最初借款本金与以最初借款本金为基数、以合同成立时一年期贷款市场报价利率四倍计算的整个借款期间的利息之和的，不受法律保护（《民间借贷规定》第 27 条）。

第四，借贷双方对逾期利率有约定的，从其约定，但是以不超过合同成立时一年期贷款市场报价利率四倍为限。未约定逾期利率或者约定不明的，可以区分不同情况处理：(1) 既未约定借期内利率，也未约定逾期利率，出借人有权主张借款人自逾期还款之日起参照当时一年期贷款市场报价利率标准计算的利息承担逾期还款违约责任；(2) 约定了借期内利率但是未约定逾期利率，出借人有权主张借款人自逾期还款之日起按照借期内利率支付资金占用期间的利息（《民间借贷规定》第 28 条）。出借人与借款人既约定了逾期利率，又约定了违约金或者其他费用，出借人可以选择主张逾期利息、违约金或者其他费用，也可以一并主张，但是总计超过合同成立时一年期贷款市场报价利率四倍的部分，不受法律保护（《民间借贷规定》第 29 条）。

第五节 保证合同

一、保证合同的概念和特点

依据《民法典》第 681 条的规定，保证合同是为保障债权的实现，保证人和债权人约定，当债务人不履行到期债务或者发生当事人约定的情形时，保证人履行债务或者承担责任的合同。

保证合同属于担保合同，具有以下特点：

第一,保证合同具有从属性。保证合同的从属性主要表现在以下方面:(1)保证合同是主债权债务合同的从合同;(2)保证的范围与强度从属于主债务,不得大于或者强于主债务;(3)保证债权随主债权的转移而转移,保证人原则上在原担保的范围内承担保证责任;(4)保证人的保证债务随主债务人债务的存在而于保证债务诉讼时效期间内存在;(5)保证债务随主债务的消灭而消灭。

第二,保证合同具有相对独立性。保证合同的相对独立性主要表现在以下方面:(1)保证合同担保的债务范围可以与主债务的范围不同;(2)保证人享有独立的抗辩权,如一般保证中的先诉抗辩权;(3)主债务人与债权人之间的诉讼判决的效力不当然及于保证人;(4)保证合同无效,不影响主债权债务合同的效力。保证合同被确认无效后,债务人、保证人、债权人有过错的,应当根据其过错各自承担相应的民事责任(《民法典》第682条第2款)。

第三,保证合同具有无偿性、单务性、要式性。保证人的保证债务不以从债权人处取得一定财产权利为条件,债权人也无须支付任何代价而对保证人享有保证债权。在保证当事人之间,保证人一方负担义务而不享有权利,债权人一方享有权利而不负担义务,因而保证合同具有无偿性、单务性。此外,保证合同具有书面要式性,需要以书面形式订立。

二、保证合同的成立

(一)保证合同应当采取书面形式

依据《民法典》第685条的规定,保证合同可以是单独订立的书面合同,也可以是主债权债务合同中的保证条款。第三人单方以书面形式向债权人作出保证,债权人接收且未提出异议的,保证合同成立。保证合同的内容一般包括被保证的主债权的种类、数额,债务人履行债务的期限,保证的方式、范围和期间等条款(《民法典》第684条)。

(二)保证人应当具备保证能力

保证能力是民事主体充当保证人的能力,这是保证的主体资格要件。具有代为清偿债务能力的法人、非法人组织或者自然人,可以作为保证人。保证能力包括以下积极的或者消极的要求:

第一,保证人应当具有民事行为能力。保证人为自然人的,应当具有完全民事行为能力,无民事行为能力人、限制民事行为人不具有保证能力。

第二,保证人应当具有代偿能力。由于保证是以自己的财产代债务人清偿债务,因而,保证人应当具有代偿能力。

第三,法律对保证人的资格有特殊要求的,保证人只有具备了这种资格才能具有保证能力。例如,依据2023年修订的《公司法》第15条的规定,公司为他人提供担保,依照公司章程的规定,应由董事会或者股东会、股东大会决议;公司为公司股东或者实际控制人提供担保的,必须经股东会或者股东大会决议。

第四,法律对某些民事主体的保证人资格作出否定性规定的,此类民事主体不具有保证能力。如依据《民法典》第683条的规定,机关法人不得为保证人,但是经国务院批准为使用外国政府或者国际经济组织贷款进行转贷的除外。以公益为目的的非营利法人、非法人组织不得为保证人。

(三) 保证人应当具有明确的承担保证责任的意思表示

保证人应当明确表示承担保证责任。如果第三人仅向债权人提供债务人能够履行债务的信息，或者向债权人表示债务人能够履行债务，而没有明确表示自己愿意承担保证责任的，则该第三人不为保证人，保证合同不能成立。如果第三人在主合同上以保证人的名义签名或者盖章而又无他的约定，则推定该第三人有担任保证人的意思表示，保证合同成立。

三、保证的方式

保证的方式分为一般保证与连带责任保证两种。依据《民法典》第686条的规定，当事人在保证合同中对保证方式没有约定或者约定不明确的，按照一般保证承担保证责任。

(一) 一般保证

一般保证是指当事人在保证合同中约定，只有在债务人不能履行债务时，保证人才承担保证责任的保证（《民法典》第687条第1款）。在保证合同中，当事人约定了保证人在债务人不能履行债务或者无力偿还债务时才承担保证责任等类似内容，具有债务人应当先承担责任的意思表示的，应当将其认定为一般保证（《担保制度解释》第25条第1款）。在一般保证中，保证人享有先诉抗辩权，即保证人在主合同纠纷未经审判或者仲裁，并就主债务人的财产依法强制执行仍不能履行债务前，有权拒绝承担保证责任，但是有下列情形之一的除外：(1) 债务人下落不明，且无财产可供执行；(2) 人民法院已经受理债务人破产案件；(3) 债权人有证据证明债务人的财产不足以履行全部债务或者丧失履行债务能力；(4) 保证人书面表示放弃抗辩权（《民法典》第687条第2款）。

(二) 连带责任保证

连带责任保证是指债务人在债务履行期限届满而不履行债务时，债权人可以请求债务人履行债务，也可以请求保证人承担保证责任的保证方式。依据《民法典》第688条第1款的规定，当事人在保证合同中约定保证人和债务人对债务承担连带责任的，为连带责任保证。在保证合同中，当事人约定了保证人在债务人不履行债务或者未偿还债务时即承担保证责任、无条件承担保证责任等类似内容，不具有债务人应当先承担责任的意思表示的，应当将其认定为连带责任保证（《担保制度解释》第25条第2款）。在连带责任保证中，保证人不享有先诉抗辩权。因此，连带责任保证的债务人不履行到期债务或者发生当事人约定的情形时，债权人可以请求债务人履行债务，也可以请求保证人在其保证范围内承担保证责任（《民法典》第688条第2款）。

四、保证合同的效力

(一) 保证的范围

保证的范围是保证担保的债权范围。依据《民法典》第691条的规定，保证的范围可以由当事人在保证合同中约定。根据保证人承担保证责任范围的不同，保证可以分为有限保证和无限保证；当事人未作约定的，为无限保证。

有限保证是指保证人仅在约定的限度内承担保证责任的保证。在有限保证中，保证人仅于当事人约定的范围内承担保证责任；对于超过约定范围的债务，保证人不负保证责任。

无限保证是指保证人对全部债务承担保证责任的保证。无限保证包括两种情形：一是当事人在保证合同中约定对全部债务承担保证责任；二是当事人对保证担保的范围没有明确约定或者约定不明确，从而对全部债务承担保证责任。在无限保证中，保证的范围包括主债权及利息、违约金、损害赔偿金、实现债权的费用等。

（二）保证人与债权人之间的关系

1. 债权人的权利

保证合同为单务合同，债权人对保证人仅享有权利而不负给付义务。在主债务人不履行债务时，债权人有权请求保证人承担保证责任。当然，债权人请求权的行使因保证方式的不同而不同：在一般保证中，保证人享有先诉抗辩权，因此，债权人仅在强制执行债务人的财产仍不足以清偿债权时，始可行使该请求权；在连带责任保证中，只要债务人届期不履行债务，债权人即可行使该请求权。

2. 保证人的权利

保证合同为单务合同，保证人对债权人不享有请求给付的权利，只享有防御性的权利，主要包括以下几项：

（1）主债务人享有的抗辩权。一般保证人和连带责任保证人均可主张债务人对债权人的抗辩。债务人放弃抗辩的，保证人仍有权向债权人主张抗辩（《民法典》第701条）。此外，主债务诉讼时效期间届满，保证人享有主债务人的诉讼时效抗辩权。

（2）基于一般债务人的地位而享有的权利。在保证合同关系中，保证人为债务人，因而，一般债务人应享有的权利，保证人也应享有。例如，保证债务不成立、保证债务无效或者可撤销、保证债务履行期未到、保证债务已消灭等抗辩权，保证人均可行使。

（3）保证人专属的抗辩权。保证人专属的抗辩权是一般保证的保证人所享有的先诉抗辩权，连带责任保证的保证人不享有这种权利。

（4）保证人拒绝承担保证责任的权利。依据《民法典》第702条的规定，债务人对债权人享有抵销权或者撤销权的，保证人可以在相应范围内拒绝承担保证责任。在主债务人对债权人享有抵销权的情况下，若主债务人行使抵销权，则主债务因抵销而消灭，故在主债务人未行使抵销权时，保证人得依主债务人的抵销权在相应范围内拒绝承担保证责任。在主债务人对债权人享有撤销权的情况下，若主债务人行使了撤销权，则主债权债务即为自始没有法律约束力，保证合同亦自始没有法律约束力，保证人得依主债务人的撤销权而在相应范围内拒绝承担保证责任。

（三）保证人与债务人之间的关系

依据《民法典》第700条的规定，保证人享有追偿权。保证人承担保证责任后，除当事人另有约定外，有权在其承担保证责任的范围内向债务人追偿，享有债权人对债务人的权利，但是不得损害债权人的利益。

1. 保证人追偿权的成立条件

第一，保证人履行了保证债务。不论是一般保证还是连带责任保证，不论保证债务的内容是代为履行还是赔偿责任，也不论保证人履行了全部债务还是部分债务，只要保证人按照保证合同履行了保证债务，保证人均享有相应的追偿权。

第二，因保证人履行保证债务而使主债务人免责，主债务人不再向债权人履行债务。这里的免责,可以是全部免责,也可以是部分免责。

第三,保证人履行保证债务无过错。保证人在履行保证债务上有过错的,保证人丧失追偿权。例如,如果保证人应行使抗辩权却因其过错未行使,而向债权人履行了保证债务的,保证人即丧失向主债务人追偿的权利。保证人知道或者应当知道主债权诉讼时效期间届满仍然提供保证或者承担保证责任的,可以认定保证合同成立,保证人不得以诉讼时效期间届满为由拒绝承担保证责任或者请求返还财产;同时,保证人承担保证责任后也无权向债务人追偿,但债务人放弃诉讼时效抗辩的除外(《担保制度解释》第35条)。

2. 保证人追偿权的范围

保证人的追偿权成立后,保证人追偿权的范围以其履行保证债务的范围为限,一般应当包括两部分:一是保证人为主债务人向债权人清偿的债务额,但以主债务人因其清偿而受免责的数额为限;二是保证人履行保证债务所支出的必要费用,但因保证人的过错而多付出的费用不在此列。

五、保证责任的免除和消灭

(一)保证期间届满

保证期间是确定保证人承担保证责任的期间。保证期间属于除斥期间,不因任何事由发生中止、中断和延长的法律后果。依据《民法典》第692条的规定,保证期间可以由保证人与债权人约定,但是约定的保证期间早于主债务履行期限或者与主债务履行期限同时届满的,视为没有约定;没有约定或者约定不明确的,保证期间为主债务履行期限届满之日起6个月。债权人与债务人对主债务履行期限没有约定或者约定不明确的,保证期间自债权人请求债务人履行债务的宽限期届满之日起计算。保证合同约定保证人承担保证责任直至主债务本息还清时为止等类似内容的,视为约定不明,保证期间为主债务履行期限届满之日起6个月(《担保制度解释》第32条)。

保证期间是保证责任的存续期间,因此,在保证期间内,债权人未请求保证人履行保证债务的,保证人免除保证责任。在一般保证中,保证人享有先诉抗辩权,债权人应当先对主债务人提起诉讼或者申请仲裁并对债务人的财产强制执行,才能请求保证人承担保证责任。因此,一般保证的债权人未在保证期间内对债务人提起诉讼或者申请仲裁的,保证人不再承担保证责任。在连带责任保证中,保证人无先诉抗辩权,债权人可以不经请求债务人履行债务而直接请求保证人承担保证责任。因此,连带责任保证的债权人未在保证期间请求保证人承担保证责任的,保证人不再承担保证责任(《民法典》第693条)。

依据《民法典》第694条的规定,一般保证的债权人在保证期间届满前对债务人提起诉讼或者申请仲裁的,从保证人拒绝承担保证责任的权利消灭之日起,开始计算保证债务的诉讼时效。连带责任保证的债权人在保证期间届满前请求保证人承担保证责任的,从债权人请求保证人承担保证责任之日起,开始计算保证债务的诉讼时效。

在保证责任因保证期间届满而消灭后,债权人书面通知保证人要求承担保证责任,保证人在通知书上签字、盖章或者按指印的,除债权人有证据证明成立了新的保证合同外,保证人不承担保证责任(《担保制度解释》第34条第2款)。

(二) 未经保证人书面同意加重主债务的债的变更

基于保证合同的从属性,债权人和债务人未经保证人书面同意,协商变更主债权债务合同内容,减轻债务的,保证人仍对变更后的债务承担保证责任;加重债务的,保证人对加重的部分不承担保证责任。债权人和债务人变更主债权债务合同的履行期限,未经保证人书面同意的,保证期间不受影响(《民法典》第695条)。

(三) 债权人违反债权禁止转让的约定而转让债权

依据《民法典》第696条的规定,债权人转让全部或者部分债权,未通知保证人的,该转让对保证人不发生效力。保证人与债权人约定禁止债权转让,债权人未经保证人书面同意转让债权的,保证人对受让人不再承担保证责任。在保证中,债权转让涉及债权人的变化,对主债务人的履约能力不发生影响,一般不会增加保证人的负担。因此,保证权利随同主债权一并转移。但是,因保证是对主债权的担保,若主债权转让而未通知保证人,则该转让无法对保证人发生效力。同时,如果保证人与债权人约定禁止债权转让,则属于专属保证,即保证人仅对特定的债权人承担保证责任。因此,债权人未经保证人书面同意转让债权的,保证人对新的债权人不再承担保证责任。应当指出,保证人与债权人禁止债权转让的约定仅对保证人发生不承担保证责任的效力,对债权人转让债权的效力并不发生影响。

(四) 债务人未经保证人书面同意转移主债务

债权人未经保证人书面同意,允许债务人转移全部或者部分债务,保证人对未经其书面同意转移的债务不再承担保证责任,但是债权人和保证人另有约定的除外。不过,第三人加入债务的,保证人的保证责任不受影响(《民法典》第697条)。主债务的转移涉及主债务人的变化,而新的债务人的履约能力如何,将直接影响保证人应否承担保证责任。因此,主债务的转移事关保证人的利益,未经保证人同意的,保证人在转移的主债务范围内不再承担保证责任。当然,在第三人加入债务的情况下,因债务人的整体偿债能力只会增加而不会减损,对保证人的利益不会发生不利影响,故无须征得保证人的书面同意。

(五) 债权人放弃或者怠于行使权利致使主债务人的财产不能被执行

一般保证的保证人在主债务履行期限届满后,向债权人提供债务人可供执行财产的真实情况,债权人放弃或者怠于行使权利致使该财产不能被执行的,保证人在其提供可供执行财产的价值范围内不再承担保证责任(《民法典》第698条)。在一般保证中,债权人应当先就主债务人的财产依法强制执行以使其债权受偿,保证人仅就债权人未受偿部分承担保证责任。在主债务履行期限届满后,如果保证人向债权人提供债务人可供执行财产的真实情况,而债权人放弃或者怠于行使权利致使该财产不能被执行,则势必加重保证人的责任。因此,在上述情况下,保证人在其提供可供执行财产的价值范围内不再承担保证责任。

六、特殊保证合同

(一) 最高额保证合同

最高额保证合同是指保证人与债权人约定,就债权人与主债务人之间在一定期间内连续发生的债权预定最高限额,由保证人承担保证责任的合同。依据《民法典》第690条的规定,保证人与债权人可以协商订立最高额保证的合同,约定在最高债权额限度内就一定期间连续发生的债权提供保证。最高额保证合同除适用保证合同的规定外,可以参照适用《民法典》物权编最高额抵押权的有关规定。

在最高额保证合同中,最高额保证合同对保证期间的计算方式、起算时间等有约定的,按照其约定。最高额保证合同对保证期间的计算方式、起算时间等没有约定或者约定不明,被担保债权的履行期限均已届满的,保证期间自债权确定之日起开始计算;被担保债权的履行期限尚未届满的,保证期间自最后到期债权的履行期限届满之日起开始计算(《担保制度解释》第30条)。

最高额保证合同所担保的债权是一定期间内连续发生的债权,即债权是在最高额保证合同所担保的主合同约定的一定期间内连续发生的。该期间又称债权发生期,该期间届满之日又称决算期。

(二)共同保证合同

保证合同有单独保证合同与共同保证合同之分。在单独保证合同中,保证人仅为一人;在共同保证合同中,保证人为二人以上。无论是何种形式的共同保证,都可以为一般保证,也可以为连带责任保证。依据《民法典》第699条的规定,同一债务有两个以上保证人的,保证人应当按照保证合同约定的保证份额,承担保证责任;没有约定保证份额的,债权人可以请求任何一个保证人在其保证范围内承担保证责任。

在共同保证合同中,共同保证人所担保的对象须为同一债务人的同一债务。如果两个以上的保证人对同一债务人的不同债务提供保证,则不能产生共同保证。共同保证合同有按份共同保证合同与连带共同保证合同之分。按份共同保证合同是保证人与债权人约定按照份额对主债务承担保证责任的共同保证合同;连带共同保证合同是指数个保证人之间,在承担保证责任后,相互之间有追偿关系的共同保证合同。按份共同保证与连带共同保证的区别在于,按份共同保证人之间无追偿权,连带共同保证人之间有追偿权。依据《担保制度解释》第13条第1款的规定,在连带共同保证中,数个保证人之间约定了分担份额的,承担了保证责任的保证人有权请求其他保证人按照约定分担相应的份额;数个保证人之间未约定分担份额的,各保证人按照比例分担向债务人不能追偿的部分。在连带共同保证情形,保证人之间相互有追偿权,债权人未在保证期间内依法向部分保证人行使权利,导致其他保证人在承担保证责任后丧失追偿权,其他保证人有权主张在其不能追偿的范围内免除保证责任(《担保制度解释》第29条第2款)。

第二十三章 典型合同(中)

第一节 租赁合同

一、租赁合同的概念和特点

依据《民法典》第703条的规定,租赁合同是出租人将租赁物交付承租人使用、收益,承租人支付租金的合同。

租赁合同具有以下特点:

第一,租赁合同是转移财产使用权的合同。租赁合同是以承租人取得对租赁物的使用收益为目的的,因此,承租人所取得的仅是租赁物的使用收益的权利,而不是租赁物的所有权。在一般情况下,承租人注重的是物的使用,即不改变物的形体和性质而对物加以利用。但是在某些情况下,承租人不仅重视物的使用,而且重视取得收益,亦即使用的目的在于有收益。因此,在当事人无特别约定时,承租权的内容包括使用和收益。依据《民法典》第720条的规定,在租赁期限内因占有、使用租赁物获得的收益,归承租人所有,但当事人另有约定的除外。

第二,租赁合同为诺成合同、双务合同、有偿合同。租赁合同自当事人双方意思表示一致时就成立,而不以租赁物的实际交付为合同的成立要件,因此,租赁合同为诺成合同。租赁合同成立生效后,当事人双方都既负有一定义务,也享有一定权利,双方的权利义务具有对应性、对价性,因此,租赁合同为双务合同。租赁合同当事人的任何一方从对方取得利益,均须支付一定的代价,因此,租赁合同为有偿合同。

第三,租赁合同是具有法定最长期限限制的合同。租赁合同只是出租人在一定期限内将其财产的使用收益权转让给承租人,而不是永久性地转让给承租人。租赁期限可长可短,但是最长不得超过20年。对此,《民法典》第705条第1款规定:"租赁期限不得超过二十年。超过二十年的,超过部分无效。"当事人约定的租赁期限超过最长限期的,应缩短为法定的最长期限。

第四,租赁合同是继续性合同。在租赁合同中,承租人要实现对物的使用收益目的,有赖于出租人在租赁期限内持续不断地履行合同义务。因此,租赁合同为继续性合同。

第五,租赁合同的形式因期限而有不同要求。依据《民法典》第707条的规定,租赁期限6个月以上的,应当采用书面形式;当事人未采用书面形式,无法确定租赁期限的,视为不定期租赁。

租赁合同的内容一般包括如下条款:租赁物的名称、数量、用途、租赁期限、租金及其支付期限和方式、租赁物维修等条款(《民法典》第704条)。

二、租赁合同的效力

(一) 出租人的主要义务

1. 交付租赁物的义务

交付租赁物是出租人的主给付义务。因此,出租人应当按照约定将租赁物交付承租人(《民法典》第708条)。

2. 租赁物的维修义务

在租赁期限内,出租人有义务保持租赁物符合约定的用途(《民法典》第708条)。因此,除当事人另有约定外,出租人应当履行租赁物的维修义务(《民法典》第712条)。承租人在租赁物需要维修时可以请求出租人在合理期限内维修。出租人未履行维修义务的,承租人可以自行维修,维修费用由出租人负担。因维修租赁物影响承租人使用的,应当相应减少租金或者延长租期。依据《民法典》第713条的规定,因承租人的过错致使租赁物需要维修的,出租人不承担维修义务。

3. 瑕疵担保责任

因第三人主张权利,致使承租人不能对租赁物使用、收益的,承租人可以请求减少租金或者不支付租金。第三人主张权利的,承租人应当及时通知出租人(《民法典》第723条)。有下列情形之一,非因承租人原因致使租赁物无法使用的,承租人可以解除合同:(1) 租赁物被司法机关或者行政机关依法查封、扣押;(2) 租赁物权属有争议;(3) 租赁物具有违反法律、行政法规关于使用条件的强制性规定情形(《民法典》第724条)。应当指出,依据《民法典》第731条的规定,租赁物危及承租人的安全或者健康的,即使承租人订立合同时明知该租赁物质量不合格,承租人仍然可以随时解除合同。

4. 承担租赁物毁损、灭失风险的义务

因不可归责于承租人的事由,致使租赁物部分或者全部毁损、灭失的,承租人可以请求减少租金或者不支付租金;因租赁物部分或者全部毁损、灭失,致使不能实现合同目的的,承租人可以解除合同(《民法典》第729条)。

(二) 承租人的主要义务

1. 按照约定的方法使用租赁物的义务

依据《民法典》第709条的规定,承租人应当按照约定的方法使用租赁物。对租赁物的使用方法没有约定或者约定不明确,可以协议补充,不能达成补充协议的,按照合同相关条款或者交易习惯确定;仍不能确定的,应当根据租赁物的性质使用。承租人按照约定的方法或者根据租赁物的性质使用租赁物,致使租赁物受到损耗的,不承担赔偿责任(《民法典》第710条)。承租人未按照约定的方法或者未根据租赁物的性质使用租赁物,致使租赁物受到损失的,出租人可以解除合同并请求赔偿损失(《民法典》第711条)。依据《最高人民法院关于审理城镇房屋租赁合同纠纷案件具体应用法律若干问题的解释》(以下简称《城镇房屋租赁解释》)第6条的规定,承租人擅自变动房屋建筑主体和承重结构或者扩建,在出租人要求的合理期限内仍不予恢复原状,出租人可以请求解除合同并要求赔偿损失。

2. 妥善保管租赁物的义务

依据《民法典》第714条的规定,承租人应当妥善保管租赁物,因保管不善造成租赁物毁损、灭失的,应当承担赔偿责任。

3. 不得擅自改善或者增设他物的义务

依据《民法典》第715条的规定,承租人经出租人同意,可以对租赁物进行改善或者增设他物。承租人未经出租人同意,对租赁物进行改善或者增设他物的,出租人可以请求承租人恢复原状或者赔偿损失。所谓"改善"或者"增设他物",就是通常所谓的"改扩建",如对房屋进行装饰装修。承租人未经出租人同意装饰装修或者扩建发生的费用,由承租人负担。出租人有权请求承租人恢复原状或者赔偿损失(《城镇房屋租赁解释》第11条)。

4. 不得擅自转租的义务

转租是指承租人不退出租赁关系,而将租赁物出租给次承租人使用收益。承租人未经出租人同意转租的,出租人可以解除合同(《民法典》第716条第2款)。在租赁合同中,承租人只有经出租人同意,才有权将租赁物转租;未经出租人同意的,承租人不得将租赁物转租给第三人。可见,转租可分为合法转租与不合法转租两种情况。

在合法转租中,承租人与出租人之间的租赁合同继续有效;第三人对租赁物造成损失的,承租人应当赔偿损失(《民法典》第716条第1款)。出租人知道或者应当知道承租人转租,但在6个月内未提出异议的,视为出租人同意转租(《民法典》第718条)。承租人合法转租的,转租期限超过承租人剩余租赁期限的,超过部分的约定对出租人不具有法律约束力,但出租人和承租人另有约定的除外(《民法典》第717条)。在转租合同对出租人发生法律效力的情况下,承租人拖欠租金的,次承租人可以代承租人支付其欠付的租金和违约金。次承租人代为支付的租金和违约金可以充抵次承租人应当向承租人支付的租金;超过其应付的租金数额的,可以向承租人追偿(《民法典》第719条)。

在不合法转租中,因未经出租人同意,故对出租人不具有法律约束力。依据《民法典》第716条第2款的规定,承租人未经出租人同意转租的,出租人可以解除合同。

5. 支付租金的义务

依据《民法典》第721条的规定,承租人应当按照约定的期限支付租金。对支付租金的期限没有约定或者约定不明确,可以协议补充,不能达成补充协议的,按照合同相关条款或者交易习惯确定;仍不能确定,租赁期限不满1年的,应当在租赁期限届满时支付;租赁期限1年以上的,应当在每届满1年时支付,剩余期限不满1年的,应当在租赁期限届满时支付。承租人无正当理由未支付或者迟延支付租金的,出租人可以请求承租人在合理期限内支付;承租人逾期不支付的,出租人可以解除合同(《民法典》第722条)。

6. 返还租赁物的义务

依据《民法典》第733条的规定,租赁期限届满,承租人应当返还租赁物。返还的租赁物应当符合按照约定或者根据租赁物的性质使用后的状态。

(三) 租赁合同的特别效力

1. 买卖不破租赁

买卖不破租赁是指租赁物在承租人按照租赁合同占有期限内发生所有权变动的,不影响租赁合同的效力(《民法典》第725条)。对于房屋租赁,买卖不破租赁规则存在两种例外情形:其一,房屋在出租前已设立抵押权,因抵押权人实现抵押权发生所有权变动的;其二,房屋在出租前已被人民法院依法查封的(《城镇房屋租赁解释》第14条)。

2. 房屋承租人的优先购买权

承租人的优先购买权是指在租赁合同存续期间,于出租人出卖租赁物时,承租人在同等条件下所享有的优先购买租赁物的权利。依据《民法典》第 726 条规定,出租人出卖租赁房屋的,应当在出卖之前的合理期限内通知承租人,承租人享有以同等条件优先购买的权利;但是,房屋按份共有人行使优先购买权或者出租人将房屋出卖给近亲属的除外。出租人履行通知义务后,承租人在 15 日内未明确表示购买的,视为承租人放弃优先购买权。出租人委托拍卖人拍卖租赁房屋的,应当在拍卖 5 日前通知承租人。承租人未参加拍卖的,视为放弃优先购买权(《民法典》第 727 条)。应当指出,出租人未通知承租人或者有其他妨害承租人行使优先购买权情形的,承租人可以请求出租人承担赔偿责任。但是,出租人与第三人订立的房屋买卖合同的效力不受影响(《民法典》第 728 条)。

3. 房屋承租人的优先承租权

依据《民法典》第 734 条第 2 款的规定,租赁期限届满,房屋承租人享有以同等条件优先承租的权利。

4. 租赁合同的法定承受

依据《民法典》第 732 条的规定,承租人在房屋租赁期限内死亡的,与其生前共同居住的人或者共同经营人可以按照原租赁合同租赁该房屋。

第二节 融资租赁合同

一、融资租赁合同的概念和特点

依据《民法典》第 735 条的规定,融资租赁合同是出租人根据承租人对出卖人、租赁物的选择,向出卖人购买租赁物,提供给承租人使用,承租人支付租金的合同。

融资租赁合同具有以下特点:

第一,融资租赁合同具有融资和融物的双重属性。租赁合同是一种物的融通合同,即承租人单纯地为了使用、收益他人之物而签订的合同,具有单一的融物性;而融资租赁合同不仅具有融物性,同时还具有融资性,即通过融物来实现融资的目的,因而融资性是其主导属性。

第二,融资租赁合同的出租人具有特定性。融资租赁业务是一项金融业务,只能由具有相应资质的融资租赁公司开展该项业务,非融资租赁公司不得开展融资租赁业务。

第三,融资租赁合同是一种具有担保功能的合同。在融资租赁合同存续期间内,租赁物的所有权归出租人所有,即便当事人约定租赁期限届满后租赁物归承租人所有,在租赁期限内出租人仍要保有所有权,其目的就在于担保后续承租人租金的支付,故融资租赁合同具有担保功能。但是,出租人对租赁物的所有权,未经登记,不得对抗善意第三人(《民法典》第 745 条)。如果承租人未按照约定支付租金,经催告后在合理期限内仍不支付,出租人有权请求承租人支付全部剩余租金,并以拍卖、变卖租赁物所得价款优先受偿(《担保制度解释》第 65 条)。

第四,融资租赁合同是诺成合同、双务合同、有偿合同、要式合同。出租人与承租人意思表示一致时合同成立，因此，融资租赁合同为诺成合同。承租人取得租赁物的使用、收益权利需支付相应的租金，因此，融资租赁合同为双务合同、有偿合同。融资租赁合同应当采用书面形式（《民法典》第736条第2款），因此，融资租赁合同为要式合同，其内容一般包括租赁物的名称、数量、规格、技术性能、检验方法，租赁期限，租金构成及其支付期限和方式、币种，租赁期限届满租赁物的归属等条款（《民法典》第736条第1款）。

二、融资租赁合同的成立

（一）融资租赁法律关系的认定

依据《最高人民法院关于审理融资租赁合同纠纷案件适用法律问题的解释》（以下简称《融资租赁解释》）第1条的规定，是否构成融资租赁合同，应结合标的物的性质、价值、租金的构成以及当事人的合同权利和义务作出认定。对名为融资租赁合同，但实际不构成融资租赁法律关系的，应按照其实际构成的法律关系予以认定。

（二）售后回租的融资租赁性质

售后回租是指承租人作为出卖人，先将自有之物出卖给出租人，待所有权转移后，承租人再与出租人签订租赁合同，取得租赁物的使用、收益权利。如果出租人与承租人签订的是融资租赁合同，则会产生一个合同性质的认定问题，因为其与一般的融资租赁合同中的出卖人为第三人不同。就此问题，《融资租赁解释》第2条规定："承租人将其自有物出卖给出租人，再通过融资租赁合同将租赁物从出租人处租回的，人民法院不应仅以承租人和出卖人系同一人为由认定不构成融资租赁法律关系。"

（三）虚构租赁物不影响合同的成立

虚构租赁物是指租赁物本不存在而虚构其存在。当事人以虚构租赁物方式订立融资租赁合同，受到影响的不是合同的成立，而是合同的有效性。因此，当事人以虚构租赁物方式订立的融资租赁合同无效（《民法典》第737条）。应当指出，依照法律、行政法规的规定，对于租赁物的经营使用应当取得行政许可的，出租人未取得行政许可并不影响融资租赁合同的效力（《民法典》第738条）。

三、融资租赁合同的效力

（一）出租人的主要义务

1. 按照承租人的要求订立买卖合同购买租赁物的义务

依据《民法典》第739条的规定，出租人应当根据承租人对出卖人、租赁物的选择订立买卖合同购买租赁物。出租人不与出卖人订立购买租赁物的买卖合同的，应当向承租人负违约责任。由于出租人是按照承租人对出卖人、租赁物的选择而订立买卖合同的，因此，未经承租人同意，出租人不得变更与承租人有关的合同内容（《民法典》第744条）。

2. 保证承租人对租赁物的占有和使用的义务

依据《民法典》第748条第1款的规定，出租人应当保证承租人对租赁物的占有和使用。出租人有下列情形之一的，承租人有权请求其赔偿损失：（1）无正当理由收回租赁物；（2）无正当理由妨碍、干扰承租人对租赁物的占有和使用；（3）因出租人的原因致使第三人对租赁物主张权利；（4）不当影响承租人对租赁物占有和使用的其他情形（《民法典》第748条第2

款)。

3. 协助承租人向出卖人索赔的义务

依据《民法典》第741条的规定,出租人、出卖人、承租人可以约定,出卖人不履行买卖合同义务的,由承租人行使索赔的权利。承租人行使索赔权利的,出租人应当协助。出租人有下列情形之一,致使承租人对出卖人行使索赔权利失败的,承租人有权请求出租人承担相应的责任:(1)明知租赁物有质量瑕疵而不告知承租人;(2)承租人行使索赔权利时,未及时提供必要协助。出租人怠于行使只能由其对出卖人行使的索赔权利,造成承租人损失的,承租人有权请求出租人承担赔偿责任(《民法典》第743条)。

4. 例外情况下的瑕疵担保责任

在融资租赁合同中,由于出租人仅是按照承租人的选择和要求购买租赁物,并不对租赁物实际占有、使用、收益,同时其也缺乏关于租赁物是否存在瑕疵的知识和能力,因此,租赁物不符合约定或者不符合使用目的的,出租人不承担赔偿责任。但是,如果承租人依赖出租人的技能确定租赁物或者出租人干预选择租赁物的,则出租人应承担瑕疵担保责任(《民法典》第747条)。

(二)承租人的主要义务

1. 支付租金的义务

融资租赁合同的租金,除当事人另有约定外,应当根据购买租赁物的大部分或者全部成本以及出租人的合理利润确定(《民法典》第746条)。依据《民法典》第752条的规定,承租人应当按照约定支付租金。承租人经催告后在合理期限内仍不支付租金的,出租人可以请求支付全部租金;也可以解除合同,收回租赁物。

2. 承担租赁物毁损、灭失风险的义务

依据《民法典》第751条的规定,承租人占有租赁物期间,租赁物毁损、灭失的,出租人有权请求承租人继续支付租金,但是法律另有规定或者当事人另有约定的除外。出租人有权请求承租人继续支付租金,就意味着租赁物毁损、灭失的风险由承租人承担,出租人的租金收取权不会因租赁物的毁损、灭失而消灭。

3. 承担租赁物致人损害责任的义务

依据《民法典》第749条的规定,承租人占有租赁物期间,租赁物造成第三人人身损害或者财产损失的,出租人不承担责任。承租人是租赁物的管理人,租赁物致第三人受有损害是因为承租人管理不善造成的,故应由承租人承担侵权责任。

4. 妥善保管、使用和维修租赁物的义务

承租人应当妥善保管、使用租赁物。此外,承租人还应当履行占有租赁物期间的维修义务(《民法典》第750条)。

(三)出卖人的主要义务

1. 向承租人交付租赁物的义务

出租人根据承租人对出卖人、租赁物的选择订立的买卖合同,出卖人应当按照约定向承租人交付标的物,承租人享有与受领标的物有关的买受人的权利(《民法典》第739条)。出卖人违反向承租人交付标的物的义务,有下列情形之一的,承租人可以拒绝受领出卖人向其交付的标的物:(1)标的物严重不符合约定;(2)未按照约定交付标的物,经承租人或者出租人催告后在合理期限内仍未交付。承租人拒绝受领标的物的,应当及时通知出租人(《民法典》第 740 条)。未及时通知出租人,或者无正当理由拒绝受领租赁物,造成出租人损失的,出租人有权向承租人主张损害赔偿(《融资租赁解释》第 3 条)。

2. 出卖人的瑕疵担保责任

在融资租赁合同中,出卖人是向承租人交付租赁物并由承租人验收租赁物,出卖人和租赁物也是由承租人选择确定的,因此,在出卖人交付的租赁物不符合合同约定时,出卖人应当承担瑕疵担保责任。

四、融资租赁合同的解除

(一) 出租人的解除权

承租人未经出租人同意,将租赁物转让、抵押、质押、投资入股或者以其他方式处分的,出租人可以解除融资租赁合同(《民法典》第 753 条)。

依据《融资租赁解释》第 5 条的规定,有下列情形之一,出租人亦可以请求解除融资租赁合同:(1) 承租人未按照合同约定的期限和数额支付租金,符合合同约定的解除条件,经出租人催告后在合理期限内仍不支付的;(2) 合同对于欠付租金解除合同的情形没有明确约定,但承租人欠付租金达到两期以上,或者数额达到全部租金 15% 以上,经出租人催告后在合理期限内仍不支付的;(3) 承租人违反合同约定,致使合同目的不能实现的其他情形。

(二) 双方的解除权

依据《民法典》第 754 条的规定,有下列情形之一的,出租人或者承租人可以解除融资租赁合同:(1) 出租人与出卖人订立的买卖合同解除、被确认无效或者被撤销,且未能重新订立买卖合同;(2) 租赁物因不可归责于当事人的原因毁损、灭失,且不能修复或者确定替代物;(3) 因出卖人的原因致使融资租赁合同的目的不能实现。

融资租赁合同因买卖合同解除、被确认无效或者被撤销而解除,出卖人、租赁物系由承租人选择的,出租人有权请求承租人赔偿相应损失;但是,因出租人原因致使买卖合同解除、被确认无效或者被撤销的除外。出租人的损失已经在买卖合同解除、被确认无效或者被撤销时获得赔偿的,承租人不再承担相应的赔偿责任(《民法典》第 755 条)。

五、租赁期满后租赁物的归属

(一) 归承租人所有

当事人约定租赁期限届满租赁物归承租人所有,承租人已经支付大部分租金,但是无力支付剩余租金,出租人因此解除合同收回租赁物,收回的租赁物的价值超过承租人欠付的租金以及其他费用的,承租人可以请求相应返还(《民法典》第 758 条第 1 款)。

依据《民法典》第 759 条的规定,当事人约定租赁期限届满,承租人仅需向出租人支付象征性价款的,视为约定的租金义务履行完毕后租赁物的所有权归承租人。

(二) 归出租人所有

当事人约定租赁期限届满租赁物归出租人所有,因租赁物毁损、灭失或者附合、混合于他物致使承租人不能返还的,出租人有权请求承租人给予合理补偿(《民法典》第 758 条第 2 款)。

依据《民法典》第757条的规定，当事人对租赁物的归属没有约定或者约定不明确，可以协议补充，不能达成补充协议的，按照合同相关条款或者交易习惯确定；仍不能确定的，租赁物的所有权归出租人。

(三) 融资租赁合同被确认无效后的租赁物归属

依据《民法典》第760条的规定，融资租赁合同无效，当事人就该情形下租赁物的归属有约定的，按照其约定；没有约定或者约定不明确的，租赁物应当返还出租人。但是，因承租人原因致使合同无效，出租人不请求返还或者返还后会显著降低租赁物效用的，租赁物的所有权归承租人，由承租人给予出租人合理补偿。

第三节 保理合同

一、保理合同的概念和特点

依据《民法典》第761条的规定，保理合同是指应收账款债权人将现有的或者将有的应收账款转让给保理人，保理人提供资金融通、应收账款管理或者催收、应收账款债务人付款担保等服务的合同。

保理合同具有以下特点：

第一，保理合同中的保理人具有特定性。在保理合同中，保理人是依照国家规定，经主管部门批准开展保理业务的保理公司、商业银行，其他组织或者个人不得开展保理业务。

第二，保理合同是一种具有担保功能的合同。债权人向保理人融通资金，将应收账款转移给保理人，保理人取得应收账款，有权向应收账款债务人直接主张债权，这是一种强有力的担保，故保理合同如同应收账款质押一样，具有担保功能。

第三，保理合同是一种特殊的债权转让合同。保理合同具有应收账款"贴现"的性质，即债权人通过转让应收账款的方式自保理人处融通资金。保理人取得应收账款既是提供保理服务的需要，也是担保资金安全的需要。正是因为保理合同是一种特殊的债权转让合同，《民法典》第769条规定："本章没有规定的，适用本编第六章债权转让的有关规定。"

第四，保理合同是诺成合同、双务合同、有偿合同、要式合同。保理合同自双方当事人意思表示一致时成立，因此，保理合同为诺成合同。保理人提供保理服务需要收取报酬，因此，保理合同为双务合同、有偿合同。保理业务是一项复杂的金融业务，法律要求其采用书面形式(《民法典》第762条第2款)，其内容一般包括业务类型、服务范围、服务期限、基础交易合同情况、应收账款信息、保理融资款或者服务报酬及其支付方式等条款(《民法典》第762条第1款)。

二、保理合同的效力

(一) 对保理人的效力

1. 保理人向应收账款债务人发出转让的通知

依据《民法典》第764条的规定，保理人向应收账款债务人发出应收账款转让通知的，应当表明保理人身份并附有必要凭证。

2. 按照约定向债权人提供保理服务

在不同的保理业务中,保理人的服务内容各不相同,保理人应当按照约定内容提供保理服务。例如,保理人提供资金融通的,应当按照约定提供融资额;保理人提供应收账款管理或者催收服务的,应当进行妥善管理或者妥当催收。

3. 按照约定向债权人支付保理融资款

保理合同的核心内容是应收账款的转让,保理人在受让应收账款时,应当向债权人支付转让对价即保理融资款。

4. 在有追索权保理合同中,保理人拥有追索权

保理人的追索权,可以选择向债权人或者向债务人主张权利。依据《民法典》第766条的规定,当事人约定有追索权保理的,保理人可以向应收账款债权人主张返还保理融资款本息或者回购应收账款债权,也可以向应收账款债务人主张应收账款债权。保理人向应收账款债务人主张应收账款债权,在扣除保理融资款本息和相关费用后有剩余的,剩余部分应当返还给应收账款债权人。

5. 在无追索权保理中,保理人有权向债务人主张应收账款债权

依据《民法典》第767条的规定,当事人约定无追索权保理的,保理人应当向应收账款债务人主张应收账款债权,保理人取得超过保理融资款本息和相关费用的部分,无需向应收账款债权人返还。

6. 保理人在应收账款重复转让时享有清偿顺序权

依据《民法典》第768条规定,保理合同的担保功能主要体现在:应收账款债权人就同一应收账款订立多个保理合同,致使多个保理人主张权利的,已经登记的先于未登记的取得应收账款;均已经登记的,按照登记时间的先后顺序取得应收账款;均未登记的,由最先到达应收账款债务人的转让通知中载明的保理人取得应收账款;既未登记也未通知的,按照保理融资款或者服务报酬的比例取得应收账款。同一应收账款同时存在保理、应收账款质押和债权转让的,当事人有权主张参照《民法典》第768条规定确定优先顺序(《担保制度解释》第66条第1款)。

(二) 对债权人的效力

1. 接受保理人的保理服务

保理人应当按照合同约定为债权人提供保理服务,同时债权人应当接受保理人的保理服务。

2. 将应收账款转让给保理人

债权人应当按照约定的时间和方式将应收账款转让给保理人。债权人违反这一义务的,应当承担违约责任。构成根本违约的,保理人有权解除合同。

3. 债权人有权要求保理人返还在扣除保理融资款本息和相关费用后剩余的款项

在有追索权的保理中,债权人有权要求保理人返还在扣除保理融资款本息和相关费用后剩余的款项。保理人不向债务人而向债权人主张权利的,债权人可以继续向债务人主张债权(《民法典》第766条)。在无追索权的保理中,保理人已取得债权且不能向债权人追索,债权人通常已获得债权转让款,故债权人无前述权利。

4. 承担债权转让人的义务

在保理合同中,债权人与保理人达成债权转让的合意的,债权人应当将债权转让给保理人,从而使保理人拥有对债务人收款的权利。债权人承担与债权转让相关的义务,除另有规定外,可以适用《民法典》对债权让与的规定(《民法典》第 769 条)。当然,保理人也对债权的真实性等负有审查义务。

5. 向保理人交付其与债务人之间的基础交易合同并向保理人支付必要的费用

应收账款须具有真实性,即债权人与债务人之间存在真实的交易,债权人应当向保理人交付相关资料,以保障保理人能够行使权利。在保理人提供管理、催收等服务时,债权人应支付相应的费用。

(三)对债务人的效力

应收账款的债务人虽然不是保理合同的当事人,但保理合同对其亦会发生一定的效力。例如,应收账款债务人接到应收账款转让通知后,应收账款债权人与债务人无正当理由协商变更或者终止基础交易合同,对保理人产生不利影响的,对保理人不发生效力(《民法典》第 765 条)。若应收账款债权人与债务人虚构应收账款作为转让标的,与保理人订立保理合同的,应收账款债务人不得以应收账款不存在为由对抗保理人,但是保理人明知虚构的除外(《民法典》第 763 条)。

第四节 承揽合同

一、承揽合同的概念和特点

依据《民法典》第 770 条第 1 款的规定,承揽合同是承揽人按照定作人的要求完成工作,交付工作成果,定作人支付报酬的合同。

承揽合同具有以下特点:

第一,承揽合同的履行具有一定的劳务性。承揽合同是完成一定工作的合同,工作的完成需要付出劳力,因此,承揽合同的履行具有一定的劳务性。承揽的工作包括加工、定作、修理、复制、测试、检验等(《民法典》第 770 条第 2 款),因具体工作不同,承揽人使用的技能和付出的劳务也不同。

第二,承揽人交付的工作成果具有特定性。定作人订立承揽合同的最终目的是要取得承揽人的工作成果,定作人之所以要通过承揽合同取得工作成果,是因为该工作成果具有特定性和不可替代性,如果能够通过公开市场取得可替代的相应工作成果,定作人就不会订立承揽合同。

第三,承揽人完成承揽工作具有独立性。承揽合同具有一定劳务性,但是承揽合同不同于劳动合同,也不同于雇佣合同。劳动合同是用人单位与劳动者签订的合同,雇佣合同是雇主与雇工签订的合同。在这两种合同中,劳动者和雇工要接受用人单位和雇主的管理,依法带有一定的人身属性。但是,承揽人则是独立完成工作,定作人可以监督检验承揽工作,但无权管理承揽人。

第四,承揽合同是诺成合同、双务合同、有偿合同、不要式合同。定作人与承揽人意思表示一致时合同成立,因此,承揽合同为诺成合同。定作人取得工作成果需向承揽人支付报酬,因此,同为双务合同、有偿合同。承揽合同可以采用口头的、书面的或者其他形式,因此,承揽合同为不要式合同。承揽合同采取书面形式的,其内容一般包括承揽的标的、数量、质量、报酬、承揽方式,材料的提供,履行期限,验收标准和方法等条款(《民法典》第771条)。

二、承揽合同的效力

(一)承揽人的主要义务

1. 承揽人自己完成主要工作的义务

定作人之所以要选择特定的承揽人,往往是因为承揽人拥有完成工作所需要的特定设备或者技术,因此,除非当事人另有约定外,承揽人应当以自己的设备、技术和劳力,完成主要工作(《民法典》第772条第1款)。经定作人同意或者与定作人约定,承揽人可以将主要工作交由第三人完成,但是承揽人应当就该第三人完成的工作成果向定作人负责;未经定作人同意的,定作人可以解除合同(《民法典》第772条第2款)。承揽人将其承揽的辅助工作交由第三人完成的,应当就该第三人完成的工作成果向定作人负责(《民法典》第773条)。

2. 按照约定选用材料的义务

依据《民法典》第774条的规定,承揽人提供材料的,应当按照约定选用材料,并接受定作人的检验。

3. 妥善保管材料及工作成果的义务

依据《民法典》第784条的规定,承揽人应当妥善保管定作人提供的材料以及完成的工作成果,因保管不善造成毁损、灭失的,应当承担赔偿责任。

4. 接受监督检验的义务

依据《民法典》第779条的规定,承揽人在工作期间,应当接受定作人必要的监督检验。但是,定作人不得因监督检验妨碍承揽人的正常工作。

5. 交付工作成果的义务

承揽人完成工作的,应当向定作人交付工作成果,并提交必要的技术资料和有关质量证明。同时,定作人应当验收该工作成果(《民法典》第780条)。承揽人交付的工作成果不符合质量要求的,定作人可以合理选择请求承揽人承担修理、重作、减少报酬、赔偿损失等违约责任(《民法典》第781条)。承揽人应当按照定作人的要求保守秘密,未经定作人许可,不得留存复制品或者技术资料(《民法典》第785条)。

6. 共同承揽人的连带责任

共同承揽是指同一工作和工作成果需要由数个承揽人共同完成的承揽。依据《民法典》第786条的规定,共同承揽人应当对定作人承担连带责任,但是当事人另有约定的除外。

(二)定作人的主要义务

1. 按照约定提供材料的义务

依据《民法典》第775条的规定,定作人提供材料的,应当按照约定提供材料。承揽人对定作人提供的材料应当及时检验,发现不符合约定时,应当及时通知定作人更换、补齐或者采取其他补救措施。承揽人不得擅自更换定作人提供的材料,不得更换不需要修理的零部件。

2. 协助完成工作的义务

依据《民法典》第 778 条的规定，承揽工作需要定作人协助的，定作人有协助的义务。定作人不履行协助义务致使承揽工作不能完成的，承揽人可以催告定作人在合理期限内履行义务，并可以顺延履行期限；定作人逾期不履行的，承揽人可以解除合同。

3. 支付报酬的义务

依据《民法典》第 782 条的规定，定作人应当按照约定的期限支付报酬。对支付报酬的期限没有约定或者约定不明确，可以协议补充，不能达成补充协议的，按照合同相关条款或者交易习惯确定；仍不能确定的，定作人应当在承揽人交付工作成果时支付；工作成果部分交付的，定作人应当相应支付。定作人未向承揽人支付报酬或者材料费等价款的，承揽人对完成的工作成果享有留置权或者有权拒绝交付；但是，如果当事人约定承揽人负有先履行义务的，则承揽人不得留置或者拒绝交付工作成果（《民法典》第 783 条）。

4. 赔偿损失的义务

承揽人发现定作人提供的图纸或者技术要求不合理的，应当及时通知定作人，由定作人给出合理解释或者修正图纸和技术要求；因定作人怠于答复等原因造成承揽人损失的，应当赔偿损失（《民法典》第 776 条）。定作人中途变更承揽工作的要求，造成承揽人损失的，应当赔偿损失（《民法典》第 777 条）。定作人在承揽人完成工作前可以随时解除合同；但是，造成承揽人损失的，应当赔偿损失（《民法典》第 787 条）。

第五节 建设工程合同

一、建设工程合同的概念和特点

依据《民法典》第 788 条的规定，建设工程合同是承包人进行工程建设，发包人支付价款的合同。建设工程合同包括工程勘察、设计、施工合同。

建设工程合同是承揽合同的一种特殊形式，因此，《民法典》第 808 条规定："本章没有规定的，适用承揽合同的有关规定。"建设工程合同除具有承揽合同的一般特点外，如建设工程合同也为诺成合同、双务合同、有偿合同，还具有如下特点：

第一，建设工程合同的标的物具有特定性。建设工程合同的标的物是建设工程。也就是说，只有承包建设基本建设工程，才能成立建设工程承包合同。为建造个人住宅而订立的合同，只能为承揽合同，而不为建设工程合同。

第二，建设工程合同的主体具有限定性。基本建设工程具有投资大、周期长、技术要求高、涉及面广等特点，一般的民事主体很难完成。因此，建设工程合同的主体资格是受限制的。在建设工程合同中，发包人一般为建设工程的建设单位，即投资建设该项工程的单位；承包人只能是具有从事勘察、设计、建筑、安装任务资格的法人，并且承包人按照其拥有的注册资本、专业技术人员、技术装备和完成的建筑工程业绩等资质条件分为不同的资质等级，只有取得相应的资质等级，才能在其资质等级许可的范围内承包相应的工程。

第三，建设工程合同的管理具有特殊性。基于建设工程的特殊地位和作用，国家对建设工程合同实行严格的监督和管理制度。从合同的签订到合同的履行，从资金的投放到最终的成果验收，都受到国家的严格管理和监督。例如，必须进行招标的建设工程合同的签订应当采取招标投标的方式进行、合同的履行要实行监理制度等。

第四，建设工程合同的形式具有要式性。《民法典》第789条规定："建设工程合同应当采取书面形式。"

二、建设工程合同的订立

建设工程合同的订立也要采取要约、承诺的方式，但因建设工程合同具有特殊性，所以，在合同订立上也有特殊的要求，这主要体现在以下方面：

第一，国家重大建设工程合同，应当按照国家规定的程序和国家批准的投资计划、可行性研究报告等文件订立(《民法典》第792条)。

第二，建设工程合同采取招标投标方式订立的，应当依照有关法律的规定公开、公平、公正进行(《民法典》第790条)。

第三，建设工程合同可以采取总承包或者分承包的方式订立。依据《民法典》第791条的规定，发包人可以与总承包人订立建设工程合同，也可以分别与勘察人、设计人、施工人订立勘察、设计、施工承包合同。发包人不得将应当由一个承包人完成的建设工程支解成若干部分发包给数个承包人，总承包人或者勘察、设计、施工承包人经发包人同意的，可以将自己承包的部分工作交由第三人完成，第三人就其完成的工作成果与总承包人或者勘察、设计、施工承包人向发包人承担连带责任，但是承包人不得将其承包的全部建设工程转包给第三人或者将其承包的全部建设工程支解以后以分包的名义分别转包给第三人；禁止承包人将工程分包给不具备相应资质条件的单位，禁止分包单位将其承包的工程再分包；建设工程主体结构的施工必须由承包人自行完成。

三、勘察、设计合同

(一) 勘察、设计合同的概念

勘察、设计合同是指发包人或者总承包人与勘察、设计人之间订立的，由勘察人、设计人完成一定的勘察设计工作，发包人或者总承包人支付价款的合同。勘察、设计合同的内容一般包括提交有关基础资料和概预算等文件的期限、质量要求、费用以及其他协作条件等条款(《民法典》第794条)。

(二) 勘察、设计合同的效力

1. 发包人的主要义务

在勘察、设计合同中，发包人负有以下主要义务：

(1) 按照约定提供开展勘察设计所需的基础资料和文件。

勘察合同的发包人应当按照合同的约定提供勘察工作需要的勘察基础资料、勘察技术要求及附图；设计合同的发包人应当按照合同的约定提供设计的基础资料、设计的技术要求和相关批文。依据《民法典》第805条的规定，因发包人变更计划，提供的资料不准确，或者未按照期限提供必需的勘察、设计工作条件而造成勘察、设计的返工、停工或者修改设计的，发包人应当按照勘察人、设计人实际消耗的工作量增付费用。

(2) 按照约定提供必要的协作条件。

在勘察设计人员进场工作时,发包人应当为其提供必要的工作条件和生活条件,以保证其正常开展工作。

(3) 按照约定接受勘察设计成果并支付勘察设计费用。

勘察、设计人按照约定向发包人提交勘察、设计成果的,发包人应当接受,并按照约定支付勘察、设计费用。发包人未按合同约定的方式、标准和期限支付勘察设计费的,应负延期付款的违约责任。

(4) 维护勘察、设计成果。

发包人对于勘察、设计人交付的勘察设计成果不得擅自修改,也不得擅自转让该成果,否则,应承担相应的违约责任。

2. 承包人的主要义务

在勘察、设计合同中,承包人负有以下主要义务:

(1) 按照合同约定按期完成勘察、设计工作。

勘察人应当按照国家规定的或者合同约定的标准和技术条件进行工程测量、工程地质、水文地质等勘察工作;设计人应当按照合同的约定,根据发包人提供的文件和资料进行设计工作。勘察人、设计人应当按照合同规定的进度完成勘察、设计任务。

(2) 提交勘察、设计成果并对勘察、设计成果负瑕疵担保责任。

勘察人、设计人应在约定的期限内将完成的勘察成果、设计图纸及说明和材料设备清单、概预算等设计成果按约定的方式交付给发包人。勘察人、设计人完成和交付的工作成果应符合法律、行政法规的规定,符合建设工程质量、安全标准,符合建设工程勘察、设计的技术规范,符合合同的约定。依据《民法典》第800条的规定,勘察、设计的质量不符合要求或者未按照期限提交勘察、设计文件拖延工期,造成发包人损失的,勘察人、设计人应当继续完善勘察、设计,减收或者免收勘察、设计费并赔偿损失。

(3) 按合同约定完成协作的事项。

设计人应当按照合同的约定对其承担设计任务的工程建设配合施工,进行设计交底,解决施工过程中有关设计的问题,负责设计变更和修改预算,参加试车考核、工程竣工和隐蔽工程等工作的验收。

四、施工合同

(一) 施工合同的概念

施工合同是指发包人与承包人订立的关于工程的建筑与安装的合同。施工合同的内容一般包括工程范围、建设工期、中间交工工程的开工和竣工时间、工程质量、工程造价、技术资料交付时间、材料和设备供应责任、拨款和结算、竣工验收、质量保修范围和质量保证期、相互协作等条款(《民法典》第795条)。

(二) 施工合同的效力

1. 发包人的主要义务

在施工合同中,发包人负有以下主要义务:

(1) 做好施工前的准备工作,按照约定提供材料、设备、技术资料。

依据《民法典》第803条的规定,发包人未按照约定的时间和要求提供原材料、设备、场地、资金、技术资料的,承包人可以顺延工程日期,并有权请求赔偿停工、窝工等损失。依据《最高人民法院关于审理建设工程施工合同纠纷案件适用法律问题的解释(一)》(以下简称《施工合同解释(一)》)第13条的规定,发包人具有下列情形之一,造成建设工程质量缺陷,应当承担过错责任:(1)提供的设计有缺陷;(2)提供或者指定购买的建筑材料、建筑构配件、设备不符合强制性标准;(3)直接指定分包人分包专业工程。承包人有过错的,也应当承担相应的过错责任。

(2) 为承包人提供必要的条件。

依据《民法典》第804条的规定,因发包人的原因致使工程中途停建、缓建的,发包人应当采取措施弥补或者减少损失,赔偿承包人因此造成的停工、窝工、倒运、机械设备调迁、材料和构件积压等损失和实际费用。

(3) 组织工程验收。

在施工合同中,工程验收包括隐蔽工程的验收和工程竣工的验收。隐蔽工程在隐蔽以前,承包人应当通知发包人检查。发包人没有及时检查的,承包人可以顺延工程日期,并有权请求赔偿停工、窝工等损失(《民法典》第798条)。建设工程竣工后,发包人应当根据施工图纸及说明书、国家颁发的施工验收规范和质量检验标准及时进行验收。建设工程竣工验收合格后,方可交付使用;未经验收或者验收不合格的,不得交付使用(《民法典》第799条)。建设工程未经竣工验收,发包人擅自使用后,无权以使用部分质量不符合约定为由主张权利,但承包人应当在建设工程的合理使用寿命内对地基基础工程和主体结构质量承担责任(《施工合同解释(一)》第14条)。

(4) 接受建设工程并支付工程价款。

发包人在建设工程完工后,应对竣工验收合格的工程予以接受并应按照约定的方式和期限进行工程结算,向承包人支付工程价款。发包人未按照约定支付价款的,承包人可以催告发包人在合理期限内支付价款。依据《民法典》第807条的规定,发包人逾期不支付的,除根据建设工程的性质不宜折价、拍卖外,承包人可以与发包人协议将该工程折价,也可以请求人民法院将该工程依法拍卖。建设工程的价款就该工程折价或者拍卖的价款优先受偿。

2. 承包人的主要义务

在施工合同中,承包人负有以下主要义务:

(1) 做好开工前的准备工作。

在开工前,承包人应当按照约定做好开工前的各项准备工作,依约做好建筑材料、设备和构件的采购、供应与保管工作。承包人对于发包人提供的施工图和其他技术资料,不得擅自修改。承包人不按照施工图和说明书施工而造成工程质量不符合合同约定条件的,应当负责无偿修理或者返工。

(2) 按照约定时间开工。

承包人应当按照合同约定的时间开工,以保证建设工程顺利竣工。当事人对开工日期有争议的,应当分别按照以下情形予以认定:(1)开工日期为发包人或者监理人发出的开工通知载明的开工日期;开工通知发出后,尚不具备开工条件的,以开工条件具备的时间为开工日期;因承包人原因导致开工时间推迟的,以开工通知载明的时间为开工日期。(2)承包人经发包人同意已经实际进场施工的,以实际进场施工时间为开工日期。(3)发包人或者监理人未发出开工通知,亦无相关证据证明实际开工日期的,应当综合考虑开工报告、合同、施工许可证、竣工验收报告或者竣工验收备案表等载明的时间,并结合是否具备开工条件的事实,认定开工日期(《施工合同解释(一)》第8条)。

(3) 接受发包人的必要监督。

依据《民法典》第797条的规定,发包人在不妨碍承包人正常作业的情况下,可以随时对作业进度、质量进行检查。因此,承包人有义务接受发包人对工程进度和工程质量的必要监督。

(4) 按期按质完工并及时交付建设工程。

承包人应当按期完成建设工程,并依约提交竣工验收技术资料,通知发包人验收工程并办理工程竣工结算和参加竣工验收,交付建设工程。因施工人的原因致使建设工程质量不符合约定的,发包人有权请求施工人在合理期限内无偿修理或者返工、改建;经过修理或者返工、改建后,造成逾期交付的,施工人应当承担违约责任(《民法典》第801条)。依据《施工合同解释(一)》第12条的规定,因承包人的原因造成建设工程质量不符合约定,承包人拒绝修理、返工或者改建,发包人有权请求减少支付工程价款。

(5) 建设工程的质量保修义务。

在建设工程质量保证期内,工程所有人或者使用人发现工程瑕疵的,有权直接请求承包人修理或者返工、改建。因保修人未及时履行保修义务,导致建筑物毁损或者造成人身、财产损害的,保修人应当承担赔偿责任。保修人与建筑物所有人或者发包人对建筑物毁损均有过错的,各自承担相应的责任(《施工合同解释(一)》第18条)。

(6) 对建设工程合理使用期限内的质量安全负担保责任。

依据《民法典》第802条规定,因承包人的原因致使建设工程在合理使用期限内造成人身损害和财产损失的,承包人应当承担赔偿责任。

(三) 施工合同的无效

1. 施工合同无效的原因

施工合同除合同的一般无效原因外,还具有如下特殊无效原因:

第一,承包人未取得建筑业企业资质或者超越资质等级的,建设工程合同无效(《施工合同解释(一)》第1条第1款第1项)。

第二,没有资质的实际施工人借用有资质的建筑施工企业名义的,建设工程合同无效(《施工合同解释(一)》第1条第1款第2项)。

第三,建设工程必须进行招标而未招标或者中标无效的,施工合同无效(《施工合同解释(一)》第1条第1款第3项)。

第四,承包人转包、违法分包建设工程的,施工合同无效(《施工合同解释(一)》第1条第2款)。

第五,发包人未取得建设工程规划许可证等规划审批手续的,施工合同无效,但发包人在起诉前取得建设工程规划许可证等规划审批手续的除外。发包人能够办理审批手续而未办理的,不得以未办理审批手续为由请求确认施工合同无效(《施工合同解释(一)》第3条)。

2. 施工合同无效的处理

依据《民法典》第793条的规定，建设工程施工合同无效，但是建设工程经验收合格的，可以参照合同关于工程价款的约定折价补偿承包人。建设工程施工合同无效，且建设工程经验收不合格的，按照以下情形处理：(1) 修复后的建设工程经验收合格的，发包人可以请求承包人承担修复费用；(2) 修复后的建设工程经验收不合格的，承包人无权请求参照合同关于工程价款的约定折价补偿。发包人对因建设工程不合格造成的损失有过错的，应当承担相应的责任。

施工合同无效后，一方当事人请求对方赔偿损失的，应当就对方过错、损失大小、过错与损失之间的因果关系承担举证责任。损失大小无法确定，一方当事人请求参照合同约定的质量标准、建设工期、工程价款支付时间等内容确定损失大小的，可以结合双方过错程度、过错与损失之间的因果关系等因素作出认定（《施工合同解释（一）》第6条）。

第六节 运 输 合 同

一、运输合同的概念和特点

依据《民法典》第809条的规定，运输合同是承运人将旅客或者货物从起运地点运输到约定地点，旅客、托运人或者收货人支付票款或者运输费用的合同。

运输合同具有以下特点：

第一，运输合同的标的是运送行为。在运输合同中，承运人以将旅客、货物运送到约定地点为目的。因此，运输合同的标的并不是旅客，也不是货物本身，而是承运人的运送行为。

第二，运输合同是双务合同、有偿合同。运输合同成立后，双方当事人均负有义务。承运人应当按照约定期间或者合理期间内将旅客、货物安全运输到约定地点，应当按照约定的或者通常的路线将旅客、货物运输到约定地点；旅客、托运人或者收货人应当支付票款或者运输费用。可见，运输合同是双务合同、有偿合同。

第三，运输合同一般为诺成合同。就客运合同而言，合同自承运人向旅客交付客票时成立，但是当事人另有约定或者另有交易习惯的除外（《民法典》第814条）。可见，客运合同一般为诺成合同，自承运人向旅客交付客票时成立。如果当事人另有约定或者另有交易习惯的，客运合同也可以是实践合同。就货运合同而言，现行法上并没有对运输合同的实践性作出特别规定，这说明运输合同是诺成合同。

第四，运输合同一般为格式合同。在运输合同中，承运人往往事先制定通用的标准合同文本，当事人的基本权利、义务及责任等也多由专门法规加以规定。客运合同的客票、货运合同的货运单及提单等都是统一印制的，运费也是统一规定的。在运输合同中，托运人、旅客往往只有是否与承运人订立运输合同的自由，而没有协商合同条款的自由。因此，运送合同一般为格式合同。

二、运输合同的通用规则

运输合同的通用规则是通用于客运合同与货运合同的共通规则。概括地说，运输合同的通用规则有以下四条：

第一，不得拒载规则。不得拒载是强制承诺的要求，从事公共运输的承运人不得拒绝旅客、托运人通常、合理的运输要求（《民法典》第 810 条）。

第二，定时定点规则。承运人应当在约定期限或者合理期限内将旅客、货物安全运输到约定地点（《民法典》第 811 条）。

第三，通常路线规则。承运人应当按照约定的或者通常的运输路线将旅客、货物运输到约定地点（《民法典》第 812 条）。

第四，费用支付规则。旅客、托运人或者收货人应当支付票款或者运输费用。承运人未按照约定路线或者通常路线运输增加票款或者运输费用的，旅客、托运人或者收货人可以拒绝支付增加部分的票款或者运输费用（《民法典》第 813 条）。

三、客运合同

（一）客运合同的概念和特点

客运合同是指承运人将旅客及其行李从起运地点运送到约定地点，旅客支付票款的合同。在客运合同中，旅客是指乘坐交通工具的人。

客运合同除具有运输合同的一般特点外，还具有如下特点：

第一，客运合同运送的对象是旅客，旅客同时又是合同的主体。在客运合同中，旅客具有双重身份，既是客运合同的运送对象，又是客运合同的主体。旅客身份的取得，通常以自然人取得客票为标志。

第二，客运合同采用客票的形式。客运合同属于格式合同，其表现形式为客票，如铁路客运的火车票、航空客运的飞机票、水路和海上客运的船票等。客票是旅客要求承运人运送的凭证，客票本身并不是客运合同，而只是客运合同订立的初步证明。

第三，客运合同包括旅客行李运送的内容。客运合同的运送对象不限于旅客，通常情况下还包括旅客的行李。但是旅客的行李运送并不构成独立的运输合同，而是附属于旅客运送的一个组成部分。

第四，客运合同是旅客得自行解除的合同。在客运合同成立后，旅客可以任意解除合同，不必征得承运人的同意。旅客解除客运合同，须支付一定比例的手续费。旅客未在规定时间乘坐交通工具的，无权请求退还票款。

（二）客运合同的效力

1. 旅客的主要义务

第一，按票乘坐和补票的义务。旅客应当按照有效客票记载的时间、班次和座位号乘坐。旅客无票乘坐、超程乘坐、越级乘坐或者持不符合减价条件的优惠客票乘坐的，应当补交票款，承运人可以按照规定加收票款；旅客不支付票款的，承运人可以拒绝运输。实名制客运合同的旅客丢失客票的，可以请求承运人挂失补办，承运人不得再次收取票款和其他不合理费用（《民法典》第 815 条）。依据《民法典》第 816 条的规定，旅客因自己的原因不能按照客票记载的时间乘坐的，应当在约定的期限内办理退票或者变更手续；逾期办理的，承运人可以不退票款，并不再承担运输义务。

第二，按照要求携带或者托运行李的义务。旅客随身携带行李应当符合约定的限量和品类要求;超过限量或者违反品类要求携带行李的,应当办理托运手续(《民法典》第817条)。依据《民法典》第818条的规定,旅客不得随身携带或者在行李中夹带易燃、易爆、有毒、有腐蚀性、有放射性以及可能危及运输工具上人身和财产安全的危险物品或者违禁物品。旅客违反上述规定的,承运人可以将危险物品或者违禁物品卸下、销毁或者送交有关部门。旅客坚持携带或者夹带危险物品或者违禁物品的,承运人应当拒绝运输。

第三,服从承运人的指挥并不得损坏运输设施的义务。在运输过程中,旅客应当服从承运人的指挥,特别是在发生意外事故时,旅客应当按照承运人的安排进行抢救和避险。旅客有权使用承运人所提供的运输设施,但不得加以损坏。如果由于旅客的过错造成运输设施损害的,旅客应负责赔偿。

2. 承运人的主要义务

第一,安全运输的义务。承运人应当严格履行安全运输义务,及时告知旅客安全运输应当注意的事项。旅客对承运人为安全运输所作的合理安排应当积极协助和配合(《民法典》第819条)。

第二,按票运输的义务。承运人应当按照有效客票记载的时间、班次和座位号运输旅客。承运人迟延运输或者有其他不能正常运输情形的,应当及时告知和提醒旅客,采取必要的安置措施,并根据旅客的要求安排改乘其他班次或者退票;由此造成旅客损失的,承运人应当承担赔偿责任,但是不可归责于承运人的除外(《民法典》第820条)。依据《民法典》第821条的规定,承运人擅自降低服务标准的,应当根据旅客的请求退票或者减收票款;提高服务标准的,不得加收票款。

第三,救助旅客的义务。承运人在运输过程中,应当尽力救助患有急病、分娩、遇险的旅客(《民法典》第822条)。

第四,保证旅客人身安全的义务。承运人在运输过程中,负有保证旅客人身安全的义务,应当将旅客安全运送到约定地点。对于运输过程中旅客的伤亡,承运人应当承担赔偿责任;但是,伤亡是旅客自身健康原因造成的或者承运人证明伤亡是旅客故意、重大过失造成的除外。对于按照规定免票、持优待票或者经承运人许可搭乘的无票旅客,承运人同样应当承担人身损害赔偿责任(《民法典》第823条)。

第五,妥善保管旅客行李的义务。在运输过程中,旅客随身携带物品毁损、灭失,承运人有过错的,应当承担赔偿责任。旅客托运的行李毁损、灭失的,适用货物运输的有关规定(《民法典》第824条)。

四、货运合同

(一) 货运合同的概念和特点

货运合同是指承运人将货物从起运地点运送到约定地点,托运人支付运输费用的合同。

货运合同除具有运输合同的一般特点外,还具有如下特点:

第一,货运合同的运送对象是货物。货运合同不同于客运合同之处在于,货运合同的运送对象是货物,而客运合同的运送对象是旅客。因此,尽管货运合同与客运合同的标的都是运送行为,但运送目的不同,前者以运送货物为直接目的,而后者以运送旅客为直接目的。

第二,货运合同往往有第三人参加。货运合同是由承运人与托运人签订的,托运人与承运人是合同的当事人。但是，托运人既可以是为自己的利益托运货物，也可以是为第三人的利益托运货物；既得以自己为收货人，也得以第三人为收货人。当托运人与收货人不一致时，货运合同就属于为第三人利益订立的合同。

第三，货运合同的履行以货物交付收货人为终点。货运合同与客运合同都以运送行为为标的，都要求将货物或者旅客运送到目的地。但是，两者的义务履行完毕要求不同。在客运合同中，承运人将旅客运送到目的地，即为履行了合同，义务履行即告完毕；而在货运合同中，承运人将货物运送到目的地，其履行义务并不能完结，承运人只有将货物交付给收货人，其义务的履行才告完毕。

（二）货运合同的效力

1. 托运人的主要义务

第一，如实申报的义务。托运人办理货物运输，应当向承运人准确表明收货人的姓名、名称或者凭指示的收货人，货物的名称、性质、重量、数量，收货地点等有关货物运输的必要情况。因托运人申报不实或者遗漏重要情况，造成承运人损失的，托运人应当承担赔偿责任（《民法典》第825条）。

第二，审批检验的义务。货物运输需要办理审批、检验等手续的，托运人应当将办理完有关手续的文件提交承运人（《民法典》第826条）。

第三，妥善包装的义务。依据《民法典》第827条规定，托运人应当按照约定的方式包装货物。对包装方式没有约定或者约定不明确的，可以协议补充，不能达成补充协议的，按照合同相关条款或者交易习惯确定；仍不能确定的，应当按照通用的方式包装；没有通用方式的，应当采取足以保护标的物且有利于节约资源、保护生态环境的包装方式。托运人违反上述规定的，承运人可以拒绝运输。依据《民法典》第828条的规定，托运人托运易燃、易爆、有毒、有腐蚀性、有放射性等危险物品的，应当按照国家有关危险物品运输的规定对危险物品妥善包装，做出危险物品标志和标签，并将有关危险物品的名称、性质和防范措施的书面材料提交承运人。托运人违反上述规定的，承运人可以拒绝运输，也可以采取相应措施以避免损失的发生，因此产生的费用由托运人负担。

第四，支付运费的义务。托运人或者收货人不支付运费、保管费或者其他费用的，承运人对相应的运输货物享有留置权，但是当事人另有约定的除外（《民法典》第836条）。

第五，单方变更合同的损失赔偿责任。在承运人将货物交付收货人之前，托运人可以要求承运人中止运输、返还货物、变更到达地或者将货物交给其他收货人，但是应当赔偿承运人因此受到的损失（《民法典》第829条）。

2. 承运人的主要义务

第一，及时通知收货人提货的义务。承运人将货物按照约定的期间或者合理期间，以约定的或者通常的运输路线将货物运送到约定地点后，应当及时通知收货人提货（《民法典》第830条）。

第二，保证货物安全的义务。承运人运输过程中，应当妥善保管货物，保证货物的安全。在运输过程中，货物发生毁损、灭失的，承运人应依法承担赔偿责任。但是，承运人证明货物的毁损、灭失是因不可抗力、货物本身的自然性质或者合理损耗以及托运人、收货人的过错造成的，不承担赔偿责任（《民法典》第832条）。关于货物的毁损、灭失的赔偿额，当事人有约定的,按照其约定;没有约定或者约定不明确,可以协议补充,不能达成补充协议的,按照合同相关条款或者交易习惯确定;仍不能确定的,按照交付或者应当交付时货物到达地的市场价格计算。法律、行政法规对赔偿额的计算方法和赔偿限额另有规定的,依照其规定(《民法典》第833条)。两个以上承运人以同一运输方式联运的,与托运人订立合同的承运人应当对全程运输承担责任;损失发生在某一运输区段的,与托运人订立合同的承运人和该区段的承运人承担连带责任(《民法典》第834条)。

第三,承运人免收或者返还运费的义务。依据《民法典》第835条的规定,货物在运输过程中因不可抗力灭失,未收取运费的,承运人不得请求支付运费;已经收取运费的,托运人可以请求返还。法律另有规定的,依照其规定。

3. 收货人的主要义务

第一,及时提货的义务。承运人通知收货人提货后,收货人应当及时提货。收货人逾期提货的,应当向承运人支付保管费等费用(《民法典》第830条)。

第二,及时验货的义务。依据《民法典》第831条的规定,收货人提货时应当按照约定的期限检验货物。对检验货物的期限没有约定或者约定不明确,可以协议补充,不能达成补充协议,按照合同相关条款或者交易习惯确定;仍不能确定的,应当在合理期限内检验货物。收货人在约定的期限或者合理期限内对货物的数量、毁损等未提出异议的,视为承运人已经按照运输单证的记载交付的初步证据。

第三,受领货物的义务。收货人不明或者收货人无正当理由拒绝受领货物的,承运人依法可以提存货物(《民法典》第837条)。

五、多式联运合同

(一) 多式联运合同的概念和特点

多式联运合同是由多式联运经营人以两种以上不同的运输方式将货物从起运地点运输到约定地点,托运人支付运输费用的合同。

多式联运合同除具备一般货运合同的特点外,还具有如下特点:

第一,多式联运合同的主体为多式联运经营人与托运人。多式联运合同一方为托运人,另一方为多式联运经营人。所谓多式联运经营人,是指本人或者委托他人以本人名义与托运人订立多式联运合同的当事人。在多式联运合同中,多式联运经营人不同于承运人,即多式联运经营人是与托运人订立合同的人,而承运人是实际运送货物的人,即实际承运人。

第二,多式联运合同的承运人以相互衔接的不同运送手段承运。多式联运合同的承运人为二人以上,且承运人须以不同的运输方式承运货物。同时,多个承运人的不同运输方式须相互衔接,即各区段的运输连接成为一个整体,都是完成全程运输不可缺少的一个部分,各区段的承运人的运输都是对整个运输合同的履行。

第三,托运人一次交费并使用同一运送凭证。在多式联运合同中,承运人虽为二人以上,但各承运人只能作为一个整体与托运人订立合同。托运人只需一次交费,承运人只需出具一份运送凭证。因此,多式联运合同是一个合同,而不是数个合同的组合。在多式联运合同中,货物由一个承运人转交另一承运人运送不需要另行交费,也不需要另行办理转运手续。

(二) 多式联运单据

多式联运单据是指证明多式联运合同以及证明多式联运经营人接管货物并负责按照合同条款交付货物的单据。多式联运单据是多式联运合同的证明，是多式联运经营人已接管货物的收据，也是多式联运经营人交付货物和收货人提取货物的凭证。

依据《民法典》第840条规定，多式联运经营人收到托运人交付的货物时，应当签发多式联运单据。按照托运人的要求，多式联运单据可以是可转让单据，也可以是不可转让单据。

(三) 多式联运合同的特殊效力

第一，多式联运经营人负责履行或者组织履行多式联运合同，对全程运输享有承运人的权利，承担承运人的义务（《民法典》第838条）。

第二，多式联运经营人可以与参加多式联运的各区段承运人就多式联运合同的各区段运输约定相互之间的责任，但该约定不影响多式联运经营人对全程运输承担的义务（《民法典》第839条）。

第三，因托运人托运货物时的过错造成多式联运经营人损失的，即使托运人已经转让多式联运单据，托运人仍然应当承担赔偿责任（《民法典》第841条）。

第四，货物的毁损、灭失发生于多式联运的某一运输区段的，多式联运经营人的赔偿责任和责任限额，适用调整该区段运输方式的有关法律规定；货物毁损、灭失发生的运输区段不能确定的，应当按照《民法典》关于货运合同的规定承担赔偿责任（《民法典》第842条）。

第七节 技 术 合 同

一、技术合同概述

(一) 技术合同的概念和特点

依据《民法典》第843条的规定，技术合同是当事人就技术开发、转让、许可、咨询或者服务订立的确立相互之间权利和义务的合同。

技术合同具有以下特点：

第一，技术合同的标的物是技术成果。依据《最高人民法院关于审理技术合同纠纷案件适用法律若干问题的解释》（以下简称《技术合同解释》）第1条第1款的规定，所谓技术成果，是指利用科学技术知识、信息和经验作出的涉及产品、工艺、材料及其改进等的技术方案，包括专利、专利申请、技术秘密、计算机软件、集成电路布图设计、植物新品种等。

第二，技术合同的主体具有限定性。技术合同的标的物是技术成果，而技术成果的取得并非一般民事主体之能力所及，因此，技术合同的主体有特定的要求，即当事人通常至少一方是能够利用自己的技术力量从事技术开发、技术转让、技术服务或者技术咨询的法人、非法人组织或者自然人。

第三，技术合同是诺成合同、双务合同、有偿合同。技术合同因当事人双方意思表示一致而成立，不以交付标的物为成立条件；技术合同成立后，当事人双方都负有一定的义务，双方的权利与义务是相对应的；当事人取得权利，必须要付出一定的对价。因此，技术合同是诺成合同、双务合同、有偿合同。

第四,技术合同受多重法律调整。技术合同是技术领域中技术成果的交换和使用关系的反映,体现为一种债权关系。因此,技术合同由《民法典》合同编调整。同时,由于技术合同的标的物是技术成果,因此,技术合同还受其他保护技术成果的法律规范的调整。例如,在技术成果的权属方面,要受专利法的调整;在使用技术成果方面,要受反不正当竞争法、反垄断法的调整。

(二) 技术合同的内容

技术合同的内容一般包括项目的名称,标的的内容、范围和要求,履行的计划、地点和方式,技术信息和资料的保密,技术成果的归属和收益的分配办法,验收标准和方法,名词和术语的解释等条款。与履行合同有关的技术背景资料、可行性论证和技术评价报告、项目任务书和计划书、技术标准、技术规范、原始设计和工艺文件,以及其他技术文档,按照当事人的约定可以作为合同的组成部分。技术合同涉及专利的,应当注明发明创造的名称、专利申请人和专利权人、申请日期、申请号、专利号以及专利权的有效期限(《民法典》第845条)。

(三) 价款、报酬或者使用费的支付方式

依据《民法典》第846条的规定,技术合同的价款、报酬或者使用费的支付方式由当事人约定,一般有以下四种方式:一是一次总算、一次总付的方式;二是一次总算、分期支付的方式;三是提成支付的方式;四是提成支付附加预付入门费的方式。约定提成支付的,可以按照产品价格、实施专利和使用技术秘密后新增的产值、利润或者产品销售额的一定比例提成,也可以按照约定的其他方式计算。提成支付的比例可以采取固定比例、逐年递增比例或者逐年递减比例。约定提成支付的,当事人可以约定查阅有关会计账目的办法。

依据《技术合同解释》第14条的规定,对技术合同的价款、报酬和使用费,当事人没有约定或者约定不明确的,可以按照以下原则处理:(1) 对于技术开发合同和技术转让合同、技术许可合同,根据有关技术成果的研究开发成本、先进性、实施转化和应用的程度,当事人享有的权益和承担的责任,以及技术成果的经济效益等合理确定;(2) 对于技术咨询合同和技术服务合同,根据有关咨询服务工作的技术含量、质量和数量,以及已经产生和预期产生的经济效益等合理确定。技术合同的价款、报酬、使用费中包含非技术性款项的,应当分项计算。

(四) 技术成果的权利归属

1. 职务技术成果的权利归属

依据《民法典》第847条第2款的规定,职务技术成果是指执行法人或者非法人组织的工作任务,或者主要是利用法人或者非法人组织的物质技术条件所完成的技术成果。职务技术成果的使用权、转让权属于法人或者非法人组织的,法人或者非法人组织可以就该项职务技术成果订立技术合同。法人或者非法人组织订立技术合同、转让职务技术成果时,职务技术成果的完成人享有以同等条件优先受让的权利(《民法典》第847条第1款)。

2. 非职务技术成果的权利归属

依据《民法典》第848条的规定,非职务技术成果的使用权、转让权属于完成技术成果的个人,完成技术成果的个人可以就该项非职务技术成果订立技术合同。

3. 完成技术成果人的相关权利

依据《民法典》第849条的规定,完成技术成果的个人享有在有关技术成果文件上写明自己是技术成果完成者的权利和取得荣誉证书、奖励的权利。

(五) 技术合同无效的特别规定

依据《民法典》第 844 条的规定,订立技术合同,应当有利于知识产权的保护和科学技术的进步,促进科学技术成果的研发、转化、应用和推广。因此,非法垄断技术或者侵害他人技术成果的技术合同无效(《民法典》第 850 条)。

技术合同无效或者被撤销后,技术开发合同研究开发人、技术转让合同让与人、技术许可合同许可人、技术咨询合同和技术服务合同的受托人已经履行或者部分履行了约定的义务,并且造成合同无效或者被撤销的过错在对方的,对其已履行部分应当收取的研究开发经费、技术使用费、提供咨询服务的报酬,可以认定为因对方原因导致合同无效或者被撤销给其造成的损失。技术合同无效或者被撤销后,因履行合同所完成新的技术成果或者在他人技术成果基础上完成后续改进技术成果的权利归属和利益分享,当事人不能重新协议确定的,可以认定由完成技术成果的一方享有(《技术合同解释》第 11 条)。侵害他人技术秘密的技术合同被确认无效后,除法律、行政法规另有规定的以外,善意取得该技术秘密的一方当事人可以在其取得时的范围内继续使用该技术秘密,但应当向权利人支付合理的使用费并承担保密义务。当事人双方恶意串通或者一方知道或者应当知道另一方侵权仍与其订立或者履行合同的,属于共同侵权,侵权人应当承担连带赔偿责任和保密义务,因此取得技术秘密的当事人不得继续使用该技术秘密(《技术合同解释》第 12 条)。

二、技术开发合同

(一) 技术开发合同的概念和特点

技术开发合同是当事人之间就新技术、新产品、新工艺、新品种或者新材料及其系统的研究开发所订立的合同(《民法典》第 851 条第 1 款)。

技术开发合同除具有技术合同的一般特点外,还具有如下特点:

第一,技术开发合同的标的物是具有创造性的技术成果。技术开发合同的标的物是一种技术成果,即新技术、新产品、新工艺和新材料及其系统。作为技术开发合同标的物的技术成果是在订立合同时尚没有掌握、不存在的成果,而不是已有的科技成果,它只有经过研究开发的创造性科技活动才能取得。如果作为技术开发合同的标的技术已经由他人公开,致使技术开发合同的履行没有意义的,当事人可以解除合同(《民法典》第 857 条)。

第二,技术开发合同的当事人共同承担风险。技术开发合同的技术成果是经过研究开发的创造活动所取得的成果,其取得具有一定的或然性。如果研究开发的课题在现有技术水平下具有足够的难度,即使研究开发人作了最大的努力,也可能失败或者部分失败。这种失败属于技术开发合同的风险,应由研究开发双方共同承担。当然,当事人也可以约定风险责任的承担。

第三,技术开发合同是要式合同。《民法典》第 851 条第 3 款规定:"技术开发合同应当采用书面形式。"

(二) 技术开发合同的分类

技术开发合同包括委托开发合同和合作开发合同。当事人之间就具有实用价值的科技成果实施转化订立的合同,参照适用技术开发合同的有关规定(《民法典》第 851 条第 2 款、第 4 款)。

1. 委托开发合同

委托开发合同是指委托人委托研究开发人进行技术研究开发所订立的合同。

(1) 委托人的主要义务。

委托人应当按照约定支付研究开发经费和报酬,提供技术资料,提出研究开发要求,完成协作事项,接受研究开发成果(《民法典》第 852 条)。

(2) 研究开发人的主要义务。

研究开发人应当按照约定制订和实施研究开发计划,合理使用研究开发经费,按期完成研究开发工作,交付研究开发成果,提供有关的技术资料和必要的技术指导,帮助委托人掌握研究开发成果(《民法典》第 853 条)。

(3) 合同双方当事人的违约责任。

委托开发合同的当事人违反约定造成研究开发工作停滞、延误或者失败的,应当承担违约责任(《民法典》第 854 条)。

2. 合作开发合同

合作开发合同是指当事人各方就共同进行研究工作所订立的合同。依据《民法典》第 855 条的规定,合作开发合同的当事人应当按照约定进行投资,包括以技术进行投资,分工参与和协作配合研究开发工作。合作开发合同的当事人违反约定造成研究开发工作停滞、延误或者失败的,应当承担违约责任(《民法典》第 856 条)。

(三) 技术开发合同的风险责任

依据《民法典》第 858 条的规定,在技术开发合同履行过程中,因出现无法克服的技术困难,致使研究开发失败或者部分失败的,该风险责任由当事人约定。没有约定或者约定不明确的,当事人可以协议补充;不能达成补充协议的,按照合同相关条款或者交易习惯确定;仍不能确定的,风险责任由当事人合理分担。当事人一方发现可能致使研究开发失败或者部分失败的情形时,应当及时通知另一方并采取适当措施减少损失。没有及时通知并采取适当措施的,致使损失扩大的,应当就扩大的损失承担责任。

(四) 技术开发合同的技术成果归属

技术开发合同的技术成果归属,应当分别依下列情形确定:

在委托开发合同中,委托开发完成的发明创造,除法律另有规定或者当事人另有约定外,申请专利的权利属于研究开发人。研究开发人取得专利权的,委托人可以免费实施该专利;研究开发人转让专利申请权的,委托人享有以同等条件优先受让的权利(《民法典》第 859 条)。

在合作开发合同中,合作开发完成的发明创造,除当事人另有约定的以外,申请专利的权利属于合作开发的当事人共有;当事人一方转让其共有的专利申请权的,其他各方享有以同等条件优先受让的权利。合作开发的当事人一方声明放弃其共有的专利申请权的,可以由另一方单独申请或者由其他各方共同申请。申请人取得专利权的,放弃专利申请权的一方可以免费实施该专利。合作开发的当事人一方不同意申请专利的,另一方或者其他各方不得申请专利(《民法典》第 860 条)。

在委托开发合同和合作开发合同中,完成的技术秘密成果的使用权、转让权以及利益的分配办法,由当事人约定。没有约定或者约定不明确的,当事人可以协议补充;不能达成补充协议的,按照合同相关条款或者交易习惯确定;仍不能确定的,在没有相同技术方案被授予专利权前,当事人均有使用和转让的权利。但是,委托开发的研究开发人不得在向委托人交付研究开发成果之前,将研究开发成果转让给第三人(《民法典》第861条)。

三、技术转让合同和技术许可合同

(一) 技术转让合同和技术许可合同的概念和特点

技术转让合同是合法拥有技术的权利人,将现有特定的专利、专利申请、技术秘密的相关权利让与他人所订立的合同(《民法典》第862条第1款)。技术许可合同是合法拥有技术的权利人,将现有特定的专利、技术秘密的相关权利许可他人实施、使用所订立的合同(《民法典》第862条第2款)。

技术转让合同和技术许可合同除具有技术合同的一般特点外,还具有如下特点:

第一,技术转让和许可使用的是现有技术成果。技术转让合同和技术许可合同所转让和许可的只能是现有的、能够为某人独占或者不具有公开性,能够在生产经营中产生经济效益的技术成果。尚待研究开发的技术成果或者不涉及专利、专利申请或者技术秘密的知识、技术、经验和信息等,不能成为技术转让、许可的标的(《技术合同解释》第22条第1款)。

第二,技术转让合同和技术许可合同的目的在于取得技术成果的相关权利,如技术转让合同的目的在于取得技术成果的专利权或者专利申请权等,技术许可合同的目的在于对技术成果进行使用。应当指出,技术转让合同和技术许可合同中关于提供实施技术的专用设备、原材料或者提供有关的技术咨询、技术服务的约定,属于合同的组成部分(《民法典》第862条第3款)。

第三,技术转让合同和技术许可合同是要式合同。依据《民法典》第863条第3款的规定,技术转让合同和技术许可合同应当采取书面形式。

(二) 专利权转让合同和专利权实施许可合同的效力

1. 让与人、许可人的主要义务

第一,按照约定将专利权移交给受让人或者许可被许可人实施专利。许可人未按照约定许可技术的,应当返还部分或者全部使用费,并应当承担违约责任。许可人实施专利超越约定的范围的,或者违反约定擅自许可第三人实施该项专利的,应当停止违约行为,承担违约责任。让与人违约的,参照许可人违约处理(《民法典》第866条、第872条)。

第二,保证自己是所提供技术的合法拥有者,并保证所提供的技术完整、无误、有效,能够达到约定的目标(《民法典》第870条)。就专利实施许可合同而言,其仅在该专利权的存续期限内有效。若专利权有效期限届满或者专利权被宣告无效的,专利权人不得就该专利与他人订立专利实施许可合同(《民法典》第865条)。

第三,许可人应当交付实施专利有关的技术资料,提供必要的技术指导(《民法典》第866条)。

第四,瑕疵担保责任。受让人或者被许可人按照约定实施专利侵害他人合法权益的,由让与人或者许可人承担责任,但是当事人另有约定的除外(《民法典》第874条)。

2. 受让人、被许可人的主要义务

第一,按照约定支付费用。受让人、被许可人应当按照约定支付转让费、使用费。被许可人未按照约定支付使用费的,应当补交使用费并按照约定支付违约金。不补交使用费或者支付违约金的,应当停止实施专利,交还技术资料,承担违约责任。受让人不按照约定支付转让费的,参照被许可人违约进行处理(《民法典》第873条)。

第二,按照约定承担保密义务。受让人、被许可人应当按照约定的范围和期限,对让与人、许可人提供的技术中尚未公开的秘密部分,承担保密义务(《民法典》第871条)。

第三,被许可人应当按照约定实施专利技术。专利权实施许可合同可以约定实施专利的范围,但是不得限制技术竞争和技术发展(《民法典》第864条)。合同约定实施专利范围的,被许可人应当按照约定实施专利,被许可人实施专利超越约定的范围的,未经许可人同意擅自许可第三人实施专利的,应当停止违约行为,承担违约责任;受让人违约的,应当参照被许可人违约的规定承担违约责任(《民法典》第867条、第873条)。

(三)专利申请权转让合同的效力

1. 让与人的主要义务

第一,按照约定移交专利申请权,并提供申请专利和实施发明创造所需要的技术情报与资料。但是,让与人并不负有保证所转让的专利申请权能够获得批准的义务。

第二,保证自己是转让的专利申请权的合法拥有者,并保证所提供的技术完整、无误、有效,能够达到约定的目标(《民法典》第870条)。

2. 受让人的主要义务

第一,按照约定支付转让费。受让人未按照约定支付转让费的,应当继续支付转让费并按照约定支付违约金。

第二,按照约定的范围和期限承担保密义务。违反这一义务的,应当承担违约责任。

(四)技术秘密转让合同和技术秘密许可合同的效力

1. 让与人、许可人的主要义务

第一,按照合同约定转让或者许可实施技术秘密,提供技术资料,进行技术指导,保证技术的实用性、可靠性(《民法典》第868条第1款)。让与人、许可人未按照约定转让技术秘密或者许可使用技术秘密的,应当返还部分或者全部费用,并应当承担违约责任(《民法典》第872条)。所谓技术秘密,是指不为公众所知悉、具有商业价值并经权利人采取相应保密措施的技术信息(《技术合同解释》第1条第2款)。

第二,保证自己是技术秘密的合法拥有者,并保证所提供的技术完整、无误、有效,能够达到约定的目标(《民法典》第870条)。

第三,让与人、许可人使用技术秘密超越约定的范围,或者违反约定擅自许可第三人使用该项技术秘密的,应当停止违约行为,承担违约责任(《民法典》第872条)。

第四,按照约定的范围和期限承担保密义务。让与人与许可人均承担保密义务。许可人承担的保密义务不限制其申请专利,但是当事人另有约定的除外(《民法典》第868条第2款)。

第五,瑕疵担保责任。受让人、被许可人按照约定使用技术秘密侵害他人合法权益的,让与人、许可人应承担责任,但是当事人另有约定的除外(《民法典》第874条)。

2. 受让人、被许可人的主要义务

第一，按照约定使用技术秘密(《民法典》第869条)。技术秘密转让合同和技术秘密许可使用合同可以约定使用技术秘密的范围，但不得限制技术竞争和技术发展(《民法典》第864条)。受让人、被许可人使用技术秘密不得超越约定的范围，超越约定范围或者未经让与人、许可人同意，擅自许可第三人使用该技术秘密的，应当停止违约行为，承担违约责任。

第二，按照约定支付费用(《民法典》第869条)。受让人、被许可人未按照约定支付转让费、许可费的，应当补交费用并按照约定支付违约金。受让人、被许可人不补交使用费或者支付违约金的，应当停止使用技术秘密，交还技术资料，承担违约责任。

第三，按照约定的范围和期限承担保密义务。受让人、被许可人应当按照约定的范围和期限，对让与人、许可人提供的技术中尚未公开的秘密部分，承担保密义务(《民法典》第871条)。

(五)实施专利、使用技术秘密后续改进技术成果的归属

所谓后续改进的技术成果，是指受让人、被许可人在实施专利、使用技术秘密的过程中，一方或者双方对作为合同标的的专利技术或者技术秘密所作的革新和改良而取得的技术成果。依据《民法典》第875条的规定，当事人可以按照互利的原则，在合同中约定实施专利、使用技术秘密后续改进的技术成果的分享办法。没有约定或者约定不明确，当事人可以协议补充；不能达成补充协议的，按照合同相关条款或者交易习惯确定；仍不能确定的，一方后续改进的技术成果，其他各方无权分享。

四、技术咨询合同和技术服务合同

(一)技术咨询合同

1. 技术咨询合同的概念和特点

依据《民法典》第878条第1款的规定，技术咨询合同是指当事人一方以技术知识为另一方就特定技术项目提供可行性论证、技术预测、专题技术调查、分析评价报告等而订立的合同。

技术咨询合同除具有技术合同的一般特点外，还具有如下特点：

第一，技术咨询合同的标的物是技术性劳务成果。当事人订立技术咨询合同的目的，是就特定技术项目进行分析、论证、评价、预测和调查，即提供技术咨询服务。

第二，技术咨询合同是不要式合同。《民法典》并没有规定技术咨询合同应当采取书面形式。

2. 技术咨询合同的效力

(1)委托人的主要义务。

第一，按照约定阐明咨询的问题，提供技术背景资料及有关技术资料、数据(《民法典》第879条)。委托人未按照约定提供必要的资料和数据，影响工作进度和质量的，受托人支付的报酬不得追回，未支付的报酬应当支付(《民法典》第881条第1款)。

第二，按期接受受托人的工作成果，支付报酬。委托人应当按合同约定的期间及时接受受托人完成的工作成果，不得迟延接受或者拒绝接受。委托人应当按合同约定的时间、数额、地点、方式支付报酬。委托人不接受或者逾期接受工作成果的，支付的报酬不得追回，未

支付的报酬应当支付(《民法典》第881条第1款)。

第三,对受托人提出的咨询报告和意见有保密的义务。委托人对受托人提出的咨询报告和意见,在合同约定的范围和期限内,有保密的义务。当事人对受托人提出的咨询报告和意见未约定保密义务,当事人一方引用、发表或者向第三人提供的,不认定为违约行为,但侵害对方当事人对此享有的合法权益的,应当依法承担民事责任(《技术合同解释》第31条)。

(2) 受托人的主要义务。

第一,按照合同约定如期完成咨询报告或者解答问题(《民法典》第880条)。受托人未按期提出咨询报告的,应当承担减收或者免收报酬等违约责任(《民法典》第881条第2款)。

第二,提出的咨询报告应达到合同约定的要求(《民法典》第880条)。受托人提出的咨询报告不符合约定的,应当承担减收或者免收报酬等违约责任(《民法典》第881条第2款)。但是,委托人按照受托人的符合要求的咨询报告和意见作出决策所造成的损失,应由委托人承担,但当事人另有约定的除外(《民法典》第881条第3款)。

第三,对委托人提供的技术资料和数据予以保密的义务。受托人对委托人提供的技术资料和数据,在合同约定的范围和期限内,有保密的义务。

第四,支付相关费用的义务。技术服务合同对受托人正常开展工作所需费用的负担没有约定或者约定不明确的,相关费用由受托人负担(《民法典》第886条)。

(二) 技术服务合同

1. 技术服务合同的概念和特点

依据《民法典》第878条第2款的规定,技术服务合同是指当事人一方以技术知识为另一方解决特定技术问题所订立的合同。

技术服务合同除具有技术合同的一般特点外,还具有如下特点:

第一,技术服务合同是以解决特定技术问题而订立的合同。所谓"特定技术问题",包括需要运用专业技术知识、经验和信息解决的有关改进产品结构、改良工艺流程、提高产品质量、降低产品成本、节约资源能耗、保护资源环境、实现安全操作、提高经济效益和社会效益等专业技术问题(《技术合同解释》第33条)。

第二,技术服务合同是不要式合同。与技术咨询合同一样,《民法典》并没有规定技术服务合同应当采取书面形式。

2. 技术服务合同的效力

(1) 委托人的主要义务。

第一,按照约定提供服务条件,完成配合事项(《民法典》第882条)。委托人不履行合同义务或者履行合同义务不符合约定,影响工作进度和质量的,支付的报酬不得追回,未支付的报酬应当支付(《民法典》第884条第1款)。

第二,按期接受受托人的工作成果并支付报酬(《民法典》第882条)。委托人不接受或者逾期接受工作成果的,支付的报酬不得追回,未支付的报酬应当支付(《民法典》第884条第1款)。

(2) 受托人的主要义务。

第一,按照约定完成服务项目,解决技术问题,保证工作质量,并传授解决技术问题的知识(《民法典》第883条)。受托人未按照合同约定完成服务工作的,应当承担免收报酬等违约责任(《民法典》第884条第2款)。

第二,妥善保管委托人提供的技术资料、数据、样品,并按合同约定的范围和期限承担保密义务。

第三,支付有关费用。当事人对受托人提供服务所需费用的负担没有约定或者约定不明确的,相关费用由受托人负担(《民法典》第886条)。

(三)技术咨询合同和技术服务合同的技术成果归属

依据《民法典》第885条的规定,在技术咨询合同、技术服务合同履行过程中,受托人利用委托人提供的技术资料和工作条件完成的新的技术成果,属于受托人。委托人利用受托人的工作成果完成的新的技术成果,属于委托人。当事人另有约定的,按照其约定。

第二十四章 典型合同(下)

第一节 保管合同

一、保管合同的概念和特点

依据《民法典》第888条第1款的规定,保管合同是保管人保管寄存人交付的保管物,并返还该物的合同。

保管合同具有以下特点:

第一,保管合同以保管物的寄存和保管为目的。一般而言,保管合同既不转移保管物的所有权,也不转移保管物的使用权,寄存人向保管人交付保管物的目的是临时寄存,保管人也仅为保管和将来返还的目的而占有保管物。

第二,保管合同可以专门成立,也可以附从成立。保管合同可以是寄存人与保管人单纯为保管目的而专门成立的合同,如银行的保险箱业务;也可以是寄存人与保管人在成立其他合同的基础上附从性地提供临时保管业务而成立的合同。依据《民法典》第888条第2款的规定,寄存人到保管人处从事购物、就餐、住宿等活动,将物品存放在指定场所的,视为保管,但是当事人另有约定或者另有交易习惯的除外。

第三,保管合同可以是有偿合同,也可以是无偿合同。保管合同是否为有偿合同,依当事人的约定而定。若当事人约定支付保管费的,则保管合同为有偿合同。当事人对保管费没有约定或者约定不明确的,当事人可以协议补充;不能达成补充协议的,按照合同相关条款或者交易习惯确定;仍不能确定的,视为无偿保管(《民法典》第889条)。

第四,保管合同原则上为实践合同。《民法典》第890条规定:"保管合同自保管物交付时成立,但是当事人另有约定的除外。"据此规定,保管合同原则上是实践合同,只有在当事人另有约定时才会成为诺成合同。

二、保管合同的效力

(一)保管人的主要义务

1. 出具保管凭证的义务

保管凭证是指保管人收到保管物时向寄存人出具的表示已收到保管物的一种凭证。依据《民法典》第891条的规定,除另有交易习惯外,寄存人向保管人交付保管物的,保管人应当出具保管凭证。

2. 妥善保管保管物的义务

保管合同是以物品的保管为目的的,因此,妥善保管保管物是保管人的主要义务(《民法典》第892条第1款)。依据《民法典》第897条的规定,保管期间,因保管人保管不善造成保管物毁损、灭失的,保管人应当承担赔偿责任。但是,无偿的保管人证明自己没有重大过失的,不承担赔偿责任。可见,在有偿保管合同中,只要保管人保管不善造成保管物损失,保管人就要承担赔偿责任。

为妥善保管保管物,保管人应当在适当的保管场所,按照适当的保管方法进行保管。在合同约定了保管场所或者保管方法时,保管人应按照约定的保管场所或者保管方法进行保管。除紧急情况或者为了维护寄存人的利益外,保管人不得擅自改变保管场所或者方法(《民法典》第892条)。

3. 亲自保管保管物的义务

保管人亲自保管保管物属于保管人的专属保管义务,即保管行为具有专属性。因此,保管人应按合同约定亲自保管保管物,即将保管物置于自己的控制之下,保存于自己的保管场所。依据《民法典》第894条的规定,除当事人另有约定外,保管人不得将保管物转交第三人保管;保管人擅自将保管物转交第三人保管,对保管物造成损失的,应当承担赔偿责任。

4. 不得擅自使用或者许可第三人使用保管物的义务

保管合同的目的在于保管物品,而不在于使用物品。因此,除当事人另有约定外,保管人不得擅自使用或者许可第三人使用保管物(《民法典》第895条)。

5. 风险通知的义务

所谓风险通知,是指在第三人对保管人提起诉讼或者对保管物申请扣押时,保管人应当及时通知寄存人(《民法典》第896条第2款)。这种风险通知义务的目的在于使寄存人能够及时参加诉讼或者对扣押提出异议,以维护自己的权利。

6. 返还保管物的义务

依据《民法典》第899条的规定,无论保管合同是否定有期限,寄存人都可以随时领取保管物,保管人应予返还;在合同没有约定保管期限或者约定不明确时,寄存人可以随时领取保管物,保管人也可以随时要求寄存人领取保管物。保管物的返还相对人为寄存人,即使在第三人对保管物主张权利时,除依法对保管物采取财产保全或者执行措施外,保管人仍应当向寄存人履行返还保管物的义务(《民法典》第896条第1款)。保管人在返还保管物时,如保管物生有孳息,保管人应一并返还之(《民法典》第900条)。

(二) 寄存人的主要义务

1. 支付保管费及其他费用的义务

保管费是指寄存人因保管人为其保管物提供保管服务而向保管人支付的费用。在有偿保管合同中,寄托人应按照约定的期限向保管人支付保管费。当事人对支付期限没有约定或者约定不明确的,可以协议补充;不能达成补充协议的,按照合同相关条款或者交易习惯确定;仍不能确定的,应当在领取保管物的同时支付(《民法典》第902条)。

保管合同无论有偿或者无偿,如果保管人为保管物品而支出了其他必要费用的,寄存人有义务予以偿还。如果寄托人未按照约定支付保管费以及其他费用的,除当事人另有约定外,保管人对保管物享有留置权(《民法典》第903条)。

2. 保管物有关情况的告知义务

为保证保管人对保管物的妥善保管,寄存人应当将保管物的相关情况告知保管人。依据《民法典》第893条的规定,寄存人交付的保管物有瑕疵或者根据保管物的性质需要采取特殊保管措施的,寄存人应当将有关情况告知保管人。寄存人未告知,致使保管物受损失的,保管人不承担赔偿责任;保管人因此受损失的,除保管人知道或者应当知道并且未采取措施的以外,寄存人应当承担赔偿责任。

3. 贵重物品的声明义务

依据《民法典》第898条的规定,寄存人寄存货币、有价证券或者其他贵重物品的,应当向保管人声明,由保管人验收或者封存。寄存人未声明的,该物品毁损、灭失后,保管人可以按照一般物品予以赔偿。

三、消费保管合同

消费保管合同是指保管物为可代替物并转移保管物所有权的保管合同。

消费保管合同的特殊性在于,保管物是可替代物。依据《民法典》第901条的规定,保管人保管货币的,可以返还相同种类、数量的货币;保管其他可替代物的,可以按照约定返还相同种类、品质、数量的物品。

第二节 仓储合同

一、仓储合同的概念和特点

依据《民法典》第904条的规定,仓储合同是保管人储存存货人交付的仓储物,存货人支付仓储费的合同。

仓储合同属于一种特殊的保管合同,在法律对仓储合同没有特别规定时,应适用保管合同的有关规定(《民法典》第918条)。因此,仓储合同的标的也是保管行为,且须转移标的物的占有。

仓储合同具有如下特点:

第一,保管人是从事仓储保管业务的人。在仓储合同中,保管人只能是从事仓储保管业务的人,须具有仓储设备和从事仓储业的资格。

第二,仓储物为动产。在仓储合同中,保管人是利用自己的仓库为存货人保管仓储物,存货人须按照合同约定将仓储物交付保管人,由保管人进行储藏和保管。因此,仓储物只能是动产。

第三,仓储合同是诺成合同、双务合同、有偿合同。仓储合同自保管人和存货人意思表示一致时成立(《民法典》第905条),因此,仓储合同是诺成合同。在仓储合同中,当事人双方于合同成立后互负给付义务,双方的义务具有对应性和对价性,因此,仓储合同是双务合同、有偿合同。

第四,仓储合同是不要式合同。从《民法典》的规定来看,法律并没有要求仓储合同应当采取某种特定的形式。保管人签发的仓单并不是仓储合同本身,签发仓单也不是仓储合同成立的条件,仓单只是提取仓储物的凭证。因此,仓储合同为不要式合同。

二、仓储合同的效力

（一）保管人的主要义务

1. 出具仓单、入库单等凭证的义务

存货人交付仓储物的，保管人应当出具仓单、入库单等凭证（《民法典》第 908 条）。保管人应当在仓单上签名或者盖章。仓单包括下列事项：(1) 存货人的姓名或者名称和住所；(2) 仓储物的品种、数量、质量、包装及其件数和标记；(3) 仓储物的损耗标准；(4) 储存场所；(5) 储存期限；(6) 仓储费；(7) 仓储物已经办理保险的，其保险金额、期间以及保险人的名称；(8) 填发人、填发地和填发日期（《民法典》第 909 条）。从性质上说，仓单是提取仓储物的凭证。存货人或者仓单持有人在仓单上背书并经保管人签名或者盖章的，可以转让提取仓储物的权利（《民法典》第 910 条）。

2. 对入库仓储物进行验收的义务

依据《民法典》第 907 条的规定，保管人应当按照约定对入库仓储物进行验收。保管人验收时发现入库仓储物与约定不符合的，应当及时通知存货人。保管人验收后，发生仓储物的品种、数量、质量不符合约定的，保管人应当承担赔偿责任。

3. 妥善保管仓储物的义务

保管人应当按照仓储合同约定的储存条件和保管要求，妥善保管仓储物。保管人储存易燃、易爆、有毒、有腐蚀性、有放射性等危险物品时，应当具备相应的保管条件（《民法典》第 906 条第 3 款）。依据《民法典》第 917 条的规定，在储存期间，因保管人保管不善造成仓储物毁损、灭失的，保管人应当承担赔偿责任。但是，因仓储物本身的自然性质、包装不符合约定或者超过有效储存期造成仓储物变质、损坏的，保管人不承担赔偿责任。

4. 接受存货人或者仓单持有人盘库的义务

盘库是指存货人或者仓单持有人对仓储物进行检查或者提取样品的盘点活动。保管人根据存货人或者仓单持有人的要求，应当同意其检查仓储物或者提取样品（《民法典》第 911 条）。

5. 仓储物变质或者损坏的通知义务

保管人发现入库仓储物有变质或者其他损坏的，应当及时通知存货人或者仓单持有人（《民法典》第 912 条）。保管人发现入库仓储物有变质或者其他损坏，危及其他仓储物的安全和正常保管的，应当催告存货人或者仓单持有人作出必要的处置。因情况紧急，保管人可以作出必要的处置；但是，事后应当将该情况及时通知存货人或者仓单持有人（《民法典》第 913 条）。

6. 返还仓储物的义务

保管人应当按照合同约定的期限，将仓储物返还存货人或者仓单持有人。当事人对储存期限没有约定或者约定不明确的，存货人或者仓单持有人可以随时提取仓储物，保管人也可以随时请求存货人或者仓单持有人提取仓储物，但是应当给予必要的准备时间（《民法典》第 914 条）。储存期限届满，存货人或者仓单持有人应当凭仓单、入库单等提取仓储物（《民法典》第 915 条）。

(二) 存货人的主要义务

1. 按照合同约定交存仓储物入库的义务

存货人应当按照合同约定的品名(品类)、时间、数量等将仓储物交保管人入库,提供验收资料,据实告知货物的情况。存货人储存易燃、易爆、有毒、有腐蚀性、有放射性等危险物品或者易变质物品,存货人应当说明该物品的性质,提供有关资料。存货人违反这一义务的,保管人可以拒收仓储物,也可以采取相应措施以避免损失的发生,因此产生的费用由存货人负担(《民法典》第906条第1款、第2款)。

2. 支付仓储费及其他必要费用的义务

仓储合同是有偿合同,存货人应当按照合同约定向保管人支付仓储费。仓储费的数额、支付时间及地点等依仓单的记载而定。如果保管人为保管仓储物而支出了其他必要费用,如运费、修理费、保险费、转仓费等,存货人也应偿付给保管人。

3. 按时提取仓储物的义务

提取仓储物既是存货人的一项义务,也是其权利。储存期限届满,存货人或者仓单持有人应当凭仓单、入库单等凭证提取仓储物。存货人或者仓单持有人逾期提取的,应当加收仓储费;提前提取的,不减收仓储费(《民法典》第915条)。依据《民法典》第916条的规定,储存期限届满,存货人或者仓单持有人不提取仓储物的,保管人可以催告其在合理期限内提取;逾期不提取的,保管人可以提存仓储物。

第三节 委托合同

一、委托合同的概念和特点

依据《民法典》第919条的规定,委托合同是委托人和受托人约定,由受托人处理委托人事务的合同。

委托合同具有以下特点:

第一,委托合同是以当事人的互信为基础而成立的合同。委托人委托他人处理自己的事务,委托人对受托人具有信任关系;受托人接受委托处理他人事务,受托人对委托人也具有一定的信任关系。当信任基础丧失时,委托关系将无以为继,因此,委托合同是双方当事人都享有任意解除权的合同。

第二,委托合同的标的是处理委托事务。委托合同是提供劳务类合同,其标的是劳务,这种劳务体现为受托人为委托人处理委托事务。委托人可以特别委托受托人处理一项或者数项事务,也可以概括委托受托人处理一切事务(《民法典》第920条)。

第三,委托合同一般是受托人以委托人的名义和费用处理委托事务。受托人处理事务,除法律另有规定外,不是以自己的名义和费用,而是以委托人的名义和费用进行的。因此,委托合同的受托人处理受托事务的后果,直接由委托人承受。

第四,委托合同可以是有偿合同,也可以是无偿合同。根据委托事务的不同以及双方当事人的意愿,委托合同既可以是有偿合同,也可以是无偿合同。委托合同是有偿还是无偿,对于当事人赔偿责任的承担和赔偿范围等具有重要影响。

第五,委托合同是诺成合同、不要式合同。委托人与受托人意思表示一致时委托合同成立,因此,委托合同为诺成合同。委托合同的成立不以书面形式为必要,因此,委托合同为不要式合同。

二、委托合同的效力

（一）受托人的主要义务

1. 按照委托人指示处理委托事务的义务

依据《民法典》第922条的规定,受托人应当按照委托人的指示处理委托事务。需要变更委托人指示的,应当经委托人同意;因情况紧急,难以和委托人取得联系的,受托人应当妥善处理委托事务,但是事后应当将该情况及时报告委托人。

2. 亲自处理委托事务的义务

委托合同是建立在受托人与委托人相互信任的基础之上的,因此,受托人应当亲自处理委托事务。只有经委托人同意,受托人才可以转委托。转委托经同意或者追认的,委托人可以就委托事务直接指示转委托的第三人,受托人仅就第三人的选任及其对第三人的指示承担责任。转委托未经同意或者追认的,受托人应当对转委托的第三人的行为承担责任;但是,在紧急情况下受托人为了维护委托人的利益需要转委托第三人的除外(《民法典》第923条)。

3. 及时向委托人报告处理情况和处理结果的义务

受托人应当按照委托人的要求,报告委托事务的处理情况。委托合同终止时,受托人应当报告委托事务的结果(《民法典》第924条)。

4. 向委托人转交财产的义务

受托人处理委托事务取得的财产,应当转交给委托人(《民法典》第927条)。

5. 受托人的赔偿责任

受托人的赔偿责任因委托合同是有偿还是无偿而有所不同。有偿的委托合同,因受托人的过错造成委托人损失的,委托人可以请求赔偿损失。无偿的委托合同,因受托人的故意或者重大过失造成委托人损失的,委托人可以请求赔偿损失(《民法典》第929条)。同时,受托人超越权限造成委托人损失的,应当赔偿损失(《民法典》第929条第2款)。两个以上的受托人共同处理委托事务的,对委托人承担连带责任(《民法典》第932条)。

（二）委托人的主要义务

1. 负担委托事务处理费用的义务

依据《民法典》第921条的规定,受托人处理委托事务所支出的必要费用由委托人负担。委托人应当预付处理委托事务的费用,若受托人为处理委托事务垫付了必要费用,委托人应当偿还并支付利息。

2. 支付报酬的义务

在有偿的委托合同中,受托人完成委托事务的,委托人应当按照约定向其支付报酬。因不可归责于受托人的事由,委托合同解除或者委托事务不能完成的,委托人仍应当向受托人支付相应的报酬。当事人另有约定的,按照其约定(《民法典》第928条)。

3. 委托人的损害赔偿责任

受托人处理委托事务时,因不可归责于自己的事由受到损失的,可以向委托人请求赔偿损失(《民法典》第930条)。依据《民法典》第931条的规定,委托人经受托人同意,可以在受托人之外委托第三人处理委托事务。因此造成受托人损失的,受托人可以向委托人请求赔偿损失。

三、受托人以自己名义与第三人订立合同的特殊效力

受托人以自己名义与第三人订立合同包括如下两种情形:

其一,受托人以自己的名义且公开代理关系订立的合同。这种合同是指受托人以自己的名义在委托人的授权范围内与第三人订立合同,而该第三人知道受托人与委托人之间存在代理关系所订立的合同。依据《民法典》第925条的规定,在受托人以自己的名义并公开代理关系订立的合同中,因第三人订立合同时知道受托人与委托人之间的代理关系,因此,这一合同将直接约束委托人和第三人。但是,如果有确切证据证明该合同只约束受托人和第三人的,则该合同对委托人没有约束力。

其二,受托人以自己名义且不公开代理关系订立的合同。这种合同是指受托人以自己的名义,与不知道受托人与委托人之间存在代理关系的第三人所订立的合同。依据《民法典》第926条的规定,受托人以自己的名义与第三人订立合同时,第三人不知道受托人与委托人之间的代理关系的,受托人因第三人的原因对委托人不履行义务,受托人应当向委托人披露第三人,委托人因此可以行使受托人对第三人的权利。但是,第三人与受托人订立合同时如果知道该委托人就不会订立合同的除外。受托人因委托人的原因对第三人不履行义务,受托人应当向第三人披露委托人,第三人因此可以选择受托人或者委托人作为相对人主张其权利,但是第三人不得变更选定的相对人。委托人行使受托人对第三人的权利的,第三人可以向委托人主张其对受托人的抗辩。第三人选定委托人作为其相对人的,委托人可以向第三人主张其对受托人的抗辩以及受托人对第三人的抗辩。

四、委托合同的终止

(一)委托合同的任意解除

在委托合同中,合同的当事人双方均享有任意终止权,可以随时解除委托合同。因解除合同造成对方损失的,除不可归责于该当事人的事由外,无偿委托合同的解除方应当赔偿因解除时间不当造成的直接损失,有偿委托合同的解除方应当赔偿对方的直接损失和合同履行后可以获得的利益(《民法典》第933条)。

(二)委托合同的当然终止

1. 委托合同当然终止的原因

依据《民法典》第934条的规定,委托人死亡、终止或者受托人死亡、丧失民事行为能力、终止的,委托合同终止;但是,当事人另有约定或者根据委托事务的性质不宜终止的除外。可见,委托合同当然终止的原因主要是当事人死亡、终止或者丧失民事行为能力。

2. 委托合同当然终止的法律后果

第一,因委托人死亡或者被宣告破产、解散,致使委托合同终止将损害委托人利益的,在委托人的继承人、遗产管理人或者清算人承受委托事务之前,受托人应当继续处理委托事务(《民法典》第935条)。

第二,因受托人死亡、丧失民事行为能力或者被宣告破产、解散,致使委托合同终止的,受托人的继承人、遗产管理人、法定代理人或者清算人应当及时通知委托人;因委托合同终止将损害委托人利益的,在委托人作出善后处理之前,受托人的继承人、遗产管理人、法定代理人或者清算人应当采取必要措施(《民法典》第936条)。

第四节 物业服务合同

一、物业服务合同的概念和特点

依据《民法典》第937条的规定,物业服务合同是物业服务人在物业服务区域内,为业主提供建筑物及其附属设施的维修养护、环境卫生和相关秩序的管理维护等物业服务,业主支付物业费的合同。

物业服务合同具有以下特点:

第一,物业服务合同的主体具有特殊性。物业服务合同的主体包括物业服务人和业主。物业服务人包括物业服务企业和其他管理人(《民法典》第937条第2款),须具有提供物业服务的能力。在物业服务合同中,提供物业服务的人称为物业服务人,业主为房屋所有权人(《物业管理条例》第6条第1款)。作为物业服务合同主体的业主并非指单个业主,而是指全体业主。因此,业主委员会或者业主大会与物业服务人订立的物业服务合同,对业主具有法律约束力(《民法典》第939条)。

第二,物业服务合同的内容具有复合性。物业服务人所提供的物业服务并非单一的服务,而是具有复合性内容的服务,既涉及建筑物及其附属设施的维修养护,也涉及环境卫生和相关秩序的管理维护,因此,物业服务合同的内容涉及委托、承揽、劳务等多种因素。

第三,物业服务合同是一种继续性合同。物业管理服务是一项复杂的、全局性的工作,物业服务人一旦选定之后,原则上需要在一个较长时期内持续履行物业管理服务工作,而不能任意更换,因此,物业服务合同以物业服务人的持续服务为内容,是一种继续性合同。

第四,物业服务合同是诺成合同、双务合同、有偿合同、要式合同。物业服务合同自双方意思表示达成一致时合同成立,因此,物业服务合同为诺成合同。物业服务人提供物业管理服务与业主支付物业费之间具有对待给付性质,因此,物业服务合同为双务合同、有偿合同。物业服务合同应当采用书面形式,因此,物业服务合同为要式合同,其内容一般包括服务事项、服务质量、服务费用的标准和收取办法、维修资金的使用、服务用房的管理和使用、服务期限、服务交接等条款。物业服务人公开作出的有利于业主的服务承诺,为物业服务合同的组成部分(《民法典》第938条)。

二、物业服务合同的效力

(一) 物业服务人的主要义务

1. 亲自提供物业服务的义务

物业服务人应当亲自履行提供物业服务的义务,不得将其应当提供的全部物业服务转委托给第三人,或者将全部物业服务支解后分别转委托给第三人。物业服务人将物业服务区域内的部分专项服务事项委托给专业性服务组织或者其他第三人的,应当就该部分专项服务事项向业主负责(《民法典》第941条)。

2. 妥善提供物业服务的义务

物业服务人应当按照约定和物业的使用性质,妥善维修、养护、清洁、绿化和经营管理物业服务区域内的业主共有部分,维护物业服务区域内的基本秩序,采取合理措施保护业主的人身、财产安全。对物业服务区域内违反有关治安、环保、消防等法律法规的行为,物业服务人应当及时采取合理措施制止、向有关行政主管部门报告并协助处理(《民法典》第942条)。物业服务人未能履行物业服务合同的约定,导致业主人身、财产安全受到损害的,应当依法承担相应的法律责任(《物业管理条例》第35条)。

3. 公开和报告服务事项的义务

物业服务人应当定期将服务的事项、负责人员、质量要求、收费项目、收费标准、履行情况,以及维修资金使用情况、业主共有部分的经营与收益情况等以合理方式向业主公开并向业主大会、业主委员会报告(《民法典》第943条)。

(二) 业主的主要义务

1. 支付物业费的义务

依据《民法典》第944条的规定,业主应当按照约定向物业服务人支付物业费。物业服务人已经按照约定和有关规定提供服务的,业主不得以未接受或者无需接受相关物业服务为由拒绝支付物业费。业主违反约定逾期不支付物业费的,物业服务人可以催告其在合理期限内支付;合理期限届满仍不支付的,物业服务人可以提起诉讼或者申请仲裁。物业服务人不得采取停止供电、供水、供热、供燃气等方式催交物业费(《民法典》第944条)。

2. 向物业服务人告知相关事项的义务

业主装饰装修房屋的,应当事先告知物业服务人,遵守物业服务人提示的合理注意事项,并配合其进行必要的现场检查。业主转让、出租物业专有部分、设立居住权或者依法改变共有部分用途的,应当及时将相关情况告知物业服务人(《民法典》第945条)。

三、物业服务人的解聘和续聘

(一) 物业服务人的解聘

依据《民法典》第946条的规定,业主依照法定程序共同决定解聘物业服务人的,可以解除物业服务合同。决定解聘的,应当提前60日书面通知物业服务人,但是合同对通知期限另有约定的除外。业主解除合同造成物业服务人损失的,除不可归责于业主的事由外,应当赔偿损失。

(二) 物业服务人的续聘

依据《民法典》第947条的规定,物业服务期限届满前,业主依法共同决定续聘的,应当与原物业服务人在合同期限届满前续订物业服务合同。物业服务期限届满前,物业服务人不同意续聘的,应当在合同期限届满前90日书面通知业主或者业主委员会,但是合同对通知期限另有约定的除外。

(三) 服务期满后原物业服务合同的自动延续

依据《民法典》第948条的规定,物业服务期限届满后,业主没有依法作出续聘或者另聘物业服务人的决定,物业服务人继续提供物业服务的,原物业服务合同继续有效,但是服务期限为不定期。当事人可以随时解除不定期物业服务合同,但是应当提前60日书面通知对方。

四、物业服务合同的终止

(一)前期物业服务合同期满前的自动终止

依据《民法典》第940条的规定,建设单位依法与物业服务人订立的前期物业服务合同约定的服务期限届满前,业主委员会或者业主与新物业服务人订立的物业服务合同生效的,前期物业服务合同终止。

(二)合同终止后的交接工作

依据《民法典》第949条的规定,物业服务合同终止的,原物业服务人应当在约定期限或者合理期限内退出物业服务区域,将物业服务用房、相关设施、物业服务所必需的相关资料等交还给业主委员会、决定自行管理的业主或者其指定的人,配合新物业服务人做好交接工作,并如实告知物业的使用和管理状况。原物业服务人违反上述规定的,不得请求业主支付物业服务合同终止后的物业费;造成业主损失的,应当赔偿损失。

(三)交接前原物业服务人继续提供服务的义务和权利

依据《民法典》第950条的规定,物业服务合同终止后,在业主或者业主大会选聘的新物业服务人或者决定自行管理的业主接管之前,原物业服务人应当继续处理物业服务事项,并可以请求业主支付该期间的物业费。

第五节 行 纪 合 同

一、行纪合同的概念和特点

依据《民法典》第951条的规定,行纪合同是行纪人以自己的名义为委托人从事贸易活动,委托人支付报酬的合同。

行纪合同具有以下特点:

第一,行纪人须具有经营行纪业务的资格。所谓行纪,是指以自己的名义,为他人利益从事交易活动而受报酬的营业。行纪营业属于特殊行业,行纪人的设立须经过批准或者许可。因此,在行纪合同中,行纪人的资格有特殊要求,即须有经营行纪业务的资格。

第二,行纪合同的标的为处理委托事务。行纪合同与委托合同一样,都属于提供劳务类合同,其标的也是劳务,即处理委托事务。这种处理委托事务体现为行纪人为委托人从事贸易活动。因此,在法律对行纪合同没有特别规定时,参照适用委托合同的有关规定(《民法典》第960条)。

第三,行纪人以自己的名义和费用处理委托事务。在行纪合同中,行纪人以自己的名义为委托人处理委托事务,即行纪人自己为权利义务主体;行纪人不仅以自己的名义处理委托事务,而且也以自己的费用为委托人处理委托事务。

第四,行纪人为委托人的利益处理事务。行纪合同的行纪人虽以自己的名义与第三人直接发生法律关系,但他是为委托人的利益与第三人发生关系的,其因该关系所取得的利益最终应归属于委托人。

第五,行纪合同是诺成合同、双务合同、有偿合同、不要式合同。行纪合同自当事人双方意思表示一致时成立,因此,行纪合同是诺成合同。行纪人负有为委托人处理委托事务的义务,而委托人负有给付报酬的义务,双方的义务是相对应的;同时,行纪人为委托人处理委托事务要收取报酬,因此,行纪合同是双务合同、有偿合同。行纪合同的成立无需履行特别的方式,因此,行纪合同为不要式合同。

二、行纪合同的效力

(一) 行纪人的主要义务

1. 负担事务处理费用的义务

在一般的委托合同中,处理事务的费用由委托人负担(《民法典》第921条),但是行纪人处理委托事务支出的费用,除当事人另有约定外,该费用由行纪人负担(《民法典》第952条)。

2. 妥善保管委托物的义务

依据《民法典》第953条的规定,行纪人占有委托物的,应当妥善保管委托物。委托物交付给行纪人时有瑕疵或者容易腐烂、变质的,经委托人同意,行纪人可以处分该物;不能与委托人及时取得联系的,行纪人可以合理处分(《民法典》第954条)。

3. 按照指定价格进行买卖的义务

行纪人低于委托人指定的价格卖出或者高于委托人指定的价格买入的,应当经委托人同意;未经委托人同意,行纪人补偿其差额的,该买卖对委托人发生效力。行纪人高于委托人指定的价格卖出或者低于委托人指定的价格买入的,可以按照约定增加报酬;没有约定或者约定不明确的,可以协议补充;不能达成补充协议的,按照合同相关条款或者交易习惯确定;仍不能确定的,该利益属于委托人。委托人对价格有特别指示的,行纪人不得违背该指示卖出或者买入(《民法典》第955条)。

依据《民法典》第956条的规定,行纪人卖出或者买入具有市场定价的商品,除委托人有相反的意思表示外,行纪人自己可以作为买受人或者出卖人。行纪人自己作为买受人或者出卖人的,仍然可以请求委托人支付报酬。

4. 以自己的名义实施行纪行为并承受法律后果的义务

行纪行为不同于代理行为,代理行为是代理人以被代理人的名义实施的民事法律行为,行纪行为是行纪人以自己的名义实施的民事法律行为;代理行为的后果由被代理人承受,行纪行为的后果由行纪人承受。因此,《民法典》第958条规定:"行纪人与第三人订立合同的,行纪人对该合同直接享有权利、承担义务。第三人不履行义务致使委托人受到损害的,行纪人应当承担赔偿责任,但是行纪人与委托人另有约定的除外。"

(二) 委托人的主要义务

1. 及时受领委托物的义务

依据《民法典》第957条的规定,行纪人按照约定买入委托物,委托人应当及时受领。经行纪人催告,委托人无正当理由拒绝受领的,行纪人依法可以提存委托物。委托物不能卖出或者委托人撤回出卖,经行纪人催告,委托人不取回或者不处分该物的,行纪人依法可以提存委托物。

2. 支付报酬的义务

依据《民法典》第959条的规定,行纪人完成或者部分完成委托事务的,委托人应当向其支付相应的报酬。委托人逾期不支付报酬的,行纪人对委托物享有留置权,但是当事人另有约定的除外。

3. 按约定支付费用的义务

依据《民法典》第952条的规定,行纪人处理委托事务的费用,由行纪人负担,但是当事人另有约定的除外。因此,如果行纪合同约定由委托人负担处理委托事务的费用,则委托人应按照约定负担该费用。

第六节 中介合同

一、中介合同的概念和特点

依据《民法典》第961条的规定,中介合同是中介人向委托人报告订立合同的机会或者提供订立合同的媒介服务,委托人支付报酬的合同。

中介合同具有以下特点:

第一,中介合同的标的是中介人所提供的中介劳务。中介合同属于提供劳务类合同,其内容是使委托人能够与另一方订立合同,中介合同就是以委托人与第三人订立合同为目的的。这表明,中介合同是一种特殊的委托合同。因此,《民法典》第966条规定:"本章没有规定的,参照适用委托合同的有关规定。"

第二,中介人须按委托人的指示和要求为中介活动。中介人进行中介活动,应当根据委托人的具体要求,为委托人报告有关可以与委托人订立合同的人,给委托人提供订约的机会,或者充任委托人与第三人之间订立合同的中间人,使双方订立合同。

第三,中介合同是诺成合同、双务合同、有偿合同。委托人与中介人意思表示一致时合同成立,因此,中介合同为诺成合同。中介人提供中介服务与委托人支付报酬之间具有对待给付性质,因此,中介合同为双务、有偿合同。

二、中介合同的效力

(一)中介人的主要义务

1. 如实报告的义务

依据《民法典》第962条的规定,中介人应当就有关订立合同的事项向委托人如实报告。中介人故意隐瞒与订立合同有关的重要事实或者提供虚假情况,损害委托人利益的,不得请求支付报酬并应当承担赔偿责任。

2. 自行负担中介费用的义务

中介人促成合同成立的,中介活动的费用,由中介人负担(《民法典》第963条第2款)。

(二)委托人的主要义务

1. 支付报酬的义务

中介人促成合同成立的,委托人应当按照约定支付报酬。对中介人的报酬没有约定或者约定不明确,可以协议补充;不能达成补充协议的,按照合同相关条款或者交易习惯确定;仍不能确定的,根据中介人的劳务合理确定。因中介人提供订立合同的媒介服务而促成合同成立的,由该合同的当事人平均负担中介人的报酬(《民法典》第963条第1款)。

依据《民法典》第965条的规定,委托人在接受中介人的服务后,利用中介人提供的交易机会或者媒介服务,绕开中介人直接订立合同的,应当向中介人支付报酬。

2. 依约支付必要费用的义务

依据《民法典》第964条的规定,中介人未促成合同成立的,不得请求支付报酬;但是,可以按照约定请求委托人支付从事中介活动支出的必要费用。

第七节 合伙合同

一、合伙合同的概念和特点

依据《民法典》第967条的规定,合伙合同是两个以上合伙人为了共同的事业目的所订立的共享利益、共担风险的协议。

合伙合同具有以下特点:

第一,合伙人须为两人以上。在合伙合同中,合伙人可以为自然人,也可以是法人、非法人组织。但是,无论何种民事主体作为合伙人,数量上须为两个以上。因此,合伙合同是多方民事法律行为。

第二,合伙人具有共同的事业目的。合伙人订立合伙合同的目的在于实现共同的事业目的,具有目的上的一致。因此,合伙合同是共同行为。

第三,合伙人共享利益、共担风险。基于共同的事业目的,合伙人应当共享利益。同时,基于共同的事业目的,合伙人之间须共担风险。

第四,合伙合同是诺成合同、不要式合同、继续性合同。合伙合同自合伙人意思表示一致时成立,为诺成合同。除法律另有规定外,合伙合同不需要采取特定的形式,为不要式合同。合伙合同的共同目的可以是长期性的,也可是临时性的,但均需要合伙人持续履行合同,因此,合伙合同是继续性合同。

二、合伙合同的效力

(一)合伙人的出资义务

合伙人应当按照约定的出资方式、数额和缴付期限,履行出资义务(《民法典》第968条)。合伙人可以用货币、实物、知识产权、土地使用权或者其他财产权利出资,也可以用劳务出资。

(二)合伙财产的归属

合伙人的出资、因合伙事务依法取得的收益和其他财产,属于合伙财产。合伙合同终止前,合伙人不得请求分割合伙财产(《民法典》第969条)。

(三)合伙事务的决定和执行

合伙人就合伙事务作出决定的,除合伙合同另有约定外,应当经全体合伙人一致同意

(《民法典》第970条第1款)。合伙事务由全体合伙人共同执行,当然,按照合伙合同的约定或者全体合伙人的决定,可以委托一个或者数个合伙人执行合伙事务;其他合伙人不再执行合伙事务,但是有权监督执行情况。合伙人分别执行合伙事务的,执行事务合伙人可以对其他合伙人执行的事务提出异议;提出异议后,其他合伙人应当暂停该项事务的执行(《民法典》第970条第2款、第3款)。合伙人不得因执行合伙事务而请求支付报酬,但是合伙合同另有约定的除外(《民法典》第971条)。

(四)合伙的利润分配和亏损负担

合伙的利润分配和亏损分担,按照合伙合同的约定办理;合伙合同没有约定或者约定不明确的,由合伙人协商决定;协商不成的,由合伙人按照实缴出资比例分配、分担;无法确定出资比例的,由合伙人平均分配、分担(《民法典》第972条)。

(五)合伙债务的承担

依据《民法典》第973条规定,合伙人对合伙债务承担连带责任。清偿合伙债务超过自己应当承担份额的合伙人,有权向其他合伙人追偿。

(六)财产份额的对外转让

除合伙合同另有约定外,合伙人向合伙人以外的人转让其全部或者部分财产份额的,须经其他合伙人一致同意(《民法典》第974条)。

(七)利益分配请求权的代位行使

合伙人的债权人不得代位行使合伙人依照《民法典》"合伙合同"章和合伙合同享有的权利,这是因为该等合伙权利具有一身专属性,不得代位行使。但是,合伙人享有的利益分配请求权是可以代位行使的(《民法典》第975条),这是因为利益分配请求权是一项纯粹的财产性权利,对其代位行使不会损害合伙和其他合伙人的利益。

(八)合伙期限届满的法律效力

依据《民法典》第976条的规定,合伙人对合伙期限没有约定或者约定不明确的,可以协议补充;不能达成补充协议的,按照合同相关条款或者交易习惯确定;仍不能确定的,视为不定期合伙。合伙期限届满,合伙人继续执行合伙事务,其他合伙人没有提出异议的,原合伙合同继续有效,但是合伙期限为不定期。合伙人可以随时解除不定期合伙合同,但是应当在合理期限之前通知其他合伙人。

(九)合伙合同的终止

依据《民法典》第977条的规定,合伙人死亡、丧失民事行为能力或者终止的,合伙合同终止;但是,合伙合同另有约定或者根据合伙事务的性质不宜终止的除外。

(十)剩余财产的分配

依据《民法典》第978条的规定,合伙合同终止后,合伙财产在支付因终止而产生的费用以及清偿合伙债务后有剩余的,依据法律规定或者合同约定进行分配。

第二十五章 准 合 同

第一节 无因管理

一、无因管理的概念和性质

依据《民法典》第121条的规定，无因管理是指没有法定的或者约定的义务，为避免他人利益受损失而对他人事务进行管理或者服务的法律事实。

无因管理是法定的债的发生原因之一。在性质上，无因管理是事实行为而非民事法律行为。民事法律行为是以发生一定的民事法律效果为目的的表意行为，以意思表示为要素。而在无因管理中，尽管法律也要求管理人应当有为他人利益进行管理的意思，但该意思并非效果意思，因此，无因管理不以意思表示为要素，其性质为事实行为。

二、无因管理的构成要件

依据《民法典》第979条的规定，无因管理的构成要件包括如下几项：

（一）须管理他人事务

管理他人事务，就是对他人的事务进行管理或者服务。所谓管理，是指管理人对他人事务实施一定的积极行为，包括管理行为和服务行为，如对他人财物的保存、改良、为他人提供劳务帮助等；所谓事务，是指一切可以满足人们生产生活利益需要的事项，可以是财产性的事务，也可以是非财产性的事务。但是，违法或者违背公序良俗的事务、应由本人亲自实施的事务、须经本人授权的事务、单纯的不作为事务等，不得作为无因管理上的事务。

"他人事务"是相对于"自己事务"而言的，管理自己事务不成立无因管理。他人事务可分为两种类型，即客观的他人事务和主观的他人事务。客观的他人事务是指事务客观上是他人的，不论从管理人角度、受益人角度还是社会公众的角度看，都为他人事务，如暴风雨来临之前张三为李四收取晾晒的衣物。客观的他人事务是无因管理的主要客体。主观的他人事务又称"中性事务"，即事务在性质上与特定人并无当然的结合关系，是否为他人事务须依管理人的主观意思而定。如张三到商店买一瓶矿泉水，买水这一事务就是中性事务，张三可以是为自己的利益买水，也可能是为救助中暑的路人甲而购买，究竟为谁的利益而购买，取决于张三的主观意思。若是后者，即构成他人事务而成立无因管理。

（二）须有管理意思

管理人的"管理意思"，即《民法典》第979条规定的"为避免他人利益受损失"的意思。管理意思是无因管理成立的主观要件，也是无因管理具有阻却违法性的根本原因。由于管理意思不是效果意思，故只要事实上有为他人管理事务的意思即可，无民事行为能力人、限制民事行为能力人亦可以实施无因管理。

对于客观的他人事务，依事务的性质和管理人的行为，自客观表象上往往就足以认定管理人具有管理意思。但是就主观的他人事务而言,管理人主张存在管理意思的,应负举证证明责任,举证不能时,应认定为自己事务而不成立无因管理。

管理意思未必是纯粹的利他意思,即便包含着利己的因素,也可以成立无因管理。如为避免邻居的房屋倒塌而为之修缮,管理人同时有为避免自己遭受危险的意思,但仍不影响无因管理的成立。

(三)须无法定的或者约定的义务

无因管理中的"无因"即"没有原因"。该"原因"可以是法定的原因,也可以是约定的原因,不论何种原因,其本质上都是一种"义务"。如果管理人有管理他人事务的义务,就不会成立无因管理。《民法典》第979条规定的管理人"没有法定的或者约定的义务",就是指没有法律上的原因。因此,监护人管理被监护人的事务具有法定原因的,不成立无因管理;受托人接受委托人的委托处理委托事务具有约定原因的,也不成立无因管理。

三、无因管理的效力

(一)管理人的主要义务

1. 适当管理的义务

适当管理是指管理人在管理他人事务时,应当依照事务的性质,并依管理人已知或者可推知的受益人的意思,以有利于受益人的方法进行管理。适当管理须具备以下两个条件:其一,不违反受益人的真实意思。例如,如果受益人明确表示过要拆除房屋,管理人进行房屋加固的行为就不构成无因管理,因为其加固行为违反了受益人的真实意思。当然,如果受益人的真实意思违反了法律或者违背公序良俗的,管理人的行为仍可成立无因管理(《民法典》第979条第2款)。其二,以有利于受益人的方法管理事务。管理方法是否有利于受益人,是决定无因管理是否成立的重要依据。若管理方法是有害的,也就不存在"受益人"了,管理行为也就不成立无因管理。为此,《民法典》第981条规定,管理人管理他人事务,应当采取有利于受益人的方法。中断管理对受益人不利的,无正当理由不得中断。

2. 通知和等待指示的义务

管理人管理他人事务,能够通知受益人的,应当及时通知受益人。管理的事务不需要紧急处理的,应当等待受益人的指示(《民法典》第982条)。

3. 报告和转交财产的义务

管理结束后,管理人应当向受益人报告管理事务的情况。管理人管理事务取得的财产,应当及时转交给受益人(《民法典》第983条)。

(二)管理人的主要权利

1. 必要费用偿还请求权

依据《民法典》第979条的规定,管理人享有必要费用偿还请求权。管理人所支出的费用是否为必要,应以费用支出时的客观情况而定,而不能以管理人或者受益人的主观认识而定。如果费用在支出时是必要的,即便事后未能获得预期的效果,管理人仍有权请求偿还。管理人为实施管理行为而与第三人订立合同发生债务的,该债务也属于必要费用,受益人应偿还该债务。

2. 损失补偿请求权

依据《民法典》第979条的规定,管理人享有损失补偿请求权。管理人有权请求补偿的损失,限于实际损失,不包括可得利益损失。此外,损失的发生应当与事务的管理具有因果关系,否则不能请求补偿。

(三) 因受益人事后追认而转为委托

《民法典》第984条规定:"管理人管理事务经受益人事后追认的,从管理事务开始时起,适用委托合同的有关规定,但是管理人另有意思表示的除外。"依照这一规定,经受益人事后追认时,无因管理关系即归于消灭,溯及于管理开始时产生委托合同关系。受益人事后追认,而管理人明确表示拒绝接受委托时,则不转为委托关系,仍适用无因管理的相关规定处理当事人之间的关系。

第二节 不 当 得 利

一、不当得利的概念和性质

依据《民法典》第122条的规定,不当得利是指没有法律根据取得不当利益而使他人受到损失的法律事实。

不当得利是债的发生原因之一,不当得利之债的发生与当事人的意思无关,因此,不当得利之债是一种法定之债。不当得利可以基于人的行为而发生,也可以基于自然事件而发生。由于不当得利返还请求权的发生系基于无法律根据而受有不当利益并导致他人受有损失的事实,而造成这种事实的原因是否属于人的行为,在所不问;同时,在这种事实系基于人的行为发生时,也不问行为人是否具有民事行为能力,因而不当得利属于法律事实中的事件。

二、不当得利的构成要件

依据《民法典》第985条的规定,不当得利的构成要件包括如下几项:

(一) 一方取得利益

不当得利是以一方取得利益为前提的,没有一方取得利益,则不发生得利的当与不当问题,也就无不当得利的发生。所谓一方取得利益,是指一方当事人因一定的事实结果而使其财产利益增加(包括积极增加和消极增加)。至于一方取得利益的原因和方法为何,法律并无限制。换言之,凡因一定事实而取得不当利益的,均可构成不当得利。

(二) 他方受有损失

若无他方因得利人的得利而受到损失,虽有一方的得利也不构成不当得利。所谓损失,是指因一定的事实结果使受损人的财产利益减少(包括积极损失和消极损失)。

(三) 受益和受损之间具有因果关系

受益和受损之间具有因果关系,是指他方的损失是因一方的得利造成的,一方得利是他方受损的原因,二者之间具有利益变动上的关联性。得利与受损之间可能是基于同一原因事实,也可能是基于两个不同的原因事实,但只要受损与得利之间具有损益变动上的关联性,就应当认定具有因果关系。

(四)没有法律根据

"没有法律根据"是指得利人的得利没有法律上的正当原因。在社会生产生活中,任何利益的取得都须有法律根据,或者是基于法律的规定,或者是基于当事人的约定。有法律根据而取得利益的,即便使他方受有损失,该利益的取得也具有正当性,得利人依法可以保有该利益,而无需向受损的一方返还。

三、不当得利的基本类型

(一)给付型不当得利

给付型不当得利是指无法定的或者约定的给付义务而向得利人为给付所构成的不当得利。给付是债务人为履行自己的义务而为的履行行为,当债务不存在时,债权人受领给付的法律根据即不存在,此时的受领即构成不当得利。

给付型不当得利的发生原因主要有:(1)给付原因自始不存在,如买卖合同履行后被宣告无效、被确认为确定的不生效;(2)给付原因事后不存在,如可撤销合同履行后又被撤销;(3)给付目的未达到,如以将来结婚为目的而进行的财产赠与,最终双方未结婚。

依据《民法典》第985条的规定,在以下三种情况下,虽有一方的给付行为和另一方得利的事实,但该得利并不具有"不当性",因而得利人无需向受损人返还取得的利益:(1)为履行道德义务进行的给付;(2)债务到期之前的清偿;(3)明知无给付义务而进行的债务清偿。

(二)非给付型不当得利

非给付型的不当得利是基于给付以外的事实而发生的不当得利。这种不当得利的发生原因,可以是行为或者自然事实,也可以是法律规定。

1. 基于行为而发生的不当得利

(1)基于得利人的行为。这种不当得利是指得利人因实施侵权行为而取得利益,如得利人无权处分他人之物时所取得的利益。

(2)基于受损人的行为。这种不当得利是指受损人因自己的行为导致损失而使他人取得利益,如误信他人事务为自己事务而进行管理时,受益人因此而取得的利益。

(3)基于第三人的行为。这种不当得利是指因第三人的行为而使一方得利,另一方受损失,如甲擅自用乙所有的饲料喂养丙的牲畜,丙因此而取得的利益。

2. 基于法律规定而发生的不当得利

这种不当得利是形式上有法律根据而实质上无法律根据的不当得利,最典型的情形是添附(《民法典》第322条)。当添附物由一方取得时,另一方即因此而受有损失,但是法律只是形式上确定了添附物的归属,并没有使取得所有权的一方无偿保有所取得利益的立法目的,因而受损人可以向取得添附物的一方请求返还因添附所取得的利益。

3. 基于自然事件而发生的不当得利

某些自然事件的发生会导致不同的民事主体之间的利益失衡,从而使一方得利,另一方受损失。例如,上游养殖水面的鱼虾因洪水漫溢而大量流入下游养殖水面,下游养殖水面的权利人即构成不当得利。

四、不当得利的效力

不当得利成立后,在得利人与受损人之间即产生不当得利之债,受损人有权请求得利人返还取得的利益。关于不当利得利的返还范围,应区别不同情况处理:

(一) 得利人为善意时的返还

得利人为善意即不知道且不应当知道取得的利益没有法律根据,其返还利益的范围以现存利益为限。因此,得利人取得的利益已经不存在的,不承担返还该利益的义务(《民法典》第986条)。如果得利人在取得利益时为善意、事后为恶意的,其返还范围应以恶意开始时存在的利益为准。

(二) 得利人为恶意时的返还

得利人为恶意即得利人知道或者应当知道取得的利益没有法律根据,其返还利益的范围为得利人取得利益时的数额。即使该利益在应当返还时已经不存在,得利人的返还义务也不能免除,并且应依法赔偿损失(《民法典》第987条)。

(三) 第三人的返还义务

如果得利人已经将取得的利益无偿转让给第三人的,受损失的人可以请求第三人在相应范围内承担返还义务(《民法典》第988条)。如果得利人将取得的利益有偿转让给第三人的,则受损人不能请求第三人承担返还义务,只能依法采取其他救济措施。

第五编 人格权

第二十六章 人格权概述

第一节 人身权的概念和分类

一、人身权的概念和特点

人身权又称人身非财产权,是指民事主体基于其人格或者身份而依法享有的,以其人格利益或者身份利益为内容的民事权利。

在民事权利体系中,人身权与财产权相对应。民法调整平等主体之间的人身关系和财产关系,并体现为对人身权和财产权的确认和保护。人身权是一个复合性概念,包括生命权、身体权、健康权、姓名权、名称权、肖像权、名誉权、隐私权、配偶权等。

人身权除具有民事权利的一般特点外,还具有以下特点:

第一,人身权是与权利主体密不可分的权利。这一特点包括两个方面含义:一方面,民事主体的人身权只能由其自身所享有;另一方面,人身权与特定的民事主体不可分离。因此,权利人不得放弃或者转让其所享有的人身权,人身权也不能被继承。

第二,人身权具有非财产性。与财产权不同,人身权并不具有直接的财产内容。人身权的客体为民事主体的人格利益和身份利益,是权利主体基于其人格和身份而享有的精神利益。当然,人身权具有非财产性,并非指人身与财产利益毫无关联。例如,肖像权、姓名权、名称权等在某些情形下也可被商业化利用。同时,在人身权遭受侵害时,也可采取财产性方式予以救济,如损害赔偿。

第三,人身权具有法定性。人身权的类型及内容须由法律加以规定或者认可。即便人身权的内容不确定,也须由有权机关经过一定程序来确定。例如,一般人格权的内容具有不确定性,但其内容需要有权机关通过一定程序确定。

二、人身权的分类

依据不同标准,可以对人身权作不同分类。

(一)人格权与身份权

根据权利内容的不同,人身权可分为人格权与身份权。

人格权是以生命、身体、健康、姓名、肖像、名誉、荣誉、隐私等人格利益为内容的民事权利;身份权是基于亲属法上特定身份而享有的民事权利的总称。

尽管人格权与身份权均具有专属性、绝对性及非财产性等特点,但二者仍旧存在区别。

首先,二者的权利性质不同。人格权为民事主体的固有权利,因出生而取得,因死亡而消灭;而身份权对于民事主体而言并不具有不可或缺性,不享有身份权,并不影响主体资格的取得。

其次,二者的权利主体不同。人格权的主体可以是自然人,也可以是法人或者非法人组织;而身份权因基于亲属法上的特定身份而享有,因此其主体仅限于自然人。

再次,二者的权利客体不同。人格权的客体为人格利益,而身份权的客体为身份利益。

最后,二者的普适性程度不同。人格权为任何民事主体所享有,而身份权仅为具有特定身份的人享有。

(二)自然人的人身权与法人、非法人组织的人身权

根据权利主体的不同,人身权可分为自然人的人身权和法人、非法人组织的人身权。

自然人的人身权是指自然人基于其人格及身份而享有的人身权;法人、非法人组织的人身权是指法人、非法人组织基于其人格而享有的人身权。

相比于法人、非法人组织的人身权,自然人的人身权范围具有广泛性,包括人格权与身份权。法人、非法人组织的人身权范围具有限定性。法人、非法人组织仅享有名称权、名誉权和荣誉权,不享有身份权。

第二节 人格权的概念和分类

一、人格权的概念和特点

一般认为,人格是指人在法律上的资格。在法律上,"人格"一词可作不同解读。其一,人格是指民事主体具有的独立的法律地位;其二,人格是指民事权利能力,即享有权利、承担义务的资格;其三,人格是指人格权的客体,即受法律保护的人格利益。

所谓人格权,是指民事主体享有的人身自由、人格尊严及各人格要素不受侵害的权利。也就是说,人格权是以人格利益为客体,为维护民事主体独立人格所必备的固有性权利,且为该民事主体专属享有。

由于人格权关系到人身自由及人格尊严,是民事主体最基本的权利,因此,《民法典》第四编对其予以专门规定,以"调整因人格权的享有和保护产生的民事关系"(《民法典》第989条)。

人格权除具有人身权的法定性、专属性、非财产性等特点外,还具有自身的特点:

其一,人格权以人格利益为客体。人格要素是构成民事主体人格的基本元素,是人格利益的载体。人格要素可以从抽象意义和具体意义两方面加以理解。抽象人格要素是指人身自由和人格尊严,承载一般人格利益;具体人格要素是指生命、身体、姓名、肖像、名誉、隐私等人格具体构成元素,体现了具体人格利益。

其二,人格权具有平等性。人格权是民事主体基于其主体资格所享有的权利,而因民事主体的法律地位一律平等,因此,民事主体所享有的人格权也具有平等性。也就是说,民事

主体的人格权并不会因其性别、民族、出身、职业及贫富等不同而有所不同。

二、人格权的分类

（一）具体人格权与一般人格权

以人格利益是否具体化为标准，人格权可以分为具体人格权和一般人格权。

具体人格权是指以具体人格利益为客体的人格权。《民法典》第990条第1款中所规定的生命权、身体权、健康权、姓名权、名称权、肖像权、名誉权、荣誉权、隐私权等具体人格权，均是以具体人格利益为客体的。例如，生命权以生命利益为客体、肖像权以肖像利益为客体，等等。

一般人格权是指以一般人格利益为客体的人格权。一般人格利益具有抽象性，体现为人身自由和人格尊严。依据《民法典》第990条第2款的规定，除法律规定的人格权外，自然人享有基于人身自由、人格尊严而产生的其他人格权益。该款为《民法典》中关于一般人格权的规定。一般人格权的规定，一方面可以发挥对人格权益兜底性保护的作用，另一方面也保持了人格权制度发展的开放性。

区分具体人格权与一般人格权的意义在于，当法律对某种具体人格权有规定时，应优先适用该具体规定。此外，通说认为，享有一般人格权的主体仅限于自然人，法人、非法人组织并不享有一般人格权。

（二）物质性人格权与精神性人格权

以人格要素是否有形为标准，人格权可分为物质性人格权与精神性人格权。

物质性人格权是指以民事主体基于受法律保护的物质性人格要素而享有的人格权，包括生命权、身体权、健康权。

精神性人格权是指以各种精神性人格利益为客体的人格权，包括标表型人格权、自由型人格权和尊严型人格权。标表型人格权是以人格标识利益为客体的人格权，如姓名权、名称权、肖像权；自由型人格权是以保护身心自由为目标的人格权，包括身体自由权和精神自由权；尊严型人格权是指以对权利人特定评价利益为客体的人格权，如名誉权、荣誉权。

区分物质性人格权与精神性人格权的意义主要在于：第一，享有权利的主体不同。物质性人格权的主体仅限于自然人，而不能是法人、非法人组织；而精神性人格权的主体既包括自然人，也包括法人、非法人组织。第二，权利受到侵害后的救济方式不同。物质性人格权受到侵害后，被侵权人可以请求损害赔偿；精神性人格权受到侵害后，被侵权人除可以请求损害赔偿的救济方式外，还可请求侵权人以他种民事责任承担方式承担责任，如赔礼道歉、消除影响、恢复名誉。

（三）自然人人格权与法人、非法人组织人格权

以享有人格权的主体类型为标准，人格权可分为自然人人格权和法人、非法人组织人格权。

自然人人格权是指自然人享有的人格权；法人、非法人组织人格权是指法人、非法人组织享有的人格权。

区分自然人人格权与法人、非法人组织人格权的意义在于：第一，二者享有人格权的范围不同。依据《民法典》第990条的规定，自然人除可以享有生命权、身体权、健康权等各种

具体人格权外,还享有一般人格权;而法人、非法人组织除不享有一般人格权外,也无法享有物质性人格权。第二,二者受到侵害后的救济方式不同。自然人人格权遭受侵害的,被侵权人可以主张财产损害赔偿,也可以主张精神损害赔偿;而法人、非法人组织的人格权遭受侵害的,被侵权人不能主张精神损害赔偿。

第三节 人格权的民法保护

依据《民法典》第3条的规定,民事主体的人身权利、财产权利以及其他合法权益受法律保护,任何组织或者个人不得侵犯。作为民事权益,民事主体的人格权受法律保护,任何组织或者个人不得侵害(《民法典》第991条)。否则,侵害人应承担不利的法律后果,即侵权责任。

一、人格权请求权

人格权请求权是指民事主体的人格权的圆满状态受到侵害、妨害或者有受到侵害的可能时,权利人请求侵害人采取相应救济措施以恢复人格权圆满状态的权利。一般认为,权利人要求侵害人停止侵害、排除妨碍、消除危险、消除影响、恢复名誉、赔礼道歉等都属于人格权请求权。依据《民法典》第995条的规定,受害人的停止侵害、排除妨碍、消除危险、消除影响、恢复名誉、赔礼道歉请求权,不适用诉讼时效的规定。

在行为人因侵害人格权而承担消除影响、恢复名誉、赔礼道歉等民事责任的情况下,行为人承担的责任应当与行为的具体方式和造成影响的范围相当。行为人拒不承担上述民事责任的,人民法院可以采取在报刊、网络等媒体上发布公告或者公布生效裁判文书等方式执行,产生的费用由行为人负担(《民法典》第1000条)。同时,依据《民法典》第998条的规定,在认定行为人承担侵害除生命权、身体权和健康权外的人格权的民事责任时,应当考虑行为人和受害人的职业、影响范围、过错程度,以及行为的目的、方式、后果等因素。

依据《民法典》第997条的规定,民事主体有证据证明行为人正在实施或者即将实施侵害其人格权的违法行为,不及时制止将使其合法权益受到难以弥补的损害的,有权依法向人民法院申请采取责令行为人停止有关行为的措施。

需要指出的是,为公共利益实施新闻报道、舆论监督等行为的,可以合理使用民事主体的姓名、名称、肖像、个人信息等。但是,在使用不合理侵害民事主体人格权的情形下,应当依法承担民事责任(《民法典》第999条)。

二、损害赔偿请求权

在人格权因受侵害而导致损害的情形下,被侵权人可以依法主张损害赔偿请求权。

第一,侵害他人造成人身损害的,应当赔偿医疗费、护理费、交通费、营养费、住院伙食补助费等为治疗和康复支出的合理费用,以及因误工减少的收入。造成残疾的,还应当赔偿辅助器具费和残疾赔偿金;造成死亡的,还应当赔偿丧葬费和死亡赔偿金(《民法典》第1179条)。

第二,侵害他人人身权益造成财产损失的,按照被侵权人因此受到的损失或者侵权人因此获得的利益赔偿;被侵权人因此受到的损失以及侵权人因此获得的利益难以确定,被侵权人和侵权人就赔偿数额协商不一致,向人民法院提起诉讼的,由人民法院根据实际情况确定赔偿数额(《民法典》第1182条)。

第三,侵害自然人人身权益造成严重精神损害的,被侵权人有权请求精神损害赔偿。因故意或者重大过失侵害自然人具有人身意义的特定物造成严重精神损害的,被侵权人有权请求精神损害赔偿(《民法典》第1183条)。

第四,依据《民法典》第996条的规定,因当事人一方的违约行为,损害对方人格权并造成严重精神损害,受损害方选择请求其承担违约责任的,不影响受损害方请求精神损害赔偿。

三、死者人格利益保护

依据《民法典》第994条的规定,死者的姓名、肖像、名誉、荣誉、隐私、遗体等受到侵害的,其配偶、子女、父母有权依法请求行为人承担民事责任;死者没有配偶、子女且父母已经死亡的,其他近亲属有权依法请求行为人承担民事责任。这意味着,自然人死亡后虽不享有人格权,但死者的人格利益仍受法律保护,其近亲属有权主张侵权人承担民事责任。

此外,侵害英雄烈士等的姓名、肖像、名誉、荣誉,损害社会公共利益的,行为人应当承担民事责任(《民法典》第185条)。

四、人格利益的许可使用

《民法典》第993条规定:"民事主体可以将自己的姓名、名称、肖像等许可他人使用,但是依照法律规定或者根据其性质不得许可的除外。"依照这一规定,除依据法律规定或者依据人格利益的性质不得许可使用的情形外,他人可经权利人许可而使用权利人的人格利益。

第二十七章 生命权、身体权和健康权

第一节 生 命 权

一、生命权的概念和特点

生命权是自然人享有的以生命安全和生命尊严为内容的人格权。《民法典》第1002条规定:"自然人享有生命权。自然人的生命安全和生命尊严受法律保护。任何组织或者个人不得侵害他人的生命权。"

生命权具有如下特点:

第一,生命权的主体只能是自然人,法人和非法人组织不享有生命权。

第二,生命权的客体是生命安全和尊严,即维持生命的正常活动,保障生命不受非法剥夺的人格利益。

第三,生命权的救济方式具有独特性。生命权一旦遭受实际侵害,即发生权利主体死亡的后果,无法对其给予任何救济,仅能由死者的近亲属主张损害赔偿。

二、生命权的内容

(一)生命安全维护权

生命是自然人的最高利益。生命权的基本内容是维护生命的延续,防止生命受到非法侵害。当发生非法侵害生命的行为或者存在危害生命的危险时,权利人可以采取相应的措施排除侵害行为或者避免危害的发生,如正当防卫或者紧急避险。

(二)生命尊严维护权

生命尊严是人格尊严的重要组成部分。自然人有权基于其人格尊严,要求他人对自身的生命尊严给予应有的尊重,也有权禁止他人侵害自身的生命尊严。将生命尊严纳入法律保护范围,不仅有利于完整地保护人格尊严,也能够实现对人的终极关怀。

(三)生命利益支配权

生命利益支配权是指自然人对自己的生命利益予以支配的权利。一般认为,自然人享有对自己的生命利益予以支配的权利,但是应严格限定在一定范围之内。例如,自然人可以为公共利益或者他人利益而献身;自然人因从事高危竞技运动而将自己的生命置于危险境地。

第二节 身 体 权

一、身体权的概念和特点

身体权是自然人享有的以维护其身体完整和行动自由为内容的人格权。《民法典》第

1003条规定:"自然人享有身体权。自然人的身体完整和行动自由受法律保护。任何组织或者个人不得侵害他人的身体权。"

身体权具有如下特点:

第一,身体权的主体只能是自然人,法人和非法人组织不享有身体权。

第二,身体权的客体是身体利益及行动自由。身体权以保护自然人身体完整和行动自由为内容,不以维持生命、健康为目的,因此,身体权不同于生命权、健康权,是一种独立的人格权。

第三,身体权是一种支配权。身体权作为支配权,权利人有权依法对身体的组成部分进行处分,如无偿捐献人体细胞、人体组织、人体器官等。

二、身体权的内容

(一)身体完整权

身体完整权是指自然人有权维护其身体组织的完整性。身体完整,不仅包括主体部分的完整,如头颅、躯干、肢体等,也包括附属部分,如毛发、指甲等附着于人体的其他组织的完整。此外,对于固定于身体并成为身体组成部分且不能自由拆取的假肢、义眼等,也属于身体权的保护范围。任何破坏人体完整性的行为,均构成对身体权的侵害。

(二)行动自由权

行动自由权是指自然人所享有的依其意愿而自由行动的权利。行动自由为自然人正常生活所必须,因此,若无合法依据,自然人的行动自由不受他人限制。以非法拘禁等方式剥夺、限制他人的行动自由,或者非法搜查他人身体的,受害人有权依法请求行为人承担民事责任。

(三)身体组织支配权

自然人对于身体组织的支配,既可以体现为美容、美发等日常事项,也可以体现为依个人意愿无偿捐献人体细胞、人体组织、人体器官等情形。需要指出的是,自然人对身体组织所享有的支配权应依法行使。例如,依现行法规定,自然人可以无偿捐献其人体细胞,但不可出卖其人体细胞。也就是说,自然人所享有的身体组织支配权,是一种有限的支配权。

第三节 健 康 权

一、健康权的概念和特点

健康权是指自然人以维护其身体和心理健康为内容的人格权。《民法典》第1004条规定:"自然人享有健康权。自然人的身心健康受法律保护。任何组织或者个人不得侵害他人的健康权。"

健康权具有如下特点:

第一,健康权的主体只能是自然人,法人和非法人组织不享有健康权。

第二,健康权的客体是健康利益。健康是自然人维持其正常生活的重要基础,包括生理健康和心理健康两个部分。生理健康是指生理机能的正常运作,而心理健康是指心理机能的正常运作。生理健康和心理健康合称身心健康,二者紧密相关。生理健康是心理健康的物质基础,心理健康是生理健康的精神支撑。随着社会的发展,人们在关注身体健康的同时,心理健康也越来越受到人们的重视。

第三,健康权以维持人体的正常生命活动为目的。健康是维持人体生命正常活动的基础,当健康权受到侵害时,可以通过医治而康复或者好转。

二、健康权的内容

(一) 健康维护权

健康维护权是指自然人有权保持其身心处于健康状态。健康维护权是健康权的首要内容,具体包括两方面:一方面,自然人享有维持其身心健康的权利。自然人可通过合理膳食、适当锻炼、心理调整等方式,使自身的身心保持在健康状态。另一方面,在自然人的身心健康受到不法侵害或者妨害时,有权要求行为人停止侵害或者排除妨害。

(二) 健康利益支配权

健康利益支配权是指自然人有权依法支配其健康利益。例如,自然人既可以参与法律允许的某些危及其健康的活动,也可以在法律允许的情况下参与临床试验。事实上,这些活动的参与都是以自然人享有健康利益支配权为前提的。但是,自然人对其健康利益的支配,应受法律规定的限制。例如,法律不仅禁止自然人吸食毒品的行为,还规定对于吸食者应实施强制治疗。因此,与自然人对生命利益和身体利益的支配受到法律限制一样,自然人对健康利益的支配也会受到限制,即自然人对自身健康利益享有有限的支配权。

第四节 保护生命权、身体权、健康权的特别规定

自然人的生命权、身体权、健康权作为人格权的组成部分,自应受法律保护。在自然人的生命权、身体权、健康权遭受侵害时,侵权人应依法承担侵权责任。除此之外,为实现对生命权、身体权、健康权的有效保护,法律规定了一些特殊的保护规则。

一、法定救助义务

《民法典》第 1005 条规定:"自然人的生命权、身体权、健康权受到侵害或者处于其他危难情形的,负有法定救助义务的组织或者个人应当及时施救。"依照这一规定,在自然人的生命权、身体权、健康权受到侵害或者存在遭受损害的危险时,负有法定救助义务的主体应当予以及时救助。

所谓法定救助义务,是指特定的组织或者个人基于法律的规定而负有的救助义务。法律规定救助义务的情形有两种:其一,法律明确规定了救助义务。例如,《民法典》第 822 条规定,承运人在运输过程中,应当尽力救助患有急病、分娩、遇险的旅客。该条中承运人的救助义务即为法律明确规定的救助义务。其二,救助义务虽未被法律明确规定,但是隐含于相关规定之中。例如,《民法典》第 1198 条规定了宾馆、商场、银行、车站、机场、体育场馆、娱乐场所等经营场所、公共场所的经营者、管理者或者群众性活动的组织者的安全保障义务,而在安全保障义务之中就包括了经营者、管理者或者群众性活动组织者的救助义务。

负有法定救助义务者,应在自然人的生命权、身体权、健康权受到侵害或者处于危难情形时及时施救。救助措施的采取,既包括负有法定救助义务的人亲自实施救助行为,也包括其通过联系医院等机构施救。对此,应依据不同情形,判断施救措施的采取是否及时、妥当。

二、禁止买卖人体细胞、人体组织、人体器官和遗体

依据《民法典》第1007条的规定,禁止以任何形式买卖人体细胞、人体组织、人体器官、遗体。因此,买卖人体细胞、人体组织、人体器官、遗体,属于违法行为,为法律所禁止。然而,在符合法律规定的条件下,人体细胞、人体组织、人体器官和遗体,可以被无偿捐献。对此,《民法典》第1006条规定,完全民事行为能力人有权依法自主决定无偿捐献其人体细胞、人体组织、人体器官、遗体。任何组织或者个人不得强迫、欺骗、利诱其捐献。完全民事行为能力人依据上述规定同意捐献的,应当采用书面形式,也可以订立遗嘱。自然人生前未表示不同意捐献的,该自然人死亡后,其配偶、成年子女、父母可以共同决定捐献,决定捐献应当采用书面形式。

三、合法情形下的临床试验

为推进医学的不断发展,法律允许相关机构在符合法律规定的范围和程序的基础上对受试者进行临床试验。临床试验会对受试者的身体权、健康权甚至生命权产生影响,因此,法律应对该类活动予以严格限制。对此,《民法典》第1008条规定,为研制新药、医疗器械或者发展新的预防和治疗方法,需要进行临床试验的,应当依法经相关主管部门批准并经伦理委员会审查同意,向受试者或者受试者的监护人告知试验目的、用途和可能产生的风险等详细情况,并经其书面同意。进行临床试验的,不得向受试者收取试验费用。

四、合法情形下的与人体基因、人体胚胎有关的医学和科研活动

对人体基因、人体胚胎等进行研究,同样可推进医学的发展,符合社会发展需要。然而,该类活动因关涉健康权保护、伦理道德和公共利益等问题,也应受到严格限制。对此,《民法典》第1009条规定,从事与人体基因、人体胚胎等有关的医学和科研活动,应当遵守法律、行政法规和国家有关规定,不得危害人体健康,不得违背伦理道德,不得损害公共利益。

五、禁止对他人实施性骚扰

所谓性骚扰,是指以言语、文字、图像、肢体行为等方式实施的违背他人意愿的行为(《民法典》第1010条第1款)。

一般认为,性骚扰的构成,应符合一定的条件,具体包括:受害主体为自然人;行为人实施了与性有关的行为;行为人实施的行为违背了他人的意愿;行为人存在主观上的故意。

性骚扰在本质上侵害了他人性交流的自由,是对他人人格尊严的侵犯,应为法律所禁止。性骚扰既可能构成对身体权的侵害,如行为人通过肢体行为触碰他人隐私部位;也可能构成对健康权的侵害,如行为人通过言语、文字、图像等方式实施骚扰行为并导致他人心理健康遭受损害。

第二十八章 姓名权和名称权

第一节 姓 名 权

一、姓名权的概念和特点

姓名权是自然人享有的决定、使用、变更或者许可他人使用自己姓名的权利。《民法典》第1012条规定，自然人享有姓名权，有权依法决定、使用、变更或者许可他人使用自己的姓名，但是不得违背公序良俗。姓名权是自然人所享有的重要人格权，任何组织或者个人不得以干涉、盗用、假冒等方式侵害他人的姓名权(《民法典》第1014条)。

姓名权具有如下特点：

第一，姓名权的主体只能是自然人，法人、非法人组织不享有姓名权。

第二，姓名权的客体是姓名利益。姓名是指在社会中某一自然人与其他自然人相区分的文字符号和标记，由姓和名两部分组成。姓是表明自然人家族的字，名是自然人区别于他人的称谓。姓名不仅包括正式姓名，也包括具有一定社会知名度，被他人使用足以造成公众混淆的笔名、艺名、网名、译名和姓名的简称等(《民法典》第1017条)。

第三，姓名权是可以许可他人使用的权利。依据《民法典》第1012条规定，自然人也可以许可他人使用自己的姓名。

二、姓名权的内容

(一) 姓名决定权

姓名决定权是指自然人决定自己姓名的权利。自然人虽然享有姓名决定权，但是对于姓氏应依法选取。依据《民法典》第1015条的规定，自然人原则上应当随父姓或者母姓，仅于存在特别情形时，方可在父姓或者母姓之外选取姓氏。这些情形包括：(1) 选取其他直系长辈血亲的姓氏；(2) 因由法定扶养人以外的人扶养而选取扶养人姓氏；(3) 有不违背公序良俗的其他正当理由。此外，少数民族自然人的姓氏可以遵从本民族的文化传统和风俗习惯。

(二) 姓名使用权

姓名使用权是指自然人有权依自身的意愿而使用姓名。自然人有权决定使用或者不使用自己的姓名以及如何使用自己的姓名。例如，自然人有权决定在发表作品时署名或者不署名，也有权决定使用正式姓名或者笔名。当然，若法律规定在某些情形下自然人必须使用正式姓名的，自然人应使用正式姓名，如房屋产权登记。应当指出，为公共利益实施新闻报道、舆论监督等行为的，可以合理使用民事主体的姓名，但是使用不合理侵害民事主体人格权的，应当依法承担民事责任(《民法典》第999条)。

(三) 姓名变更权

姓名变更权是指自然人依法有权改变自己的姓名。自然人变更姓名的,应当依法向有关机关办理登记手续,但是法律另有规定的除外(《民法典》第1016条第1款)。当然,自然人改变姓名,并不会使其主体地位发生变化,因此,其姓名变更前实施的民事法律行为对其仍具有法律约束力(《民法典》第1016条第2款)。

(四) 许可他人使用的权利

依据《民法典》第1012条的规定,自然人可以许可他人使用自己的姓名。

第二节 名 称 权

一、名称权的概念和特点

名称权是指法人、非法人组织享有的依法决定、使用、变更、转让或者许可他人使用自己名称的权利。《民法典》第1013条规定:"法人、非法人组织享有名称权,有权依法决定、使用、变更、转让或者许可他人使用自己的名称。"名称权是法人和非法人组织所享有的一项重要权利,任何组织或者个人不得以干涉、盗用、假冒等方式侵害他人的名称权(《民法典》第1014条)。

名称权具有如下特点:

第一,名称权的主体只能是法人、非法人组织,自然人不享有名称权。

第二,名称权的客体是名称利益。名称是某一法人或者非法人组织在社会中区别于其他法人或者非法人组织的文字符号和标记。在此意义上,名称与姓名具有类似的功能。

第三,名称权是可以转让的人格权。名称尤其是商主体的名称,往往具有一定的经济价值,因此,名称权是属于具有财产利益的人格权。因商业名称权具有经济价值,也决定了其具有可转让性。除名称外,具有一定社会知名度,被他人使用足以造成公众混淆的字号、名称的简称等,也受法律保护(《民法典》第1017条)。

二、名称权的内容

(一) 名称决定权

名称决定权是指法人、非法人组织有权决定自己的名称。尽管法人、非法人组织享有名称决定权,但是这一权利的行使仍应遵循法律的规定。一方面,名称须依法律的规定而设定。例如,依《企业名称登记管理规定》第6条的规定,企业名称由行政区划名称、字号、行业或者经营特点、组织形式组成。另一方面,法律要求法人在设立时必须设定名称且名称必须进行登记。此外,法人、非法人组织只能使用一个名称。

(二) 名称使用权

名称使用权是指法人、非法人组织在名称登记后,于法律规定的范围内享有名称专用权。也就是说,在法律规定的范围内,名称权主体对于其名称具有独占使用的权利。同时,企业在印章、银行账户之上所使用的名称,应与其登记或者营业执照上的名称相同。

(三) 名称变更权

名称变更权是指法人、非法人组织有权依法改变自己的名称。名称权的变更可以是全部变更,也可以是部分变更。但是,无论是何种变更,除法律另有规定外,均应依法向有关机关办理登记手续(《民法典》第1016条第1款)。同时,法人、非法人组织变更名称的,变更前实施的民事法律行为对其仍具有法律约束力(《民法典》第1016条第2款)。

(四) 名称转让和许可他人使用的权利

名称转让权是指法人、非法人组织转让自己名称的权利。在名称转让的情况下,法人、非法人组织不再享有原有名称。许可他人使用权是指法人、非法人组织依法许可他人使用自己名称的权利。在名称许可使用的情况下,法人、非法人组织仍享有原有名称。

第二十九章 肖像权、名誉权和荣誉权

第一节 肖像权

一、肖像权的概念和特点

依据《民法典》第1018条第1款的规定,肖像权是自然人享有的依法制作、使用、公开或者许可他人使用自己肖像的权利。

肖像权具有如下特点:

第一,肖像权的主体只能是自然人,法人、非法人组织不享有肖像权。

第二,肖像权的客体是肖像利益。所谓肖像,是指通过影像、雕塑、绘画等方式在一定载体上所反映的特定自然人可以被识别的外部形象(《民法典》第1018条第2款)。可见,肖像并不限于自然人可以被识别的面部形象,也包括可被识别的身体其他部位的形象。

第三,肖像权是包括精神利益和财产利益的人格权。肖像利益主要为精神利益,但是也包含物质利益,如通过肖像的制作、使用而获得经济利益。

二、肖像权的内容

(一)肖像制作权

肖像制作权是指自然人有权决定是否制作,以及以何种方式制作自己的肖像。肖像权人有权自己制作肖像,也有权委托他人制作肖像。前者如自拍,后者如委托他人拍照或者画像。除法律另有规定外,未经肖像权人同意,他人不得制作肖像权人的肖像(《民法典》第1019条第1款)。

(二)维护肖像精神利益的权利

维护肖像精神利益的权利是指自然人有权维护其肖像所体现的精神利益。任何组织或者个人不得以丑化、污损,或者利用信息技术手段伪造等方式侵害他人的肖像权(《民法典》第1019条第1款)。

(三)肖像公开、使用权

肖像公开、使用权是指自然人有权决定是否公开、使用其肖像,以及如何公开、使用其肖像。除法律另有规定外,未经肖像权人同意,不得使用、公开肖像权人的肖像(《民法典》第1019条第1款)。同时,依《民法典》第1019条第2款的规定,未经肖像权人同意,肖像作品权利人不得以发表、复制、发行、出租、展览等方式使用或者公开肖像权人的肖像。

尽管在一般情形下对于他人肖像的制作、使用或者公开需要经过肖像权人的同意,但是在特殊情形下,基于公共利益或者维护肖像权人合法权益的需要,也可不经肖像权人的同意。此种情形被称为肖像权的合理使用,在本质上是对肖像权人权利的限制。依据《民法典》第1020条的规定,合理实施下列行为的,可以不经肖像权人同意:(1)为个人学习、艺术欣赏、课堂教学或者科学研究，在必要范围内使用肖像权人已经公开的肖像；（2）为实施新闻报道，不可避免地制作、使用、公开肖像权人的肖像；（3）为依法履行职责，国家机关在必要范围内制作、使用、公开肖像权人的肖像；（4）为展示特定公共环境，不可避免地制作、使用、公开肖像权人的肖像；（5）为维护公共利益或者肖像权人合法权益，制作、使用、公开肖像权人的肖像的其他行为。

肖像权人可以自己使用自身的肖像，也可以通过签订肖像权许可使用合同授权他人使用。在肖像许可使用合同中，如当事人对肖像许可使用期限没有约定或者约定不明确的，任何一方当事人都可以随时解除合同，但是应当在合理期限之前通知对方（《民法典》第1022条第1款）。即使当事人在肖像许可使用合同中对许可使用期限有明确约定，如肖像权人有正当理由的，也可以解除该合同，但是应当在合理期限之前通知对方。如因肖像权人解除合同造成被许可方损失的，除不可归责于肖像权人的事由外，肖像权人应赔偿对方损失（《民法典》第1022条第2款）。此外，依据《民法典》第1021条的规定，当事人对肖像许可使用合同中关于肖像使用条款的理解有争议的，应当作出有利于肖像权人的解释。

三、声音保护规则的参照适用

自然人的声音作为人格标识之一种，也可体现自然人的人格特征。因此，法律对自然人的声音利益，也予以保护。对此，《民法典》第1023条第2款规定："对自然人声音的保护，参照适用肖像权保护的有关规定。"因此，自然人有权依法制作、使用、公开或者许可他人使用自己的声音。

第二节 名誉权和荣誉权

一、名誉权

（一）名誉权的概念和特点

名誉权是民事主体依法享有的以其获得的社会评价为内容的人格权。《民法典》第1024条第1款规定："民事主体享有名誉权。任何组织或者个人不得以侮辱、诽谤等方式侵害他人的名誉权。"

名誉权具有如下特点：

第一，名誉权的权利主体具有广泛性。任何民事主体都享有名誉权，包括自然人、法人、非法人组织都享有名誉权。尽管民事主体均享有名誉权，但自然人的名誉权与法人、非法人组织的名誉权之间仍存在一定区别，主要体现在：其一，名誉权的内容不同。自然人的名誉主要涉及对其道德品质及个人能力的评价，而法人、非法人组织的名誉主要体现为对其信用和经营能力的评价。其二，受侵害的方式存在区别。侵害自然人名誉权的方式主要体现为侮辱、诽谤，而对法人、非法人组织名誉权的侵害主要体现为通过散布谣言而侵害商业信誉。其三，与财产利益或者精神利益的关联度不同。相比于财产利益，自然人的名誉权与其精神利益的联系更为紧密，而法人、非法人组织的名誉权仅与其财产利益相关联。

第二，名誉权的客体是名誉利益。所谓名誉，是对民事主体的品德、声望、才能、信用等的社会评价（《民法典》第1024条第2款）。因此，《民法典》中所规定的名誉，仅指客观名誉，而不包括主观名誉。

第三，名誉权的目的在于保有和维护自己的社会评价。因此，任何组织或者个人不得以侮辱、诽谤等方式侵害他人的名誉权。

（二）名誉权的内容

1. 名誉维护权

名誉维护权是指民事主体保有并维护其名誉不受贬损的权利。也就是说，任何组织或者个人都要尊重他人的名誉权，而不得以侮辱、诽谤等方式侵害他人的名誉权。如果存在侵害他人名誉权的情形，侵权人应承担侵权责任。然而，这并不意味着任何影响他人名誉的行为均构成侵权。依据《民法典》第1025条的规定，行为人为公共利益实施新闻报道、舆论监督等行为，影响他人名誉的，不承担民事责任，但是有下列情形之一的除外：(1) 捏造、歪曲事实；(2) 对他人提供的严重失实内容未尽到合理核实义务；(3) 使用侮辱性言辞等贬损他人名誉。当然，对于他人提供的严重失实的内容是否尽到了合理的核实义务，不应一概而论，而应综合不同的因素加以判断，如内容来源的可信度，对明显可能引发争议的内容是否进行了必要的调查，内容的时限性，内容与公序良俗的关联性，受害人名誉受贬损的可能性，以及核实能力和核实成本（《民法典》第1026条）。

此外，依《民法典》第1027条的规定，如果行为人发表的文学、艺术作品以真人真事或者特定人为描述对象，含有侮辱、诽谤内容，侵害他人名誉权的，受害人有权依法请求该行为人承担民事责任。但是，如果行为人发表的文学、艺术作品不以特定人为描述对象，仅其中的情节与该特定人的情况相似的，不承担民事责任。对于报刊、网络等媒体的报道，如果民事主体有证据证明报道内容失实并侵害其名誉权的，权利人有权请求该媒体及时采取更正或者删除等必要措施（《民法典》第1028条）。

2. 信用维护权

依据《民法典》第1024条第2款的规定，名誉包括对民事主体信用的社会评价。这意味着，对民事主体信用的保护被纳入名誉权的保护范畴。一般认为，信用专指民事主体在经济方面所享有的社会评价。就信用评价而言，民事主体可以依法查询；发现信用评价不当的，有权提出异议并请求采取更正、删除等必要措施。信用评价人应当及时核查，经核查属实的，应当及时采取必要措施（《民法典》第1029条）。同时，对于民事主体与征信机构等信用信息处理者之间的关系，应适用《民法典》人格权编有关个人信息保护的规定和其他法律、行政法规的有关规定（《民法典》第1030条）。

二、荣誉权

（一）荣誉权的概念和特点

荣誉权是指民事主体获得、保持、利用荣誉并享有其所生利益的权利。《民法典》第1031条规定："民事主体享有荣誉权。任何组织或者个人不得非法剥夺他人的荣誉称号，不得诋毁、贬损他人的荣誉。获得的荣誉称号应当记载而没有记载的，民事主体可以请求记载；获得的荣誉称号记载错误的，民事主体可以请求更正。"

荣誉权具有如下特点：

第一,荣誉权的主体不限于自然人,法人、非法人组织也可享有荣誉权。

第二,荣誉权的客体是荣誉利益。所谓荣誉,是指对社会作出贡献并受到国家机关及社会组织表彰而授予的各种称号。

第三,荣誉权的目的在于保有、利用权利人获得的荣誉称号。当然,荣誉权可因荣誉被取消而消灭。

(二) 荣誉权的内容

1. 荣誉保持权

荣誉保持权是指民事主体有权保持自己获得的荣誉。获得荣誉称号应当记载而没有记载的,民事主体可以请求记载;获得的荣誉称号记载错误的,民事主体可以请求更正。

2. 荣誉维护权

荣誉维护权是指民事主体有权维护自己获得的荣誉。任何组织或者个人不得非法剥夺他人的荣誉称号,不得诋毁、贬损他人的荣誉。

3. 荣誉利用权

荣誉利用权是指民事主体有权利用自己获得的荣誉。民事主体不仅可以以某种方式展示自己获得的荣誉,也可以在生产、经营以及生活等方面对自己获得的荣誉加以利用。

三、名誉权与荣誉权的区别

一般认为,名誉与荣誉都是社会对民事主体的评价。然而,因荣誉相比于名誉具有一定的特殊性,因此,荣誉与名誉存在一定的区别,并由此导致名誉权与荣誉权也有所不同。

名誉与荣誉具有如下区别:第一,名誉是社会对特定民事主体的评价,在评价的来源上具有普遍性;荣誉是由具备一定资格的国家机关或者社会组织对特定民事主体的评价,在评价的来源上具有个别性。第二,名誉是社会对特定民事主体的总体性评价,荣誉是对特定民事主体某一方面的评价。第三,名誉有好坏之分,荣誉仅指积极的、正面的评价。第四,名誉无特定的评价程序,也无特定的表现形式;荣誉的授予须遵循一定的程序,且体现为一定的表现形式,如荣誉证书等。第五,名誉无法被取消,荣誉可依据一定的程序被取消。

因名誉与荣誉存在上述差异,这使得名誉权与荣誉权存在下述区别:

第一,二者的保护对象不同。名誉权的保护对象为名誉,荣誉权的保护对象为荣誉。任何民事主体均有其名誉,但并非任何民事主体均可获得荣誉。

第二,二者的取得方式不同。名誉权是任何民事主体均享有的权利,其取得无需任何国家机关或者社会组织的授予;而荣誉权的取得是基于国家机关或者社会组织的授予。

第三,二者的存续条件不同。名誉权是民事主体终身享有的,不因任何事由而消灭;而荣誉权可以因荣誉称号的取消而消灭。

第三十章　隐私权和个人信息保护

第一节　隐　私　权

一、隐私权的概念和特点

隐私权是指自然人所享有的私人生活安宁和不愿为他人知晓的私密空间、私密活动、私密信息不被他人以刺探、侵扰、泄露、公开等方式侵害的权利。《民法典》第1032条第1款规定："自然人享有隐私权。任何组织或者个人不得以刺探、侵扰、泄露、公开等方式侵害他人的隐私权。"

隐私权具有如下特点：

第一，隐私权的主体只能是自然人，法人、非法人组织不享有隐私权。法人、非法人组织的秘密属于商业秘密范畴，应通过反不正当竞争法等法律加以保护。

第二，隐私权的客体是隐私利益。隐私包括私人生活安宁、私密空间、私密活动和私密信息(《民法典》第1032条第2款)。私人生活安宁是个人获得自尊心和安全感的前提和基础；私密空间是个人的私密范围，包括居所、日记以及隐私部位等；私密活动是指自然人所进行的与公共利益无关的个人活动，如日常生活、社会交往、夫妻生活等；私密信息是指通过特定形式体现出来的所有个人情况，如身高、体重、健康状况、财产状况等。

第三，隐私权的保护范围具有差异性。一方面，隐私权的保护范围会受到时代、地域、文化传统以及道德观念的影响，因此，不同国家的隐私权保护范围会有所不同；另一方面，基于自然人主体身份的不同，隐私权的保护范围也会存在差异，如对于政府官员、公众人物隐私权的保护范围会小于一般民众。

二、隐私权的内容

依据《民法典》第1033条的规定，隐私权主要包括如下内容：

（一）私人生活安宁权

私人生活安宁权是指自然人享有个人的生活安宁不受他人非法侵扰的权利。除法律另有规定或者权利人明确同意外，任何组织或者个人不得以电话、短信、即时通信工具、电子邮件、传单等方式侵扰他人的私人生活安宁。

（二）私人领域保密权

私人领域包括私人空间和私人身体部位。除法律另有规定或者权利人明确同意外，任何组织或者个人不得进入、拍摄、窥视他人的住宅、宾馆房间等私密空间，也不得拍摄、窥视他人身体的私密部位。

（三）私人行为保密权

私人行为保密权是指自然人的个人行为不受他人非法侵扰、跟踪、监视的权利。除法律另有规定或者权利人明确同意外,任何组织或者个人不得拍摄、窥视、窃听、公开他人的私密活动。

(四) 私密信息保护权

私密信息保护权是指自然人所享有的私密信息不受他人非法侵犯的权利。除法律另有规定或者权利人明确同意外,任何组织或者个人不得处理他人的私密信息。所谓处理,主要包括收集、存储、加工、提供、公开等情形。

第二节　个人信息保护

一、个人信息的概念和特点

个人信息是以电子或者其他方式记录的能够单独或者与其他信息结合识别特定自然人的各种信息,包括自然人的姓名、出生日期、身份证件号码、生物识别信息、住址、电话号码、电子邮箱、健康信息、行踪信息等(《民法典》第1034条第2款)。

个人信息具有如下特点:

第一,个人信息具有人格利益性和财产利益性。个人信息与人格利益密切相关。在现代社会,个人信息的识别是交往与交易的前提,个人信息对人在社会中整体形象的塑造具有决定意义。因此,对个人信息的保护在本质上就是对人的尊严的保护。个人信息除具有人格利益性之外,也具有财产利益性,即个人信息具有一定的经济价值。事实上,个人信息处理者之所以愿意处理个人信息,其原因就在于个人信息具有财产利益性,能为个人信息处理者带来经济利益。

第二,个人信息具有可识别性。个人信息的可识别性是指受法律保护的个人信息能够单独或者与其他信息相结合对特定的自然人予以识别。有些个人信息可以实现对特定主体的直接识别,有些个人信息需要与其他信息或者技术手段相结合才能实现对特定主体的识别。前者被称为直接的个人信息,后者被称为间接的个人信息。

第三,个人信息的主体具有限定性。依据《民法典》第1034条第1款的规定,自然人的个人信息受法律保护。因此,法人、非法人组织的信息并不通过人格权法予以保护。其理由在于,对个人信息保护的目的仅在于维护自然人的人格尊严。

二、个人信息保护的内容

(一) 个人信息的利用

个人信息的利用是指自然人依法利用其个人信息,也可许可他人处理其个人信息。个人信息的处理包括个人信息的收集、存储、使用、加工、传输、提供、公开等(《民法典》第1035条第2款)。同时,个人信息处理者在处理个人信息时,应遵循合法、正当、必要的原则,不得过度处理。因此,合法的个人信息处理应满足相应的条件:(1) 除法律、行政法规另有规定外,应征得该自然人或者其监护人的同意;(2) 公开处理信息的规则;(3) 明示处理信息的目的、方式和范围;(4) 不违反法律、行政法规的规定和双方的约定(《民法典》第1035条第1款)。如果个人信息处理者在处理个人信息时并未满足上述条件,则构成违法处理,须承担民事责任。

此外,为明确个人信息处理者在何种情形下不承担责任,《民法典》第1036条规定了行为人免责的情形,具体包括:(1)在该自然人或者其监护人同意的范围内合理实施的行为;(2)合理处理该自然人自行公开的或者其他已经合法公开的信息,但是该自然人明确拒绝或者处理该信息侵害其重大利益的除外;(3)为维护公共利益或者该自然人合法权益,合理实施的其他行为。

（二）个人信息的查阅复制和更正删除

依据《民法典》第1037条的规定,个人信息的查阅复制是指自然人可以依法向信息处理者查阅或者复制其个人信息;个人信息的更正删除是指自然人发现信息处理者所控制的信息有错误的,有权提出异议并请求及时采取更正等必要措施,或者在发现信息处理者违反法律、行政法规的规定或者双方的约定处理其个人信息的情形下,有权请求信息处理者及时删除。

（三）个人信息安全的维护

个人信息安全维护是指自然人有权维护其个人信息的安全。就此,信息处理者不得泄露或者篡改其收集、存储的个人信息。在未经自然人同意的情形下,信息处理者也不得向他人非法提供自然人的个人信息,但是经过加工无法识别特定个人且不能复原的情形除外。对于个人信息安全的维护,要求信息处理者应采取技术措施和其他必要措施确保其收集、存储的个人信息处于安全状态,防止相关信息泄露、篡改或者丢失。如果发生或者可能发生个人信息泄露、篡改、丢失的,应及时采取补救措施,按照规定告知自然人并向有关主管部门报告,避免自然人因此遭受后续损害(《民法典》第1038条)。此外,对于国家机关、承担行政职能的法定机构及其工作人员在履行职责的过程中知悉自然人隐私和个人信息的,相关人员应予以保密,不得向他人泄露或者非法提供其掌握的个人信息(《民法典》第1039条)。

此外,依据《民法典》第1034条第3款的规定,个人信息中的私密信息,适用有关隐私权的规定;没有规定的,适用有关个人信息保护的规定。

第六编　婚姻家庭

第三十一章　婚姻家庭概述

第一节　婚姻家庭的概念和原则

一、婚姻家庭的概念和特点

婚姻家庭包括两个方面的关系：一是婚姻关系。所谓婚姻，是指男女双方以共同生活为目的的互为配偶的结合。二是家庭关系。所谓家庭，是以婚姻和血缘关系为纽带的亲属团体。婚姻作为一种法律事实，不仅在婚姻当事人之间确立夫妻关系，且由此而产生家庭关系。除婚姻外，收养也会产生家庭关系。因婚姻及收养形成的家庭关系，是一种特殊的人与人之间的身份关系，通常称为亲属关系。

婚姻家庭作为一种法律制度，具有如下特点：

第一，婚姻家庭制度是身份制度。自然人基于婚姻家庭产生的社会关系是亲属身份关系，婚姻家庭制度是规制亲属身份关系变动的法律制度，是以规范亲属间的权利义务为目的的。因此，婚姻家庭制度属于身份制度，不同于以调整财产关系为目的的财产法律制度。当然，婚姻家庭中也有调整相关财产关系的内容，但是这些财产关系是与身份关系相关的，并不是纯粹的财产关系。

第二，婚姻家庭制度是固有法制度。婚姻家庭关系具有强烈的伦理性、习俗性，受各民族固有的传统文化、习俗、风尚影响极深，因此，一国的婚姻家庭制度也就必然反映本国固有的国情，具有本土性。

第三，婚姻家庭制度是强行法制度。由于婚姻家庭的和谐稳定是社会和谐稳定的基础，因此，为强化家庭责任，维护婚姻秩序和正常家庭关系，婚姻家庭制度规范多表现为强行性规范，有关婚姻、身份行为的要件及效力并不能全任当事人的意思而改变。

第四，婚姻家庭制度是团体法制度。婚姻家庭制度调整的关系是以婚姻家庭为基础的一定范围内的亲属关系，而一定范围内的亲属之间构成一个团体也就是亲属群体。婚姻家庭制度规范亲属之间的权利义务关系，因此，婚姻家庭制度也就主要是规范亲属群体内部关系的法律制度。

二、婚姻家庭制度的基本原则

(一)保护婚姻家庭原则

《民法典》第1041条第1款规定:"婚姻家庭受国家保护。"保护婚姻家庭是婚姻家庭制度的一项基本原则。这一基本原则主要体现在以下方面:(1)倡导婚姻当事人及家庭成员维护婚姻家庭关系,树立优良家风,弘扬家庭美德,重视家庭文明建设(《民法典》第1043条第1款);(2)赋予婚姻家庭关系的主体以各种身份权,明确主体相互间的权利义务;(3)对破坏婚姻家庭的行为作出明确的禁止性规定;(4)对因婚姻家庭受到侵害的受害人予以各种必要的救济。

(二)婚姻自由、一夫一妻、男女平等原则

《民法典》第1041条第2款规定:"实行婚姻自由、一夫一妻、男女平等的婚姻制度。"可见,婚姻自由、一夫一妻、男女平等是婚姻家庭制度的基本原则。

婚姻自由原则是民法自愿原则的体现,是指当事人有权依照法律规定自主决定婚姻问题。婚姻自由包括结婚自由与离婚自由两个方面的内容。婚姻自由要求婚姻问题只能由当事人依法按照自己的真实意愿决定,法律禁止包办、买卖婚姻和其他干涉婚姻自由的行为,禁止借婚姻索取财产(《民法典》第1042条第1款)。

一夫一妻原则是指婚姻只能是一男一女结为夫妻互为配偶,任何人不得同时有两个以上的配偶。法律禁止重婚,禁止有配偶者与他人同居(《民法典》第1042条第2款)。依据《最高人民法院关于适用〈中华人民共和国民法典〉婚姻家庭编的解释(一)》以下简称《婚姻家庭编解释(一)》)第2条的规定,所谓有配偶者与他人同居,是指有配偶者与婚外异性,虽不以夫妻名义,却持续、稳定地共同生活。

男女平等原则是民法平等原则的体现,指的是男女两性在婚姻家庭中具有平等的地位,平等地享有权利和负担义务。

(三)保护妇女、未成年人、老年人和残疾人合法权益原则

《民法典》第1041条第3款规定:"保护妇女、未成年人、老年人、残疾人的合法权益。"因为妇女、未成年人、老年人、残疾人整体上属于社会上的弱势群体,需要法律予以特别保护。因此,保护妇女、未成年人、老年人和残疾人的合法权益也是婚姻家庭制度的一项基本原则。为保护妇女、未成年人、老年人和残疾人的合法权益不受其他家庭成员的侵害,法律禁止家庭暴力,禁止家庭成员间的虐待和遗弃(《民法典》第1042条第3款)。依据《婚姻家庭编解释(一)》第1条的规定,持续性、经常性的家庭暴力可以认定为虐待。

第二节 亲 属

一、亲属的概念和特点

亲属是指基于婚姻、血缘和法律拟制而形成的社会关系。

亲属关系具有以下特点:

第一,亲属关系是基于婚姻、血缘或者收养而形成的社会关系。如同其他法律关系一

样,亲属关系也是基于特定的法律事实而发生的。产生亲属关系的法律事实,包括婚姻、血缘和收养。如基于婚姻关系会产生配偶、公婆、儿媳、岳父母、女婿亲属关系,也会产生继父母与继子女关系;基于血缘,产生父母子女、兄弟姐妹关系;基于收养,产生养父母与养子女关系。

第二,亲属关系是具有特定身份和称谓的主体之间的社会关系。亲属关系一经形成,当事人也就具有特定的身份和称谓。在亲属关系存续期间,当事人既不能转让也不能变更这种特定的身份和称谓。基于血缘这一自然事实形成的亲属关系是不能消除的,当事人的身份和称谓具有永久性;而因婚姻、收养形成的亲属关系,只有依法解除婚姻关系、收养关系时,当事人的身份和称谓才会改变。

第三,亲属关系是主体相互间具有法定权利义务的社会关系。法律上的亲属不同于生物学的亲属。生物学上的亲属并没有范围的限制,而法律上的亲属是主体间有法定权利义务的社会关系。也就是说,只有主体依法享有法定权利义务的亲属关系,才为法律调整的法律上的亲属关系。

二、亲属的种类

依据《民法典》第1045条第1款的规定,亲属包括配偶、血亲和姻亲。

(一) 配偶

配偶即夫妻,是男女双方因结婚而形成的亲属关系。男女双方一经结婚,双方互为配偶。配偶关系因婚姻关系的存在而存在,因婚姻关系的解除而解除。

(二) 血亲

血亲是指有血缘关系的亲属。血亲间的血缘联系既可以是直接的,也可以是间接的;既可以是生物学上的,也可以是法律上拟制的。

依据形成的根据,血亲可分为自然血亲与拟制血亲。自然血亲是指出自同一祖先的具有血缘联系的亲属。自然血亲以人的出生为发生亲属关系的法律事实,如父母子女关系、叔伯侄子女关系、舅姨外甥子女关系。自然血亲包括父系血亲与母系血亲。同源于父母双方血缘联系的为全血缘的血亲,如同父同母的兄弟姐妹;同源于父母一方血缘联系的为半血缘血亲,如同父异母或者同母异父的兄弟姐妹。拟制血亲有的称为法亲、"准血亲",是指本无血缘联系或者没有直接的血缘联系而由法律确认为与自然血亲具有同等权利义务关系的亲属。如因收养而形成的养父母与养子女关系。

依据血缘联系的程度,血亲可分为直系血亲与旁系血亲。直系血亲是有直接血缘联系的亲属,即生育自己和自己生育的上下各代的亲属;旁系血亲是具有间接血缘联系的亲属,即自己同出一源的亲属,如兄弟姐妹。

依据相互间的辈分,血亲可分长辈亲属、晚辈亲属和平辈亲属。长辈亲属是高于自己辈分的亲属;晚辈亲属是低于自己辈分的亲属;平辈亲属是与自己辈分相同的亲属。

(三) 姻亲

姻亲是以婚姻为中介而产生的亲属关系,即配偶一方与另一方的血亲之间产生的亲属关系。姻亲因男女双方结婚而发生,因男女双方离婚而终止。

三、亲等的计算

亲等是计算亲属关系亲疏、远近的基本单位。各国对亲等的计算方法有所不同,主要有罗马法亲等计算法与寺院法亲等计算法。我国现行法是以"代"来计算亲等的。代是指世辈,一辈为一代。直系血亲的计算,是从己身算起,一辈即为一代,往上数父母为二代,祖父母为三代,以此推算;旁系血亲的计算是先找出同源直系血亲,按直系血亲计算法,从己身往上数至同源血亲,记下代数;再从同源血亲往下数到要计算的旁系血亲,记下代数。如两边代数相同,即以此数定其代数;如两边代数不同,则取世代数大的一边定其代数。

四、近亲属与家庭成员

近亲属是法律调整的基本亲属关系。《民法典》第1045条第2款规定:"配偶、父母、子女、兄弟姐妹、祖父母、外祖父母、孙子女、外孙子女为近亲属。"

《民法典》第1045条第3款规定:"配偶、父母、子女和其他共同生活的近亲属为家庭成员。"依照这一规定,家庭成员的构成应具备两个条件:其一,为近亲属;其二,共同生活。家庭成员共同生活的财产基础为家庭财产。家庭即家,实际是一定范围内的亲属同居共财的生活状态。

第三十二章 结　　婚

第一节　结婚的条件

一、结婚的概念和特点

结婚又称婚姻的成立，是指男女双方以结为夫妻共同生活为目的民事法律行为。

结婚具有以下特点：

第一，结婚的主体为异性。在我国，结婚行为的主体只能是异性。同性人以共同生活为目的结合在一起，不为结婚。

第二，结婚是双方以结为夫妻为目的的民事法律行为。结婚既以结为夫妻为目的，也就须有当事人双方的合意。只有双方有结为夫妻的共同意思表示，婚姻才能成立。

第三，结婚是一种亲属身份法律行为。结婚的目的在于双方互为夫妻。夫妻关系是一种亲属身份关系，因此，结婚是以产生身份权利义务为目的的身份法律行为。结婚既为身份法律行为，也就不能适用代理规则。

第四，结婚是须符合法律规定的特别条件才能生效的民事法律行为。结婚不仅需具备民事法律行为生效的一般条件，还需符合法律规定的特别生效条件才能发生效力。不符合法律规定的特别有效条件的结婚行为不能发生效力，不能成立有效婚姻。

二、结婚的实质要件

（一）结婚的必备条件

结婚的必备要件又称为结婚的积极条件，是指当事人结婚必须具备的不可缺少的法定条件。依据《民法典》的规定，当事人结婚必须具备如下三个条件：

1. 男女双方完全自愿

依据《民法典》第1046条的规定，结婚应当男女双方完全自愿，禁止任何一方对另一方加以强迫，禁止任何组织或者个人加以干涉。结婚只能是当事人双方自愿的真实的意思表示，当事人双方结婚的意思表示应不存在瑕疵。当事人结婚的意思表示不受他人干涉，否则婚姻的效力就会受到影响。

2. 双方具有结婚能力

《民法典》第1047条规定："结婚年龄，男不得早于二十二周岁，女不得早于二十周岁。"结婚是特殊的身份法律行为，当事人须具备结婚能力。男女只有达到法定的结婚年龄，才具有结婚能力。

3. 双方于结婚时须无配偶

一夫一妻制是我国婚姻制度的基本原则，因此，结婚的男女双方应于结婚时没有配偶。有配偶者在没有离婚或者配偶未死亡的情形下，均不得结婚。

(二) 结婚的禁止条件

结婚的禁止条件又称为结婚的消极条件或者婚姻的障碍。依据《民法典》第 1048 条的规定，结婚的禁止条件包括两种情形：

其一，直系血亲禁止结婚。这里的直系血亲既包括自然直系血亲，也包括拟制直系血亲。

其二，三代以内的旁系血亲禁止结婚。旁系血亲仅限于三代以内的不得结婚。三代以内的旁系血亲是指同源于祖父母、外祖父母的没有直接血缘联系的血亲。

三、结婚的形式要件

结婚的形式要件又称为婚姻成立的程序要件，是指法律规定的结婚所必须履行的法定手续。

依据《民法典》第 1049 条的规定，要求结婚的男女应当亲自到婚姻登记机关申请登记。符合该法规定的，予以登记，发给结婚证。完成结婚登记，即确立婚姻关系。未办理结婚登记的，应当补办登记。依照这一规定，结婚登记是婚姻成立的法定程序。

婚姻登记的机关是民政部门。结婚的男女双方须亲自到婚姻登记机关办理婚姻登记，并出具《婚姻登记条例》所规定的有关证件和证明材料。婚姻登记机关应当对当事人出具的证件、证明材料进行审查，经审查后，婚姻登记机关对符合结婚条件的，应当予以登记，发给结婚证书；对不符合结婚条件的，不予登记，并向当事人说明理由。自完成结婚登记时起，双方婚姻关系即成立。婚姻登记机关发给当事人的结婚证，是当事人证明婚姻成立的有效法律文件。

第二节 无效婚姻和可撤销婚姻

一、无效婚姻

(一) 无效婚姻的概念和特点

无效婚姻是指由于其根本不符合婚姻有效要件经确认自始不能发生婚姻法律效力的婚姻。

无效婚姻具有以下特点：

第一，无效婚姻是已经成立的婚姻。无效婚姻不同于未成立的婚姻。未成立的婚姻是不符合婚姻形式要件的、未经法定程序办理的婚姻。未成立的婚姻不存在是否有效问题，只有已经成立的婚姻才有是否有效的问题。

第二，无效婚姻是不能发生有效婚姻效力的婚姻。无效婚姻虽已经成立，但是因其根本违反婚姻的实质要件，不能发生有效婚姻的法律后果。

第三，无效婚姻是经确认就自始不能发生效力的婚姻。无效婚姻不同于可撤销婚姻，可撤销婚姻未经当事人撤销是有效的。

(二) 无效婚姻的原因

依《民法典》第 1051 条的规定，无效婚姻的原因有以下三种。

1. 重婚

重婚，是指有配偶的人与他人再行结婚的现象。重婚为我国法律明令禁止的行为，违反一夫一妻制原则，因此，凡重婚者，婚姻无效。

2. 有禁止结婚的亲属关系

有禁止结婚的亲属关系的男女，不得结婚。有禁止结婚的亲属关系的人结婚的，该婚姻应为无效婚姻。

3. 未达到法定婚龄

婚姻当事人于结婚时未达到法定婚龄的,不具备结婚能力,其成立的婚姻也只能是无效的。

(三) 无效婚姻的确认

无效婚姻属于无效民事法律行为,但是因无效婚姻属于无效的身份法律行为,因此,无效婚姻不同于财产法律行为的无效,只有经有关人员请求由人民法院确认宣告无效,无效婚姻才自始不发生婚姻效力。

依据《婚姻家庭编解释(一)》第9条的规定,有权请求法院宣告婚姻无效的主体,是该婚姻的当事人和利害关系人。利害关系人包括:(1) 以重婚为由申请宣告婚姻无效的,为当事人的近亲属及基层组织;(2) 以未达到法定婚龄为由申请宣告婚姻无效的,为未达到法定婚龄者的近亲属;(3) 以有禁止结婚的亲属关系为由申请宣告无效的,为当事人的近亲属。除婚姻当事人和利害关系人外,其他人无权诉请人民法院确认婚姻无效。

当事人请求确认婚姻无效,在提起诉讼时,法定的无效婚姻情形已经消失的,人民法院不予支持(《婚姻家庭编解释(一)》第10条)。夫妻一方或者双方死亡后,生存一方或者利害关系人请求宣告婚姻无效的,人民法院应当受理(《婚姻家庭编解释(一)》第14条)。

人民法院根据当事人的请求,依法确认婚姻无效的,应当收缴双方的结婚证书,并将生效的判决书送达当地婚姻登记管理机关(《婚姻家庭编解释(一)》第21条)。

二、可撤销婚姻

(一) 可撤销婚姻的概念和特点

可撤销婚姻是指外观上符合婚姻成立的实质要件但是实际上不符合婚姻成立的实质要件,依法享有撤销权的人可以请求撤销该婚姻关系的婚姻。

可撤销婚姻具有以下特点:

第一,可撤销婚姻是已经成立的外观上符合婚姻实质要件的婚姻。未成立的婚姻自无是否可撤销问题。已经成立的婚姻外观上就不符合婚姻要件的,属于无效婚姻。正因为可撤销婚姻外观上符合婚姻实质要件,所以该婚姻自成立时起在未被撤销前就是有效的。

第二,可撤销婚姻是不符合双方当事人完全自愿的实质要件的婚姻。有效的婚姻须是当事人双方完全自愿结成的,而可撤销婚姻之所以可撤销,是因为撤销权人并非完全自愿地与对方结婚。

第三,可撤销婚姻的撤销权人为婚姻当事人一方。只有婚姻当事人才知道自己是否是完全自愿结婚,因此,只有婚姻当事人才有权撤销可撤销婚姻。除婚姻当事人外,其他任何人或者组织都无权请求撤销婚姻。

(二) 可撤销婚姻的类型

1. 受胁迫婚姻

《民法典》第1052条第1款规定:"因胁迫结婚的,受胁迫的一方可以向人民法院请求撤销婚姻。"可见,受胁迫婚姻为可撤销婚姻。受胁迫婚姻之所以可以撤销,是因为一方以胁迫的手段将结婚的意思强加给另一方,另一方因受胁迫不得不违心地同意结婚。这种婚姻违反婚姻自由原则,因此,法律许可受胁迫的一方当事人撤销该婚姻。这里所说的"胁迫",是指行为人以给另一方当事人或者其近亲属的生命、身体、健康、名誉、财产等方面造成损害为要挟,迫使另一方违背真实意思而结婚的情况(《婚姻家庭编解释(一)》第18条第1款)。

2. 受有重大疾病欺诈婚姻

依据《民法典》第1053条第1款的规定,一方患有重大疾病的,应当在结婚登记前如实告知另一方;没有如实告知的,另一方可以向人民法院请求撤销婚姻。可见,因一方有重大疾病而受欺诈的婚姻为可撤销婚姻。构成这种可撤销婚姻的条件有三:(1)一方患有重大疾病。这里所谓的重大疾病应是指当事人认为会严重影响婚后生活质量的疾病。(2)患重大疾病的一方于结婚前未履行告知义务。如果患疾病方于结婚登记前如实告知自己的疾病,则其不存在欺诈。(3)另一方因错误的认识而同意结婚。因一方在患有重大疾病上欺骗了另一方,另一方由此产生认为其无重大疾病的错误认识,基于这一错误认识才同意结婚。

(三)可撤销婚姻的撤销权

1. 可撤销婚姻的撤销权主体

受胁迫婚姻的撤销权主体,为受胁迫的一方婚姻当事人。依据《婚姻家庭编解释(一)》第18条第2款的规定,因受胁迫而请求撤销婚姻的,只能是受胁迫一方的婚姻关系当事人本人。即使受胁迫的一方当事人处于被非法限制人身自由的状态,他人也不能请求撤销该受胁迫婚姻,只能由该当事人自己在恢复人身自由后请求撤销婚姻。

受有重大疾病欺诈的婚姻的撤销权主体,为受欺诈一方婚姻当事人。

2. 撤销权的行使期间

依据《民法典》第1052条的规定,可撤销婚姻的撤销权行使期间为1年。因受胁迫而请求撤销婚姻的,该期间自胁迫行为终止之日起算;被非法限制人身自由的当事人请求撤销婚姻的,该期间自其恢复人身自由之日起算。因一方未告知患有重大疾病而受欺诈的当事人请求撤销婚姻的,该期间自撤销权人知道或者应当知道撤销事由之日起算。

可撤销婚姻的撤销权为形成权,虽依当事人一方的意思表示即可行使,但是须经司法程序行使。也就是说,可撤销婚姻的撤销权人行使撤销权的,须向人民法院提起诉讼,请求人民法院撤销可撤销婚姻。

三、婚姻无效或者被撤销的法律后果

依据《民法典》第1054条的规定,婚姻无效或者被撤销的,会发生以下三方面的后果:

第一,无效的或者被撤销的婚姻自始没有法律约束力,当事人不具有夫妻的权利和义务。同居期间所得的财产,由当事人协议处理;协议不成的,由人民法院根据照顾无过错方的原则判决。对重婚导致婚姻无效的财产处理,不得侵害合法婚姻当事人的财产权益。依据《婚姻家庭编解释(一)》第22条的规定,被确认无效或者被撤销的婚姻,当事人同居期间所得的财产,除有证据证明为当事人一方所有的以外,按共同共有处理。

第二,对于所生子女,适用《民法典》关于父母子女的规定。因父母子女关系是以相互间的血缘联系为依据的,婚姻确定无效或者被撤销的,并不能改变当事人之间的血缘联系。

第三,无过错方享有损害赔偿请求权,有权要求对婚姻无效或者被撤销有过错的一方赔偿其损失。

第三十三章 家庭关系

第一节 夫妻关系

一、夫妻关系的概念

夫妻是对婚姻当事人的称呼,男为夫,女为妻。夫妻关系是男女因结婚而形成的相互间具有法定权利义务的社会关系,是有效婚姻的法律效力。

夫妻关系是一切亲属关系的本源,在家庭关系中处于核心地位,是家庭关系中最重要的基本组成部分,包括夫妻人身关系和财产关系两个方面。

依据《民法典》第1055条的规定,夫妻在婚姻家庭中地位平等。这表明地位平等是夫妻关系的根本特征。夫妻在婚姻家庭关系中地位平等,主要有以下含义:(1)夫妻在婚姻家庭关系中各自享有独立的人格,互不隶属;(2)夫妻在婚姻家庭关系中平等享有权利和负担义务,不因性别不同而不同;(3)夫妻在婚姻家庭关系中享有的权利平等受法律保护;(4)夫妻在婚姻家庭关系中平等地受尊重,任何一方不得以任何形式虐待、遗弃、压迫另一方。

二、夫妻人身关系

夫妻人身关系是基于婚姻产生的夫妻身份上的权利义务,也称为配偶身份权。

(一)夫妻姓名权

《民法典》第1056条规定:"夫妻双方都有各自使用自己姓名的权利。"姓名权是自然人享有的一项人格权,夫妻双方各自都有使用自己姓名的权利。具体而言,第一,夫妻各自享有姓名权,不受婚姻关系的影响;第二,夫妻双方可以自愿地约定其姓氏,夫可随妻姓,妻也可随夫姓;第三,夫妻可以自行依法变更自己的姓名。

(二)夫妻人身自由权

依据《民法典》第1057条的规定,夫妻双方都有参加生产、工作、学习和社会活动的自由,一方不得对另一方加以限制或者干涉。人身自由权是自然人享有的一项重要人身权,不受婚姻关系的限制。因此,夫妻双方各自仍享有人身自由权,双方都享有参加生产、工作、学习及社会活动的自由和权利,不受他人的限制和干涉。当然,夫妻任何一方行使权利,也不能影响家庭正常生活和子女教育,否则会构成权利滥用,他方有权劝阻。

(三)夫妻抚养、教育和保护未成年子女的平等权

依据《民法典》第1058条的规定,夫妻双方平等享有对未成年子女抚养、教育和保护的权利,共同承担对未成年子女抚养、教育和保护的义务。父母对未成年子女抚养、教育和保护的权利,是亲权的内容。亲权既是权利,也是义务,且是父母双方共同行使的权利和共同负担的义务。夫妻双方平等享有生育权,双方一经决定生育子女,夫妻对其生育的子女就都负有抚养、教育和保护的权利和义务。任何一方不得限制和干涉他方对未成年子女的抚养、教

育和保护的权利,任何一方也不得推脱和不履行抚养、教育和保护未成年子女的义务。

(四) 夫妻相互扶养义务

依据《民法典》第1059条的规定,夫妻有相互扶养的义务。需要扶养的一方,在另一方不履行扶养义务时,有要求其给付扶养费的权利。夫妻相互扶养的义务,是基于夫妻关系的确立而发生的一种身份权益。夫妻关系是当事人双方以共同生活为目的的结合,夫妻关系的本质决定了夫妻要共同生活。因此,夫妻同居应为夫妻关系的常态,夫妻有同居的权利义务,有婚姻住所决定权。夫妻相互的扶养义务不仅体现在经济上,也体现在精神上。夫妻基于共同生活的要求,有相互忠实义务,有相互尊重、相互协助义务。

(五) 夫妻家事代理权

夫妻家事代理权,是指夫妻在家事上享有互为代理人的资格,任何一方都有权代理另一方就家事实施民事法律行为。所谓家事,是指家庭日常生活需要的事务。依据《民法典》第1060条的规定,夫妻一方因家庭日常生活需要而实施的民事法律行为,对夫妻双方发生效力,但是夫妻一方与相对人另有约定的除外。夫妻之间对另一方可以实施的民事法律行为范围的限制,不得对抗善意相对人。依照这一规定,夫妻家事代理权的权限范围为日常家务事。夫妻双方可以就家事代理权的权限范围予以限制,但是这种限制不得对抗善意第三人。也就是说,第三人不知道或者不应当知道夫妻之间关于限制实施该民事法律行为约定的,该民事法律行为对夫妻双方仍是有效的。

(六) 夫妻相互继承遗产权

《民法典》第1061条规定:"夫妻有相互继承遗产的权利。"夫妻之所以有相互继承遗产的权利,是因为夫妻互为配偶,具有配偶的身份。因此,夫妻身份是夫妻得以相互继承遗产的前提,只有具有夫妻身份,才有继承对方遗产的资格,才会享有相互继承遗产的权利。

三、夫妻财产关系

夫妻财产关系是夫妻之间基于财产利益在财产关系中的权利义务。规范夫妻财产关系的法律制度是夫妻财产制,是关于夫妻婚前和婚后所得财产的归属、管理、使用、收益、处分以及债务清偿、婚姻关系解除时财产清算等方面的法律制度,其核心是婚前财产和婚后财产的归属。我国现行法实行法定财产制与约定财产制。

(一) 夫妻法定财产制

在我国,夫妻法定财产制是夫妻共同财产制与夫妻个人特有财产制相结合的形式。夫妻对其财产没有约定或者约定不明的,适用法定财产制。

1. 夫妻共同财产制

夫妻共同财产制是指婚姻关系存续期间,一方或者双方取得的财产,除法律另有规定外,都为夫妻共同财产。

夫妻共同财产具有以下特点:第一,夫妻共同财产的主体为夫妻双方。因此,没有合法婚姻关系的人不能成为夫妻共同财产的主体。第二,夫妻共同财产为婚姻关系存续期间取得的财产。婚姻关系存续期间也就是婚姻关系的效力发生期间,是自完成结婚登记时起到离婚法律文书生效之日或者一方死亡之日止。不是婚后取得的财产,不构成夫妻共同财产;婚姻关系终止后取得的财产,也不构成夫妻共同财产。第三,夫妻共同财产是一方或者双方取得的法律另有规定或者双方另有约定之外的财产。虽为婚后取得的财产,但是法律另有规定不属于共同财产或者双方另有约定不为共同财产的,也不为夫妻共同财产。

依据《民法典》第1062条第1款的规定,夫妻共同财产的范围包括夫妻在婚姻关系存续期间取得的下列财产:(1)工资、奖金、劳务报酬。(2)生产、经营、投资的收益。(3)知识产权的收益。知识产权的收益是指婚姻关系存续期间,实际取得或者已经明确可以取得的财产性收益(《婚姻家庭编解释(一)》第24条)。(4)继承或者受赠的财产,但是遗嘱或者赠与合同确定只归一方所有的除外。依《婚姻家庭编解释(一)》第29条第2款的规定,当事人结婚后,父母为双方购置房屋出资的,依照约定处理;没有约定或者约定不明的,应当认定为夫妻共同财产。(5)其他应当归共同所有的财产,如一方以个人财产投资取得的收益;男女双方实际取得或者应当取得的住房补贴、住房公积金;男女双方实际取得或者应当取得的基本养老金、破产安置补偿费等(《婚姻家庭编解释(一)》第25条)。此外,夫妻一方个人财产在婚后产生的收益,除孳息和自然增值外,应认定为夫妻共同财产;由一方婚前承租,婚后用共同财产购买的房屋,登记在一方名下的,应当认定为夫妻共同财产(《婚姻家庭编解释(一)》第26条、第27条)。

《民法典》第1062条第2款规定:"夫妻对共同财产,有平等的处理权。"这表明,夫妻在处理夫妻共同财产上的权利是平等的。夫妻享有家事代理权,在因家庭日常生活需要而处理夫妻共同财产时,任何一方都有权决定,而不必征得他方的同意。除此情况外,夫妻需要对共同财产进行处理的,应当平等协商,取得一致意见,任何一方无权单方决定。一方擅自处分夫妻共同财产但是相对人有理由相信对夫妻共同财产的处理为夫妻共同意思决定的,法律保护善意第三人,夫妻另一方不得以其不同意或者不知道为由对抗善意第三人。

夫妻共同财产制是以夫妻关系的存在为存在基础的,因此,夫妻共同财产制也随夫妻关系的终止而终止。夫妻双方离婚或者一方死亡的,夫妻关系终止,发生共同财产分割,夫妻共同财产关系终止。除此以外,在发生法定事由时,夫妻一方可以请求分割共同财产。经人民法院判决分割共同财产的,共同财产关系也就终止。

2. 夫妻个人特有财产制

夫妻个人特有财产制又称夫妻特留财产制,是指依法律规定,除法律另有规定外,只能为夫妻一方各自单独所有的个人财产而不为共同财产。夫妻特有财产包括约定为个人所有的财产和法定的夫妻特有财产。法定的夫妻特有财产是法律规定的夫妻一方婚前的个人财产及在婚姻关系存续期间取得的依法应归夫妻一方的财产。夫妻特有财产为夫妻一方的个人财产,只能由个人单独享有占有、使用、收益、处分的权利,另一方无权干涉。

依据《民法典》第1063条的规定,法定夫妻个人特有财产的范围包括以下几项:

(1)一方的婚前财产。一方婚前财产是指夫妻在结婚前个人已经取得的财产,既包括个人所有的财产,也包括与他人共有的财产。因为婚姻是身份法律行为,会导致当事人身份关系的变动,而不会导致已有的财产关系的变动。

(2)一方因受到人身损害获得的赔偿或者补偿。因为人身受到损害获得的赔偿、补偿,是专用于受害人恢复身心健康的款项,专款专用,具有人身专属性,因此,该项财产只能归受害人个人所有,而不能由受害人与他人分享。也正因为如此,《婚姻家庭编解释(一)》第30条特别规定:"军人的伤亡保险金、伤残补助金、医药生活补助费属于个人财产。"

(3) 遗嘱或者赠与合同中确定只归一方的财产。遗嘱或者赠与合同中确定只归一方所有的财产只能归为所确定的一方的个人财产,这实际上也就是按照被继承人或者赠与人的意思确定继承或者受赠的财产的归属,体现了对被继承人或者赠与人意愿的尊重。依据《婚姻家庭编解释(一)》第 29 条第 1 款的规定,当事人结婚前父母为双方购置房屋出资的,该出资应当认定为对自己子女的个人赠与,但是父母明确表示赠与双方的除外。

(4) 一方专用的生活用品。一方专用的生活用品是指婚后以夫妻财产购置的由夫或者妻一方自己专用的日常生活消费的物品,如夫妻专用的衣物、饰物等。这类物品具有特别的使用价值,并不是夫妻通用的物品,所以归个人所有。

(5) 其他应当归一方的财产。除上述财产外,其他依其属性应当归个人所有的财产也为个人特有财产。例如,与人身密切相关的具有人身属性的一方得到的功勋证章、奖杯等财产。

3. 夫妻共同债务

夫妻共同债务与夫妻个人债务相对应。夫妻个人债务是指夫妻一方单独负担的债务,以一方的个人财产清偿,另一方不负债务清偿责任;而夫妻共同债务则是夫妻共同负担的债务,以夫妻共同财产清偿,夫妻对共同债务负连带清偿责任。依据《民法典》第 1064 条的规定,夫妻双方共同签名或者夫妻一方事后追认等共同意思表示所负的债务,以及夫妻一方在婚姻关系存续期间以个人名义为家庭日常生活需要所负的债务,属于夫妻共同债务;夫妻一方在婚姻关系存续期间以个人名义超出家庭日常生活需要所负的债务,不属于夫妻共同债务,但是,债权人能够证明该债务用于夫妻共同生活、共同生产经营或者基于夫妻双方共同意思表示的除外。可见,夫妻共同债务包括以下三部分:

一是夫妻以双方的共同意思表示所负的债务。因为夫妻各自有自己独立的人格,各自都有意思表示的自由,除法律另有特别规定的情形外,夫妻任何一方的意思表示不能代替另一方的意思表示,在举债上也是如此。因此,以夫妻双方共同的意思表示所负的债务也就属于夫妻共同债务。这也就是所谓的"共债共签"。夫妻共同负债的意思表示可以表现为夫妻在负债字据上共同签名,也可以表现为一方负债后另一方予以追认。

二是夫妻在婚姻关系存续期间因行使家事代理权以个人名义所负的债务。因为夫妻任何一方行使家事代理权的法律后果都应由夫妻共同承受。

三是夫妻一方在婚姻关系存续期间以个人名义在家事代理权限范围以外所负的债务,债权人能够证明该债务是用于夫妻共同生活、共同生产经营或者能够证明有充分理由相信该债务经夫妻另一方同意的。

(二) 夫妻约定财产制

夫妻约定财产制是相对夫妻法定财产制而言的,是指夫妻可以以协议的方式对婚前婚后所得财产的归属作出约定的法律制度。《民法典》第 1065 条第 1 款规定:"男女双方可以约定婚姻关系存续期间所得的财产以及婚前财产归各自所有、共同所有或者部分各自所有、部分共同所有。约定应当采用书面形式。没有约定或者约定不明确的,适用本法第一千零六十二条、第一千零六十三条的规定。"依照这一规定,夫妻约定财产制具有适用上的优先性,夫妻约定财产制可以排除夫妻法定财产制的适用。

夫妻关于财产归属的协议通常称为夫妻财产契约或者夫妻财产合同,既可以是在婚姻关系成立前订立,也可以是在婚姻关系成立时或者婚姻关系成立后订立。夫妻财产契约应当采用书面形式,只有具备以下条件才能有效:其一,订约的当事人双方具有完全民事行为能力。夫妻财产契约并非是一方纯获利益的民事法律行为,因此,订立夫妻契约的当事人双方于订约时须具备完全民事行为能力。其二,订约的夫妻双方意思表示真实。也就是订约的夫妻双方是出于自己的真实意愿达成协议,双方的意思表示是自由的、健全的。其三,双方的约定不违反法律、行政法规的强制性规定,不违背公序良俗。

夫妻财产契约一经成立生效,夫妻财产的约定即发生对内对外两方面的效力。

夫妻财产约定的对内效力,是指对夫妻双方的法律拘束力。这表现在:第一,夫妻双方都应按照约定确定财产的所有权和管理权,按照约定对财产进行占有、使用、收益和处分;第二,夫妻任何一方不得擅自变更约定,不得擅自解除约定;第三,夫妻财产约定是离婚时处理财产的依据。

夫妻财产约定的对外效力,是指夫妻财产约定对夫妻以外的第三人的法律效力。夫妻关于财产的约定是否对第三人发生效力,决定于第三人是否知道或者应当知道夫妻财产约定的内容。也就是说,夫妻财产契约不能对抗善意第三人。如果第三人不知道或者不应当知道夫妻财产约定的内容,那么对第三人来说,夫妻间实行的就是法定财产制,夫或者妻对外所负的债务就是夫妻共同债务;如果第三人知道夫妻约定婚姻关系存续期间所得的财产归各自所有的,夫或者妻一方对外所负的债务就以夫或者妻一方的个人财产清偿。

(三) 夫妻共同财产的分割

夫妻对共同财产享有平等的权利和负有平等的义务。不论是法定的夫妻共同财产,还是约定的夫妻共同财产,夫妻都有维护共同关系的权利义务,在婚姻关系存续期间,除有重大事由外,不得主张分割夫妻共同财产。依据《民法典》第 1066 条规定,有下列两种情形之一的,夫妻一方可以向人民法院请求分割共同财产:

其一,一方有隐藏、转移、变卖、毁损、挥霍夫妻共同财产或者伪造夫妻共同债务等严重损害夫妻共同财产利益的行为。构成这一情形的条件有三:一是一方客观上有损害夫妻共同财产利益的行为;二是实施行为的一方主观上有恶意;三是行为的后果严重损害夫妻共同财产利益。

其二,一方负有法定扶养义务的人患重大疾病需要医治,另一方不同意支付相关医疗费用。构成这一情形的条件有三:一是一方负有法定扶养义务的人(如父母)因需医治重大疾病需支付医疗费用;二是当事人一方以自己的个人财产不足以支付该费用;三是另一方不同意以夫妻共同财产支付该医疗费用。

第二节 父母子女关系

一、父母子女关系的概念和种类

父母子女关系又称为亲子关系,是指父母子女间的权利义务关系。父母子女是血亲关系中最近的直系血亲,父母子女关系为家庭成员间法律关系的核心。

在我国法上,父母子女关系通常分为以下两类:

一是自然血亲的父母子女关系。自然血亲的父母子女关系是基于子女出生的法律事实而发生的。自然血亲的父母子女关系是因血缘联系而存在的,只能因一方的死亡而终止。自然血亲的父母子女关系在法律上的权利义务可以因子女被收养而终止,但是其自然血亲关系不会因此而终止。自然血亲的父母子女关系包括父母与婚生子女关系、父母与非婚生子女关系。所谓婚生子女,是指在父母婚姻关系存续期间受胎或者出生的子女。依据《婚姻家庭编解释(一)》第40条的规定,婚姻关系存续期间,夫妻双方一致同意进行人工授精,所生子女应为婚生子女。所谓非婚生子女,是指没有婚姻关系的男女所生的子女。依据《民法典》第1071条规定,非婚生子女享有与婚生子女同等的权利,任何组织或者个人不得加以危害和歧视。不直接抚养非婚生子女的生父或者生母,应当负担未成年子女或者不能独立生活的成年子女的抚养费。依据《民法典》第1073条的规定,对亲子关系有异议且有正当理由的,父或者母可以向人民法院提起诉讼,请求确认或者否认亲子关系。对亲子关系有异议且有正当理由的,成年子女可以向人民法院提起诉讼,请求确认亲子关系。父或者母向人民法院起诉请求否认亲子关系,并提供了必要证据予以证明,另一方没有相反证据又拒绝做亲子鉴定的,人民法院可以认定否认亲子关系一方的主张成立。父或者母向人民法院起诉请求确认亲子关系,并提供必要证据予以证明,另一方没有相反证据又拒绝做亲子鉴定的,人民法院可以认定确认亲子关系一方的主张成立(《婚姻家庭编解释(一)》第39条)。

二是拟制血亲的父母子女关系。拟制血亲的父母子女间原无血亲关系,但是法律上确认其与自然血亲有同等的权利义务。拟制血亲的父母子女关系包括养父母与养子女关系、有抚养关系的继父母与继子女关系。养父母养子女关系是因收养而发生的,也可因收养的解除而终止。继父母继子女关系是因男女一方再婚而产生的亲属关系,继子女是夫对妻与前夫所生子女或者妻对夫与前妻所生子女的称谓,继父母是子女对母亲或者父亲的再婚配偶的称谓。《民法典》第1072条第2款规定:"继父或者继母和受其抚养教育的继子女间的权利义务关系,适用本法关于父母子女关系的规定。"依照这一规定,继父母与继子女间形成抚养关系的,相互间产生父母子女权利义务关系;继父母与继子女间未形成抚养关系的,则不发生拟制的血亲关系。

二、父母子女间抚养与赡养的权利义务

依据《民法典》第26条第1款的规定,父母对子女有抚养的义务,成年子女对父母有赡养的义务。

父母对子女的抚养包括对未成年子女的抚养和对成年子女的抚养。父母对未成年子女的抚养是没有条件限制的,而对成年子女的抚养是有条件限制的,父母仅对"不能独立生活的成年子女"有抚养义务,而对有独立生活能力的成年子女并无抚养义务。所谓不能独立生活的子女,是指尚在校接受高中及其以下学历教育,或者丧失、部分丧失劳动能力等非主观原因无法维持正常生活的成年子女(《婚姻家庭编解释(一)》第41条)。负有抚养义务的父母不履行抚养义务的,未成年子女或者不能独立生活的成年子女有权要求其给付抚养费(《民法典》第1067条第1款)。抚养费包括子女生活费、教育费、医疗费等费用。

子女对父母负有赡养义务的主体是成年子女。成年子女对父母的赡养决定于两方面:一是成年子女具有独立生活能力,二是父母需要赡养。子女有赡养能力而不履行赡养义务的,需要赡养的父母有权要求其给付赡养费。

三、父母对未成年子女的教育、保护的权利义务

《民法典》第1068条规定:"父母有教育、保护未成年子女的权利和义务。未成年子女造成他人损害的,父母应当依法承担民事责任。"

父母对未成年子女的教育、保护的权利义务,包括以下两方面:

一是父母有教育未成年子女的权利义务。这既包括父母有教育未成年子女的权利,也包括未成年子女有听从父母教育的义务。这里的教育包括教和管两个方面。"教"主要是从正面引导未成年子女正确做人、做事,让未成年子女健康成长;"管"主要是约束未成年子女不实施不良行为。父母应约束未成年子女的行为,防止未成年子女给他人造成损害。未成年子女造成他人损害的,父母应当依法承担赔偿责任。

二是父母有保护未成年子女的权利义务。父母有权利保护未成年子女免受来自各方面的侵害,也有义务保护未成年子女不受人身和财产上的损害。未成年子女遭受不法侵害的,父母有权利也有义务通过诉讼等途径请求救济,维护未成年子女的合法权益。

四、子女尊重父母婚姻自主权的义务

依据《民法典》第1069条的规定,子女应当尊重父母的婚姻权利,不得干涉父母离婚、再婚以及婚后的生活。子女对父母的赡养义务,不因父母的婚姻关系变化而终止。

五、父母子女间相互继承遗产的权利

依据《民法典》第1070条的规定,父母和子女有相互继承遗产的权利。

第三节　其他近亲属关系

一、祖父母、外祖父母与孙子女、外孙子女的关系

祖父母与孙子女、外祖父母与外孙子女,是父母子女以外最近的直系血亲,依据《民法典》第1074条的规定,祖父母、外祖父母与孙子女、外孙子女间,在一定条件下有相互扶养的权利义务。

祖父母、外祖父母对孙子女、外孙子女负抚养义务的条件有三:第一,孙子女、外孙子女为未成年人;第二,未成年孙子女、外孙子女的父母已经死亡或者父母无力抚养;第三,祖父母、外祖父母具有负担能力。所谓"有负担能力",是指有经济上的供养能力、生活上的照顾能力以及教育和保护能力。

孙子女、外孙子女对祖父母、外祖父母负有赡养义务的条件有三:第一,孙子女、外孙子女是有负担能力的成年人;第二,祖父母、外祖父母的子女已经死亡或者虽生存但是无力赡养其父母;第三,祖父母、外祖父母属于需要赡养之人。

祖父母、外祖父母与孙子女、外孙子女间除于一定条件有相互扶养的权利义务,也有相互继承遗产的权利及其他权利义务。

二、兄弟姐妹关系

兄弟姐妹关系是最亲近的旁系血亲,包括同胞兄弟姐妹、同父异母或者同母异父兄弟姐妹、养兄弟姐妹。

依据《民法典》第1075条的规定,兄弟姐妹在一定条件下有扶养义务。

兄、姐在具备下列条件时对弟、妹有扶养义务:第一,弟、妹为未成年人;第二,父母已经死亡或者没有抚养能力;第三,兄、姐有负担能力。

弟、妹在具备下列条件时对兄、姐有扶养义务:第一,弟、妹是由兄、姐扶养长大的;第二,兄、姐是缺乏劳动能力又缺乏生活来源之人;第三,弟、妹有负担能力。

兄弟姐妹在一定条件下也有相互继承遗产的权利。

第三十四章 离 婚

第一节 离婚的概念与特点

一、离婚的概念

离婚即婚姻的解除,是指夫妻双方在生存期间依照法律规定解除婚姻关系的民事法律行为。

离婚是解除婚姻关系的行为,不同于夫妻别居、分居行为。别居、分居是夫妻双方通过协议或者经司法裁判解除夫妻双方的同居义务。夫妻别居、分居的,双方因婚姻关系产生的权利义务会发生变更,但是双方的婚姻关系仍然存在。而离婚不同,离婚的后果是导致双方婚姻关系终止、夫妻权利义务终止。

二、离婚的特点

离婚具有以下特点:

第一,离婚是夫妻解除婚姻关系的身份行为。夫妻身份是以存在合法婚姻关系为前提的,婚姻关系终止,夫妻身份关系也就终止。婚姻关系终止的原因有二:一是夫妻一方死亡。死亡包括自然死亡和宣告死亡,但是死亡宣告被撤销的,只有在双方的婚姻关系不能自行恢复的情形下,婚姻关系才终止。二是离婚。因离婚导致婚姻关系终止,双方的夫妻身份也就终止。正因为离婚是夫妻解除婚姻关系的身份行为,所以离婚的主体只能是存在合法婚姻关系的男女双方,离婚的意思表示只能由当事人自己做出,而不适用代理制度,不能由代理人代为作离婚的意思表示。

第二,离婚是夫妻解除合法婚姻关系的行为。离婚是对合法婚姻关系的解除,因此,离婚以双方存在合法婚姻关系为前提。只有存在合法婚姻关系才会发生离婚。这是离婚与婚姻无效、婚姻被撤销的根本区别。

第三,离婚是夫妻双方在生存期间依法定条件和程序解除婚姻关系的行为。离婚是只能由夫妻在双方生存期间实施的行为,因为如果夫妻一方已经死亡,双方的婚姻关系也就终止,也就谈不上离婚。离婚是夫妻各方的自由,但是离婚的法律后果不仅仅关系双方婚姻关系的终止,还关系到子女尤其是未成年子女的利益,关系到夫妻债务的清偿、债权人利益的保护,关系到家庭关系的稳定以及公共秩序,因此,离婚不得由当事人任意为之。离婚须遵守法律规定的条件和程序,才能发生解除婚姻关系的效力。不依法定条件和程序的所谓离婚,是不能发生离婚效力的。

第二节 协议离婚

一、协议离婚的概念和条件

协议离婚又称为自愿离婚、两愿离婚、登记离婚、行政离婚,是指夫妻双方自愿达成离婚协议并经婚姻登记机关办理离婚登记而解除婚姻关系的离婚方式。

依据《民法典》第1076条的规定,夫妻双方自愿离婚的,应当签订书面离婚协议,并亲自到婚姻登记机关申请离婚登记。离婚协议应当载明双方自愿离婚的意思表示和对子女抚养、财产及债务处理等事项协商一致的意见。依照这一规定,协议离婚须具备以下条件:

第一,当事人双方为合法夫妻且都具有完全民事行为能力。只有当事人双方具有合法婚姻关系,才能离婚。无效婚姻、可撤销婚姻的当事人可以请求确认婚姻无效或者撤销婚姻,而不能主张离婚。因为离婚是以发生身份关系终止为目的双方身份法律行为,因此,当事人双方必须具有完全民事行为能力,夫妻双方或者一方不具有完全民事行为能力的,不能协议离婚。

第二,当事人应达成书面离婚协议。协议离婚是双方自愿离婚,因此,双方须达成离婚的合意。双方离婚合意的表现形式为书面离婚协议。当事人双方未订立书面离婚协议的,不能认定双方达成离婚合意。

第三,当事人双方的离婚协议须为完全自愿的、真实的意思表示。意思表示真实是民事法律行为有效的条件。如果当事人离婚的意思表示不是自愿做出的,是不真实的,离婚协议就不能有效,也就不会发生协议离婚的法律后果。

第四,当事人双方须对子女抚养、财产及债务处理等事项达成一致的意见。协议离婚的当事人不仅须对解除婚姻关系达成协议,还须就子女抚养、财产及债务处理等事项达成协议。双方未就子女抚养、财产及债务处理等事项达成一致意见的,婚姻登记机关不会办理离婚登记。

二、协议离婚的程序

协议离婚须由婚姻登记机关办理离婚登记。婚姻登记机关办理离婚登记的程序分为申请、审查和核准三个步骤。

首先,协议离婚的当事人双方应当亲自到婚姻登记机关提出离婚登记申请,并提交有效证件与材料,如本人的身份证、结婚证、双方签署的离婚协议等。内地居民应当到一方当事人常住户口所在地的婚姻登记机关办理离婚登记;中国公民同外国人在中国内地自愿离婚的,内地居民同香港居民、澳门居民、台湾居民自愿离婚的,应当到内地居民常住户口所在地的婚姻登记机关办理离婚登记。依《民法典》第1077条第1款的规定,自婚姻登记机关收到离婚登记申请之日起30日内,任何一方不愿意离婚的,可以向婚姻登记机关撤回离婚登记申请。这里所规定的30日的期间被称为协议离婚冷静期。离婚冷静期限届满后30日内,双方当事人应亲自到婚姻登记机关申请发给离婚证;未申请的,视为撤回离婚登记申请。

其次,婚姻登记机关应当对当事人提交的证件与材料进行审查,查明当事人离婚是否确实自愿、提交的情况是否属实、当事人是否具备自愿离婚的条件。

最后,婚姻登记机关经审查认为符合自愿离婚条件,核准当事人双方协议离婚,即予以登记离婚,发给离婚证。离婚证是婚姻登记机关出具的证明双方已经解除婚姻关系的法定证明文书。

第三节 诉讼离婚

一、诉讼离婚的概念和特点

诉讼离婚又称判决离婚或者裁判离婚,是相对于协议离婚而言的,是指当事人双方经诉讼程序由人民法院裁决解除婚姻关系的离婚方式。

诉讼离婚具有以下特点:

第一,诉讼离婚是不能通过协议离婚的当事人双方解除婚姻关系的离婚方式。当事人若能通过行政程序协议离婚,也就没有必要经诉讼程序离婚。

第二,诉讼离婚是由当事人向人民法院提起离婚诉讼请求,由法院审理后裁决离婚的离婚方式。除人民法院外,其他任何机关均无权办理诉讼离婚。

第三,诉讼离婚须经诉讼程序,离婚的根据是当事人双方感情确已破裂,离婚的结果决定于人民法院的裁决。

二、诉讼离婚的程序

诉讼离婚的程序分为以下三个阶段:

首先,起诉和答辩。当事人提起离婚诉讼的,应亲自向有管辖权的被告住所地的人民法院提交起诉状。人民法院受理原告诉讼离婚的请求后,应按规定通知对方当事人在规定期间内提交答辩状。

其次,调解。人民法院受理诉讼离婚案件后,应当进行调解。离婚诉讼过程中,由人民法院主持的调解称为诉讼内调解,是诉讼离婚的必经程序。诉讼内调解是相对于诉讼外调解而言的。诉讼外调解是指双方达不成离婚协议在向人民法院起诉离婚前,由有关组织对当事人的离婚纠纷进行的调解。诉讼外调解无效的,当事人可提起离婚诉讼。但是,诉讼外调解并不是当事人起诉离婚的必经程序,当事人可以不经诉讼外调解而直接向人民法院提起离婚的诉讼请求。

最后,判决。人民法院对离婚案件进行诉讼内调解会有三种结果:一是双方和好,原告撤诉,诉讼终结;二是双方达成离婚协议,人民法院制作离婚调解书,双方签收离婚调解书后发生离婚效力;三是调解无效,人民法院依法作出准予离婚或者不准予离婚的判决。当事人收到判决后,不服判决的,可以在法定期间内提起上诉。上诉期间届满后,当事人未提出上诉的,离婚判决即发生效力。

三、判决离婚的法定事由

判决离婚的法定事由也就是人民法院判决离婚的标准,是法院判决准予离婚的根据。

《民法典》第1079条第2款规定:"人民法院审理离婚案件,应当进行调解;如果感情确已破裂,调解无效的,应当准予离婚。"可见,我国法律规定的判决离婚的法定事由就是双方感情确已破裂。

依据《民法典》第1079条第3款的规定,有下列情形之一,调解无效的,应当准予离婚:(1)重婚或者与他人同居;(2)实施家庭暴力或者虐待、遗弃家庭成员;(3)有赌博、吸毒等恶习屡教不改;(4)因感情不和分居满2年;(5)其他导致夫妻感情破裂的情形。此外,一方被宣告失踪,另一方提起离婚诉讼的,应当准予离婚;经人民法院判决不准离婚后,双方又分居满1年,一方再次提起离婚诉讼的,应当准予离婚(《民法典》第1079条第4款、第5款)。

四、诉讼离婚的特别限制

(一)对现役军人配偶的离婚请求权的限制

依据《民法典》第1081条的规定,现役军人的配偶要求离婚,应当征得军人的同意,但是军人一方有重大过错的除外。依照这一规定,现役军人的配偶起诉离婚的,除军人一方同意或者有重大过错外,法院应判决当事人不准离婚。这是保护军婚的要求。这一规则的适用条件有二:其一,夫妻双方中一方为现役军人。现役军人是指在中国人民解放军和中国人民武装警察部队服役,具有军籍的人员。如果是现役军人一方提起离婚之诉或者夫妻双方均为现役军人而一方起诉离婚的,不适用该规则。其二,现役军人的一方没有重大过错。如果现役军人一方有重大过错,也不能适用该规则。一般认为,现役军人一方有下列行为之一,就属于有重大过错:(1)重婚或者与他人婚外同居;(2)实施家庭暴力或者虐待、遗弃家庭成员;(3)有赌博、吸毒等恶习屡教不改;(4)其他重大过错导致夫妻感情破裂的情形(《婚姻家庭编解释(一)》第64条)。

(二)对男方离婚请求权的限制

《民法典》第1082条规定:"女方在怀孕期间、分娩后一年内或者终止妊娠后六个月内,男方不得提出离婚;但是,女方提出离婚或者人民法院认为确有必要受理男方离婚请求的除外。"依照这一规定,为保护女方身心健康和有利于子女的孕育,男方在法律规定的期间内不得提出离婚的诉讼请求。这一期间包括:(1)女方正在怀孕期间;(2)女方分娩后1年内;(3)女方终止妊娠后6个月内。这一法定期间为不变期间,自事实发生之日起算。在此期间内,男方提出离婚诉讼请求的,人民法院应当驳回其诉讼请求。但是,有下列情形之一的,人民法院应当受理并审理当事人的离婚诉讼请求:一是女方提出离婚。女方提出离婚的,人民法院应当受理和审理当事人的离婚诉讼。二是人民法院认为确有必要受理男方的离婚请求。所谓确有必要,是指不受理当事人的离婚诉讼请求会严重损害当事人的利益。这主要包括以下情形:(1)双方确实存在不能继续共同生活的重大且急迫的情事,一方对他人有危及人身、生命安全的可能;(2)女方怀孕是因其与他人通奸所致,双方的感情确已破裂。

第四节 离婚的法律后果

一、离婚对双方人身关系的后果

离婚是解除婚姻关系的行为。离婚一经生效,当事人之间的婚姻关系解除,男女方之间的夫妻人身关系也就当然终止。

离婚后的男女都是无配偶的单身之人,都有再婚的自由。双方自愿恢复婚姻关系的,应当到婚姻登记机关重新进行结婚登记(《民法典》第1083条)。

二、离婚后的父母子女关系及子女的抚养教育

(一)离婚后的父母子女关系

《民法典》第1084条第1款规定:"父母与子女间的关系,不因父母离婚而消除。离婚后,子女无论由父或者母直接抚养,仍是父母双方的子女。"

父母子女关系并不以婚姻关系的存在为前提,因此,夫妻离婚后父母子女关系仍然存在而不消除。养父母养子女关系为拟制血亲关系,是以收养关系存在为前提的。养父母子女关系不会因养父母离婚而消除,但是,养父母离婚后,经法定程序变更或者解除收养关系的,养父母与养子女间的父母子女关系会发生变动,但是这不是离婚的效力。继父母继子女关系是基于父或者母再婚以及以继父母与继子女间形成扶养关系为条件的。因此,继父母与继子女间的权利义务关系不因生父与继母、生母与继父的离婚而自然消除。但是,如果继父母离婚时,继父或者继母拒绝抚养未成年的继子女的,继父母继子女间的权利义务关系消除。

(二)离婚后的未成年子女的抚养归属

依据《民法典》第1084条的规定,在处理离婚后子女抚养归属上应充分贯彻儿童利益最大化原则,从有利于子女、保障子女合法权益出发,分以下不同情形具体确定:

其一,离婚后,不满两周岁的子女,以由母亲直接抚养为原则。但是,如果母方有下列情形之一的,应由父方直接抚养:(1)患有久治不愈的传染性疾病或者其他严重疾病,子女不宜与其共同生活;(2)有抚养条件不尽抚养义务,而父亲要求子女随其共同生活;(3)因其他原因,子女确实无法随母共同生活(《婚姻家庭编解释(一)》第44条)。例如,母亲的经济能力、生活环境明显不利于抚养子女等。父母双方协议两周岁以下子女随父亲共同生活,并对子女健康成长无不利影响的,可由父抚养子女(《婚姻家庭编解释(一)》第45条)。

其二,离婚后,已满两周岁的子女由双方协商确定具体由何方直接抚养。双方达不成协议的,由人民法院根据双方的具体情况按照最有利于未成年子女的原则作出判决。双方都要求子女随其共同生活,一方有下列情形之一的,可予优先考虑:(1)已做绝育手术或者因其他原因丧失生育能力;(2)子女随其生活时间较长,改变生活环境对子女健康成长不利;(3)无其他子女,而另一方有其他子女;(4)子女随其生活,对子女健康成长有利,而另一方患有久治不愈的传染性疾病或者其他严重疾病,或者有其他不利于子女身心健康的情形,不宜与子女共同生活(《婚姻家庭编解释(一)》第46条)。此外,父母双方抚养子女的条件基本相同,都要求子女与其共同生活,但是子女单独随祖父母或者外祖父母已经共同生活多年,且祖父母或者外祖父母要求且有能力帮助子女照顾孙子女或者外孙子女的,可以作为子女随父或者随母共同生活的优先条件予以考虑(《婚姻家庭编解释(一)》第47条)。

其三,离婚后,双方对已满8周岁的未成年子女随父还是随母生活发生争执的,应当依该子女的真实意愿决定由父还是由母直接抚养。

（三）离婚后子女直接抚养方的变更

离婚后双方确定子女的直接抚养归属后，双方也可以协商变更抚养关系。双方变更抚养关系协商不成，一方要求变更子女抚养关系，有下列情形之一的，法院应予支持：(1)与子女共同生活的一方因患严重疾病或者因伤残无力继续抚养子女；(2)与子女共同生活的一方不尽抚养义务或者有虐待子女的行为，或者其与子女共同生活对子女身心健康确有不利影响；(3)已满8周岁的未成年子女，愿意随另一方生活，且另一方又有抚养能力；(4)有其他正当理由需要变更（《婚姻家庭编解释（一）》第56条）。

（四）离婚后子女抚养费的负担

父母离婚后，子女不论由何方直接抚养，双方都有负担子女抚养费用的义务。抚养费用包括生活费、教育费、医疗费等。当然，直接抚养子女的一方有负担能力，又愿意独自承担子女的全部抚养费的，可以免除另一方负担抚养费的义务。

抚养费的负担数额、给付方法、负担期限，由双方协商，协商不成的，由人民法院判决。

抚养费的负担数额，可以根据子女的实际需要、父母双方的负担能力和当地的实际生活水平确定。父母有固定收入的，抚养费一般为其月总收入的20%至30%的比例；负担两个以上子女的，抚养费的比例可适当提高，但是一般不得超过月总收入的50%。父母无固定收入的，抚养费的数额可以根据当年总收入或者同行业平均收入，参照上述比例确定。有特殊情况的，可适当提高或者降低上述比例（《婚姻家庭编解释（一）》第49条）。

抚养费应当定期给付，有条件的可以一次性给付（《婚姻家庭编解释（一）》第50条）。

抚养费的给付期限，一般至子女18周岁。16周岁以上不满18周岁的子女，以其劳动收入为主要生活来源，并能维持当地群众一般生活水平的，父母可以停止给付抚养费（《婚姻家庭编解释（一）》第53条）。

对于父母协议或者人民法院判决确定的抚养费数额，子女在有必要时可以提出变更抚养费的要求。依据《婚姻家庭编解释（一）》第58条的规定，具有下列情形之一的，子女有权要求有负担能力的父或者母增加抚养费：(1)原定抚养费数额不足以维持当地实际生活水平；(2)子女因患病、上学，实际需要已超过原定数额；(3)有其他正当理由应当增加。在下列情形下，负担抚养费的父或者母也可提出减少或者免除抚养费的请求：其一，抚养子女的一方再婚，其再婚配偶自愿负担继子女抚养费的一部或者全部；其二，负有给付抚养费义务的一方因出现某种新情况，确有实际困难无法给付。

负担子女抚养费是离婚后的父母负担的法定义务，父母的该项义务不能因子女姓氏的改变而消除。

三、离婚后父母对子女的探望权

《民法典》第1086条第1款规定："离婚后，不直接抚养子女的父或者母，有探望子女的权利，另一方有协助的义务。"依照这一规定，离婚后不直接抚养子女的父或者母一方享有与未成年子女会面、交往、短期共同生活的探望权。父母的探望权是与直接抚养权相对应的。离婚后，父或者母一方取得对未成年子女的直接抚养权，另一方也就享有探望权，直接抚养子女的一方有义务协助有探望权的一方行使探望权。

离婚后父母探望权的行使方式、行使时间可由当事人协议；当事人协议不成的，由人民法院判决(《民法典》第 1086 条第 2 款)。人民法院对探望权行使方式的判决,可包括以下内容:非直接抚养一方定期探望子女;非直接抚养一方与子女会面交往;非直接抚养一方与子女短期共同生活。子女满 8 周岁的,有关父母探望权的行使方式、探望的时间、地点等,应当考虑子女的意见。

父母行使探望权不得危及子女的身心健康。父母行使探望权不利于子女身心健康的,人民法院依法中止探望权人行使探望权。行使探望权会给子女的身心健康造成损害的情形主要包括以下情形:(1)不直接抚养子女的一方为无民事行为能力人或者限制民事行为能力人;(2)不直接抚养子女的一方患有重病,不适合行使探望权;(3)行使探望权的一方对子女有侵权行为或者犯罪行为,严重损害未成年子女的利益。

探望权的中止,不是探望权的终止。《民法典》第 1086 条第 3 款规定:"父或者母探望子女,不利于子女身心健康的,由人民法院依法中止探望;中止的事由消失后,应当恢复探望。"

有探望权的一方消极不行使权利,不利于未成年子女的,未成年子女可以要求其探望。

四、离婚时夫妻共同财产的分割

(一)分割夫妻共同财产的原则

《民法典》第 1087 条规定,离婚时,夫妻的共同财产由双方协议处理;协议不成的,由人民法院根据财产的具体情况,按照照顾子女、女方和无过错方权益的原则判决。对夫或者妻在家庭土地承包经营中享有的权益等,应当依法予以保护。

因为夫妻共同财产是以婚姻关系的存续为条件的,夫妻离婚也就失去了夫妻共同财产存在的基础,因此,离婚时须对夫妻共同财产进行分割。

分割夫妻共同财产应坚持以下原则:

第一,男女平等原则。离婚的男女对于婚姻关系存续期间的夫妻共同财产享有平等的权利,有平等的处理权。

第二,保护妇女、儿童合法权益的原则。分割夫妻共同财产,应当重视妇女对共同财产做出的贡献,注重保护女方利益;应当贯彻儿童利益最大化原则,不得侵害未成年子女利益;应视女方的经济状况和子女的实际需要给予必要的照顾。

第三,照顾无过错一方原则。分割夫妻共同财产时,应当照顾无过错一方,无过错的一方应适当多分,有过错的一方应适当少分。这里的过错是指当事人在违反婚姻义务破坏婚姻关系上的过错。

第四,有利于生产、方便生活的原则。分割夫妻共同财产应有利于生产,不应因离婚分割夫妻共同财产而破坏生产或者影响生产的发展。分割夫妻共同财产应避免损害其效用和价值,应保障生产经营活动的正常进行,应方便男女各自生活需要,做到物尽其用。

第五,尊重当事人意愿的原则。分割夫妻共同财产是离婚男女之间的私事,当事人享有自主决定权,在分割夫妻共同财产上应充分尊重当事人的意愿。夫妻双方就夫妻共同财产的分割达成协议的,应当按协议处理。当事人双方就夫妻共同财产的分割协议不成的,可以请求人民法院作出判决。

(二)分割夫妻共同财产的具体规则

从实务上看,人民法院在判决离婚分割夫妻共同财产上一般遵循以下具体规则:

第一,分割夫妻共同财产,一般应均等分割。但是根据分割夫妻共同财产的原则和财产来源的具体情况,具体分割时双方也可以不均等。

第二,分割夫妻双方共同财产中的股票、债券、投资基金份额等有价证券以及未上市股份有限公司股份时,协商不成或者按照市价分配有困难的,可以根据数量按比例分配。

第三,涉及分割的夫妻共同财产为以一方名义在有限责任公司的出资额,另一方不是该公司股东的,按以下情形分别处理:(1)双方协商一致将出资额部分或者全部转让给该股东的配偶,其他股东过半数同意,并且其他股东明确表示放弃优先购买权的,该股东的配偶可以成为该公司股东;(2)双方就出资额转让份额和转让价格等事项协商一致后,其他股东过半数不同意转让而同意以同等价格购买该出资额的,可以对转让出资额所得进行分割。其他股东半数以上不同意转让,也不愿意以同等价格购买该出资额的,视为其同意转让,该股东的配偶可以成为该公司的股东。

第四,涉及分割的夫妻共同财产为以一方名义在合伙企业中的出资,另一方不是企业合伙人的,双方协商一致将其合伙企业中的财产份额全部或者部分转让给对方时,其他合伙人一致同意的,该配偶依法取得合伙人的地位;其他合伙人不同意转让,也不行使优先受让权的,但是同意该合伙人退伙或者退还部分财产份额的,可以对退还的财产进行分割;其他合伙人既不同意转让,也不行使优先受让权,又不同意该合伙人退伙或者退还部分财产份额的,视为全体合伙人同意转让,该配偶依法取得合伙人地位。

第五,分割的夫妻共同财产为以一方名义设立的独资企业,分割时一方主张经营该企业的,对企业资产进行评估后,由取得企业资产所有权的一方给予另一方相应的补偿;双方均主张经营企业的,在双方竞价基础上,由取得企业资产所有权的一方给予另一方相应补偿;双方都不愿意经营企业的,按照《个人独资企业法》等有关规定办理。

第六,双方对共同财产中的房屋价值及归属无法达成协议的,按照以下情形分别处理:(1)双方均主张房屋所有权并且竞价取得的,应当准许;(2)一方主张房屋的,由评估机构按市场价格对房屋作出评估,取得房屋所有权的一方应当给予另一方相应补偿;(3)双方都不主张房屋所有权,根据当事人的申请拍卖房屋,就所得价款进行分割。

五、离婚时的经济补偿请求权

依据《民法典》第1088条的规定,夫妻一方因抚育子女、照料老年人、协助另一方工作等负担较多义务的,离婚时有权向另一方请求补偿,另一方应当给予补偿。具体办法由双方协议;协议不成的,由人民法院判决。依照这一规定,离婚时一方享有补偿请求权的条件有二:

其一,当事人双方离婚。发生离婚经济补偿请求权的前提条件,是当事人双方离婚。如果当事人双方不离婚,也就谈不上一方对另一方的经济补偿。

其二,一方在家庭生活中负担较多义务。一方享有经济补偿请求权的根本原因是因其在家庭生活中负担了较多义务。所谓负担较多义务,是指在婚姻关系存续期间,在抚育子女、照料老年人、协助另一方工作等方面尽了更多的义务,付出更多时间、体力、精力等。由于一方承担更多的家务劳动,从而为对方取得财产创造了机会和条件,也使自己失去了取得财产的机会和条件。本来夫妻双方应当平等地共同负担抚育子女、照料老年人等家务劳动,因此,为充分肯定家务劳动的价值和夫妻平等负担义务,负担义务较多的一方在离婚时有权请求对方给予经济补偿。

经济补偿请求权的行使时间,是"离婚时"。这里的"离婚时",是指夫妻一方提出离婚诉讼的时间。经济补偿请求权为相对权,具有相对性,离婚的男女一方只能向另一方提出经济补偿的请求,而不能要求其他人给予补偿。

一方给予另一方经济补偿的数额和方法,由离婚当事人双方协商。双方协商不成的,由法院判决。离婚经济补偿的标准应以一方因负担较多义务而失去的利益为标准。

六、离婚时经济帮助请求权

《民法典》第1090条规定:"离婚时,如果一方生活困难,有负担能力的另一方应当给予适当帮助。具体办法由双方协议;协议不成的,由人民法院判决。"依照这一规定,离婚时一方对另一方有经济帮助义务。

所谓一方对另一方的经济帮助义务,是指一方因离婚生活困难时,另一方应当给予适当的经济帮助。这不同于离婚时一方给予另一方的经济补偿,实际上是夫妻间相互扶养义务在离婚后的合理延伸。

离婚时一方给予另一方经济帮助,应具备以下条件:第一,离婚时一方生活困难。生活困难是指一方依靠其个人财产和离婚时分得的财产,无法维持当地基本生活水平。第二,一方的生活困难是于离婚时已经存在,而不是在离婚以后发生的。第三,提供帮助的另一方具有负担能力。如果一方生活困难,而另一方并没有负担能力,也不发生另一方应给予困难方经济帮助的义务。

一方给予经济帮助的具体办法,由双方协议;协议不成的,由人民法院判决。确定一方给予另一方适当经济帮助的义务,应当根据受帮助方的实际需要和具体情况以及提供帮助方的实际负担能力。

七、离婚时夫妻共同债务的清偿

《民法典》第1089条规定:"离婚时,夫妻共同债务应当共同偿还。共同财产不足清偿或者财产归各自所有的,由双方协议清偿;协议不成的,由人民法院判决。"

夫妻共同债务是在婚姻关系存续期间夫妻共同负担的债务,夫妻离婚时自当对共同债务予以偿还。离婚时,首先应当以共同财产偿还共同债务,共同财产不足以偿还的,则应以个人财产偿还;双方没有共同财产的,则全部的共同债务只能以双方的个人财产偿还。离婚时双方可以就不能以共同财产清偿的共同债务签署偿还协议,确定各自承担的数额,但是协议不能损害债权人利益;协议损害债权人利益的,债权人有权撤销其协议。双方协议不成的,由人民法院判决。一般来说,对于夫妻共同债务,离婚的男女为共同债务人,对债务的清偿应负连带责任。

八、离婚时的损害赔偿请求权

离婚损害赔偿是指夫妻一方因法定的不法行为导致离婚,无过错方有权要求过错方赔偿其损害,过错方应予赔偿的制度。

离婚损害赔偿具有以下特点:(1)离婚损害赔偿是因离婚发生的损害赔偿,以当事人双方离婚为前提;(2)离婚损害赔偿是因一方的不法行为造成婚姻关系解除而发生的损害赔偿;(3)离婚损害赔偿既包括物质损害赔偿,也包括精神损害赔偿;(4)离婚损害赔偿是过错方向无过错方承担的赔偿责任,且以过错方有故意或者重大过失为要件。

依据《民法典》第1091条的规定,有下列情形之一,导致离婚的,无过错方有权请求损害赔偿:(1)重婚;(2)与他人同居;(3)实施家庭暴力;(4)虐待、遗弃家庭成员;(4)有其他重大过错。有上述事由时,对离婚没有过错的一方当事人有权请求对离婚负有过错的一方损害赔偿。

享有离婚损害赔偿请求权的当事人一方须于离婚诉讼中同时提出损害赔偿请求。如果享有离婚损害赔偿请求权的一方是离婚诉讼案件中的被告,其不同意离婚也不基于法律规定提出损害赔偿请求的,可以就离婚损害赔偿单独提起诉讼(《婚姻家庭编解释(一)》第88条)。

离婚损害赔偿请求权人行使离婚损害赔偿请求权,不受其分割夫妻共同财产的限制,也不影响其在具备相关条件时请求另一方给予经济补偿、经济帮助。

九、一方侵占夫妻共同财产时的请求权

《民法典》第1092条规定:"夫妻一方隐藏、转移、变卖、毁损、挥霍夫妻共同财产,或者伪造夫妻共同债务企图侵占另一方财产的,在离婚分割夫妻共同财产时,对该方可以少分或者不分。离婚后,另一方发现有上述行为的,可以向人民法院提起诉讼,请求再次分割夫妻共同财产。"

夫妻共同财产为双方共同所有,是双方利益所在,任何一方侵害共同财产的行为也就侵害了对方的利益。一方侵害夫妻共同财产的行为主要有三种类型:一是隐匿夫妻共同财产,如将共同财产私自转移,其目的是自己单独享有该财产;二是擅自处分夫妻共同财产,如擅自变卖、故意挥霍、毁损,旨在获得其他不当利益或者让对方不能行使财产权利;三是伪造夫妻共同债务企图侵占另一方财产。

为维护夫妻双方利益,依法律规定,一方侵害夫妻共同财产的,发生以下法律后果:其一,为防止夫妻一方为离婚而实施侵害共同财产的不法行为,另一方可以向法院申请对夫妻共同财产采取保全措施;其二,在离婚时根据一方侵害共同财产的情况,对其不分或者少分共同财产;其三,在离婚时未发现一方实施侵害夫妻共同财产的不法行为而于离婚后发现的,当事人可以向法院提起诉讼,请求再次分割夫妻共同财产。请求再次分割夫妻共同财产请求权的诉讼时效期间为3年,自发现侵害夫妻共同财产之日起算(《婚姻家庭编解释(一)》第84条)。

第三十五章 收 养

第一节 收养关系的成立

一、收养的概念和特点

收养是指自然人依照法律规定的条件和程序领养他人的子女为自己子女,从而在没有父母子女关系的人之间产生法律拟制的父母子女关系的民事法律行为。

收养关系的当事人为收养人和被收养人,收养人为养父母,被收养人为养子女。养父母与养子女间为拟制血亲关系,具有与自然血亲同等的法律效力。

收养具有以下特点:

第一,收养是民事法律行为。收养虽需经登记机关登记才能发生效力,但是当事人实施收养行为的目的是发生民事法律后果,因此,收养是民事法律行为,而不是公法行为。

第二,收养是身份法律行为。收养以变动身份关系为目的,而不是以变动财产关系为目的,因此,收养是身份法律行为,而不是财产法律行为。

第三,收养是要式法律行为。因为收养是身份法律行为,关系到相关当事人的身份变动以及与此相关的财产权益,收养须当事人的意思表示真实,国家也对收养行为予以必要的监督,因此,收养需采法定形式。依我国法规定,收养行为的成立与解除,不仅需具备法定实质要件,还需履行法定程序,办理收养登记。

第四,收养是特定主体之间实施的民事法律行为。因为收养是身份法律行为,其后果是创设父母子女关系,因此,法律对收养行为的当事人有特别要求,收养行为的主体具有限定性。这主要表现在:(1)收养人与被收养人只能是自然人;(2)收养人、被收养人和送养人需符合法律规定的资格和条件;(3)收养人与被收养人之间不存在直系血亲关系;(4)在婚姻关系存续期间,夫妻双方只能共同作为收养人收养子女,而不能由配偶一方单独作为收养人收养子女。

二、收养关系成立的实质要件

依据《民法典》第1044条的规定,收养应当遵循有利于被收养人的原则,保障被收养人和收养人的合法权益。禁止借收养名义买卖未成年人。

为贯彻收养原则,《民法典》规定了收养关系成立的实质要件,即实体性的必要条件。收养关系成立的实体性必要条件包括:被收养人的条件、送养人的条件、收养人的条件、收养协议以及特别情形下收养的特别规定。

(一)被收养人的条件

依据《民法典》第1093条的规定,下列未成年人,可以被收养:

一是丧失父母的孤儿。丧失父母包括父母双方自然死亡或者被人民法院宣告死亡。丧失父母的儿童被称为孤儿。孤儿不能由父母抚养,由他人收养可以使其重新获得父母的关爱。

二是查找不到生父母的未成年人。所谓查找不到生父母,是指经查找而仍未得知其生父母的信息。这些未成年人是被父母遗弃或者因其他原因与生父母失去联系的,不能得到生父母抚养的儿童,收养会有利于其成长。

三是生父母有特殊困难无力抚养的子女。生父母有特殊困难无力抚养,一般指生父母既无劳动能力又没有生活来源或者有其他特殊困难没有能力抚养子女。生父母虽有抚养子女的义务,但是其有特殊困难已经没有能力履行抚养义务的,其子女被收养有利于被收养人的成长。

(二)送养人的条件

依据《民法典》第1094条的规定,下列个人、组织可以作为送养人:

一是孤儿的监护人。孤儿的监护人对孤儿负有监护职责,为保护孤儿的权益,监护人可以将被监护的孤儿送养,但是,有其他对孤儿负有抚养义务的人时,监护人送养孤儿,应当征得有抚养义务的人的同意。对孤儿负有抚养义务的人包括:有抚养能力的祖父母、外祖父母和兄、姐。有抚养义务的人不同意送养,监护人不愿意继续履行监护职责的,应当按照法律规定,另行确定监护人(《民法典》第1096条)。

二是儿童福利机构。儿童福利机构作为养育孤儿以及查找不能生父母的儿童的机构,也是其养育的未成年人的监护人,可以作为送养人。

三是有特殊困难无力抚养子女的生父母。生父母确实有特殊困难无力抚养子女的,对未成年子女的成长不利,为保护未成年人的利益,有特殊困难无力抚养子女的生父母可以将未成年子女送他人抚养。但是,生父母送养未成年子女的,必须夫妻双方共同送养。只有在生父母一方不明或者查找不到的情况下,才可以单方送养(《民法典》第1097条)。夫妻一方死亡的,另一方送养未成年子女的,死亡一方的父母有优先抚养的权利(《民法典》第1108条)。

四是特殊情况下的未成年人的监护人。在未成年人的父母无完全民事行为能力的情况下,按照法律规定,自应由其他自然人或者组织担任该未成年人的监护人。为维护未成年子女与其父母子女间的权利义务关系,监护人不得将被监护的未成年人送养。但是,在未成年子女的父母可能严重危害该未成年人的情况下,该未成年人的监护人可以将其送养(《民法典》第1095条)。

(三)收养人的条件

依据《民法典》第1098条的规定,收养人应当同时具备以下条件:

第一,无子女或者只有一名子女。这里的子女既包括亲生子女,也包括养子女,但是不包括继子女。有继子女或者有两名以上继子女的,也可以作为收养人。

第二,有抚养、教育和保护被收养人的能力。有抚养、教育和保护被收养人的能力,是可作为收养人的根本条件。这一条件要求:首先,收养人须具备完全民事行为能力;其次,收养人应当具备抚养被收养人的经济能力和身体条件;再次,收养人应当具有教育和保护被收养人的能力,具有良好品质,能让被收养人受到良好的家庭教育,健康成长,免受各种伤害。

第三,未患有医学上认为不应当收养子女的疾病。医学上认为不应当收养子女的疾病,主要是指会危及被收养人健康的恶性传染病以及会危害被收养人人身安全的精神性疾病。

第四,无不利于被收养人健康成长的违法犯罪记录。不利于被收养人健康成长的犯罪,是指对被收养人会造成侵害或者影响被收养人健康成长的犯罪,如暴力犯罪、性犯罪、赌博、吸毒等。

第五,年满30周岁。可见,不满30周岁的人不能作为收养人。

依据《民法典》第1099条的规定,收养三代以内旁系同辈血亲子女的,被收养人不受生父母有特殊困难无力抚养子女的限制;送养人不受有特殊困难无力抚养生子女的限制;无配偶者收养异性子女,不受年龄相差40周岁的限制。华侨收养三代以内旁系同辈血亲子女的,还不受收养子女的人数限制。

(四) 当事人达成收养合意

《民法典》第1104条规定:"收养人收养与送养人送养,应当双方自愿。收养八周岁以上未成年人的,应当征得被收养人的同意。"

收养是身份民事法律行为,收养的成立须收养人与送养人双方意思表示一致,也就是达成收养合意。并且,只有双方当事人的意思表示是真实自愿的,收养合意才能有效。由于收养的结果会导致被收养人的身份变动,与被收养人有直接的利害关系。因此,收养8周岁以上未成年人,应当征得被收养人同意。

二、收养关系成立的形式要件

《民法典》第1105条第1款规定:"收养应当向县级以上人民政府民政部门登记。收养关系自登记之日起成立。"依照这一规定,收养登记是收养关系成立的必要条件和法定程序。

收养登记是国家行政主管机关依规定程序对收养予以登记,既有国家对收养当事人收养合意的确认、认可收养行为的效力,又有公示当事人身份变动的效力。办理收养登记的机关是县级以上人民政府的民政部门。

办理收养登记的程序包括申请、审查和登记三个步骤。

首先,须由当事人亲自到收养登记机关提交收养申请书。夫妻共同收养子女,一方因故不能亲自前往的,应当书面委托另一方办理登记手续,委托书应经村民委员会或者居民委员会证明或者经过公证。收养申请书应当包括收养人的情况,送养人的情况,被收养人的情况,收养目的,收养人作出的履行抚养、教育和保护被收养人的保证。收养人还应向登记机关提交必要的证件和证明材料。

其次,收养登记机关收到收养登记申请书及有关材料后应当自次日起30日内进行审查。收养查找不到生父母的未成年人的,收养登记机关应当在登记公告前查找其生父母。公告期间为60日。

最后,收养机关经审查后,对符合法律规定的收养条件,申请人证件齐全有效的,为当事人办理收养登记,发给收养登记证,收养关系自登记之日起成立;对不符合法律规定的收养条件的,不予登记,并对当事人说明理由。

依据《民法典》第1105条第3款、第4款的规定,收养关系当事人愿意签订收养协议的,可以签订收养协议。收养关系当事人各方或者一方要求办理收养公证的,应当办理收养公证。但是,签订收养协议和办理收养公证并不是收养关系成立的必要条件和必经程序。

依据《民法典》第 1105 条第 5 款的规定,县级以上人民政府民政部门应当依法进行收养评估。收养评估的目的是保障收养符合法律要求,有利于被收养人的健康成长。应当指出,收养评估并不是收养关系成立的程序要件。

第二节 收养的法律效力

一、收养的法律效力的概念

收养的法律效力是指收养关系成立后的法律后果。由于收养有有效收养与无效收养之分,收养的法律后果也就会有有效收养的法律效力与无效收养的法律效力的不同。依据《民法典》第 1113 条的规定,收养行为欠缺民事法律行为有效的法定条件,或者收养行为不符合法律规定的收养条件的,收养行为无效。无效的收养行为自始没有法律效力,不能发生收养的法律后果。这里所说的收养法律效力,仅指有效收养的法律后果,亦即收养关系有效成立后的法律后果。依据《民法典》第 1111 条的规定,收养的法律效力包括拟制效力和解消效力两个方面。

二、收养的拟制效力

收养的拟制效力是收养的主要效力、积极效力,是指有效成立的收养行为依法创设新的亲属身份及其权利义务关系。这主要包括以下两个方面:

(一)收养人与被收养人之间产生拟制的父母子女关系

自收养关系成立时,养父母子女间的法律地位等同于生父母子女间的法律地位,养父母与养子女间的权利义务关系适用法律关于父母与子女间权利义务的规定。如养父母对养子女有抚养、教育和保护的权利义务,养子女对养父母有赡养扶助义务,养父母与养子女间相互有继承遗产的权利。自收养关系成立后,公安机关应当按照有关规定为被收养人办理户口登记(《民法典》第 1106 条);被收养人可以随养父或者养母的姓氏,经当事人协商一致,也可以保留原姓氏。

(二)养子女与养父母的近亲属之间产生拟制的血亲关系

自收养关系成立时起,养子女与养父母的近亲属之间产生拟制效力,取得相应的亲属身份,相互间的权利义务关系适用法律关于子女与父母的近亲属间的权利义务的规定。如养子女与养父母的父母之间发生祖父母与孙子女间的权利义务,养子女与养父母的子女之间发生兄弟姐妹权利义务关系,养父母对于养子女所出的晚辈直系血亲发生祖父母与孙子女间的权利义务关系。

三、收养的解消效力

收养的解消效力为收养的消极效力,是指收养关系成立后依法产生的消灭养子女原有的亲属身份及其权利义务关系的效力。依据《民法典》第 1111 条第 2 款的规定,养子女与生父母及其他近亲属间的权利义务关系,因收养关系的成立而消除。可见,收养的解消效力不仅发生在养子女与生父母之间,还发生在养子女与生父母以外的其他亲属之间。

(一) 养子女与生父母间的权利义务关系消灭

收养关系成立后,养子女与生父母间的权利义务关系消除。养子女在法律上不再为生父母的子女,与生父母间仅有血缘上的联系。

(二) 养子女与生父母以外的其他近亲属的权利义务关系消灭

收养关系成立后,养子女与生父母以外的其他近亲属间的权利义务关系,亦消除。例如,养子女与生父母的父母不再有祖孙间的权利义务关系,养子女与生父母的其他子女不再有兄弟姐妹间的权利义务关系。

第三节 收养关系的解除

一、收养关系解除的概念

收养关系解除是指在收养关系成立后,因发生一定的法定事由,不能维持养父母养子女间的权利义务关系,通过法定程序消灭养父母养子女间权利义务关系。

收养为民事法律行为,一经依法成立即在当事人间发生法律效力,任何人不得随意解除收养关系。但是,当事人不得随意解除收养关系并非收养关系不得解除。收养关系成立后,一经出现可以解除收养关系的法定事由,当事人就可以通过法定程序解除收养关系,以终止因收养产生的权利义务关系。

二、收养关系解除的法定事由

(一) 养子女未成年时解除收养关系的事由

依据《民法典》第 1114 条的规定,收养人在被收养人成年以前,不得解除收养关系,但是收养人、送养人双方协议解除的除外。养子女 8 周岁以上的,应当征得本人同意。收养人不履行抚养义务,有虐待、遗弃等侵害未成年养子女合法权益行为的,送养人有权要求解除养父母与养子女间的收养关系。送养人、收养人不能达成解除收养关系协议的,可以向人民法院提起诉讼。依照这一规定,养子女未成年时解除收养关系的法定事由有二:

一是收养人与送养人协议解除收养关系。协议解除收养关系,须具备两个条件:第一,收养人与送养人解除收养关系的意思表示一致,且真实有效。收养关系成立后,收养人与送养人不得擅自解除收养关系。但是,收养人与送养人一方提出解除收养关系,另一方同意,即双方达成协议的,可以解除收养关系。因为双方达成协议,也就会对被收养的未成年人的抚养、教育和保护作出适当安排。第二,征得 8 周岁以上的被收养人同意。基于儿童利益最大化原则,送养人与收养人协议解除收养关系,须考虑被收养人的愿意。因此,被收养人满 8 周岁的,收送人与送养人解除收养关系,应当征得被收养人的同意。被收养人不同意解除收养关系的,收养人与送养人不能通过协议解除收养关系。

二是收养人不履行抚养养子女的义务。收养人不尽抚养义务,对养子女实施虐待、遗弃等侵害行为,对未成年养子女的健康成长不利,从根本上违背了收养的目的。因此,于此情况下,送养人有权解除养父母与养子女间的收养关系,收养人不同意解除的,送养人可以向人民法院提起诉讼,请求法院解除收养关系。

(二)养子女成年时解除收养关系的事由

《民法典》第1115条规定:"养父母与成年养子女关系恶化、无法共同生活的,可以协议解除收养关系。不能达成协议的,可以向人民法院提起诉讼。"依照这一规定,养子女已成年的,养父母与养子女解除收养关系的事由,是双方关系恶化、无法共同生活。出现这一事由时,双方可以协议解除。双方达不成协议的,任何一方都可以提起诉讼,请求法院解除收养关系。

三、收养关系解除的程序

(一)协议解除收养关系的程序

《民法典》第1116条规定:"当事人协议解除收养关系的,应当到民政部门办理解除收养关系登记。"依照这一规定,协议解除收养关系的应经解除收养关系登记程序方能生效。这要求双方达成解除收养关系协议后,应持有关证件到收养登记机关办理解除收养关系登记。登记机关受理解除收养关系登记申请后,应自次日起30日内对申请书及有关材料进行审查,对符合法律规定的,为当事人办理解除收养关系登记,收回收养登记证,发给解除收养关系证明。收养关系自办理解除收养关系登记时消灭。

(二)诉讼解除收养关系的程序

诉讼解除收养关系的,由当事人依法向人民法院提起诉讼,请求解除收养关系。人民法院受理当事人的诉讼请求后,一般应先进行调解。经调解双方达成协议的,应当制作调解书。经调解达不成协议的,根据查明的事实,按照最有利于被收养人和保障收养人及送养人合法权益的原则,依法作出准予或者不准予解除收养关系的判决。经人民法院调解或者判决解除收养关系的,自调解书或者判决书生效之日起,收养关系消灭。

四、收养关系解除后的法律后果

(一)收养关系解除在身份关系方面的法律后果

依据《民法典》第1117条的规定,收养关系解除在身份关系方面发生以下后果:

第一,养子女与养父母及其他近亲属间的权利义务关系消除。收养关系成立,养父母与养子女间产生拟制血亲关系。收养关系解除,养父母与养子女间的拟制血亲关系也就不存在,基于这一拟制血亲关系发生的其他亲属身份关系也就都随之消除。

第二,未成年的养子女与生父母间及其他亲属间的权利义务关系自行恢复。收养关系解除后,自然血亲间的权利义务关系也就自行恢复。但是,成年养子女与生父母及其他近亲属间的权利义务关系是否恢复,由双方协商确定。因为养子女已经成年,没有必要自行恢复其与生父母及其他近亲属间的权利义务关系,因此,解除收养关系后,双方协商恢复父母子女及其他近亲属权利义务关系的,双方恢复父母及其他近亲属间的权利义务关系;双方没有达成恢复协议的,解除收养关系的成年养子女与生父母及其他近亲属的权利义务关系不能恢复。

(二)收养关系解除在财产关系方面的法律后果

依据《民法典》第1118条的规定,收养关系解除后,在财产关系方面发生以下后果:

其一,成年养子女给付养父母生活费的义务。收养关系解除后,经养父母抚养的成年养子女对缺乏劳动能力又缺乏生活来源的养父母应当给付生活费。给付生活费的标准,一般不应低于当地居民的一般生活水平的标准。

其二,养父母要求养子女补偿抚养费的权利。因养子女成年后虐待、遗弃养父母而解除收养关系的,养父母可以要求养子女补偿在收养期间其支出的抚养费,养子女负有支付相应的抚养费的义务。

其三,养父母要求生父母补偿抚养费的权利。生父母要求解除收养关系的,养父母可以要求生父母适当补偿收养期间支出的抚养费。但是,因养父母虐待、遗弃养子女而生父母要求解除收养关系的,养父母无权要求生父母补偿收养期间支出的抚养费。

第七编 继 承

第三十六章 继承概述

第一节 继承的概念与分类

一、继承的概念和特点

继承是指在自然人死亡时,其法律规定范围内的近亲属,按照死者生前所立的有效遗嘱或者法律的规定,依法取得死者所遗留的个人合法财产的法律制度。在继承中,死亡的自然人称为被继承人,被继承人遗留的财产称为遗产,依法承接被继承人遗产的人称为继承人。

继承具有如下特点:

第一,继承基于自然人的死亡而发生。在现代民法上,继承只能从自然人死亡(包括生理死亡和宣告死亡)时开始。自然人死亡时,就不再具有民事权利能力,不能再作为民事主体。只有因自然人死亡而发生的财产转移才能引发继承问题,非因自然人死亡而发生的财产转移不属于继承问题。因此,没有自然人死亡的法律事实,就不会发生继承。

第二,继承人是死者一定范围内的亲属。在我国,法律规定的继承人只能是自然人,且只能是死者的亲属。国家、集体以及其他组织等都不能作为继承人,而只能作为受遗赠人。

第三,继承的客体是死者遗留的个人合法财产。遗产是自然人死亡时遗留的能够转移给他人所有的个人合法财产。因此,继承的客体只能是自然人死亡时所遗留的个人合法财产,死者的人身权利以及其他专属于死者的财产不能作为遗产由继承人继承。同时,他人的财产、国家或者集体的财产都不能作为继承的客体。

二、继承的分类

(一)法定继承与遗嘱继承

根据继承人继承遗产的方式不同,继承可以分为法定继承和遗嘱继承。

法定继承是指继承人依据法律所规定的继承人范围、继承顺序、继承份额以及遗产分配原则等继承被继承人遗产的继承方式。在法定继承中,有关继承的事项都是由法律直接规定的,而且这些规定都是强制性的,除可以依照被继承人生前所立的有效遗嘱而改变外,任何人都不得改变。当然,被继承人通过遗嘱改变法律规定的继承事项也不是没有任何限制,如遗嘱应当为缺乏劳动能力又没有生活来源的继承人保留必要的遗产份额。

遗嘱继承是指继承人依据被继承人的有效遗嘱所确定的继承人范围、继承份额、遗产分配原则等继承被继承人遗产的继承方式。在遗嘱继承中,有关继承的事项是依照被继承人的意思而确定的,不受法定继承顺序、继承份额等法定事项的限制,充分体现了遗嘱自由原则。在我国继承法中,遗嘱继承具有优先于法定继承的适用效力。因此,在继承开始后,有遗嘱的,应当先按照遗嘱继承办理。只有在不能按照遗嘱继承办理时,才能按照法定继承办理。

(二) 本位继承与代位继承

根据继承人参与继承时的法律地位,继承可以分为本位继承与代位继承。

本位继承是指继承人基于自己的继承地位而发生的继承。例如,子女继承父母的遗产、妻子继承丈夫的遗产等。在法定继承中,继承人根据自己的继承顺序、应继份额所进行的继承,为本位继承;继承人依据有效遗嘱所进行的继承,亦为本位继承。

代位继承是指本位继承人不能直接继承遗产时,由法律规定范围的人代替其地位所进行的继承。例如,在被继承人的子女先于被继承人死亡时,被继承人的子女的直系晚辈血亲有权代替先死亡的人继承遗产;在被继承人的兄弟姐妹先于被继承人死亡时,被继承人的兄弟姐妹的子女有权代替先死亡的人继承遗产。代位继承的发生条件是由法律直接规定的,因此,代位继承只存在于法定继承之中,遗嘱继承不适用代位继承。

(三) 限定继承与无限继承

根据继承人清偿被继承人的债务范围的不同,继承可分为限定继承与无限继承。

限定继承是指继承人仅于遗产的实际价值范围内清偿被继承人债务的继承。在限定继承中,继承人对于被继承人的债务,仅于其取得的遗产实际价值范围内承担清偿责任,超出遗产实际价值的债务,继承人不负清偿责任。在现代民法上,限定继承是一般规则。

无限继承是指继承人应当对被继承人的全部债务承担清偿责任的继承。在无限继承中,即使被继承人的债务超出了继承人取得遗产的实际价值,对于超出部分,继承人仍需承担清偿责任。在我国民法上,原则上适用限定继承,但是也不禁止继承人自愿清偿超过遗产实际价值部分的被继承人的债务。

第二节 继 承 权

一、继承权的概念和特点

(一) 继承权的概念

继承权是指继承人依据法律的规定或者被继承人的有效遗嘱所享有的继承被继承人遗产的权利。在继承法上,继承权在不同的场合具有不同的含义。概括起来,继承权有客观意义上的继承权和主观意义上的继承权之分。

客观意义上的继承权是继承开始前继承人的法律地位,是自然人依据法律的规定或者遗嘱的指定继承被继承人遗产的资格。可见,客观意义上的继承权就是继承人所具有的继承遗产的一种权利能力,是法律直接赋予的。因此,客观意义上的继承权仅为继承人本人所专有,不得转让、放弃,非因法定的事由也不得剥夺。

主观意义上的继承权是继承人在继承法律关系中实际享有的继承被继承人遗产的具体权利。可见，主观意义上的继承权只有在继承人参与继承法律关系时才能享有。客观意义上的继承权转化为主观意义上的继承权须具备如下三个条件：一是被继承人死亡，二是被继承人留有遗产，三是继承人未丧失继承权。

（二）继承权的特点

概括地说，继承权具有如下特点：

第一，继承权是与一定身份相联系的民事权利。继承法律关系的产生基础在于，被继承人与继承人之间存在一定的身份关系，因此，继承权只发生在具有婚姻、家庭、血缘等特定亲属关系的自然人之间，继承人只能是自然人。

第二，继承权是一种财产权。尽管继承权与一定身份相联系，但是继承权不是身份权，其内容是继承人于继承开始后取得被继承人的遗产。因此，继承权为财产权，其客体为遗产，而不包括其他身份权益。

第三，继承权具有专属性。无论是客观意义上的继承权，还是主观意义上的继承权，其都是专属于继承人的权利，不得转让。因此，继承权具有专属性。

二、继承权的接受和放弃

（一）继承权的接受

继承权的接受是指在继承开始后，继承人作出的同意继承被继承人遗产的意思表示。继承权的接受是继承人参与继承法律关系，行使继承权，取得被继承人遗产的条件。由于继承人自被继承人死亡时，即取得主观意义上的继承权，因此，继承权的接受仅是对既已取得的继承权予以维持，发生当然继承的后果。

关于继承权的接受，须明确以下几点：

第一，继承权的接受以继承开始后继承人享有继承权为前提。如果继承人不享有继承权，就不涉及继承权的接受问题。例如，继承人丧失继承权的，就不发生继承权的接受。即使丧失继承权的人表示接受继承权，也不产生法律效力。

第二，继承权的接受是继承人实施的单方民事法律行为。继承人是否接受继承，完全是继承人单方意志的结果，无需征得其他人的同意。因此，只要继承人作出接受继承权的意思表示，即发生相应的法律效力。

第三，继承权的接受可以采取明示或者默示的方式。继承人采取书面或者口头等明示方式表示接受继承权的，产生继承权接受的后果。但是，依据《民法典》第1124条的规定，如果继承人没有作出放弃继承权的明示意思表示，即视为接受继承权。

第四，继承权的接受不得附条件或者附期限。继承权的接受附条件或者附期限，将会使继承法律关系处于不确定的状态，从而影响其他继承人、受遗赠人以及相关利害关系人的利益。因此，从性质上说，继承权的接受属于不得附条件或者附期限的民事法律行为。

第五，继承权不得部分接受。继承权的客体是遗产，而遗产并非某项单一的财产，因此，继承人只能概括地接受继承权，不能部分接受。

（二）继承权的放弃

继承权的放弃是指继承人在继承开始后、遗产分割前作出的放弃继承被继承人遗产的

权利之意思表示。关于继承权的放弃,须明确以下几点:

第一,继承权放弃的表示只能在继承开始后、遗产处理前作出。继承开始前,继承人只享有客观意义上的继承权,即继承权只是法律赋予的一种资格,而法律资格是不能放弃的。因此,即使继承人于继承开始前作出了放弃继承权的表示,其表示也是无效的。继承开始后,继承人享有主观意义上的继承权,这是继承人所享有的具体民事权利,权利人当然有权放弃。但是,继承人也只能在遗产处理前作出放弃继承权的表示。这里的遗产处理前,应理解为遗产分割前。依据《最高人民法院关于适用〈中华人民共和国民法典〉继承编的解释》(以下简称《继承编解释(一)》)第 35 条的规定,在遗产分割后,继承人表示放弃的不再是继承权,而是所有权。

第二,继承权的放弃是继承人实施的单方民事法律行为。继承权的放弃是继承人拒绝取得利益的行为,仅需要继承人单方的意思表示即可以发生法律效力,无需征得其他人的同意。因此,继承权的放弃是单方民事法律行为。这种单方民事法律行为属于有相对人的单方行为,继承人放弃继承权应当以书面形式向遗产管理人或者其他继承人表示(《继承编解释(一)》第 33 条)。放弃继承权的行为原则上不得撤销。继承人在遗产处理前或者在诉讼进行中对放弃继承反悔的,人民法院应当根据其提出的具体理由,决定是否承认。但是遗产处理后,继承人对放弃继承反悔的,不予承认(《继承编解释(一)》第 36 条)。

第三,继承权的放弃应当采取明示的方式。依据《民法典》第 1124 条第 1 款规定,这种明示的方式应为书面形式。继承人采取口头形式放弃继承权的,在特殊条件下也为有效。例如,在诉讼中,继承人向人民法院以口头方式表示放弃继承权的,要制作笔录,由放弃继承权的继承人签名后,发生放弃的效力(《继承编解释(一)》第 34 条)。

第四,继承权的放弃不得附条件或者附期限,也不得为部分放弃。如同继承权的接受不得附条件或者附期限一样,若继承权的放弃附条件或者附期限,亦会使继承法律关系处于不确定的状态,从而影响其他继承人、受遗赠人以及相关利害关系人的利益。同时,继承权的放弃具有不可分性,因此,继承权的放弃应及于继承权的全部,而不能仅放弃部分继承权,这与继承人不得部分接受继承权是一个问题的两个方面。

第五,继承权的放弃不得损害法定义务的履行。继承人放弃继承权虽然是对自己权利的一种处分,但是继承权的放弃也是有限制的。如果继承人因放弃继承权致其不能履行法定义务,则放弃继承权的行为无效(《继承编解释(一)》第 32 条)。例如,继承人因放弃继承权致使不能履行赡养、抚养、扶养义务等法定义务的,其放弃行为无效。

第六,继承权的放弃溯及继承开始发生效力。继承人只能在继承开始后,才能作出放弃继承权的意思表示,但是该意思表示的效力应追溯到继承开始的时间(《继承编解释(一)》第 37 条)。因此,放弃继承权的继承人,自继承开始就不为继承,退出继承法律关系。放弃继承权的继承人不享有取得被继承人遗产的权利,也不承担清偿被继承人生前债务的义务。

三、继承权的丧失

(一)继承权的丧失的概念

继承权的丧失又称为继承权的剥夺,是指依据法律的规定在发生法定事由时取消继承人继承被继承人遗产的资格。

继承权的丧失与继承权的放弃都产生继承人不能取得遗产的后果,但是两者在性质上是不同的:第一,继承权的丧失是客观意义上继承权的丧失,即继承人的继承资格被依法取消,主观意义上的继承权不能丧失;而继承权的放弃是主观意义上的继承权的放弃,客观意义上的继承权不能放弃。因此,只有未丧失继承权的人才有权放弃继承权。第二,继承权的丧失是依照法律规定的事由取消继承人的继承资格,并不是由继承人主观意愿所决定的;而继承权的放弃是继承人基于自己的意愿作出的意思表示,且不需要任何事由。第三,继承权的丧失可以发生在继承开始前,也可以发生在继承开始后;而继承权的放弃只能发生在继承开始后,继承开始前的放弃是无效的。

(二)继承权丧失的法定事由

依据《民法典》第1125条的规定,继承人有下列行为之一的,丧失继承权:

1. 继承人故意杀害被继承人

继承人故意杀害被继承人,直接危害到被继承人的人身安全,是一种最严重的犯罪行为。因此,无论是出于何种动机故意杀害被继承人,也不论是既遂还是未遂,继承人都应当丧失继承权(《继承编解释(一)》第7条),不以谋夺遗产为必要。应当指出,这里的故意杀害,仅限于以剥夺生命为目的的违法行为。因此,非以剥夺生命为目的的故意伤害行为即使致人死亡,也不构成丧失继承权的事由。

2. 继承人为争夺遗产而杀害其他继承人

继承人杀害其他继承人而丧失继承权,必须具有争夺遗产的主观目的,非以争夺遗产为目的的杀害不包括在内。这里的杀害也应当是故意杀害。只要继承人以争夺遗产为目的而杀害其他继承人,无论是既遂还是未遂,均应丧失继承权。在这个事由中,被杀害的继承人既包括法定继承人,也包括遗嘱继承人;既包括第一顺序法定继承人,也包括第二顺序法定继承人。因此,只要是继承人出于争夺遗产的目的而杀害同顺序法定继承人、前顺序法定继承人、后顺序法定继承人,或者杀害遗嘱继承人,都将会丧失继承权。

3. 遗弃被继承人,或者虐待被继承人情节严重

遗弃被继承人是指继承人对没有劳动能力又没有生活来源和独立生活能力的被继承人拒不履行扶养义务。继承人对于有独立生活能力、独立劳动能力的被继承人未尽抚养、扶养、赡养义务的,或者继承人本人也没有独立的劳动能力或者生活能力,无法承担相应的法定义务的,则不能被认为是遗弃。遗弃本身就是性质恶劣的行为,不需要达到情节严重的程度才丧失继承权。

虐待被继承人是指继承人在被继承人生前经常对其进行肉体折磨或者精神摧残。虐待被继承人,只有达到情节严重的程度才丧失继承权。何谓情节严重,可以从实施虐待行为的时间、手段、后果和社会影响等方面来认定。一旦虐待行为达到情节严重的程度,不论是否追究刑事责任,均应确认行为人丧失继承权(《继承编解释(一)》第6条)。

4. 伪造、篡改、隐匿或者销毁遗嘱,情节严重

伪造遗嘱是指继承人以被继承人的名义制作假遗嘱;篡改遗嘱是指继承人改变被继承人所立遗嘱的内容;隐匿遗嘱是指继承人持有被继承人的遗嘱,却不向其他继承人公布;销毁遗嘱是指继承人将被继承人所立遗嘱完全破坏、毁灭。上述四种行为须是继承人的故意行为,若过失为之,不构成丧失继承权的事由。同时,继承人伪造、篡改、隐匿或者销毁遗

嘱,只有达到情节严重的程度,才能丧失继承权。继承人伪造、篡改、隐匿或者销毁遗嘱,侵害了缺乏劳动能力又没有生活来源的继承人的利益,并造成其生活困难的,就可以认定其行为情节严重(《继承编解释(一)》第9条)。

5. 以欺诈、胁迫手段迫使或者妨碍被继承人设立、变更或者撤回遗嘱,情节严重

欺诈是指继承人故意隐瞒真实情况或者故意告知虚假情况,诱使或者妨碍被继承人设立、变更或者撤回遗嘱;胁迫是指继承人通过威胁、恐吓等手段使被继承人产生恐惧从而迫使或者妨碍被继承人设立、变更或者撤回遗嘱。以欺诈、胁迫手段迫使或者妨碍被继承人设立、变更或者撤回遗嘱,违背了被继承人的真实意思,情节严重的,应认定丧失继承权。至于情节是否严重,应当根据实际情况加以判断。

(三) 继承权丧失的种类

根据继承权丧失后能否得以恢复,继承权丧失可以分为绝对丧失和相对丧失。

1. 继承权的绝对丧失

继承权的绝对丧失又称终局丧失,是指发生某种丧失继承权的法定事由时,该继承人的继承权终局丧失,任何情形下也不再恢复其对特定被继承人的继承权。依据《民法典》第1125条的规定,在以下两种情形下,继承权绝对丧失:一是故意杀害被继承人,二是为争夺遗产而杀害其他继承人。

继承人有绝对丧失继承权的行为,而被继承人以遗嘱将遗产指定由该继承人继承的,可以确认遗嘱无效,并确认该继承人丧失继承权(《继承编解释(一)》第8条)。

2. 继承权的相对丧失

继承权的相对丧失又称为非终局丧失,是指虽发生某种法定事由致继承人的继承权丧失,但是在被继承人表示宽恕时,继承人的继承权也可不最终丧失。依据《民法典》第1125条的规定,以下三种事由为继承权相对丧失的法定事由:一是遗弃被继承人,或者虐待被继承人情节严重;二是伪造、篡改、隐匿或者销毁遗嘱,情节严重;三是以欺诈、胁迫手段迫使或者妨碍被继承人设立、变更或者撤回遗嘱,情节严重。继承人因上述三种情形而丧失继承权的,若同时具备如下两个条件,则继承权可以得到恢复:(1) 继承人确有悔改表现。所谓继承人确有悔改表现,是指继承人在实施上述三种行为后,从内心认识自己的错误并积极主动地改正自己的错误行为。例如,对遗弃的被继承人开始履行赡养、抚养、扶养义务,将隐匿的遗嘱主动交出等。(2) 被继承人有恢复继承权的表示。被继承人可以通过两种行为表示恢复继承人的继承权:其一,被继承人生前表示宽恕,即被继承人原谅了继承人所实施的错误行为。这种原谅可以通过书面方式作出,也可以通过口头方式作出。至于表示的对象,可以是其他继承人,也可以是其他人如遗产管理人等。其二,被继承人事后在遗嘱中将丧失继承权的继承人列为遗嘱继承人。在这种情况下,可以认定被继承人有恢复继承权的表示。

(四) 继承权丧失的效力

继承权丧失的效力,主要有时间效力和对人的效力两个方面。

1. 继承权丧失的时间效力

继承权的丧失只能是继承资格的丧失,因而不论继承权丧失的事由发生于继承开始前还是继承开始后,继承权丧失的效力都自继承开始时发生。我国法律没有明文规定继承权丧失自何时起发生法律效力,但是司法实践认可继承权丧失自继承开始时发生法律效力。

2. 继承权丧失对人的效力

继承权丧失对人的效力,主要表现在如下三个方面:

(1)继承权丧失对其他被继承人的效力。继承权的丧失只是继承人对特定被继承人的遗产的继承权的丧失,只对该特定被继承人发生法律效力,对继承人的其他被继承人并不发生效力,即继承人仍然有权继承其他被继承人的遗产。例如,甲的儿子乙故意杀害其父亲甲,乙应丧失对甲的遗产的继承权。但是,乙对母亲的继承权并不因此而丧失。

(2)对代位继承的效力。在被继承人的子女先于被继承人死亡的情况下,若被继承人的子女丧失继承权的,被继承人的子女的直系晚辈血亲不得代位继承(《继承编解释(一)》第17条)。同理,在被继承人的兄弟姐妹先于被继承人死亡的情况下,若被继承人的兄弟姐妹丧失继承权的,则被继承人的兄弟姐妹的子女亦不得代位继承。

(3)继承权的丧失对取得遗产的第三人的效力。在继承权丧失后,继承人将取得的遗产转让给第三人的,第三人是否负有返还财产的责任,应视第三人是否为善意而定。如果第三人是善意有偿取得,则无需返还取得的财产;如果第三人为恶意,或者虽为善意但是无偿取得,则应返还取得的财产。

(五)继承权丧失的确认

关于继承权丧失的确认,有两种立法例:一是自然失权主义,即只要发生法律规定的继承权丧失事由,继承人的继承权就当然丧失,无需经过任何程序宣告;二是宣告失权主义,即继承权的丧失需要采用一定的形式或者须经过司法程序确认。在我国,《民法典》没有规定采取何种立法例,但是司法实践认为应采自然失权主义,即不需要特别的法定程序,就当然地丧失继承权。只是在遗产继承中,继承人之间因是否丧失继承权发生纠纷,起诉到人民法院的,人民法院应当依据《民法典》第1125条的规定,判决确认其是否丧失继承权(《继承编解释(一)》第5条)。

第三节 继承的开始

一、继承开始的时间

继承开始是指继承法律关系的发生。因此,继承开始的时间就是引起继承法律关系产生的法律事实出现的时间。能够引起继承法律关系产生的法律事实只能是自然人的死亡。因此,继承开始的时间就是被继承人死亡的时间(《民法典》第1121条第1款)。这里的被继承人死亡,包括自然死亡和宣告死亡。

在难以确定被继承人死亡时间的情况下,应当适用死亡推定规则。依据《民法典》第1121条第2款的规定,相互有继承关系的数人在同一事件中死亡,难以确定死亡时间的,推定没有其他继承人的人先死亡。都有其他继承人,辈分不同的,推定长辈先死亡;辈分相同的,推定同时死亡,相互不发生继承关系。例如,甲、乙、丙三人具有近亲属关系,其中甲、乙是兄弟关系,而甲、丙是父子关系。三人在一次车祸中均死亡,但是无法确定死亡时间。如果甲、乙、丙三人都有其他继承人,则因为甲、乙为长辈,故应当推定甲、乙先于丙死亡;甲、乙因为辈分相同,应推定两人同时死亡,彼此不能继承对方的遗产。

二、继承开始的通知

继承开始后,有的继承人可能不知道继承开始的事实。因此,应当为继承开始的通知,将被继承人死亡的事实通知继承人和遗嘱执行人,以便及时处理有关继承问题。对此,《民法典》第1150条规定:"继承开始后,知道被继承人死亡的继承人应当及时通知其他继承人和遗嘱执行人。继承人中无人知道被继承人死亡或者知道被继承人死亡而不能通知的,由被继承人生前所在单位或者住所地的居民委员会、村民委员会负责通知。"依照该规定,负有通知义务的第一义务人是知道被继承人死亡的继承人,第二义务人是被继承人生前所在单位或者住所地的居民委员会、村民委员会。被继承人生前所在单位或者住所地的居民委员会、村民委员会担任通知人的,只适用于继承人中无人知道被继承人死亡或者知道被继承人死亡而不能通知的情形。

关于继承开始通知的方式,《民法典》没有明确规定,具体可以采取口头形式、书面形式、公告形式等。通知义务人没有履行义务导致相关当事人损害的,应当依法承担赔偿责任。

三、继承开始的地点

继承开始的地点是指继承人参与继承法律关系、行使继承权、接受遗产的场所。继承开始的地点是决定诉讼管辖法院的准据点,是决定财产价值评估的标准地,所以,正确确定继承开始的地点具有重要意义。

《民法典》没有规定继承开始的地点。但是,《民事诉讼法》对继承遗产纠纷所引发的诉讼的管辖地作了专门规定,该法第34条第3项规定:"因继承遗产纠纷提起的诉讼,由被继承人死亡时住所地或者主要遗产所在地人民法院管辖。"这实质上确认了继承开始的地点为被继承人死亡时的住所地和主要遗产所在地。

以被继承人死亡时的住所地和主要遗产所在地为继承开始的地点,符合我国的国情。以被继承人死亡时的住所地和主要遗产所在地为继承开始的地点,更能充分保障继承纠纷在最有利于查清案情、最有利于保护各方当事人的地方得到解决。

第四节 遗 产

一、遗产的概念和特点

遗产是继承法律关系的客体,是继承人享有的继承权的标的。依据《民法典》第1122条的规定,遗产是自然人死亡时遗留的个人合法财产。可见,遗产具有如下特征:

第一,时间上的特定性。被继承人死亡的时间是划定遗产的特定时间界限。被继承人生前所有的一切财产都属于其个人,不构成遗产,不发生继承;只有自然人死亡时,其所遗留的财产才能转变为遗产。例如,甲生前拥有一栋别墅,但是在甲死亡前,甲将别墅出卖给乙,则该别墅就不再是甲的遗产。

第二,内容上的财产性。现代民法上的继承是财产继承,遗产只能是自然人死亡时遗留的财产,人身权益不能成为遗产。因此,遗产具有财产性。

第三,范围上的限定性。在继承开始时,被继承人遗留的哪些财产可以由遗产继承,是由法律直接规定的。根据《民法典》的规定，只有自然人死亡时遗留的个人财产，并且须为依据法律规定能够转移给他人所有的财产，才能由继承人继承。依照法律规定或者根据其性质不得继承的遗产，不得继承。所以，遗产在范围上具有限定性。

第四，性质上的合法性。在民法上，只有合法财产才具有可转让性，因此，遗产也须具有合法性。被继承人非法取得的财产，不能作为遗产由继承人继承。可见，自然人死亡时遗留下的财产可为遗产的，必须是依法可以由自然人拥有的，并且是被继承人有合法取得根据的财产。

二、遗产的范围

关于遗产的范围，《民法典》第1122条没有予以列举，仅作出概括规定。依照该条规定，遗产是自然人死亡时遗留的个人合法财产。但是，依照法律规定或者根据其性质不得继承的遗产，不得继承。一般而言，自然人的物权、债权、投资性财产权利、知识产权中的财产权利以及其他合法财产都属于遗产的范围。

依照我国法律规定或者根据其性质不得继承的财产主要包括如下几类：

第一，法律规定不得继承的财产。例如，依据《民法典》第369条的规定，居住权不得继承。因此，居住权尽管是用益物权，但是居住权人死亡时，其继承人不得继承。

第二，与被继承人的人身有关的具有专属性的财产权利。与被继承人的人身有关的具有专属性的财产权利不具有可让与性，因而不能由继承人继承。这类权利主要包括：以特定身份为基础的财产权利，如子女对父母的抚养费请求权、父母对子女的赡养费请求权、夫妻间的扶养费请求权等；以特别信任关系为前提的财产权利，如因雇佣或者委托合同发生的财产权利。

第三，自然资源利用权。自然资源利用权是指自然人、法人或者非法人组织占有、使用除土地与海域以外的国有自然资源的权利，如取水权、探矿权、采矿权、捕捞权、养殖权等。虽然自然资源利用权为财产权利，但是这些权利不能作为继承的客体。因为自然资源利用权只能由特定人享有，不得随意转让。在享有自然资源利用权的自然人死亡后，继承人必须经重新申请并经主管部门批准，才能取得自然资源利用权。

第四，宅基地、自留山、自留地的使用权。这些权利都具有一定的福利色彩，只能由特定的集体成员享有，具有一定的专属性质，所以，宅基地、自留山、自留地的使用权不可以转让，自然也不能被继承。

第五，土地承包经营权。土地承包经营权是一种用益物权，但是这种用益物权以承包人的特定身份为存在前提。同时，土地承包经营权是以户的名义进行承包而取得的，因此，不论是户主死亡还是家庭成员死亡，只要户还存在，就不发生土地承包经营权的继承问题。虽然土地承包经营权不能继承，但是承包收益是可以继承的。如果承包人死亡时尚未取得承包收益，可以将死者生前对承包所投入的资金和所付出的劳动及其增值和孳息，由发包单位或者接续承包合同的人合理折价、补偿，其价额作为遗产（《继承编解释（一）》第2条）。

应当指出，在农地"三权分置"下，土地经营权已经不再以特定身份关系为产生前提，属于纯粹的财产权利，因此，其可以作为遗产，由继承人继承。这里的土地经营权，既包括家庭承包中土地承包经营权人通过出租、入股或者其他方式向他人流转的土地经营权，也包括通过招标、拍卖、公开协商等方式取得的农村土地（荒山、荒沟、荒丘、荒滩）的土地经营权。

第三十七章 法定继承

第一节 法定继承概述

一、法定继承的概念和特点

法定继承是指根据法律直接规定的继承人范围、继承顺序、继承份额以及遗产分配原则等继承被继承人遗产的法律制度。

法定继承具有以下特点：

第一，法定继承基于一定的身份关系产生。在法定继承中，法律规定法定继承人的依据一般是继承人与被继承人之间的亲属关系。也就是说，法定继承人一般都是与被继承人有亲属关系的人。亲属关系是一种身份关系，故法定继承具有以身份关系为基础的特征。当然，在我国民法上，法定继承也可以基于扶养关系而产生。例如，丧偶儿媳对公婆、丧偶女婿对岳父母尽了主要赡养义务的，有权以第一顺序法定继承人的身份继承公婆、岳父母的遗产。这种法定继承产生的依据，就是扶养关系。

第二，法定继承是遗嘱继承的补充。在继承法上，法定继承与遗嘱继承是并行的两种继承方式。但是遗嘱继承是基于遗嘱而发生的，而遗嘱体现了被继承人的生前意愿，遗嘱继承因而取得优先于法定继承的效力。在继承开始后，被继承人立有合法有效遗嘱的，应首先适用遗嘱继承；在不能发生遗嘱继承时，才能适用法定继承。因此，法定继承具有补充遗嘱继承的特征。

第三，法定继承是对遗嘱继承的限制。遗嘱继承虽然直接体现了被继承人的意愿，但是也不能违反法律的限制。例如，遗嘱继承人只能限于法定继承人范围以内的人，遗嘱人必须在遗嘱中为缺乏劳动能力又没有生活来源的法定继承人保留必要的遗产份额。从这个意义上说，法定继承也是对遗嘱继承的一种限制。

第四，法定继承中有关继承人范围、继承顺序以及遗产分配原则的规定具有强行性。在法定继承中，不仅继承人的范围是由法律直接规定的，而且继承人参加继承的顺序、继承人应当继承的遗产份额也是由法律直接规定的。从这个意义上说，法定继承具有强行性的特征。当然，这种强行性仅在法定继承中存在，遗嘱人是可以通过遗嘱加以改变的。

二、法定继承的适用范围

《民法典》第1123条规定："继承开始后，按照法定继承办理；有遗嘱的，按照遗嘱继承或者遗赠办理；有遗赠扶养协议的，按照协议办理。"可见，在被继承人生前未与他人订立遗赠扶养协议，又没有设立遗嘱时，被继承人的全部遗产只能适用法定继承；或者被继承人生前虽与他人订立遗赠扶养协议，但是该协议无效，或者被继承人虽设立遗嘱但是遗嘱又全部无效，被继承人的全部遗产也只能适用法定继承。

依据《民法典》第1154条的规定，有下列情形之一的，遗产中的有关部分按照法定继承办理：

第一，遗嘱继承人放弃继承或者受遗赠人放弃受遗赠。遗嘱人在遗嘱中指定由继承人或者受遗赠人取得遗产，该继承人放弃继承或者该受遗赠人放弃受遗赠的，则其放弃继承或者放弃受遗赠所涉及的遗产，应当按照法定继承办理。

第二，遗嘱继承人丧失继承权或者受遗赠人丧失受遗赠权。在遗嘱继承人丧失继承权或者受遗赠人丧失受遗赠权的情况下，遗嘱中指定的由遗嘱继承人或者受遗赠人取得的遗产应当按照法定继承办理。应当指出，在遗嘱继承人丧失继承权的情况下，其不仅不能按照遗嘱继承取得遗产，也不能按照法定继承取得遗产。

第三，遗嘱继承人、受遗赠人先于遗嘱人死亡或者终止。在继承法上，只有在继承开始时生存之人才能成为继承人或者受遗赠人，这就是通常所称的"继续存在"或者"同时存在"原则。因此，若作为遗嘱继承人或者受遗赠人的自然人先于遗嘱人（被继承人）死亡，或者作为受遗赠人的集体及其他组织于遗嘱人死亡前终止的，则其因不再具有继承能力或者受遗赠能力而不能继承或者受遗赠，遗嘱中指定的由遗嘱继承人或者受遗赠人取得的遗产也就不再按照遗嘱继承办理，只能适用法定继承。

第四，遗嘱无效部分所涉及的遗产。遗嘱是一种民事法律行为，而只有有效的民事法律行为才能发生法律效力。因此，如果遗嘱无效，则不能产生遗嘱继承问题。遗嘱无效可以是全部无效，也可以是部分无效。如果是前者，则全部遗产应按照法定继承办理；如果是后者，则仅遗产无效部分所涉及的遗产适用法定继承，其他有效部分所涉及的遗产仍应按照遗嘱继承办理。

第五，遗嘱未处分的遗产。在遗嘱中，遗嘱人根据自己的意愿，可以处分全部遗产，也可以处分部分遗产。在遗嘱仅处分部分遗产的情况下，未处分的遗产就应当按照法定继承办理。应当指出，遗嘱继承与法定继承是两种不同的继承方式，因此，遗嘱继承人按照遗嘱继承取得遗产后，仍有权依据法定继承取得遗嘱未处分的遗产（《继承编解释（一）》第4条）。

第二节 法定继承人的范围和继承顺序

一、法定继承人的范围

法定继承人是指由法律直接规定的可以依法继承被继承人遗产的人。可见，法定继承人的范围就是哪些人可以为法定继承人。依据《民法典》的规定，法定继承人包括：配偶、子女、父母、兄弟姐妹、祖父母、外祖父母，以及对公婆或者岳父母尽了主要赡养义务的丧偶儿媳或者丧偶女婿。

（一）配偶

配偶是处于合法婚姻关系中的夫妻间的称谓。丈夫以妻子为配偶，妻子以丈夫为配偶。如果夫妻一方死亡，则另一方配偶有权继承对方的遗产。

作为继承人的配偶须于被继承人死亡时与被继承人之间存在合法的婚姻关系。在被继承人死亡时已经解除婚姻关系的，不是被继承人的配偶，不能以配偶身份继承被继承人的遗产。婚姻关系的解除须经法定程序，未经法定程序办理离婚手续的，夫妻双方仍为配偶，有相互继承遗产的权利。因此，即使夫妻双方长期分居，或者经法院判决离婚但是判决书尚未生效，夫妻双方仍有继承权。

（二）子女

子女是被继承人的直系晚辈血亲。依据《民法典》第1127条的规定，子女包括婚生子女、非婚生子女、养子女和有扶养关系的继子女。同时，依据《民法典》第16条的规定，在涉及遗产继承时，胎儿视为具有民事权利能力，也即具有继承能力。因此，胎儿也属于子女的范围。

婚生子女是指有合法婚姻关系的男女所生育的子女。婚生子女，不论儿子还是女儿，不论子女随母姓还是随父姓，不论已婚或者未婚，也不论结婚后女到男家落户还是男到女家落户，都有权继承父母的遗产。

非婚生子女是指没有合法婚姻关系的男女所生育的子女。依据《民法典》第1071条的规定，非婚生子女享有与婚生子女同等的权利，任何组织或者个人不得加以危害和歧视。据此，非婚生子女与婚生子女有平等的继承权。非婚生子女不仅有权继承其生母的遗产，也有权继承其生父的遗产，不论其生父是否认领该非婚生子女。

养子女是指因合法收养关系的成立而与养父母形成父母子女关系的子女。养子女于收养关系成立后，与生父母的父母子女关系解除。因此，养子女只有权继承养父母的遗产，而无权继承生父母的遗产。但是，如果被收养人对养父母尽了赡养义务，同时又对生父母扶养较多，除可依据《民法典》第1127条的规定继承养父母的遗产外，还可依据《民法典》第1131条的规定分得生父母适当的遗产（《继承编解释（一）》第10条）。

继子女是指妻与前夫或者夫与前妻所生的子女。继子女与继父母之间的关系，是因其父母一方死亡而另一方再结婚或者双方离婚后再结婚而形成的。继子女有无继承权决定于其与继父母之间有无扶养关系；有扶养关系的继子女有权继承继父母的遗产，是继父母的法定继承人；没有扶养关系的继子女无权继承继父母的遗产，不是继父母的法定继承人。继子女继承继父母的遗产的，不影响其对生父母的遗产继承权（《继承编解释（一）》第11条第1款）。

（三）父母

父母是最近的直系长辈亲属。依据《民法典》第1127条的规定，父母是法定继承人，有权继承子女的遗产。继承法上的父母，包括生父母、养父母和有扶养关系的继父母。

生父母对亲生子女的遗产有继承权，不论该子女为婚生子女还是非婚生子女。但是亲生子女已被他人收养的，父母对其遗产无继承权。收养关系解除后，被收养的子女与生父母恢复父母子女关系的，父母有权继承该子女的遗产；被收养的子女与生父母未恢复父母子女关系的，父母对该子女的遗产没有继承权。

养父母是相对于养子女而言的。因收养关系的成立，养子女有权继承养父母的遗产，养父母也有权继承养子女的遗产。在养子女死亡前已经解除收养关系的，不论解除收养关系的原因为何，也不论解除收养关系的被收养人是否与其生父母恢复权利义务关系，收养人均无权继承被收养人的遗产。

继父母是相对于继子女而言的。继父母与继子女之间在继承法上的关系依相互的扶养关系而定。继父母与继子女之间已经形成扶养关系的，继父母有权继承继子女的遗产。与继子女有扶养关系的继父母也有双重继承权,既可继承其亲生子女(也包括养子女)的遗产,也可继承其继子女的遗产(《继承编解释(一)》第11条)。

（四）兄弟姐妹

兄弟姐妹是最近的旁系血亲。继承法上的兄弟姐妹包括同父母的兄弟姐妹、同父异母或者同母异父的兄弟姐妹、养兄弟姐妹、有扶养关系的继兄弟姐妹。

同父母的兄弟姐妹为全血缘的兄弟姐妹,相互有继承遗产的权利,互为法定继承人。

同父异母或者同母异父的兄弟姐妹为半血缘的兄弟姐妹。半血缘的兄弟姐妹与全血缘的同胞兄弟姐妹一样,相互有继承遗产的平等权利,互为法定继承人。

养兄弟姐妹是因收养关系的成立,被收养人与收养人的子女之间的兄弟姐妹关系。养子女与生子女之间、养子女与养子女之间,系养兄弟姐妹,可互为第二顺序继承人;被收养人与其亲兄弟姐妹之间的权利义务关系,因收养关系的成立而消除,不能互为第二顺序继承人(《继承编解释(一)》第12条)。若收养关系解除,被收养人与收养人的子女之间的养兄弟姐妹关系终止,相互不再有继承遗产的权利;被收养人与生父母恢复父母子女关系的,其与亲兄弟姐妹之间的权利义务关系也恢复,有相互继承遗产的权利。

继兄弟姐妹是异父异母的兄弟姐妹关系,相互无血缘关系。继兄弟姐妹之间的继承权,因继兄弟姐妹之间的扶养关系而发生。没有扶养关系的,不能互为第二顺序继承人。继兄弟姐妹相互继承了遗产的,不影响其继承亲兄弟姐妹的遗产(《继承编解释(一)》第13条)。

（五）祖父母、外祖父母

祖父母是父亲的父母,外祖父母是母亲的父母。祖父母、外祖父母是除父母外最近的长辈亲属。祖父母、外祖父母为孙子女、外孙子女的法定继承人,有权继承孙子女、外孙子女的遗产。继承法上的祖父母、外祖父母,也包括亲祖父母、亲外祖父母、养祖父母、养外祖父母。

（六）对公婆、岳父母尽了主要赡养义务的丧偶儿媳、丧偶女婿

《民法典》第1129条规定:"丧偶儿媳对公婆,丧偶女婿对岳父母,尽了主要赡养义务的,作为第一顺序继承人。"可见,丧偶儿媳或者丧偶女婿作为法定继承人的条件是对公婆或者岳父母尽了主要赡养义务。依据《继承编解释(一)》第19条的规定,对被继承人生活提供了主要经济来源,或者在劳务等方面给予了主要扶助的,应当认定其尽了主要赡养义务。至于丧偶儿媳或者丧偶女婿是否再婚,作为第一顺序继承人时,不影响其子女代位继承(《继承编解释(一)》第18条)。

二、法定继承顺序

（一）法定继承顺序的概念和特点

法定继承顺序又称法定继承人的顺位,是指法律直接规定的法定继承人参加继承的先后次序。适用法定继承时,法定继承人并不是同时都参加继承,而是按照法律规定的先后顺序参加继承,即先由前一顺序的继承人继承;没有前一顺序的继承人继承时,才由后一顺序的继承人继承。

法定继承顺序具有以下特点:

第一,法定性。法定继承顺序是由法律根据继承人与被继承人之间关系的亲疏程度、密切程度直接规定的,而不是由当事人自行决定的。因此,法定继承顺序具有法定性。

第二,强行性。对于法律规定的继承顺序,任何人、任何组织都不得以任何理由改变。即使前一顺序的继承人也不得变更自己的顺序而作为后一顺序的继承人参加继承。因此,法定继承顺序具有强行性。

第三,排他性。在法定继承中,继承人只能根据法定继承顺序依次参加继承。只要有前一顺序的继承人继承,后一顺序的继承人就不能继承。只有在没有前一顺序的继承人,或者前一顺序的继承人全部放弃继承或者全部丧失继承权,或者前一顺序的继承人部分丧失继承权,其余的继承人全部放弃继承的情况下,后一顺序的继承人才有权参加继承。因此,法定继承顺序具有排他性。

第四,限定性。法定继承顺序只在法定继承中适用,遗嘱继承不适用法定继承顺序。遗嘱继承人不受法定继承人的继承顺序的限制,遗嘱人得于遗嘱中指定由后一顺序的继承人继承遗产,而不由前一顺序的继承人继承。因此,法定继承顺序具有限定性。

(二) 法定继承顺序的确定

《民法典》第1127条依据继承人与被继承人之间婚姻关系、血缘关系和扶养关系的状态,将法定继承人的继承顺序规定如下。

第一顺序的法定继承人为:配偶、子女、父母。

第二顺序的法定继承人为:兄弟姐妹、祖父母、外祖父母。

此外,对公婆、岳父母尽了主要赡养义务的丧偶儿媳、丧偶女婿作为第一顺序继承人。

第三节 代 位 继 承

一、代位继承的概念和特点

依据《民法典》第1128条的规定,代位继承是指在法定继承中,被继承人的子女或者兄弟姐妹先于被继承人死亡时,由被继承人的子女的直系晚辈血亲或者兄弟姐妹的子女代替继承其应继份额的法律制度。其中,被继承人的子女或者兄弟姐妹为被代位继承人,被继承人的子女的直系晚辈血亲或者兄弟姐妹的子女是代位继承人。

代位继承具有如下特点:

第一,代位继承只能发生在法定继承中,遗嘱继承中无代位继承的适用。在遗嘱继承中,如果遗嘱继承人先于遗嘱人死亡,则遗嘱指定由该继承人的继承不能发生效力,应适用法定继承,因此,遗嘱继承中不发生代位继承问题。

第二,代位继承发生于被代位继承人先于被继承人死亡的情形。依据《民法典》的规定,发生代位继承的唯一原因是被代位继承人先于被继承人死亡。如果被继承人的子女或者兄弟姐妹在继承开始后死亡,则不能发生代位继承。

第三,代位继承人是被继承人的子女的直系晚辈血亲或者兄弟姐妹的子女。被代位继承人是被继承人的子女的,则被继承人的孙子女、外孙子女、曾孙子女、外曾孙子女都可以代位继承;被代位继承人是被继承人的兄弟姐妹的,则代位继承人仅限于被代位继承人的子女,被代位继承人的孙子女等其他直系晚辈血亲不能作为代位继承人。

二、代位继承的性质

代位继承人代替被代位继承人继承被继承人的遗产,这种权利究竟是代位继承人自己固有的权利,还是代表被代位继承人行使的权利,学说上主要有固有权说和代表权说两种主张。固有权说认为,代位继承人参加继承是自己本身固有的权利,代位继承人基于自己的权利继承被继承人的遗产,代位继承人的继承权不以被代位继承人享有继承权为前提,只要被代位继承人不能继承,代位继承人就可以代位继承。代表权说认为,代位继承人继承被继承人的遗产不是基于自己本身固有的权利,而是代表被代位继承人参加继承,也就是说代位继承人只有在被代位继承人享有继承权的前提下才能取得被代位继承人的应继份额。在被代位继承人丧失继承权的情况下,不发生代位继承。

在我国,《民法典》对代位继承的性质并没有明确规定。司法实务采取代表权说,即被继承人的子女丧失继承权的,其直系晚辈血亲不得代位继承。如果代位继承人缺乏劳动能力又没有生活来源,或者对被继承人尽赡养义务较多,可以适当分得遗产(《继承编解释(一)》第17条)。同理,被继承人的兄弟姐妹丧失继承权的,其子女亦不得代位继承。

三、代位继承的条件

依据《民法典》第1128条第1款、第2款的规定,代位继承只有在具备如下条件下才可以适用。

第一,被代位继承人于继承开始前死亡。只有被代位继承人于继承开始前死亡,才是代位继承的产生原因。所谓被代位继承人于继承开始前死亡,也即被代位继承人先于被继承人死亡。如果继承人于被继承人死亡后死亡,则因继承已经开始,遗产已经为被代位继承人所取得,则不发生代位继承;若遗产尚未分割,则发生转继承而无代位继承的适用。

第二,被代位继承人须为被继承人的子女或者兄弟姐妹。被代位继承人仅限于被继承人的子女或者兄弟姐妹,其他继承人不能作为被代位继承人。被继承人的子女包括亲生子女、养子女和形成扶养关系的继子女;兄弟姐妹包括同胞兄弟姐妹、同父异母或者同母异父的兄弟姐妹、养兄弟姐妹和形成扶养关系的继兄弟姐妹。

第三,代位继承人须为被代位继承人的直系晚辈血亲或者子女。在代位继承中,如果被代位继承人是被继承人子女,则代位继承人为被代位继承人的直系晚辈血亲,而且只要是被代位继承人的直系晚辈血亲,都可以代位继承,没有辈数的限制(《继承编解释(一)》第14条)。具体地说,被继承人的养子女、已形成扶养关系的继子女的生子女可以代位继承;被继承人亲生子女的养子女可以代位继承;被继承人养子女的养子女可以代位继承;与被继承人已形成扶养关系的继子女的养子女也可以代位继承(《继承编解释(一)》第15条)。如果被代位继承人是被继承人的兄弟姐妹,则代位继承人仅限于被代位继承人的子女,不包括孙子女等其他直系晚辈血亲。

四、代位继承的应继份额

依据《民法典》第1128条第3款的规定,代位继承人一般只能继承被代位继承人有权继承的遗产份额。也就是说,代位继承人享有的应继份额与被代位继承人在世时所应享有的应继份额是相同的。例如,被继承人甲有乙、丙、丁三个儿子,乙有 A、B 两个女儿。乙先甲死亡,甲死亡后,乙的两个女儿 A、B 为代位继承人,甲的遗产应由丙、丁、A、B 共同继承,但是上述四人并非均分甲的遗产,而是由丙、丁各分得甲遗产的 1/3,A、B 共同分得甲遗产的 1/3。当然,在特殊情况下,代位继承人也可以多分遗产,如代位继承人缺乏劳动能力又没有生活来源,或者对被继承人尽了主要扶养义务的,分配遗产时,可以多分(《继承编解释(一)》第 16 条)。

第四节 法定继承的遗产分配

一、法定继承的遗产分配原则

法定继承的遗产分配是指在法定继承人之间分配被继承人的遗产,即确定法定继承人的应继份额。因此,法定继承的遗产分配原则就是确定法定继承人的应继份额的原则。依据《民法典》第 1130 条的规定,同一顺序法定继承人的应继份额按照以下两条原则确定。

(一)同一顺序继承人的应继份额一般应当均等

在没有法律规定的特别情形下,同一顺序的法定继承人应按照人数平均分配遗产。例如,被继承人有 4 个第一顺序法定继承人,则每位继承人的继承份额应为被继承人遗产的 1/4。

(二)特殊情况继承人的继承份额可以不均等

在下列情况下,同一顺序的法定继承人的应继份额可以不均等。

第一,对生活有特殊困难又缺乏劳动能力的继承人,分配遗产时,应当予以照顾。需要照顾的继承人应当同时具备"生活有特殊困难"和"缺乏劳动能力"两个条件。生活有特殊困难是指继承人没有独立、稳定的经济收入,或者经济收入不足以维持当地最低生活水平;缺乏劳动能力是指继承人因年龄、身体等原因没有劳动能力。

第二,对被继承人尽了主要扶养义务或者与被继承人共同生活的继承人,分配遗产时,可以多分。所谓主要扶养义务,是指继承人对被继承人生活提供了主要经济来源或者在劳务等方面给予了主要扶助。应当指出,这种不均等并不是必需的,法律只是提倡可以多分遗产。至于是否多分,应根据具体情况确定。

第三,有扶养能力和有扶养条件的继承人,不尽扶养义务的,分配遗产时,应当不分或者少分。当然,继承人有扶养能力和扶养条件,愿意尽扶养义务,但是被继承人因有固定收入和劳动能力,明确表示不要求其扶养的,分配遗产时,其继承份额一般不应因此而受影响(《继承编解释(一)》第 22 条)。同时,有扶养条件和扶养能力的继承人虽然与被继承人共同生活,但是对需要扶养的被继承人不尽扶养义务的,分配遗产时,可以少分或者不分(《继承编解释(一)》第 23 条)。

第四,继承人协商同意的,可以不均分遗产。继承人之间本着互谅互让、团结和睦的原则,可以自愿协商确定各继承人分得遗产的份额。当然,这种不均等应当由全体继承人协商一致,且意思表示真实。

二、非继承人对遗产的取得

在法定继承中,除依法参加继承的法定继承人外,具备法定条件的其他人也有权取得一定的遗产。《民法典》第1131条规定:"对继承人以外的依靠被继承人扶养的人,或者继承人以外的对被继承人扶养较多的人,可以分给适当的遗产。"依该条规定,可以分得适当遗产的人称可分得遗产的人。可分得遗产的人享有的要求取得遗产的权利,称遗产酌给请求权。

可分得遗产的人既可以是非法定继承人,也可以是不能参加继承的法定继承人范围以内的人。具体包括两种情况:(1)继承人以外的依靠被继承人扶养的人。所谓依靠被继承人扶养,是指受扶养人与被继承人之间原无法定的扶养权利义务关系,但是受扶养人在被继承人扶养下生活。(2)继承人以外的对被继承人扶养较多的人。如果继承人以外的人对被继承人扶养较多,基于权利义务相一致原则,可以享有遗产酌给请求权。

对于可分得遗产的人,可以酌情分给适当的遗产。至于适当的遗产份额,应当依可分得遗产的人的具体情况和遗产的情况确定,可以多于或者少于继承人(《继承编解释(一)》第20条)。一般而言,对于缺乏劳动能力又没有生活来源的人,应以被继承人扶养的情况确定应分给的遗产额,但是以满足其生活基本需要为限;对于对被继承人扶养较多的人,应依其对被继承人扶养的情况而确定其应分得的遗产份额。

可分得遗产的人要求分得适当遗产的遗产酌给请求权,是一项独立的权利,受法律保护,在其受到侵害时,有权以独立的诉讼主体资格向法院提起诉讼(《继承编解释(一)》第21条)。

第三十八章 遗嘱继承

第一节 遗嘱继承概述

一、遗嘱继承的概念和特点

遗嘱继承是指按照被继承人生前设立的有效遗嘱继承被继承人遗产的法律制度。在遗嘱继承中,生前立有遗嘱的被继承人为遗嘱人或者立遗嘱人,依据遗嘱的指定享有遗产继承权的人为遗嘱继承人。

遗嘱继承不同于法定继承,具有以下特点:

第一,遗嘱继承的发生以有效遗嘱的存在为前提。引起法定继承发生的法律事实只有一个,即被继承人的死亡。但是,仅有被继承人的死亡并不能引起遗嘱继承的发生,还须有被继承人所设立的有效遗嘱。正是从这个意义上讲,遗嘱继承以有效遗嘱存在为前提。应当指出,遗嘱不仅是遗嘱继承发生的前提,也是遗赠发生的前提。

第二,遗嘱继承直接体现着被继承人的遗愿。遗嘱继承是在继承开始后按照遗嘱进行的继承。遗嘱体现了被继承人的意愿,因此,继承人按照被继承人的遗嘱继承遗产,也就直接体现了被继承人的遗愿。

第三,遗嘱继承是对法定继承的一种排斥。遗嘱继承的效力优于法定继承,继承开始后,有遗嘱的,要先按照遗嘱进行继承。由于遗嘱中所指定的继承人对遗产的继承不受法定继承对继承顺序、继承人应继份额规定的限制,因此,遗嘱继承实际上是对法定继承的一种排斥。

二、遗嘱继承的适用条件

遗嘱继承的适用条件是指具备何种条件,亦即在什么情形下才适用遗嘱继承。在被继承人死亡后,只有具备以下条件时,才能按照遗嘱继承办理:

第一,被继承人立有遗嘱且遗嘱有效。遗嘱继承以遗嘱存在为前提,无遗嘱则无遗嘱继承。同时,遗嘱只有符合法律规定的有效条件,才能发生效力。无效的遗嘱不具有法律效力,继承人不得依无效遗嘱指定继承。因此,被继承人立有遗嘱且遗嘱有效是遗嘱继承适用的一个必备条件。

第二,没有遗赠扶养协议或者遗嘱与遗赠扶养协议不相抵触。遗嘱继承虽有优于法定继承的效力,但是不能对抗遗赠扶养协议。因此,只有在没有遗赠扶养协议的情形下,被继承人的遗产才可按照遗嘱办理。被继承人生前既与扶养人订有遗赠扶养协议,又立有遗嘱的,如果二者不相抵触,遗产分别按照协议和遗嘱处理;如果有抵触,应当按照协议处理,与协议相抵触的遗嘱全部或者部分无效(《继承编解释(一)》第3条)。

第三,指定继承人未丧失继承权和未放弃继承权。在适用遗嘱继承时,继承人亦必须具有继承资格。遗嘱继承人因具有法律规定的事由而丧失继承权的,不享有继承权,即使遗嘱中指定其为继承人,也不得参加遗嘱继承。同时,遗嘱继承人可以接受继承,也可以放弃继承。在遗嘱继承人明确表示放弃继承时,对指定继承人放弃继承的遗产,不适用遗嘱继承,而应按法定继承办理。

第二节 遗嘱的设立

一、遗嘱的概念和特点

遗嘱是指自然人生前按照法律的规定处分自己的财产及安排与此有关的事务并于死亡后发生效力的民事法律行为。

遗嘱具有以下特点:

第一,遗嘱是一种单方民事法律行为。遗嘱是遗嘱人自己一方的意思表示,无需有相对人的意思表示。只要有遗嘱人自己的意思表示,遗嘱即可成立,所以,遗嘱是一种单方民事法律行为。这种单方民事法律行为属于无相对人的行为,无需通知遗嘱继承人或者受遗赠人。

第二,遗嘱是遗嘱人独立的民事法律行为。遗嘱是遗嘱人生前对自己财产所作的处分行为,只能由遗嘱人独立自主地作出,而不能由他人意思辅助或者代理。因此,遗嘱须由遗嘱人亲自设立,不能由他人代为设立。

第三,遗嘱是于遗嘱人死亡后才发生法律效力的民事法律行为。遗嘱虽是遗嘱人生前因其单方的意思表示即可成立的民事法律行为,但是于遗嘱人死亡时才能发生法律效力。因此,遗嘱是否合乎法律规定的条件、能否有效,均应以遗嘱人死亡时为准。

第四,遗嘱是一种要式民事法律行为。遗嘱虽然是遗嘱人单方的意思表示,但是却在指定继承人、受遗赠人以及法定继承人等人之间发生效力,涉及继承人、继承人以外的人以及国家和社会的利益。因此,遗嘱应当采取法律规定的形式,属于要式民事法律行为。

二、遗嘱的内容

遗嘱的内容是指遗嘱人在遗嘱中表示出来的对自己财产处分及安排相关事项的意思。一般说来,遗嘱的内容包括以下几方面:

第一,指定继承人、受遗赠人。《民法典》第1133条第2款、第3款规定:"自然人可以立遗嘱将个人财产指定由法定继承人中的一人或者数人继承。""自然人可以立遗嘱将个人财产赠与国家、集体或者法定继承人以外的组织、个人。"遗嘱的主要目的是指定继承人、受遗赠人,因此,指定继承人、受遗赠人为遗嘱的主要内容。

第二,指定遗产的分配办法或者份额。遗嘱人应当在遗嘱中列明自己留下的财产清单,说明财产的名称、数量以及存放的地方等。遗嘱中应当说明每个指定继承人得继承的具体财产;指定由数个继承人共同继承某项遗产的,应当说明指定继承人对遗产的分配办法或者每个人应继承的遗产份额。遗赠财产的,要具体说明将某一财产遗赠给何人、何单位。

第三,对遗嘱继承人、受遗赠人附加的义务。遗嘱中可以对遗嘱继承人或者受遗赠人规定附加义务,这就是附义务遗嘱或者附负担遗嘱。遗嘱继承或者遗赠附有义务的,继承人或者受遗赠人应当履行义务。没有正当理由不履行义务的,经利害关系人或者有关组织请求,人民法院可以取消其接受附义务部分遗产的权利(《民法典》第1144条)。

第四,指定遗嘱执行人。《民法典》第1133条第1款规定,自然人可以在遗嘱中指定遗嘱执行人。但是,遗嘱的主要内容并不是指定遗嘱执行人,因为遗嘱执行人并不是对遗产处分的关键内容,而只关涉遗嘱的执行。因此,遗嘱中未指定遗嘱执行人的,不影响遗嘱的成立和执行。

第五,指定候补继承人、候补受遗赠人。遗嘱中指定的继承人先于被继承人死亡、丧失继承权或者放弃继承权时,指定的继承人将不能参加继承。如果遗嘱人不希望其遗产在出现这种情况时按照法定继承办理,则可以指定其他人作为候补继承人来继承遗产。同理,遗嘱人也可以指定候补受遗赠人,在受遗赠人出现不能承受遗产的情况时,使遗产由候补受遗赠人取得。

第六,其他事项。除上述内容外,遗嘱人还可以在遗嘱中说明其他事项,如关于丧事的安排和要求等。

三、遗嘱的形式

(一) 遗嘱的法定形式

遗嘱的形式是指遗嘱人表达自己处分其财产的意思的方式。遗嘱的法定形式有自书遗嘱、代书遗嘱、打印遗嘱、录音录像遗嘱、口头遗嘱、公证遗嘱六种。

1. 自书遗嘱

自书遗嘱是指由遗嘱人亲笔书写的遗嘱。《民法典》第1134条规定:"自书遗嘱由遗嘱人亲笔书写,签名,注明年、月、日。"自书遗嘱应当满足如下三个条件:一是遗嘱人亲笔书写,即遗嘱人应当用笔亲自书写遗嘱的全部内容;二是遗嘱人应当签名,不能以盖章或者按指印代替;三是遗嘱人应当在书写的遗嘱上注明年、月、日。自然人的遗书中涉及死后个人财产处分的内容,确为死者的真实意思表示,有本人签名并注明了年、月、日,又无相反证据的,可以按自书遗嘱对待(《继承编解释(一)》第27条)。

2. 代书遗嘱

代书遗嘱是指由他人代为书写的遗嘱。《民法典》第1135条规定:"代书遗嘱应当有两个以上见证人在场见证,由其中一人代书,并由遗嘱人、代书人和其他见证人签名,注明年、月、日。"代书遗嘱应当满足如下四个条件:一是遗嘱人要指定两个以上见证人;二是遗嘱人口述遗嘱内容,并由一个遗嘱见证人代书;三是遗嘱人、代书人和其他见证人应当在遗嘱上签名;四是应当注明立遗嘱的日期,即注明年、月、日。

3. 打印遗嘱

打印遗嘱是指由立遗嘱人用电子计算机打印的遗嘱。《民法典》第1136条规定:"打印遗嘱应当有两个以上见证人在场见证。遗嘱人和见证人应当在遗嘱每一页签名,注明年、月、日。"打印遗嘱应当满足如下三个条件:一是遗嘱人要指定两个以上见证人;二是遗嘱人和见证人应当在遗嘱的每一页签名,这是打印遗嘱签名的特殊要求;三是应当注明立遗嘱的日期,即注明年、月、日。

4. 录音录像遗嘱

录音录像遗嘱是指以录音录像方式录制下来的遗嘱人的口述遗嘱。《民法典》第1137条规定："以录音录像形式立的遗嘱，应当有两个以上见证人在场见证。遗嘱人和见证人应当在录音录像中记录其姓名或者肖像，以及年、月、日。"录音录像遗嘱应当满足如下四个条件：一是遗嘱人口述遗嘱的全部内容；二是遗嘱人要指定两个以上见证人；三是遗嘱人和见证人应当在录音中记录其姓名或者在录像中摄制其肖像；四是遗嘱人和见证人应当在录音录像中录制立遗嘱的日期，即记录年、月、日。

5. 口头遗嘱

口头遗嘱是指由遗嘱人口头表述的而不以任何方式记载的遗嘱。《民法典》第1138条规定："遗嘱人在危急情况下，可以立口头遗嘱。口头遗嘱应当有两个以上见证人在场见证。危急情况解除后，遗嘱人能够以书面或者录音录像形式立遗嘱的，所立的口头遗嘱无效。"口头遗嘱应当满足如下三个条件：一是危急情况来不及通过其他方式立遗嘱；二是遗嘱人口述遗嘱的全部内容；三是遗嘱人要指定两个以上见证人。口头遗嘱的效力具有特殊性，并非一直有效。在危急情况解除后，如果遗嘱人能够用其他方式立遗嘱的，口头遗嘱归于无效。

6. 公证遗嘱

公证遗嘱是指经公证机关公证的遗嘱。《民法典》第1139条规定："公证遗嘱由遗嘱人经公证机构办理。"公证遗嘱的有效成立除需要符合《民法典》有关遗嘱效力的规定外，还须符合我国有关公证的法律规定。

（二）遗嘱见证人

遗嘱见证人是指由遗嘱人指定的见证遗嘱真实性的自然人。除自书遗嘱、公证遗嘱外，其他遗嘱形式都需要两个以上见证人在场。依据《民法典》第1140条的规定，以下三类人员不能作为遗嘱见证人。

1. 无民事行为能力人、限制民事行为能力人以及其他不具有见证能力的人

遗嘱见证人需要在现场见证遗嘱人立遗嘱的过程，其见证对遗嘱的效力具有重要影响。这需要遗嘱见证人对遗嘱的内容、后果等具有完全的识别能力和判断能力，而只有完全民事行为能力人才能担当此任。因此，无民事行为能力人和限制民事行为能力人不能作为遗嘱见证人。其他不具有见证能力的人，主要是指不具备遗嘱见证人需要具备的一些基本的能力（如听、说、写的能力等）的人。如果相应的能力不具备，则不能为遗嘱见证人。例如，代书遗嘱需要见证人诵读遗嘱，并且在遗嘱上签名，所以，聋哑人、文盲等就不具有代书遗嘱的见证能力；录音录像遗嘱需要将见证人的声音记录下来，所以，聋哑人不具有录音录像遗嘱的见证能力；遗嘱人使用方言或者外国语言立遗嘱时，不懂方言或者外国语言的人就不具有见证能力。

2. 继承人和受遗赠人

遗嘱对遗产的处理直接影响着继承人、受遗赠人对遗产的接受，因而继承人、受遗赠人与遗嘱有直接的利害关系，由他们作遗嘱见证人难以保证遗嘱的客观性、真实性。因此，继承人、受遗赠人不能作为遗嘱的见证人。这里的继承人既包括第一顺序继承人，也包括第二顺序继承人。

3. 与继承人、受遗赠人有利害关系的人

与继承人、受遗赠人有利害关系的人,是指遗嘱的效力对其经济利益有直接影响的人,如继承人或者受遗赠人的债权人、债务人、共同经营的合伙人等(《继承编解释(一)》第24条)。

第三节　遗嘱的效力

一、遗嘱的有效条件

遗嘱作为一种特殊的民事法律行为,其有效须具备以下条件:

第一,遗嘱人具有遗嘱能力。遗嘱能力又称遗嘱处分能力,是指自然人依法享有的设立遗嘱,自由处分自己财产的资格。只有具有完全民事行为能力的人才有遗嘱能力,无民事行为能力人和限制民事行为能力人不具有遗嘱能力。遗嘱人是否具有遗嘱能力,以遗嘱设立时为准。因此,无民事行为能力人或者限制民事行为能力人所立的遗嘱,即使其本人后来具有完全民事行为能力,仍属无效遗嘱。遗嘱人立遗嘱时具有完全民事行为能力,即使后来成为无民事行为能力人或者限制民事行为能力人,也不影响遗嘱的效力(《继承编解释(一)》第28条)。

第二,遗嘱是遗嘱人的真实意思表示。遗嘱人的真实意思表示,是指遗嘱所体现的内容应与遗嘱人的真实意愿相一致。遗嘱不是遗嘱人真实意思表示的,遗嘱无效。可见,遗嘱中并不存在可撤销遗嘱。

第三,遗嘱的内容合法。遗嘱的内容是否合法,应以被继承人死亡时为准。例如,遗嘱人在遗嘱中指定继承人继承某物,在立遗嘱时该物并不为遗嘱人所有,因遗嘱人处分了他人的财产,遗嘱的该部分内容当然是不合法的。但是,若被继承人其后于死亡前取得了该物的所有权,在继承开始时,遗嘱人所立的遗嘱就为合法的。

第四,遗嘱的形式符合法律规定。遗嘱应采用的法定形式,以遗嘱设立时法律规定的标准为准。

二、遗嘱的无效

遗嘱若不具备有效条件,则遗嘱无效,具体有以下几种情况:

(一)无民事行为能力人、限制民事行为能力人所立的遗嘱无效

无民事行为能力人、限制民事行为能力人无遗嘱能力,不具有以遗嘱处分其财产的资格。因此,《民法典》第1143条第1款规定:"无民事行为能力人或者限制民事行为能力人所立的遗嘱无效。"

(二)受胁迫、受欺诈所立的遗嘱无效

受胁迫所立的遗嘱是指遗嘱人受到他人非法的威胁、要挟,为避免自己或者亲人的财产或者生命健康遭受侵害而违心作出的与自己的真实意思相悖的遗嘱;受欺诈所立的遗嘱是指遗嘱人因受他人的歪曲的、虚假的行为或者言辞的错误导向而产生错误的认识,作出的与自己的真实意思不相符合的遗嘱。受胁迫、受欺诈所立的遗嘱不是遗嘱人的真实意思表示,

因此,《民法典》第 1143 条第 2 款规定其为无效遗嘱。

(三) 伪造的遗嘱无效

伪造的遗嘱是指以被继承人的名义设立但是根本不是被继承人意思表示的遗嘱。伪造的遗嘱因根本就不是被继承人的意思表示,所以无论遗嘱的内容如何,也无论遗嘱是否损害了继承人的利益,均为无效。《民法典》第 1143 条第 3 款规定,伪造的遗嘱无效。

(四) 被篡改的遗嘱内容无效

被篡改的遗嘱是指遗嘱的内容被遗嘱人以外的其他人作了更改的遗嘱。篡改只能是对遗嘱的部分内容的更改,如对遗嘱的全部内容更改,则为伪造遗嘱。被篡改的遗嘱,篡改的内容已经不是遗嘱人的意思表示,而是篡改人的意思表示,也就不能发生遗嘱的效力,因此,《民法典》第 1143 条第 4 款规定,遗嘱被篡改的,篡改的内容无效。

(五) 遗嘱中处分不属于遗嘱人自己财产部分的内容无效

遗嘱是遗嘱人处分自己财产的意思表示,自然不能处分不属于遗嘱人自己的财产。因此,遗嘱人以遗嘱方式处分了属于国家、集体或者他人所有的财产的,应当认定该部分遗嘱无效(《继承编解释(一)》第 26 条)。

(六) 遗嘱没有保留必要份额的,对应当保留的必要份额的处分无效

《民法典》第 1141 条规定:"遗嘱应当为缺乏劳动能力又没有生活来源的继承人保留必要的遗产份额。"未对缺乏劳动能力又没有生活来源的继承人保留必要的遗产份额的遗嘱并非全部无效,而仅是涉及处分应保留必要份额遗产的遗嘱内容无效,其余内容仍可有效。如果遗嘱人未保留缺乏劳动能力又没有生活来源的继承人的遗产份额,遗产处理时,应当为该继承人留下必要的遗产,所剩余的部分,才可参照遗嘱确定的分配原则处理(《继承编解释(一)》第 25 条)。

第四节 遗嘱的撤回与变更

一、遗嘱的撤回与变更的概念

遗嘱人有立遗嘱的自由,也有撤回与变更遗嘱的自由。遗嘱的撤回,是指遗嘱人在立遗嘱后又取消原来所立的遗嘱;遗嘱的变更,是指遗嘱人在立遗嘱后对遗嘱内容的部分修改。遗嘱的撤回与变更都是对遗嘱内容所作的改变;遗嘱的撤回是遗嘱人改变原立遗嘱的全部内容,可以说是对遗嘱内容的全部变更;而遗嘱的变更仅是遗嘱人部分地改变了原立遗嘱的内容,可以说是对遗嘱部分内容的撤回。

二、遗嘱的撤回与变更的条件

遗嘱人虽可在遗嘱设立后的任一时间、以任一理由撤回与变更遗嘱,但是撤回与变更遗嘱也须具备一定的条件,才能发生撤回与变更的效力。遗嘱的撤回与变更的条件有以下三个:

第一,遗嘱撤回、变更时,遗嘱人须具有遗嘱能力。遗嘱的撤回、变更与遗嘱的设立一样,遗嘱人也须具有遗嘱能力。遗嘱人立遗嘱后丧失遗嘱能力的,于丧失遗嘱能力后恢复遗

嘱能力前对遗嘱的撤回、变更,不发生遗嘱撤回、变更的效力,原遗嘱仍有效。

第二,遗嘱的撤回、变更须为遗嘱人的真实意思表示。无论是遗嘱的撤回还是遗嘱的变更,均须为遗嘱人的真实意思表示。因此,伪造遗嘱的撤回、变更,不发生遗嘱撤回、变更的效力。遗嘱人因受胁迫、受欺诈而撤回、变更遗嘱的,亦不发生遗嘱撤回、变更的法律后果,原遗嘱仍有效。

第三,遗嘱的撤回、变更须由遗嘱人亲自依法定的方式为之。遗嘱的撤回、变更同样不适用代理,只能由遗嘱人亲自为之。

三、遗嘱的撤回与变更的方式

遗嘱的撤回、变更的方式有明示方式和推定方式两种。

遗嘱撤回、变更的明示方式,是指遗嘱人以明确的意思表示撤回、变更遗嘱。遗嘱人依明示方式撤回、变更遗嘱的,须依据法律规定的立遗嘱的方式作出。不具备遗嘱法定形式的撤回、变更遗嘱的意思表示,不能发生遗嘱撤回、变更的效力。

遗嘱撤回、变更的推定方式,是指遗嘱人虽未以明确的意思表示撤回、变更所立的遗嘱,但是法律根据遗嘱人的行为推定遗嘱人撤回、变更了遗嘱。推定遗嘱人撤回、变更遗嘱的情形主要有以下几种:(1)遗嘱人立有数份遗嘱,且内容相抵触的,推定撤回、变更遗嘱。《民法典》第1142条第3款规定:"立有数份遗嘱,内容相抵触的,以最后的遗嘱为准。"如果数份遗嘱的内容全部相抵触,则推定撤回前遗嘱;如果数份遗嘱的内容部分相抵触,则推定变更前遗嘱,相抵触部分按后遗嘱办理;如果数份遗嘱的内容不相抵触,则数份遗嘱可以并存,不发生撤回、变更遗嘱的效力。(2)遗嘱人生前的行为与遗嘱的内容相抵触的,推定遗嘱变更、撤回。例如,立遗嘱后,遗嘱人实施与遗嘱内容相反的民事法律行为的,视为对遗嘱相关内容的撤回;立遗嘱后,遗嘱人通过事实行为处分遗嘱指定继承人继承的财产,则视为对遗嘱内容的撤回、变更。(3)遗嘱人故意销毁、涂销遗嘱的,视为撤回、变更遗嘱。遗嘱只有具备形式要件才能有效,所以,如果遗嘱人故意销毁、涂销或者在遗嘱上有废弃的记载的,应当推定遗嘱人撤回、变更原遗嘱。但是,遗嘱是由第三人毁损的,或者遗嘱人并非故意销毁遗嘱的,不能视为遗嘱人撤回、变更遗嘱。如果遗嘱尚可恢复,则遗嘱有效;如果遗嘱无法恢复,则遗嘱因欠缺形式要件而无效。

四、遗嘱的撤回与变更的效力

遗嘱的撤回、变更的效力,在于使原遗嘱的内容不能发生效力。

遗嘱撤回的,自撤回生效时起,被撤回的遗嘱作废,以新立的遗嘱为遗嘱人处分自己财产的真实意思表示,并以其来确定遗嘱的效力和执行。遗嘱撤回后遗嘱人未立新遗嘱的,视为被继承人未立遗嘱。

遗嘱变更的,自变更生效时起,以变更后的遗嘱内容为遗嘱人的真实意思表示,应以变更后的遗嘱来确定遗嘱的效力和执行。

第五节　遗嘱的执行

一、遗嘱执行的概念

遗嘱执行是指遗嘱人死亡后，由特定的人按照遗嘱人在有效遗嘱中所表示的愿望而为的必要行为及相关程序。

在遗嘱中，有的事项于遗嘱生效后自然发生法律效力而无需执行，如对某一继承人的虐待行为表示宽恕、取消某一继承人继承遗产的权利等；而有些事项于遗嘱生效后必须通过执行行为来实现，如遗产的分配、遗产债权的收取、被继承人债务的清偿、遗赠的执行等。因此，只有通过遗嘱执行，才能完全实现遗嘱人的遗愿。

二、遗嘱执行人的确定

遗嘱在遗嘱人死亡时才能发生效力，因此，遗嘱中的意思表示无法由遗嘱人自己实现，必须由他人代为执行，即遗嘱的执行须确定遗嘱执行人。由于遗嘱执行是一种民事法律行为，且涉及利害关系人的利益，因此，遗嘱执行人须具备相应的民事行为能力。无民事行为能力人、限制民事行为能力人及破产企业，不能成为遗嘱执行人。从法律地位上说，遗嘱执行人既不是遗嘱人或者继承人的代理人，也不是遗产的代理人。执行遗嘱是法律赋予其的一种职责。

依据《民法典》的规定和司法实践，遗嘱执行人的确定有以下三种情况：

其一，遗嘱人在遗嘱中指定遗嘱执行人。《民法典》第1133条第1款中规定，自然人可以立遗嘱处分个人财产，"并可以指定遗嘱执行人"。遗嘱人在遗嘱中指定的执行人，既可以是自然人，也可以是法人或者非法人组织；既可以是法定继承人，也可以是法定继承人以外的人。继承人以外的人被遗嘱人指定为遗嘱执行人的，有权决定是否担任遗嘱执行人。遗嘱人在遗嘱中并未直接指定遗嘱执行人，而是委托第三人指定遗嘱执行人的，应当有效。

其二，法定继承人为遗嘱执行人。遗嘱人未指定遗嘱执行人，或者指定的遗嘱执行人不能执行遗嘱或者不愿意执行遗嘱的，遗嘱人的法定继承人为遗嘱执行人。法定继承人为数人的，全体继承人为遗嘱的共同执行人。继承人也可以共同推举一人或者数人作为代表来执行遗嘱。

其三，遗嘱人生前所在单位或者继承开始地的基层组织为遗嘱执行人。遗嘱人没有指定遗嘱执行人，也没有法定继承人能执行遗嘱时，由遗嘱人生前所在单位或者继承开始地的基层组织为遗嘱执行人。

三、遗嘱执行人的职责

遗嘱执行人的职责，也就是遗嘱执行人的权利、义务，是其法律地位的具体体现。《民法典》同时规定了遗嘱执行人和遗产管理人，在继承开始后，遗嘱执行人即为遗产管理人；只有在没有遗嘱执行人的情况下，才能由其他人担任遗产管理人（第1145条）。因此，遗嘱执行人的职责其实与遗产管理人的职责是重合的。当然，遗嘱执行人仅在遗嘱继承中存在，而遗产管理人则存在于遗嘱继承和法定继承之中。

第三十九章 遗赠与遗赠扶养协议

第一节 遗 赠

一、遗赠概述

(一) 遗赠的概念和特点

依据《民法典》第1133条第3款规定,遗赠是指自然人以遗嘱的方式将其个人财产赠与法定继承人以外的民事主体,而于其死亡后发生法律效力的民事法律行为。在遗赠中,立遗嘱的自然人为遗赠人,被指定接受赠与财产的民事主体为受遗赠人,遗嘱中指定赠与的财产为遗赠物。

遗赠与遗嘱继承一样,都是将死亡的自然人遗留的财产转移给他人所有的法律制度,因此,遗赠具有以下特点:

第一,遗赠是一种单方民事法律行为。遗赠是遗赠人通过遗嘱的方式将财产赠与他人的行为,遗嘱是一种单方民事法律行为,故遗赠也是一种单方民事法律行为,只需有遗赠人一方的意思表示就可以成立,而且遗赠人的意思表示是无相对人的意思表示。因此,遗赠人只要在遗嘱中将自己赠与财产的意思表达出来,不需要意思表示到达受遗赠人,遗赠就成立。

第二,遗赠是给法定继承人以外的民事主体以财产利益的无偿民事法律行为。首先,受遗赠人只能是法定继承人以外的民事主体,具体包括国家、集体、自然人、法人、非法人组织,而不能是法定继承人。其次,遗赠的客体只能是特定的财产利益,即遗赠不能给受遗赠人带来不利益。最后,遗赠是无偿民事法律行为。

第三,遗赠是一种于遗赠人死亡后发生效力的民事法律行为。遗赠虽是遗赠人生前作出的意思表示,但是只有在遗赠人死亡后才能发生法律效力,属于死因行为。所以,遗赠具有可撤回性,遗赠人在其生存期间可以随时依法定程序变更、撤回遗赠。

第四,遗赠是只能由受遗赠人亲自接受的民事法律行为。遗赠是以特定的受遗赠人为受益主体的,受遗赠人具有不可替代性。此外,受遗赠权只能由受遗赠人自己亲自享有,而不得转让。

(二) 遗赠与遗嘱继承的区别

遗赠与遗嘱继承虽然都是以遗嘱为基础而进行的遗产移转,但是二者存在较大的区别,主要有如下方面:

第一,主体范围不同。受遗赠人可以是法定继承人以外的任何自然人,也可以是国家、集体或者组织;而遗嘱继承人只能是法定继承人范围以内的人,国家、集体或者组织不能作为遗嘱继承人。

第二,主体承担的义务不同。受遗赠人仅取得财产利益,而不承担清偿被继承人债务的义务;而遗嘱继承人在继承遗产权利的同时,须清偿被继承人的债务。

第三,取得遗产的方式不同。受遗赠人并不直接参与遗产的分配,也不能直接取得遗产的所有权等权益,只能从继承人或者遗产管理人处取得遗产;而遗嘱继承人可以依照遗嘱的内容直接取得遗产。

第四,接受的意思表示方式不同。在遗赠中,受遗赠人接受遗赠须采取明示的方式,若没有作出接受遗赠的意思表示,则推定放弃受遗赠;而在遗嘱继承中,继承人接受继承可以采取明示或者默示的方式,没有表示的,则推定接受继承。同时,受遗赠人接受遗赠须在知道受遗赠后 60 日内作出表示,而遗嘱继承人接受继承仅在遗产处理前作出表示即可。

二、遗赠的接受与放弃

依据《民法典》第 1124 条第 2 款的规定,受遗赠人应当在知道受遗赠后 60 日内,作出接受或者放弃受遗赠的表示;到期没有表示的,视为放弃受遗赠。依照这一规定,遗赠的接受应当以明示的方式作出,受遗赠人的沉默视为放弃受遗赠。无论是遗赠的接受还是放弃,均具有溯及效力,即均溯及至继承开始时发生法律效力。同时,遗赠的接受必须在受遗赠人知道受遗赠后的 60 日内作出。

三、受遗赠权的丧失

依据《民法典》第 1125 条第 3 款的规定,受遗赠人有继承人丧失继承权的法定事由的,丧失受遗赠权。受遗赠权的丧失事由可以概括为:(1)故意杀害遗赠人;(2)为争夺遗产而杀害继承人;(3)遗弃遗赠人,或者虐待遗赠人情节严重;(4)伪造、篡改、隐匿或者销毁遗嘱,情节严重;(5)以欺诈、胁迫手段迫使或者妨碍遗赠人设立、变更或者撤回遗嘱,情节严重。

应当指出,虽然受遗赠权丧失与继承权丧失的理由基本相同,但是丧失权利的类型不同,即受遗赠权的丧失属于绝对丧失,只要受遗赠人具备了法定事由,即永久丧失受遗赠权,不存在恢复的可能。

四、遗赠的执行

受遗赠人在知道受遗赠后 60 日内,作出接受遗赠的意思表示的,即享有请求遗赠执行义务人(遗产管理人或者继承人)交付遗赠财产的请求权,遗赠执行义务人应依受遗赠人的请求交付遗赠财产。也就是说,即使遗赠生效,受遗赠人也并不能自动取得遗赠财产的物权或者其他财产权利,而只享有请求权,即请求遗赠执行义务人交付遗赠财产的权利。

《民法典》第 1162 条规定:"执行遗赠不得妨碍清偿遗赠人依法应当缴纳的税款和债务。"可见,遗赠执行义务人在清偿完被继承人生前所欠的税款及债务后,才能在遗产剩余的部分中执行遗赠。此外,遗赠执行义务人在执行遗赠之前,还应当按照必留份制度的要求,为缺乏劳动能力又没有生活来源的继承人保留必要的遗产份额。

五、转遗赠

转遗赠是指在继承开始后,受遗赠人接受遗赠,并于遗产分割前死亡的,其接受遗赠的权利转移给受遗赠人继承人的遗赠。《继承编解释(一)》第 38 条规定了转遗赠:继承开始后,受遗赠人表示接受遗赠,并于遗产分割前死亡的,其接受遗赠的权利转移给他的继承人。例如,遗赠人甲在遗嘱中将 3 万元存款赠与朋友乙,乙在知道受遗赠后第 10 天即表示接受遗赠,但是乙在遗产分割前因车祸死亡。此时,乙接受遗赠的 3 万元存款即由乙的继承人继承。

第二节 遗赠扶养协议

一、遗赠扶养协议的概念和特点

依据《民法典》第 1158 条的规定,遗赠扶养协议是指自然人(受扶养人)与其继承人以外的组织或者个人(扶养人)签订的以扶养和遗赠为内容的协议。

遗赠扶养协议具有如下特点:

第一,遗赠扶养协议是双方民事法律行为。遗赠扶养协议以扶养和遗赠为内容,属于合同关系。在遗赠扶养协议中,遗赠人即受扶养人,只能是自然人;扶养人可以是自然人,也可以是法人和非法人组织,但是继承人不能作为扶养人。

第二,遗赠扶养协议是诺成民事法律行为。遗赠扶养协议是诺成行为,双方意思表示达成一致时即可发生效力。遗赠扶养协议虽于受扶养人死亡后才发生遗赠的效力,但是这属于遗赠扶养协议的履行,并不意味着遗赠扶养协议于受扶养人死亡时才生效。

第三,遗赠扶养协议是双务民事法律行为。在遗赠扶养协议中,双方当事人都负有一定的义务。扶养人负有负责受扶养人的生养死葬的义务,受扶养人负有将自己的财产遗赠给扶养人的义务。因此,遗赠扶养协议为双务民事法律行为。

第四,遗赠扶养协议是有偿民事法律行为。在遗赠扶养协议中,任何一方享受权利都是以履行一定的义务为对价的。扶养人不履行对受扶养人的生养死葬的义务,则不能享有受遗赠的权利;受扶养人不将自己的财产遗赠给扶养人,也不享有要求扶养人扶养的权利。

第五,遗赠扶养协议具有优先效力。在处理遗产的方式上,遗赠扶养协议具有最优先的效力。依据《民法典》第 1123 条的规定,继承开始后,按照法定继承办理;有遗嘱的,按照遗嘱继承或者遗赠办理;有遗赠扶养协议的,按照协议办理。这就是说,如果被继承人生前与他人订有遗赠扶养协议,同时又立有遗嘱的,继承开始后,如果遗赠扶养协议与遗嘱没有抵触,遗产分别按协议和遗嘱处理;如果有抵触,按协议处理,与协议抵触的遗嘱全部或者部分无效。

二、遗赠扶养协议的效力

(一)扶养人的义务

按照遗赠扶养协议,扶养人对受扶养人承担生养死葬的义务。也就是说,扶养人在受扶养人生前负有扶养的义务,在其死亡后负有安葬的义务。扶养人对受扶养人的扶养义务自遗赠扶养协议生效时起发生效力,且具有继续性。因此,自遗赠扶养协议生效后,扶养人就应当履行自己的扶养义务,依协议约定在受扶养人生前不间断地对其给予生活上的照料和扶助;在受扶养人死亡后还应当负责办理受扶养人的丧事。扶养人不履行扶养义务的,应当承担违约责任。

(二) 受扶养人的义务

按照遗赠扶养协议,受扶养人负有将其财产遗赠给扶养人的义务。受扶养人对在遗赠扶养协议中指定遗赠给扶养人的财产,不得擅自处分。

三、遗赠扶养协议的解除

遗赠扶养协议签订之后,当事人双方可以协议解除该协议。同时,当事人一方严重违约,导致双方之间的信任基础丧失,或者协议已经不可能再继续履行的,另一方当事人也可以通过诉讼等方式解除协议。

扶养人无正当理由不履行义务,导致遗赠扶养协议解除的,不能享有受遗赠的权利,其支付的供养费用一般不予补偿;遗赠人无正当理由不履行义务,导致遗赠扶养协议解除的,则应当偿还扶养人已支付的供养费用(《继承编解释(一)》第 40 条)。

第四十章　遗产的处理

第一节　遗产的保管与管理

一、遗产的保管

遗产的保管是指在继承开始后,存有遗产的人对遗产的实际管领。

通常而言,遗产保管人应按照如下规则确定:被继承人生前自己占有财产,继承开始后,应当由知道被继承人死亡的继承人或者遗嘱执行人保管遗产;继承人都知道被继承人死亡的,继承人应当共同保管遗产,也可以协商由继承人中的一人或者数人保管。如果继承人中无人知道被继承人死亡或者知道被继承人死亡而不能通知的,遗产应当由被继承人的生前所在单位或者遗产所有地的居民委员会、村民委员会负责保管。人民法院在审理继承案件时,如果知道有继承人而无法通知的,分割遗产时,要保留其应继承的份额,并确定该遗产的保管人或者保管单位(《继承编解释(一)》第30条)。

存有遗产的人应当尽妥善保管义务(《民法典》第1151条)。遗产保管人没有尽到妥善保管义务,致使遗产遭受损害的,应当承担相应的民事责任。应当指出,对于故意隐匿、侵吞或者争抢遗产的继承人,可以酌情减少其应继承的遗产(《继承编解释(一)》第43条)。

二、遗产的管理

(一)遗产管理人的确定

遗产管理人是指继承开始后,对遗产进行管理的民事主体。遗产管理人可以是自然人,也可以是法人或者非法人组织。

依据《民法典》第1145条和第1146条的规定,遗产管理人按照如下顺序产生:

第一,遗嘱执行人为遗产管理人。被继承人指定遗嘱执行人,表明了其对遗嘱执行人的信任,另外,遗嘱执行人执行遗嘱本来就需要对遗产进行管理,所以,该遗嘱执行人是首选的遗产管理人。

第二,继承人推选遗产管理人。在没有遗嘱执行人的情况下,继承人应当及时推选遗产管理人。被推选的遗产管理人,可以是继承人中的一人或者数人,也可以是继承人以外的人。

第三,继承人共同担任遗产管理人。遗产的管理原本就是继承人的事务,所以,继承人没有推选遗产管理人时,就应当由他们共同担任管理遗产人。

第四,有关单位或者组织担任遗产管理人。在没有继承人或者继承人均放弃继承权的情况下,应当由被继承人生前住所地的民政部门或者村民委员会担任遗产管理人。如果被继承人是农村居民,则由村民委员会担任遗产管理人;如果被继承人是城镇居民,则由其生前住所地的民政部门担任遗产管理人。

第五，人民法院指定遗产管理人。如果对遗产管理人的确定有争议，利害关系人可以向法院申请指定遗产管理人。

(二) 遗产管理人的职责

依据《民法典》第1147条规定，遗产管理人应当履行下列职责：

第一，清理遗产并制作遗产清单。遗产管理人应当清查被继承人遗留的所有财产，包括不动产、动产、知识产权、债权、债务等。遗产管理人清理遗产之后，应当制作遗产清单，载明遗产权利和被继承人债务的具体情况。

第二，向继承人报告遗产情况。遗产管理人清理遗产并制作遗产清单以后，应当向全体继承人报告遗产的情况，包括遗产权利和被继承人债务的情况。

第三，采取必要措施防止遗产毁损、灭失。遗产管理人要妥善保管遗产，因此，应当采取必要措施，避免遗产的毁损、灭失。

第四，处理被继承人的债权债务。被继承人既可能享有债权，也可能负担债务。遗产管理人应当收取被继承人的债权，清偿被继承人的债务。

第五，按照遗嘱或者依照法律规定分割遗产。遗产分割是遗产处理的重要环节，也是遗产管理人的重要职责。遗产的分割，应当优先按照被继承人所立的有效遗嘱进行；对于遗嘱没有涉及的事项，遗产管理人应当按照法律的规定分割遗产。

第六，实施与管理遗产有关的其他必要行为。为了管理遗产，遗产管理人还可以实施其他的必要行为。例如，遗产管理人为了查明被继承人遗产的范围，可以进行必要的调查。

(三) 遗产管理人的民事责任

遗产管理人应当依法履行职责，在法律允许的范围内进行遗产管理，而且应当积极履行其职责。依据《民法典》第1148条的规定，遗产管理人因故意或者重大过失造成继承人、受遗赠人、债权人损害的，应当承担民事责任。这就是说，遗产管理人实施了不当的遗产管理行为，且有故意或者重大过失的，应当承担违约责任或者侵权责任。

(四) 遗产管理人的报酬请求权

依据《民法典》第1149条的规定，遗产管理人可以依照法律规定或者按照约定获得报酬。可见，遗产管理人享有获得报酬的权利。例如，继承人共同推选了遗产管理人且约定支付报酬，则该遗产管理人就有权主张报酬。

第二节 转 继 承

一、转继承的概念和适用条件

依据《民法典》第1152条的规定，转继承是指在继承开始后，继承人于遗产分割前死亡，该继承人应当继承的遗产转给其继承人的制度。在转继承中，继承开始后、遗产分割前死亡的继承人称被转继承人，而实际取得遗产的继承人称转继承人。

依据《民法典》第1152条的规定，转继承的适用条件包括如下几项：

第一，被转继承人在被继承人死亡后、遗产分割前死亡。如果被转继承人在被继承人死亡前死亡，则可能发生代位继承；如果被转继承人在遗产分割后死亡，则其已经取得了遗产权利，自不发生转继承问题。

第二，转继承人没有丧失继承权，也没有放弃继承权。转继承也是一种继承，因此，转继承人也需要具备参与继承的条件。如果转继承人丧失了继承权，或者虽然没有丧失继承权但是放弃了继承权，自不发生转继承问题。

第三，遗嘱中没有另外安排。这里的遗嘱既包括被继承人的遗嘱，也包括被转继承人的遗嘱。例如，被转继承人在遗嘱中指定，其全部遗产或者从被继承人处继承的遗产遗赠给某基金会，此时发生遗赠关系，不适用转继承。

在符合转继承的条件后，就应当由转继承人继承被转继承人应当继承的遗产。如果转继承人是法定继承人，则其应当按照法定继承的规则取得应当继承的份额；如果转继承人是遗嘱继承人，则按照被转继承人所立的遗嘱取得遗产。

二、转继承与代位继承的区别

转继承和代位继承有相似之处，但是二者是不同的继承制度，存在如下区别：

第一，性质不同。转继承是两个本位继承的连续，先由被转继承人直接取得被继承人的遗产，再由转继承人直接继承原由被转继承人继承的遗产份额；而代位继承与本位继承相对应，是由代位继承人直接继承被继承人的遗产份额，而非继承被代位继承人的遗产。可见，代位继承具有替补的性质。

第二，发生条件不同。转继承适用于继承人在被继承人死亡后、遗产分割前死亡的情形；而代位继承适用于继承人先于被继承人死亡的情形。

第三，主体范围不同。转继承人包括被转继承人的所有继承人，既包括法定继承人，也包括遗嘱继承人；而代位继承人的范围仅限于被继承人子女的晚辈直系血亲和被继承人兄弟姐妹的子女，不包括其他继承人。

第四，适用范围不同。转继承既适用于法定继承，也适用于遗嘱继承；而代位继承仅适用于法定继承，不适用于遗嘱继承。

第三节 遗产的分割

一、遗产分割的概念

遗产分割是指在数个继承人之间，按照各个继承人的应继承份额分配遗产的行为。

遗产分割的前提是遗产的确定。在被继承人死亡之后，其遗产可能与其他人的财产混在一起，所以，必须把被继承人的遗产和其他人的财产区分开来。依据《民法典》第1153条第1款的规定，夫妻共同所有的财产，除有约定的外，遗产分割时，应当先将共同所有的财产的一半分出为配偶所有，其余的为被继承人的遗产。因我国法律实行婚后所得共同制，故夫妻双方婚后所得的财产原则上都属于共同所有的财产。在遗产分割之前，除另有约定外，夫妻共同财产中的一半属于遗产。

另外，被继承人还可能与其他家庭成员形成家庭共有关系。依据《民法典》第1153条第2款的规定，遗产在家庭共有财产之中的，遗产分割时，应当先分出他人的财产。依照这一规定,遗产分割之前,也需要将被继承人的遗产与其他家庭成员的财产区分开来。此外,被继承人可能还与其他人形成财产共有关系,如合伙共有,在遗产分割时,也应当将被继承人的财产与其他人的共有财产区分开来。

二、遗产分割的原则

(一)遗产分割自由原则

遗产分割自由原则,是指共同继承人得随时要求分割遗产。就是说,继承人得随时行使遗产分割请求权,任何继承人不得拒绝分割。当然,遗产分割请求权虽以自由行使为原则,但是若法律另有规定或者当事人另有约定,则不在此限。依据《民法典》第303条的规定,共有人约定不得分割共有的不动产或者动产,以维持共有关系的,应当按照约定,但是共有人有重大理由需要分割的,可以请求分割。被继承人通过遗嘱限制遗产的分割的,也应承认其效力。

(二)保留胎儿继承份额原则

保留胎儿继承份额原则,是指在分割遗产时,如果有胎儿的,应当保留胎儿的继承份额。依据《民法典》第1155条规定,遗产分割时,应当保留胎儿的继承份额。胎儿娩出时是死体的,保留的份额按照法定继承办理。在遗产处理中,应当为胎儿保留遗产份额而没有保留的,应从继承人所继承的遗产中扣回(《继承编解释(一)》第31条第1款)。为胎儿保留的遗产份额,如胎儿出生后死亡的,由其继承人继承;如胎儿娩出时是死体的,由被继承人的继承人继承(《继承编解释(一)》第31条第2款)。

(三)互谅互让与协商原则

依据《民法典》第1132条的规定,继承人应当本着互谅互让、和睦团结的精神,协商处理继承问题。遗产分割的时间、办法和份额,由继承人协商确定;协商不成的,可以由人民调解委员会调解或者向人民法院提起诉讼。互谅互让,要求继承人在分割遗产时要相互关心、相互照顾,对法律规定需要特殊照顾的继承人,应当适当多分给遗产;协商分割,要求继承人在遗产分割时,对遗产的分割时间、分割办法、分割份额等都应当按照继承人之间协商一致的意见处理。

(四)物尽其用原则

物尽其用原则,是指在遗产分割时,应当从有利于生产和生活的需要出发,注意发挥遗产的实际效用。对此,《民法典》第1156条第1款规定:"遗产分割应当有利于生产和生活需要,不损害遗产的效用。"所以,人民法院在分割遗产中的房屋、生产资料和特定职业所需要的财产时,应当依据有利于发挥其使用效益和充分保障继承人的实际需要,兼顾各继承人的利益进行处理(《继承编解释(一)》第42条)。

三、遗产分割的方式

遗产分割的方式是指继承人取得遗产应继份的具体方法。《民法典》第1156条第2款规定:"不宜分割的遗产,可以采取折价、适当补偿或者共有等方法处理。"依照这一规定,遗产分割的方式主要有以下四种方式。

(一) 实物分割

实物分割是指对遗产进行实体分割,由各继承人取得分割部分的单独所有权。遗产是一项集合财产,可以是可分物,也可以是不可分物。如果遗产是不可分物,则不能采取实物分割的方式。例如,被继承人遗留的一套房屋是不可分物,就不能采取实物分割的方式进行遗产分割。

(二) 变价分割

变价分割是指将遗产出卖而由继承人分配价金。如果遗产不宜进行实物分割,或者继承人都不愿取得该遗产,则可以将遗产变卖,换取价金,然后由继承人按照自己应继份的比例,对价金进行分割。使用变价分割的方式分割遗产,实际上是对遗产的处分,所以,遗产的变价应当经过全体继承人的同意。

(三) 补偿分割

补偿分割是指由某个或者某些继承人取得遗产的所有权,并由该继承人向其他继承人补偿其应继份的价值。对于不宜实物分割的遗产,如果继承人中有人愿意取得该遗产,则由该继承人取得遗产的所有权,然后由取得遗产所有权的继承人按照其他继承人应继份的比例,分别补偿给其他继承人相应的价金。

(四) 共有分割

共有分割是指继承人对遗产不作实物分割、变价分割和补偿分割,而是将共同共有的遗产改变为按份共有。对于不宜进行实物分割,继承人又都愿意取得的遗产,或者继承人基于某种生产或者生活目的,不愿意进行实物分割的遗产,均可以采取共有分割的方式,由继承人对遗产享有按份共有权,其各自共有份额按照应继份的比例确定。

四、遗产分割的效力

(一) 遗产分割效力的发生时间

关于遗产分割效力的发生时间,存在宣告主义和移转主义两种不同的观点和立法例。宣告主义认为,遗产的分割就等于宣告遗产归属于特定的继承人,而且此种宣告溯及到继承开始时生效。这就是说,遗产分割后,遗产归属于特定继承人所有的效力会溯及到继承开始时。移转主义认为,遗产的分割是将继承人共有的权利移转给单个的继承人。也就是说,继承开始后、遗产分割前,遗产由继承人共有;遗产分割后,遗产才由单个继承人所有。

依据《民法典》第230条的规定,因继承取得物权的,自继承开始时发生效力。但是,继承开始时,各继承人取得的是对遗产的共同共有权而非单独所有权;只有在遗产分割后,各继承人取得的才是单独所有权,因而遗产分割的效力发生于"分割时"而并非"继承开始时"。

(二) 遗产分割的瑕疵担保责任

遗产分割采用实物分割方式时,各继承人对其他继承人所分得的遗产,负有与出卖人同样的瑕疵担保责任。这一担保责任既包括物的瑕疵担保责任,也包括权利的瑕疵担保责任。在继承领域,物的瑕疵担保责任是指继承人之间应担保其他继承人取得的遗产没有品质上的瑕疵;权利的瑕疵担保责任是指继承人之间应担保其他继承人取得的遗产上不存在第三人的权利。

继承人分得债权时,其他继承人有担保债权实现的责任。如果继承人在遗产分割时分得的部分为遗产债权,而此遗产债权又因债务人在遗产分割时缺乏支付能力无法实现时,该继承人就有权要求其他继承人承担担保责任;如果该遗产债权是附停止条件或者未届清偿期的债权,则各共同继承人应对清偿时债务人的支付能力负担保责任。

第四节　被继承人债务的清偿

一、被继承人债务的概念和范围

被继承人债务是指被继承人生前依法应当缴纳的税款和依据民事法律而负担的债务。只有在被继承人死亡时尚未清偿的依法应当由其清偿的债务,才属于被继承人债务。在继承开始后,为处理遗产事务而产生的债务,如因支付丧葬费、遗产管理而产生的债务,均不属于被继承人债务。

被继承人债务可以是合同之债,也可以是侵权之债、不当得利之债、无因管理之债;可以是主债务,也可以是为提供保证、抵押、质押而形成的从债务;可以是纯个人债务,也可以是与他人形成的共同债务、连带债务。

二、被继承人债务的清偿原则

被继承人债务的清偿直接关涉继承人、受遗赠人以及遗产债权人的利益,应当遵循如下原则:

（一）限定清偿原则

限定清偿原则,是指继承人对被继承人债务的清偿只以遗产的实际价值为限,除继承人自愿清偿外,继承人对于超过遗产实际价值的部分不负清偿责任。

依据《民法典》第1161条第1款的规定,继承人以所得遗产实际价值为限清偿被继承人依法应当缴纳的税款和债务。超过遗产实际价值部分,继承人自愿偿还的不在此限。继承人如果偿还了该债务,债权人可以保有继承人的给付,继承人不能要求返还不当得利。另外,如果继承人放弃继承,对被继承人依法应当缴纳的税款和债务可以不负清偿责任。

（二）保留必留份原则

保留必留份原则,是指继承人中有缺乏劳动能力又没有生活来源的人,即使遗产不足以缴纳税款和清偿债务,也应为其保留适当遗产,然后再依法缴纳税款和清偿债务。《民法典》第1159条规定,分割遗产,应当清偿被继承人依法应当缴纳的税款和债务;但是,应当为缺乏劳动能力又没有生活来源的继承人保留必要的遗产。这里所说的保留必要的遗产,是指要保留一定数量的遗产,以保证继承人的基本生活。

（三）清偿被继承人的债务优先于执行遗赠原则

《民法典》第1162条规定:"执行遗赠不得妨碍清偿遗赠人依法应当缴纳的税款和债务。"依照这一规定,在执行遗赠和清偿被继承人债务的顺序上,清偿被继承人的债务优先于执行遗赠。只有在清偿被继承人的债务之后,还有剩余遗产时,遗赠才能得到执行。如果遗产已不足以清偿被继承人的债务,则遗赠就不能执行。

三、被继承人债务的清偿时间和方式

依据《民法典》第1159条的规定,分割遗产,应当清偿被继承人依法应当缴纳的税款和债务。因此,对于被继承人债务的清偿,一般应在遗产分割前进行。即继承人首先从遗产中清算出被继承人的债务,并将清算出的相当于被继承人债务数额的遗产交付给债权人。然后,根据各继承人应继承的份额,分配剩余遗产。当然,法律也没有限制在遗产分割后再清偿被继承人的债务。

在实践中,如果遗产已被分割而未清偿债务,则应当依据《民法典》第1163条的规定处理,即"既有法定继承又有遗嘱继承、遗赠的,由法定继承人清偿被继承人依法应当缴纳的税款和债务;超过法定继承遗产实际价值部分,由遗嘱继承人和受遗赠人按比例以所得遗产清偿"。

第五节 无人承受遗产的处理

一、无人承受遗产的概念和范围

无人承受的遗产是指没有继承人或者受遗赠人承受的遗产。

自然人死亡后,一般都是有继承人或者受遗赠人的。但是,在个别情况下,也可能出现无人承受被继承人遗产的情况。从实践来看,无人承受的遗产主要包括:(1)没有继承人和受遗赠人的遗产;(2)继承人放弃继承、受遗赠人放弃受遗赠的遗产;(3)继承人丧失继承权、受遗赠人丧失受遗赠权的遗产。

二、无人承受遗产的归属

《民法典》第1160条规定,无人继承又无人受遗赠的遗产,归国家所有,用于公益事业;死者生前是集体所有制组织成员的,归所在集体所有制组织所有。可见,《民法典》是按死者的身份来确定无人承受遗产归属的。例如,死者是村集体的成员的,则其遗产归村集体所有。同时,《民法典》强调,国家取得无人承受的遗产时,应当用于公益事业,如慈善事业等,以体现"取之于民、用之于民"的宗旨。

此外,在处理无人承受的遗产时,还应当注意两个问题:

其一,死者债务的清偿问题。依据《民法典》第1161条的规定,继承人继承遗产应当清偿被继承人的债务。同理,取得无人承受遗产的国家或者集体所有制组织,也应当在取得遗产的实际价值范围内负责清偿死者生前所欠的债务。只有清偿债务后,国家或者集体所有制组织才能取得剩余部分的遗产。

其二,非继承人取得遗产的问题。在处理无人承受遗产时,如果有继承人以外的依靠被继承人扶养的缺乏劳动能力又没有生活来源的人,或者有继承人以外的对被继承人扶养较多的人,则可以视情况适当分给他们遗产(《继承编解释(一)》第41条)。

第八编 侵权责任

第四十一章 侵权责任概述

第一节 侵权行为的概念和分类

一、侵权行为的概念和特点

依据《民法典》第120条的规定,民事权益受到侵害的,被侵权人有权请求侵权人承担侵权责任。据此,侵权行为是指侵害他人民事权益,依法应当承担侵权责任的不法行为。

侵权行为具有如下特点:

第一,侵权行为是一种事实行为。侵权行为能够在侵权人和被侵权人之间产生一定的民事法律后果,因此,侵权行为属于民事法律事实,是债的发生根据之一(《民法典》第118条第2款)。侵权行为作为一种民事法律事实,是基于行为人的意思而发生的,但是不以行为人的意思表示为要素。因此,侵权行为属于事实行为。

第二,侵权行为是一种民事违法行为。从本质上讲,侵权行为是一种民事违法行为。侵权行为的违法性就是违反法律的规定,为法律所不许,其实质就是违反民法所规定的义务。

第三,侵权行为是加害于他人的行为。侵权行为的侵害对象包括民事权利和民事利益。对此,《民法典》第1164条将其概括为"民事权益"。侵权行为所侵害的民事权利包括人身权、物权、继承权、知识产权等绝对权。此外,民事权利以外的其他合法民事利益,如自然人的个人信息、声音,死者的姓名、肖像、名誉、荣誉、隐私、遗体等,也受侵权责任制度保护。

第四,侵权行为是依法应承担侵权责任的行为。侵权行为能够引起民事法律后果,这种后果就是侵权人应承担侵权责任,被侵权人有权请求侵权人承担侵权责任。因此,侵权行为是应承担侵权责任的根据。

二、侵权行为的分类

根据不同标准,侵权行为可做不同分类。在实践中,较为重要的分类有以下几种:

(一)积极侵权行为与消极侵权行为

根据侵权行为的形式,侵权行为可分为积极侵权行为与消极侵权行为。

积极侵权行为又称作为的侵权行为,是指侵权人以作为的方式侵害他人民事权益的侵权行为。在积极侵权行为中,侵权人违反的是对他人负有的不作为义务,通过作为的方式加害于他人。例如,侵占财产、假冒商标、侮辱或者诽谤他人等。

消极侵权行为又称不作为的侵权行为,是指侵权人以不作为的方式侵害他人民事权益的侵权行为。在消极侵权行为中,侵权人违反的是对他人负有的作为义务,通过不作为的方式加害于他人。一般地说,消极侵权行为以侵权人负有某种作为义务为前提,而作为义务是否存在应当依据法律明文规定、职务上和业务上的要求等加以确定。

(二)直接侵权行为与间接侵权行为

根据侵权行为的作用,侵权行为可分为直接侵权行为与间接侵权行为。

直接侵权行为是指侵权人以自己的直接行为侵害他人民事权益的侵权行为。例如,侵权人侵占他人的财产、诽谤他人等,都属于直接侵权行为。

间接侵权行为是指侵权人借助某种媒介而侵害他人民事权益的侵权行为。这种侵权行为与直接侵权行为的区别在于,侵权人并不是通过自己的行为直接侵害他人民事权益,而是基于一定的媒介侵害他人民事权益。例如,教唆他人实施侵权的侵权行为、饲养动物致人损害的侵权行为、建筑物倒塌致人损害的侵权行为等,都属于间接侵权行为。

(三)单独侵权行为与数人侵权行为

根据侵权人的人数,侵权行为可分为单独侵权行为与数人侵权行为。

单独侵权行为是指侵权人仅为一人的侵权行为。单独侵权行为的侵权人是单一的,侵权人与受害人之间的关系较为简单。

数人侵权行为是指侵权人为二人以上的侵权行为,包括共同侵权行为、无意思联络的数人侵权行为。数人侵权行为涉及各侵权人对被侵权人外部责任的承担,也会涉及各侵权人内部责任的划分。

(四)一般侵权行为与特殊侵权行为

根据侵权行为的成立条件,侵权行为可分为一般侵权行为与特殊侵权行为。

一般侵权行为又称为普通侵权行为,是指侵权人因自己的过错直接侵害他人民事权益,适用民法一般规定的侵权行为。基于一般侵权行为所产生的责任,称为一般侵权责任。

特殊侵权行为是指侵权人基于与自己有关的他人行为、为其所控制的领域或者其他特别原因侵害他人民事权益,适用民法特殊规定的侵权行为。基于特殊侵权行为所产生的责任,称为特殊侵权责任,如产品责任、机动车交通事故责任、医疗损害责任、环境污染和生态破坏责任、高度危险责任、饲养动物损害责任、建筑物和物件损害责任等。

第二节 侵权责任的概念和竞合

一、侵权责任的概念和特点

侵权责任是指侵权人侵害他人民事权益时,依法应承担的民事法律后果。

侵权责任是民事责任的一种,具有民事责任的一般特点,但是侵权责任又具有不同于其他民事责任的以下特点:

第一,侵权责任是违反法定义务的法律后果。民事责任是以民事义务的存在为前提的,没有民事义务也就无所谓民事责任。民事义务有法定义务与约定义务之分,侵权责任是侵权人违反法定义务的结果,而违反约定义务通常产生违约责任。

第二,侵权责任是以侵权行为为事实根据所产生的责任。侵权责任是侵权人实施侵权行为的必然法律后果,侵权行为是侵权责任发生的事实根据。因此,侵权责任与侵权行为是不可分的一个问题的两个方面。没有侵权行为,也就不会有侵权责任。

第三,侵权责任的承担方式不限于财产责任。侵权行为通常会导致被侵权人遭受一定的损害,需要侵权人用自己的财产来弥补其行为所造成的损害。所以,侵权责任的承担方式主要是财产责任,如返还财产、恢复原状、赔偿损失等。但是,为保护民事主体的合法权益,预防并制裁侵权行为,法律也规定了一些非财产责任形式,如赔礼道歉、恢复名誉、消除影响等。同时,《民法典》第1167条规定,侵权行为危及他人人身、财产安全的,被侵权人有权请求侵权人承担停止侵害、排除妨碍、消除危险等侵权责任。

二、侵权责任与违约责任的竞合

侵权责任与违约责任的竞合是指行为人实施的某一违法行为,既为侵权行为也为违约行为,从而在法律上导致侵权责任与违约责任并存的现象。

在现实生活中,由于不法行为的多样性和复杂性,侵权责任与违约责任竞合的现象不可避免。例如,在保管合同中,因保管人保管不善造成保管物毁损、灭失,就会产生侵权责任与违约责任的竞合。再如,在旅客运输合同中,旅客在运输途中遭受人身损害,也会产生侵权责任与违约责任的竞合。在侵权责任与违约责任竞合的情形下,受害人有权选择其中一种要求对方承担责任。对此,《民法典》第186条规定,因当事人一方的违约行为,损害对方人身、财产权益的,受损害方有权选择请求其承担违约责任或者侵权责任。

第四十二章 侵权责任的归责原则

第一节 侵权责任归责原则概述

一、侵权责任归责原则的概念和意义

所谓归责,就是责任归属于何人承担。因此,侵权责任的归责原则是指据以确定侵权责任由行为人承担的根据。

侵权责任制度是规定侵权责任的法律规范,因此,侵权责任的归责原则在侵权责任制度中居于核心地位,是全部侵权责任法规范的基础,直接体现了侵权责任制度的立法取向和价值功能。在侵权责任制度中,侵权责任的构成要件、举证责任的分担、不承担责任和减轻责任的事由、损害赔偿的方法及原则等,都需要以归责原则为指导,都受归责原则的制约。可以说,整个侵权责任制度的内容和体系都是建立在归责原则基础之上的。所以,只有确立了合理的归责原则,才能使侵权责任制度形成协调统一的完整体系。

侵权责任的归责原则在侵权责任制度中的核心地位,决定了其对于司法实践具有重要的指导意义。司法机关只有正确地理解和掌握了侵权责任的归责原则,才能准确地适用侵权责任制度,解决复杂多样的侵权类纠纷,从而更好地保护民事主体的合法权益,有效地预防和制裁各种侵权行为。

二、侵权责任归责原则的体系

依据《民法典》第1165条和第1166条的规定,侵权责任的归责原则包括过错责任原则和无过错责任原则,而过错推定原则、公平责任原则均不能成为侵权责任的归责原则。一方面,过错推定的归责基础仍在于过错,包含在过错责任原则之中,仅是过错责任原则适用的一种特殊情况。另一方面,《民法典》第1186条规定:"受害人和行为人对损害的发生都没有过错的,依照法律的规定由双方分担损失。"可见,《民法典》对于当事人对损害的发生都没有过错的情况,在法律存在明确规定时,按照损失分担来处理。因此,所谓公平责任,仅是一种法定的损失分担规则。例如,《民法典》第1190条第1款规定,完全民事行为能力人对自己的行为暂时没有意识或者失去控制造成他人损害有过错的,应当承担侵权责任;没有过错的,根据行为人的经济状况对受害人适当补偿。这里的适当补偿,实质上就是基于法律的明确规定而适用的公平责任。

第二节 过错责任原则

一、过错责任原则的概念和特点

过错责任原则是指以行为人的过错确定行为人是否承担侵权责任的归责原则。对此,

《民法典》第 1165 条第 1 款规定:"行为人因过错侵害他人民事权益造成损害的,应当承担侵权责任。"

过错责任原则具有以下特点:

第一,过错责任原则是核心归责原则。无论侵权责任的归责原则体系如何构建,过错责任原则都是公认的归责原则,且居于核心地位。因此,《民法典》第 1165 条第 1 款通常被称为侵权责任的一般条款。这种一般条款可以直接适用,用以解决侵权责任纠纷。

第二,过错责任原则具有主观归责性。过错责任原则所贯彻的基本精神是:无过错,则无责任。因此,按照过错责任原则,过错是决定过错责任是否成立的主观要件。

第三,过错责任原则具有广泛适用性。过错责任原则是一般侵权责任的归责原则,适用于因行为人的过错而产生的侵权责任。即使是特殊侵权责任,有的责任也以过错责任原则作为归责原则,如医疗损害责任等。因此,过错责任原则具有广泛的适用性。

二、适用过错责任原则应注意的问题

在侵权责任制度中,适用过错责任原则应当注意以下主要问题:

第一,过错是指行为人的过错。在过错责任中,"过错"是指行为人的过错,而不包括其他人的过错。就是说,侵权责任的确认是以行为人有无过错为依据的。因此,过错责任原则只考虑行为人的过错,而不考虑第三人的过错和受害人的过错。第三人的过错和受害人的过错是行为人免除或者减轻侵权责任的正当理由,而不是确定行为人是否承担责任的根据。

第二,过错是过错责任的构成要件。根据过错责任原则,过错是承担侵权责任的必备条件。行为人只有在主观上存在过错的情况下,才承担侵权责任。因此,行为人有无过错,是确定侵权责任归属的基本因素或者最终要件。

第三,过错的存在与否通常应由受害人举证。过错属于行为人的主观因素。按照过错责任原则,证明行为人主观存在过错的责任应当由受害人承担,即由受害人就行为人的过错问题举证。这就是"谁主张,谁举证"的原则。但是,在特殊情况下,法律为保护受害人的利益,实行举证责任倒置,即由行为人承担证明自己没有过错的举证责任。只要行为人不能证明自己没有过错,就推定其有过错。这就是过错责任中的特殊情况——过错推定规则。

第四,过错程度在特定情况下是确定责任范围的依据。根据过错责任原则确认侵权责任,过错程度一般不影响责任的范围。但是在特定情况下,过错程度也产生一定的影响,成为确定责任范围的依据。例如,在确定精神损害赔偿的数额时,就需要考虑侵权人的过错程度;在共同侵权责任中,侵权人之间的责任也需以过错程度作为确定依据。

三、过错推定

过错推定是过错责任原则适用的一种特殊情况,是指受害人若能证明其所受损害是由行为人所造成的,而行为人不能证明自己对造成损害没有过错,则法律就推定其有过错。过错推定是介于过错责任和无过错责任之间的一种中间形态。过错推定较之一般的过错责任,更有利于保护受害人的利益,因为它将过错的举证责任转移给了行为人,从而减轻了受害人的举证责任。

《民法典》第 1165 条第 2 款规定了过错推定规则,依照法律规定推定行为人有过错,其不能证明自己没有过错的,应当承担侵权责任。由于过错推定加重了行为人的证明责任,因此,只有在法律有明确规定的情况下,才能适用过错推定规则。从《民法典》的规定来看,过错推定规则的适用主要有两种形式:一是行为人"不能证明自己没有过错的",行为人应当承担侵权责任(第 1253 条、第 1255 条、第 1257 条);二是行为人不能证明已经尽到相应的义务或者职责的,行为人应当承担侵权责任(第 1199 条、第 1242 条、第 1248 条、第 1256 条、第 1258 条)。

第三节 无过错责任原则

一、无过错责任原则的概念和特点

无过错责任原则是指不以行为人主观上的过错,而是依照法律的特别规定确定行为人承担侵权责任的归责原则。对此,《民法典》第 1166 条规定,行为人造成他人民事权益损害,不论行为人有无过错,法律规定应当承担侵权责任的,依照其规定。

无过错责任原则具有以下特点:

第一,无过错责任原则具有客观归责性。无过错责任原则并不强调归责的主观性,而是强调归责的客观性,即无过错责任的成立并不以行为人的主观过错为要件,只需具备侵权责任构成的客观要件即可。

第二,无过错责任原则的归责事由主要在于行为的危险性。无过错责任原则不以过错作为行为人承担侵权责任的归责事由,而一般是以行为人的行为危险性为归责事由,因此,无过错责任通常又称为危险责任。

第三,无过错责任原则的适用范围具有限定性。无过错责任原则与过错责任原则虽同为侵权责任的归责原则,但是无过错责任原则不具有过错责任原则的广泛适用性,它只能适用于法律有特别规定的情形,通常适用于特殊侵权责任。

二、适用无过错责任原则应注意的问题

在侵权责任制度中,适用无过错责任原则应当注意以下问题:

第一,无过错责任原则具有特定的适用范围。无过错责任原则只有在法律有特别规定的情况下才能适用,具体适用于法律特别规定的部分特殊侵权责任。例如,《民法典》规定的监护人责任、用人单位责任、个人劳务损害责任、产品责任、机动车与非机动车驾驶人和行为人之间的交通事故责任、环境污染和生态破坏责任、高度危险责任(适用过错推定规则的责任除外)、饲养动物损害责任(适用过错推定规则的责任除外)、建筑物等倒塌损害责任、妨碍道路通行物品损害责任适用无过错责任原则。

第二,无过错责任原则不考虑行为人有无过错。适用无过错责任原则确定侵权责任时,不考虑行为人是否存在主观过错。也就是说,行为人有无过错,对于侵权责任的构成不产生影响。应当指出,无过错责任原则不考虑过错,只是不考虑行为人的过错,并不意味着也不考虑受害人的过错,因为受害人的过错对侵权责任的构成和范围有一定的影响。

第三,无过错责任原则实行特殊的举证责任规则。适用无过错责任原则,不要求受害人举证证明行为人是否有过错,也无需推定行为人具有过错。只要受害人能够证明损害的事实及行为人的行为与损害事实之间具有因果关系,行为人即应承担侵权责任。在某些特殊情况下,法律为保护受害人的利益,在因果关系的证明上实行举证责任倒置,即由行为人举证证明其行为与损害事实之间没有因果关系。如果行为人不能证明,就推定因果关系的存在。

第四,无过错责任原则不排除不承担责任或者减轻责任事由的适用。无过错责任原则虽然不以行为人的过错作为承担侵权责任的根据,但是无过错责任原则并非"有损害即有责任"的结果责任原则,也非不存在任何免责事由的绝对责任。因此,在适用无过错责任原则时,行为人仍有权主张法定的不承担责任或者减轻责任的事由。应当指出,适用无过错责任原则的特殊侵权责任,其不承担责任或者减轻责任的事由并不相同。因此,在无过错责任原则的适用中,适用不承担责任或者减轻责任的事由会受到法律规定的限制。

第五,无过错责任原则的适用存在法定赔偿限额。基于特定行业的风险性和保护该行业发展的需要,在某些情况下,法律会对适用无过错责任原则的特殊侵权责任规定赔偿限额。对此,《民法典》第1244条规定,承担高度危险责任,法律规定赔偿限额的,依照其规定,但是行为人有故意或者重大过失的除外。

第四十三章　侵权责任的一般构成要件

第一节　侵权责任的构成要件概述

一、侵权责任构成要件的概念

侵权责任的构成要件是指侵权人承担侵权责任所应当具备的条件。侵权人实施了侵害他人民事权益的行为，只有符合一定的条件，才能承担侵权责任。在《民法典》侵权责任编中，适用于所有侵权责任的构成要件是不存在的。因此，理论上通常只讨论侵权责任的一般构成要件。

一般认为，侵权责任的一般构成要件包括加害行为、损害后果、因果关系、过错四个要素。

二、侵权责任的构成要件与归责原则的关系

在侵权责任制度中，侵权责任的归责原则所要解决的是侵权责任应当由谁承担的问题，而构成要件所要解决的是在什么情况下才承担侵权责任的问题。可见，侵权责任的构成要件与归责原则是两个密切联系的制度。一方面，侵权责任的归责原则是构成要件的前提和基础。侵权责任的归责原则是确定侵权责任的一般规则，只有明确了侵权责任的归责原则，才能运用侵权责任的构成要件，正确分析行为人是否应承担责任。例如，适用过错责任原则确定侵权责任的，就应当按照过错责任的要求确定其构成要件；而适用无过错责任原则确定侵权责任的，就应当按照法律关于该种责任的规定确定其构成要件。另一方面，侵权责任的构成要件是归责原则的具体体现。由于侵权责任的归责原则确定责任由谁承担，因此，归责原则的因素也必然是构成要件所要求的，构成要件是归责原则的具体体现。

第二节　加 害 行 为

一、加害行为的概念和性质

加害行为是行为人实施的加害于他人民事权益的不法行为，是侵权责任构成的客观条件之一。可见，只有行为人的加害行为违法，才能产生侵权行为，进而产生侵权责任。所谓行为违法，是指行为违反法律的规定。如果一个行为并不违法，即说明该行为不具有受法律谴责性，行为人也就无需承担责任。

行为违法表现为社会对这种行为的法律评价，包括形式违法和实质违法。所谓形式违法，是指行为与法律的明文规定相抵触。例如，《民法典》第1019条规定，任何组织或者个人不得以丑化、污损，或者利用信息技术手段伪造等方式侵害他人的肖像权。凡实施上述行为

的,显然与法律的规定相抵触,这样的行为就属于形式的违法。所谓实质违法,是指行为不是从形式上而是从实质上违法。这种行为难以确定其所违反的特定法律规范,但是它却违反了法律的精神、原则。例如,《民法典》第3条规定,民事主体的人身权利、财产权利以及其他合法权益受法律保护,任何组织或者个人不得侵犯。因此,只要行为人所实施的行为侵害了他人民事权益,即使不能确定其所违反的特定法律规范,该行为实质上也是违法的。

二、加害行为的形式

加害行为从行为的自身性质上看,可分为作为的加害行为和不作为的加害行为两种形式。

作为的加害行为是指行为人实施法律禁止实施的行为,即法律禁止为之而为之。因此,凡是法律禁止某种行为的,行为人就有不从事该行为的不作为义务。若行为人违反法律规定的不作为义务而作为,其行为就是作为的加害行为。例如,《民法典》明确规定,任何组织或者个人不得侵害他人的生命权、身体权、健康权。若行为人实施了侵害他人的生命权、身体权、健康权的行为,就构成作为的加害行为。

不作为的加害行为是指行为人不实施法律所要求实施的行为,即法律要求为之而不为之。因此,凡是法律要求实施某种行为的,行为人就有实施该种行为的作为义务。行为人没有实施法律要求的行为,其行为即为不作为的加害行为。例如,宾馆、商场、银行等经营场所的经营者应当尽到安全保障义务。若经营者未尽到安全保障义务的,即构成不作为的加害行为。

第三节 损害后果

一、损害的概念和特点

损害是指因加害行为导致人身权益或者财产权益所遭受的不利后果。

在侵权责任制度中,损害具有以下特点:

第一,损害是侵害民事权益的客观后果。民事主体的合法权益受法律保护,任何人不得侵害。侵害他人民事权益所产生的后果,就是损害。因此,不仅侵害民事权利会造成损害后果,侵害其他合法利益的,也会造成损害后果。

第二,损害具有确定性。损害的确定性是指损害事实是真实存在的,是在客观上能够认定的。首先,损害是已经发生的、真实存在的侵害后果;没有发生的侵害后果或者仅对未来利益构成侵害的可能性,则不能构成损害。其次,损害是在客观上能够认定的。就是说,损害后果的范围和程度能够根据一定的标准加以确认。否则,不能称其为损害。

第三,损害具有法律上的可补救性。侵权责任具有补偿的功能,因此,只有损害具有法律上的可补救性时,才会发生救济。对于不具有补偿性的损害如"青春损失",法律上并不将其纳入救济的范围。

二、损害的分类

侵权行为的种类不同,其所造成的损害也有所不同。一般地说,损害可分为以下几类:

(一)财产损害

财产损害是指侵害他人的人身权益和财产权益所造成的对他人财产利益的不利后果,通常为财产利益的减少、丧失,即损失。凡是民事主体遭受的一切具有财产价值的损失,都称为财产损害。财产损害的产生主要有三种情况:一是侵害财产权益而产生的财产损害;二是侵害自然人的物质性人格权益造成的财产损害,如致人伤害、残废、死亡所造成的医疗费、丧葬费、误工收入等财产损害;三是侵害精神性人身权益所造成的财产损害。

财产损害根据损害的财产的形态,又可以分为实际损失和可得利益损失。

实际损失又称为积极损害,是指现有财产的减少或者灭失。例如,现有财物的毁损、因治疗伤害所支出的医疗费等。可得利益损失又称为消极损害,是指应得到而未得到的利益的损失,即未来财产的减损。例如,利润损失、工资收入损失、孳息损失等。由于可得利益损失是未来财产的减损,所以,可得利益的损失不能通过财产的受损程度加以确定。确定可得利益损失,应当取决于以下两个主要条件:一是这种利益是权利人尚未取得的。已经取得的利益受到损害的,为实际损失,而非可得利益损失。二是这种利益是权利人在正常情况下必定会取得的。也就是说,只要行为人不实施加害行为,权利人就一定能取得该利益,而并非可能取得。

(二)人身损害

人身损害是指侵害自然人的生命权、身体权和健康权,致使受害人的身体遭受不利的后果。一般地说,人身损害可以分为三种情况:一是一般伤害;二是残疾;三是死亡。人身损害通常会引起财产损失,但是人身损害本身是指自然人的身体权、生命权和健康权受到侵害,而不是指财产损失,财产损失只是人身损害的后果。

(三)精神损害

精神损害是指侵害自然人的人身权益或者具有人身意义的特定物所造成的受害人精神上的损害,表现为自然人的精神利益的减少或者丧失,如恐惧、悲伤、羞辱以及神经损伤等。《民法典》第1183条规定,侵害自然人人身权益造成严重精神损害的,被侵权人有权请求精神损害赔偿。因故意或者重大过失侵害自然人具有人身意义的特定物造成严重精神损害的,被侵权人有权请求精神损害赔偿。这里的人身权益既包括人格权益,也包括身份权益。

第四节 因果关系

一、因果关系的概念和形态

在侵权责任的构成要件中,因果关系是指行为人的行为与受害人的损害之间的前因后果关系。就是说,若某一结果是由某一行为所引起的,损害是行为的结果,行为是损害的原因,则二者之间就有因果关系。

在侵权责任中,行为与损害之间的因果关系有多种表现形态,主要有以下四种:

一是一因一果关系,即一个原因事实产生一个损害后果,如甲将乙的电视机损坏。

二是一因多果关系,即一个原因事实导致两个以上的损害后果,如甲将乙打伤会同时产生乙的人身损害和财产损害两种损害后果。

三是多因一果关系,即多个原因事实导致一个损害后果。在多因一果的情形下,因多个原因事实之间的关联程度不同,因果关系的判定也有所不同。多因一果的因果关系,一般包括以下三种情形:其一,聚合因果关系(累积性的因果关系),即两个以上的原因事实导致损害后果的发生,且其中任何一个原因事实均足以导致损害后果发生。例如,甲乙二人分别对丙下毒,其分量各足以致丙死亡。其二,共同的因果关系,即两个以上的原因事实共同作用导致损害后果的发生,而单个的原因事实均不能导致损害后果的发生。例如,甲乙二人分别对丙下毒,分别的分量均不足以致丙死亡,但是二者的共同作用导致丙死亡。其三,择一的因果关系,即两个以上的原因事实均足以导致损害后果的发生,但是不知是哪一种原因事实导致损害后果的发生。例如,甲乙二人同时向丙开枪,只有一枪伤害丙,但是不知为何人所射。

四是多因多果关系,即多个原因事实导致多个损害后果。

二、损害的原因力

如前所述,侵权责任的因果关系是复杂多样的。在一个损害结果是由行为人的行为在内的诸多原因引起的情况下,行为人的行为对损害结果发生的原因力是不同的。因此,在分析因果关系时,正确地分析行为人的行为对损害结果所发生的原因力,对于确定行为人的责任是有重要意义的。

损害的原因力,主要有以下两类:

(一)主要原因与次要原因

根据行为对损害结果所起作用的大小,原因可分为主要原因与次要原因。前者是指对结果的发生起主要作用的原因事实,后者是指对结果的发生起次要作用的原因事实。

在引起损害结果发生的原因为两个以上的行为时,若各个行为的原因力不同,就应当区分主要原因与次要原因,从而确定行为人的责任。因为行为的原因力不同,行为人所承担的责任也会有所不同。

(二)直接原因与间接原因

根据行为作用于损害结果的形式,原因可分为直接原因与间接原因。前者是指直接引起损害结果发生的原因事实,即损害结果是由行为人的行为直接引起的;后者是指间接引起损害结果发生的原因事实,即损害结果是由行为人的行为所引起的结果而引起的。

区别直接原因与间接原因的目的,主要在于确定间接原因的行为人是否应当承担责任。对此,应当根据客观情况,结合其他的构成要件综合加以分析。

三、因果关系的认定

行为与损害之间的因果关系应当如何认定,理论上存在着不同的认定标准。一般认为,由于因果关系的复杂性,任何一个单一标准都很难解决所有的因果关系的认定问题。因此,应当结合因果关系的具体形态,采取不同的认定标准。在实践中,可以采取以下几种主要的因果关系认定标准。

(一) 必然因果关系的认定标准

按照必然因果关系,当行为人的行为与损害结果之间有内在的、本质的联系时,行为与损害之间则有因果关系。如果行为与结果之间只有外在的、偶然的联系,则二者之间没有因果关系。必然因果关系强调要将原因和条件区别开来,原因是必然引起结果发生的因素,而条件仅为结果的发生提供了可能性。应当说,在侵权责任构成的认定上,要证明因果关系的必然联系性,有时是非常困难或者根本不可能的。但是,必然因果关系在某些情况下还是适用的。例如,甲用一把尖刀刺中乙的心脏导致乙死亡,通过必然因果关系就可以认定因果关系的存在,无需采取其他的认定方法。

(二) 相当因果关系的认定标准

按照相当因果关系,某一条件仅于现实特定情形发生某种结果,还不能认定有因果关系,须依一般观察,在有同一条件存在即能发生同一结果的,才能认定条件与结果之间有因果关系。相当因果关系由"条件关系"和"相当性"两部分构成,在适用上分为两个阶段:第一阶段先审查条件上的因果关系,如为肯定,再于第二阶段认定其条件的相当性。对条件关系的认定,采用"若无,则不"(But-for)的检验方式,即若无行为人的行为(作为或者不作为)就不会发生损害后果。此时,行为人的行为与损害间存在条件关系。反之,则不存在条件关系。相当因果关系中的"相当性",旨在合理限制条件的范围,防止因果关系链条无限延伸。一般来说,对相当性的检验,应予判断的是:通常情形下,行为是否足以导致损害的发生。如为肯定,则存在相当因果关系;如为否定,则不存在相当因果关系。

(三) 推定因果关系的认定标准

在侵权责任的构成中,行为与损害之间是否存在因果关系,通常应由受害人举证证明。但是在某些情况下,法律为保护受害人的利益,实行因果关系推定原则,即由行为人举证证明因果关系的不存在,如果行为人不能证明因果关系不存在,则推定因果关系存在。例如,因环境污染、破坏生态致人损害的,应由行为人就其行为与损害结果之间不存在因果关系承担举证责任;因共同危险行为致人损害的,应由实施危险行为的人就其行为与损害结果之间不存在因果关系承担举证责任。

第五节 过 错

一、过错的概念

过错是指行为人实施加害行为时的心理状态,是行为人对自己行为的损害后果的主观态度。

一般地说,过错并不包括对行为的评价,因而过错与加害行为是侵权责任的两个不同的构成要件。但是,过错并不是单纯的心理现象,其只有通过一定的行为表现出来才有意义。因此,行为本身虽然不能成为过错的构成因素,但是其通常是证明行为人存在过错的一种外在表征。

二、过错的形式

过错的形式是指过错的等级、类型,是过错轻重程度的表现。过错一般分为故意和过失两种基本形式。

(一) 故意

故意是指行为人预见到自己行为的后果而仍然希望或者放任该结果发生的心理状态。可见,故意的成立应包括两个条件:一是行为人预见到了自己行为的后果;二是行为人希望或者放任这种后果的发生。

在刑法中,故意有直接故意与间接故意之分。但是在民法中,这种分类对侵权责任的构成没有实际意义,因此,民法上的故意没有直接故意与间接故意之分。

(二) 过失

过失是指行为人应当预见或者能够预见自己行为的后果而没有预见,或者虽然预见到了其行为的后果但是轻信能够避免该后果的心理状态。可以说,过失就是由于疏忽或者懈怠而未尽到合理的注意义务。

我国法一般将过失分为轻过失与重大过失。这两种过失的认定标准为:如果法律在某种情况下对行为人应当注意和能够注意的程度有较高要求,行为人没有遵守这种较高的要求,但是未违背一般人应当注意并能注意的一般规则的,就构成轻过失;如果行为人不仅没有遵守法律对他的较高要求,甚至连一般人都应当注意并能注意的一般标准也未达到,就构成重大过失。

第四十四章　侵权责任的免责事由

第一节　侵权责任免责事由概述

一、侵权责任免责事由的概念和特点

在侵权责任制度中，免责事由是指免除或者减轻侵权责任的条件，也就是《民法典》第1178条所言的"不承担责任或者减轻责任的情形"。

侵权责任的免责事由与侵权责任的构成要件，都是对行为人承担侵权责任的限制，是一个问题的两个方面。侵权责任的构成要件是规定行为人在什么情况下应当对造成的损害承担责任；而侵权责任的免责事由则是规定行为人在什么情况下对所发生的损害不承担责任或者减轻责任，目的在于划定行为人承担责任的界限。

概括地说，侵权责任的免责事由具有以下特点：

第一，侵权责任的免责事由是客观存在的事实。侵权责任的免责事由只能是客观存在的、已经发生的事实，没有发生的或者仅有发生可能的情况，不能成为侵权责任的免责事由。

第二，侵权责任的免责事由是由法律规定的事实。在侵权责任制度中，什么样的条件可以免除或者减轻行为人的责任，是由法律所规定的，而不是由当事人约定的。也就是说，只有法律规定的条件才能成为侵权责任的抗辩事由。

第三，侵权责任的免责事由是对抗受害人的事实。侵权责任免责事由的提出能够导致被侵权人的请求权在法律上不成立或者不完全成立，从而免除或者减轻行为人的责任。

第四，侵权责任的免责事由因侵权责任的类型不同而存在差别。基于侵权责任的免责事由与构成要件的内在联系，一定的免责事由总是与一定的构成要件相联系的，因而，不同的侵权责任类型，其免责事由也会有所不同。例如，不可抗力为侵权责任的免责事由，对于过错责任完全适用，但是对于无过错责任则不完全适用，有的无过错责任就不以不可抗力为免除责任的事由。

二、侵权责任免责事由的分类

关于侵权责任的免责事由，《民法典》规定了受害人过错（含受害人故意）、第三人原因、自甘风险、自助行为、不可抗力、正当防卫、紧急避险。实务上认为，依法执行职务、受害人同意、意外事故等也为侵权责任的免责事由。上述免责事由，基本上可以分为正当理由和外来原因两类。

正当理由是指行为人实施了损害他人的行为，但该行为是合法的、正当的，因而行为人可以免除侵权责任。就是说，行为人的行为虽然是造成损害的原因，但是主张实施该行为时具有合法的根据。例如，自甘风险、自助行为、正当防卫、紧急避险、受害人同意、依法执行职务等都为正当理由。

外来原因是指因行为人以外的原因而造成损害，行为人据此可以免除或者减轻侵权责任，即行为人否认损害是因其行为造成的。例如，不可抗力、意外事故、受害人的过错、第三人的过错等都为外来原因。

第二节　侵权责任免责事由的种类

一、受害人过错

受害人过错是指受害人对于损害的发生或者扩大具有过错。《民法典》第1173条规定："被侵权人对同一损害的发生或者扩大有过错的，可以减轻侵权人的责任。"该规定通常被称为过失相抵，体现了公平原则和诚信原则，是被侵权人对自己的过失负责的一种体现。应当指出，受害人的"过错"不仅包括过失，也包括故意。当然，在受害人为故意的情况下，须侵权人对于损害的发生也有故意或者重大过失，才能减轻侵权人的责任。如果受害人的故意是损害发生的唯一原因，则应适用"受害人的故意"的免责事由，完全免除侵权的责任。对此，《民法典》第1174条规定："损害是因受害人故意造成的，行为人不承担责任。"

二、第三人原因

第三人原因是指造成损害的原因可归责于第三人。当损害的发生完全是因第三人的原因造成时，应由第三人承担责任而非行为人承担责任。对此，《民法典》第1175条规定："损害是因第三人造成的，第三人应当承担侵权责任。"如果损害的发生是因第三人和他人的过错共同造成的，则构成共同侵权，应由当事人承担连带责任。

三、自甘风险

自甘风险又称自甘冒险，是指受害人自愿进入对其权益具有侵害可能性的危险状态。若其因此而遭受损害，行为人不承担责任。就此，《民法典》第1176条第1款规定，自愿参加具有一定风险的文体活动，因其他参加者的行为受到损害的，受害人不得请求其他参加者承担侵权责任；但是，其他参加者对损害的发生有故意或者重大过失的除外。例如，在篮球比赛中，一方因对方球员的防守动作而倒地受伤，若对方非因故意或者重大过失导致该损害，则不承担责任。

自甘风险的成立须满足下列条件：(1) 受害人自愿参加具有一定风险的文体活动；(2) 因其他参加者的行为受到损害；(3) 其他参加者对损害的发生无故意或者重大过失；(4) 受害人主观上并不追求或者希望损害的发生。换言之，损害的发生不仅具有不确定性，且损害也不为受害人所意欲。因此，自甘风险与受害人同意情形下损害的发生具有确定性存在区别。

四、自助行为

《民法典》第1177条第1款规定，合法权益受到侵害，情况紧迫且不能及时获得国家机关保护，不立即采取措施将使其合法权益受到难以弥补的损害的，受害人可以在保护自己合法权益的必要范围内采取扣留侵权人的财物等合理措施;但是,应当立即请求有关国家机关处理。依照这一规定,自助行为是指为保护自身合法权益,在情况紧急且无法及时获得公力救济的情况下,对侵权人实施扣留财物等措施的合法行为。例如,在饭店吃饭而毫无理由地拒付餐费,则饭店有权扣留客人的相关财物。

自助行为的成立应具备下列条件:(1)须受害人为保护自身合法权益。自助行为是为弥补公力救济不足而设立的制度,只能为受害人保护自身合法权益而实施。(2)须情况紧急且无法及时获得公力救济。情况紧急是指若不采取自助措施,则受害人的权益就无法得到有效保护。若并非情况紧急,受害人来得及请求公力救济的,则不能实施自助行为。(3)须为法律和社会公德所允许。受害人实施自助行为不得违反法律和社会公德,如不得以损害侵权人生命健康的方式实施自助行为。(4)须不得超过必要限度。现代社会的救济方式以公力救济为主,自助行为属私力救济,为例外情形,因此只能在必要的范围内实施。

通常而言,在受害人实施自助行为后,应立即请求有关国家机关处理。当然,如果相对人在自助行为实施后,主动履行了相关义务,则无需请求公力救济。此外,如果受害人采取的措施不当造成他人损害的,应当承担侵权责任(《民法典》第1177条第2款)。

五、不可抗力

依据《民法典》第180条第2款的规定,不可抗力是不能预见、不能避免且不能克服的客观情况。不可抗力既可以是因自然原因引起的,如地震、台风、洪水、泥石流、海啸等;也可以是因社会原因而引起的,如战争、武装冲突、暴乱等。

不可抗力是侵权责任的一般免责事由,适用于法律没有另外规定的侵权责任。《民法典》第180条第1款规定,因不可抗力不能履行民事义务的,不承担民事责任。法律另有规定的,依照其规定。可见,在法律没有另外规定的情况下,不可抗力都为免责事由。但是,不可抗力作为免责事由,只有在不可抗力是造成损害的唯一原因时,才能免除当事人的责任。也就是说,在发生不可抗力的情况下,如果当事人对造成损害也有过错,则不能完全免责,当事人应当按照其过错程度承担相应的责任。

六、正当防卫

正当防卫是指为保护国家利益、社会公共利益、本人或者他人的人身权利、财产权利以及其他合法权益免受正在进行的不法侵害,而针对实施侵害行为的人采取的制止不法侵害的行为(《总则编解释》第30条)。正当防卫是法律赋予民事主体的自卫权利,目的在于保护公共利益和其他合法权益,所以,因正当防卫造成损害的,行为人不承担侵权责任(《民法典》第181条第1款)。

正当防卫的成立须具备以下要件:(1)须针对正在进行的不法侵害行为实施。对于尚未发生的或者已经结束的侵害行为,不能进行正当防卫。(2)须针对不法侵害人本人实施。正当防卫的目的在于排除和制止不法侵害,因此,只能对不法侵害人本人实施,而不能对其他人实施。(3)须为保护合法权益而实施。正当防卫的目的必须是为避免国家利益、社会公共利益、本人和他人的人身权利、财产权利以及其他合法权益受到损害。基于报复等目的而实施的行为,不能构成正当防卫。(4)须在必要的限度内,即不能超过必要限度。依据

《总则编解释》第31条第1款的规定,对于正当防卫是否超过必要的限度,应当综合不法侵害的性质、手段、强度、危害程度和防卫的时机、手段、强度、损害后果等因素判断。

依据《民法典》第181条第2款的规定,正当防卫超过必要的限度,造成不应有的损害的,正当防卫人应当承担适当的民事责任。这里所说的"适当的民事责任",是指防卫人仅在超过必要限度而造成的不应有的损害范围内承担部分责任。因此,实施侵害行为的人不能请求正当防卫人承担全部责任(《总则编解释》第31条第2款)。同时,实施侵害行为的人应举证证明防卫行为造成了不应有的损害,而不能仅以正当防卫采取的反击方式和强度与不法侵害不相当为由主张防卫过当(《总则编解释》第31条第3款)。

七、紧急避险

紧急避险是指为了使国家利益、社会公共利益、本人或者他人的人身权利、财产权利以及其他合法权益免受正在发生的急迫危险,不得已而采取的紧急措施(《总则编解释》第32条)。

紧急避险的成立须具备以下条件:(1)须合法权益遭受急迫危险。也就是说,必须存在危及国家利益、社会公共利益、本人或者他人的人身权利、财产权利以及其他合法权益的危险,而且该危险必须是正在发生的、现实的,如不采取措施就会造成更大的损害。因此,对于已经消除或者尚未发生的危险,或者虽有危险的存在但是不具有紧急性的,都不能进行紧急避险。(2)须是在不得已的情况下所采取的避险措施。所谓"不得已",是指除采取该损害某种利益的行为外,无其他方式可以避免危险。(3)须避险措施并无不当或者不超过必要的限度。对于紧急避险是否采取措施不当或者超过必要的限度,应当综合危险的性质、急迫程度、避险行为所保护的权益以及造成的损害后果等因素判断(《总则编解释》第33条第1款)。

《民法典》第182条规定,因紧急避险造成损害的,由引起险情发生的人承担民事责任。危险是由自然原因引起的,紧急避险人不承担民事责任,可以给予适当补偿。紧急避险采取措施不当或者超过必要的限度,造成不应有的损害的,紧急避险人应当承担适当的民事责任。对此规定,应注意以下三点:(1)如果险情是由人为的原因而引起的,则应当由引起险情发生的人承担民事责任。引起险情发生的人可以是紧急避险人,也可以是受害人,还可以是其他人。(2)如果险情是由自然原因引起的,行为人采取的措施又无不当,则紧急避险人不承担民事责任,但可以给予适当补偿。(3)如果紧急避险人采取的措施不当或者超过必要的限度,造成不应有的损害的,紧急避险人应当承担适当的民事责任。紧急避险人承担"适当的民事责任",是指紧急避险人仅就采取措施不当而扩大的损害部分或者超过必要限度的损害部分承担民事责任。对此,应当根据紧急避险人的过错程度、避险措施造成不应有的损害的原因力大小、紧急避险人是否为受益人等因素确定紧急避险人的责任(《总则编解释》第33条第2款)。

第四十五章　数人侵权责任

第一节　数人侵权责任概述

一、数人侵权责任的概念和特点

数人侵权责任是指两个以上的行为人侵害他人民事权益并造成同一损害时,侵权人所应承担的侵权责任。

数人侵权责任具有如下特点:

第一,行为人为二人以上。数人侵权责任是因两个以上的行为人实施侵权行为而产生的一种侵权责任。因此,单个的侵权人实施侵权行为,不能产生数人侵权责任。

第二,数个行为人针对同一对象实施了一定的行为。数个行为人虽各自实施一定行为,但是各个行为都是针对同一对象。

第三,损害后果具有同一性。数个行为人虽然实施了多个行为,但是数个行为所造成的损害结果是同一的、不可分割的。如果损害后果并不是同一的,是可以分割的,如甲打伤受害人的眼睛,乙打伤受害人的脚部,则不为数人侵权责任。

二、数人侵权责任的种类

根据侵权人之间是否存在共同过错,数人侵权责任可分为共同侵权责任与无意思联络的数人侵权责任。

共同侵权责任是指二人以上共同侵害他人民事权益造成损害时,共同侵权人所应承担的侵权责任。在共同侵权责任中,数个行为人在主观上须有共同侵害他人民事权益的故意或者过失,即具有共同过错。这里的共同过错,既可以是共同故意,也可以是共同过失,还可以是故意与过失的混合。如果数个行为人之间没有共同过错,则不构成共同侵权责任。

无意思联络的数人侵权责任是指二人以上分别实施侵权行为造成他人损害时,数个行为人所应承担的侵权责任。在无意思联络的数人侵权责任中,尽管行为人也是多个,但是多个行为人是分别实施侵权行为而不是共同实施侵权行为,就是说,多个行为人在主观上并不存在共同过错。

第二节　共同侵权责任

一、共同侵权责任的种类

(一)因共同加害行为而产生的共同侵权责任

共同加害行为是指二人以上共同实施不法加害于他人的共同侵权行为。在共同加害行为中,共同侵权人都是侵权行为的实行人。共同加害行为属于狭义的共同侵权行为,是共同侵权行为的典型形态。对此,《民法典》第1168条规定:"二人以上共同实施侵权行为,造成他人损害的,应当承担连带责任。"

(二)因视为共同加害行为而产生的共同侵权责任

在共同侵权行为中,如果教唆、帮助他人实施侵权行为,则教唆、帮助行为视为共同加害行为。在教唆、帮助行为中,尽管教唆人、帮助人并没有实施加害行为,但是实行人是在教唆、帮助之下实施加害行为的。也就是说,教唆、帮助行为与实行人的加害行为之间具有因果关系,构成了损害的共同原因。因此,教唆人、帮助人与实行人被视为共同侵权行为人,应当承担连带责任。对此,《民法典》第1169条第1款规定:"教唆、帮助他人实施侵权行为的,应当与行为人承担连带责任。"

应当指出的是,在教唆、帮助行为中,只有被教唆人、被帮助人为完全民事行为能力人时,才能产生共同侵权责任,因为只有在这种情况下,行为人之间才能存在共同过错。如果被教唆人、被帮助人为无民事行为能力人、限制民事行为能力人,则不产生共同侵权责任,应当由教唆人、帮助人单独承担侵权责任。此时,如果监护人未尽到监护职责的,应当承担相应的责任。对此,《民法典》第1169条第2款规定,教唆、帮助无民事行为能力人、限制民事行为能力人实施侵权行为的,应当承担侵权责任;该无民事行为能力人、限制民事行为能力人的监护人未尽到监护职责的,应当承担相应的责任。

(三)因共同危险行为而产生的共同侵权责任

共同危险行为又称为准共同侵权行为,是指二人以上共同实施了危及他人人身、财产安全的行为,但是无法确定何人的行为造成损害的侵权行为。也就是说,数个行为人同时实施了具有危及他人权益的危险行为,其中某行为造成了损害,但是究竟是哪一行为造成了损害,客观上无法判明。例如,数人同时从楼上往下扔砖头,其中一块击中某一行人的头部,但是究竟是谁扔的砖头击伤行人,则无法确定。如果能够确定数个行为中是某人或者某几个人的行为造成了损害,则不构成共同危险行为,而是属于单独侵权行为或者共同加害行为。例如,二人同时从楼上往下扔东西,其中一人扔的是砖头,另一人扔的是酒瓶子,而造成行人伤害的是砖头,则侵权人就是扔砖头的人。关于共同危险行为,《民法典》第1170条规定,二人以上实施危及他人人身、财产安全的行为,其中一人或者数人的行为造成他人损害,能够确定具体侵权人的,由侵权人承担责任;不能确定具体侵权人的,行为人承担连带责任。

二、共同侵权责任的承担

(一)共同侵权责任的外部承担

无论何种形态的共同侵权行为,行为人均须对受害人承担连带责任。《民法典》第178条第1款规定:"二人以上依法承担连带责任的,权利人有权请求部分或者全部连带责任人承担责任。"据此,受害人有权向共同侵权人的部分或者全部请求赔偿全部损失,共同侵权人中的任何一人或者数人也都有义务向受害人赔偿全部损失;若共同侵权人中的一人或者数人向受害人赔偿了全部损失,则其他人的赔偿责任消灭。

(二)共同侵权责任的内部分担

共同侵权人之间虽对受害人的损害承担连带责任,但是共同侵权人内部应当根据共同侵权人各自的过错程度以及对损害所起作用的大小进行责任分担。《民法典》第178条第2款规定,连带责任人的责任份额根据各自责任大小确定;难以确定责任大小的,平均承担责任。实际承担责任超过自己责任份额的连带责任人,有权向其他连带责任人追偿。

第三节　无意思联络的数人侵权责任

一、无意思联络的数人侵权责任的种类

无意思联络的数人侵权责任是指二人以上分别实施侵权行为,造成他人损害时,数个行为人所应承担的侵权责任。

在无意思联络的数人侵权责任上,《民法典》以行为人分别实施的侵权行为是否足以造成受害人全部损害为标准,区分为两种情形：

其一,二人以上分别实施侵权行为造成同一损害,每个人的侵权行为都足以造成全部损害的,行为人承担连带责任(《民法典》第1171条)。可见,在数个侵权人实施侵权行为时,如果任一侵权行为均足以导致全部损害的发生,则行为人应承担连带责任。例如,两个企业向同一河流中排污,导致河流下游农田损害,且任一排污行为均可导致农田的全部损害。需要指出的是,这种情形下产生连带责任的基础并不是行为人的共同过错,而是聚合因果关系。

其二,二人以上分别实施侵权行为造成同一损害,能够确定责任大小的,各自承担相应的责任;难以确定责任大小的,平均承担责任(《民法典》第1172条)。结合《民法典》第1172条规定进行体系解释,该条所指情形为：数人分别实施侵权行为,且每个人的侵权行为均不足以造成全部损害。例如,两个企业向同一河流中排污,导致河流下游农田损害,但是任一排污行为均无法导致农田的全部损害。在此情形下,各侵权人承担按份责任。具体为：在能够确定责任大小时,各侵权人各自承担相应的责任;如果无法确定责任大小,则平均承担责任。可见,这种按份责任的基础主要在于行为人各自行为的原因力。

二、无意思联络的数人侵权责任的承担

如上所述,无意思联络的数人侵权既可产生按份责任,也可产生连带责任。

(一)按份责任

在按份责任情形,受害人可以请求各侵权人按照其应承担的份额承担责任,每个侵权人也仅就自己承担的份额负赔偿责任。每个侵权人就自己的份额向受害人承担责任后,侵权责任也就消灭。对此,《民法典》第177条规定："二人以上依法承担按份责任,能够确定责任大小的,各自承担相应的责任;难以确定责任大小的,平均承担责任。"

(二)连带责任

在连带责任情形,于外部责任承担上,无意思联络的数人侵权责任与共同侵权责任的适用并无不同。但是,在内部责任的分担上,因各侵权人的行为均足以导致全部损害的发生,难以确定责任大小,故应平均承担责任。

第四十六章 侵权责任的承担方式

第一节 侵权责任承担方式概述

一、侵权责任承担方式的主要类型

侵权责任的承担方式是指侵权人承担侵权责任的具体形式。

依据《民法典》第179条的规定，侵权责任的承担方式主要有以下九种。

（一）停止侵害

停止侵害是指责令侵权人停止正在进行的侵权行为。停止侵害的适用前提，是侵权行为正在进行之中，对于已经停止的侵权行为不能适用这种责任方式。因此，只要侵害他人民事权益的侵权行为正在进行之中，不论该行为持续多长时间，也不论侵权人主观上有无过错，被侵权人都有权请求侵权人停止其侵害。

（二）排除妨碍

排除妨碍又称排除妨害，是指排除侵权行为给他人正常享有和行使民事权益所造成的妨碍。排除妨碍的适用前提，是行为人的行为给他人正常享有和行使民事权益造成了妨碍。这种妨碍应当是实际存在的、不正当的，因此，对于行为人正当享有和行使民事权益所造成的妨碍，受妨害人不得请求排除。侵权人对他人正常享有和行使民事权益造成的妨碍，无论侵权人是否存在过错，也无论妨碍行为存在多久，侵权人都应当予以排除。排除妨碍的费用，也应当由侵权人承担。

（三）消除危险

消除危险是指消除因侵权行为而造成他人民事权益的损害或者扩大损害的危险。消除危险的适用以存在造成他人民事权益损害的危险性为前提，不以损害的现实存在为条件，也不以行为人存在过错为条件。这里的危险应当是现实存在的，而不能仅仅是一种潜在的可能性。消除危险的目的在于防止损害的发生或者损害后果的扩大，是一种预防措施，体现了侵权责任的预防功能。

（四）返还财产

返还财产是指侵权人将非法侵占的财产返还给受害人。当侵权人非法侵占民事主体的财产时，受害人就有权要求侵权人返还财产，而不论行为人是否存在过错。只有返还财产已不可能时，才能采取赔偿损失的责任方式。返还财产只适用于积极侵权行为，即只有在侵权人实施侵占财产的行为时，才能请求返还财产。

（五）恢复原状

恢复原状是指将损坏的财产修复。恢复原状的适用须有两个条件：一是被损坏的财产要有修复的可能。若没有修复可能的，则不能适用恢复原状。二是须有修复的必要。被损坏的财产有无修复的必要，应当从经济效益、社会效益、民事主体的需要等因素综合加以判断。

(六) 赔偿损失

赔偿损失是指侵权人支付一定的金钱或者实物赔偿因其侵权行为给受害人所造成的损害。赔偿损失主要包括三个方面的内容：一是侵权人侵害他人财产权益造成损失的，侵权人应当赔偿损失；二是侵权人侵害他人物质性人身权益，造成他人人身伤害及财产损失的，侵权人应当赔偿损失；三是侵权人侵害他人精神性人身权益造成严重精神损害的，侵权人应当对被侵权人的精神损害予以赔偿。

在适用赔偿损失的责任方式时，应当坚持完全赔偿规则，即侵权人对因其侵权行为所造成的受害人的全部损失都应予以赔偿。也就是说，侵权人的赔偿范围应当与受害人的损失范围相当，损失多少，赔偿多少。在适用完全赔偿规则时，为防止受害人获得不当利益，应当适用损益相抵规则。所谓损益相抵，是指受害人基于受损害的同一原因而受有利益时，应将所受利益从损害额中扣除，以确定侵权人的赔偿数额。

(七) 消除影响、恢复名誉

消除影响是指侵权人因其侵害了他人民事权益而造成不良影响的，应当消除这种不良后果；恢复名誉是指侵权人因其侵害了他人名誉权而将受害人的名誉恢复至未受侵害时的状态。一般地说，在什么范围内造成不良影响，就应当在什么范围内消除影响，并且消除影响的途径、方式应当比实施侵害行为的途径、方式能更为有效地传播信息。消除影响、恢复名誉属于非财产责任形式，主要适用于侵害名誉权、肖像权、姓名权以及其他人身权益受到侵害的场合。

(八) 赔礼道歉

赔礼道歉是指侵权人向受害人公开承认错误，表示歉意，主要适用侵害人身权益的场合。赔礼道歉虽然不能对侵权人的财产造成任何影响，但是对化解矛盾、解决纠纷具有不可替代的作用。赔礼道歉可以采取口头道歉的方式，也可以采取书面道歉的方式，如张贴公开信、登报道歉等。

(九) 惩罚性赔偿

惩罚性赔偿是指在侵权人以故意等方式实施加害行为而造成他人损害时，受害人可获得的超过其填补性赔偿之外的增加赔偿。惩罚性赔偿的目的在于通过对侵权人施加惩罚，防止其再为此类行为，并警示他人不要实施类似行为。因此，惩罚性赔偿体现了侵权责任制度的预防和制裁的功能。相比于填补性赔偿，惩罚性赔偿属加重责任，故其适用以法律明确规定为限。对此，《民法典》第179条第2款规定："法律规定惩罚性赔偿的，依照其规定。"例如，《民法典》第1185条规定，故意侵害他人知识产权，情节严重的，被侵权人有权请求相应的惩罚性赔偿；第1207条规定，明知产品存在缺陷仍然生产、销售或者产品投入流通领域后发现存在缺陷但是未采取停止销售、警示、召回等补救措施，造成他人死亡或者健康严重损害的，被侵权人有权请求相应的惩罚性赔偿；第1232条规定，侵权人违反法律规定故意污染环境、破坏生态造成严重后果的，被侵权人有权请求相应的惩罚性赔偿。

二、侵权责任承担方式的适用

关于侵权责任方式的适用,应当注意以下几个问题:

第一,侵权责任的方式可以单独适用,也可以合并适用。至于哪些责任方式可以合并适用,应当根据不同责任方式的内容加以确定。一般地说,在一种责任方式不足以保护受害人时,就可以合并适用其他的责任方式。当然,合并适用的责任方式之间不能是矛盾的。例如,返还财产与恢复原状就不能合并适用,而赔偿损失与返还财产、恢复原状、赔礼道歉、消除影响、恢复名誉就可以合并适用。

第二,在赔偿损失的责任方式中,当事人可以协商赔偿费用的支付方式。协商不一致的,赔偿费用应当一次性支付;一次性支付确有困难的,可以分期支付,但是受害人有权请求提供相应的担保(《民法典》第1187条)。

第三,应当将侵权责任的承担方式与受益人补偿等情形区别开来。所谓受益人补偿,是指在受害人遭受损害,不能通过侵权责任获得赔偿的情况下,由相关获益人给予适当的补偿。侵权责任具有补偿性,这与受益人补偿很相似,但是侵权责任与受益人补偿是两种不同的制度,不能将受益人补偿作为侵权责任的承担方式加以适用。例如,依据《民法典》第183条的规定,因保护他人民事权益使自己受到损害的,由侵权人承担民事责任,受益人可以给予适当补偿。没有侵权人、侵权人逃逸或者无力承担民事责任,受害人请求补偿的,受益人应当给予适当补偿。适当补偿的数额,可根据受害人所受损失和已获赔偿的情况、受益人受益的多少及其经济条件等因素确定(《总则编解释》第34条)。

第二节 侵权损害赔偿责任

一、人身损害的赔偿责任

《民法典》第1179条规定,侵害他人造成人身损害的,应当赔偿医疗费、护理费、交通费、营养费、住院伙食补助费等为治疗和康复支出的合理费用,以及因误工减少的收入。造成残疾的,还应当赔偿辅助器具费和残疾赔偿金;造成死亡的,还应当赔偿丧葬费和死亡赔偿金。可见,人身损害的赔偿范围,因人身损害的程度而有所不同。同时,《最高人民法院关于审理人身损害赔偿案件适用法律若干问题的解释》(以下简称《人身损害赔偿解释》)对人身损害的赔偿范围作了具体规定。

(一)一般伤害的赔偿范围

一般伤害是人身损害程度较轻,受害人可以通过一定的措施恢复人身物质机体功能的一种人身损害。侵害他人身体造成一般伤害的,其赔偿范围主要包括以下几个方面:

1. 医疗费

医疗费是为使受损害的人身物质机体得以复原,或者为维持物质机体的正常功能与活动所需的全部费用,包括诊断费、治疗费、化验费、手术费、检查费、医药费、住院费等。医疗费根据医疗机构出具的医药费、住院费等收款凭证,结合病例和诊断证明等相关证据确定。赔偿义务人对治疗的必要性和合理性有异议的,应当承担相应的举证责任。医疗费的赔偿数额,按照一审法庭辩论终结前实际发生的数额确定。器官功能恢复训练所必要的康复费、适当的整容费以及其他后续治疗费,赔偿权利人可以待实际发生后另行起诉。但是根据医疗证明或者鉴定结论确定必然发生的费用,可以与已经发生的医疗费一并予以赔偿(《人身损害赔偿解释》第6条)。

2. 误工费

误工费即误工减少的收入,是被侵权人潜在劳动力价值的丧失,是一种可得利益的损失。误工费根据受害人的误工时间和收入状况确定。误工时间根据受害人接受治疗的医疗机构出具的证明确定。受害人因伤致残持续误工的,误工时间可以计算至定残日前一天。受害人有固定收入的,误工费按照实际减少的收入计算。受害人无固定收入的,按照其最近三年的平均收入计算;受害人不能举证证明其最近三年的平均收入状况的,可以参照受诉法院所在地相同或者相近行业上一年度职工的平均工资计算(《人身损害赔偿解释》第7条)。

3. 护理费

护理费是为使受害人恢复健康或者维持生命与生活而支出的"护理"费用。这里所说的"护理费",不包括受害人在住院治疗期间向医院支付的有关护理的费用(这种护理费属于医疗费的范围),而是指除医护人员外,为使受害人的生活得到正常的保障,由受害人的亲属或者其他人对其进行非医务护理所应支出的费用。护理费根据护理人员的收入状况和护理人数、护理期限确定。护理人员有收入的,参照误工费的规定计算;护理人员没有收入或者雇佣护工的,参照当地护工从事同等级别护理的劳务报酬标准计算。护理人员原则上为一人,但是医疗机构或者鉴定机构有明确意见的,可以参照确定护理人员人数。护理期限应计算至受害人恢复生活自理能力时止(《人身损害赔偿解释》第8条)。

4. 交通费

交通费是指受害人及其必要的陪护人员因就医或者转院而实际发生的用于交通的费用。交通费根据受害人及其必要的陪护人员因就医或者转院治疗实际发生的费用计算。交通费应当以正式票据为凭;有关凭据应当与就医地点、时间、人数、次数相符合(《人身损害赔偿解释》第9条)。

5. 住院伙食补助费

住院伙食补助费是指受害人因遭受人身损害而在医院治疗期间支出的伙食费用。住院伙食补助费可以参照当地国家机关一般工作人员的出差伙食补助标准予以确定。受害人确有必要到外地治疗,因客观原因不能住院,受害人本人及其陪护人员实际发生的住宿费和伙食费,其合理部分应予赔偿(《人身损害赔偿解释》第10条)。

6. 营养费

营养费是指因受害人通过平常饮食的摄入无法满足身体恢复需要,在平常饮食之外所支出的营养品费用。营养费根据受害人伤残情况参照医疗机构的意见确定(《人身损害赔偿解释》第11条)。

(二) 致人残疾的赔偿范围

残疾是指人身损害程度较重,被侵权人虽可通过一定的措施弥补损害,但是并不能完全恢复人身物质机体的全部功能的一种人身损害。侵权人致人残疾的,除应赔偿前述医疗费、误工费、护理费、交通费等费用外,还应赔偿辅助器具费和残疾赔偿金。残疾辅助器具费按照普通适用器具的合理费用标准计算。伤情有特殊需要的,可以参照辅助器具配制机构的意见确定相应的合理费用标准。辅助器具的更换周期和赔偿期限参照配制机构的意见确定(《人身损害赔偿解释》第13条)。残疾赔偿金根据受害人丧失劳动能力程度或者伤残等级,按照受诉人民法院所在地上一年度城镇居民人均可支配收入标准,自定残之日起按20年计算。但是60周岁以上的,年龄每增加1岁减少1年;75周岁以上的,按5年计算。受害人因伤致残但是实际收入没有减少,或者伤残等级较轻但是造成职业妨害严重影响其劳动就业的,可以对残疾赔偿金作相应调整(《人身损害赔偿解释》第12条)。赔偿权利人举证证明其住所地或者经常居住地城镇居民人均可支配收入高于受诉人民法院所在地标准的,残疾赔偿金可以按照其住所地或者经常居住地的相关标准计算(《人身损害赔偿解释》第18条)。赔偿义务人请求以定期金方式给付残疾赔偿金、辅助器具费的,应当提供相应的担保。人民法院可以根据赔偿义务人的给付能力和提供担保的情况,确定以定期金方式给付相关费用(《人身损害赔偿解释》第20条)。

(三) 致人死亡的赔偿范围

死亡是侵害他人身体所造成的最为严重的损害后果,使人身物质机体不再具有生命的意义。致人死亡从根本上剥夺了受害人的生命,是最为严重的侵害人身权的行为。侵害他人造成人身损害的,除赔偿前述损失外,"造成死亡的,还应当赔偿丧葬费和死亡赔偿金"。丧葬费按照受诉人民法院所在地上一年度职工月平均工资标准,以6个月总额计算(《人身损害赔偿解释》第14条)。死亡赔偿金按照受诉人民法院所在地上一年度城镇居民人均可支配收入标准,按20年计算。但是60周岁以上的,年龄每增加1岁减少1年;75周岁以上的,按5年计算(《人身损害赔偿解释》第15条)。赔偿权利人举证证明其住所地或者经常居住地城镇居民人均可支配收入高于受诉法院所在地标准,死亡赔偿金可以按照其住所地或者经常居住地的相关标准计算(《人身损害赔偿解释》第18条)。此外,依据《民法典》第1180条规定,因同一侵权行为造成多人死亡的,可以以相同数额确定死亡赔偿金。

应当指出,被扶养人生活费应当计入残疾赔偿金或者死亡赔偿金(《人身损害赔偿解释》第16条)。被扶养人生活费根据扶养人丧失劳动能力程度,按照受诉法院所在地上一年度城镇居民人均消费性支出标准计算。被扶养人为未成年人的,计算至18周岁;被扶养人无劳动能力又无其他生活来源的,计算20年。但是60周岁以上的,年龄每增加1岁减少1年;75周岁以上的,按照5年计算。被扶养人是指受害人依法应当承担扶养义务的未成年人或者丧失劳动能力又无其他生活来源的成年近亲属。被扶养人还有其他扶养人的,赔偿义务人只赔偿受害人依法应当负担的部分。被扶养人有数人的,年赔偿总额累计不超过上一年度城镇居民人均消费性支出额(《人身损害赔偿解释》第17条)。

《民法典》第1181条规定,被侵权人死亡的,其近亲属有权请求侵权人承担侵权责任。被侵权人为组织,该组织分立、合并的,承继权利的单位有权请求侵权人承担侵权责任。被侵权人死亡的,支付被侵权人医疗费、丧葬费等合理费用的人有权请求侵权人赔偿费用,但是侵权人已支付该费用的除外。

二、财产损害的赔偿责任

（一）财产损害的赔偿方式

财产损害的赔偿方式为赔偿损失。赔偿损失可以采取两种形式：一是金钱赔偿，二是实物赔偿。金钱赔偿就是将受害人所遭受的财产损失折算成现金，通过支付金钱的方式予以赔偿。在适用金钱赔偿时，应当考虑被侵害财产的残存价值。因此，金钱赔偿的关键是对财产损失的计算，实物赔偿就是通过用同种类、同等质量的实物赔偿受害人的损害。例如，毁损他人手表的，侵权人可以通过购置同种类的手表予以赔偿。当然，如果被毁损的财产为已经使用过的财产，则侵权人在用实物赔偿时，应当考虑被毁损财产的实际折旧情况。

（二）财产损害的赔偿范围

财产损害既可因侵害财产权益而产生，也可因侵害人身权益而产生，这两种财产损害的赔偿范围及计算方法是不同的。

因侵害财产权益而造成财产损失时，其赔偿范围包括实际损失和可得利益损失。对于实际损失的赔偿，无论是采取金钱赔偿的方法，还是采取实物赔偿的方法，都需要确定实际损失的具体数额。《民法典》第1184条规定："侵害他人财产的，财产损失按照损失发生时的市场价格或者其他合理方式计算。"可见，对实际损失数额的确定，一般要根据财产损失发生时的市场价格确定；如果没有市场价格的，则按照其他方式如评估方式等确定。对于可得利益损失的赔偿范围，可以采取收益平均法加以确定，即根据损害发生前的一段时间内受害人的平均收益确定可得利益损失。例如，侵害他人营运中的汽车，经营者因汽车被损坏而停运1个月，那么，可以根据损害发生前的月平均收益作为确定可得利益损失的数额。如果采用平均收益法无法确定可得利益损失，也可以采取同类比照法加以确定，即以同行业、同时期、同地区、同等条件的同类经营者的平均收益确定可得利益损失。

因侵害人身权益而造成财产损失的，按照受害人因此受到的损失或者侵权人因此获得的利益赔偿；被侵权人因此受到的损失以及侵权人因此获得的利益难以确定，被侵权人和侵权人就赔偿数额协商不一致，向人民法院提起诉讼的，由人民法院根据实际情况确定赔偿数额（《民法典》第1182条）。

三、精神损害的赔偿责任

（一）精神损害赔偿责任的适用范围

《民法典》第1183条规定，侵害自然人人身权益造成严重精神损害的，被侵权人有权请求精神损害赔偿。因故意或者重大过失侵害自然人具有人身意义的特定物造成严重精神损害的，被侵权人有权请求精神损害赔偿。可见，只有在侵害自然人的人身权益或者具有人身意义的特定物，并导致严重精神损害的情形下，才能适用精神损害赔偿责任。依据《最高人民法院关于确定民事侵权精神损害赔偿责任若干问题的解释》（以下简称《精神损害赔偿解释》）的规定，因人身权益或者具有人身意义的特定物受到侵害，自然人或者其近亲属向人民法院提起诉讼请求精神损害赔偿的，人民法院应当依法予以受理（第1条）；非法使被监护人脱离监护，导致亲子关系或者近亲属间的亲属关系遭受严重损害，监护人向人民法院起诉请求赔偿精神损害的,人民法院应当依法予以受理(第2条);死者的姓名、肖像、名誉、荣誉、隐私、遗体、遗骨等受到侵害,其近亲属向人民法院提起诉讼请求精神损害赔偿的,人民法院应当依法予以支持(第3条);法人或者非法人组织以名誉权、荣誉权、名称权遭受侵害为由,向人民法院起诉请求精神损害赔偿的,人民法院不予支持(第4条)。

(二) 精神损害赔偿额的确定

精神损害是一种无形损害,不能像财产损害那样,可以通过一定的标准加以确定,即无法使之标准化。但是,如果不对精神损害的赔偿额确定一定的标准,完全凭法官自由裁量,则随意性又过大,不利于司法的统一。因此,如何确定精神损害的赔偿额,便是一个十分重要而又棘手的问题。一般来说,精神损害的赔偿数额应当根据以下因素确定:(1) 侵权人的过错程度,但是法律另有规定的除外;(2) 侵权行为的目的、方式、场合等具体情节;(3) 侵权行为所造成的后果;(4) 侵权人的获利情况;(5) 侵权人承担责任的经济能力;(6) 受理诉讼法院所在地平均生活水平(《精神损害赔偿解释》第5条)。

第四十七章　侵权责任主体的特殊规定

第一节　监护人责任

一、监护人责任的概念和归责原则

监护人责任是指无民事行为能力人或者限制民事行为能力人造成他人损害时,监护人所应承担的侵权责任。

《民法典》第1188条第1款规定,无民事责任能力人、限制民事能力人造成他人损害的,由监护人承担侵权责任。监护人尽到监护职责的,可以减轻其侵权责任。依照这一规定,监护人责任适用无过错责任原则,无论监护人有无过错,即是否尽了监护责任,监护人都应承担侵权责任,而不能以尽到监护职责为由不承担责任。只不过是监护人尽到监护责任的,可以减轻监护人的侵权责任。

二、监护人责任的构成要件

监护人责任适用无过错责任原则,因此,其构成要件包括如下几项:

第一,被监护人的行为具有客观违法性。在监护关系中,被监护人为无民事行为能力人和限制民事行为能力人。由于被监护人不具有完全的意思能力,因而就其主观态度而言,不一定意识到自己行为的法律后果,因而,一般也就不存在被监护人的主观过错问题。但是,就被监护人的行为而言,则必须在客观上为法律所不容,即具有客观违法性。否则,不能产生监护人责任。

第二,被侵权人受到了损害。被监护人的行为须造成了他人损害,才能产生监护人责任。这里的损害包括人身损害和财产损害,也包括精神损害。

第三,被监护人的行为与损害后果之间具有因果关系。只有被监护人的行为造成了他人的损害后果,才能产生监护人责任。如果被侵权人的损害后果与被监护人的行为无关,则不发生监护人责任问题。

三、监护人责任的承担

《民法典》第1188条第2款规定,有财产的无民事行为能力人、限制民事行为能力人造成他人损害的,从本人财产中支付赔偿费用;不足部分,由监护人赔偿。依照这一规定,监护人责任的承担主体是根据被监护人的财产状况来确定的:在无财产的被监护人造成他人损害的情况下,完全由监护人承担责任;在有财产的被监护人造成他人损害的情况下,先应由本人承担赔偿费用(从本人财产中支付赔偿费用),监护人只就被监护人财产不足以赔偿部分承担责任。

在监护人将监护职责委托给他人的情形下,仍由监护人承担侵权责任。若受托人有过错的,承担相应的责任。对此,《民法典》第1189条规定,无民事行为能力人、限制民事行为能力人造成他人损害,监护人将监护职责委托给他人的,监护人应当承担侵权责任;受托人有过错的,承担相应的责任。

第二节 暂时丧失心智者责任

一、暂时丧失心智者责任的概念和归责原则

暂时丧失心智者责任是指完全民事行为能力人在其行为暂时没有意识或者失去控制下造成他人损害所应承担的侵权责任。

《民法典》第1190条规定,完全民事行为能力人对自己的行为暂时没有意识或者失去控制造成他人损害有过错的,应当承担侵权责任;没有过错的,根据行为人的经济状况对受害人适当补偿。完全民事行为能力人因醉酒、滥用麻醉药品或者精神药品对自己的行为暂时没有意识或者失去控制造成他人损害的,应当承担侵权责任。可见,暂时丧失心智者责任适用过错责任原则。

二、暂时丧失心智者责任的构成要件

暂时丧失心智者责任适用过错责任原则,因此,其构成要件包括如下几项:

第一,行为人是暂时丧失心智的完全民事行为能力人。暂时丧失心智者须是完全民事行为能力人,而不能是无民事行为能力人或者限制民事行为能力人。同时,完全民事行为能力人在实施行为时须暂时没有意识或者失去控制。如完全民事行为能力人在实施行为时并不存在没有意识或者失去控制的情形,则不能产生暂时丧失心智者责任。

第二,暂时丧失心智者实施了加害行为。完全民事行为能力人须在暂时没有意识或者失去控制的情况下,实施了加害行为。完全民事行为能力人虽然没有意识或者失去控制,但是没有加害行为的,则不会产生暂时丧失心智者责任。

第三,被侵权人受到了损害。暂时丧失心智者的行为须造成了他人损害,才能产生暂时丧失心智者责任。这里的损害包括人身损害和财产损害,也可以是基于人身损害而发生的精神损害。

第四,暂时丧失心智者的加害行为与损害后果之间具有因果关系。暂时丧失心智者的加害行为须是受害人所受损害的原因,即二者之间须存在因果关系。

第五,行为人对自己暂时丧失心智具有过错。暂时丧失心智者责任适用过错责任原则,因此,只有在行为人存在过错的情况下,这种责任才能成立。这里的过错是指行为人对暂时没有意识或者失去控制存在过错,而不是指对损害后果具有过错。完全民事行为能力人因醉酒、滥用麻醉药品或者精神药品对自己的行为暂时没有意识或者失去控制的,应当认定行为人具有过错。

三、暂时丧失心智者责任的承担

依据《民法典》第1190条的规定,暂时丧失心智者责任的承担主体为暂时没有意识或者

失去控制的完全民事行为能力人,具体责任承担区分以下情形:

其一,完全民事行为能力人对自己的行为暂时没有意识或者失去控制造成他人损害有过错的,应当承担侵权责任。也就是说,尽管行为人在致害时因丧失心智而无过错,但是其对行为时的心智丧失是有过错的,即因其过错导致暂时没有意识或者失去控制,因此,行为人仍应承担侵权责任。

其二,完全民事能力人对自己的行为暂时没有意识或者失去控制没有过错,则依过错责任原则,行为人不应当承担侵权责任,但是应根据行为人的经济状况对受害人适当补偿。

其三,完全民事行为能力人因醉酒、滥用麻醉药品或者精神药品对自己的行为暂时没有意识或者失去控制造成他人损害的,应当承担侵权责任,因为醉酒、滥用麻醉药品或者精神药品本身就推定其是有过错的。

第三节　用人单位责任

一、用人单位责任的概念和归责原则

用人单位责任是指用人单位的工作人员因执行工作任务造成他人损害时,用人单位所应承担的侵权责任。

《民法典》第1191条第1款规定,用人单位的工作人员因执行工作任务造成他人损害的,由用人单位承担侵权责任。用人单位承担侵权责任后,可以向有故意或者重大过失的工作人员追偿。依照这一规定,用人单位责任适用无过错责任原则,只要用人单位的工作人员在执行工作任务中造成了他人损害,用人单位就应承担侵权责任,而不能通过证明自己在选任或者监督方面尽到了相应的义务而不承担责任。

二、用人单位责任的构成要件

用人单位责任适用无过错责任原则,因此,其构成要件包括如下几项:

第一,用人单位的工作人员须有执行工作任务的行为。用人单位工作人员的行为须是执行工作任务的行为,才会产生用人单位责任。工作人员按照用人单位的授权或者指示进行工作的,即构成执行工作任务的行为。工作人员实施的与工作任务无关的行为,即使发生在工作时间内,也不属于执行工作任务的行为。

第二,用人单位工作人员的行为构成侵权行为。用人单位工作人员执行工作任务的行为只有构成侵权行为,才能产生用人单位责任。若其工作人员的行为不构成侵权行为,则不产生用人单位责任。

第三,被侵权人受到了损害。用人单位责任是工作人员在执行工作任务中造成他人损害的一种侵权责任,因此,只有工作人员造成了他人损害,才能产生用人单位责任。这里的损害包括人身损害和财产损害,也包括精神损害。

第四,工作人员执行工作任务的行为与损害后果之间具有因果关系。在用人单位责任中,受害人的损害后果应当是工作人员执行工作任务的行为所造成的,即工作人员执行工作任务的行为与损害后果之间须具有因果关系。

三、用人单位责任的承担

依据《民法典》第1191条的规定,用人单位责任的承担主体为用人单位。这里的用人单位,既包括企业、事业单位、国家机关、社会团体等,也包括个体经济组织。如果在劳务派遣期间,被派遣的工作人员因执行工作任务造成他人损害的,责任的承担主体为接受劳务派遣的用工单位。劳务派遣单位有过错的,则应当承担相应的责任。

此外,根据《民法典》第1191条第1款的规定,用人单位承担侵权责任后,可以向有故意或者重大过失的工作人员追偿。据此,如果工作人员仅具有一般过失,用人单位在承担责任后不能向其追偿。

第四节 个人劳务损害责任

一、个人劳务损害责任的概念和归责原则

个人劳务损害责任是指在个人劳务关系中,提供劳务一方因劳务造成他人损害或者自己受到损害时,接受劳务一方所应承担的侵权责任。

个人劳务损害责任包括两种:一是个人劳务提供者致害责任,即提供劳务一方因劳务造成他人损害的责任;二是个人劳务提供者受害责任,即提供劳务一方因劳务自己受到损害的责任。依据《民法典》第1192条的规定,这两种责任适用不同的归责原则:个人劳务提供者致害责任适用无过错责任原则。在本质上,这种责任与用人单位责任属于同一种责任,只要提供劳务一方因劳务造成他人损害的,接受劳务一方就应当承担责任,不能以自己没有过错而不承担责任。个人劳务提供者受害责任适用过错责任原则,以接受劳务一方存在过错为条件。接受劳务一方没有过错的,则不承担责任。

二、个人劳务损害责任的构成要件

在个人劳务损害责任中,个人劳务提供者致害责任和个人劳务提供者受害责任分别适用无过错责任原则和过错责任原则,因此,这两种个人劳务损害责任的构成要件存在差别。这种差别主要体现在主观要件方面,客观要件方面并无本质差别。也就是说,适用过错责任原则的个人劳务提供者受害责任须接受劳务一方存在过错,而适用无过错责任原则的个人劳务提供者致害责任则无需接受劳务一方存在过错。

第一,提供劳务一方因个人劳务关系提供劳务而实施一定的行为。个人劳务损害责任是发生在个人劳务关系中的一种责任,因此,提供劳务一方与接受劳务一方之间须存在个人劳务关系,这是个人劳务损害责任存在的基础。所谓个人劳务关系,是指自然人之间建立的一方为另一方提供劳务,另一方接受劳务并按约定支付报酬的民事法律关系。在个人劳务关系中,提供劳务一方须因提供劳务而实施一定的行为,即提供劳务一方的行为应属于完成工作任务的行为,个人劳务损害责任才能产生。

第二,受害人受到了损害。在个人劳务损害责任中,损害后果包括两种情形:一是提供劳务一方因劳务造成他人损害;二是提供劳务一方因劳务使自己受到损害。这两种损害后

果主要是人身损害,当然也包括财产损害等。

第三,提供劳务一方的行为与损害后果之间具有因果关系。被侵权人的损害后果应当与提供劳务一方因劳务而实施的行为之间存在因果关系。否则,个人劳务损害责任不能成立。

三、个人劳务损害责任的承担

《民法典》第1192条第1款规定,个人之间形成劳务关系,提供劳务一方因劳务造成他人损害的,由接受劳务一方承担侵权责任。接受劳务一方承担侵权责任后,可以向有故意或者重大过失提供劳务一方追偿。提供劳务一方因劳务受到损害的,根据双方各自的过错承担相应的责任。依照这一规定,个人劳务损害责任的承担主体为接受劳务一方,具体而言:

在个人劳务提供者致害责任中,接受劳务一方应当承担责任,在具备法定免责事由时,可以不承担责任或者减轻责任。接受劳务一方在承担责任后,可以向有故意或者重大过失的提供劳务一方追偿。

在个人劳务提供者受害责任中,接受劳务一方有过错的,应当承担责任;接受劳务一方与提供劳务一方都有过错的,按照各自的过错承担相应的责任。

同时,依据《民法典》第1192条第2款的规定,提供劳务期间,因第三人的行为造成提供劳务一方损害的,提供劳务一方有权请求第三人承担侵权责任,也有权请求接受劳务一方给予补偿。接受劳务一方补偿后,可以向第三人追偿。

(四)个人劳务责任与帮工责任的区别

个人劳务责任与帮工责任的区别在于,前者建立在有偿关系的基础之上,后者建立在无偿关系的基础之上。依据《人身损害赔偿解释》第4条及第5条规定,无偿提供劳务的帮工,在从事帮工活动中致人损害的,被帮工人应当承担赔偿责任。被帮工人承担赔偿责任后,有权向有故意或者重大过失的帮工人追偿。被帮工人明确拒绝帮工的,不承担赔偿责任。无偿提供劳务的帮工人因帮工活动遭受人身损害的,根据帮工人和被帮工人各自的过错承担相应的责任;被帮工人明确拒绝帮工的,被帮工人不承担赔偿责任,但是可以在受益范围内予以适当补偿。帮工人在帮工活动中因第三人的行为遭受人身损害的,有权请求第三人承担赔偿责任,也有权请求被帮工人予以适当补偿。被帮工人补偿后,可以向第三人追偿。

第五节 定作人责任

一、定作人责任的概念和归责原则

定作人责任是指在承揽关系中,承揽人于完成工作过程中造成第三人损害或者自己损害时,定作人对定作、指示或者选任有过错时应当承担的侵权责任。

在承揽关系中,承揽人与定作人之间并未形成劳务关系,承揽人应当独立完成承揽工作,因而承揽人在完成定作工作造成他人损害或者自己损害时,原则上应由承揽人自己承担相应的责任。但是,依据《民法典》第1193条的规定,如果定作人对定作、指示或者选任存在过错的,则应当承担相应的责任。可见,定作人责任适用过错责任原则。

二、定作人责任的构成要件

定作人责任适用过错责任原则,因此,其构成要件包括如下几项:

第一,承揽人基于承揽合同而实施一定的行为。定作人责任是发生在承揽人完成工作过程中的一种责任,因此,承揽人与定作人之间须存在承揽关系,这是定作人责任存在的基础。在承揽关系中,承揽人因完成工作成果而实施一定的行为,即承揽人所实施的行为应属于完成承揽工作的行为。

第二,受害人受到了损害。在定作人责任中,包括两种情形损害后果:一是承揽人造成第三人损害,即承揽人造成承揽人和定作人之外的其他民事主体的损害;二是承揽人在完成工作的过程中自身受到损害。

第三,承揽行为与损害间具有因果关系。无论是第三人损害还是承揽人自身受到损害,该损害后果都与承揽人为完成承揽工作而实施的行为之间存在因果关系。

第四,定作人存在过错。定作人责任以定作人存在过错为前提。定作人过错具体表现为对定作、指示或者选任存在过错。

三、定作人责任的承担

《民法典》第1193条规定,承揽人在完成工作过程中造成第三人损害或者自己损害的,定作人不承担侵权责任。但是,定作人对定作、指示或者选任有过错的,应当承担相应的责任。据此,定作人责任的主体为定作人。定作人承担的责任应与其在定作、指示或者选任上的过错相适应,故为"相应的责任"。

第六节 网络侵权责任

一、网络侵权责任的概念和归责原则

网络侵权责任是指网络用户或者网络服务提供者利用网络侵害他人民事权益时,网络用户或者网络服务提供者所应承担的侵权责任。

《民法典》第1194条规定:"网络用户、网络服务提供者利用网络侵害他人民事权益的,应当承担侵权责任。法律另有规定的,依照其规定。"可见,网络侵权的特点在于利用网络侵害他人权益。这属于一般侵权行为,只不过是发生在网络空间而已。因此,网络侵权责任适用过错责任原则。

二、网络侵权责任的构成要件

网络侵权责任适用过错责任原则,其构成要件包括如下几项:

第一,网络用户或者网络服务提供者实施了加害行为。网络侵权责任是发生在网络空间的一种侵权责任,因此,网络用户或者网络服务提供者须利用网络实施加害行为,网络侵权责任才能成立。在网络空间中,网络用户或者网络服务提供者利用网络所侵害的民事权益主要包括:(1)人格权,如侵害他人姓名权、肖像权、名誉权、隐私权等;(2)知识产权,如侵

害著作权、商标权等;(3)财产权益,如窃取他人网络银行账户中的资金、窃取他人网络游戏装备及虚拟货币等。

第二,被侵权人受到了损害。网络用户或者网络服务提供者利用网络实施的加害行为须造成了他人损害,才能成立网络侵权责任。这里的损害包括财产损害、精神损害,但是不包括人身损害,因为网络侵权的对象不包括生命权和健康权。

第三,网络用户或者网络服务提供者的加害行为与损害后果之间具有因果关系。网络用户或者网络服务提供者利用网络所实施的加害行为与受害人所受到的损害后果之间须具有因果关系,网络侵权责任才能成立。

第四,网络用户或者网络服务提供者存在过错。网络侵权责任适用过错责任原则,因此,只有在网络用户或者网络服务提供者存在过错的情况下,网络侵权责任才能成立。

三、网络侵权责任的承担

依据《民法典》第1194条的规定,网络侵权责任的承担主体为网络用户、网络服务提供者。所谓网络用户,是指接受网络服务的当事人,主要是指自然人;所谓网络服务提供者,是指为网络信息交流和交易活动提供中介服务的网络主体,包括技术服务提供者和内容服务提供者。前者如提供接入、缓存、信息存储空间、搜索以及链接等服务的网络主体,后者是主动向网络用户提供内容的网络主体。

因网络侵权责任发生在网络空间,因此,《民法典》对该类责任规定了如下特殊规则:

其一,通知规则。依据《民法典》第1195条的规定,网络用户利用网络服务实施侵权行为的,权利人有权通知网络服务提供者采取删除、屏蔽、断开链接等必要措施。该通知应当包括构成侵权的初步证据及权利人的真实身份信息。网络服务提供者接到通知后,应当及时将该通知转送相关网络用户,并根据构成侵权的初步证据和服务类型采取必要措施;未及时采取必要措施的,对损害的扩大部分与该网络用户承担连带责任。同时,如果权利人因错误通知造成网络用户或者网络服务提供者损害的,应当承担侵权责任;但是法律另有规定的除外。

其二,反通知规则。依据《民法典》第1196条的规定,网络用户接到转送的通知后,可以向网络服务提供者提交不存在侵权行为的声明。该声明应当包括不存在侵权行为的初步证据及网络用户的真实身份信息。网络服务提供者接到声明后,应当将该声明转送发出通知的权利人,并告知其可以向有关部门投诉或者向法院提起诉讼。网络服务提供者在转送声明到达权利人后的合理期限内,未收到权利人已经投诉或者提起诉讼通知的,应当及时终止所采取的措施。关于"及时与否"的确定,依据《最高人民法院关于审理利用信息网络侵害人身权益民事纠纷案件适用法律若干问题的规定》(以下简称《网络侵害人身权益规定》)第4条规定,应根据网络服务的类型和性质、有效通知的形式和准确程度、网络信息侵害权益的类型和程度等因素综合判断。

其三,知道规则。依据《民法典》第1197条的规定,网络服务提供者知道或者应当知道网络用户利用其网络服务侵害他人民事权益,未采取必要措施的,与该网络用户承担连带责任。依据《网络侵害人身权益规定》第6条的规定,网络服务提供者是否"知道或者应当知道",应综合考虑下列因素:(1)网络服务提供者是否以人工或者自动方式对侵权网络信息以推荐、排名、选择、编辑、整理、修改等方式作出处理；(2)网络服务提供者应当具备的管理信息的能力，以及所提供服务的性质、方式及其引发侵权的可能性大小；(3)该网络信息侵害人身权益的类型及明显程度；(4)该网络信息的社会影响程度或者一定时间内的浏览量；(5)网络服务提供者采取预防侵权措施的技术可能性及其是否采取了相应的合理措施；(6)网络服务提供者是否针对同一网络用户的重复侵权行为或者同一侵权信息采取了相应的合理措施；(7)与本案相关的其他因素。

第七节　违反安全保障义务责任

一、违反安全保障义务责任的概念和归责原则

违反安全保障义务责任是指宾馆、商场、银行、车站、机场、体育场馆、娱乐场所等经营场所、公共场所的经营者、管理者或者群众性活动的组织者，未尽到安全保障义务造成他人损害时，经营者、管理者或者组织者所应承担的侵权责任。

依据《民法典》第1198条的规定，违反安全保障义务责任适用过错责任原则。经营场所、公共场所的经营者、管理者或者群众性活动的组织者，在经营场所、公共场所的经营、管理和群众性活动的组织中负有安全保障义务，以保护民事主体的合法权益。如果经营者、管理者或者组织者未尽到安全保障义务，则说明其存在过错，应当承担侵权责任。

二、违反安全保障义务责任的构成要件

违反安全保障义务责任适用过错责任原则，因此，其构成要件包括如下几项：

第一，行为人实施了违反安全保障义务的行为。所谓安全保障义务，是指宾馆、商场、银行、车站、机场、体育场馆、娱乐场所等经营场所、公共场所的经营者、管理者或者群众性活动的组织者保护他人人身、财产安全的义务。这种义务属于作为义务。如果经营者、管理者或者组织者没有采取积极的安全保障措施，就违反了安全保障义务。可见，违反安全保障义务的行为表现为不作为。

第二，被侵权人受到了损害。经营场所、公共场所或者群众性活动的组织者违反了安全保障义务，须造成他人损害，才能产生违反安全保障义务责任。这里的损害包括人身损害和财产损害，也包括精神损害。

第三，违反安全保障义务的行为与损害后果之间具有因果关系。在违反安全保障义务责任中，因果关系是指不作为的因果关系，即经营者、管理者或者组织者因怠于作为而造成了损害。这种因果关系有两种表现形式：一是违反安全保障义务的行为直接造成了他人的损害，这种不作为是造成损害的直接原因；二是违反安全保障义务的行为间接造成了他人损害，这种不作为是造成损害的间接原因，即因第三人的行为造成他人损害时，经营者、管理者或者组织者未尽到安全保障义务。

第四，行为人存在过错。违反安全保障义务责任为过错责任，因此，行为人须存在过错，这种责任才能成立。这里的过错表现为经营者、管理者或者组织者没有尽到安全保障义务。也就是说，只要管理人或者组织者没有尽到安全保障义务，就可以认定其有过错。

三、违反安全保障义务责任的承担

依据《民法典》第1198条的规定，违反安全保障义务责任的承担主体为经营场所、公共场所的经营者、管理者或者群众性活动的组织者，其承担责任的情形分为两种：

其一，直接责任。宾馆、商场、银行、车站、机场、体育场馆、娱乐场所等公共场所的经营者、管理者或者群众性活动的组织者，未尽到安全保障义务，造成他人损害的，经营者、管理者或者组织者应当承担直接责任。

其二，补充责任。因第三人行为造成他人损害的，由第三人承担侵权责任；经营者、管理者或者组织者未尽到安全保障义务的，承担相应的补充责任。经营者、管理者或者组织者承担补充责任后，可以向第三人追偿。

第八节 教育机构责任

一、教育机构责任的概念和归责原则

教育机构责任是指无民事行为能力人、限制民事行为能力人在幼儿园、学校或者其他教育机构（以下简称"教育机构"）学习、生活期间因教育机构失职而受到人身损害时，教育机构所应承担的侵权责任。

依据《民法典》的规定，教育机构责任适用过错责任原则，具体有三种情形：一是无民事能力行为人在教育机构学习、生活期间受到人身损害的，适用过错推定的过错责任原则，只要教育机构不能证明尽到教育、管理职责的，就推定其有过错，应当承担责任。二是限制民事能力行为人在教育机构学习、生活期间受到人身损害的，适用一般的过错责任原则，教育机构未尽到教育、管理职责的，为有过错。受到人身损害人对教育机构未尽到教育、管理职责的过错承担举证责任。三是无民事行为能力人、限制民事行为能力人因教育机构以外的第三人的原因而受到人身损害的，教育机构的责任适用一般的过错责任原则。

二、教育机构责任的构成要件

教育机构责任适用过错责任原则，因此，其构成要件包括如下几项：

第一，教育机构存在失职行为。教育机构包括幼儿园、学校或者其他教育机构。这里的学校包括国家或者社会力量举办的全日制中小学（含特殊教育学校）、各类中等职业学校、高等学校；其他教育机构包括少年宫、电化教育机构等。在教育机构责任中，教育机构须存在失职行为，即未尽到教育、管理职责。

第二，被侵权人在教育机构学习、生活期间受到人身损害。在教育机构责任中，一方面，被侵权人须是在教育机构内学习、生活的无民事行为能力人和限制民事行为能力人，并且须是在教育机构内学习、生活期间受到损害，若在此期间外受到损害，不发生教育机构责任。

另一方面，被侵权人须受到人身损害，不包括财产损害。至于人身损害是因教育机构内的人员侵害而造成的，还是因其他原因而造成的，则在所不问。

第三，被侵权人的损害与教育机构的失职行为之间具有因果关系。教育机构的失职行

为表现为不作为,属于不作为的加害行为。因此,失职行为与损害后果之间的因果关系为不作为的因果关系。

第四,教育机构存在过错。教育机构责任属于一种过错责任,因此,只有教育机构存在过错的,这种责任才能成立。教育机构的过错表现为行为失职,即未尽到教育、管理职责,也就是在履行教育、管理职责时没有尽到必要的注意义务。

三、教育机构责任的承担

教育机构责任的承担主体为教育机构,包括幼儿园、学校或者其他教育机构,其承担的责任区分为以下两种情况:

其一,直接责任。无民事行为能力人、限制民事行为能力人在幼儿园、学校或者其他教育机构学习、生活期间受到人身损害的,教育机构应当承担直接责任(《民法典》第1199条和第1200条)。

其二,补充责任。无民事行为能力人或者限制民事行为能力人在幼儿园、学校或者其他教育机构学习、生活期间,受到幼儿园、学校或者其他教育机构以外的第三人人身损害的,由第三人承担侵权责任,教育机构应当承担相应的补充责任。教育机构在承担补充责任后,可以向第三人追偿(《民法典》第1201条)。

第四十八章 特殊侵权责任

第一节 产品责任

一、产品责任的概念和归责原则

产品责任是指因产品存在缺陷造成他人损害时,生产者、销售者所应承担的侵权责任。

产品责任是产品的生产者、销售者对受害人的一种侵权责任。就生产者所承担的产品责任而言,依据《民法典》第1202条的规定,因产品存在缺陷造成他人损害的,无论生产者是否存在过错,都应承担侵权责任。这表明,生产者的产品责任适用无过错责任原则。就销售者所承担的产品责任而言,《民法典》第1203条规定,因产品存在缺陷造成他人损害的,被侵权人可以向产品的生产者请求赔偿,也可以向产品的销售者请求赔偿。产品缺陷由生产者造成的,销售者赔偿后,有权向生产者追偿。因销售者的过错使产品存在缺陷的,生产者赔偿后,有权向销售者追偿。依照这一规定,被侵权人要求销售者承担产品责任,并不以销售者存在过错为条件,销售者不能以自己无过错为由拒绝承担责任。因此,销售者所承担的产品责任也适用无过错责任原则。

二、产品责任的构成要件

产品责任适用无过错责任原则,因此,其构成要件包括如下几项:

第一,产品存在缺陷。依据《产品质量法》第2条的规定,所谓产品,是指经过加工、制作,用于销售的产品。在产品责任中,产品仅限于动产,而不包括不动产。因此,因建设工程致人损害的,不属于产品责任。所谓产品缺陷,是指产品存在危及人身、他人财产安全的不合理的危险;如果产品有保障人体健康,人身、财产安全的国家标准、行业标准的,产品缺陷是指不符合该标准(《产品质量法》第46条)。可见,产品缺陷应当是一种不合理的危险,且这种不合理的危险危及人身和他人财产安全。至于产品是否存在不合理的危险,应依一般标准和法定标准确定。一般标准是人们有权期望的安全性,法定标准即产品保障人体健康,人身、财产安全的国家标准或者行业标准。产品的缺陷包括以下三种:一是设计缺陷,即产品在设计过程中,产品的结构、配方等方面存在不合理的危险;二是制造缺陷,即产品在制造过程中,因原材料、配件、工艺等存在错误而导致产品存在不合理的危险;三是指示缺陷,即产品在经销过程中,因没有适当的指示和警告而使产品存在不合理的危险,故又可称为经营缺陷、营销缺陷。

第二,被侵权人受到了损害。在产品责任中,被侵权人既可以是购买使用产品的人,也可以是使用产品以外的人。就损害而言,既包括人身损害和财产损害,也包括因人身损害而导致的精神损害。财产损害既包括缺陷产品以外的其他财产的损害,也包括缺陷产品自身的损害。

第三,产品缺陷与损害后果之间具有因果关系。在产品责任中,被侵权人的损害后果应当是因产品存在缺陷而造成的,即产品的缺陷与损害后果之间须存在因果关系。如果被侵权人的损害与产品缺陷没有因果关系,则不构成产品责任。这里的因果关系,是产品的缺陷与损害后果之间的因果关系,而不是某种行为与损害后果之间的因果关系。

三、产品责任的承担

在产品责任中,受害人既可以向产品的生产者请求赔偿,也可以向产品的销售者请求赔偿。可见,产品责任的承担主体包括产品的生产者和销售者。在生产者或者销售者赔偿之后,两者之间可能会发生追偿关系。一方面,产品缺陷是生产者造成的,销售者赔偿后,有权向生产者追偿;另一方面,因销售者的过错使产品存在缺陷的,生产者赔偿后,有权向销售者追偿。在产品责任中,如果存在第三人的责任,则产品的生产者或者销售者在赔偿后,有权向该第三人追偿。对此,《民法典》第1204条规定,因运输者、仓储者等第三人的过错使产品存在缺陷,造成他人损害的,产品的生产者、销售者赔偿后,有权向第三人追偿。

产品的生产者、销售者除应当承担赔偿责任外,还应当承担以下两种特殊责任:一是排除妨碍、消除危险等侵权责任。依据《民法典》第1205条的规定,因产品缺陷危及他人人身、财产安全的,被侵权人有权请求生产者、销售者承担停止侵害、排除妨碍、消除危险等侵权责任。二是惩罚性赔偿责任。依据《民法典》第1207条的规定,明知产品存在缺陷仍然生产、销售,或者没有依据《民法典》第1206条的规定采取有效补救措施,造成他人死亡或者健康严重损害的,被侵权人有权请求相应的惩罚性赔偿。

在产品责任中,生产者虽承担无过错责任,但是如果生产者能够证明具备法定免责事由的,则不承担赔偿责任。关于产品责任的免责理由,《民法典》没有特殊规定。依据《产品质量法》第41条的规定,产品的生产者能够证明下列情形之一的,不承担赔偿责任:(1)未将产品投入流通的。所谓"投入流通",是指产品进入了流通领域,包括任何形式的出售、出租以及抵押、质押等。(2)产品投入流通时,引起损害的缺陷尚不存在的。在产品投入流通时,引起损害的缺陷尚不存在,说明产品的缺陷并不是生产者造成的,因此,生产者可以不承担赔偿责任。(3)将产品投入流通时的科学技术水平尚不能发现缺陷的存在的。应当指出,在产品投入流通时,虽然因某种原因或者技术水平未能发现产品存在缺陷,但是在产品投入流通后,发现产品存在缺陷的,生产者、销售者应当采取停止销售、警示、召回等补救措施,以防止造成他人损害。如果生产者、销售者未及时采取补救措施或者补救措施不力造成损害扩大的,对扩大的损害仍然承担侵权责任。《民法典》第1206条规定:"产品投入流通后发现存在缺陷的,生产者、销售者应当及时采取停止销售、警示、召回等补救措施;未及时采取补救措施或者补救措施不力造成损害扩大的,对扩大的损害也应当承担侵权责任。依据前款规定采取召回措施的,生产者、销售者应当负担被侵权人因此支出的必要费用。"

第二节 机动车交通事故责任

一、机动车交通事故责任的概念和归责原则

机动车交通事故责任是指机动车在道路上通行造成他人损害时,机动车一方所应承担的侵权责任。

《民法典》第1208条规定:"机动车发生交通事故造成损害的,依照道路交通安全法律和本法的有关规定承担赔偿责任。"可见,机动车交通事故责任是以交通事故的发生为前提的一种责任。依据《道路交通安全法》第76条第1款的规定,机动车发生交通事故造成人身伤亡、财产损失的,首先由保险公司在机动车第三者责任强制保险责任限额范围内予以赔偿;不足部分按照下列规定进行赔偿:(1)机动车之间发生交通事故的,由有过错的一方承担赔偿责任;双方都有过错的,按照各自过错的比例分担责任。(2)机动车与非机动车驾驶人、行人之间发生交通事故,非机动车驾驶人、行人没有过错的,由机动车一方承担赔偿责任;有证据证明非机动车驾驶人、行人有过错的,根据过错程度适当减轻机动车一方的赔偿责任;机动车一方没有过错的,承担不超过10%的赔偿责任。可见,就机动车交通事故而言,法律区分了不同情形而适用不同的归责原则。

就机动车之间的交通事故责任而言,有过错的机动车一方应当承担赔偿责任;如果双方都有过错的,应当按照各自过错的比例分担责任。可见,机动车之间的交通事故责任适用过错责任原则。

就机动车与非机动车驾驶人、行人之间的交通事故责任而言,非机动车驾驶人、行人没有过错的,由机动车一方承担赔偿责任;有证据证明非机动车驾驶人、行人有过错的,根据过错程度适当减轻机动车一方的赔偿责任;机动车一方没有过错的,承担不超过10%的赔偿责任。可见,无论机动车一方是否有过错,都要对非机动车驾驶人、行人承担赔偿责任,但是在机动车一方无过错时,应实行限额赔偿。因此,机动车与非机动车驾驶人、行人之间的交通事故责任适用无过错责任原则。

二、机动车交通事故责任的构成要件

机动车交通事故责任实行过错责任原则和无过错责任原则二元归责原则体系,因此,适用不同的归责原则,机动车交通事故责任的构成要件也有所不同。这种差别主要体现在主观要件方面,客观要件方面并无差别。也就是说,适用过错责任原则的机动车交通事故责任须机动车一方存在过错,而适用无过错责任原则的机动车交通事故责任则无需机动车一方存在过错。就客观要件而言,机动车交通事故责任须具备以下三个条件:

第一,机动车一方有交通违法行为。机动车交通事故责任是因交通事故而产生的事故。所谓交通事故,是指车辆在道路上因过错或者意外造成的人身伤亡或者财产损失的事件(《道路交通安全法》第119条)。可见,只有机动车一方有交通违法行为,这种责任才能成立。机动车一方的交通违法行为,通常表现为在道路通行时违反了道路交通安全法律、法规。

第二,被侵权人受到了损害。机动车在通行过程中所造成的损害,既包括人身伤亡和财产损失,也包括因人身伤亡而导致的精神损害。财产损失既包括实际损失,也包括可得利益损失。依据《最高人民法院关于审理道路交通事故损害赔偿案件适用法律若干问题的解释》(以下简称《道路交通事故赔偿解释》)第12条的规定,财产损失主要包括:(1)维修被损坏车辆所支出的费用、车辆所载物品的损失、车辆施救费用;(2)因车辆灭失或者无法修复,为购买交通事故发生时与被损坏车辆价值相当的车辆重置费用;(3)依法从事货物运输、旅客运输等经营性活动的车辆,因无法从事相应经营活动所产生的合理停运损失;(4)非经营性车辆因无法继续使用,所产生的通常替代性交通工具的合理费用。

第三,交通违法行为与损害后果之间具有因果关系。只有交通违法行为造成了一方的损害后果,即行为与损害之间有因果关系,机动车交通事故责任才能成立。

三、机动车交通事故责任的承担

依据《民法典》第1213条的规定,机动车发生交通事故造成损害,属于该机动车一方责任的,先由承保机动车强制保险的保险人在强制保险责任限额范围内予以赔偿;不足部分,由承保机动车商业保险的保险人按照保险合同的约定予以赔偿;仍然不足或者没有投保机动车商业保险的,由侵权人赔偿。同时,依据《道路交通安全法》第76条第2款的规定,交通事故的损失是由非机动车驾驶人、行人故意碰撞机动车造成的,机动车一方不承担赔偿责任。

在实践中,如何具体确定机动车一方的责任,应当根据如下不同情形加以确定。

(一)机动车租赁、借用发生交通事故的责任承担

依据《民法典》第1209条的规定,因租赁、借用等情形机动车所有人、管理人与使用人不是同一人时,发生交通事故造成损害,属于该机动车一方责任的,由机动车使用人承担赔偿责任;机动车所有人、管理人对损害的发生有过错的,承担相应的赔偿责任。关于机动车所有人、管理人的过错包括:(1)知道或者应当知道机动车存在缺陷,且该缺陷是交通事故发生的原因之一;(2)知道或者应当知道驾驶人无驾驶资格或者未取得相应驾驶资格的;(3)知道或者应当知道驾驶人因饮酒、服用国家管制的精神药品或者麻醉药品,或者患有妨碍安全驾驶机动车的疾病等依法不能驾驶机动车的;(4)其他应当认定机动车所有人或者管理人有过错的情形(《道路交通事故赔偿解释》第1条)。

(二)买卖等关系中的机动车发生交通事故的责任承担

依据《民法典》第1210条的规定,当事人之间已经以买卖或者其他方式转让并交付机动车但是未办理登记,发生交通事故造成损害,属于该机动车一方责任的,由受让人承担赔偿责任。如果被多次转让但是未办理登记的机动车发生交通事故造成损害,属于该机动车一方责任,当事人有权请求由最后一次转让并交付的受让人承担赔偿责任(《道路交通事故赔偿解释》第2条)。但是,依据《民法典》第1214条的规定,以买卖或者其他方式转让拼装或者已经达到报废标准的机动车,发生交通事故造成损害的,由转让人和受让人承担连带责任。如拼装车、已达到报废标准的机动车或者依法禁止行驶的其他机动车被多次转让,并发生交通事故造成损害,则由所有的转让人和受让人承担连带责任(《道路交通事故赔偿解释》第4条)。

(三) 挂靠情形下机动车发生交通事故责任的责任承担

依据《民法典》第1211条的规定,以挂靠形式从事道路运输经营活动的机动车,发生交通事故造成损害,属于该机动车一方责任的,由挂靠人和被挂靠人承担连带责任。

(四) 无权占有机动车发生交通事故的责任承担

无权占有机动车发生交通事故时的责任承担情形包括两种:其一,未经允许驾驶他人机动车,发生交通事故造成损害,属于该机动车一方责任的,由机动车使用人承担赔偿责任;机动车所有人、管理人对损害的发生有过错的,承担相应的赔偿责任,但是《民法典》"机动车交通事故责任"一章另有规定的除外(《民法典》第1212条)。其二,盗窃、抢劫或者抢夺的机动车发生交通事故造成损害的,由盗窃人、抢劫人或者抢夺人承担赔偿责任。盗窃人、抢劫人或者抢夺人与机动车使用人不是同一人,发生交通事故造成损害,属于该机动车一方责任的,由盗窃人、抢劫人或者抢夺人与机动车使用人承担连带责任。保险人在机动车强制保险责任限额内垫付抢救费用的,有权向交通事故责任人追偿(《民法典》第1215条)。实际上,《民法典》第1212条中对机动车所有人、管理人存在过错时除外责任的规定,即指向于《民法典》第1215条规定的情形。具体而言,在盗窃、抢劫或者抢夺的机动车发生交通事故造成损害时,即便机动车所有人、管理人存在过错,也不承担相应的赔偿责任。

(五) 交通事故发生后机动车驾驶人逃逸的责任处理

依据《民法典》第1216条的规定,机动车驾驶人发生交通事故后逃逸,该机动车参加强制保险的,由保险人在机动车强制保险责任限额范围内予以赔偿;机动车不明、该机动车未参加强制保险或者抢救费用超过机动车强制保险责任限额,需要支付被侵权人人身伤亡的抢救、丧葬等费用的,由道路交通事故社会救助基金垫付。道路交通事故社会救助基金垫付后,其管理机构有权向交通事故责任人追偿。

(六) 好意同乘情形下机动车发生交通事故的责任处理

依据《民法典》第1217条的规定,非营运机动车发生交通事故造成无偿搭乘人损害,属于该机动车一方责任的,应当减轻其赔偿责任,但是机动车使用人有故意或者重大过失的除外。

除上述情形外,《道路交通事故赔偿解释》对其他情形下的机动车交通事故责任的承担作了规定,主要包括如下情形:(1)套牌机动车发生交通事故造成损害,属于该机动车一方责任,当事人有权请求套牌机动车的所有人或者管理人承担责任;被套牌机动车的所有人或者管理人同意套牌的,应与套牌机动车的所有人或者管理人承担连带责任(第3条)。(2)接受机动车驾驶培训的人员,在培训活动中驾驶机动车发生交通事故造成损害,属于该机动车一方责任的,当事人有权请求驾驶培训单位承担赔偿责任(第5条)。(3)机动车试乘过程中发生交通事故造成试乘人损害,当事人有权请求提供试乘服务者承担赔偿责任;试乘人有过错的,应减轻提供试乘服务者的赔偿责任(第6条)。

第三节 医疗损害责任

一、医疗损害责任的概念和归责原则

医疗损害责任是指医疗机构或者其医务人员在诊疗活动中因过错造成患者损害时,医

疗机构所应承担的侵权责任。

《民法典》第1218条规定："患者在诊疗活动中受到损害，医疗机构或者其医务人员有过错的，由医疗机构承担赔偿责任。"可见，医疗损害责任以医疗机构或者其医务人员存在过错为要件，适用过错责任原则。因此，在通常情况下，患者应当就医疗机构或者其医务人员存在过错负举证责任。依据《最高人民法院关于审理医疗损害责任纠纷案件适用法律若干问题的解释》（以下简称《医疗损害责任解释》）第4条第2款的规定，患者无法提交医疗机构或者其医务人员有过错的证据时，可以依法提出医疗损害鉴定申请。同时，在某些特殊情形下，法律会直接推定医疗机构存在过错。《民法典》第1222条规定："患者在诊疗活动中受到损害，有下列情形之一的，推定医疗机构有过错：（一）违反法律、行政法规、规章以及其他有关诊疗规范的规定；（二）隐匿或者拒绝提供与纠纷有关的病历资料；（三）遗失、伪造、篡改或者违法销毁病历资料。"《民法典》第1225条规定，医疗机构及其医务人员应当按照规定填写并妥善保管住院志、医嘱单、检验报告、手术及麻醉记录、病理资料、护理记录等病历资料。患者要求查阅、复制前款规定的病历资料的，医疗机构应当及时提供。一般认为，这里的"推定"与"视为"具有相同的效力，即不允许医疗机构通过其他事由加以推翻。

二、医疗损害责任的构成要件

医疗损害责任适用过错责任原则，因此，其构成要件包括如下几项：

第一，诊疗行为具有违法性。在诊疗过程中，医疗机构或者其医务人员应当严格按照法律、法规、诊疗规范、规程等从事诊疗活动。否则，该诊疗行为即具有违法性。诊疗行为的违法性，既可以表现为作为的违法，也可以表现为不作为的违法。前者如医疗机构或者其医务人员违反诊疗规范实施不必要的检查（《民法典》第1227条），后者如医务人员在诊疗活动中未尽到诊疗说明义务。《民法典》第1219条规定，医务人员在诊疗活动中应当向患者说明病情和医疗措施。需要实施手术、特殊检查、特殊治疗的，医务人员应当及时向患者具体说明医疗风险、替代医疗方案等情况，并取得其明确同意；不能或者不宜向患者说明的，应当向患者的近亲属说明，并取得其明确同意。医务人员未尽到上述义务，造成患者损害的，医疗机构应当承担赔偿责任。

第二，被侵权人受到了损害。在医疗损害责任中，诊疗行为侵害的是患者的人身权，因此，患者的损害后果是人身损害，如患者死亡、伤残、功能障碍等。这里的损害不仅包括因医疗事故所造成的损害，也包括因非医疗事故所造成的损害。同时，基于人身损害所导致的财产损害和精神损害也属于损害范围之内。此外，患者以在美容医疗机构或者开设医疗美容科室的医疗机构实施的医疗美容活动中受到人身或者财产损害的，也构成医疗损害责任（《医疗损害责任解释》第1条第2款）。

第三，诊疗行为与损害后果之间具有因果关系。诊疗行为与受害人人身损害之间须具有因果关系，才能产生医疗损害责任。也就是说，诊疗行为是人身损害发生的原因。在医疗损害责任中，因果关系一般由患者举证证明。依据《医疗损害责任解释》第4条第2款的规定，如患者无法按提交医疗机构或者其医务人员诊疗行为与损害之间具有因果关系的证据的，可依法提出医疗损害鉴定申请。

第四，医疗机构或者其医务人员存在过错。医疗损害责任适用过错责任原则，因此，只有在医疗机构或者其医务人员主观上存在过错的情况下，医疗损害责任才能成立。医疗机构或者其医务人员没有过错的，不构成医疗损害责任。医疗机构或者其医务人员在诊疗活动中的过错属于诊疗过错，是一种业务过错。依据《民法典》第1221条的规定，医务人员在诊疗活动中未尽到与当时的医疗水平相应的诊疗义务，即构成诊疗过错。对医疗机构或者其医务人员的过错，应当依据法律、行政法规、规章以及其他有关诊疗规范进行认定，可以综合考虑患者病情的紧急程度、患者个体差异、当地的医疗水平、医疗机构与医务人员资质等因素（《医疗损害责任解释》第16条）。当然，在具备《民法典》第1222条规定的情形下，可直接推定医疗机构有过错。

三、医疗损害责任的承担

依据《民法典》第1218条的规定，医疗损害责任的承担主体是医疗机构，而不是有过错的医务人员。当然，医疗机构具备法定免责事由的，不承担医疗损害责任。依据《民法典》第1224条的规定，患者在诊疗活动中受到损害，有下列情形之一的，医疗机构不承担赔偿责任：(1)患者或者其近亲属不配合医疗机构进行符合诊疗规范的诊疗。当然，在此情形下，如果医疗机构或者其医务人员也有过错的，则应当承担相应的赔偿责任。(2)医务人员在抢救生命垂危的患者等紧急情况下已经尽到合理诊疗义务。依据《民法典》第1220条的规定，因抢救生命垂危的患者等紧急情况，不能取得患者或者其近亲属意见的，经医疗机构负责人或者授权的负责人批准，可以立即实施相应的医疗措施。此时，若医疗机构或者其医务人员尽到了合理诊疗义务，则不承担责任。(3)限于当时的医疗水平难以诊疗。

依据《民法典》第1223条的规定，因药品、消毒产品、医疗器械的缺陷，或者输入不合格的血液造成患者损害的，患者可以向药品上市许可持有人、生产者、血液提供机构请求赔偿，也可以向医疗机构请求赔偿。患者向医疗机构请求赔偿的，医疗机构赔偿后，有权向负有责任的药品上市许可持有人、生产者、血液提供机构追偿。同时，因医疗机构的过错使医疗产品存在缺陷或者血液不合格，医疗产品的生产者、销售者、药品上市许可持有人或者血液提供机构承担赔偿责任后，有权向医疗机构追偿（《医疗损害责任解释》第21条第3款）。

依据《民法典》第1226条的规定，医疗机构及其医务人员应当对患者的隐私和个人信息保密。泄露患者的隐私和个人信息，或者未经患者同意公开其病历资料的，应当承担侵权责任。

此外，为保护医疗机构及其医务人员的合法权益，保障医疗活动的有序开展。《民法典》第1228条规定，医疗机构及其医务人员的合法权益受法律保护。干扰医疗秩序，妨碍医务人员工作、生活，侵害医务人员合法权益的，应当依法承担法律责任。

第四节 环境污染和生态破坏责任

一、环境污染和生态破坏责任的概念和归责原则

环境污染和生态破坏责任是指因污染环境和破坏生态造成他人损害时，污染者或者破坏者所应当承担的侵权责任。

依据《民法典》第1229条的规定,因污染环境、破坏生态造成他人损害的,侵权人应当承担侵权责任。该条中并未规定环境污染和生态破坏责任的成立须以侵权人具有过错为前提。同时,依据《民法典》第1234条的规定,侵权人违反国家规定造成生态环境损害的,在责任成立上,也不对其是否具有主观过错加以考虑。因此,环境污染和生态破坏责任适用无过错责任原则。此外,《最高人民法院关于审理生态环境侵权责任纠纷案件适用法律若干问题的解释》(以下简称《生态环境侵权责任解释》)第4条第1款明确规定,污染环境、破坏生态造成他人损害,行为人不论有无过错,都应当承担侵权责任。

二、环境污染和生态破坏责任的构成要件

环境污染和生态破坏责任适用无过错责任原则,因此,其构成要件包括如下几项:

第一,侵权人有污染环境和破坏生态的行为。环境污染和生态破坏责任是因污染环境或者破坏生态而产生的一种责任,因此,只有存在污染环境和破坏生态的行为即存在环境污染或者生态破坏时,才能成立环境污染和生态破坏责任。所谓环境污染,是指由于人为的原因致使环境发生化学、物理、生物等特点上的不良变化,从而影响人类健康和生产活动,影响生物生存和发展的现象;所谓生态破坏,是指因人为原因致使生态退化以及由此衍生的环境效应,导致环境结构和功能发生变化,进而对人类生存发展以及环境本身发展产生不利影响的现象。例如,水土流失、沙漠化及土地退化等。环境污染和生态破坏行为的表现形式多种多样,主要包括:(1)排放废气、废水、废渣、医疗废物、粉尘、恶臭气体、放射性物质等污染环境;(2)排放噪声、振动、光辐射、电磁辐射等污染环境;(3)不合理开发利用自然资源;(4)违反国家规定,未经批准,擅自引进、释放、丢弃外来物种;(5)其他污染环境、破坏生态的行为(《生态环境侵权责任解释》第1条)。需要指出的是,侵权人不能以排污符合国家或者地方污染物排放标准为由主张不承担责任。但是,在生态环境损害责任中,应以侵权人违反国家规定为前提(《民法典》第1234条)。

第二,被侵权人或者生态环境受到损害。污染环境和生态破坏行为所造成的损害主要有两种情形:其一,民事主体受到的损害,包括人身损害、财产损害,也包括精神损害;其二,生态环境本身所遭受的损害。

第三,污染环境和破坏生态行为与损害之间具有因果关系。在环境污染和生态破坏责任中,污染环境和破坏生态行为与损害之间的因果关系实行推定规则,即首先由被侵权人或者原告一方就污染环境或者破坏生态行为与损害之间的关联性予以证明,继而由污染者或者破坏者就其行为与损害结果之间不存在因果关系承担举证责任。对此,《民法典》第1230条规定,因污染环境、破坏生态发生纠纷,行为人应当就法律规定的不承担责任或者减轻责任的情形及其行为与损害之间不存在因果关系承担举证责任。

三、环境污染和生态破坏责任的承担

依据《民法典》第1229条和第1234条的规定,环境污染和生态破坏责任的承担主体是因污染环境、破坏生态而造成损害的侵权人。两个以上侵权人污染环境、破坏生态的,承担责任的大小,根据污染物的种类、浓度、排放量,破坏生态的方式、范围、程度,以及行为对损害后果所起的作用等因素确定(《民法典》第1231条)。因第三人过错污染环境、破坏生态的,被侵权人可以向侵权人请求赔偿,也可以向第三人请求赔偿。侵权人赔偿后,有权向第三人追偿(《民法典》第 1233 条)。

针对生态环境损害,《民法典》第 1234 条规定了修复责任,即违反国家规定造成生态环境损害,生态环境能够修复的,国家规定的机关或者法律规定的组织有权请求侵权人在合理期限内承担修复责任。侵权人在期限内未修复的,国家规定的机关或者法律规定的组织可以自行或者委托他人进行修复,所需费用由侵权人负担。关于生态环境损害赔偿的范围,《民法典》第 1235 条规定,违反国家规定造成生态环境损害的,国家规定的机关或者法律规定的组织有权请求侵权人赔偿下列损失和费用:(1) 生态环境受到损害至修复完成期间服务功能丧失所导致的损失;(2) 生态环境功能永久性损害造成的损失;(3) 生态环境损害调查、鉴定评估等费用;(4) 清除污染、修复生态环境费用;(5) 防止损害的发生和扩大所支出的合理费用。

在环境污染和破坏生态责任中,在特殊情形下,可以适用惩罚性赔偿。对此,《民法典》第 1232 条规定,侵权人违反法律规定故意污染环境、破坏生态造成严重后果的,被侵权人有权请求相应的惩罚性赔偿。

在环境污染和生态破坏责任中,如果侵权人能够证明存在法定免责事由的,可不承担责任或者减轻责任。例如,《水污染防治法》第 96 条第 2 款、第 3 款规定,由于不可抗力造成水污染损害的,排污方不承担赔偿责任;法律另有规定的除外。水污染损害是由受害人故意造成的,排污方不承担赔偿责任。水污染损害是由受害人重大过失造成的,可以减轻排污方的赔偿责任。

第五节　高度危险责任

一、高度危险责任的概念和归责原则

高度危险责任是指因从事高度危险作业造成他人损害时,作业人所应承担的侵权责任。《民法典》第 1236 条规定:"从事高度危险作业造成他人损害的,应当承担侵权责任。"可见,高度危险责任适用无过错责任原则,只要从事高度危险作业造成他人损害,无论作业人是否存在过错,都要承担侵权责任,除非存在法定的免责事由。

二、高度危险责任的构成要件

高度危险责任适用无过错责任原则,因此,其构成要件包括如下几项:

第一,作业人从事了高度危险作业。高度危险作业是指对周围环境具有较高危险性的活动。只有从事高度危险作业,才有可能发生高度危险责任。高度危险作业主要包括两种:一是高度危险活动,如使用民用核设施或者运入运出核设施的核材料、高速轨道运输工具和从事高空、高压、地下挖掘等高度危险活动;二是占有、使用易燃、易爆、剧毒、高放射性、强腐蚀性、高致病性等高度危险物的行为。

第二,被侵权人受到了损害。从事高度危险作业所造成的损害包括人身损害和财产损害,也包括因人身损害等而导致的精神损害。

第三，从事高度危险作业与损害后果之间具有因果关系。被侵权人的损害须是从事高度危险作业所造成的，才能成立高度危险责任。就是说，从事高度危险作业与损害后果之间须有因果关系。

三、高度危险责任的承担

高度危险责任主要是一种赔偿责任，因此，责任主体应当按照规定承担赔偿责任。在适用赔偿责任时，依据《民法典》第1244条规定，如法律规定赔偿限额的，应依照其规定，但是行为人有故意或者重大过失的除外。此外，从事高度危险作业存在危及他人人身、财产安全的情形，被侵权人有权请求侵权人承担停止侵害、排除妨碍、消除危险等侵权责任（《民法典》第1167条）。

由于高度危险作业的类型不同，高度危险责任的承担主体和免责事由也不同。

（一）高度危险作业经营者的责任承担

第一，民用核设施或者运入运出核设施的核材料发生核事故造成他人损害的，民用核设施的营运单位应当承担侵权责任；但是，能够证明损害是因战争、武装冲突、暴乱等情形或者受害人故意造成的，不承担责任（《民法典》第1237条）。

第二，民用航空器造成他人损害的，民用航空器的经营者应当承担侵权责任；但是，能够证明损害是因受害人故意造成的，不承担责任（《民法典》第1238条）。

第三，从事高空、高压、地下挖掘活动或者使用高速轨道运输工具造成他人损害的，经营者应当承担侵权责任；但是，能够证明损害是因受害人故意或者不可抗力造成的，不承担责任。被侵权人对损害的发生有重大过失的，可以减轻经营者的责任（《民法典》第1240条）。

（二）高度危险物的占有人、使用人、所有人、管理人的责任承担

第一，占有或者使用易燃、易爆、剧毒、高放射性、强腐蚀性、高致病性等高度危险物造成他人损害的，占有人或者使用人应当承担侵权责任；但是，能够证明损害是因受害人故意或者不可抗力造成的，不承担责任。被侵权人对损害的发生有重大过失的，可以减轻占有人或者使用人的责任（《民法典》第1239条）。

第二，遗失、抛弃高度危险物造成他人损害的，由所有人承担侵权责任。所有人将高度危险物交由他人管理的，由管理人承担侵权责任；所有人有过错的，与管理人承担连带责任（《民法典》第1241条）。

第三，非法占有高度危险物造成他人损害的，由非法占有人承担侵权责任。所有人、管理人不能证明对防止非法占有尽到高度注意义务的，与非法占有人承担连带责任（《民法典》第1242条）。

第四，未经许可进入高度危险活动区域或者高度危险物存放区域受到损害，管理人能够证明已经采取足够安全措施并尽到充分警示义务的，可以减轻或者不承担责任（《民法典》第1243条）。

第六节 饲养动物损害责任

一、饲养动物损害责任的概念和归责原则

饲养动物损害责任是指饲养的动物造成他人损害时，动物饲养人或者管理人所应承担

的侵权责任。

《民法典》第1245条规定,饲养的动物造成他人损害的,动物饲养人或者管理人应当承担侵权责任;但是,能够证明损害是因被侵权人故意或者重大过失造成的,可以不承担或者减轻责任。依照这一规定,饲养动物损害责任适用无过错责任原则,无论动物饲养人或者管理人是否有过错,只要饲养的动物造成他人损害,除具有法定的免责事由外,动物饲养人或者管理人就应承担责任。这是饲养动物损害责任的一般归责原则。但是,由于饲养动物的复杂性,在特殊情况下,饲养动物损害责任并不适用无过错责任原则,而是适用过错推定的过错责任原则。《民法典》第1248条规定:"动物园的动物造成他人损害的,动物园应当承担侵权责任;但是,能够证明尽到管理职责的,不承担侵权责任。"依照这一规定,只要动物园能够证明自己尽到了管理职责,就为无过错,动物园就不承担责任。而动物园不能证明自己尽到管理职责,就为有过错,动物园就应承担责任。可见,饲养动物损害责任原则上适用无过错责任原则,特殊情况下适用过错推定的过错责任原则。

二、饲养动物损害责任的构成要件

因饲养动物损害责任适用不同的归责原则,其构成要件也有所不同。这种差别主要体现在主观要件方面,客观要件方面并无差别。在一般情况下,饲养动物损害责任适用无过错责任原则,因此,责任构成不要求动物饲养人或者管理人在主观上存在过错,但是动物园的动物损害责任适用过错推定的过错责任原则,因此,责任的构成要求动物园在主观上存在过错。这种过错为推定过错,若动物园不能证明尽到管理职责,即推定其有过错。就客观要件而言,饲养动物损害责任须具备以下三个条件:

第一,饲养的动物加害于他人。所谓饲养的动物,是指人工喂养、放养和管束的动物。人工喂养或者放养的前提条件是人们对动物的占有。因此,饲养的动物也就是为人们占有和控制的动物,如饲养的家畜、家禽、动物园的动物等;不为任何人占有和控制的动物,不属于饲养的动物,如野生动物等。饲养的动物加害于他人,须是出于动物的独立动作。所谓动物的独立动作,是指动物基于其本身的危险,在不受外力强制或者驱使下而实施的自身动作,如狂犬咬人、牲畜吃掉庄稼等。动物在人们的强制或者驱使下的加害行为,不属于动物的独立动作,而是属于人的行为,如骑马践踏庄稼、驱使狗去咬人等。在这种情况下,动物为侵权工具,行为人应承担一般侵权责任。

第二,被侵权人受到了损害。饲养动物基于自身的独立动作加害于他人须造成损害后果,才能产生饲养动物损害责任。这里的损害后果包括人身损害和财产损害,也包括因人身损害而导致的精神损害。

第三,饲养动物的加害行为与损害后果之间具有因果关系。饲养动物的加害行为与受害人的损害后果之间须有因果关系,饲养动物损害责任才能成立。这种因果关系一般由受害人举证证明。但是在某些情况下,也可以适用推定因果关系规则,由动物饲养人或者管理人举证证明动物加害行为与损害后果之间没有因果关系。

三、饲养动物损害责任的承担

饲养动物损害主要是一种赔偿责任,因此,责任主体应当按照规定承担赔偿责任。此外,饲养动物存在危及他人人身、财产安全时,被侵权人也可以要求动物饲养人或者管理人承担停止侵害、排除妨碍、消除危险等侵权责任(《民法典》第1167条)。

依据《民法典》第1245条的规定,饲养动物损害责任的承担主体是动物饲养人或者管理人。动物饲养人是指动物的所有人,即对动物享有占有、使用、收益、处分权的人;动物管理人是指实际控制和管束动物的人。管理人对动物不享有所有权,只是根据某种法律关系直接占有动物。例如,根据国家授权管束驯养动物的国家动物园;根据租赁、借用等民事法律关系占有和管束动物的人,都为动物的管理人。

动物饲养人或者管理人在承担侵权责任时,应当明确以下几个问题:

第一,在一般情况下,饲养动物损害责任的免责事由为受害人的故意或者重大过失。就是说,如果动物饲养人或者管理人能够证明损害是因被侵权人故意或者重大过失造成的,可以不承担责任或者减轻责任(《民法典》第1245条)。

第二,动物饲养人或者管理人违反管理规定,未对动物采取安全措施造成他人损害的,应当承担侵权责任;但是,能够证明损害是因被侵权人故意造成的,可以减轻责任(《民法典》第1246条)。这种责任适用较为严格的无过错责任原则,其免责事由仅限于被侵权人故意,且仅能发生减轻责任的效果。当然,即使动物饲养人或者管理人按照管理规定对动物采取了安全措施,仍然造成他人损害的,动物饲养人或者管理人仍应按照无过错责任原则承担责任,而不是不承担责任。在这种情况下,动物饲养人或者管理人可以主张受害人有故意或者重大过失而不承担责任或者减轻责任。

第三,禁止饲养的烈性犬等危险动物造成他人损害的,动物饲养人或者管理人应当承担侵权责任(《民法典》第1247条)。这种责任适用最为严格的无过错责任原则,动物饲养人或者管理人不能主张被侵权人故意或者重大过失而不承担责任或者减轻责任。

第四,遗弃、逃逸的动物在遗弃、逃逸期间造成他人损害的,由动物原饲养人或者管理人承担侵权责任(《民法典》第1249条)。

第五,因第三人的过错致使动物造成他人损害的,受害人可以向动物饲养人或者管理人请求赔偿,也可以向第三人请求赔偿。动物饲养人或者管理人赔偿后,有权向第三人追偿(《民法典》第1250条)。

此外,《民法典》第1251条规定:"饲养动物应当遵守法律法规,尊重社会公德,不得妨碍他人生活。"

第七节 建筑物和物件损害责任

一、建筑物和物件损害责任的概念和归责原则

建筑物和物件损害责任是指建筑物或者物件因脱落、坠落、倒塌等造成他人损害时,建筑物或者物件的所有人或者管理人所应承担的侵权责任。

建筑物和物件损害责任是一个统称的概念,包括了多种具体的责任类型,而不同类型的责任适用的归责原则也存在差别。具体来看,建筑物和物件损害责任的归责原则包括实行一般过错及过错推定的过错责任原则和无过错责任原则。适用一般过错责任的责任为物业

服务企业等建筑物管理人责任,适用过错推定的过错责任原则的责任包括建筑物等设施脱落及坠落损害责任、堆放物倒塌损害责任、公共道路管理人责任、林木折断等损害责任、地面施工损害责任、窨井等地下设施损害责任。在这些责任中,《民法典》明确规定了相关行为人"不能证明自己没有过错的"或者"不能证明尽到管理职责的",应当承担侵权责任。这表明,这些责任适用过错推定的过错责任原则。适用无过错责任原则的责任包括建筑物等倒塌损害责任、妨碍道路通行物品损害责任。在这些责任中,《民法典》并没有要求相关行为人有过错,也没有规定推定过错,故应适用无过错责任原则。

二、建筑物和物件损害责任的构成要件

建筑物和物件损害责任因类型不同而分别适用不同的归责原则,因此,其构成要件也存在不同。这种差别主要体现在主观要件方面,客观要件方面并无差别。也就是说,适用过错责任原则的建筑物和物件损害责任须物件所有人、管理人或者使用人存在过错,而适用无过错责任原则的建筑物和物件损害责任则无需物件所有人、管理人或者使用人存在过错。就客观要件而言,建筑物和物件损害责任须具备以下三个条件:

第一,建筑物或者物件加害于他人。在建筑物和物件损害责任中,建筑物或者物件加害他人有多种表现形式。例如,建筑物、构筑物或者其他设施及其搁置物、悬挂物发生脱落、坠落;建筑物、构筑物或者其他设施倒塌、塌陷;堆放物倒塌、滚落或者滑落;在公共道路上堆放、倾倒、遗撒物品妨碍通行;林木折断、倾倒或者果实坠落;在公共场所或者道路上挖坑、修缮安装地下设施没有设置明显标志和采取安全措施;等等。

第二,被侵权人受到了损害。建筑物或者物件所造成的损害包括人身损害和财产损害,也包括因人身损害而导致的精神损害。

第三,建筑物或者物件致害行为与损害后果之间具有因果关系。在建筑物和物件损害责任中,被侵权人的损害后果应当是因物件发生脱落、坠落、倒塌等造成的,即物件致害行为与损害后果之间须存在因果关系。

三、建筑物和物件损害责任的承担

建筑物和物件损害责任主要是一种赔偿责任,因此,责任主体应当按照规定承担赔偿责任。此外,在建筑物和物件管理存在危及他人人身、财产安全时,被侵权人也可以要求建筑物和物件所有人、管理人或者使用人等承担停止侵害、排除妨碍、消除危险等侵权责任(《民法典》第1167条)。

建筑物和物件损害责任的责任主体包括物件的所有人、管理人、使用人等,具体的责任主体因责任类型的不同而有所差别:

第一,因建筑物、构筑物或者其他设施倒塌、塌陷造成他人损害的,由建设单位与施工单位承担连带责任,但是建设单位与施工单位能够证明不存在质量缺陷的除外。建设单位、施工单位赔偿后,有其他责任人的,有权向其他责任人追偿。因所有人、管理人、使用人或者第三人的原因,建筑物、构筑物或者其他设施倒塌、塌陷造成他人损害的,由所有人、管理人、使用人或者第三人承担侵权责任(《民法典》第1252条)。这种责任为无过错责任,即建设单位与施工单位不能通过证明自己没有过错而不承担责任,仅能通过证明建筑物、构筑物或者其

他设施不存在质量缺陷而不承担责任。

第二,建筑物、构筑物或者其他设施及其搁置物、悬挂物发生脱落、坠落造成他人损害,所有人、管理人或者使用人不能证明自己没有过错的,应当承担侵权责任。所有人、管理人或者使用人赔偿后,有其他责任人的,有权向其他责任人追偿(《民法典》第1253条)。这种责任为过错责任中的过错推定责任,所有人、管理人或者使用人可通过证明自己没有过错而不承担责任。

第三,从建筑物中抛掷物品或者从建筑物上坠落物品致人损害责任。对此,《民法典》第1254条规定,禁止从建筑物中抛掷物品。从建筑物中抛掷物品或者从建筑物上坠落的物品造成他人损害的,由侵权人依法承担侵权责任。因此种情形下,被侵权人往往无法确定侵权人,故公安等机关应当依法及时调查,查清责任人。同时,如物业服务企业未采取安全保障措施防止损害发生的,应当依法承担未履行安全保障义务的侵权责任。经调查难以确定具体侵权人的,除能够证明自己不是侵权人的外,由可能加害的建筑物使用人给予补偿。可能加害的建筑物使用人补偿后,有权向侵权人追偿。

第四,因堆放物倒塌、滚落或者滑落造成他人损害,堆放人不能证明自己没有过错的,应当承担侵权责任(《民法典》第1255条)。这种责任为过错推定责任,仅在堆放人证明自己没有过错时,才不承担责任。

第五,因在公共道路上堆放、倾倒、遗撒妨碍通行的物品造成他人损害的,由行为人承担侵权责任。公共道路管理人不能证明已经尽到清理、防护、警示等义务的,应当承担相应的责任(《民法典》第1256条)。此种情形下,堆放、倾倒、遗撒妨碍通行物品的人承担的是无过错责任;公共道路管理人承担的是过错推定责任,即仅在证明其尽到清理、防护、警示等义务时,才不承担责任。

第六,因林木折断、倾倒或者果实坠落等造成他人损害的,林木的所有人或者管理人不能证明自己没有过错的,应当承担侵权责任(《民法典》第1257条)。这种责任适用过错推定的过错责任原则,林木的所有人或者管理人不能证明自己没有过错的,应当承担责任。

第七,因在公共场所或者道路上挖掘、修缮安装地下设施等造成他人损害,施工人不能证明已经设置明显标志和采取安全措施的,应当承担侵权责任(《民法典》第1258条第1款)。这种责任适用过错推定的过错责任原则,施工人只有证明设置了明显标志和采取了安全措施,才可不承担责任。

第八,因窨井等地下设施造成他人损害的,管理人不能证明尽到管理职责的,应当承担侵权责任(《民法典》第1258条第2款)。这种责任适用过错推定的过错责任原则,管理人不能证明尽到管理职责的,即推定其有过错,应当承担责任。

后 记

经全国高等教育自学考试指导委员会同意,由法学类专业委员会负责高等教育自学考试《民法学》教材的审定工作。

《民法学》自学考试教材由山东大学郭明瑞教授、吉林大学房绍坤教授担任主编,北京大学刘凯湘教授、中国海洋大学王洪平教授和烟台大学张玉东教授参加编写。

全书具体分工如下(按姓氏笔画为序):

王洪平:第四编;

刘凯湘:第三编;

张玉东:第五编、第八编;

房绍坤:第二编、第七编;

郭明瑞:第一编、第六编。

参加本教材审稿讨论会并提出修改意见的有清华大学崔建远教授、中国政法大学李永军教授、中国人民大学姚辉教授、中国社会科学院谢鸿飞教授、北京大学王成教授。全书由郭明瑞教授、房绍坤教授修改定稿。

编审人员付出了大量努力,在此一并表示感谢!

全国高等教育自学考试指导委员会

法学类专业委员会

2023 年 12 月